스펄전 설교전집 31
디모데전후서 · 디도서 · 빌레몬서

스펄전 설교전집 31

The Treasury of the Bible

정충하 옮김

스펄전 설교전집
디모데전후서 · 디도서 · 빌레몬서

The Treasury of the Bible

정충하 옮김

CH북스
크리스천
다이제스트

차례

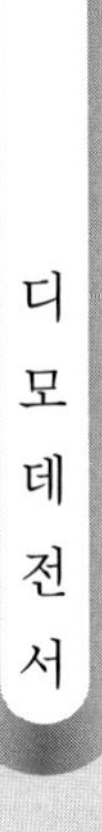

디
모
데
전
서

제
1
장

—

복되신 하나님의 영광의 복음

—

"이 교훈은 내게 맡기신 바 복되신
하나님의 영광의 복음을 좇음이니라 "— 딤전 1:11

　　본문은 바울 사도가 바른 교훈을 거스르는 것으로서 열거하는 죄의 긴 목록 직후에 나타납니다. 이로부터 우리는 어떤 것이 바른 교훈인가 여부를 시험하는 한 가지 기준이 그것이 모든 형태의 죄와 반대되는 위치에 있는가 하는 것임을 추론할 수 있습니다. 어떤 방식으로든 죄를 대수롭지 않은 것으로 여기게 만드는 교훈은 비록 한 시대에 유행하는 교훈일는지는 모르나 바른 교훈은 결코 아닙니다. 자신들이 바른 교훈을 가지고 있다고 말하는 어떤 사람들을 생각해 보십시오. 그렇지만 만일 그들의 삶이 그들의 부패한 마음을 드러낸다면, 그들은 자신들의 정통을 자랑하기보다 훨씬 더 많이 스스로의 외식(外飾)을 부끄러워해야 할 필요가 있습니다. 본문에서 바울은 바른 교훈 여부를 시험하는 또 하나의 기준을 제시하는데, 그것은 그 교훈이 복음적인 것인가 하는 것입니다. 그는 우리에게 바른 교훈은 항상 복음적인 것이라고 말합니다 ― "이 교훈은 영광의 복음을 좇음이니라." 인간의 의지나 공로를 자랑하며 제사장직과 각종 의식(儀式)들을 높인다 할지라도 구원을 값없는 은혜의 유일한 기초 위에 세우지 않는 교훈이라면, 그것은 바른 교훈이 아닙니다. 이러한 두 요소는 하나님으로부터 왔다고 고백하는 모든 교훈들에 있어 절대적으로 필요합니다. 참된 교훈은 거룩한 삶을 지지하며 뒷받침해야 합니다. 동시에 그것은 필히 중보자를 통한 은혜와 긍휼을 선포하는 것이어야만 합니다.

바울은 편지를 기록하는 가운데 자연스럽게 복음을 언급하기에 이릅니다. 그는 그것을 "복되신 하나님의 영광의 복음"이라고 표현하면서, 돌연 불 수레를 타고 천상의 영역으로 비상(飛上)합니다. 이것은 그가 글을 쓰는 통상적인 방식입니다. 자신의 마음을 뜨겁게 불태우는 개념에 부딪칠 때, 그는 지금까지 이야기하던 주제를 잠시 이탈하면서 그의 뜨거워진 영이 식을 때까지 다시 되돌아오지 않습니다. 지금 그의 영혼은 뜨겁게 불타오르고 있습니다. 그리고 그의 불타는 마음은 그 지극히 값진 진주 위에 가장 뜨거운 찬미를 쏟아냅니다. 그가 "내게 맡기신 바 복되신 하나님의 영광의 복음"이라는 말을 쓸 때, 나는 그의 눈이 별처럼 반짝이며 그의 얼굴이 해처럼 빛났을 것이라고 생각합니다.

지금 우리는 복음이라는 거대한 주제에 직면해 있으며, 우리에게는 그것을 충분히 다룰 수 있을 만큼 많은 시간이 허락되어 있지 않습니다. 그러므로 나는 한 가지 주제에 여러분의 주의를 집중시키고자 합니다. 본문을 다양한 각도로 충분하게 살피는 것이 가장 타당하겠지만, 그러나 우리는 몇 가지 실제적인 내용을 다루는 것으로 만족해야 합니다.

1. 첫째로, 바울은 복음을 "복되신 하나님의 영광의 복음"이라고 부름으로써 그것을 극한까지 높입니다.

여러분은 그러한 복음의 탁월함을 경험했습니까? 우리는 복음이 무미건조하며 재미없는 주제가 아닌지 스스로에게 물어볼 필요가 있습니다. 어떤 사람들은 단순한 의무감으로 말씀을 들으며, 관습적으로 회중석에 앉습니다. 왜냐하면 그렇게 하는 것이 신앙에 대한 외적 경건의 표현이기 때문입니다. 그러나 그들은 복음 안에 영광스러운 어떤 것이 있음을 거의 느끼지 못합니다. 사람의 마음을 뒤흔들며 심장을 빠르게 고동치게 만드는 어떤 것 말입니다. 설교는 느리며, 예배에는 어떤 생명력도 없습니다. 모든 것이 지루하기 짝이 없습니다. 오직 그들의 교양과 체면이 그들을 그 자리에 앉아 있게 만들 뿐입니다. 또 어떤 사람들은 어쩌지 못해 신앙생활을 합니다. 마치 말이 어쩌지 못해 마차를 끄는 것처럼 말입니다. 그러나 만일 꼭 그렇게 해야 할 필요성이 사라지면, 그들은 기쁘게 신앙생활로부터 벗어납니다. 마치 말이 기쁘게 마차의 속박으로부터 벗어나는 것처럼 말입니다. 그러므로 여러분은 복음이 자신에게 그와 같지 않은지 스스로에게 물어볼 필요가 있습니다. 이제부터 우리의 주제를 서너 가지 정도로 나누어 살펴보도록 합시다.

첫째로, 바울은 은혜의 거룩한 메시지를 **복음**이라고 부릅니다. 그것은 여러분에게도 복음입니까? 복음이라는 단어는 명백히 "복된 소식"을 의미합니다. 여러분에게 복음은 정말로 "복된 소식"(good news)입니까? 그것은 여러분에게 "소식"(news, 즉 "새로운 것")입니까? 어떤 사람들은 이렇게 말할 것입니다. "우리는 그 단어를 어릴 때부터 너무나 자주 들어왔어. 우리는 경건한 부모로부터 양육을 받았으며, 주일학교를 다녔으며, 어릴 때부터 계속해서 복음을 배웠어. 그런데 그것이 어떻게 우리에게 새로운 것(news)이 될 수 있단 말이지?" 나는 여러분이 화해의 말씀을 알지 못하고 있다고 말하고 싶습니다. 만일 그것이 여러분에게 "새로운 것"(news)이 아니라면 말입니다. 복음에 의해 구원받은 모든 사람들에게, 복음은 항상 새로운 것으로 다가옵니다. 마치 전에 한 번도 들어보지 못한 신기하며 놀라운 것처럼 말입니다. 바울의 편지는 오래된 것일는지 모르지만, 그러나 그 안에 담긴 의미는 새로운 것입니다. 마치 계시의 펜 안에서 잉크가 마르지 않는 것처럼 말입니다. 나는 신앙적인 가정에서 양육을 받았습니다. 나의 부모는 기도하면서 나를 요람에 눕혔으며, 나를 재우는 자장가는 다름 아닌 하나님을 찬미하는 노래였습니다. 그럼에도 불구하고 주의 말씀이 권능으로 임할 때마다, 그것은 항상 나에게 새로운 것이었습니다. 마치 오랫동안 중앙아프리카의 미개한 부족 가운데 살면서 정결하게 하는 그리스도의 보혈의 소식에 대해 한 번도 들어보지 못했던 것처럼 말입니다. 복음의 영과 능력은 항상 새로운 옷을 입습니다. 그것은 항상 아침의 신선함으로 반짝이며, 그것의 힘과 영광은 영원합니다. 사랑하는 형제들이여, 만일 여러분이 여러분의 죄를 의식해본 적이 있다면, 만일 여러분이 죄 의식의 무거운 짐 아래 눌려 본 적이 있다면, 만일 여러분이 어떤 선한 것을 찾기 위해 여러분 자신의 마음속을 면밀히 살펴본 후 절망해 본 적이 있다면, 만일 여러분이 어디에서 구원을 얻을 수 있는지 세상 전체를 뒤지고 다니다가 그 모든 것이 마치 광야의 마른 우물처럼 아무것도 주지 못한다는 사실을 발견했다면, 우리 구주 안에 구원이 있다는 소식은 여러분의 마음에 항상 새롭고 달콤한 소식이 될 것입니다. "수고하고 무거운 짐 진 자들아 다 내게로 오라 내가 너희를 쉬게 하리라"는 예수 그리스도의 음성은 가장 새롭고 진기한 소식입니다. 여러분은 그러한 초청을 수천 번 들었을 것입니다. 그럼에도 불구하고 그가 여러분의 마음에 말할 때, 그 자신의 음성은 여러분에게 가장 놀랍고 신선한 것이 될 것입니다. 마치 말 못하는 벽이 갑자기 입이 열려 창세로부터 감취어진 비밀을 계시하는 것처럼 말입니다. 모든 신자(信者)들에게, 복음은 바다 건너 미지의 땅으로부터 오는 새로운 것으로 다가옵니다. 그것은 하나님의 영으로 택하신 자들에게 계시하신 하나님의 마음입니다.

둘째로, 그것은 또한 좋은 소식입니다. 여러분에게 묻고 싶습니다. 여러분에게 복음은 경험적으로 좋은 것입니까? 복음은 그것을 아는 모든 자들에게 최고의 의미에서 좋은 것이며, 절대적으로 좋은 것이며, 어떤 악한 것도 섞이지 않은 순전하게 좋은 것입니다. 여러분에게도 복음이 그러합니까? 여러분은 하나님의 공의 앞에 엄청난 빚을 깊이 인식해본 적이 있습니까? 그리고 여러분의 빚이 모두 탕감되었다는 은혜로운 소식을 접한 적이 있습니까? 여러분은 여호와의 진노로 가득 찬 거대한 먹구름 아래서 두려워 떤 적이 있습니까? 당장이라도 폭우가 쏟아져 내릴 것만 같은 그런 먹구름 말입니다. 그러고 나서 "내가 네 허물을 빽빽한 구름 같이, 네 죄를 안개 같이 없이하였으니 너는 내게로 돌아오라 내가 너를 구속하였음이니라"라고 말씀하시는 부드러운 음성을 들어본 적이 있습니까?(사 44:22). 여러분은 모든 죄를 사함 받고, 두려움 없이 하나님 앞에 서며, 사랑하는 자녀로 받아들여지며, 그리스도의 의로 덧입혀지는 것을 압니까? 만일 그렇다면, 여러분에게 복음은 정말로 "좋은" 것입니다. 믿음의 손으로 그것을 굳게 붙잡으며 영혼으로 그것의 권능을 느낄 때, 여러분은 그것이 하나님으로부터 온 최고의 소식임을 알게 될 것입니다. 마치 하나님 앞에서 대답하는 것처럼, 다음과 같은 나의 질문에 정직하게 대답해 보십시오. 어떤 사람도 이 질문을 회피해서는 안 됩니다. 바울이 복음이라고 부르는 것은 여러분에게 정말로 스스로를 복음으로 드러냈습니까? 그것은 정말로 여러분의 심장을 뛰게 만들었습니까? 마치 어떤 놀라운 정보가 우리를 극도로 흥분시키는 것처럼 말입니다. 그것은 여러분에게 가장 중요한 것처럼 보였습니까? 만일 그렇지 않다면, 여러분은 복음이 의미하는 것을 알지 못하고 있는 것입니다. 부디 이러한 질문들이 여러분을 영적인 문제에 대해 각성하게 하고, 그럼으로써 영원한 생명을 위해 주 예수 그리스도를 찾도록 이끌기를 바랍니다.

셋째로, 바울은 은혜의 메시지를 "복음"이라고 부르는 가운데 거기에다가 "영광의"라는 형용사를 덧붙입니다 — "영광의 복음." 그것은 수천 가지 이유로 인해 영광스러운 복음입니다. 그것은 그것의 오래됨으로 인해 영광스럽습니다. 첫 아침의 빛 앞에서 태초의 어둠이 쫓겨났던 것처럼, 이러한 구원의 복음은 영원한 하나님의 마음속에 자리 잡고 있었습니다. 또 그것은 영원하기 때문에 영광스럽습니다. 마치 서리가 떠오르는 태양 앞에 스러지는 것처럼 그렇게 만물이 사라질 때에도, 이 복음은 영원히 있을 것입니다. 또 그것은 하나님의 영광을 다른 모든 것보다 더 풍성하게 나타내기 때문에 영광스럽습니다. 하나님이 만드신 무수한 천체들을 생각해 보십시오. 물론 그것들이 우리에게 웅변적으로 하나님의 영광을 선포하고 있기는 하지만, 그러나 그 어떤 것도 복음만큼 아버지의 영광을 더 풍성하게 선포하지는 못합니다. "하늘이 하나님의 영광을 선포하고 궁창이 그의 손으로 하신 일을" 나타냅니다(시 19:1). 그러나 예수 그리스도에 대해 말하는 복음은 그에 대해 더 달콤하고 더 분명하게 말합니다. 어떤 시인(詩人)은 전능자의 형상이 폭풍 가운데 스스로를 비추는 광대한 바다를 노래하기도 했습니다. 이와 같이 하나님의 손가락은 스스로를 비출 수 있지만, 그러나 수천의 바다라도 무한하신 하나님을 비출 수 없습니다. 오직 예수 그리스도의 복음만이 여호와의 형상을 볼 수 있는 유일한 거울입니다. 예수 그리스도 안에서 우리는 모세처럼 하나님의 옷자락을 볼 수 있을 뿐만 아니라, 그리스도의 복음 안에서 하나님 전체가 나타납니다. 그러므로 우리 주님은 "나를 본 자는 아버지도 보았느니라"라고 말씀하실 수 있었습니다(요 14:9). 만일 주님이 영광스럽다면, 그의 복음 역시 그러할 것입니다. 그의 권세는 권능 가운데 영광스럽습니까? 주님은 사랑의 하나님입니까? 이것이 복음의 특별함 아닙니까? 복음이 영광스러운 것은 모든 신적 속성이 비할 데 없는 광채로 그 안에 나타나기 때문입니다.

　여기에서 나는 "여러분에게 복음은 영광스러운 복음입니까?"라는 질문으로 다시 되돌아오고 싶습니다. 사랑하는 형제들이여, 이러한 질문에 우리가 어떻게 대답하느냐에 따라 우리는 우리의 상태를 매우 잘 알 수 있습니다. 육신의 눈으로 보고 육신의 귀로 듣는 복음은 "마른 땅에서 나온 뿌리 같아서 고운 모양도 없고 풍채도 없는" 우리 주님의 외적 모습과 같습니다(사 5:2). 그러나 새로워진 마음으로 깨달아진 복음은 근본적으로 다릅니다. 정말로 그것은 영광스러운 복음이 될 것입니다. 만일 여러분이 새로운 생명으로 끌어올려져 그것이 가져다주는 축복을 향유한다면 말입니다. 그러므로 앞의 질문에 대답해 보십시오. 그리고 복음이 정말로 자신들에게 영광스러운 복음이었던 하나님의 사람들을 회상해 보십시오. 여러분은 복음이 여러분의 마음에 폭풍을 일으켰던 날을 기억합니까? 여러분은 진리의 거대한 철퇴가 여러분의 마음의 문을 부수기 시작했던 날을 결코 잊을 수 없을 것입니다. 여러분은 자신의 마음의 문빗장을 단단히 걸어 잠근 채 복음에 저항하면서 결코 굴복하지 않겠다고 결심했던 것을 회상합니다. 여러분은 때로 눈물을 흘리기도 했지만 그러나 곧바로 눈물을 닦아버리곤 했습니다. 여러분의 눈물은 마치 아침의 안개와 같고, 새벽의 이슬과 같았습니다. 그러나 영원한 사랑은 여러분의 마음의 문을 부수고자 하는 자신의 은혜로운 공격을 포기하지 않았습니다. 섭리와 은혜가 함께 여러분의 영혼의 도성을 포위했으며, 그것을 허물기 위해 하늘의 포화를 쏟아 부었습니다. 여러분은 즉시로 성문을 닫아 버렸습니다. 그리고 사마리아에서 일어났던 일과 똑같은 일이 여러분의 영혼의 도성 안에서도 일어났습니다. 그곳에 큰 기근이 있었던 것입니다.

여러분은 매 안식일마다 듣는 설교가 하늘로부터 임하는 새로운 공격이라는 사실을 회상합니다. 그것은 마치 거대한 공성퇴(攻城槌)로 성문을 타격하는 것과 같았습니다. 여러분의 편견의 성문이 타격을 당할 때마다, 여러분은 얼마나 자주 새로운 바리케이드를 세우곤 했습니까? 여러분의 마음은 거대한 공의의 타격 앞에 두려워 떨었습니다. 그러나 사탄의 도움으로 여러분의 부패한 마음은 교만과 무감각의 쇠 빗장을 더 단단하게 걸어 잠갔습니다. 그러다가 마침내 어느 복된 날 복음의 공성퇴가 결정적인 타격을 가했으며, 성문은 활짝 열렸습니다. 그러자 임마누엘이신 평강의 왕께서 정복자처럼 구원의 병거를 타고 도성으로 들어오셨습니다. 우리의 의지는 굴복되었으며, 우리의 감정은 극복되었습니다. 또 우리의 영혼 전체는 은혜의 통치 아래 순복하였습니다.

그 날 우리 눈에 예수 그리스도는 영광스러웠으며, 많은 사람들 가운데 뛰어났습니다. "내 사랑하는 자는 희고도 붉어 많은 사람 가운데에 뛰어나구나"(아 5:10). 우리는 그 날을 우리 마음판 위에 새겼습니다. 그 날은 우리 안에 계신 예수 그리스도의 참된 대관식 날이었으며, 우리가 영원히 태어난 날이었습니다. 우리의 영광스러운 주님이 피 흘린 옷을 입고 우리 영혼 속으로 들어오셨을 때, 우리 마음의 종(鐘)들은 즐겁게 울렸으며, 우리 기쁨의 깃발들은 창공에서 힘차게 펄럭였으며, 우리 영혼의 거리들은 수많은 장미꽃으로 뒤덮였으며, 우리 사랑의 샘들은 붉은 포도주를 흘렸으며, 우리 영혼은 최고의 환희로 가득 찼습니다. 왜냐하면 우리 집에 구원이 임했으며 또한 은혜의 왕이 놀랍게도 우리를 만나기 위해 오셨기 때문입니다. 그가 우리와 함께 먹고 마시기 위해 우리 식탁에 앉으셨을 때, 온 집에 달콤하고 아름다운 향이 얼마나 풍성하게 퍼졌습니까? 그의 임재의 향기가 우리 속사람의 모든 방에 얼마나 풍성하게 퍼졌습니까? 은혜가 모든 두려움으로부터 우리를 구속한 그 날, 복음은 정말로 영광스러운 복음이었습니다. 사랑하는 형제들이여, 여러분은 설교를 듣기 위해 많은 사람들이 운집한 자리에 서 있었습니다. 그러나 여러분은 조금도 피곤하거나 지루하지 않았습니다. 도리어 설교자의 입으로부터 나오는 말씀이 여러분의 마음을 새롭게 해 주었습니다. 왜냐하면 진리가 마치 달콤한 몰약처럼 떨어졌기 때문입니다. 여러분은 첫 사랑을 받았던 그때 복음을 듣기 위해서라면 기꺼이 멀리까지도 갈 수 있었습니다. 아무리 험한 길이라도 결코 문제가 되지 않았습니다. 그때 여러분은 하늘의 떡을 즐겁게 받아먹었습니다. 왜냐하면 그것은 여러분의 구원의 복음이었기 때문입니다.

　형제들이여, 여러분의 기억을 좀 더 되살려 보십시오. 그 이후에 계속된 복음의 공격들을 생각해 보십시오. 만일 여러분이 영적 생활에서 어떤 진전을 이루었다면, 그것은 예수 그리스도의 복음의 능력으로 말미암은 것입니다. 우리는 때때로 실수합니다. 성령으로 시작했다가 육체로 마치려고 하기도 합니다. 우리는 우리 안에 있는 죄와 계속해서 싸움을 벌여야만 합니다. 죄의 형벌을 두려워하는 것으로는 결코 죄를 정복할 수 없습니다. 그것은 오직 종의 아들들에게만 합당한 무기일 뿐입니다. 타고난 부패성과 싸워 이기는 무기는 예수 그리스도의 피입니다. "또 우리 형제들이 어린 양의 피로써 그를 이겼으니"(계 12:11). 죄에 대하여 죽고 그리스도와 함께 다시 살았음을 알 때, 우리는 우리가 옛 사람과 씨름하여 이기는 것은 오직 부활 생명의 능력 안에서라는 사실을 알게 됩니다. 사랑하는 성도들이여, 여러분이 십자가로부터 멀리 떨어져 있을 때 여러분은 항상 약할 뿐임을 기억하십시오. 여러분이 성결의 삶에 있어 어떤 진보를 바랄 수 있는 것은 오직 십자가 옆에 있을 때뿐이라는 사실을 잊지 마십시오. 스스로 은혜 안으로 들어가고자 애쓰지 마십시오. 새 생명은 노예의 채찍에 의해 자라지 않습니다. 성결의 삶을 위한 동기(動機)와 에너지를 얻고자 한다면, 십자가로 가십시오. 복음 안에서 예수 그리스도를 바라보십시오. 여러분의 새 생명이 시작될 때 그랬던 것처럼 말입니다. 여러분이 그 안에서 구원받았음을 알고, 유혹과 더불어 싸우는 자리로 담대히 나아가십시오. 여러분의 평생에 걸친 영적 전쟁의 규범인 복음을 가지고 말입니다. 만일 여러분이 구원의 대장 없이 죄와 더불어 싸우고자 시도한다면, 여러분은 필경 부상을 당하게 될 것입니다. 그러나 만일 유다의 사자가 여러분 앞에 나아간다면 그리고 여러분이 복음의 함성을 외치며 그를 따른다면, 여러분의 승리는 확실하며 여러분은 그의 발 앞에 또 하나의 승리의 면류관을 놓게 될 것입니다.

사랑하는 형제들이여, 모든 참 성도들은 자신들에게 주어진 복음이 영광스러운 복음이라는 사실을 발견했습니다. 그것은 우리가 어둠 가운데 있을 때 우리를 안위로 이끕니다. 우리에게는 항상 고난의 문제가 있습니다. 그렇지만 우리는 고난에 대해 도리어 감사할 수 있습니다. 고난은 마치 단단한 바위와 같습니다. 그러나 우리 영혼의 뿌리는 그 가운데서도 얼마 안 되는 흙을 굳게 붙잡을 수 있습니다. 고난으로 인해 힘을 잃어버리지만 않는다면 말입니다. 이 땅은 우리의 안식처가 아니며, 여러 가지 것들로 오염되어 있습니다. 우리에게 고난이 유익한 것은 그것이 우리로 하여금 이러한 사실을 일깨워주기 때문입니다. 그러면 복음만큼 고난당하는 영혼을 고요하게 하는 능력을 가진 것이 무엇입니까? 고난의 딸들이여, 주 예수 그리스도께 가십시오. 여러분이 그와 연합되어 있으며, 그 안에서 받아들여졌다는 사실을 다시 한 번 인식하십시오. 만일 여러분이 복음이 기꺼이 그리스도를 따르고자 하는 자들을 지탱하는 영광스러운 능력을 가지고 있다는 사실을 발견한다면, 여러분은 더 이상 불평하지 않을 것이며 기꺼이 자신의 십자가를 질 것입니다.

여러분은 원수의 공격에 맞서는 복음의 능력 안에서 그것의 영광을 인식하지 못했습니까? 여러분의 영혼은 수많은 유혹들에게 포위되어 있습니다. 사탄은 사자처럼 울부짖으며, 지옥의 악령들은 함께 연합하여 소름끼치는 합창을 부르고 있습니다. 여러분은 낙망 가운데 "이제 나는 망하게 되었도다"라고 말합니다. 여러분은 원수에 대항하여 돌을 던지기 위해 성벽 꼭대기에 여러분의 모든 힘을 모으지 않았습니까? 여러분은 십자가의 피 묻은 깃발을 휘날리며 성령의 검을 들고 원수에 대항하여 성벽을 지키고자 나아가는 동안에는 성이 결코 무너지지 않을 것임을 느끼지 않습니까? 원수가 사다리를 타고 성벽을 올라올 때, 여러분은 십자가의 능력에 의해 예수의 이름으로 그를 대적합니다. 그가 계속해서 올라올 때마다 여러분은 계속해서 그를 대적하며 그를 밑으로 떨어뜨립니다. 여러분은 복음의 능력으로 계속해서 승리합니다. 여러분은 외부로부터의 유혹과 내부로부터의 부패성에 대항하여 여러분의 땅을 굳게 지킵니다. 오직 예수 그리스도의 복음만이 여러분에게 줄 수 있는 힘을 가지고 말입니다.

복음의 영광을 보여주는 또 하나의 사실이 있는데, 그것은 복음이 우리를 끔찍한 재앙들로부터 구원했다는 사실입니다. 불신자에게 임할 재앙들을 도대체 누가 설명할 것입니까? 만일 우리가 죄에 빠진 영혼이 겪게 될 말할 수 없는 고통을 깨닫는다면, 우리는 정말로 "우리를 지옥의 문으로부터 끌어올려준 복음은 얼마나 영광스러운가!"라고 말할 수 있을 것입니다. 사랑하는 형제들이여, 복음이 우리를 위해 준비한 기쁨이 무엇을 위한 것인지 생각해 보십시오. 우리가 눈으로 보지 못하고 귀로 듣지 못한 기쁨으로 충만해지는 것은 성령으로 말미암는 것입니다. 하늘나라와의 만남은 율법으로 말미암는 것이 아니라 복음으로 말미암는 것입니다. 천국 백성이 되는 것은 육체의 행위로 말미암는 것이 아니라, 예수 그리스도의 복음 안에서 그들에게 나타난 하나님의 주권적 은혜로 말미암는 것입니다. 그것은 정말로 영광스러운 복음입니다. 왜냐하면 그 제자들을 영광으로 이끌기 때문입니다.

여러분에게 지금 이 순간 복음은 정말로 영광스럽습니까? 나는 그것이 나에게 정말로 영광스럽다고 담대히 말할 수 있습니다. 또 나는 그것이 나의 목회사역 속에 더 영광스러워지기를 바랍니다. 처음 복음을 접할 때, 우리는 그것이 우리에게 얼마나 적합한 것인지를 깨닫게 됩니다. 그러나 그로부터 수년 간의 기독교적 경험을 거치면서 우리는 복음의 적합성을 처음보다 더 잘 알게 됩니다. 우리는 복음의 단순성이 우리의 복잡한 상황에 적합하며, 그것의 은혜가 우리의 죄성(罪性)에 적합하며, 그것의 능력이 우리의 약함에 적합하며, 그것의 위로가 우리의 낙망에 적합함을 발견합니다. 우리는 나이가 더할수록 하나님의 은혜의 복음을 더 많이 사랑합니다. 여러분은 하나님의 은혜의 복음을 버릴 것입니까? 결코 그럴 수 없습니다. 사람들이 그리스도를 대수롭지 않게 여길수록 우리는 그를 더 굳게 붙잡을 것입니다. 우리가 그를 떠나 누구에게 가며, 또 어디로 가겠습니까?

본 주제를 끝마치기 전에 다시 한 번 여러분에게 묻고 싶습니다. 복음은 여러분에게 정말로 영광스럽습니까? 만일 그렇지 않다면, 여러분에게 아무런 소망도 없다는 사실을 기억하십시오. "예수 그리스도께서 죄인을 구원하기 위해 세상에 오셨도다"라는 복음 외에 다른 구원의 길은 없습니다. 만일 그 소식이 여러분의 귀에 무미건조하며 지루한 말처럼 들린다면, 여러분은 지금 하늘나라로 가는 도상(途上)에 있지 않음을 명심하십시오. 왜냐하면 구원받은 영혼에게 복음은 세상에서 가장 감미로운 음악보다 더 감미롭게 들리기 때문입니다. 여러분에게는 어떻습니까? 하나님은 지금 이 순간 여러분의 눈앞에 예수 그리스도에게 나아와 생명을 얻으라고 부르는 은혜의 흰 깃발을 올리기를 기뻐하십니다. 그러나 만일 여러분이 그러한 부르심에 순복하지 않는다면 하나님은 진노의 붉은 깃발을 올릴 것이며, 마침내 심판의 검은 깃발이 멀지 않게 될 것이라는 사실을 기억하십시오. 아마도 여러분 가운데 어떤 사람들은 육체의 질병으로 많은 고통을 겪었을 것입니다. 그것을 경고로 받아들이십시오. 의심스러운 배가 다가올 때 어떤 일이 벌어지는지 생각해 보십시오. 먼저 경고로서 몇 발의 대포를 그 배 주위에 발사할 것입니다. 만약에 그 배가 방향을 바꾸지 않는다면, 아마도 몇 발을 더 발사할 것입니다. 그런데도 경고를 무시하고 계속해서 다가오면 어떻게 되겠습니까? 집중적인 포격이 이루어질 것이고, 결국 그 배에는 화가 있을 것입니다. 여러분의 고통은 복음의 경고사격입니다. 간절히 당부하노니, 잠시 멈추고 어떻게 구원받을 수 있는지 주께 물으십시오.

여기 있는 사람들 가운데 아직 구원받지 못한 사람들을 생각할 때, 나는 어제 신문에서 읽은 소년들의 이야기가 생각납니다. 지난 주 브리스틀 해협에 있는 런디 섬의 거대한 암벽 위에 두 소년이 있었습니다. 그들은 갈매기의 알들을 내려다보고 있었습니다. 그러다가 한 소년이 알들을 가져오기 위해 절벽을 내려가다가 그만 발 디딜 데를 잃어버리고 말았습니다. 그의 형이 희미한 목소리를 듣고 아래를 내려다보았을 때, 그는 동생이 돌출한 바위를 붙잡은 채 발 디딜 데를 찾고자 헛되이 애쓰는 모습을 보았습니다. 그는 걱정과 두려움에 온 몸이 거의 마비될 지경이었지만, 절벽 아래 매달려 있는 동생을 도울 수 없었습니다. 동생은 곧 돌출한 바위를 붙잡은 손을 놓았으며, 결국 절벽 밑으로 떨어져 버리고 말았습니다. 여기 있는 사람들 가운데 아직 구원받지 못한 사람들을 생각할 때, 나는 걱정과 두려움에 떨었던 형과 비슷한 감정을 느낍니다.

그러나 그와 나 사이에는 근본적인 차이점이 있습니다. 나는 여러분에게 희망을 가질 수 있으며, 희망을 가지라고 말할 수 있습니다. 여러분은 지금 절벽에 매달려 발 디딜 데를 찾고자 애쓰고 있습니다. 그러나 발 디딜 데는 어디에도 없습니다. 그렇지만 큰 날개를 가진 영원한 복음의 천사가 여러분 바로 밑에 있습니다. 그는 소리칩니다. "네가 지금 붙잡고 있는 것을 놓고 내 품으로 떨어져라. 내가 너를 붙잡아 안전하게 지켜주리라." 그 천사는 "언약의 사자"(the Angel of the Covenant)이신 주 예수 그리스도입니다. 만일 여러분이 그의 품 안으로 떨어지지 않는다면, 여러분은 영원히 아래로 떨어질 수밖에 없습니다. 간곡히 당부하노니, 여러분 자신을 그 안에 던지십시오. 그러면 여러분은 모든 두려움으로부터 안전하게 옮겨질 것입니다. 그리고 여러분은 하나님의 은혜를 드러내며, 영광스러운 복음을 높이게 될 것입니다.

넷째로, 바울이 그것을 하나님의 복음이라고 말하는 것을 주목하십시오. 여기에서 나는 여러분에게 또 하나의 질문에 던져야만 하는데, 그것으로 여러분은 자신이 구원받았는지 그렇지 않은지 알 수 있습니다. 사랑하는 형제들이여, 여러분에게 복음은 하나님의 복음입니까? 복음을 "나의 목사"의 복음으로 받아들이는 것은 쉽습니다. 나는 혹시라도 여러분이 이렇게 생각할까 두렵습니다. 우리는 영적 선생들에 대해 큰 신뢰를 가지고 있습니다. 그것은 참으로 좋은 것이며, 마땅히 그래야 합니다. 그러나 만일 복음이 단지 우리에게 그와 같은 어떤 선생이나 설교자의 복음으로 올 뿐이라면, 그것은 우리를 구원하지 못할 것입니다. 그것은 하나님의 복음으로서 분명하고도 직접적으로 와야 하며, 우리는 그것을 그렇게 받아들여야 합니다. 고요한 마음속에서 우리에게 말씀하시는 하나님의 음성을 듣고 신적 권위와 함께 오는 진리를 받는 것은 우리의 특권입니다. 마음속에서 일어나는 것 가운데 성령의 역사가 아닌 모든 것은 결국 그대로 드러날 것입니다. 그러므로 그대로 내버려 두십시오. 우리는 해변에서 어린아이들이 그렇게 하는 것처럼 모래로 집을 지을 수 있습니다. 우리는 짧은 시간에 모래집을 짓고 매우 기뻐할 수 있습니다. 그러나 밀물 시간이 되면 그것들은 모두 사라질 것입니다. 오직 성령 하나님이 그리스도께서 완성하신 사역의 기초 위에 세운 것만이 시간과 영원의 시험을 견딜 것입니다. 여러분이 세운 집은 어떻습니까? 만일 여러분 안에 그리스도의 영이 없다면, 여러분은 죽은 것입니다. 만일 복음이 이를테면 설교자의 유창한 언변이나 사람을 감동시키는 능력으로 여러분에게 임한다면, 그것은 여러분에게 영원한 생명을 가져다주지 못할 것입니다.

만일 우리에게 복음이 정말로 하나님의 복음이라면, 그것은 하나님을 높일 것입니다. 우리는 우리를 영원한 생명으로 택하신 아버지를 사랑하며 흠모할 것입니다. 우리는 자신의 보배로운 피로 우리를 구속하신 아들을 뜨거운 마음으로 사랑할 것입니다. 우리는 우리 안에 내주하시는 성령을 부단히 경외하며 따를 것입니다. 이것으로써 우리는 우리가 하나님의 진리를 받았는지 여부를 알게 될 것입니다. 사랑하는 성도들이여, 여러분 안에 하나님이 거하십니까? 그렇지 않다면, 여러분은 하나님이 계시는 곳에 거하지 못할 것입니다. 여러분은 성령을 외부로부터 부어지는 영향력으로서가 아니라, 여러분 안에 내주하시는 분으로서 알아야만 합니다. 바울에게 복음이 "복되신 하나님의 복음"(gospel of the blessed God)이었음을 다시 한 번 주목해 보십시오.

윌리엄 니브(William Knibb)는 이 구절을 "행복한 하나님의 복음"(The Gospel of the happy God)이라고 읽곤 했습니다. 나는 이것이 잘못된 독법(讀法)이라고 결코 생각하지 않습니다. 도리어 나는 그것이 핵심을 정확하게 찌른 것이라고 생각합니다. "행복한 하나님의 복음." 여러분은 하나님이 얼마나 행복한 하나님인지 생각해본 적이 있습니까? 하나님의 무한하신 마음에 어떤 근심이나 슬픔도 지나갈 수 없습니다. 하나님은 영구히 고요한 행복 가운데 계십니다. 사람들이 슬픈 마음을 품을 때, 하나님은 자연스럽게 그들을 슬프게 내버려 두십니다. 마치 오염된 샘으로부터 오염된 물이 솟아오르는 것처럼 말입니다. 그러나 어떤 선한 자가 최고로 행복할 때, 하나님은 행복을 나누어 주십니다. 행복한 얼굴은 많은 사람들을 끌어당깁니다. 또 행복하며 고요한 마음을 가진 사람은 필연적으로 다른 사람들을 행복하게 만들고자 노력합니다. 내가 생각하기에 이것은 하나님이 무한히 행복하시며, 자신의 피조물의 행복을 기뻐하시기 때문입니다.

허구적인 이방의 신들은 그들을 숭배하는 자들의 온갖 욕심과 열망과 바라는 것들로 잠시도 쉴 날이 없습니다. 그들은 그러한 것들을 만족시킬 수 없습니다. 설령 만족시킨다 하더라도 사람들로 하여금 더 많은 것을 바라고 열망하도록 만들 뿐입니다. 그리하여 그들은 사람들의 고통을 기뻐하는 잔혹하며 무시무시한 모습으로 그려집니다. 그러나 우리 하나님은 완전하게 복되십니다. 그는 자기 피조물들에게 불필요한 고통을 가져다줄 아무런 동기(動機)도 가지고 있지 않습니다. 그는 자신 안에 모든 완전함을 가지고 계십니다. 따라서 그는 우리를 행복하게 만들기를 기뻐하십니다. 지적인 능력이 결여된 피조물의 행복 속에서조차 하나님은 큰 만족을 찾으십니다.

여러분은 바다가 출렁거리는 모습을 보았을 것입니다. 그때 물결의 가장자리에 마치 안개처럼 보이는 것을 보았을 것입니다. 그러나 만일 여러분이 그것을 세밀하게 살펴본다면, 여러분은 거기에 무수하게 많은 미세한 새우들이 무한한 기쁨을 나타내는 온갖 형태의 동작으로 뛰고 있는 것을 발견하게 될 것입니다. 여름 날 하늘을 날아다니는 하루살이들을 다시 한 번 살펴보십시오. 그들은 위 아래로 날면서 얼마나 신나게 춤추고 있습니까? 그들은 우리에게 하나님이 자기 피조물들을 통해 나타내시는 완전한 축복을 보여줍니다. 하나님은 자기 백성들을 최고로 복되게 하십니다. 그는 모든 은혜의 그릇들에게 기쁨의 기름을 가득히 붓습니다. 그리고 우리를 그렇게 만드는 방법은 우리에게 복음을 주시는 것입니다. 복음이 우리에게 주어진 것은, 우리 주님이 말씀하신 대로, 그의 기쁨이 우리 안에 있어 우리 기쁨이 충만하게 되도록 하기 위함입니다. "내가 이것을 너희에게 이름은 내 기쁨이 너희 안에 있어 너희 기쁨을 충만하게 하려 함이라"(요 15:11). 우리는 이 땅에서 하늘을 향유합니다. 마치 이 땅에서 풍성한 잔치자리에 앉는 것처럼 말입니다. 복되신 하나님의 복음이 우리의 모든 죄를 소멸시키며 우리로 하나님의 영광에 참여하게 하는 것을 생각할 때, 그 복음은 얼마나 영광스러운 복음입니까? 오! 하나님의 보좌 앞에서 복음의 영으로 가득 찬 피조물들의 행복이여!

　사랑하는 성도들이여, 여러분에게 복음은 항상 이와 같은 모습으로 다가옵니까? 나는 대부분의 사람들에게 복음이 멍에로서 다가오지 않을까 우려합니다. 복음을 실제로 알지 못함으로써 말입니다. 나는 많은 사람들에게 복음이 일종의 종교적 충동 같은 것이 아닌지 우려스럽습니다. 그들은 때때로 진리로 만족합니다. 그러다가 뭔가 재미있는 일을 필요로 할 때, 그들은 즉시로 그 일을 위해 세상으로 갑니다. 여러분이 재미있는 일을 얻는 그곳에 여러분의 마음이 있습니다. 여러분에게 가장 큰 행복을 가져다주는 그것이 바로 여러분의 영의 주인입니다. 위대한 시인 메이슨(Mason)은 이렇게 노래합니다.

　　"나는 기쁨을 얻기 위해 멀리 갈 필요가 없도다.
　　나의 집에 잔치가 벌어졌도다.
　　나의 탄식은 노래로 변했으며, 나의 마음은 방황을 그쳤도다.
　　축복된 비둘기가 하늘로부터 내려와 내 가슴에 앉았도다,
　　하나님의 영원한 사랑을 증거하고, 내 영에 안식을 주기 위해.

나의 하나님이여,
내가 살아 있는 동안 주를 찬송하며 죽을 때에 찬송하리이다.
또 부활할 때에 그리고 영원까지 주를 찬송하리이다."

참된 신앙은 그것을 가진 자에게 완전한 기쁨을 가져다줍니다. 참으로 거듭난 사람은 그러한 기쁨을 더 많이 갖기를 열망하며, 그의 영혼은 하늘의 기쁨으로 세례를 받습니다.

"복되신 하나님의 복음"은 또한 우리가 그 보답으로 송축해야만 하는 하나님의 복음을 의미합니다. 하나님은 복되신 하나님으로서 우리를 복되게 만드십니다. 그러므로 우리는 복된 자로서 우리의 복됨의 모든 영광을 그분께 돌리기를 열망합니다. 사랑하는 성도들이여, 여러분에게 복음은 여러분이 전심으로 송축하는 하나님의 복음입니까? 그렇다면 여러분은 구원을 받은 것입니다. 그러나 그렇지 않다면, 다시 말해서 여러분의 영혼의 깊은 곳에서 어떤 감사의 마음도 솟아오르지 않는다면, 여러분에게 복음은 소리 나는 구리와 울리는 꽹과리 외에 아무것도 아닙니다.

2. 둘째로, 바울은 하나님의 영광의 복음이 "내게 맡기신 바" 되었다고 말합니다.

여기에서 여러분은 여러분의 책임을 인식합니까? 바울은 여기에서 자기 자신에 대해서만 말하지 않습니다. 그는 "그리스도 안에 있는 모든 신자에게 맡기신 바" 되었다고 말할 수 있었습니다. 복음은 무한한 가치를 가진 보화이며, 성도들은 그것을 소유합니다. 그리고 그것은 우리에게 맡겨집니다. 마치 어떤 사람이 부하 직원이나 다른 사람들에게 자신의 일을 위임하는 것처럼 말입니다.

첫째로, 우리 자신이 복음 전체를 온전히 믿어야 합니다. 나누어진 복음이나 혹은 절름발이 복음이 되지 않도록 주의하십시오. 반쪽짜리 진리는 진리가 아니라 거짓이라는 말이 있습니다. 정말로 그렇습니다. 세상을 혼란에 빠뜨리는 대부분의 잘못된 정보들은 그 기초에 진실을 가지고 있습니다. 그러나 그것들은 어느 한쪽을 과도하게 강조하면서 다른 한쪽은 빠뜨림으로써 결국 잘못된 정보가 됩니다. 가능한 한 진리 전체를 통찰하도록 노력하는 것은 모든 그리스도인의 의무입니다. 나는 무한하신 하나님만이 진리의 모든 넓이와 깊이와 길이와 높이를 알 수 있다고 생각합니다. 그러나 우리는 지속적인 배움을 통해 진리를 편파적으로 받아들이지 않도록 항상 관심을 기울여야 합니다. 우리는 균형을 잃어버린 채 어느 한쪽으로 기울어지지 않도록 조심해야 합니다. 우리는 성경을 펼칠 때마다 "내 눈을 열어서 주의 율법에서 놀라운 것을 보게 하소서"라고 기도해야 합니다(시 119:18). 진리의 주형틀 속으로 부어지기 직전의 끓는 쇳물 같은 사람들이 되기를 원합니까? 하늘로부터 쏟아지는 빛들을 그대로 받아들일 준비가 되어 있는 사진기의 감광판 같은 영혼을 갖기를 원합니까? 오랫동안 소중하게 지켜왔던 교리들과, 육체를 기쁘게 하는 형태의 가르침들을 기꺼이 버릴 준비가 되어 있습니까? 만일 그것들이 성경과 어긋난다면 말입니다. 그렇다면, 여러분은 참된 제자입니다. 예수의 발 밑에 앉아 그로부터 배우는 것은 이 땅의 장막 가운데 거하는 모든 그리스도인들의 평생에 걸친 과업입니다. 이런 의미에서 복음은 우리에게 맡겨집니다. 왜냐하면 우리는 그것을 항상 우리 마음속에 담고 있어야 하기 때문입니다.

그러나 어떤 사람들은 "전체적인 복음의 교훈을 우리가 어떻게 알 수 있단 말입니까?"라고 물을 것입니다. 여러분은 성경을 찾음으로써 그것을 알 수 있습니다. 그러면 그들은 또 이렇게 말할 것입니다. "그렇지만 어떤 교파에서는 이렇게 말하고, 다른 교파에서는 거꾸로 말하지 않습니까?" 여러분은 교파와 도대체 무슨 상관이 있습니까? 스스로를 위해 하나님의 책을 읽으십시오. 그러면 또 이렇게 말할 것입니다. "그렇지만 어떤 사람들은 성경을 읽고 이런 의견에 도달하지만 다른 사람들은 똑같은 과정을 통해 정반대의 의견에 도달하지 않습니까? 그렇다면 둘 다 똑같이 옳은 것 아닙니까?" 누가 여러분에게 그렇게 말했습니까? 그것은 불가능합니다. 서로 모순되면서 똑같이 옳을 수는 없습니다. 진리가 있고, 거짓이 있을 뿐입니다. 만일 어떤 것이 진리라면, 그와 반대되는 것은 거짓입니다. 선한 사람들이 서로 다른 의견을 갖는 것은 사실일 수 있지만, 그러나 그들이 주장하는 것에 대해 여러분이 무슨 책임이 있습니까? 그들이 인격적으로 선하므로 그들이 믿는 모든 것이 사실이라고 생각할 필요가 있습니까? 그렇지 않습니다. 성경은 충분히 명백합니다. 성경은 모든 사람이 자기가 원하는 대로 빚을 수 있는 진흙덩어리가 아닙니다. 성경에는 분명하며 확실한 가르침이 있습니다. 만일 어떤 사람이 마음을 기울여 성경을 읽는다면, 그는 하나님의 은혜로 그것을 찾아낼 수 있을 것입니다.

나는 어떤 사람들이 생각하는 것처럼 성경이 너무도 모호하며 비밀스럽다고 믿지 않습니다. 설령 그렇다 하더라도, 그것을 기록한 성령께서 지금도 살아계시며 그러므로 항상 자신이 의미한 것을 알게 하실 것이라고 나는 믿습니다. 여러분은 단지 기도로써 성령께 가기만 하면 됩니다. 그러면 그는 여러분에게 그 의미를 말해 주실 것입니다. 물론 여러분은 무오(無誤)하지 않습니다. 여러분도 스스로에 대해 그렇게 생각할 것입니다. 그러나 여러분은 무오한 진리를 배울 수 있으며, 그 터 위에서 이렇게 말할 수 있습니다 ― "나는 이것을 아노라, 그러므로 다른 것에 의해 속임을 당하지 않노라." 자기 안에 어느 누구도 빼앗을 수 없는 불타는 진리를 갖는 것은 얼마나 멋진 일입니까?

한 소년으로부터 성경책을 빼앗으면서 자신이 마땅히 해야 할 일을 했다고 생각했던 사제가 있었습니다. 이에 소년은 말합니다. "신부님, 제가 외우고 있는 수많은 성경구절들은 어떻게 하시렵니까? 당신은 그 가운데 어느 하나도 빼앗을 수 없습니다." 그러나 외운 것조차도 세월이 흐르면서 잃어버릴 수 있습니다. 그러나 그 마음이 변화되어 그리스도 안에서 새 피조물이 된 사람들을 생각해 보십시오. 그들로부터 그것을 빼앗을 수 있는 것은 아무것도 없습니다. 심지어 사탄조차도 그렇게 할 수 없습니다. 여러분에게 맡겨진 거룩한 진리를 믿음으로 굳게 붙잡으십시오. 복음을 발견하기 위해 말씀을 찾으십시오. 그리고 그것을 여러분 마음의 가장 깊은 곳으로 받아들이도록 노력하십시오. 그것이 영원히 여러분 마음의 가장 깊은 곳에 머물러 있도록 말입니다.

둘째로, 선한 청지기로서 우리는 모든 사람에게 진리를 옹호해야 합니다. 어떤 이들은 "다른 사람들과 종교적 논쟁을 벌이지 말라"고 말합니다. 다시 말해서, 그리스도의 군병(軍兵)은 되되 칼은 칼집에서 그냥 녹슬게 두라는 것입니다. 그리고 비겁자처럼 살금살금 기어서 천국에 들어가라는 것입니다. 만일 하나님이 진리로 여러분을 부르셨다면, 그 진리를 굳게 붙잡고 사람들에게 그것을 옹호하십시오. 우리는 논쟁 벌이기를 좋아하는 사람이 되어서는 안 됩니다. 그러나 우리 조상들이 지켜온 진리가 찢겨지고 위기에 처할 때, 어떻게 우리가 그것을 가만히 앉아 바라보기만 할 수 있단 말입니까? 특별히 이 시대는 하나님의 진리가 열렬히, 뜨겁게, 지속적으로 주장되고 옹호될 필요가 있습니다. 태도가 분명치 않고 이리저리 왔다 갔다 하는 것은 진노의 자녀의 확실한 표지입니다. 진리를 받았다면, 그것을 굳게 붙잡는 것이 천국백성의 의무입니다. 바울이 디모데에게 명한 것처럼 말입니다. 진리 위에 굳게 서십시오. 그러면 하나님이 여러분에게 승리를 주실 것입니다.

이와 같이 우리는 복음을 믿고 옹호해야 합니다. 왜냐하면 그것이 우리에게 맡겨졌기 때문입니다. 그러나 내가 볼 때 우리가 그러한 책임을 이행하는 가장 좋은 방법은 우리의 삶 속에서 복음을 아름답게 꾸미는 것입니다. 사람들은 자기가 사랑하는 자에게 보석을 줍니다. 그렇다면, 만일 우리가 복음을 사랑한다면, 우리 자신의 덕행이 그러한 사랑을 나타내는 보석이 되어야 합니다. 심지어 집안일을 거드는 하녀조차도 복음을 아름답게 꾸밀 수 있습니다. 그녀는 예배당에 가지만, 그러나 그녀의 불신자 여주인은 그녀가 예배당에 가는 것을 반대할 수도 있습니다.

나는 일전에 이와 비슷한 실례(實例)를 들은 적이 있습니다. 비국교도 예배 모임에 참여하는 하녀를 둔 어떤 부부가 있었습니다. 그들은 자신들의 하녀가 그곳에 참여하는 것을 못마땅하게 여기면서 그곳에 가는 것을 금했습니다. 그러자 하녀는 예배모임에 참석하게 해달라고 간곡하게 호소했고, 마침내 그 집을 떠나기로 결심했습니다. 그러자 남편이 아내에게 말했습니다. "당신도 우리 하녀가 매우 성실한 아이라는 것을 잘 알지 않소. 우리는 지금까지 저렇게 부지런한 하녀를 본 적이 없소. 그녀는 집안을 항상 깨끗하게 정리정돈하고, 무슨 지시를 받든 잘 순종해 왔소. 그녀는 우리의 일을 한 번도 훼방한 적이 없었소. 그렇다면 우리도 그녀의 일을 훼방하지 말아야 하지 않겠소? 그녀가 어디를 가든, 그것이 그녀를 해롭게 하지는 않을 거요. 그러니 그녀로 하여금 자신의 예배모임에 참여하도록 그냥 내버려 둡시다." 그러자 그의 아내가 이렇게 대답했다고 합니다. "나는 우리 하녀가 예배모임에서 많은 은혜를 받는다고 생각해요. 우리도 그녀와 함께 그들의 예배모임에 참석해 보는 것이 좋을 것 같아요." 그리고 그들은 얼마 후 그들의 하녀가 참석하는 교회에 등록했습니다. 처음에는 그토록 못마땅하게 여기던 교회를 말입니다.

우리 역시도 각자 서 있는 자리에서 그렇게 할 수 있습니다. 우리 모두가 강대상 위에서 복음을 전파하라고 부름받지 않았습니다. 그러나 우리는 공장과 사무실과 일터 등 각자 자신이 서 있는 자리에서 더 강력하고 효과적으로 복음을 전파할 수 있습니다. 우리는 사람들 앞에 우리가 믿는 복음이 어떤 복음인지 보여줄 책임이 있습니다. 얼마 전에 한 중국선교사가 야생오리를 잡기 위해 배를 타고 상류지역으로 올라갔습니다. 강을 따라 올라가던 중 그는 오리들을 발견했고 총을 쏴 몇 마리의 오리를 잡았습니다. 그러나 불행하게도 그 오리들은 야생오리가 아니라 어떤 사람이 기르는 오리들이었습니다. 주인은 수마일 떨어진 먼 곳에 있었지만, 선교사는 오리 주인을 찾기 위해 여러 시간을 수소문하며 다녔습니다. 왜냐하면 그는 자신이 알지 못하고 끼친 손실을 배상하기 전까지는 결코 쉴 수 없었기 때문입니다. 마침내 선교사의 방문을 받은 주인은 크게 놀랐습니다. 왜냐하면 지금까지 수많은 사람들이 자신의 오리를 쏘았지만, 단 한 사람도 이렇게 찾아온 사람이 없었기 때문입니다. 그는 하나님의 사람의 정직성을 이해할 수 없었습니다. 그는 다른 사람들에 이 일을 말했고, 그리하여 많은 중국인들이 선교사를 보기 위해 모였습니다. 마치 외계에서 떨어지기라도 한 사람인 것처럼 말입니다. 그들은 지금까지 이토록 정직한 사람을 본 적이 없었던 것입니다. 그들은 주의 깊게 복음을 들었습니다. 그리고 선교사를 이토록 양심적인 사람으로 만든 가르침은 필경 좋은 가르침일 것이라고 생각했습니다. 이러한 조그만 정직성 하나가 그것이 없는 스무 편의 설교보다 훨씬 더 강력한 힘을 갖는다는 사실을 나는 조금도 의심하지 않습니다. 우리도 각자 서 있는 자리에서 우리에게 맡겨진 복음을 아름답게 꾸미도록 노력해야 합니다.

마지막으로, 복음이 우리에게 맡겨진 것은 우리로 하여금 그것을 널리 펼치도록 하기 위한 것입니다. 더 멀리 펼칠수록 더 좋을 것입니다. 이 자리에는 각자 자신의 일터에서 열심히 일하는 젊은이들이 많이 있습니다. 나는 그들이 각자의 일을 통해 복음을 펼치고 있음을 조금도 의심하지 않습니다. 그러나 많은 능력을 가진 사람들 가운데 너무도 적은 사람들만이 실제로 그렇게 하고 있는 것은 참으로 안타까운 일입니다. 나는 열 달란트 가진 사람들이 스스로를 그리스도께 성별하며 세상 속에서 복음을 펼쳐 나가기를 바랍니다. 우리 젊은이들 가운데 많은 사람들이 교회보다 다른 곳에서 활발하게 활동하고 있습니다. 좋습니다. 그러나 나는 많은 젊은이들이 자신의 힘을 복음을 펼치는 일에 더 많이 사용하기를 바랍니다. 그리스도인의 첫 번째 일은 기독교 신앙을 따라 사는 것입니다. 나머지 모든 것, 심지어 애국심조차도 그것보다 하위에 있어야만 합니다. 왜냐하면 천국이 조국보다 더 우선되어야 하며, 세상의 어느 누구보다도 예수 그리스도가 더 그의 왕이 되어야 하기 때문입니다. "너희는 먼저 그의 나라와 그의 의를 구하라"(마 6:33).

　　나는 지금 이 자리에 앉아 있는 주님을 사랑하는 젊은이들에게 정말로 하나님을 위해 살고 있느냐고 묻고 싶습니다. 여러분은 정말로 자신의 자리에서 예수 그리스도의 이름을 높이며 그의 향기를 나타냅니까? 젊은 자매들이여, 여러분의 목소리는 너무도 곱고 아름답습니다. 그러나 나는 그 목소리가 예배당이 아닌 다른 곳에서 더 아름답게 울려 퍼지는 것을 듣고 싶습니다. 여러분은 각자 자신의 삶의 영역을 가지고 있습니다. 여러분은 그것을 그리스도를 위해 가지고 있습니까? 그리스도인 여자의 첫 번째 부르심은 가정에서 예수 그리스도를 섬기는 것이며, 다음으로는 이웃 가운데 그를 섬기는 것입니다. 여러분은 그렇게 하고 있습니까? 그리스도인 여자들이여, "복되신 하나님의 영광의 복음"은 바로 여러분들에게 맡겨졌습니다. 마치 하늘 아래 다른 그리스도인은 없는 것처럼 말입니다. 그러면 여러분은 여러분에게 맡겨진 일을 실행하고 있습니까? 설령 다른 모든 그리스도인들이 죽는다 하더라도, 여러분은 복음이 여러분에게 요구하는 것을 기꺼이 실행할 것입니까? 이 세상의 그 어느 누구도 그리스도인으로서의 여러분의 개인적인 책임을 가로막을 수 없습니다.

　　이 시간 나는 여러분에게 영광스러운 복음을 펼쳐 나가는 일에 함께 동참하자고 호소합니다. 몇 해 전 나는 영국 전역을 돌아다니며 일주일에 열 번 내지 열두 번씩 최선을 다해 설교한 적이 있었습니다. 그때 나는 다른 사람들이 나를 도와 나의 입이 되어 주고 나의 머리가 되어 줄 수만 있다면 나의 복되신 주님을 위해 훨씬 더 많은 일을 할 수 있을 것이라고 생각하곤 했습니다. 그때 한 젊은이가 나와 함께 기독교 사역에 동참하게 되었습니다. 그 일이 계기가 되어 나의 마음속에 사역자 후보생들을 키우고자 하는 열망이 불타올랐습니다. 그렇게 하여 한 명이 열 명이 되고, 스무 명이 되고, 서른 명이 되고, 오십 명이 되고, 현재 구십 명이 되었습니다. 신학교는 그렇게 계속해서 성장해 왔습니다. 사역자 후보생들은 최근 몇 해 동안 팔십 명에서 구십 명 사이를 계속해서 유지했습니다. 이들의 훈육에 필요한 모든 것은 하나님의 백성들의 자발적인 기부금으로 부족함 없이 충당되었습니다. 기부금을 모금하러 다니는 사람도 없었고, 연초에 약정서를 작성하지 않았음에도 불구하고 말입니다. 나는 하나님의 섭리 외에는 의지할 것이 아무것도 없었습니다. 때로 재정이 어려운 때도 있었습니다. 그럴 때마다 우리는 학생들을 모아 함께 기도했고, 그때마다 기도응답을 받곤 했습니다. 마치 하나님이 하늘로부터 손을 뻗어 필요한 재정을 공급해 주는 것 같았습니다. 일 년에 대략 5,000파운드 정도의 재정이 소요되는데, 필요할 때마다 항상 하나님이 채워주셨습니다. 우리는 몇 군데 예배처소를 건축했으며, 몇 곳의 새 교회를 세웠습니다. 우리는 런던과 영국의 가장 어두운 지역들을 복음화했습니다. 그리고 우리의 학생들은 오스트레일리아, 남부 아프리카, 아메리카, 그리고 세계 전역으로 퍼져 나갔습니다. 하나님은 그들을 축복하시기를 기뻐하셨으며, 지금까지 그들의 모든 필요를 채워주셨습니다. 만일 여러분이 이 일에 감동을 받고 그들을 돕는 일에 동참한다면, 그것은 우리에게 너무도 큰 기쁨이 될 것입니다.

설교를 마치기에 앞서, 다시 한 번 여러분에게 묻고 싶습니다. "여러분은 주 예수 그리스도를 믿습니까? 복음은 여러분에게 영광스러운 복음이 되었습니까?" 나는 여러분을 잘 알지 못합니다. 그러나 회중석을 둘러보면서 지난 10년 동안 말씀을 듣고서도 전혀 듣지 못한 사람처럼 조금도 변화되지 않은 사람들을 볼 때, 나는 애통하지 않을 수 없습니다. 이것은 얼마나 두려운 일입니까? 똑같은 태양이 밀랍은 녹이고 진흙은 굳힙니다. 어떤 사람들에게 복음은 생명에 이르는 향기가 되는 반면, 또 어떤 사람들에게는 사망에 이르는 향기가 됩니다. 만일 오늘 예배를 통해 모든 사람이 자기 영혼을 돌아보는 계기가 된다면, 만일 오늘 예배를 통해 여러분이 골방으로 들어가 문을 닫고 "주여 나로 하여금 영광스러운 복음을 알게 하소서. 나는 지금까지 그것을 깨닫지 못하고 있었나이다. 왜냐하면 지금까지 그것은 나에게 영광스럽지 않았기 때문이나이다. 오늘 그것을 온전히 깨닫고, 나로 하여금 구원받게 하소서"라고 기도한다면, 나의 마음은 큰 기쁨으로 넘치게 될 것입니다.

제
2
장

—

죄인을 구원하시려고 오심

—

"미쁘다 모든 사람이 받을 만한 이 말이여
그리스도 예수께서 죄인을 구원하시려고 세상에 임하셨다
하였도다 죄인 중에 내가 괴수니라" — 딤전 1:15

여러분은 바울이 자신의 개인적인 역사(歷史)를 이야기한 직후에 본문을 기록한 것을 주목할 수 있을 것입니다. 그는 자신이 "비방자요 박해자요 폭행자"였다고 말합니다(13절). 그러고 나서 그는 본문의 위대한 구절을 덧붙입니다. "미쁘다 모든 사람이 받을 만한 이 말이여 그리스도 예수께서 죄인을 구원하시려고 세상에 임하셨다 하였도다 죄인 중에 내가 괴수니라." 이와 같이 본문은 경험에 의거한 고백입니다. 그는 마치 다이버가 해저(海底)로부터 진주를 채취하듯이 자기 영혼의 깊은 곳으로부터 이러한 고백을 끌어올립니다. 지금 이 글을 쓰고 있는 바울의 펜 끝에는 그의 마음의 잉크가 듬뿍 묻어 있습니다. 설교든 교훈이든 경험으로부터 말미암은 것보다 더 강력한 힘을 갖는 것은 없습니다. 만일 우리가 다른 사람들에게 복음을 전달하고자 한다면, 먼저 그것을 우리 자신의 것으로 받아들여야만 합니다. 자신이 밟아보지 않은 길로 어떻게 다른 사람들을 인도할 수 있겠으며, 자신이 향유해 보지 못한 복음의 은택(恩澤)을 어떻게 다른 사람들에게 말할 수 있겠습니까? 자기가 아는 것을 말하며 본 것을 증언하는 설교자는 얼마나 복됩니까?

바울의 증언이 특별히 강력한 힘을 갖는 것은 그가 매우 단순하며 솔직한 사람이었기 때문입니다. 회심하기 전에는 그는 복음을 훼방하는데 누구보다 앞장선 사람이었습니다. 그는 무슨 일이든 적당히 하는 사람이 아니었습니다. 그는 자신이 옳다고 믿는 것에 자신의 모든 것을 던지는 사람이었습니다. 그가 복음을 알고 난 후 과거와는 정반대의 길로 그토록 열심히 달려간 것 역시 바로 이런 성격 때문이었을 것입니다. 그는 단순하며 솔직한 사람이었습니다. 그런 사람에게 거짓으로 꾸민다든지 혹은 중립 지대에 어중간하게 서 있는 것은 불가능한 일이었습니다. 그는 솔직하며, 직설적이며, 자신의 생각을 기탄없이 말하는 사람이었습니다. 그가 자신의 개인적인 경험의 결과로서 그리스도 예수께서 죄인을 구원하시려고 세상에 임하셨다고 말할 때, 우리는 그가 그것을 자신의 존재 전체로 믿었음을 확신할 수 있습니다. 그의 삶은 그의 증언을 증명하는 것이었으며, 그의 죽음은 그의 증언을 그의 피로써 인치는 것이었습니다. 그는 그것을 위해 모든 것을 잃었으며, 그렇게 잃은 것을 자신의 가장 큰 소득으로 여겼습니다. 그가 그의 피를 받은 땅으로부터 말하는 것을 들어 보십시오. 그의 피는 아벨의 피보다 더 나은 것을 말하며, 그것은 더 크고 분명한 소리로 부르짖습니다.

본문은 마치 멋진 테두리로 둘러싸인 그림과 같습니다. 우리는 테두리가 본 그림 못지않게 훌륭한 예술성으로 채워진 옛 거장(巨匠)들의 그림을 종종 봅니다. 여기의 본문 역시 그러합니다. 먼저 본문의 테두리를 살펴보도록 합시다. 그것은 이것입니다. "미쁘다 모든 사람이 받을 만한 이 말이여." 이러한 테두리를 주의 깊게 살피고 난 연후에, 우리는 "그리스도 예수께서 죄인을 구원하시려고 세상에 임하셨다 하였도다 죄인 중에 내가 괴수니라"라는 본 그림을 살펴볼 것입니다.

1. 첫째로, 바울은 그것을 "말"(saying)이라고 말합니다

(This is a faithful saying, and worthy of all acceptatlon).

어떤 것을 "말"(saying)이라고 말할 때, 그것은 그것이 일반적으로 회자되고 통상적으로 발설됨으로써 모든 사람이 그것을 아는 것을 의미합니다. 그것은 모든 사람이 알며 이야기하는 공통적인 화젯거리입니다. 우리는 그것을 공리(公理)라는 단어로 설명할 수 있을 것입니다. 그것은 기독교적 공리, 즉 그리스도인이라면 아무도 의심하지 않는 자명한 사실입니다. 예수 그리스도께서 죄인을 구원하시려고 세상에 오셨다는 것은 오늘날에도 우리 모두가 믿는 진리입니다. 그렇지만 우리는 그것이 "말"(saying)이 되도록 다른 사람들에게 자주 이야기합니까? 여러분의 집에서 일하는 하인들은 자신들의 통상적인 화젯거리로서 "예수 그리스도께서 죄인을 구원하시려고 세상에 오셨다는 것은 우리 주인의 '말들'(sayings) 가운데 하나"라고 서로 이야기합니까? 여러분의 하인들은 "우리 주인은 항상 예수 그리스도께서 죄인을 구원하시려고 세상에 오셨다고 말하곤 했지요. 그것은 그의 통상적인 말이었습니다"라고 거리낌 없이 말할 수 있을까요? 반복적으로 언급되지 않는 것은 "말"(saying)이라고 불릴 수 없습니다. 통상적인 공통의 화젯거리가 되지 않는다면, 그것은 "말"의 범주에 들어가지 않습니다.

이로부터 우리는 그리스도인은 "예수 그리스도께서 죄인을 구원하시려고 세상에 오셨다"는 복음의 기본적인 진리에 대해 훨씬 더 많이 그리고 훨씬 더 자주 이야기해야 한다는 교훈을 배워야 합니다. 신자들은 그것을 자주 이야기함으로써 그것이 심지어 믿지 않는 사람들 가운데서조차 통상적인 화젯거리가 되도록 해야 합니다. 만일 그들이 "이제 우리는 그 말을 듣는데 지쳤다"라고 불평한다면, 그것은 매우 좋은 표적이 될 것입니다. 그들로 하여금 "저들은 항상 그 말을 해. 그들의 자녀들도 그 말을 하고 청년들도 그 말을 하지. 부인도 항상 그 말을 하고 남편도 그 말을 한단 말이야. 그것이 마치 그들의 삶의 기둥인 것처럼 말이야"라고 말하게 하십시오. 복음의 놀라운 소식을 아는 사람들은 항상 그것을 말해야 합니다. 집에 앉아 있을 때에도 말하고, 일할 때에도 말하고, 거리에서 만나는 사람들에게도 말하고, 밭에서 함께 일하는 자들에게도 말해야 합니다. 세상으로 하여금 그것을 듣게 만드십시오. 사회 전체에 그 소리가 울리게 하십시오. 어째서 여러분은 가장 오래된 그러나 가장 새로운 말을 말하지 않는 것입니까? 사람들은 금언(金言)을 좋아합니다. 이것이야말로 최고의 금언이 아닙니까? 우리는 정말로 좋은 소식을 가지고 있습니다. 그것을 널리 퍼트리십시오. 복음을 모든 사람에게 말하십시오. 모든 사람에게 복음이 무엇인지 알게 하십시오. 좀 더 비밀스런 진리들은 혹시 돼지 앞에 진주를 던지는 것이 아닐까 하여 다소 말하기를 주저할 수도 있을 것입니다. 그러나 복음은 가장 단순한 진리입니다. 성경이 그것을 "말"(saying)이라고 부르는 것처럼 말입니다. 그러므로 그것이 가장 흔하고 통상적인 말이 될 때까지 계속해서 말하고 또 말하십시오.

바울은 그것을 단순히 "말"이라고만 하지 않고 "미쁘신 말"이라고 말합니다

(한글개역개정판에는 "미쁘다 이 말이여"라고 되어 있음). 예수 그리스도께서 죄인을 구원하시려고 세상에 오셨다는 말은 믿을 만한 말이며, 진리로 가득 찬 말이며, 어떤 의심의 여지도 없는 말이며, 분명하고 확실한 말입니다. 세상의 모든 말들은 이 말 앞에 입을 다물어야 합니다. 금박(金箔)을 입힌 어떤 물건을 생각해 보십시오. 세상에는 그것처럼 겉으로 보기에는 그럴 듯하지만 실제로는 별 유익이 없을 뿐만 아니라 여러 가지 해악을 끼치는 말들이 많이 있습니다. 그러나 이것은 순전한 유익으로 가득 찬 말입니다. 그것은 순전한 진리입니다. 그것은 열방을 치료하기 위해 보내진 생명나무 잎입니다. 매우 값진 물건도 시간이 지나면 녹슬고 닳아 없어집니다. 시간도 변하고 환경도 바뀝니다. 우리 조상들의 때가 다르고 우리의 때가 다릅니다. 그러나 이것은 미쁘신 말입니다. 왜냐하면 그것은 열아홉 세기 전 바울이 사랑하는 디모데에게 편지를 기록할 때와 똑같이 오늘날에도 동일하게 실제적이며 참되기 때문입니다.

"그리스도 예수께서 죄인을 구원하시려고 세상에 임하셨다"는 말은 오늘날에도 똑같이 모든 나라에 축복을 가져다주는 말입니다. 마치 태양처럼, 그 말은 과거와 똑같이 오늘날에도 황금빛으로 빛납니다. 그 말은 여러분과 내가 세상을 떠난 후에도 똑같이 빛날 것입니다. 또 다른 천 년이 오고, 심지어 오만 년이 지난 후에라도 복음의 빛은 조금도 흐려지지 않을 것입니다. 이 하늘의 동전에 새겨진 그림과 글씨는 아무리 세월이 흘러도 결코 흐려지거나 지워지지 않을 것입니다. 그것은 하나님의 동전이며, 세상보다 영원할 것입니다. "그리스도 예수께서 죄인을 구원하시려고 세상에 임하셨도다." 여러분은 이 말을 소년 시절에 들었습니다. 그러나 그에 대해 많이 생각하지 않았습니다. 여러분은 이제 나이가 많이 들었으며, 앞으로 살날이 그리 많이 남지 않았습니다. 그런데 여러분은 아직도 구원받지 못했습니다. 그러나 감사하게도 우리는 여전히 노년인 여러분에게 말할 같은 진리를 가지고 있습니다. 비록 여러분이 어린 시절에 그 말에 마음을 열지 않았다 하더라도 말입니다. 그것은 그때와 똑같이 지금도 분명하며 확실합니다. "그리스도 예수께서 죄인을 구원하시려고 세상에 임하셨도다." 마지막 순간까지 이 말은 분명하고 확실하게 남아 있습니다. 여러분 가운데 아무도 절망하거나 의심하지 말기를 바랍니다. 여러분 모두가 그것이 하나님 자신의 구원의 말씀임을 깨닫기 바랍니다.

그러나 바울은 거기에서 멈추지 않습니다. 그는 계속해서 그 말이 "모든 사람이 받을 만한"(worthy of all acceptation) 것이라고 덧붙입니다. 어떤 말은 받을 만하지 않습니다. 빨리 잊어버릴수록 좋은 말도 있습니다. 그러나 여러분은 이 말을 진리로서 받을 수 있으며 또 다른 사람들에게 받게 할 수 있습니다. 만일 여러분이 그 말을 진리로서 받는다면, 그것은 여러분에게 너무도 복된 일이 될 것입니다. 그 말을 여러분 자신의 것으로 받아들이는 날은 여러분 인생에 가장 복된 날이 될 것입니다. "그리스도 예수께서 죄인을 구원하시려고 세상에 임하셨도다." 만일 내가 스스로를 죄인으로 인식하면서 예수께서 나를 구원하시려고 오셨음을 추론한다면, 나는 진리를 받아들이고 있음을 아무 두려움 없이 확신할 수 있습니다. 예수 그리스도를 믿음으로써 나는 그가 나를 구원하시려고 오셨음을 기뻐할 수 있습니다. 여러분은 이 진리를 여러분의 귀 안으로 받을 수 있으며, 여러분의 기억 안으로 받을 수 있으며, 여러분의 가장 깊은 내적 마음 안으로 받을 수 있습니다. 그 말은 귀 안으로 받을 만하며, 기억 안으로 받을 만하며, 무엇보다도 가장 깊은 마음 안으로 받을 만합니다. 그리고 그 말을 받음으로써 여러분은 그 위에 과거와 현재와 미래의 여러분의 모든 영혼의 유익을 세울 수 있습니다. 또 여러분은 그 말을 여러분의 확신의 주된 기둥과 버팀줄로서 받을 수 있습니다. 왜냐하면 그것은 모든 사람의 신뢰와 확신을 버틸 만큼 충분히 튼튼하기 때문입니다.

　　그것은 또한 모든 종류의 사람이 받을 만합니다. 가장 부한 사람, 가장 높은 사람, 가장 유식한 사람, 가장 정직한 사람, 가장 정결한 사람 ― 이 모든 사람들이 그것을 받을 수 있습니다. 그것은 이들이 받기에 합당합니다. 하나님 앞에서 그들은 여전히 죄인이며 그러므로 그리스도의 구원을 필요로 합니다. 반대로 가장 낮은 사람, 가장 무지한 사람, 가장 천박한 사람, 가장 타락한 사람, 버림받은 사람, 아무 도움도 받지 못하는 사람, 소망 없는 사람 ― 이들 역시도 그것을 받을 수 있습니다. 왜냐하면 그 말은 그들에게도 사실이기 때문입니다. 아니, 그 말은 그들에게 특별히 사실입니다. 왜냐하면 예수 그리스도는 바로 그들과 같은 사람들을 구원하시려고 세상에 오셨기 때문입니다. 만일 내가 내일 런던 거리에서 있다고 합시다. 그때 군중 가운데 어떤 사람이 내게 다가와 묻습니다. "그리스도 예수께서 죄인을 구원하시려고 세상에 오셨다는 말은 내가 믿을 만하며 또 받을 만한 것입니까?" 그러면 나는 그가 누구인지 상관없이 조금도 주저하지 않고 대답할 것입니다. "그렇습니다." 그가 호화로운 마차에서 내려 내게 다가온 사람이든, 과일을 팔다가 리어카를 버려두고 온 사람이든, 구두닦이를 하다가 구두 통을 버려두고 온 사람이든, 죄수 호송차에서 도망쳐 나온 사람이든 ─ 그가 누구든 상관없이 이 말은 그가 받을 만한 것이라고 나는 확실하게 말할 수 있습니다. 왕과 성자(聖者)로부터 가장 낮고 미천한 사람에 이르기까지 모두가 그 말을 받을 만합니다. 그것은 "모든 사람이 받을 만한" 말입니다.

사랑하는 형제들이여, 아무도 우리를 복음을 지나치게 높인다고 참소할 수 없습니다. 우리가 아무리 열심을 품는다 할지라도, 그것은 결코 필요 이상의 지나친 열심일 수 없습니다. 왜냐하면 그것은 모든 사람이 받을 만한 복음이며, 그렇기 때문에 모든 그리스도인이 열심히 퍼트려야만 하는 복음이기 때문입니다. 복음을 퍼트리십시오. 모든 바람(風)들로 그것을 실어 나르게 하십시오. 모든 물결들로 그것을 퍼져나가게 하십시오. 모든 곳에 그것을 기록하십시오. 모든 눈이 볼 수 있도록 말입니다. 모든 장소에서 그것을 말하십시오. 모든 귀가 들을 수 있도록 말입니다. 복음은 단순합니다. 그래서 어떤 사람들은 그것을 유치하다고 경멸합니다. 그러나 그것은 하나님의 큰 능력입니다. 어떤 사람들은 그것을 진부하다고 말합니다. 그러나 그것은 거룩한 환희로 하늘을 울리는 진부함이며, 광야를 장미꽃처럼 피어나게 만드는 진부함이며, 지옥을 천국으로 바꾸는 진부함이며, 가장 캄캄한 어둠을 영광의 밝음으로 바꾸는 진부함입니다. "그리스도 예수께서 죄인을 구원하시려고 세상에 오셨다"는 복음의 현(絃)을 계속해서 울리십시오. 그것은 천사의 나팔로 불기에 합당한 것이며, 웅변가의 격렬한 연설로 말하기에 합당한 것이며, 철학자의 가장 심오한 사상으로 전달하기에 합당한 것입니다. 그것은 모든 인간이 받을 만한 것이며, 모든 그리스도인이 전파할 만한 것입니다. 부디 그것을 낮추지 마십시오. 도리어 세상에서 가장 값진 것으로 높이십시오. 이것이 본 그림을 둘러싸고 있는 테두리이며, 금 사과를 담고 있는 은 쟁반입니다.

2. 둘째로, 이제 그 "말" 자체, 즉 "그리스도 예수께서 죄인을 구원하시려고 세상에 오셨다"는 말씀을 살펴보도록 합시다.

나는 여러분과 함께 이 말씀을 가장 단순하게 살펴보고자 합니다. 마치 이러한 기본적인 복음의 말씀을 처음 대하는 것처럼 말입니다. 부디 성령께서 우리를 인도하시기를 기원합니다.

　　먼저 여기에 한 인물이 등장합니다. 그는 신적 존재로서 기름 부음받은 구주이신 그리스도 예수입니다. 영원히 복되신 삼위일체의 두 번째 위격이신 하나님의 아들이 죄인들의 구주가 되셨습니다. 그는 하나님 그 자신이셨습니다. 그는 땅을 창조하셨으며, 그러므로 지금까지도 그의 어깨가 땅의 모든 기둥들을 떠받치고 있습니다. 인간의 죄로 인해 고난당한 그가 놀랍게도 인간들의 구주가 되셨습니다. 이 어찌 놀랄 일이 아닙니까?

　　다음으로 그가 행한 일이 나타납니다. 그는 "세상에 임하셨"습니다. 그는 베들레헴에서 한 아기로 탄생하셨습니다. 그렇게 하여 그는 세상에 오셨습니다. "말씀이 육신이 되어 우리 가운데 거하시매 우리가 그의 영광을 보니 아버지의 독생자의 영광이요 은혜와 진리가 충만하더라"(요 1:14). 그는 세상에서 30여년을 살면서 많은 궁핍과 노고를 겪으셨습니다. 그는 목수의 일을 하셨으며, 노동자의 옷을 입으셨습니다. 그는 배고팠으며, 목말랐으며, 피곤했으며, 괴로움을 당했습니다. 이 모든 의미에서, 그는 세상에 오셨으며 사람들 가운데 사람이 되셨습니다. 그는 우리의 뼈 중의 뼈요 살 중의 살이셨습니다. 죄로 가득 찬 세상 속에서, 그는 그를 둘러싼 사람들의 죄로 인해 고난을 당하셨습니다. 고통으로 가득 찬 세상 속에서, 그는 우리의 질병을 담당하셨습니다. 죽음 아래 있는 세상 속에서 그는 죽으셨으며, 죄로 가득 찬 세상 속에서 그는 죄인의 죽음을 죽으셨습니다. 그리고 그는 죄인들을 대신하여 하나님의 진노를 당하셨습니다.

　　계속해서 그가 오신 목적을 주목하십시오. 그는 "구원하시려고" 오셨습니다. 그가 세상에 오신 것은 사람들이 잃어버린 바 되었기 때문에 그래서 그들을 찾아 구원하시려고 오신 것입니다. 그들은 범죄하였습니다. 그리하여 그는 자신을 그들의 자리에 놓고 그들의 죄의 결과들을 짊어짐으로써 그들을 구원하셨습니다. 그들은 더러워졌습니다. 그리하여 그는 세상에 오셔서 자신의 거룩한 영을 주심으로써 그들을 새 피조물로 만들기 위해 그들을 구원하셨습니다. 그럼으로써 그들로 하여금 정결하고 거룩한 열망을 품으며, 세상의 모든 부패한 것들을 피할 수 있도록 말입니다. 그는 죄인들을 그들이 있는 지옥의 컴컴한 문으로부터 취하여 자신의 보배로운 피로 깨끗하게 씻음으로써 그들을 자신과 함께 영원한 영광 가운데 거하기에 합당하도록 만들기 위해 그들에게 오셨습니다.

　　이 모든 것은 얼마나 놀라운 일입니까? 천사들도 놀라며, 우리도 놀랍니다. 그러나 모든 것 가운데 가장 놀라운 사실은 그가 죄인들을 구원하시려고 세상에 오셨다는 것입니다. 의인들이 아니라 죄인들을 구원하시려고 말입니다. 그 자신의 말을 들어 보십시오. "나는 의인을 부르러 온 것이 아니요 죄인을 부르러 왔노라"(막 2:17). 의사는 병든 자를 치료하기 위해 옵니다. 구주는 잃은 자를 구원하기 위해 오십니다. 잃어버리지 않은 자들을 구원하려고 시도하는 것은 우스꽝스러운 일이 될 것입니다. 죄가 없는 자들을 용서하기 위해 죽는 것은 터무니없는 일이 될 것입니다. 멍에 아래 있지 않은 자들을 자유케 하려고 하는 것은 앞뒤가 맞지 않는 일이 될 것입니다. 예수 그리스도는 불필요한 행동을 하기 위해 오시지 않았습니다. 만일 여러분이 범죄하지 않았다면, 구주는 여러분을 구원하지 않으실 것입니다. 만일 여러분이 죄인이 아니라면, 여러분은 그리스도 안에 아무런 분깃도 갖지 않습니다. 만일 여러분이 "나는 어려서부터 율법을 잘 지켰으며 어떤 죄도 범하지 않았습니다"라고 말할 수 있다면, 우리는 어떤 복음의 축복도 여러분 앞에 제시할 수 없습니다. 만일 여러분이 소경이라면, 주 예수 그리스도께서 여러분의 눈을 뜨게 해주실 것입니다. 그러나 만일 여러분이 "우리가 보노라"라고 말한다면, 여러분의 죄는 그대로 남아 있을 것입니다. 만일 여러분이 죄인이라면, 본문은 여러분에게 위로로 가득 찬 말씀이 될 것이며 벌집처럼 꿀을 떨어뜨리는 말씀이 될 것입니다. "그리스도 예수께서 죄인을 구원하시려고 세상에 임하셨도다."

계속해서 바울은 "죄인 중에 내가 괴수니라" 혹은 "죄인 중에 내가 첫째(first)니라"라고 덧붙입니다. 칼빈은 바울이 사역 중에 많은 잘못을 저질렀다든지 혹은 그가 지나치게 과장하고 있는 것으로 이해해서는 안 된다고 경고합니다. 바울은 성령에 감동되어 성경을 기록하고 있었으며, 따라서 그는 사실을 말하고 있었습니다. 어떤 측면에서, 그는 죄인 중에 괴수였습니다. 그는 죄 속으로 깊이 깊이 들어갔습니다. 그가 믿지 않을 때 알지 못하고 행한 것은 분명 사실입니다. 그러나 믿지 않는 것 그 자체가 모든 죄 가운데 가장 큰 죄입니다. 사람에게 있어 믿지 않는 자 즉 불신자가 되는 것은 악독한 일입니다. 그것은 저주받을 죄입니다. 어떤 폭행죄를 범한 사람을 생각해 보십시오. 그는 판사 앞에서 자신이 술에 취해 있었노라고 탄원합니다. 때로 이것은 정상참작 사유로 받아들여지곤 합니다. 그러나 판사는 매우 현명한 사람으로 이렇게 판결을 내립니다. "좋소, 폭행사실에 대해서는 정상을 참작하겠소. 그렇지만 술에 취한 것에 대해서는 당신은 40실링을 벌금으로 내야 하오. 그것은 또 다른 범죄로서 당신의 죄책은 경감

되지 않을 것이오." 불신앙에 대해서도 이와 같습니다. 설령 한쪽 측면에서 그것이 정상참작 사유로서 받아들여질 수 있다 할지라도, 그러나 또 다른 측면에서 그것은 죄를 가중시키는 것입니다. 바울 역시도 그와 같이 생각하면서 스스로를 "죄인 중에 괴수"로 말하고 있는 것입니다. 그러나 그는 그리스도 예수께서 자신을 구원하시려고 오셨다고 선언합니다. 만일 큰 동물이 어떤 문을 통과할 수 있다면, 그보다 작은 동물들은 더 쉽게 그것을 통과할 수 있을 것입니다. 만일 어떤 다리가 코끼리를 견딜 만큼 튼튼하다면, 그것이 쥐나 고양이 같은 작은 동물들을 견딜 것은 너무도 자명한 일입니다. 만일 가장 큰 죄인이 그리스도의 대속의 제사로 천국에 들어갔다면, 어느 누구도 "나의 죄는 너무 커서 용서받을 수 없어요"라고 말할 수 없을 것입니다. 그러므로 아무도 절망할 정당한 권리를 주장할 수 없습니다. 여러분 가운데 어떤 사람들은 계속해서 절망합니다. 그러나 여러분은 절망할 어떤 근거도 갖고 있지 않습니다. 그리스도 예수께서 죄인과 잃은 자와 스스로에 대해 파멸한 자를 불러 큰 구원으로 구원하시려고 세상에 오셨다는 바로 이것이 여러분에게 전파된 좋은 소식입니다.

3. 셋째로, 이제 본문에 근거해서
간단한 설교를 만들어 보도록 합시다.

우리의 짧막한 설교는 본문의 교리와 함께 시작되는데, 여기에서는 그것을 단지 부정적인 측면으로만 다루고자 합니다. 본문이 예수 그리스도께서 의인들의 독립적인 정신, 다시 말해서 구원을 위해 어느 누구도 의지하지 않는 정신을 칭찬하며 격려하며 북돋기 위해 오셨다고 말하지 않는 것을 주목하십시오. 본문은 예수 그리스도가 우리에게 인간의 본성이 어떤 사람들이 생각하는 것처럼 그렇게 나쁘지 않다고 말해주기 위해 혹은 스스로를 신뢰하면서 스스로 천국으로 가는 길을 만들어 나가는 사람들을 격려하기 위해 오셨다고 말하지 않습니다. 여기에는 그와 같은 종류의 말은 단 한 마디도 없습니다. 뿐만 아니라 하나님의 책 전체에도 그와 같은 종류의 말은 없습니다. 성경 속에 구원을 위해 스스로를 의지하는 사람을 격려하는 말은 결코 존재하지 않습니다. 또 영원한 생명이 자신의 허리로부터 나올 수 있다는 생각이나 혹은 자신이 행할 수 있는 어떤 공로로부터 얻을 수 있다는 생각을 뒷받침해주는 구절은 단 한 구절도 없습니다.

나는 로마에 가서 산타 스칼라(Santa Scala)를 볼 때마다 분노로 피가 끓는 것을 느끼곤 합니다. 그것은 우리 주님이 빌라도에게 끌려갈 때 걸었던 거룩한 계단이라고 합니다. "오직 의인은 믿음으로 말미암아 살리라"라는 말씀이 다가왔을 때 마르틴 루터가 자신의 죄를 사함받고자 무릎으로 기어 올라갔던 계단이 바로 이 계단이었습니다. 나는 그 대리석 계단 밑에 서 있었습니다. 계단들은 매우 높았으며, 기도하는 자들의 무릎이 까지지 않도록 나무로 덮여 있었습니다. 계단을 덮은 나무는 무릎을 꿇고 기어 올라가는 순례자들에 의해 닳아 세 번이나 바꾸었다고 합니다. 나는 수많은 남자와 여자와 노인과 아이들이 스스로 천국으로 올라가는 길을 찾기 위해 무릎을 꿇고 한 계단씩 기어 올라가는 것을 보았습니다. 첫 번째 계단을 덮은 나무에 순례자들이 대리석에 입 맞출 수 있도록 작은 구멍이 나 있었습니다. 나는 순례자 모두가 그곳에 입을 맞추면서 이마를 대는 것을 보았습니다. 그러한 구멍은 중간 계단과 마지막 계단에도 있었으며, 사람들은 똑같은 방식으로 그러한 구멍을 통해 대리석에다가 열렬하게 입을 맞추었습니다. 가련한 순례자들이 무릎을 꿇고 한 계단씩 올라감으로써 자신의 죄가 사해진다고 믿는 것은 나에게 있어 정말로 충격적인 장면이었습니다.

아! 그들이 "미쁘다 모든 사람이 받을 만한 이 말이여 그리스도 예수께서 죄인을 구원하시려고 세상에 임하셨다 하였도다"라는 말씀을 제대로 깨달을 수만 있다면 얼마나 좋겠습니까? 사람이 무릎으로 기어 올라간다든지 혹은 스스로 가하는 고행을 통해 구원받는 것이 아니라는 사실을 그들이 제대로 깨달을 수만 있다면 얼마나 좋겠습니까? 사제들이 그릇 인도한 이런 잘못된 믿음으로부터 그들이 어떻게 돌이켜질 수 있을까요? 성경은 예수 그리스도가 의인을 격려하기 위해 혹은 스스로 구원하고자 하는 자들을 돕기 위해 오셨다고 결코 말하지 않습니다.

또 본문이 예수 그리스도가 죄인들로 하여금 스스로를 구원하도록 돕기 위해 오셨다고 말하지 않는 사실을 주목하십시오. 세상에는 이와 비슷한 복음들이 많이 있지만, 그러나 그것은 그리스도의 복음이 아닙니다. 여리고로 가는 도중에 강도를 만난 가련한 사람은 사마리아인에 의해 거반 죽은 상태로 발견되었습니다. 사마리아인은 그에게 "스스로 일어나 나에게 오시오. 그러면 내가 당신을 치료해 주겠소"라고 말하지 않았습니다. 대신에 사마리아인은 그가 부상을 당해 거반 죽어 누워 있는 자리에 와서 그의 상처에 기름과 포도주를 붓고 그를 짐승에 태워 여관으로 데려갔습니다. 그리고 심지어 그로 하여금 비용을 지불하도록 하지 않고 여관주인에게 "비용이 더 들면 내가 돌아올 때에 갚으리라"라고 말했습니다(눅 10:35). 만일 죄인들을 위해 해야 할 또 다른 일이 있다면, 예수 그리스도는 그 일을 행할 것입니다. 왜냐하면 그는 죄인들이 구원의 일과 관련하여 스스로의 몫을 갖는 것을 허락하지 않기 때문입니다. 죄인의 몫은 다만 그리스도께서 완성하신 일을 받아들이는 것뿐입니다. 자신의 모든 행위를 포기하고 구원을 위해 하늘로부터 오신 그로 하여금 구원하도록 맡기는 것입니다. 우리가 개입해서는 안 됩니다. 다만 예수 그리스도로 하여금 그의 일을 행하도록 맡겨야 합니다.

또 본문은 그리스도가 죄인을 절반만큼 구원하시려고 오셨다고 말하지 않습니다. 다시 말해서, 그가 절반의 일만을 완성하고 나머지 절반은 그들 스스로 이루도록 내버려두지 않았다는 것입니다. 사람이 구원받을 수 있지만 그러나 은혜로부터 떨어질 수 있다는 개념이 의외로 널리 퍼져 있습니다. 그들은 구원을 받아 영생을 얻을 수 있지만, 그러나 그것은 참으로 이상한 종류의 영생입니다. 왜냐하면 소멸되어 없어질지 모르는 영생이기 때문입니다. 그들은 죄 사함을 받을 수 있지만, 그러나 형벌을 받을 수도 있습니다. 그들은 하나님의 자녀가 될 수 있지만, 그러나 마귀의 자녀도 될 수 있습니다. 그들은 그리스도의 몸의 지체가 될 수 있지만, 그러나 그 몸에서 끊어져 사탄의 지체가 될 수도 있습니다. 그러나 감사하게도 성경에는 그렇게 기록되어 있지 않습니다. 예수 그리스도는 구원의 일을 시작하기만 하고 끝마치지는 않은 것이 결코 아닙니다. 그가 일단 구원의 일을 시작하면, 그는 끝까지 그 일을 이루실 것입니다. 그의 놀라운 구원은 완성될 것입니다. 그러므로 아무도 "이 사람이 공사를 시작하고 능히 이루지 못하였다"라고 말하지 못할 것입니다(눅 14:30). 예수 그리스도의 이름에 영광을 돌릴지니, 그는 죄인을 처음부터 마지막까지 구원하시려고 세상에 오셨습니다. 그는 알파와 오메가가 되실 것입니다. 그는 그를 믿는 모든 사람에게 처음과 마지막이 되실 것입니다.

또 여기에서 우리는 참 구주이신 예수 그리스도는 참 죄인들을 구원하시려고 세상에 오셨다는 사실을 추론할 수 있습니다. 마르틴 루터가 쓰라린 죄의식 아래 있었을 때, 그는 "나의 죄가 너무도 커서 나는 그리스도가 나를 구원하실 수 있다고 믿을 수 없습니다"라고 말했습니다. 그때 그를 돕던 어떤 사람이 그에게 이렇게 말했습니다. "만일 당신이 단지 죄인과 비슷한 사람일 뿐이라면, 예수 그리스도는 단지 구주와 비슷한 분이 되실 것입니다. 그러나 만일 당신이 참 죄인이라면, 당신은 참 구주께서 당신을 구원하시려고 오신 것을 기뻐하게 될 것입니다." 어떤 사람은 이렇게 말합니다. "예, 나는 죄인입니다. 나는 내가 죄인임을 압니다. 그러나 나는 내가 많은 잘못을 범했는지 알지 못합니다. 나는 항상 정직했고 올바르게 살았습니다." 이 사람은 죄인이라는 이름은 가지고 있지만, 그러나 그것이 전부입니다. 그는 가짜 죄인이며, 그에게 어울리는 구주는 가짜 구주일 뿐입니다. 그러나 자신이 가련한 범죄자임을 고백하는 자를 위해 참 구주가 계십니다. 범죄한 자들이여, 기뻐하십시오. 하나님의 그리스도께서 참 보혈을 가지고 오셔서 참 속죄를 이루셨습니다. 그는 도둑질과 술 취함과 헛된 맹세와 부정함과 안식일을 범하는 것과 거짓말과 살인 등과 같은 실제적인 죄들을 도말하셨습니다. 이 모든 죄들이 죄인 중에 괴수를 구원하려고 오신 참 구주에 의해 도말될 수 있습니다. 오! 이 거대한 복음의 종을 그 소리가 산과 골짜기에 가득 찰 때까지 울릴 수만 있다면! 주께서 사람들의 귀와 마음을 여시사, 이 기쁜 소식을 듣는 자들로 하여금 그들을 구원하시려고 오신 구주를 영접하도록 하시기를!

지금까지 살핀 것으로부터 우리는 다음과 같은 몇 가지 사실을 추론할 수 있습니다.

첫째로, 죄인을 구원하는 것은 매우 크고 엄청난 일이라는 사실입니다. 왜냐하면 그 일을 위해 하나님의 아들이 세상에 오셔야만 했기 때문입니다. 그것은 예수 그리스도 외에는 다른 어느 누구에 의해서도 이루어질 수 없는 일이었습니다. 그는 하늘 보좌를 버리고 땅의 구유를 취하셔야만 했으며, 자신의 영광을 내려놓고 고난과 피 흘림과 죽으심을 당하셔야만 했습니다. 영혼을 구원하는 일이 그토록 크고 엄청난 일이라면, 그 일을 이루신 주 예수께서 마땅히 모든 영광을 받으셔야만 합니다. 영광의 면류관은 오직 예수 그리스도의 머리 위에만 씌워져야지, 그 외에 다른 어느 누구에게도 씌워져서는 안 됩니다. 또 우리는 우리를 그토록 비싼 값으로 사신 주님께 모든 존귀를 돌려야 합니다. 하나님의 어린 양에게 존귀와 영광이 영원무궁토록 있을지어다. 아멘.

둘째로, 죄인을 구원하는 것은 매우 선한 일임에 틀림없다는 사실입니다. 왜냐하면 예수 그리스도는 나쁜 일을 위해서라면 결코 세상에 오시지 않았을 것이기 때문입니다. 죄인이 구원받는 것은 큰 축복임에 틀림없습니다. 사랑하는 형제들이여, 이러한 사실은 우리 모두를 잃은 자를 찾아 구원하시려는 그리스도의 자원하는 도구로 스스로를 드리도록 이끕니다. 구주의 마음을 가득 채우고 있었던 그 일은 우리에게도 역시 최고의 일입니다. 잃은 영혼을 은혜의 나라로 옮기는 성령의 도구가 되는 것은 가장 가치 있는 일입니다. 그것은 그것을 위하여 살 만한 가치가 있는 일이며, 또 그것을 위하여 죽을 만한 가치가 있는 일입니다. 예수 그리스도께서 여러분에게 맡기신 일이 얼마나 복된 일인지 생각해 보십시오. 설령 그것이 주일학교에서 어린이들을 가르치는 일이거나 혹은 집집마다 방문하며 복음을 전하는 일이라 하더라도 말입니다. 사람들이 여러분을 경멸하지 않을까 신경 쓰지 마십시오. 왜냐하면 그들을 죄로부터 구원하는 일은 하나님 자신이 결코 경멸하지 않는 일이기 때문입니다.

셋째로, 만일 예수 그리스도께서 죄인을 구원하시려고 하늘로부터 땅으로 내려오셨다면, 틀림없이 그는 그 일을 하실 수 있다는 사실입니다. 만일 그가 세상에 오셔서 구주가 되시기 위해 피 흘리고 죽으셨다면, 그는 그 일을 하실 수 있습니다. 그가 치른 값은 우리를 구속하기에 충분합니다. 그가 흘린 피는 우리를 씻기에 충족합니다. 여러분 가운데 스스로 매우 더럽고 불결하다고 생각하는 사람이 있습니까? 그렇다면 아버지 오른편에 계신 그리스도를 바라보고 감히 이렇게 말하십시오. "그는 심지어 나 같은 사람조차도 구원하실 수 있습니다. 그는 회개와 죄 사함을 주시기 위해 높이 승귀(昇貴)되셨으며, 그를 통해 하나님께 나아오는 자들을 끝까지 구원하실 수 있습니다. 그는 나를 구원하실 수 있음에 틀림없습니다." 이렇게 말할 수 있는 영혼은 얼마나 복됩니까? "네 믿음이 너를 구원하였으니 평안히 가라"(눅 14:30). 예수 그리스도는 자신을 의지하는 자들의 믿음을 결코 실망시키지 않으실 것입니다.

우리는 본문의 교리로부터 이상과 같은 세 가지 사실을 추론했습니다. 이제 나는 마지막으로 다음과 같은 질문을 던지고자 합니다. "만일 예수께서 죄인을 구원하시려고 오셨다면, 그는 나를 구원하셨습니까? 또 여러분을 구원하셨습니까?"

"그는 나를 구원하셨습니까?" 이러한 질문에 나는 감히 아무 머뭇거림 없이 대답합니다. 나는 그가 나를 구원하신 것을 압니다. 오래 전에 나는 믿음으로 구원의 계획을 깨달았습니다. 그 구원의 계획을 듣고 나는 예수를 바라보며 살았습니다. 그리고 나는 지금도 그를 바라보고 있습니다. 나는 그의 말씀이 참되다는 사실과 내가 구원받았다는 사실을 압니다. 내가 구원받은 증거는 내가 설교를 한다거나 혹은 내가 이것 또는 저것을 행하는 사실에 놓여 있지 않습니다. 나의 모든 소망은 예수 그리스도께서 죄인을 구원하시려고 오셨다는 바로 여기에 놓여 있습니다. 나는 죄인입니다. 나는 그를 믿습니다. 그는 나를 구원하시려고 오셨습니다. 나는 구원받았습니다. 나는 항상 이러한 복된 사실을 향유하며 살고 있습니다. 그것의 사실성 여부를 의심해 본 것은 아주 오래 전의 일일 뿐입니다. 왜냐하면 나는 나의 이러한 믿음을 뒷받침하는 그의 말씀을 가지고 있기 때문입니다.

사랑하는 성도들이여, 여러분은 확신을 갖고 이렇게 말할 수 있습니까?

> "그에 대한 나의 믿음은 견고하며,
> 나는 그로부터 나의 모든 도움을 끌어오노라."

그렇다면, 여러분은 복 있는 자들입니다. 왜냐하면 하나님이 여러분을 크게 축복하셨기 때문입니다. 여러분은 마땅히 기뻐하고 즐거워해야 합니다. "그리스도께서 나를 구원하셨도다"라고 말할 수 있는 사람은 그 마음속에 영원히 혼인 잔치를 알리는 종을 가지고 있는 것입니다. 기뻐하고, 또 기뻐하십시오. 왜냐하면 여러분은 세상에서 최고의 기업(基業)을 가졌기 때문입니다. 세상 일이 여러분 원하는 대로 이루어지지 않는다 할지라도, 실망하거나 낙담하지 마십시오. 도리어 주께서 큰 구원으로 여러분을 구원하신 그 사실로 인해 기뻐하고 또 기뻐하십시오.

여러분 가운데 어떤 사람들은 "아무래도 나는 구원받지 못한 것 같습니다"라고 말할 수밖에 없을는지도 모릅니다. 그렇다면 나는 여러분에게 다른 질문을 던질 것입니다. "그렇다면 오늘이 끝나기 전에 여러분은 '그가 나를 구원하셨습니다'라고 말할 수 있겠습니까?" 본문을 다시 보십시오. 본문은 예수 그리스도께서 죄인들을 구원하시려고 오셨다고 기록하고 있습니다. 여기에서 죄인이라는 이름을 주목해 보십시오. 이것은 여러분의 이름입니까, 아닙니까? 여러분은 죄인입니까? 나는 앞에서 가짜 죄인과 참 죄인을 구별했습니다. 여러분은 자신이 범죄했다고 고백합니까? 그렇다면 예수 그리스도는 바로 여러분 같은 사람들을 구원하시려고 오신 것입니다. 성경은 "그를 믿는 자는 심판을 받지 아니한다"고 말씀합니다(요 3:18). 여러분은 믿는 것이 무엇인지 압니다. 그것은 신뢰하는 것이며, 의지하는 것입니다. 만일 여러분이 죄인으로서 그리스도 예수를 의지한다면, 여러분은 구원받은 죄인입니다. 만일 여러분이 지금 그를 의지한다면, 지금 이 순간 죄 사함을 받고, 지금 이 순간 구원받습니다.

그래도 어떤 사람들은 계속해서 머뭇거리며 "그렇지만 나는 … 나는 … "하고 말합니다. 아! 여러분은 산타 스칼라의 계단을 기어오르기를 원합니까? 정녕 그것을 원합니까? 그것이 여러분이 원하는 것입니다. 여러분은 불안한 마음으로 산타 스칼라의 계단을 오르내립니다. 여러분은 말합니다. "아니야, 나는 그토록 어리석은 일은 하지 않아." 그러나 만일 여러분이 여러분 자신의 행위로 구원받고자 노력하고 있다면, 여러분은 실제로 산타 스칼라의 계단을 오르내리고 있는 것입니다. 여러분은 산타 스칼라의 계단을 여러분 자신의 것으로 만들면서, 수고롭게 그 계단들을 오르내리고 있습니다. 여러분은 말합니다. "그렇지만 목사님, 내가 구원받은 것이 사실이라면, 그것을 내가 느껴야 하지 않습니까?" 아! 여러분은 또다시 산타 스칼라의 계단으로 되돌아간 것입니다.

복음은 산타 스칼라의 계단도 아니며, 여러분의 느낌도 아니며, 여러분의 행위도 아닙니다. 복음이 말하는 것은 "그를 믿는 자는 심판을 받지 않는다"는 것입니다(요 3:18). "주 예수 그리스도를 믿으라 그리하면 너와 네 집이 구원을 얻으리라"(행 16:31). 여러분은 가톨릭교도들의 어리석은 행동을 보고 웃습니다. 그러나 그와 같은 가톨릭적 행습은 어떤 형태로든 거듭나지 못한 모든 사람의 자연적인 종교성입니다. 우리 모두는 어떤 형태로든 무릎으로 계단을 기어 올라가는 고행을 원합니다. 우리는 너무도 교만하여 값없이 천국을 받아들이려고 하지 않습니다. 우리는 값을 지불한다든지 혹은 이것저것을 하기를 원합니다. 그러나 구원의 유일한 계획은 "믿고 생명을 얻으라"입니다. 예수 그리스도를 믿고, 신뢰하며, 의지하십시오.

제
3
장
—

영광스러운 복음

—

"미쁘다 모든 사람이 받을 만한 이 말이여
그리스도 예수께서 죄인을 구원하시려고 세상에 임하셨다
하였도다 죄인 중에 내가 괴수니라" — 딤전 1:15

나는 하나님의 종들에 의해 사람들에게 전달된 메시지는 항상 "여호와의 짐"(the burden of the Lord)으로 불려야 한다고 생각합니다. 옛 선지자들이 주님으로부터 보냄을 받아 왔을 때, 그들은 그와 같은 무거운 짐을 지고 있었습니다. 그리하여 그들의 얼굴은 슬픔으로 어두웠으며, 그들의 마음은 슬픔으로 무거웠습니다. 그들은 종종 "이것은 여호와의 짐이라 이것은 여호와의 짐이라"는 말씀으로 자신들의 설교를 시작하곤 했습니다. 그러나 오늘날 우리의 메시지는 결코 무거운 짐이 아닙니다. 복음을 전파하는 설교자의 주제 속에 심판의 위협과 같은 두려운 천둥소리는 섞이지 않습니다. 모든 것은 은혜입니다. 복음에 있어 그 실체도 사랑이며, 그 총체도 사랑입니다. 그것은 자격 없는 자에게 값없이 베풀어지는 사랑입니다. 죄인 중에 괴수에게 베풀어지는 사랑입니다. 그럼에도 불구하고 그것은 여전히 우리에게 짐입니다.

본 설교의 주제에 관한 한, 그것을 선포하는 것은 우리의 기쁨이며 즐거움입니다. 그렇지만 나에게 있어 그것을 전하는 것은 여전히 무거운 짐입니다. 지금 나의 마음은 내가 전파해야만 하는 것 때문이 아니라, 내가 그것을 어떻게 전파할 것인가 하는 것 때문에 근심하고 있습니다. 전하는 자가 제대로 전하지 못함으로 인해 그토록 선한 메시지가 땅에 떨어져버리면 어떻게 합니까? 내가 그 것을 성실하게 전하지 못함으로 인해 나의 청중들이 "모든 사람이 받을 만한 이 말"을 거부하기라도 하면 어떻게 합니까? 이런 상상을 할 때, 우리는 두려움에 떨지 않을 수 없게 됩니다. 하나님이여, 부디 이런 두려움을 가라앉혀 주소서. 내가 지금 말씀을 전파할 때, 부디 그 말씀이 모든 사람의 마음에 역사하게 하여 주옵소서. 그리고 여기 모여 있는 사람들 가운데 아직 예수 그리스도 안으로 들 어오지 않은 사람들이 부디 이 말씀을 듣고 마음을 정하고 그 안으로 들어오게 하옵소서. 그래서 그들로 하여금 주님의 선하심을 보고 또 맛보게 하옵소서.

교만한 사람들은 본문의 교훈을 그다지 달갑게 받아들이지 않을 것입니다. 인간의 본성은 이렇게 외치는 경향이 있습니다. "나는 여기의 교훈을 다른 사람 들에게 전파할 수 없어요. 그것은 너무나 단순하며, 그 안에는 아무런 신비도 없 어요. 도대체 무엇을 가르칠 것이 있단 말입니까? 그것은 너무나 단순하며 평이 하기 짝이 없는 말일 뿐이에요. 또 나는 그것이 교훈하는 바를 별로 받아들이고 싶지 않아요. 왜냐하면 그것이 주님은 높일는지 모르지만 그러나 인간은 지나치 게 낮추기 때문이에요." 오늘 아침 나로부터 아무것도 기대하지 마십시오. 나는 다만 본문이 가르치는 교훈을 가장 단순하게 전달할 것입니다.

우리는 본문을 두 부분으로 나누어 살필 것입니다. 첫째 부분은 "그리스도 예수께서 죄인을 구원하시려고 세상에 임하셨도다"라는 본문의 주된 내용이며, 둘째 부분은 "미쁘다 모든 사람이 받을 만한 이 말이여"라는 거기에 덧붙여진 첨 언(添言)입니다.

1. 첫째로, "그리스도 예수께서 죄인을 구원하시려고 세상에 임하셨도다" 라는 본문의 주된 내용을 주목하십시오.

우리는 여기에서 구주와 죄인과 구원, 세 단어가 크게 두드러지는 것을 보게 됩니다.

첫 번째로 여기에 **구주**가 등장하는 것을 주목하십시오. 기독교를 설명할 때, 우리는 반드시 구주로부터 시작해야 합니다. 구주의 인격(person)이 우리의 모 든 소망의 기초입니다. 그 인격 위에 우리의 복음이 세워집니다. 만일 어떤 사람 이 일어나 단지 한 인간에 불과한 구주를 전파한다면, 그는 우리의 소망에 부합 하지 않을 것이며 그렇게 선포된 구원은 우리가 필요로 하는 구원이 되지 못할 것입니다. 만일 어떤 사람이 천사를 통한 구원을 전파한다면, 우리의 죄는 너무도 크고 무거워서 천사의 속죄로는 충분한 것이 되지 못할 것입니다. 따라서 그의 복음은 절름발이 복음이 될 것입니다. 다시 반복하거니와, 우리 구원의 모든 것은 전적으로 구주의 인격 위에 세워집니다. 만일 그가 구주의 일을 할 수 있는 능력이 없다면 만일 그가 그 일을 위임받지 않았다면, 그 일은 우리에게 아무 쓸모 없는 것이 될 것입니다.

그러나 사랑하는 형제들이여, 우리가 복음을 전파할 때, 우리는 멈추거나 머뭇거릴 필요가 없습니다. 우리는 오늘 여러분에게 하늘과 땅이 보여줄 수 없는 구주를 보여주어야 합니다. 그는 너무도 사랑이 많으시며, 너무도 크시며, 너무도 강하신 분입니다. 그는 우리의 모든 필요에 합당한 분입니다. 그는 우리의 가장 깊은 필요들에 부합하도록 준비되신 분입니다. 우리는 죄인을 구원하려고 세상에 오신 예수 그리스도가 하나님이심을 압니다. 그는 이 낮은 세상에 오시기 훨씬 이전에도 천사들로부터 지극히 높은 자의 아들로서 경배를 받았습니다. 그는 사람의 아들(人子)이며, 우리의 뼈 중의 뼈요 살 중의 살이십니다. 그럼에도 불구하고 그는 영원한 하나님의 아들이요, 그 안에 완전한 신성(神性)의 모든 속성들을 가지고 계십니다. 우리에게 하나님 이상의 구주가 필요할 수 있겠습니까? 하늘을 만드신 자가 영혼을 정결하게 할 수 없겠습니까? 만일 그가 하늘의 장막을 펴셨다면 그리고 땅을 만드사 사람들로 거기 거하게 하셨다면, 그가 죄인을 멸망으로부터 구원할 수 없겠습니까? 여러분에게 그가 하나님이시라고 말할 때, 우리는 그와 함께 그의 전능하심과 무한하심을 선포하고 있는 것입니다. 그의 전능하심과 무한하심이 함께 일할 때, 도대체 불가능한 것이 무엇이겠습니까? 하나님으로 일하게 하십시오. 그러면 그 일은 결코 실패로 끝나지 않을 것입니다. 그로 하여금 그 일 속으로 들어가게 하십시오. 그러면 그 일은 필경 성취될 것입니다. 이와 같이 사람이신 그리스도 예수가 동시에 하나님이신 그리스도 예수임을 생각할 때, 우리는 우리가 전파하는 구주가 바로 "모든 사람이 받을 만한" 구주임을 완전히 확신할 수 있습니다.

그에게 주어진 이름은 그의 인격과 관련하여 그가 어떤 존재인지 가르쳐줍니다. 본문에서 그는 "그리스도 예수"로 불립니다. 두 단어로 이루어진 그러한 칭호는 "기름 부음받은 구주"를 의미합니다. 기름 부음받은 구주께서 "죄인을 구원하시려고 세상에 임하셨도다."

　　여기에서 잠시 멈추고 그가 "기름 부음받은 구주"라는 사실을 생각해 보십시오. 하나님 아버지께서는 영원 전부터 그리스도에게 구주의 직분으로 기름 부으셨습니다. 그러므로 사람들을 죄로부터 구속하기 위해 하늘로부터 내려오신 구속자를 바라볼 때, 나는 그가 보냄을 받지 않거나 혹은 위임을 받지 않고 온 것이 아니라는 사실을 주목합니다. 그는 자신의 사역을 뒷받침하는 아버지의 권세를 가지고 계셨습니다. 그러므로 여기에 두 가지 변할 수 없는 사실이 있습니다. 하나는 신성(神性)을 가지신 그리스도의 인격이며, 또 하나는 그에게 그의 아버지 여호와로부터의 위임의 인을 치는 위로부터의 기름 부음입니다. 오! 죄인들이여, 여러분은 하나님이 기름 부으신 자보다 더 큰 구주를 원합니까? 여러분은 여러분의 속전(贖錢)이며 아버지의 기름 부음받은 자인 하나님의 영원한 아들보다 더 큰 구주를 원합니까?

　　그러나 그가 사람이셨음을 주목하기 전까지는 우리는 구속자의 인격을 충분히 설명하지 않은 것입니다. 본문은 그가 세상에 오셨다고 말합니다. 그러나 이것이 그의 유일한 오심은 아닙니다. 왜냐하면 그는 전에도 종종 세상에 오셨기 때문입니다. 우리는 성경에서 "내가 이제 내려가서 그 모든 행한 것이 과연 내게 들린 부르짖음과 같은지 그렇지 않은지 내가 보고 알려 하노라"라는 말씀을 읽습니다(창 18:21). 사실상 그는 항상 여기에 계셨습니다. 하나님의 오심은 성소(聖所)에서 가시적(可視的)인 모습으로 나타나기도 했습니다. 또 하나님이 폭풍을 자신의 병거(兵車)로 삼으시고 바람 날개를 타실 때, 이것이 그가 세상에 오신 것이 아닙니까?

　　그러나 여기의 오심은 이 모든 것들과 다릅니다. 예수 그리스도는 인간 본성과의 가장 충분하며 가장 완전한 연합의 의미에서 세상에 오셨습니다. 오! 죄인들이여, 우리가 신성(神性)을 가진 구주를 전파할 때, 어쩌면 여러분은 그 이름이 너무도 어마어마해서 그 구주가 여러분에게 적합하다고 거의 생각할 수 없게 되는지도 모릅니다. 그러나 성경이 말하는 것을 다시 한 번 들어 보십시오. 비록 그리스도가 하나님의 아들이셨다 할지라도, 그는 지극히 높은 영광의 보좌를 버리고 스스로를 낮추사 구유를 취하셨습니다. 그는 구유 속에 한 뼘밖에 안 되는 아기로서 누워 계셨습니다. 그는 자라 소년이 되고 성인이 되셨습니다. 그는 세상에 오셔서 말씀을 전파하고 또 고난을 받으셨습니다. 그가 압제의 멍에 아래 신음하는 소리를 들어 보십시오. 그는 조롱을 당하며, 멸시를 당하셨습니다. 그의 얼굴은 다른 어떤 사람보다 더 일그러졌으며, 그의 형상은 사람의 아들들보다 더 훼손되었습니다. 겟세마네 동산에 있는 그를 보십시오. 그는 핏방울을 흘리고 있습니다. 빌라도 총독부에서의 그를 보십시오. 그는 채찍에 맞아 피투성이가 되었습니다. 피에 물든 십자가에 달린 그를 보십시오. 고통 가운데 죽어가는 그를 보십시오. 그의 고통을 어떻게 묘사할 수 있으며, 어떻게 상상할 수 있겠습니까? 고요한 무덤 가운데 계신 그를 보십시오. 마침내 사망의 멍에를 깨뜨리고 제삼일에 부활하신 그를 보십시오. 그리고 하늘로 승천하신 그를 보십시오. 죄인들이여, 지금 여러분 앞에 적나라하게 나타난 구주가 계십니다. 그는 나사렛 예수라 불렸으며, 십자가 위에서 죽으셨으며, "유대인의 왕 나사렛 예수"라 씌어진 죄패를 가지고 계셨습니다. 그러나 그는 하나님의 아들이셨으며, 아버지의 영광의 빛이셨으며, 아버지의 바로 그 형상이셨습니다. 그는 모든 세상 앞에 아버지로부터 낳음받은 자이셨으며, 지음받지 않은 자이셨으며, 아버지와 동일한 본체를 가진 자이셨습니다. "그는 근본 하나님의 본체시나 하나님과 동등됨을 취할 것으로 여기지 아니하시고 오히려 자기를 비워 종의 형체를 가지사 사람들과 같이 되셨고 사람의 모양으로 나타나사 자기를 낮추시고 죽기까지 복종하셨으니 곧 십자가에 죽으심이라"(빌 2:6-8).

아, 내가 지금 그를 여러분 앞에 보여줄 수만 있다면! 내가 지금 그의 손과 옆구리를 여러분 앞에 보여줄 수만 있다면! 만일 지금 여러분이 도마처럼 여러분의 손가락을 그의 못 자국에 넣어보고, 여러분의 손을 그의 옆구리에 넣어볼 수만 있다면! 그렇게 한다면, 어떻게 여러분이 믿지 않는 자가 될 수 있겠습니까? 만일 사람들로 하여금 믿지 않을 수 없도록 만드는 어떤 것이 있다면, 그것은 분명 그리스도의 인격에 대한 참된 그림일 것입니다. 그의 경우에도, 보는 것이 믿는 것입니다. 예수 그리스도를 올바로 바라보는 자의 영혼 속에 어떻게 믿음이 생겨나지 않을 수 있겠습니까? 만일 여러분이 나의 주님을 안다면, 나는 여러분이 설령 지금은 의심 가운데 두려워하며 떨고 있다 할지라도 필경 다음과 같이 말하게 될 것을 의심치 않습니다. "오! 나는 그를 믿을 수 있습니다. 그는 신성과 인성을 동시에 가지고 계시면서 하나님으로부터 기름 부음과 위임을 받은 분으로서 정말로 나의 믿음에 합당한 분이십니다. 나는 그를 믿을 수 있습니다. 아니 그 이상입니다. 만일 내가 백 개의 영혼을 가지고 있다면, 나는 백 개의 영혼 전체로 그를 믿을 수 있습니다. 설령 세상의 모든 죄와 더러운 것들이 내 안에 있다 하더라도, 그런 경우에조차 그러한 구주는 '그를 통해 하나님께 나아오는 자들을 끝까지' 구원하실 수 있을 것이나이다." 바로 이것이 구주의 인격입니다.

두 번째 요점은 죄인입니다. 우리가 전에 이 구절이나 혹은 이와 비슷한 취지의 다른 구절을 한 번도 들어보지 못했으며, 오늘 처음으로 이 구절을 읽는다고 상상해 보십시오. 만일 그렇다면, 나는 지금 이 자리가 숨소리조차 들리지 않을 정도의 무거운 침묵으로 휩싸이게 될 것이라고 확신합니다. "미쁘다 모든 사람이 받을 만한 이 말이여 그리스도 예수께서 죄인을 구원하시려고 세상에 임하셨다 하였도다." 여러분은 머리를 내밀며, 귀를 쫑긋 세웁니다. 그리고 구주께서 누구를 위해 죽으셨는지 알고자 마음을 집중합니다. 사람들은 말합니다. "그가 누구를 구원하시려고 오셨다고요?" 만일 우리가 전에 이 메시지를 한 번도 들어보지 못했다면, 지금 우리 마음은 두려움으로 고동칠 것입니다. 여기에 묘사된 인물이 혹시 우리가 다가갈 수 없는 인물이라면 어떻게 하나 하는 두려움 말입니다. 그리스도께서 구원하시려고 오신 자들의 특성을 묘사하는 단어를 여기에서 다시 듣는 것은 얼마나 감격스러운 일입니까? "그리스도 예수께서 죄인을 구원하시려고 세상에 임하셨다 하였도다."

여기에는 왕이든 방백이든 아무 구별이 없습니다. 그는 자신의 사랑의 대상으로부터 아무도 배제하지 않습니다. 가난한 자들과 심지어 거지들조차도 그의 은혜를 맛볼 수 있습니다. 학식 많은 자들이여, 이스라엘의 지도자들이여, 그리스도는 특별히 그대들을 구원하시려고 오셨다고 말하지 않습니다. 무지하며 학식이 없는 자들도 똑같이 그의 은혜에 참여합니다. 존귀한 혈통을 가진 유대인들이여, 그대들이라고해서 이방인보다 더 의롭다함을 받는 것은 결코 아닙니다. 영국의 문명인들이여, 그리스도는 그대들을 구원하시려고 오셨다고 말하지 않습니다. 그는 자신의 사랑의 대상으로서 그대들을 특별한 부류로 따로 구별하지 않습니다. 선행을 많이 한 자들이여, 그는 그대들조차도 따로 구별하지 않습니다. 그가 세상에 오신 이유는 단지 이것입니다. "그리스도 예수께서 죄인을 구원하시려고 세상에 오셨도다." 여기에 제시된 "죄인"은 일반적인 의미로 이해되어야 합니다. 다시 말해서, 예수 그리스도께서 구원하시려고 오신 모든 자들은 곧 죄인이라는 것입니다.

어떤 사람이 "이 말씀으로부터 내가 구원받았음을 추론할 수 있습니까?"라고 묻는다면, 우리는 그에게 또 하나의 질문을 던져야만 합니다. 즉 당신은 스스로를 죄인 중 한 사람으로 인정하느냐 하는 것입니다. 예수 그리스도께서 구원하시려고 오신 자들은 본질상 죄인들입니다. 그 이상도 이하도 아닙니다. 나는 종종 그리스도께서 각성된 죄인들을 구원하시려고 세상에 오셨다고 이야기하곤 했습니다. 그것은 전적으로 사실입니다. 정말로 그는 그런 자들을 구원하시려고 오셨습니다. 그러나 그가 구원하려고 왔을 때, 그들은 각성된 죄인들이 아니었습니다. 그가 왔을 때, 그들은 단지 "허물과 죄로 죽은" 죄인들이었을 뿐입니다. 그리스도께서 소위 각성된 죄인들을 구원하시려고 죽으셨다는 것은 분명한 사실입니다. 그러나 그가 구원하시려고 죽으셨을 때, 그들은 각성된 죄인들이 아니었습니다. 그는 자신의 죽음의 효력으로 그들을 각성된 죄인, 즉 "스스로 죄인임을 깨닫는" 자들로 만드십니다. 그가 위하여 죽으신 자들은 어떤 형용사도 붙지 않는 단순한 죄인들입니다. 그들은 공로나 선행에 있어 다른 사람들과 구별되는 어떤 표지도 갖고 있지 않습니다.

죄인들! 이 용어는 모든 종류의 죄인들을 포함합니다. 그 죄가 아주 작은 분량으로 나타나는 그런 사람들도 있습니다. 그들은 신앙 안에서 양육 받고, 도덕적으로 교육받았으며, 깊은 죄 속으로 돌진해 들어가지 않습니다. 그들은 단지 악의 주변부에만 머물 뿐입니다. 그들은 결코 악의 깊은 곳으로 들어가지 않습니다. 예수 그리스도는 이런 사람들을 위해 죽으셨습니다. 왜냐하면 이들 가운데 많은 사람들이 그를 알게 되었고 또 사랑하게 되었기 때문입니다. 아무도 자신이 다른 사람들보다 덜 죄인이기 때문에 예수 그리스도를 덜 소망하게 된다고 생각해서는 안 됩니다. 어떤 사람들은 이렇게 말합니다. "만일 내가 하나님을 모독한다든지 혹은 큰 악을 행하는 사람이었다면, 나는 더 큰 소망을 가질 수 있었을 것입니다. 그러나 세상의 눈으로 볼 때 나는 아주 작은 죄밖에 범하지 않았기 때문에, 나는 아주 작은 소망밖에 갖지 못합니다."

이것은 얼마나 이상한 말입니까? 그렇게 말하지 마십시오. 본문은 그리스도께서 단순히 죄인들을 구원하시려고 오셨다고 말합니다. 만일 당신이 스스로를 죄인의 범주에 ― 가장 낮은 수준에서든 가장 높은 수준에서든 ― 포함시킬 수 있다면, 여러분은 여전히 그 범주 안에 있는 것입니다. 그리고 예수께서 구원하시려고 오신 자들이 본래 죄인들이었다는 사실은 여전히 굳게 서 있습니다. 만일 여러분이 그 범주 안에 있다면, 여러분은 그의 은혜 바깥에 있다고 생각할 아무런 이유도 갖고 있지 않은 것입니다.

또 예수 그리스도는 이와 정반대 쪽의 죄인들을 구원하시려고 죽으셨습니다. 차마 그 실상을 있는 그대로 묘사할 수 없는 사람들도 있습니다. 그들이 은밀하게 행하는 일은 차마 말하기도 부끄럽습니다. 그들이 창안해 내기 전까지는 심지어 마귀 자신조차도 알지 못했던 그런 악들도 있습니다. 심지어 흉포한 개조차도 그들보다는 나은 그런 사람들도 있습니다. 마귀 자신에게 돌려지는 행동보다 더 혐오스럽고 더 악마적인 행동을 하는 사람들에 대해서도 우리는 들었습니다. 그러나 본문은 심지어 그런 사람들조차 배제하지 않습니다. 말끝마다 저주와 욕설을 퍼붓는 그런 사람들도 우리는 보지 않았습니까? 그와 같은 참람한 말은 처음에는 그들에게도 끔찍한 것이었습니다. 그러나 나중에는 너무도 일상적으로 입에 붙은 말이 되고 말았습니다. 그것은 그들의 먹고 마시는 양식의 일부가 되었으며, 이제는 그 악독함이 아무렇지도 않게 느껴질 정도로 자연스러운 것이 되고 말았습니다. 그래서 그들은 계속적으로 그 속에서 먹고 마십니다. 그들은 하나님의 율법을 오로지 그것을 깨뜨리며 모독하는 즐거움으로 즐거워합니다. 그들에게 새로운 악을 말해 보십시오. 그러면 여러분은 그들을 크게 기쁘게 만들어 줄 것입니다. 그들은 마치 새로운 악을 창안하는 자들을 가장 크게 기뻐했던 네로 황제처럼 되었습니다. 그들은 지옥의 심연 속으로 달려가는 자들이며, 썩은 냄새가 진동하는 하수구 속으로 뛰어 들어가는 자들이며, 온갖 죄의 더러움 속에서 먹고 마시는 자들입니다. 그러나 본문 속에는 이들을 배제시킬 수 있는 아무것도 존재하지 않습니다. 이런 사람들 가운데 많은 사람들이 여전히 구주의 피로 씻음을 받게 될 것이며, 구주의 사랑에 참여하는 자가 될 것입니다.

또 본문은 죄인들의 나이에 대해서도 언급하지 않습니다. 나는 여기에 앉아 있는 사람들 가운데서도 그 머리가 실제와 정반대인 사람들을 많이 봅니다. 만일 그것이 사람들의 특성을 나타낸다면 말입니다. 바깥쪽은 하얗지만, 안쪽은 죄로 검습니다. 여러분은 죄를 겹겹이 쌓았습니다. 만일 어떤 사람이 오랜 세월 겹겹이 쌓인 것을 파본다면, 그는 자기 마음 깊은 곳에서 젊은 시절의 죄들이 돌처럼 화석화된 것을 발견하게 될 것입니다. 여러분은 죄 속으로 깊이 들어갔었습니다. 만일 여러분이 지금 회심해 있다면, 그것은 정말로 놀라운 은혜 아닙니까? 오랜 세월 지나온 고목(古木)은 얼마나 굳고 딱딱합니까? 그것은 너무도 거칠고 울퉁불퉁합니다. 그것이 어떻게 부드럽게 휘어질 수 있겠습니까? 우리의 위대한 주님께서 그것을 변화시킬 수 있겠습니까? 그토록 딱딱하고 거친 줄기 위에 하늘의 열매를 맺을 부드러운 가지를 접붙일 수 있겠습니까? 아! 그러나 감사하게도 그는 하실 수 있습니다. 왜냐하면 본문에 나이는 전혀 언급되지 않으며, 또 인생 말년에 예수 그리스도의 사랑을 발견한 자들도 많이 있기 때문입니다. 어떤 사람들은 말합니다. "그러나 나의 죄는 좀 더 특별합니다. 나는 오랫동안 빛을 거슬러 죄를 지었습니다. 나는 어머니의 기도를 짓밟았으며, 아버지의 눈물을 경멸했습니다. 나는 온갖 경고들을 대수롭지 않게 여겼습니다. 하나님의 징계로 잠깐 결심하기도 했지만 그러나 곧바로 잊어버리곤 했습니다. 나의 죄책은 어떤 저울로도 척량할 수 없습니다. 나의 작은 죄는 다른 사람들의 가장 큰 죄보다 더 큽니다. 왜냐하면 나는 빛에 거슬러 그리고 양심의 가책에 거슬러 죄를 지었기 때문입니다."

그러나 염려하지 마십시오. 그럼에도 불구하고 여러분은 구원의 범주로부터 배제되지 않습니다. 본문은 다만 "죄인들"이라고만 말할 뿐, 그들 사이에 어떤 구별도 하지 않습니다. 본문에는 어떤 제한도 없습니다. 빛을 거슬러 죄를 지은 여러분조차도 배제되지 않습니다. 본문은 다만 이렇게 말할 뿐입니다. "그리스도 예수께서 죄인을 구원하시려고 세상에 임하셨도다." 여러분과 같은 종류의 사람들 가운데 구원받은 사람들도 많이 있습니다. 그런데 어째서 여러분이 구원받지 못하겠습니까? 가장 악독한 불량배도 구원받았으며, 가장 비열한 도둑도 구원받았으며, 가장 타락한 창녀도 구원받았습니다. 그런데 어째서 여러분이 구원받지 못하겠습니까? 백 살 먹은 죄인도 구원받았습니다. 나는 그런 사례를 많이 알고 있습니다. 그런데 어째서 여러분이 구원받지 못하겠습니까? 만일 우리가 이러한 사례들로부터 일반적인 법칙을 추론할 수 있다면, 그것은 은혜의 문을 닫아 잠그면서 스스로를 그로부터 배제시킬 수 있을 정도로 죄가 많은 사람은 결코 존재하지 않는다는 사실입니다. 사랑하는 형제들이여, 그런 사람은 결코 존재하지 않습니다. 본문은 단순히 "죄인들"이라고만 말합니다. 어째서 그 범주 속에 여러분과 내가 포함되지 않을 수 있단 말입니까? "그리스도 예수께서 죄인을 구원하시려고 세상에 임하셨도다."

그러나 여기에 우리가 꼭 기억해야 할 한 가지 사실이 있습니다. 그것은 만일 어떤 사람이 본문을 자신의 경우에 특별하게 적용하기를 원한다면, 그는 본문을 다른 방식으로 읽을 필요가 있다는 사실입니다. 이 지점에서 모든 사람은 그리스도께서 자신을 구원하시려고 오셨다고 추론해서는 안 됩니다. 그리스도께서 구원하시려고 오신 자들은 죄인들이었습니다. 그러나 그리스도는 모든 죄인들을 구원하시지는 않을 것입니다. 그리스도를 거부함으로써 구원받지 못할 죄인들이 있을 것입니다. 그들은 그를 경멸합니다. 그들은 회개하지 않을 것입니다. 그들은 자기 의를 선택합니다. 그들은 그리스도께 돌아오지 않습니다. 그들은 그리스도의 길을 찾지도 않을 것이며, 그의 사랑을 구하지도 않을 것입니다. 그런 죄인들을 위한 은혜의 약속은 없습니다. 왜냐하면 다른 구원의 길은 남아 있지 않기 때문입니다. 예수 그리스도를 경멸하는 것은 여러분에게 베풀어질 은혜와 긍휼을 경멸하는 것입니다. 예수 그리스도로부터 돌이키십시오. 그러면 여러분은 그의 피 속에 여러분을 위한 효력은 없음을 스스로 증명하는 것입니다. 그를 경멸하십시오. 그의 손에 여러분의 영혼을 맡기지 말고 살다가 죽으십시오. 그러면 여러분은 그의 피의 강력한 효력에도 불구하고 그것이 여러분의 마음에 뿌려지지 않음으로써 여러분에게 아무런 효력도 갖지 못함을 스스로 증명하는 것입니다. 다시 말해서, 여러분의 죄는 그대로 남아 있는 것입니다.

만일 여러분이 그리스도께서 여러분을 위해 죽으셨음을 믿고 스스로 구원받은 자임을 느낀다면, 여러분은 다음과 같은 질문에 대답해야 합니다. "여러분은 오늘 자신이 죄인임을 느낍니까?" 단지 의례적으로 그렇게 말하는 것이 아니라, 실제로 그렇게 느낍니까? 여러분의 내적 영혼 속에 "나는 죄인입니다"라는 글씨가 큰 글자로 찍혀 있습니까? 그렇다면 그리스도는 여러분을 위해 죽으신 것이며, 여러분은 그의 특별한 목적 속에 포함된 것입니다. 은혜의 언약은 영원한 선택의 옛 두루마리 안에 여러분의 이름을 포함시킵니다. 거기에 여러분의 이름이 기록되며, 여러분은 의심의 여지 없이 구원받을 것입니다. 지금 스스로 죄인임을 느낀다면 말입니다. 우리는 스스로를 그와 같은 단순한 진리 위에 던집니다. 모든 고난의 때에 그것을 우리의 최후의 보루로 믿고 의지하면서 말입니다.

사랑하는 형제들이여, 그를 믿고 의지할 준비가 되었습니까? 스스로 죄인임을 느끼노라고 말할 수 있습니까? 여러분에게 간곡히 당부하노니, 여러분이 누구든지 간에 "모든 사람이 받을 만한" 이 위대한 진리를 믿으십시오. 그리스도 예수께서 여러분을 구원하시려고 오셨다는 사실 말입니다. 나는 여러분의 미심쩍어하는 마음을 압니다. 나는 여러분의 염려와 두려움을 압니다. 왜냐하면 나 자신 그런 것들로 오랫동안 고통을 겪었기 때문입니다. 우리의 소망을 생생하게 유지할 수 있는 유일한 길은 매일 같이 십자가로 나아가는 것입니다. 나는 죽는 날까지 그 진리를 믿으며, 그것 외에 다른 소망은 결코 갖지 않을 것입니다.

> "나는 아무것도 붙잡지 않습니다.
> 오직 주의 십자가만 붙잡나이다."

이 시간 예수 그리스도가 나의 구속자라고 믿는 나의 유일한 이유는 이것 즉 내가 죄인임을 아는 것입니다. 나는 그러한 사실을 느끼며 또 그로 인해 애통합니다. 사탄은 그렇기 때문에 내가 주의 소유가 될 수 없다고 참소합니다. 그러나 설령 그로 인해 내가 애통한다 하더라도, 동시에 나는 그로부터 놀라운 결론을 끌어냅니다. 만일 그가 나로 하여금 내가 잃은 자임을 느끼도록 만드셨다면, 그것은 필경 나를 구원할 목적으로 그렇게 하셨을 것이라는 사실입니다. 만일 나를 구원하실 계획이 아니었다면, 그는 결코 나로 하여금 내가 잃어버린 자임을 느끼도록 만들지 않았을 것입니다. 또 만일 그가 나로 하여금 내가 죄인의 범주에 속함을 알게 하셨다면, 나는 그로부터 그가 나를 구원하실 것이라는 사실을 아무 의심 없이 추론할 수 있습니다. 여러분도 나와 똑같이 추론할 수 있습니까? 죄 가운데 고통하며 근심하며 슬퍼하며 낙망하는 영혼들이여! 세상의 이런 저런 쾌락들을 좇다가 지쳐 탈진한 영혼들이여! 이 미친 세상이 줄 수 있는 것보다 더 나은 것을 찾아 헤매는 가련한 영혼들이여! 이 시간 나는 여러분에게 복되신 하나님의 복된 복음을 전파합니다. 동정녀 마리아에게 나시고 본디오 빌라도에게 고난을 받으사 십자가에 못 박혀 죽으시고 장사한지 사흘 만에 죽은 자 가운데 다시 살아나신 하나님의 아들 예수 그리스도께서 죄인들을 구원하시려고 세상에 오셨습니다.

세 번째 요점은 **구원**입니다. "그리스도 예수께서 죄인을 구원하시려고 세상에 임하셨도다"라는 말씀 가운데 죄인을 **구원**한다는 것은 무엇을 의미하는 것일까요? 나는 여기에서 구원받는 것이 의미하는 것을 보여주는 그림을 제시하고자 합니다. 오랜 세월 총체적인 죄 가운데 살았던 한 가련한 죄인이 있습니다. 그는 죄에 푹 빠져 지내는 가운데 죄에 너무도 익숙해지고 말았습니다. 그가 선을 행하는 것을 배우는 것보다 차라리 구스 인의 피부가 하얀 색으로 바뀌는 것이 더 쉬울 것이었습니다. 그는 술 취함을 비롯한 온갖 악과 어리석음의 쇠 그물 안에 갇혔습니다. 그는 역겨운 자가 되었으며, 그러한 역겨움으로부터 빠져나올 수 없었습니다. 여러분은 그를 봅니까? 그는 파멸을 향해 비틀거리며 걸어가고 있었습니다. 어릴 때부터 청년의 때까지 그리고 청년의 때로부터 장년의 때까지, 그는 계속해서 죄를 지었습니다. 그리고 이제 그는 자신의 마지막 날을 얼마 남겨두지 않았습니다. 지옥의 구덩이가 그 앞에 입을 벌리고 있었으며, 당장이라도 그를 집어삼킬 것 같았습니다. 그런데도 그는 아무것도 보지 못합니다. 그는 여전히 자신의 악한 길로 계속해서 달려갑니다. 하나님을 경멸하며, 자신의 구원을 증오하면서 말입니다. 여기에서 그를 잠시 남겨 둡시다. 몇 년이 지났습니다. 이제 여러분은 다른 이야기를 듣게 됩니다. 여러분은 수많은 무리 가운데 하나님을 아름답게 찬미하고 있는 영혼을 봅니까? 여러분은 그 영혼이 성결을 상징하는 흰 옷을 입고 있는 것을 주목합니까? 여러분은 그 영혼이 예수의 발 앞에 자기 면류관을 던지면서 그를 만유의 주로 고백하는 것을 봅니까? 귀를 기울여 보십시오. 여러분은 그 영혼이 낙원의 가장 아름다운 노래를 부르는 것을 듣습니까? 귀 기울여 들어 보십시오. 그 노래는 이것입니다.

> "나는 죄인 중에 괴수로다,
> 그러나 예수께서 나를 위해 죽으셨도다."

"나를 사랑하사 그의 피로 나의 모든 죄를 씻으신 그에게 세세무궁토록 영광과 존귀와 위엄과 능력을 돌릴지어다." 스랍의 노래와 견줄 만큼 아름다운 노래를 부르는 영혼은 도대체 누구의 영혼일까요? 그것은 다름 아닌 앞에서 이야기한 자의 영혼입니다. 그렇지만 그는 씻음을 받았으며, 거룩하여졌으며, 의롭다하심을 받았습니다. 이와 같이 만일 여러분이 구원이 무엇을 의미하는 것이냐고 내게 묻는다면, 나는 그것이 앞의 경우와 같이 절망적으로 타락한 가련한 인간성이 하나님을 높이 찬미하는 지고(至高)의 영(靈)으로 변화되는 것이라고 말하고 싶습니다. 바로 이것이 구원받는 것입니다.

우리의 옛 생각이 새 생각으로 변화되고, 옛 습관이 소멸되고 새로운 습관이 주어지며, 옛 죄를 용서받고 새롭게 전가된 의를 소유하며, 양심의 평강과 더불어 사람과의 평강과 하나님과의 평강을 회복하며, 의의 깨끗한 옷으로 허리를 동이며, 우리의 자아가 고침받고 깨끗함을 입는 것입니다. 구원받는 것은 멸망의 심연으로부터 건짐받는 것입니다. 그것은 하늘 보좌로 올리우는 것이며, 진노와 저주로부터 벗어나는 것이며, 우리 아버지시며 친구이신 여호와의 사랑과 인정과 격려를 느끼며 맛보는 것입니다. 이 모든 것을 예수 그리스도는 죄인들에게 주십니다. 내가 이러한 단순한 복음을 전파할 때, 이 복음은 스스로를 죄인이라고 부르지 않는 자들과는 아무 상관 없습니다. 만일 여러분이 스스로의 의와 거룩함과 완전함을 주장한다면, 이 복음은 여러분과 아무 상관 없습니다. 이 복음은 오직 죄인들에게 향한 것입니다. 이러한 구원은 버려진 자와 쓰레기 같은 자들에게 주어지는 것입니다. 한 마디로 그것은 죄인들에게 주어지는 것입니다.

이와 같이 예수 그리스도는 죄인을 구원하시려고 오셨습니다. 나는 아무도 지금까지 내가 이야기한 것을 오해하지 않을 것이라고 확신합니다. 일부러 오해하려고 하지 않는 한 말입니다.

2. 둘째로, 거기에 덧붙여진 첨언(添言)을 주목하십시오.

그것은 두 부분으로 되어 있는데, 첫 번째는 "그것은 미쁘신 말이라"(it is a faithful saying)이며 두 번째는 "모든 사람이 받을 만한"(it is worthy of all acceptation)입니다.

첫 번째로, 그것은 "미쁘신"(faithful) 말입니다. 이것은 의심을 가진 자들에게 주는 말입니다. 사람들이 하나님의 말씀을 들을 때, 그것을 눈치챈 마귀는 어떻게 할까요? 그는 한 사람의 귀에다가 "그것을 믿지 마!"라고 속삭이며, 다른 사람의 귀에다가는 "그것을 비웃어!"라고 속삭이며, 또 다른 사람의 귀에다가는 "그 따위 말은 내던져버려!"라고 속삭입니다. 그런데 어떤 사람이 하나님의 말씀을 듣고 마음으로 받아들이며 스스로를 죄인으로 느끼는 것을 발견합니다. 그때 마귀는 그로 하여금 그 말씀을 믿지 못하게 하려고 갑절로 애를 씁니다. 나는 사탄이 여러분에게 뭐라고 속삭이는지 압니다. 그는 속삭입니다. "믿지 마! 그것은 좋은 말이기는 하지만 그러나 사실은 아니야!" 이러한 사탄의 속삭임에 하나님 자신의 말씀으로 대답하십시오. "이것은 미쁘신 말이라!" 그것은 좋은 말입니다. 그리고 좋은 만큼 사실이기도 합니다. 만일 하나님 자신이 말씀하시지 않았다면, 그것은 좋기는 하지만 사실은 아닐 수도 있습니다. 그러나 하나님 자신이 말씀하신 한, 그것은 좋은 것이면서 동시에 사실입니다.

어째서 여러분은 그것이 좋기는 하지만 그러나 사실은 아니라고 생각합니까? 그것은 여러분이 하나님의 곡식을 자기 자신의 됫박으로 척량하기 때문입니다. 부디 그의 길은 여러분의 길과 다르며, 그의 생각은 여러분의 생각과 같지 않다는 사실을 기억하십시오. 그것은 마치 하늘이 땅보다 높음 같이 그의 길이 여러분의 길보다 높으며, 그의 생각이 여러분의 생각보다 높기 때문입니다. 어째서 여러분은 만일 어떤 사람이 자신에게 해를 끼치면 그를 용서하지 않아도 된다고 생각합니까? 아! 그러나 하나님은 사람이 아닙니다. 여러분이 용서할 수 없을 때, 하나님은 하실 수 있습니다. 여러분이 형제의 멱살을 잡을 때, 하나님은 그를 일흔 번씩 일곱 번 용서하실 수 있습니다. 여러분은 예수 그리스도를 알지 못하며, 그를 믿지 않는 것입니다. 우리가 우리 죄를 크게 생각할 때, 우리는 하나님을 존귀케 하고 있다고 생각합니다. 물론 우리는 우리 자신의 죄를 매우 크게 생각해야 합니다. 그러나 만일 우리가 우리 죄를 그의 은혜보다 더 크게 생각한다면, 우리는 하나님을 모독하고 있는 것입니다. 하나님의 은혜는 우리의 죄보다 무한히 더 큽니다. 그러므로 여러분은 하나님이 얼마나 선하신지 더 많이 생각할 필요가 있습니다. 그가 얼마나 선한지 생각하십시오. 그가 얼마나 크신지 생각하십시오. 이것이 참된 말씀임을 알 때, 여러분은 사탄을 물리칠 수 있을 것입니다. 그리고 그것이 좋기는 하지만 사실은 아니라고 생각하지 않게 될 것입니다.

나는 사탄이 여러분에게 계속해서 뭐라고 속삭일지 압니다. 그는 이렇게 말할 것입니다. "설령 그것이 사실이라 하더라도, 그러나 너에게는 사실이 아니야. 그것은 세상 전체에는 사실이지만 그러나 너에게는 사실이 아니야. 그리스도는 죄인을 구원하시려고 죽었고 또 네가 죄인인 것은 사실이지만, 그러나 너는 거기에 포함되지 않아." 사탄의 면전에 "너는 거짓말쟁이야!"라고 말하십시오. 그에게는 직설적으로 말하는 것 외에 다른 길이 없습니다. 우리는 마귀의 존재의 개별성(individuality)을 믿지 않습니다. 마르틴 루터가 그랬던 것처럼 말입니다. 마귀가 그에게 왔을 때, 그는 마귀를 마치 손님을 맞이하는 것처럼 맞이했습니다. 그리스도의 권세로 그에게 "너는 거짓말쟁이야!"라고 말하십시오.

예수 그리스도는 자신이 죄인들을 구원하려고 왔다고 말씀하셨습니다. 마귀는 그렇지 않다고 말합니다. 그는 그리스도가 여러분을 구원하려고 오지 않았다고 선언함으로써 실질적으로 그렇게 말하는 것입니다. 여러분이 스스로를 죄인으로 느끼고 있는데도 말입니다. 그에게 "너는 거짓말쟁이야!"라고 말하십시오. 그리고 그를 쫓아내십시오. 어쨌든 그의 말을 그리스도의 말씀과 나란히 놓지 마십시오. 이 시간 예수 그리스도는 골고다 십자가로부터 여러분을 바라보고 계십니다. 예루살렘을 바라보시며 눈물을 흘리셨던 바로 그 눈으로 말입니다. 사랑하는 나의 형제 자매들이여, 이 시간 예수 그리스도는 여러분을 바라보시며 나의 입술을 통해 말씀하고 계십니다. "나는 죄인들을 구원하려고 세상에 왔노라!" 죄인들이여! 여러분은 그를 믿고 여러분의 영혼을 그의 손에 맡기지 않으렵니까? 여러분은 이렇게 말하지 않으렵니까? "사랑하는 주 예수여, 나는 이 순간부터 당신을 믿을 것이나이다. 당신을 위해 나는 다른 모든 소망들을 포기할 것이나이다. 당신은 나의 것이요, 영원히 나의 것이 되실 것이나이다." 아직도 머뭇거리는 자들이여, 여러분의 확신을 돕기 위해 본문을 다시 한 번 읽어보고자 합니다. "그리스도 예수께서 죄인을 구원하시려고 세상에 임하셨다 하였도다." 이것은 참되며 미쁘신 말씀입니다. 그런데 여러분은 믿을 수 없다고 말합니다. 여러분에게 묻습니다. "여러분은 성경을 믿지 않습니까?" 여러분은 대답합니다. "물론 성경의 모든 말씀을 믿습니다." "예수께서 죄인을 구원하시려고 세상에 오셨다"는 말씀은 그 가운데 한 구절입니다. 여러분은 성경을 믿는다고 말합니다. 그렇다면 나는 여러분의 정직성에 근거하여 여러분에게 이것을 믿으라고 요구합니다. 여러분은 예수 그리스도를 믿습니까? 대답해 보십시오. 여러분은 그가 거짓말을 하고 있다고 생각합니까? 진리의 하나님이 여러분을 속이고 있습니까? 여러분은 말합니다. "아닙니다, 하나님이 무슨 말씀을 하시든 나는 믿습니다." 자신의 책을 통해 여러분에게 그렇게 말씀하시는 분은 하나님입니다. 그는 죄인들을 구원하시려고 죽으셨습니다.

다시 한 번 생각해 보십시오. 여러분은 사실들을 믿지 않습니까? 예수 그리스도는 죽은 자 가운데 다시 살아나지 않았습니까? 그것이 그의 복음이 신뢰할 만한 것임을 증명하지 않습니까? 만일 복음이 신뢰할 만한 것이라면, 그리고 그리스도께서 복음으로 선포하신 모든 것이 사실이어야만 한다면, 나는 여러분에게 그가 죄인들을 위해 죽으셨음을 믿고 여러분 스스로를 그 진리 위에 던지라고 당당히 요구합니다. 다시 한 번 묻습니다. 여러분은 하늘과 땅에 있는 모든 성도들의 증언을 부인할 것입니까? 그들 모두에게 물어 보십시오. 그러면 그들은 예수 그리스도가 죄인들을 위해 죽으신 것은 분명한 사실이라고 대답할 것입니다. 그의 종들 가운데 가장 작은 자인 나 역시도 내가 경험한 것을 증언해야 합니다. 예수께서 나를 구원하시려고 오셨을 때, 그는 내 안에서 아무런 선한 것도 찾을 수 없으셨습니다. 나에게는 그리스도께서 받으실 만한 것은 아무것도 없었습니다. 그러므로 만일 그가 나를 사랑하셨다면, 그것은 그가 그렇게 하시고자 하셨기 때문입니다. 왜냐하면 내 안에 사랑할 만한 것은 아무것도 없었기 때문입니다. 나의 나된 것은 그의 은혜로 말미암은 것입니다. 그가 나를 지금의 나의 모습으로 만드셨습니다. 그가 나를 택하신 유일한 이유는 그 자신의 주권적인 사랑이었습니다. 모든 하나님의 사람들에게 물어 보십시오. 그들 모두 나와 똑같이 대답할 것입니다.

그러나 또 여러분은 자신이 너무나 큰 죄인이라고 말할는지 모릅니다. 어째서 그렇습니까? 여러분은 하늘에 있는 어떤 것보다도 더 크지 않습니다. 또 어쩌면 여러분은 자신이 지금까지 살았던 사람들 가운데 가장 큰 죄인이라고 말할는지 모릅니다. 그러면 나는 여러분이 잘못 알고 있는 것이라고 대답합니다. 가장 큰 죄인은 오래 전에 죽어 지금은 하늘에 있습니다. 왜냐하면 본문에서 바울 자신이 "내가 죄인 중에 괴수니라"라고 말하고 있기 때문입니다. 여러분이 알다시피 그 괴수가 여러분보다 먼저 구원받았습니다. 만일 괴수가 구원을 받았다면, 여러분이 구원받지 못할 이유가 어디 있겠습니까? 죄인들이 출발선에 서 있습니다. 나는 그들 가운데 한 사람이 출발하는 것을 봅니다. 그는 말합니다. "비키세요, 비키세요, 나는 여러분 가운데 제일 앞에 서 있습니다. 나는 죄인 중에 괴수입니다. 나에게 가장 낮은 자리를 주세요. 나에게 가장 저급한 방을 주세요." 그러자 다른 사람이 소리를 지릅니다. "아니에요, 당신이 아니에요, 내가 당신보다 더 큰 죄인입니다." 그러자 바울 사도가 나아와 말합니다. "나는 여러분 모두를 능가합니다. 가장 낮은 자리는 바로 나의 것입니다. 나는 비방자요 박해자요 폭행자였습니다. 그러나 긍휼을 얻었으며, 하나님은 나에게 오래 참으심을 나타내셨습니다." 만일 그리스도께서 이 땅에 살았던 사람들 가운데 가장 큰 죄인을 구원하셨다면, 여러분은 가장 큰 죄인보다 더 큰 죄인일 수 없으며 그리스도는 여러분을 능히 구원하실 수 있습니다. 보좌를 둘러싼 수많은 증인들과 땅 위에 있는 허다한 증인들 앞에서 여러분에게 간곡히 당부합니다. 또 예수 그리스도와 그의 피와 하나님 자신과 그의 신실한 말씀으로 당부하노니 "그리스도 예수께서 죄인을 구원하시려고 세상에 오셨다"는 말씀이 미쁘신 말씀임을 믿으십시오.

두 번째로, 그것은 "모든 사람이 받을 만한" 말입니다. 오! 형제들이여, 여러분은 이 말씀을 비웃습니다. 나는 여러분이 입술을 비쭉이며 비웃는 것을 보았습니다. 여러분은 이 말씀을 제대로 듣지 않았으며 따라서 그것을 비웃었습니다. 여러분은 혼잣말로 말합니다. "그것이 도대체 나에게 무엇이란 말인가? 그것을 주의 깊게 들을 필요가 무엇이란 말인가? 만일 이것이 복음이라면, 그것은 아무것도 아니로다." 아! 그것은 결코 아무것도 아닌 것이 아닙니다. 다만 여러분이 그것을 알지 못할 뿐입니다. 그것은 여러분이 받을 만한 것입니다. 내가 전파하는 것은 여러분이 주의를 기울일 만한 것입니다. 여러분이 어떤 대단한 웅변가로부터 배우는지 나는 알지 못하며 관심도 없습니다. 그러나 그는 결코 나의 주제보다 더 위대한 주제를 가질 수 없습니다. 데모스테네스와 키케로가 이 자리에 선다 할지라도, 그들은 결코 나보다 더 큰 주제를 가질 수 없습니다. 설령 어린아이가 그것을 말한다 하더라도, 그것은 이 세상 어떤 주제보다도 더 크고 위대한 주제입니다.

형제들이여, 지금 위험에 처해 있는 것은 여러분의 집이 아닙니다. 지금 위험에 처해 있는 것은 여러분의 몸만이 아니라 여러분의 영혼입니다. 내가 영원으로 그리고 영원의 두려움으로 그리고 지옥의 두려움으로, 또 여러분을 사랑하는 여러분의 형제로서 그리고 여러분의 영혼을 지옥의 형벌로부터 건져내기를 간절히 원하는 사람으로서 여러분에게 간곡히 당부하노니, 여러분에게 베풀어진 긍휼을 대수롭지 않게 여기지 마십시오. 왜냐하면 그것은 여러분에게 합당한 것이며, 여러분의 모든 주의를 기울이기에 합당한 것이며, 여러분의 모든 마음을 기울여 받을 만한 것이기 때문입니다. 여러분은 지혜로운 사람입니까? 이것은 여러분의 모든 지혜보다 더 가치 있는 것입니다. 여러분은 부유한 사람입니까? 이것은 여러분의 모든 재물보다 더 가치 있는 것입니다. 여러분은 명예로운 사람입니까? 이것은 여러분의 모든 명예보다 더 가치 있는 것입니다. 여러분은 귀족의 혈통을 가진 사람입니까? 이것은 여러분의 가장 귀한 혈통보다 더 가치 있는 것입니다. 지금 내가 전파하는 것은 하늘 아래 가장 가치 있는 것입니다. 왜냐하면 다른 모든 것은 사라져도 그것만은 여러분에게 영원히 남을 것이기 때문입니다. 여러분이 혼자 서 있어야만 할 때, 그것이 여러분 곁에 함께 서 있어 줄 것입니다. 여러분이 하나님의 심판대 앞에서 답변해야 할 때, 그것이 여러분을 위해 변론해 줄 것입니다. 그것은 여러분의 영원한 위로가 될 것이며, 여러분이 받을 만한 것입니다.

지금 여러분은 구원받기를 열망합니까? 여러분의 마음은 슬픕니까? 여러분은 지금 이렇게 말합니까? "나는 구원받기를 열망합니다. 내가 이 복음을 신뢰할 수 있을까요? 그것은 나를 지탱할 만큼 충분히 튼튼합니까? 나는 코끼리처럼 무거운 죄인입니다. 복음의 기둥들은 나의 죄의 무게 밑에서 마치 나뭇잎처럼 짓뭉개지지 않겠습니까? 복음의 문들은 나를 받아들일 만큼 충분히 넓습니까? 나의 영혼은 죄로 병들어 있습니다. 이 약이 나를 치료할 수 있을까요?" 그렇습니다. 그것은 당신의 병을 충분히 치료할 만합니다. 그것은 여러분의 병을 감당하기에 충분합니다. 그것은 여러분의 필요를 감당하기에 충분합니다. 그것은 여러분의 요구를 감당하기에 충분합니다. 만일 내가 절반짜리 혹은 불완전한 복음을 가지고 있다면, 나는 그것을 성실하게 전파하지 않을 것입니다. 그러나 내가 가진 복음은 "모든 사람이 받을 만한" 것입니다.

"그렇지만 목사님, 나는 도둑이며 음행하는 자며 술주정뱅이였습니다." 복음은 바로 당신을 위한 것입니다. 왜냐하면 그는 죄인을 구원하시려고 오셨으며, 당신은 그 가운데 한 사람이기 때문입니다. "그렇지만 목사님, 나는 하나님을 모독하는 사람이었습니다." 복음은 심지어 당신조차도 배제하지 않습니다. 그것은 당신이 받을 만한 것입니다. 분명히 기억하십시오. 또 그것은 여러분의 모든 것이 받을 만한 것입니다. 그것은 여러분의 머리가 받을 만한 것이며, 여러분의 마음이 받을 만한 것입니다. 여러분은 그 위에서 먹고 마실 수 있으며, 그 위에서 살 수 있습니다. 그것은 여러분이 그것을 위해 살 만한 것입니다. 그것은 여러분이 그것을 위해 고난당할 만한 것입니다. 그것은 여러분이 그것을 위해 죽을 만한 것입니다. 그것은 여러분이 그것을 위해 여러분의 모든 것을 걸 만한 것입니다.

이제 설교를 마칠 시간이 되었습니다. 그러나 나에게는 아직도 어떤 사람들이 머뭇거리고 있는 것처럼 느껴집니다. 많은 사람들이 자신의 영혼에 관심을 기울이지 않는 것은 참으로 이상한 일입니다. 그를 책임진 목회자는 이토록 그 영혼에 관심을 기울이고 있는데 말입니다. 사람들이 구원을 받든 받지 못하든 그것이 나에게 무슨 상관입니까? 여러분이 구원을 받는다고 내게 무슨 유익이 있습니까? 분명 별 유익 없을 것입니다. 그럼에도 불구하고 나는 여러분의 영혼에 대해 여러분 자신보다 더 많이 염려하며 더 많은 관심을 기울입니다. 사람들이 이토록 마음을 완악하게 하며 자신의 구원에 무관심한 것은 얼마나 이상한 일입니까? 그들은 아무 생각 없이 가장 소중한 진리를 거부합니다.

아! 죄인들이여, 주의 은혜로부터 돌이키지 말고 그 자리에 멈추십시오. 어쩌면 이것이 여러분에게 마지막 경고일는지도 모릅니다. 어쩌면 여러분 마음에 부딪히는 마지막 경고일 수도 있습니다. 여러분은 지금 복음의 부름을 마음으로 느낍니다. 간곡히 당부하노니, 성령을 소멸하지 마십시오. 잡담이나 나누기 위해 이곳을 떠나지 마십시오. 여러분이 어떤 사람인지 잊어버린 채 속히 집에 돌아가기 위해 이곳을 떠나지 마십시오. 여러분의 골방을 찾으십시오. 문을 닫으십시오. 머리를 땅에 대고 여러분의 죄를 고백하십시오. 예수 그리스도께 부르짖으십시오. 그에게 자신이 그의 주권적 은혜를 떠난 패역한 죄인이라고 말하십시오. 오늘 아침 주께서 죄인을 구원하시려고 오셨다는 말씀을 듣고 그 사랑에 감복하여 패역의 무기들을 내려놓고, 주의 소유가 되기를 간절히 열망하노라고 말하십시오. 그 사랑에 여러분의 얼굴을 파묻고 이렇게 부르짖으십시오. "주여 구원하소서 내가 망하게 되었나이다."

주께서 여러분 모두를 축복하시기를 기원합니다. 아멘.

제
4
장

—

바울, 회심의 모범

—

"그러나 내가 긍휼을 입은 까닭은 예수 그리스도께서
내게 먼저 일체 오래 참으심을 보이사 후에 주를 믿어
영생 얻는 자들에게 본이 되게 하려 하심이라" — 딤전 1:16

　　사도 바울의 회심이 진귀하고 이례적인 사건이었기 때문에 오늘날에도 사람들이 그와 같은 방식으로 구원받기를 기대해서는 안 된다고 말하는 것은 큰 잘못입니다. 이 사건은 철저하게 이례적인 사건이며, 전적으로 놀라운 기적이었다고 사람들은 말합니다. 하지만 오늘 본문은 이러한 입장에 전적으로 반대합니다. 사도가 철저하게 이례적으로 하나님의 오래 참으시는 긍휼과 자비를 받은 자가 아니라 오히려 회심의 모범으로서 다른 믿는 자들이 받는 하나님의 은혜의 본 또는 모형으로 여겨지고 있는 것입니다. "본이 되게 하려 하심이라"는 사도의 표현은 그의 회심이 인쇄업자들이 첫 교정쇄라고 부르는 소위 초판의 인쇄지와 같다는 의미로서 이후에 회심할 사람들에게 견본이 되었다는 뜻입니다. 그는 하나님의 오래 참으심을 보여준 전형적인 사례였으며, 다른 사람들이 본받아야 할 모델이었습니다. 화가들이 그림에 색칠을 하기 전에 그 작품의 윤곽만 목탄으로 그리듯이 주님께서는 사도 바울의 경우를 말하자면, 당신의 통상적인 은혜의 작품의 밑그림이나 초벌그림으로 삼으셨던 것입니다.

　　주님은 미래의 신자들 한 사람 한 사람에게 밑그림을 당신의 무한히 다양한 솜씨로 그리시므로 개개인의 그리스도인을 만드시지만, 거기에는 실제로 가이

드라인이 존재하는 것입니다. 모든 회심이 이 모범적인 회심과 크게 유사합니다. 박해하던 다소의 사울이 사도 바울로 변한 것은 은혜가 마음속에 역사한 전형적인 예입니다.

1. 첫째, 바울의 회심 속에서 주님은 다른 사람을 바라보셨고, 이에 바울은 하나의 본이 되었습니다.

개인이 회개하는 모든 경우에 그것은 자신만을 위한 것이 아니라 다른 사람의 유익과 관련되어 있습니다. 선택의 교리를 가혹하다고 생각하는 사람들도 이 교리가 성경적이기 때문에 이 교리를 부인하지 못할 것입니다. 하지만 그들은 선택된 사람들이 인류와 두드러진 관련을 맺고 있다는 사실을 마음속에 기억함으로써 선택의 교리의 가혹성을 다소나마 완화시킬 수 있을 것입니다. 선택받은 민족인 유대인들은 모든 나라 모든 시대를 위하여 하나님의 계시를 간직하라는 목적에서 선택을 받았습니다. 하나님의 은혜로 말미암아 영생을 얻도록 개인적으로 선택받은 사람들이 선택받은 목적 또한 예수님의 이름을 다른 사람들에게 전하는 선택받은 그릇이 되라는 것이었습니다. 우리 주님은 특별히 믿는 자들의 구세주가 되시는 한편, 아울러 주님은 모든 사람들의 구주로 칭해집니다. 주님은 택하신 한 사람의 유익에 특별한 관심을 가지고 바라보시지만 아울러 그 사람을 통하여 다른 사람들에게, 심지어 아직 태어나지 아니한 수많은 사람들에게 사랑을 베푸실 계획을 가지고 계십니다.

바울 사도는 "내가 긍휼을 입은 까닭은 예수 그리스도께서 내게 먼저 일체 오래 참으심을 보이사 후에 주를 믿어 영생 얻는 자들에게 본이 되게 하려 하심이라"고 하였습니다. 여기서 바울의 회심이 다른 많은 사람들의 회심과 직접적인 관계가 있다는 것을 우리는 분명히 알 수 있습니다. 바울의 회심은 성격상 그의 형제 바리새인들의 관심을 불러일으켰습니다. 자신의 수준에 맞는 사람들, 곧 헬라 철학자들과 유대의 랍비들과 같은 교양 있는 사람들, 영향력 있는 사람들, 상류층 사람들이 이렇게 물었을 것이 분명합니다. "다소의 사울을 매료시킨 이 새로운 종교가 무엇이냐? 유대교에 미쳤던 저 열성당원이 이제 기독교에 미친 사람이 되다니. 도대체 그 안에 무엇이 있기에?"

여러분이 구원받았다면, 여러분은 그 구원을 여러분과 같은 사람들에게 하나님의 자비를 보여주는 증표로 삼아야 할 것입니다. 여러분이 노동자라면, 여러분의 구원이 함께 일하는 노동자들에게 복이 되도록 하십시오. 여러분이 상류층과 고위층 사람이라면, 하나님께서 여러분을 통하여 여러분과 같은 조건에 있는 사람들에게 복주시기를 원하신다는 사실을 생각하십시오. 여러분이 젊다면, 하나님께서 여러분을 통하여 여러분 주변에 있는 젊은이들을 복주실 것을 소망하십시오. 그리고 여러분이 늙었다면, 심지어 죽음을 눈앞에 두었을지라도 여러분의 회개가 다른 나이 든 순례자들의 심령에 용기를 주는 수단이 되기를 소망하십시오. 주님께서는 사람들의 모임 가운데서 한 사람을 불러내심으로써 그 사람을 통하여 그의 동료들을 십자가의 깃발 아래 참가하게 만드십니다.

아시다시피 바울은 다른 사람들에게 용기를 주기 위한 방편으로 종종 자신이 회심한 사실을 이야기하였습니다. 바울은 부끄러움 없이 자신의 신상을 말하였습니다. 휫필드나 번연(Bunyan)과 같이 탁월하게 영혼을 구원하는 사람들은 하나님께서 자신들에게 긍휼을 베푸신 사실을 자주 말함으로써 자기 동료들에게 믿음의 확신을 주었습니다. 다른 사람 중에서 로버트 홀(Robert Hall)이나 찰머스(Chalmers) 같은 위대한 설교자들이 비록 자신에 대하여 전혀 언급하지 않았고 나는 그들의 자제를 존경하지만, 우리가 그들의 본을 따르고자 한다면 우리는 우리의 가장 강력한 전쟁무기들 중의 하나(자제)를 버려야 할 것이라고 나는 확신합니다. 그런데 바로 이러한 체험을 한 그 사람에게서 거룩한 은혜의 이야기를 듣는 것보다 더 감동적이고 설득력 있고 압도적인 것이 어디 있겠습니까? 바울은 몇 번이고 자신이 회개한 이야기를 길게 말하였습니다. 왜냐하면 그것은 자신이 말할 수 있는 가장 효과적인 이야기들 중의 하나라고 생각하였기 때문입니다.

벨릭스나 아그립바 앞에 섰을 때 바울은 자신이 회심한 이야기를 말함으로써 복음을 변증하였습니다. 바울은 자신의 서신서들 전체에서 자신을 향한 하나님의 은혜를 계속적으로 말하였는데, 이로써 우리는 바울이 자신의 간증을 통해 복음을 곧잘 증거하였다는 사실을 확인할 수 있습니다. 이처럼 하나님의 뜻은 우리 자신이 회심한 사실을 말함으로써 다른 사람들에게 용기를 주는 것입니다. 그러므로 여러분은 사람들에게 이렇게 말하십시오. "하나님을 경외하는 여러분들이여, 와서 들어보세요. 그리하면 하나님께서 내 영혼에게 베푸신 은혜를 여러분에게 말씀드리겠습니다."

바울은 자신의 회심에서 용기를 얻어 평생 동안 다른 사람들에게 소망을 가질 수 있었습니다. 여러분은 로마서 1장을 읽어 보셨나요? 자, 이 무서운 말씀을 기록한 그 사람은 말미에 당연히 다음과 같이 기록할 수 있었을 것입니다. "이 괴물들이 과연 개선될 수 있을까요? 이토록 악에 빠진 사람들에게는 복음을 전한들 아무런 소용이 없습니다." 1장에서 바울은 이방세계가 빠진 도저히 있을 수 없는 부끄러운 죄악을 최대한 적나라하게 약술하였지만, 결국 그는 뒤로 가면서 그 더럽고 타락한 세대에게 복음을 선포하였습니다. 이는 하나님께서 한 사람이라도 그 세대로부터 구원하기를 원하신다고 믿었기 때문입니다. 인간에게 소망을 가질 수 있었던 요인 중에 하나를 바울은 분명히 자신이 구원받은 사실에서 발견하였습니다. 그는 여러 가지 점에서 자신을 이방인들만큼 악한 존재라고 생각하였으며, 또 어떤 점에서는 그들보다 훨씬 더 악한 자였다고 생각하였습니다. 그는 자신을 죄인 중에 괴수라고 표현하였습니다. 그런데 그런 괴수를 하나님께서 제일 먼저(foremost) 구원하셨고, 자신에게 오래 참으심을 보여주셨다고 말합니다. 자신이 회심한 이후에 바울은 아무리 파렴치한 인간이라도 회심할 가능성이 있다는 사실을 조금도 의심하지 않았습니다. 그가 잔혹한 대적들과 싸우는 가운데서도 이러한 사실이 그에게 힘이 되었습니다. 사나운 짐승과도 같은 자신을 굴복시킨 사람은 다른 사람들을 길들일 수 있으며, 그들로 하여금 자원하여 그의 사랑의 울타리로 들어오게 만들 수 있는 것입니다.

아울러 바울의 회심과 다른 사람들의 구원 사이에는 또 다른 연관관계가 있었습니다. 말하자면 그의 회심이 그를 충동시킴으로써 평생 죄인들을 그리스도께로 인도하는 사역을 감당하게 하였던 것입니다. 바울은 "나는 긍휼을 입었노라. 내게 평안을 말씀하신 그분께서 같은 목소리로 내가 내 이름을 이방인들에게 전하게 하기 위해 너를 나의 택한 그릇으로 삼았노라"고 하였습니다. 그리고 바울은 주님의 이름을 증거하였습니다. 그는 다른 사람의 기초 위에 세우지 않을 만큼 장소를 초월하여 다니면서 하나님의 교회를 개척하였습니다. 그는 얼마나 끈기있게 수고하였는지요! 그는 얼마나 열렬히 기도하였는지요! 그는 얼마나 큰 능력으로 설교하였는지요! 그는 중상과 멸시를 최고의 인내로 이겨냈습니다. 혹은 매를 맞고 혹은 돌에 맞았지만 그런 것을 두려워하지 않았습니다. 감옥에 갇히는 일, 그리고 죽음까지도 그는 무시하였습니다. 그의 기세를 꺾을 수 있는 것은 아무것도 없었습니다. 주님께서 그를 구원하셨기 때문에 그는 반드시 사람들을 구원해야 한다고 믿었습니다. 그는 조용히 있을 수 없었습니다. 하나님의 사랑은 그에게 불과 같았습니다. 그는 "내가 복음을 전할지라도 자랑할 것이 없음은 내가 부득불 할 일이라. 만일 복음을 전하지 아니하면 내게 화가 있을 것이로다"(고전 9:16)라고 말한 사람입니다. 바울, 그는 특별한 죄인이었지만 오히려 그가 구원을 받음으로써 특별한 열심으로 충만할 수 있었고, 수많은 사람들을 영원한 생명으로 인도할 수 있었습니다. 그는 다음과 같이 말할 수 있었습니다.

> "하나님의 사랑이 나를 강권하시매
> 나는 방황하는 영혼들을 찾습니다
> 불바다 속에서 그들을 구원하고
> 건져내기 위해 부르짖고 간구하며 눈물짓습니다
>
> 나의 생명, 나의 피를 드립니다
> 당신의 진리를 위하여 그것들이 희생된다 할지라도
> 주여, 당신의 주권적인 뜻을 이루소서!
> 당신의 뜻이 이루어지고 당신의 이름이 높여지리이다."

이제 나는 잠시 멈추어 한 가지 질문을 드리겠습니다. 여러분은 회심하였다고 고백합니다. 여러분의 회심이 지금까지 다른 사람들과 어떤 연관이 있었습니까? 회심은 다른 사람들과 분명한 연관이 있어야 합니다. 휫필드는 말하기를, 자신의 심령이 거듭났을 때, 자신의 제일의 열망은 전에 시간을 함께 보낸 동료들을 그리스도께로 인도하는 것이었다고 하였습니다. 그가 맨 먼저 친구들을 생각한 것은 당연하고 칭찬할 만한 일이었습니다. 사도들 가운데 한 분이 구세주를 만난 후 즉시 그의 형제에게 달려가 그 사실을 말한 것을 기억하십시오. 새 신자가 가장 먼저 가져야 할 신앙적인 열심은 그의 형제와 자매를 주께로 인도하는 것입니다. 회심한 부모들의 첫 번째 책임은 그들의 자녀들을 주께로 인도하는 것입니다. 사람이 거듭나면 인척관계, 친구관계, 혹은 이보다 느슨한 이웃관계의 정이 즉시 발동해야 할 것이며, 거듭난 성도는 "누구든지 자기를 위하여 사는 자가 없다"(롬 14:7)고 느껴야 할 것입니다.

거룩한 은혜가 여러분 속에 불을 일으켰다면, 그 불이 여러분의 친구들에게도 붙어야 할 것입니다. 이 질문을 생각하십시오. 그리고 이 질문을 피하지 마십시오. 이 질문에 대한 최선의 대답은 이런 것입니다. 즉, 하나님께서 여러분을 구원하신 만큼 여러분이 다른 사람들을 구원하는 하나님의 도구가 되어 드리는 것입니다.

여러분이 어떤 신비로운 실로 여러분의 친구들 그리고 그들의 운명과 매여 있는지 말할 수 없습니다. 여러분도 아시다시피, 전에 노샘프턴셔(Northamptonshire)에 한 구두 수선공이 있었습니다. 그와 인도의 수많은 사람들이 연관이 있을 줄 누가 알았겠습니까? 하지만 하나님의 사랑을 가슴에 품은 캐리(William Carey; 인도를 선교한 최초의 영국 개신교 선교사)는 가만히 있을 수 없었고, 마침내 세람포어(Serampore)에서 하나님의 말씀을 번역하고 그의 친구들에게 전하기 시작하였습니다. 비록 한 영혼을 구원하는 일이 생명을 바칠 만큼 소중한 것이기는 하지만 우리는 캐리가 그리스도께로 인도한 소수의 사람들에게만 우리의 생각을 고정시켜서는 안 됩니다. 왜냐하면 캐리는 인도가 임마누엘 주님 앞에 무릎 꿇을 때까지 결코 쉬지 아니할 선교단체의 창시자요 리더였기 때문입니다.

중생한 사람이여, 여러분을 둘러보세요. 여러분의 삶이 숭고해지기를 축원합니다. 분발하십시오! 하나님께서 여러분을 통해 행하실 일을 생각해 보세요! 영원하신 하나님께서 여러분을 도우실 때 여러분 앞에 열린 무한한 가능성을 생각해 보십시오. 여러분에게서 먼지를 떨어 버리고, 다른 사람들을 위한 순수한 사랑의 아름다운 옷을 입으세요. 그리하면 하나님께서 먼저 여러분을 회심시킴으로써 수많은 사람들에게 얼마나 큰 은혜를 베푸시는지 알게 될 것입니다.

2. 바울이 최악의 죄인이었다는 사실이 그가 최고의 은혜를 받는 것을 막지 못하였으며, 이 점에서 그는 또다시 우리의 모범이 됩니다.

최악의 죄인이었던 그가 최고로 섬기는 자가 되었습니다. 다소의 사울은 신성을 모독한 사람이었습니다. 그런데 그런 그가 주님의 신성을 모독한 사실을 한 번도 기록으로 남기지 않았다는 사실은 칭찬받을 만합니다. 회개한 강도들과 굴뚝 청소부들의 간증을 많이 듣습니다만 우리는 결코 그들을 미워할 수 없습니다. 하지만 그들이 더러운 과거를 자세히 이야기하는 것을 들어보면 차라리 그들의 입을 막는 편이 나을 것입니다. 바울도 악한 상태였을 때 그리스도를 최대한 나쁘게 생각하였음이 틀림없습니다. 바울은 그리스도를 사기꾼으로 생각하였고, 또 그렇게 말하고 다녔으며, 상스러운 욕을 하였을 것이 틀림없습니다. 바울은 자신에 대하여 말할 때, 자신이 불신자요 반대자였다고 말하지 않고 신성모독자였다고 합니다. 이는 매우 강한 어조이지만 사실이 그러하기 때문에 그다지 강하다고도 할 수 없습니다. 그는 노골적이고도 철저하게 주님의 신성을 모독한 사람이었으며, 다른 사람들까지도 주님의 신성을 모독하게 한 사람이었습니다. 자신의 큰 죄를 깨달은 죄인이 어찌 죄악된 행위를 다시 쳐다보겠습니까? "사람에 대한 모든 죄와 모독은" 주님께서 사하시기 때문에 다소의 사울이 주님의 긍휼을 받았던 것처럼 그런 사람이라도 용기를 내어 주님의 긍휼을 구하기를 축원합니다.

　　입술의 죄악인 신성모독으로 시작하여 사울은 한 걸음 더 나아가 손으로 행하는 죄악인 박해를 하였습니다. 그리스도를 미워하였기에 그는 그리스도의 사람들까지 미워하였습니다. 그는 스데반을 죽이는데 기꺼이 찬성 투표를 하였으며, 그 순교자에게 돌을 던진 사람들의 옷을 보관하였습니다. 그는 남자와 여자들을 감옥에 집어넣었고, 그들로 하여금 주님의 신성을 모독하라고 강요하였습니다. 그는 유대 전역을 최대한 샅샅이 뒤져 그리스도인들을 추적하였습니다. 또한 그리스도인들을 붙잡기 위하여 공문을 들고 다메섹으로 갔습니다. 그의 먹잇감이었던 그리스도인들은 어쩔 수 없이 예루살렘을 떠나 먼 곳으로 도망갈 수밖에 없었지만 그는 그들에 대하여 심히 격분하여 외국까지 가서 박해하였습니다(행 26:11). 그는 신성을 모독하고 박해하는데 일등이었습니다. 어떤 박해자가 이런 말씀을 읽거나 들을까요? 만일 그런 사람이 있다면, 그가 용서받을 수 있다는 사실을 깨닫게 되기를 바랍니다. "아버지, 저들을 사하여 주옵소서. 자기들이 하는 것을 알지 못함이니이다"라고 기도하신 예수님께서는 지금도 여전히 대적들 중에서도 가장 심한 대적을 위해 기도하시는 중보자이십니다.

　　다음으로, 그는 해치는(injurious) 사람이었습니다. 내 생각에 벵겔(Bengel)은 바울이 경멸하는 사람이었다고 생각한 듯합니다. 이 탁월한 주석가는 말하기를, "신성모독은 하나님에 대한 죄였고, 박해는 교회에 대한 죄였으며, 경멸은 자신의 마음에 대한 죄였다. 그는 자신을 해쳤다"고 하였습니다. 즉, 그는 있는 힘을 다해 그리스도의 뜻을 방해하였으며, 이로써 자신을 해롭게 한 것입니다. 그는 가시채를 발길질하였으며 자신의 양심에 상처를 입혔습니다. 그는 어떠한 값을 치르더라도 그리스도를 방해하기로 결심하였으며, 이로써 그리스도에 대한 신앙이 확산되는 것을 방해하려고 하였습니다. 그는 지독하게 신앙을 방해하였습니다. 그는 그리스도의 십자가를 반대하는데 일등이었습니다.

이제 그가 하나의 모범으로서 구원받았다는 사실을 살펴봅시다. 그의 구원은 여러분이 아무리 죄에 일등이었을지라도 바울처럼 긍휼을 받을 수 있다는 사실을 여러분에게 보여주는 것입니다. 그리고 여러분이 죄에 일등이 아니었다면, 죄인 중에 괴수를 구원하실 수 있는 하나님의 은혜로 그보다 덜 악한 사람들을 틀림없이 구원하실 수 있다는 사실을 또다시 여러분에게 보여주는 것입니다. 은혜의 다리를 코끼리가 건넌다면 쥐도 분명히 건널 것입니다. 긍휼하신 하나님께서 가장 큰 죄인들을 오래 참으셨다면, 여러분에게도 참으실 것입니다. 거인이 지나갈 만큼 큰 문이라면 보통 사람들은 넉넉하게 그리로 들어갈 것입니다. 이제 그가 너무나 큰 죄인이기에 구원받을 수 없다고 아무도 말할 수 없습니다. 왜냐하면 천팔백 년 전에 죄인 중에 괴수가 구원을 받았기 때문입니다. 그러므로 여러분도 구원받을 수 있습니다.

바울은 구원받은 후 일등 성도가 되었습니다. 주님은 교회에서 그에게 2등의 자리를 주지 않으셨습니다. 그는 일등 죄인이었으나 주님은 "나는 너를 구원하였노라. 하지만 나는 언제나 너의 사악함을 기억하고 너를 불리하게 하리라"고 말씀하지 않으셨습니다. 그렇지 않습니다. 주님은 그를 충성된 사람으로 여기시고, 그에게 목회사역과 사도직을 맡기셨으며, 이에 그는 사도들 중에 최고가 되기에 조금도 부족함이 없었습니다. 여러분이 지금까지 죄 가운데 깊이 빠져 있었을지라도 앞으로 크게 쓰임받지 못할 이유는 없습니다. 오히려 여러분이 크게 쓰임받아야 할 분명한 이유가 있습니다. 왜냐하면 은혜의 법칙상, 많이 용서받은 사람이 많이 사랑하며, 많이 사랑하는 자가 많은 봉사를 하게 되어 있기 때문입니다.

바울보다 교리에 대하여 지식적으로 밝은 사람이 어디 있습니까? 바울보다 열정적으로 진리를 수호한 사람이 어디 있습니까? 바울보다 자신을 희생한 사람이 어디 있습니까? 바울보다 영웅적인 사람이 어디 있습니까? 기독교에서 바울의 이름은 여러 가지 면에서 주 예수님 다음에 위치합니다. 신약성경을 봅시다. 성령께서 그의 종 바울을 통하여 얼마나 많은 분량을 쓰게 하셨는지 확인하십시오. 또한 기독교계 전체를 살펴보십시오. 지금도 이 사람의 영향력이 얼마나 크게 미치고 있는지 확인하십시오. 그의 영향력은 주님께서 재림하실 때까지 계속될 것입니다. 오, 큰 죄인이여, 여러분이 지금도 그리스도를 비웃을 마음이 있다면, 나는 그리스도께서 이 순간 여러분을 쳐서 고꾸라뜨려서라도 그의 자녀로 만들어 달라고 기도할 것입니다. 그리고 지금 여러분이 악에 대하여 품고 있는 열정만큼이나 진리에 대하여 열정을 가지게 해 달라고 기도할 것입니다. 깊은 죄에 빠졌다가 그 죄에서 건짐을 받고 예수 그리스도의 보혈로써 죄를 사하고 정결함을 받은 사람들은 어느 누구 못지않게 담대한 그리스도인과 열정적인 전도자들이 됩니다. 누구든지 이와 같은 은혜가 함께 하기를 축원합니다. 이제 나는 본문이 강조하는 내용을 살펴보고자 합니다.

3. 세 번째, 바울의 회심은 하나님께서 오래 참으신 한 증거로서 다른 모든 회심의 본이 되었습니다.

"예수 그리스도께서 내게 먼저 일체 오래 참으심을 보이사 후에 주를 믿어 영생 얻는 자들에게 본이 되게 하려 하심이라." 하나님께서 바울에게 얼마나 오래 참으셨는가를 마음속 깊이 생각해 보세요. 그는 "예수 그리스도께서 오래 참으심을 보이셨다"고 말합니다. 하나님의 오래 참으심은 지금까지 존재한 모든 사람에게 보였을 뿐만 아니라 앞으로 올 모든 사람에게도 보일 것입니다.

> "당신의 자비의 높이를 나는 검증합니다
> 그 자비의 깊이를 나는 체험합니다."

주님은 죄의 한계 지점에 이르기까지 그 자비를 깊이 내려주셨으며, 또한 최대한 오래 참아 주셨습니다.

주님의 오래 참으심은 첫째, 바울이 죄악 속으로 돌진하고, 위협을 가하고, 입에 거품을 물고 나사렛 예수와 그의 사람들을 고발하였을 때 그의 목숨을 살려주신 데서 나타났습니다. 주님께서 손가락만 까딱하셨어도 사울은 나방처럼 뭉개졌을 테지만, 전능하신 주님께서 진노를 참으셨기에 그 반역자가 살아 남을 수 있었습니다. 이것이 전부가 아니었습니다. 그의 모든 죄악에도 불구하고 주님은 그에게 긍휼을 베푸셨습니다. 주님은 적절한 때에 그에게 복음을 효과적으로 보내어 그의 마음속에 깊이 자리잡게 하셨습니다. 그가 한창 반역을 행하고 있을 때 주님께서 그를 구원하셨습니다. 그는 회심하게 해 달라고 기도하지 않았습니다. 분명히 그는 그날도 다메섹으로 가서 구세주의 이름을 더럽혔습니다.

하지만 그때에 갑자기 자비가 임하여 그 자체의 능력만으로 그를 구원하였습니다. 오 크나큰 은혜여! 이는 참으로 주님께서 오래 참으신 결과입니다!

하나님께서 자비로 바울을 부르셨을 때, 모든 죄가 씻겨졌습니다. 그의 피 흘린 죄와 신성을 모독한 죄, 그 모든 것이 한꺼번에 씻겨졌습니다. 그리하여 바울 사도는 어느 누구보다도 자신의 완전한 성결을 확신할 정도였습니다. "그러므로 이제 그리스도 예수 안에 있는 자에게는 결코 정죄함이 없나니"(롬 8:1). "그러므로 우리가 믿음으로 의롭다 하심을 받았으니 우리 주 예수 그리스도로 말미암아 하나님과 화평을 누리자"(롬 5:1). "누가 능히 하나님께서 택하신 자들을 고발하리요"(롬 8:33). 여러분도 아시다시피 그는 이러한 진리에 대하여 큰 확신을 가지고 자신의 체험을 증거하였던 것입니다. 주님의 오래 참으심이 그의 모든 죄를 깨끗하게 하였습니다. 깊고 깊은 죄에 대한 오래 참으심이 그를 사도의 직분에 올려놓았고, 이에 그는 높고 높은 은혜 가운데서 하나님의 오래 참으심을 증거하기 시작하였습니다.

그가 복음을 전할 수 있었던 것은 틀림없이 엄청난 특권이었습니다. 내 생각에, 그가 열정적으로 복음을 전하다가도 잠시 멈추어 "바울아, 이 모습이 정녕 너의 모습이란 말이냐?"라고 반문하였을 것입니다. 특히 그가 다소로 내려갔을 때 그는 자신의 변화된 모습에 놀라고, 또한 하나님의 큰 자비에 놀랐을 것이 분명합니다. 그가 한때 멸하려고 하였던 믿음을 오히려 전파하였습니다. 그가 한 번 설교한 후에 자기 침실로 돌아와서는 이렇게 여러 번 말했을 것입니다. "놀라운 일 중에 놀라운 일이요 기적 중에 기적일세. 전에 저주를 퍼부었던 내가 이제는 설교를 하게 되다니. 틈만 나면 위협하고 죽이라고 말하던 내가 이제는 하나님의 성령의 감동을 받고 예수님의 이름만 들어도 눈물을 흘리며, 그리스도 예수 나의 주님을 아는 지식이 가장 고상함을 알고 모든 것을 배설물로 여기다니 참으로 기적일세 기적이야."

바울이 죄악에 빠졌던 상태와 의로워진 상태의 차이를 이해하지 않고는, 그리고 자비로 자기 종의 죄를 기억하지 아니하시며 그를 높여 교회에서 훌륭하게 섬기게 하신 하나님을 바라보지 않고는 여러분은 주님의 오래 참으심을 이해하지 못합니다. 이러한 바울의 회심은 하나의 본으로서, 하나님께서 믿는 모든 자에게 동일하게 오래 참으심을 보여 주실 것이라는 사실을 나타냅니다. 여러분이 욕하는 자였다면, 하나님은 여러분의 검은 입을 깨끗하게 하시고 그 입으로 찬송하게 하실 것입니다. 여러분은 예수님에 대하여 악의로 가득 찬 검고 잔인한 마음을 가졌습니까? 예수님께서 그 마음을 제거하시고 여러분에게 새로운 마음과 바른 영을 베푸실 것입니다.

여러분이 온갖 종류의 죄에 빠졌습니까? 그 죄악들이 너무나 부끄러워 감히 생각도 할 수 없을 정도입니까? 모든 더러운 것을 도말하시는 주님의 보혈을 깊이 생각하십시오. 여러분의 죄가 셀 수 없을 만큼 많습니까? 여러분의 지난 삶을 기억만 해도 이미 거의 지옥에 떨어진 듯한 기분이 듭니까? 나는 여러분의 기분에 놀라지 않습니다. 하나님은 누구라도 예수님을 통해 자신에게 나오는 자들을 구원하실 수 있기 때문입니다. 여러분은 사울보다 악하지는 않았습니다. 그러므로 여러분에게도 오래 참으심이 적용될 수 있으며, 장차 여러분은 거룩해지고 쓰임받을 가능성이 큽니다. 여러분이 매춘부나 도둑이었을지라도 하나님의 은혜로 여러분이 깨끗해지기만 하면, 여러분에게서 놀라운 일이 일어날 수 있습니다. 임마누엘의 면류관에 박힌 번쩍번쩍하는 많은 보석들이 지금까지 지저분한 곳에서 얻어졌습니다. 지금 여러분은 거친 돌덩어리와 같지만 예수님께서 여러분을 다듬어 윤이 나게 하시며, 그의 성전에서 기둥같이 세우십니다.

낙심하지 마십시오. 사울이 어떤 존재였으며 바울이 어떤 사람이 되었는지 생각하십시오. 그리고 여러분이 어떤 존재가 될 수 있는지 배우십시오. 오래 참으신 은혜를 받은 바울의 체험은 하나님께서 여러분을 어떻게 대하실지 보여주기 위해 계획된 하나의 모범이었습니다.

> "성경은 말씀하네 죄가 있는 곳에
> 은혜가 더욱더 넘쳤노라고
> 이에 사탄은 당황하고
> 스스로 물러갔도다
> 그리스도께서 승리하셨네!
> 영광의 소식을 널리 전하세.
>
> 죄가 강하나 은혜는 더욱 강하도다
> 그리스도께서 사탄보다 더 위대하시도다
> 오, 더 이상 죄에 굴복하지 말라

예수님께 돌아와 그에게 굴복하라
그가 승리하셨네!
그러므로 죄인들이 그를 경배하네."

4. 바울의 회심은 하나의 모범으로 예정된 것이었습니다.

나는 바울이 받은 놀랄 만한 계시를 우리도 받기를 기대할 수 있다고 말하지 않습니다. 하지만 바울의 회심은 하나의 밑그림으로서 어떠한 회심이라도 그 밑그림 위에서 그려질 수 있습니다. 그 안에 칠하는 색깔은 다를지 몰라도 밑그림은 동일합니다. 바울의 회심은 우리의 회심의 밑그림이 되는데 안성맞춤입니다. 그렇다면 바울은 어떻게 회심하게 되었나요? 분명한 것은 바울이 구원을 받는 데 아무런 공헌을 한 것이 없다는 사실입니다. 여러분이 체로 치듯이 아무리 그를 철저하게 조사해 보아도 그가 스스로 회심하여 예수님을 믿으리라고 희망할 수 있는 요소는 전혀 발견할 수 없습니다. 그의 선천적인 성향, 어렸을 때부터 받은 훈련, 그의 주변환경, 그의 이력, 이 모든 것이 그를 유대교에 묶어두었기 때문에 그가 그리스도인이 된다는 것은 거의 상상할 수 없습니다. 바울에게 복음의 신령한 진리에 대하여 가르쳐 주었던 교회의 최초의 장로였던 아나니아는 그에 대하여 말하기를, "주여 이 사람에 대하여 내가 여러 사람에게 든사온즉 그가 예루살렘에서 주의 성도에게 적지 않은 해를 끼쳤다 하더이다"(행 9:13)라고 할 정도였습니다.

탐욕스러운 늑대가 어린 양으로 변화된다는 것은 도저히 있을 수 없는 일이라고 그는 생각했던 것입니다. 예수님을 믿을 만한 조건이 사울에게는 전혀 없었습니다. 그의 마음은 돌밭이었으며, 보습으로 그 밭을 갈 수 없었으며, 좋은 씨가 뿌리내릴 수 있는 공간이 없었습니다. 하지만 주님은 사울을 회심시키셨습니다. 그리고 다른 죄인들도 그와 같이 회심시킬 수 있습니다. 그런데 그것은 오로지 순수한 은혜와 거룩한 능력으로 말미암은 일이었습니다. 왜냐하면 타락한 인간의 본성 안에는 은혜의 빛을 받을 만한 거룩한 요소가 눈곱만큼도 없기 때문입니다. 우리의 마음속에는 변화시키는 은혜가 깃들 수 있는 거점이 애초부터 존재하지 않으며, 따라서 변화시키는 은혜는 자체적으로 자신이 깃들일 수 있는 땅을 창조해야만 합니다. 하나님을 찬송합시다. 하나님에게는 모든 일이 가능하기 때문입니다.

바울의 회심은 하나님의 능력이 임한 증거였습니다. 오직 하나님의 능력만으로 그는 회심하였으며, 진실한 회심은 모두 그와 같습니다. 여러분의 회심이 설교자의 능력을 보여주는 것이라면 여러분은 다시 회심해야 합니다. 여러분의 구원이 여러분 자신의 능력의 결과라면 그것은 지독한 사기이며, 여러분은 거기서 벗어나야 합니다. 구원받은 사람은 누구나 성령 하나님의 능력을 받아 행해야 합니다. 참된 중생의 일점 일획도 성령의 역사입니다. 우리의 힘은 구원을 얻는데 도움이 되는 것이 아니라 도리어 방해가 됩니다. 주님은 "주의 권능의 날에 주의 백성이 거룩한 옷을 입고 즐거이 헌신하니"(시 110:3)라고 복된 약속을 우리에게 해 주셨습니다. 회심은 부활만큼이나 하나님의 전능한 힘의 역사입니다. 죽은 자들이 스스로 부활할 수 없는 것처럼 사람들은 스스로 회심하지 못하는 것입니다.

그러나 사울은 즉시 변화되었습니다. 그의 회심은 한 번에 이루어졌고 바로 끝났습니다. 그가 평안을 얻기 전에 약간의 간격이 있기는 하였으나, 그 회심하던 삼일 동안에도 비록 그가 슬픔에 싸여 있었지만 그는 이미 변화된 사람이었습니다. 그는 한순간 마귀의 지배 하에 있었지만 그 다음 순간에 그는 은혜의 지배를 받았습니다. 이는 모든 회심에서도 마찬가지로 나타나는 현상입니다. 일몰 때 태양이 지평선 아래로 내려가고 더 이상 보이지 않는 때가 있습니다. 여러분이 죽음에서 생명으로 옮긴 시간을 정확히는 모르겠지만, 여러분이 참으로 믿는 자라면 그런 시간이 분명히 있었습니다. 사람이 자신의 나이를 모를 수도 있지만 분명히 그가 태어난 시간이 있습니다. 모든 회심에는 어둠에서 빛으로, 죽음에서 생명으로 옮긴 뚜렷한 변화가 있으며, 이는 바울의 신속한 중생이 우리에게 너무나 기쁜 소망을 주는 것으로 보아 분명한 사실입니다. 우리가 죄로부터 벗어나는데 결코 지루하고 수고로운 과정이 필요하지 않습니다. 은혜는 묶여 있는 사람들에게 즉각적인 자유를 가져다줍니다. 예수님을 믿는 사람은 그 순간부터 구원받는 것입니다. 그런데 어찌 죽음 속에 머무르려 하십니까? 여러분의 눈을 들어 즉각적인 생명과 빛을 바라보지 않으시겠습니까?

바울은 믿음으로 말미암아 그의 중생을 증명하였습니다. 그는 영생을 믿었습니다. 그의 편지에서 바울은 자신이 행위가 아니라 믿음으로 말미암아 구원을 얻었다고 우리에게 누누이 설명하였습니다. 모든 사람이 행위가 아니라 믿음으로 말미암아 구원을 얻습니다. 구원을 얻었다면 그 구원은 단순히 주 예수님을 믿음으로 말미암은 것입니다. 바울은 자신의 행위를 아무것도 아닌 것으로 여겼으며, 그리스도를 얻기 위해 그는 자신의 행위를 배설물과 똥으로 여겼습니다. 이처럼 회심한 모든 사람은 오직 은혜로 구원받기 위하여 자신의 행위를 부인합니다. 가슴을 부풀리거나 코로 숨을 내쉬는 것이 살아 있다는 증거인 것처럼 예수 그리스도를 믿는 믿음이 구원받은 증거입니다. 믿음은 영혼을 구원하는 은혜이며, 그것이 없다는 것은 곧 멸망당한다는 것을 의미합니다. 사랑하는 친구여, 이러한 사실이 여러분에게 충격을 주지 않나요? 여러분에게 믿음이 있습니까 혹은 없습니까?

바울은 아주 명확하고 분명하게 구원을 받았습니다. "저 사람이 그리스도인입니까 아닙니까?"라고 질문할 필요가 없었습니다. 왜냐하면 그의 변화가 너무나 명백하였기 때문입니다. 바울 사도는 이르기를, 다소의 사울은 이미 죽었고, 다소의 사울이 바울 사도에게 이를 갈 정도로 자신이 변화되었다고 말하곤 하였습니다. 그의 변화를 찬성하든 반대하든, 그를 아는 모든 사람이 알아볼 정도로 그의 변화는 뚜렷했습니다. 그들은 은혜가 만들어 낸 그 희한한 차이를 알아차리지 못할 수 없었습니다. 왜냐하면 암흑이 대낮 속에 들어온 것처럼 그 차이가 컸기 때문입니다. 사람이 진실로 구원받을 때 이처럼 뚜렷이 변화합니다. 주변에 있는 사람들이 알아차릴 수밖에 없는 그런 변화가 있습니다. 여러분이 집에서 자녀로서 그리스도인이 되었는데 부모님이 여러분의 변화를 알아보지 못할 것이라고 말하지 마세요. 여러분의 부모님께서 반드시 알아볼 것입니다. 그리스도의 복음에 어울리게 말하고, 이로써 사도와 같이 여러분도 마음이 거듭남으로 인하여 확실히 변화되었다는 사실을 사람들이 알아볼 수 있게 하십시오.

바울처럼 우리 모두 거룩한 은혜의 사람들이 되기를 바랍니다. 바울처럼 우리의 바보 같은 생애를 멈추고, 영광스러운 하늘의 빛을 받아 눈이 멀고, 신비로운 목소리의 부름을 받으며, 본래의 무지를 깨닫고, 눈을 멀게 하는 비늘을 떼어 내어 예수님을 가장 소중한 분으로 바라볼 수 있게 되기를 바랍니다. 얼마나 신속하게 우리의 죄의 자각이 회심이 되고, 회심이 신앙 고백이 되고, 신앙 고백이 헌신이 되는지를 우리가 몸소 보여주기를 바랍니다.

바울은 "무엇이든지 내게 유익하던 것을 내가 그리스도를 위하여 다 해로 여길 뿐더러 또한 모든 것을 해로 여김은 내 주 그리스도 예수를 아는 지식이 가장 고상하기 때문이라"(빌 3:7-8)고 하였습니다. 그는 그리스도께서 죽으시고 부활하심으로 완성하신 일을 신뢰하였으며, 용서와 영원한 생명을 즉시 깨달았으며, 그리하여 헌신적인 그리스도인이 되었습니다. 사랑하는 친구여, 바울의 모범을 따를 마음이 있으십니까? 하나님의 성령께서 바울의 구세주를 믿으라고 여러분을 감동시키시는지요? 그리고 다른 모든 믿는 것을 버리고 오직 주님만을 의지하라고 성령께서 감동시키시는지요?

　성령의 감동을 따르십시오. 그리하면 삽니다. 어떤 손이 여러분을 뒤에서 붙잡고 "너는 너무나 큰 죄인이야"라고 악하게 속삭이는 소리가 들리는 것 같습니까? 뒤돌아서서 그 마귀에게 떠나라고 명령하십시오. 왜냐하면 본문은 마귀가 거짓말했다고 책망하고 있기 때문입니다. "내가 긍휼을 입은 까닭은 예수 그리스도께서 내게 먼저 일체 오래 참으심을 보이사 후에 주를 믿어 영생 얻는 자들에게 본이 되게 하려 하심이라." 하나님께서 바울을 구원하셨도다. 그러므로 마귀야 물러갈지어다! 주님은 어떤 사람이라도 구원하실 수 있으며, 나를 구원하실 수 있습니다. 나사렛 예수 그리스도는 구원할 능력이 있으시며, 그러므로 나는 그를 의지할 것입니다.

　여기에 복음이 있습니다. 여러분이 원한다면, 이 복음을 취하십시오. 하지만 여러분이 이 복음을 받지 않는다면, 아무리 부드러운 복음 ― 사랑과 자비의 복음 ― 이라도 단지 "믿지 않는 사람은 정죄를 받으리라"(막 16:16)는 이 말씀밖에는 여러분에게 드릴 말씀이 없다는 것을 상기시키고 저의 책임을 마무리해야겠습니다.

> "하늘의 기쁨을 무시하는 자들에게
> 깊고 깊은 지옥이 마땅하도다
> 사랑의 줄을 끊어 버리는 자들은
> 보복의 쇠사슬에 묶여 고통당하리로다."

　여러분이 큰 사랑에 굴복하고 그리스도 예수 안에서 평안을 얻기를 축원합니다.

제
5
장

—

진리를 앎으로 인한 구원

—

"이것이 우리 구주 하나님 앞에 선하고 받으실 만한 것이니
하나님은 모든 사람이 구원을 받으며 진리를
아는 데에 이르기를 원하시느니라" — 딤전 2:3-4

성령 하나님께서 이 시간 우리의 생각을 인도하셔서 최선의 실제적인 결과를 맺게 하시기를 기원합니다. 그럼으로써 죄인들이 구원을 받고 성도들이 새롭게 각성되게 하시기를 기원합니다.

나는 본문을 가지고 논쟁을 벌이고 싶지 않습니다. 본문은 마치 건물의 모퉁이를 만드는 돌과 같습니다. 여기에서 진리의 건물의 두 면이 만납니다. 대부분의 마을에는 할 일 없이 논쟁이나 벌이기를 좋아하는 사람들이 서로 만나는 모퉁이가 있습니다. 그리고 신학 분야에도 그와 같은 모퉁이들이 있습니다. 본문과 관련하여 우리와 의견을 달리하는 사람과 30분 동안 격렬한 논쟁을 벌이는 것은 쉬운 일이지만, 그러나 그러한 논쟁으로 유익을 얻는 경우를 나는 거의 보지 못했습니다. 그리고 우리에게는 그렇게 할 시간도 별로 없으며, 우리의 인생 자체도 그렇게 하면서 시간을 보내기에는 너무 짧습니다. 우리에게 주어진 길지 않은 시간을 차라리 다른 선한 일을 위해 사용하는 것이 훨씬 더 낫습니다. 성령께서 우리를 지키셔서 논쟁의 영에 빠지지 않게 하시기를 기원합니다. 그리고 우리로 하여금 그의 말씀으로 실제적인 유익을 얻게 하시기를 기원합니다.

4절에서 우리는 "하나님은 모든 사람이 구원을 받기를 원하신다"는 말씀을

보게 되는데, 이것이 그가 신적 목적의 권능으로 그렇게 뜻하심을 의미하는 것은 아닙니다. 왜냐하면 만일 하나님이 그렇게 뜻하신다면, 실제로 모든 사람이 구원을 받게 될 것이기 때문입니다. 하나님이 세상을 만드시기를 뜻하셨을 때, 세상은 그대로 만들어졌습니다. 하나님은 모든 사람이 구원받기를 뜻하지 않습니다. 왜냐하면 모든 사람이 구원받는 것은 아님을 우리가 알기 때문입니다. 두려운 사실이지만, 성경의 기록으로부터 자신들의 죄와 구주를 배척한 결과 영원한 형벌에 떨어져 슬피 울며 이를 갈 사람들이 있을 것은 분명한 사실입니다. 오른편에 양들이 있을 것처럼, 왼편에는 염소들이 있을 것입니다. 곳간에 들어갈 알곡들이 있을 것처럼, 바람에 날려갈 쭉정이들이 있을 것입니다. 한 곳에 모아질 곡식들이 있을 것처럼, 쓰레기더미에 버려질 찌끼들이 있을 것입니다. 영광스러운 천국이 있을 것처럼, 두려운 지옥이 있을 것입니다. 성경에 이와 반대되는 교리는 없습니다.

그러면 무엇입니까? 본문에다가 우리는 본문이 명백하게 제시하는 것처럼 보이는 의미 외에 다른 의미를 부여해야 할까요? 나는 그렇게 생각하지 않습니다. 아마도 여러분은 칼빈주의자들이 본문을 다루는 일반적인 방식을 잘 알 것입니다. 그들은 여기의 "모든 사람"(all men)이 "어떤 사람들"(some men)을 말하는 것이라고 생각합니다. 마치 성령께서 "some men"으로 의도하셨음에도 불구하고 그렇게 말할 수 없었던 것처럼 말입니다. 혹은 "모든 사람"을 "모든 종류의 어떤 사람들"로 이해하기도 합니다. 마치 성령께서 "all sorts of men"으로 의도하셨음에도 불구하고 그렇게 말할 수 없었던 것처럼 말입니다. 그러나 성령은 바울 사도로 하여금 "모든 사람"으로 기록하도록 이끄셨으며, 그러므로 그분이 의도한 것은 실제로 "모든 사람"이었음이 분명합니다. 나는 얼마 전까지 크게 유행했던 비평적 방법으로 "모든"이라는 단어가 갖고 있는 난점을 제거하는 방법을 잘 알고 있습니다. 그러나 나는 그것이 여기에서 어떻게 올바르게 적용될 수 있는지 알지 못합니다. 나는 최근에 어떤 주석가의 해석을 읽었는데, 그는 본문에다가 문법적인 폭약을 설치하면서 본문을 해석하기 위해 본문을 폭발시킵니다. 그러면서 그는 본문 말씀을 임의대로 변개시키면서, 그것을 새로운 각도로 바라봅니다. 물론 나 역시도 성경의 어느 구절을 읽든 그것을 나의 교리적 관점과 일치되도록 읽고자 하는 강한 열망을 가지고 있습니다. 그러나 그러한 열망이 아무리 강하다 하더라도, 그것을 위해 고의로 성경 본문을 변개시킬 정도로 그렇게 강하지는 않습니다. 나는 정통을 매우 존중합니다. 그러나 성령의 영감을 존중하는 마음은 그것보다 훨씬 더 큽니다. 하나님의 말씀과 화합하지 않는 것보다 차라리 나 자신과 화합하지 않는 것을 나는 백배나 더 기꺼이 받아들일 것입니다. 나는 나 자신과 화합하지 않는 것을 큰 죄라고 생각하지 않습니다. 도대체 내가 누구관대 항상 나 자신과 화합해야만 한단 말입니까? 그러나 나는 하나님과 말씀과 화합하지 않고 그럼으로써 성경의 숲에서 어느 한 나무라도 그 가지를 임의대로 베어내는 것은 큰 죄라고 생각합니다. 하나님은 우리가 당신의 표현을 최소한의 정도라도 임의대로 변개시키는 것을 허락하지 않습니다. 그러므로 우리는 있는 말씀 그대로 읽어야만 합니다. "하나님은 모든 사람이 구원을 받으며 진리를 아는 데에 이르기를 원하시느니라."

본문은 사람들이 구원받는 것이 하나님의 원하시는 바임을 확언합니다. 우리는 여기에서 "원하다"라는 단어에 강세를 주어 읽어야 합니다. 그러면 본문은 이렇게 될 것입니다. "모든 사람이 구원을 받으며 진리를 아는 데에 이르는 것이 하나님의 원하시는 바니라." 모든 사람이 구원을 받는 것은 나의 원하는 바이며, 또 여러분의 원하는 바이면서 동시에 그것은 하나님의 원하시는 바이기도 합니다. 그렇다면 즉시로 다음과 같은 질문이 제기될 것입니다. "만일 그것이 정말로 하나님의 원하시는 바라면, 어째서 하나님은 그렇게 만들지 않는 것입니까?"

사랑하는 형제들이여, 여러분은 현자(賢者)가 대답할 수 없는 질문을 우자(愚者)가 물을 수 있다는 말을 들어보지 못했습니까? "만일 하나님이 무한히 선하시고 무한히 능력이 많으시다면, 어째서 그의 능력은 그의 선하심을 충분히 실행하지 않는 것인가?"라는 질문은 모든 세대에 걸쳐 끊임없이 논란을 불러일으켰던 주제였습니다. 압제당하는 자들이 자유케 되는 것은 하나님의 원하시는 바입니다. 그러나 아직도 자유를 얻지 못한 채 압제 가운데 있는 자들이 많이 있습니다. 병든 자가 나음을 입는 것은 하나님의 원하시는 바입니다. 그렇지 않습니까? 그러나 주님은 모든 병자를 낫게 하기 위해 기적을 일으키지 않습니다. 당신의 피조물들이 행복한 것이 하나님의 원하시는 바입니다. 누가 이것을 부인할 수 있겠습니까? 그러나 하나님은 우리 모두를 행복하게 만들기 위해 특별한 기적으로 개입하지 않습니다. 그렇다고 해서 하나님은 자신이 만든 모든 피조물의 행복을 바라지 않는다고 생각하는 것은 악한 생각입니다. 그는 무한한 선하심을 가지고 계십니다. 그럼에도 불구하고 그의 선하신 뜻이 무한한 권능으로 항상 이루어지는 것은 아닙니다. 만일 어떤 사람이 왜 그러냐고 묻는다면, 나는 대답할 수 없습니다. 나는 모든 난제(難題)들을 설명하도록 세움 받지 않았습니다. 또 그렇게 하고자 하는 마음도 가지고 있지 않습니다.

　어떤 흑인이 내게 "목사님, 죄의 창시자는 마귀가 아닙니까?"라고 물었습니다. 그 질문에 나는 "물론 마귀가 죄의 창시자입니다"라고 대답했습니다. 그러자 그는 계속해서 "하나님은 죄를 미워하시지요?"라고 물었습니다. "그렇습니다." 그러자 그는 이렇게 묻습니다. "그런데 어째서 하나님은 마귀를 죽이고 죄에 종지부를 찍지 않으시는 것입니까?" 아! 사랑하는 흑인 형제여, 그 질문에 대한 답변을 듣는 것보다 차라리 당신의 피부가 하얗게 되는 것이 더 쉬울 것입니다. 나는 어째서 하나님이 도덕적인 악을 허락하시는지 설명할 수 없습니다. 나뿐 아니라 땅에 있는 가장 지혜로운 철학자와 하늘에 있는 가장 높은 천사도 나와 마찬가지로 그렇게 할 수 없습니다.

　이것은 우리가 알 필요가 없는 것들 가운데 하나입니다. 여러분은 알약을 씹어 먹을 정도로 어리석은 사람을 본 적이 있습니까? 나도 알약을 씹어 먹어 본 적이 있는데, 금방이라도 토할 것 같았습니다. 알약을 먹는 올바른 방법은 씹지 않고 그냥 꿀꺽 삼키는 것입니다. 이와 마찬가지로 하나님의 말씀에도 이런저런 의문을 제기하며 자꾸 씹지 말고 믿음으로 그냥 꿀꺽 삼켜버려야 하는 것들이 있습니다. 만일 여러분이 알 수 없는 것들을 꼭 알아야만 하겠다고 생각하며 최고의 신비에 속하는 것들에 대해서조차 합리적인 설명을 필요로 한다면, 여러분의 영혼은 즉시로 온갖 종류의 의문과 난제와 괴로움들로 뒤덮일 것입니다. 어려운 교리들은 알약을 삼키듯 그냥 영혼 속으로 삼켜버리십시오. 하나님에 대한 믿음으로 말입니다.

　나는 내가 이해할 수 없는 수천 가지 일들로 하나님께 감사를 드립니다. 어떤 것의 이유를 알 수 없을 때, 나는 스스로에게 이렇게 말합니다. "어째서 내가 그것의 이유를 알아야만 한단 말인가?" 내가 누구며 또 무엇이관대 하나님으로부터 설명을 요구한단 말입니까? 나는 가장 합리적일 때조차 가장 불합리합니다. 내가 가장 정확하게 판단할 때조차 나는 그것을 감히 믿지 못합니다. 도리어 나는 하나님을 믿는 쪽을 선택합니다. 나는 가장 지혜로울 때조차 어리석은 어린아이에 불과합니다. 나의 아버지가 나보다 더 잘 아실 것이 틀림없습니다. 어떤 사람이 어려운 문제를 해결하기 위해 혼자 연구에 몰입하던 때의 이야기를 들려준 적이 있습니다. 그때 그의 어린 아들이 연구실의 문을 두드리자, 그는 "조니! 들어오지 말아라, 아빠가 지금 하고 있는 일을 너는 이해할 수 없어. 아빠를 그냥 홀로 있게 내버려 두렴" 하고 말했습니다. 그러나 조니는 바로 그 이유 때문에 들어가서 아빠가 하고 있는 일을 보아야만 하겠다고 느꼈습니다 ― 이것은 우리의 교만한 지성(知性)의 참된 상징입니다. 우리는 금지된 것들을 캐내고 감추어진 것들을 드러내야만 속이 후련합니다. 조니는 창문을 통해 아버지의 하는 일을 보겠다는 생각으로 높은 창문에 기어 올라갔습니다. 만일 그의 아버지가 그를 그토록 위험한 장소에서 속히 떠나게 하지 않았다면, 그는 자신의 호기심을 만족시키려고 하다가 그만 세상에 더 이상 존재하지 않는 사람이 될 뻔했습니다. 이와 같이 하나님은 때때로 문을 닫고 말씀하십시다. "내 아들아, 그것은 그대로 내버려 두고 믿음으로 만족하렴." 그러나 우리는 어리석게 외칩니다. "그렇지만 주님, 그것은 어째서 그러한가요?" "내 아들아, 그것은 그러하단다." "그렇지만 하나님, 그것은 어째서 그러한가요?" "그것은 그러하단다, 내 아들아, 나를 믿으렴." 그러나 우리는 계속해서 생각하며, 추론의 사닥다리를 기어 올라가며, 추측하며, 따지며, 마침내 영원한 진리의 높은 창문에 도달합니다. 그러나 그 위에서 우리는 우리가 어디에 있는지 알지 못합니다.

그러면서 우리의 다리는 후들거리며, 우리는 모든 종류의 불확실성과 영적 위기 속에 빠져 버립니다. 만일 우리가 호기심으로 지나치게 높은 곳에 올라가고자 한다면, 우리는 큰 위험에 처하게 될 것입니다. 나는 그런 문제들을 만지작거릴 마음이 없습니다. 본문의 교훈을 그냥 그대로 받아들이십시오. 나는 "모든 사람이 구원을 받으며 진리를 아는 데에 이르는" 것이 나의 아버지의 원하시는 바라고 믿습니다. 그러나 동시에 나는 하나님이 그렇게 뜻하시고 그럼으로써 모든 사람을 구원하시지는 않으실 것이라는 사실을 압니다. 그들이 그의 아들을 믿지 않는다면 말입니다. 왜냐하면 하나님은 아들을 믿지 않는 자는 구원받지 못한다고 거듭거듭 말씀하셨기 때문입니다. 자기 죄를 버리고 마음과 뜻을 다하여 하나님께로 돌이키지 않는다면, 하나님은 결코 그를 구원하지 않을 것입니다. 나는 이것을 분명히 압니다. 동시에 나는 또한 하나님이 당신의 영원한 사랑으로 택하시고, 당신의 영원한 능력으로 구원하실 자들을 갖고 계심을 압니다. 나는 전자와 후자가 어떻게 조화될 수 있는지 알지 못합니다. 이것은 내가 알지 못하는 또 한 가지입니다. 만일 내가 여러분에게 내가 아는 것과 내가 알지 못하는 것을 말한다면, 아마도 내가 알지 못하는 것이 내가 아는 것의 백배는 될 것입니다. 그러므로 우리는 본문과 관련한 전통적인 난제(難題)에 대해서는 더 이상 이야기하지 않고, 다만 좀 더 실제적인 부분만을 다룰 것입니다. 사람의 구원과 관련하여 하나님의 원하시는 바는 이것입니다 ― 사람들이 구원을 받으며 진리를 아는 데에 이르는 것.

사람이 구원을 받으면, 그는 진리를 아는 데 이르게 됩니다. 두 사실은 함께 가며, 상호간에 서로 의존합니다. 사람들을 구원하심에 있어 하나님은 그들을 무지(無知) 가운데 그대로 내버려 두지 않으심으로써 그렇게 하십니다. 사람들이 구원을 받는 것은 진리를 앎으로써 이루어집니다. 이것이 오늘 설교의 주된 주제가 될 것입니다. 그리고 뒷부분에서 우리는 이러한 사실이 구원받기를 원하는 자들에게 어떤 교훈을 주는지 살펴볼 것입니다. 부디 성령께서 여러분에게 실제적인 도움을 베풀어주시기를 기원합니다.

오늘의 주된 주제는 이것입니다 ― "사람이 구원을 받는 것은 진리를 앎으로써 말미암습니다."

오늘의 주제가 고딕체로 강조되어 있는 것을 주목하십시오. 이것은 진리이지만, 모든 진리(every truth)는 아닙니다. 어떤 것에 관한 진리를 아는 것은 좋은 입입니다. 또 우리는 어떤 것에 대해 거짓을 취하는 것으로 만족해서는 안 됩니다. 그렇지만 우리를 구원하는 것이 모든 진리(every truth)는 아닙니다. 우리는 어떤 신학적 진리를 앎으로써 구원받지 않습니다. 왜냐하면 상대적으로 열등한 가치밖에는 갖지 못하는 신학적 진리들이 있기 때문입니다. 그러한 것들은 생사를 가를 만큼 근본적이지 않습니다. 사람은 그러한 진리들을 알면서도 구원받지 못할 수 있습니다. 사람을 구원하는 것은 진리입니다. 예수 그리스도가 그 진리입니다. 예수 그리스도에 관한 하나님의 전체적인 증언이 진리입니다. 성령은 우리 마음속에서 진리로 역사(役事)합니다. 진리를 아는 것은 넓은 앎(large knowledge)입니다. 처음에는 꼭 그렇지는 않습니다. 처음에는 작은 앎으로 시작할 수 있습니다. 그러나 계속적으로 발전해 감으로써 그것은 넓은 앎이 되며, 우리의 영혼은 진리의 전체적인 영역 속에서 충분한 양식을 공급받게 됩니다.

우리는 진리라 불리는 거대한 사실들을 앎으로써 구원을 받습니다. 이제 우리는 여기에서 그러한 앎이 작동하는 방식을 주목할 것입니다. 대부분의 경우 그것은 사람 안에서 그를 각성시킴으로 시작합니다. 이와 같이 그것은 그를 무감각함(carelessness)으로부터 구원합니다. 그는 하나님이 계시하신 진리를 알지 못했으며, 그리하여 들짐승처럼 살았습니다. 그는 먹을 것과 마실 것이 충분한 것으로 만족했습니다. 그는 돈 곁에 눕는 것으로 기뻐했습니다. 그는 하루하루가 즐겁게 지나가며 쓰리고 아픈 것이 없는 것으로 만족했습니다. 그는 신앙에 대해 들었지만, 그러나 그것은 자신과 아무 상관 없는 것으로 여겼습니다. 그는 신앙에 대해 매우 중요하게 생각하는 사람들을 알고 있었습니다. 그러나 자신과 관련한 한, 그는 하나님이나 진리에 대해서보다 외양간의 소나 광야의 타조에 대해 훨씬 더 많이 생각했습니다. 그러나 마침내 진리가 그에게 임했습니다. 그는 진리를 알게 되었습니다. 그는 단지 일부의 진리만을 알았을 뿐입니다. 아주 희미한 일부 말입니다. 그러나 그것은 그를 각성시켰으며, 그를 무감각으로부터 깨어나게 만들었습니다. 왜냐하면 그는 갑자기 자신이 하나님의 진노 아래 있음을 발견했기 때문입니다. 아마도 그는 설교를 들었든지, 아니면 소책자를 읽었든지, 아니면 기독교인 친구로부터 신앙과 관련한 실제적인 이야기를 들었을 것입니다. 그리하여 그는 "그를 믿지 아니하는 자는 하나님의 독생자의 이름을 믿지 아니하므로 벌써 심판을 받은 것"이라는 사실을 알게 되었습니다(요 3:18). 이것은 그를 놀라게 만들었습니다. 하나님이 "의로우신 재판장이시며 매일 분노하시는 하나님"이라는 사실은 그를 경악하게 만들었습니다(시 7:11). 그는 이것에 대해 한 번도 생각해 본 적이 없었으며, 알지도 못했습니다.

그러나 그것을 알게 되었을 때, 그는 더 이상 쉴 수 없었습니다. 그리하여 그는 더 많은 진리를 아는 데에 이르게 되었습니다. 죽음 이후에 심판이 있을 것이라는 사실과 그가 다시 살아날 것이라는 사실과 하나님의 심판대 앞에 서서 이 땅에서 행했던 모든 일들에 대해 설명해야만 한다는 사실 같은 것들 말입니다. 이것은 그에게 매우 충격적으로 다가왔습니다. 특별히 "사람이 무슨 무익한 말을 하든지 심판 날에 이에 대하여 심문을 받으리라"와 같은 말씀은 그에게 마치 이글이글 타는 불꽃처럼 다가왔습니다(마 12:36). 그의 마음은 그리스도께서 구름을 타고 오셔서 산 자와 죽은 자를 심판대 앞으로 부르실 마지막 재앙의 날을 내다보기 시작했습니다. 전에는 알지 못했지만, 이제는 알게 되었습니다. 그러한 사실은 그를 놀라게 했으며, 그를 깨어 일어나게 만들었습니다. 처음으로 이런 진리를 알기에 이른 자들이 더 이상 잠잘 수 없게 된 경우를 나는 많이 보아왔습니다. 그들은 늦은 저녁에 출발했으며, 옆에 있는 자들에게 부디 기도할 수 있도록 도와달라고 간청했습니다. 다음 날에도 그들은 자신의 일에 거의 마음을 쓸 수 없었습니다. 왜냐하면 그들의 귀에 계속해서 두려운 소리가 들려왔기 때문입니다. 그들은 갑자기 죽어 지옥에 떨어지지 않을까 두려워했습니다. 이와 같이 그들은 무감각으로부터 구원받았습니다. 그들은 예전의 들짐승과 같은 삶으로 되돌아갈 수 없었습니다. 그들은 미래와 영원에 대해 눈을 떴습니다. 그들은 예전과 같은 어리석은 무감각 속에서 더 이상 쉴 수 없었습니다. 그들은 진리를 앎으로써 무감각으로부터 떨쳐 일어났습니다.

사람에게 진리는 또 다른 방식으로 유용합니다. 진리는 그를 편견으로부터 구원합니다. 사람들이 하나님의 진노에 대해 알게 되었을 때, 그들은 종종 그러한 진노로부터 벗어나기 위한 방법을 찾는 일에 골몰하기 시작합니다. 그들은 만일 자신들이 새로워질 수 있다면, 만일 자신들의 총체적인 죄를 버릴 수 있다면, 만일 자신들이 신앙적인 사람들과 함께 할 수 있다면, 그러한 진노를 피하는 방법을 찾을 수 있을 것이라고 생각합니다. 개중에는 다음과 같이 말하는 성직자를 찾아가 조언을 구하는 자들도 있습니다. "당신은 선행을 해야 합니다. 당신은 좋은 성품을 만들어야 합니다. 당신은 이 모든 것에다가 교회의 각종 의식에 참여하는 것을 더해야 합니다. 당신은 오로지 합법적인 사도적 전통을 계승한 성직자를 통해 축복을 받도록 해야 합니다." 방금 언급한 사도적 전통의 계승과 관련하여 그 사제는 뻔뻔스럽게도 자신이 바로 그런 자임을 스스로 자임하면서, 자신이 베푼 성례야말로 합법적인 은혜의 수단이라고 당당히 말합니다. 처음에 어느 정도 깨어 일어났다가 이러한 거짓 교훈으로 인해 거짓 평안 가운데 다시 주저앉고 마는 사람들을 우리는 종종 봅니다. 그들은 자신들이 옳다고 판단한 모든 것을 행했으며, 선생들이 요구하는 모든 의식에 참례했습니다.

그러다가 하나님의 은혜로 갑자기 그들은 하나님 앞에서 율법의 행위로 의롭다하심을 받을 육체가 없다는 또 다른 진리를 아는데 이르게 됩니다. 그들은 구원이 율법의 행위나 각종 의식들에 참여하는 것으로 이루어지지 않는다는 사실을 발견합니다. 또 그들은 만일 어떤 사람이 율법 아래 있으면 그는 또한 저주 아래 있는 것이라는 사실을 발견합니다. 그들은 갑자기 "이는 혈통으로나 육정으로나 사람의 뜻으로 나지 아니하고 오직 하나님께로부터 난 자들이니라"와 같은 말씀을 깨닫게 됩니다(요 1:13). 또 "너희가 거듭나야 하리라"라는 말씀이나 "육으로 난 것은 육이요 영으로 난 것은 영이니라"와 같은 말씀이 무엇을 의미하는지 깨닫게 됩니다(요 3:6, 7). 그들이 또한 자신의 의보다 더 나은 의, 즉 하나님 앞에 의롭다하심을 주는 완전한 의를 필요로 한다는 사실을 발견할 때, 또 그들이 그리스도 예수 안에서 새로운 피조물이 되어야만 하며 그렇지 못하면 필경 망할 수밖에 없다는 사실을 발견할 때, 그들은 거짓된 믿음으로부터 구원받게 되며 또한 평안이 없음에도 불구하고 "평안하다 평안하다"고 외치는 것으로부터 구원받게 됩니다. 진리를 아는 것이 우리로 하여금 거짓말을 믿는 것을 멈추도록 만드는 것은 참으로 위대한 일입니다.

나는 지금 그와 같은 방식으로 구원받은 때를 기억하는 사람들에게 이야기하고 있습니다. 여러분에게 그것은 눈이 열리는 것이었습니다. 여러분은 은혜의 복음과 믿음으로 말미암는 구원계획에 대해 잘못된 편견을 가지고 있었습니다. 그러나 주께서 여러분을 붙잡아 여러분의 의는 아무 짝에도 쓸모없는 누더기 옷에 불과하다는 사실을 알게 하셨을 때, 여러분이 쌓아 올린 금이 갑자기 아무짝에도 쓸모없는 놋으로 변했을 때, 각종 의식(儀式)들이 결국 여러분에게 아무것도 아님을 알게 되었을 때, 그때 여러분은 진리를 앎으로 말미암아 거짓 확신으로부터 구원받고 있었던 것입니다.

나아가 진리에 대한 앎은 사람으로 하여금 또 다른 목적으로 나아가도록 만듭니다. 그것은 사람을 절망으로부터 구원합니다. 이제 그는 무감각한 상태로 있을 수 없게 되었으며, 거짓 확신 속에서 위로를 찾을 수 없게 되었습니다. 그런 사람들 가운데 어떤 사람들은 혼란된 마음으로 나침반이나 방향타도 없이 폭풍이 몰아치는 광대한 바다로 나갑니다. 그들은 말합니다. "나에게는 아무런 소망도 없도다. 나는 스스로를 구원할 수 없음을 깨달았도다. 나는 내가 잃어버린 자임을 알았도다. 나는 죄와 허물로 죽었으므로 수족조차 움직일 수 없도다. 나는 계속해서 죄 가운데 행할 것이요, 나의 죄는 점점 더 커질 것이로다. 나에게 은혜의 문은 더 이상 열려 있지 않도다. 아무런 소망도 갖지 못한 채 그저 두려움으로 떠는 것이 도대체 무슨 소용이 있단 말인가?"

바로 그 순간 만일 주께서 그를 진리를 아는 데에 이르게 하신다면, 그는 비록 자기 죄가 주홍 같을지라도 눈과 같이 희어질 것이요 진홍 같이 붉을지라도 양털 같이 되리라는 것을 깨닫게 됩니다. 그때 우리의 죄가 깨끗하게 씻길 것이라는 값진 교훈이 임하며, 그리스도는 죄인을 대신하여 서서 자기 백성의 죄를 친히 짊어지십니다. 그리고 하나님은 통회하는 자에게 죄 사함을, 그리고 믿는 자에게 은혜를 선언하실 수 있게 됩니다. 우리 죄가 예수 그리스도의 대속의 피로 씻겼음을 우리 영혼이 알게 될 때, 우리를 구원한 것이 우리 자신의 생명이 아니라 우리 안에 거하시는 하나님의 생명임을 우리 마음이 발견할 때, 우리가 거듭난 것이 우리 자신의 행위로 말미암은 것이 아니라 예수 그리스도의 고귀한 죽음을 통해 우리에게 오신 성령으로 말미암은 것임을 깨달을 때, 그때 절망은 사라지며 우리 영혼은 큰 기쁨 가운데 이렇게 외치게 됩니다. "소망이 있도다. 소망이 있도다. 예수 그리스도께서 죄인들을 위해 죽으셨도다. 그 고귀한 죽음 안에 어째서 나의 분깃이 없겠는가? 병든 자를 고치는 의사로서 오신 그가 어째서 나를 고치시지 않겠는가? 나는 비로소 그가 나의 선(善)을 필요로 하지 않음을 깨달았도다. 그는 나의 의를 필요로 하지 않으시노라. 그가 필요로 하는 것은 나의 악이요, 나의 불의로다. 왜냐하면 그가 오신 것은 경건치 않은 자를 구원하시고, 자기 백성을 그 죄로부터 구속하시기 위함이기 때문이라." 우리 마음이 이런 진리를 아는 데에 이를 때, 우리는 절망으로부터 구원받습니다. 이것은 구원에 있어 결코 작은 부분이 아닙니다.

사람으로 하여금 구원에 이르게 하는 "진리에 대한 앎"은 다음과 같은 방식으로 작동합니다. 사람이 진리를 알게 될 때, 그는 자신이 구원받아야 할 개인적인 필요성을 보게 됩니다. 아직 구원받지 못한 가련한 자들이여! 자신은 구원받을 필요가 없다고 생각하는 어리석은 자들이여! 그대들에게 반드시 필요한 것은 진리를 아는 것입니다. 그럴 때, 그대들은 자신이 영원히 잃어졌으며 구원받아야만 한다는 사실을 깨닫게 될 것입니다.

사람이 진리를 알게 될 때, 그는 속죄를 알게 되며 또한 믿음에 의해 그 속죄가 자신에게 적용된다는 사실을 알게 됩니다. 또 그는 믿음이 단순한 신뢰의 행동이라는 사실과 그것이 자랑할 수 있는 것이 아니라는 사실을 배우게 됩니다. 또한 그는 그 믿음이 율법의 열매로서의 본성의 행동이 아니라, 자기를 부인하는 은혜라는 사실을 배우게 됩니다. 믿음은 자기를 미워하고 포기하고 버리면서, 영혼으로 하여금 오직 그리스도를 신뢰하도록 하는 것입니다. 아직도 믿음이 무엇인지에 대해 어리둥절해하는 사람들이 있습니다. 우리는 여러분에게 그에 대해 수도 없이 설명하고자 노력해 왔지만, 아직도 여러분은 그것을 잘 이해하지 못하고 있습니다. 부디 성령 하나님께서 여러분의 이해력을 열어주사, 여러분으로 하여금 믿음이 무엇인지 실제적으로 알게 해 주시기를 기원합니다. 믿음과 관련하여 나는 그것을 이해하는 것이 어려운 까닭은 실제로 그것이 너무도 단순하기 때문이라고 생각합니다. 만일 어떤 사람이 구원의 길은 당연히 매우 어려워야만 한다고 생각한다면, 그는 자연적으로 그것 즉 믿음을 발로 차버리게 될 것입니다. 왜냐하면 그것은 매우 쉽고 단순하기 때문입니다. 여러분은 가장 지혜로운 철학자들이 그리스도를 배척할 때 가장 무식한 사람들이 그를 영접하는 것을 알지 못합니까? 또 여러분은 그리스도께서 가난하고 무식하며 경멸당하는 사람들을 택하신 것을 알지 못합니까? 그것은 가난하고 무식한 사람들은 기꺼이 단순한 것을 믿기 때문입니다. 반면 지혜로운 자들은 진리를 좀 더 복잡하고 이해하기 어려운 것으로 만들기를 좋아합니다. 그럼으로써 자신들의 우월한 지성이 드러나기를 바라는 것입니다.

구원의 길은 가장 어리석은 아이조차도 붙잡을 수 있을 정도로 너무나 쉽고 평이합니다. 어떤 것이 너무나 높기 때문에 그것을 볼 수 없는 사람들도 있지만, 반대로 너무나 낮기 때문에 그것을 볼 수 없는 사람들도 있습니다. 어떤 사람들은 믿음으로 인한 구원의 길이 너무나 단순하기 때문에 지혜로운 사람들이 받아들이기에는 너무도 저급하다고 생각합니다. 부디 하나님이 그들로 하여금 이 진리를 아는데 이르게 하시기를 기원합니다. 부디 그들이 스스로를 구원하고자 하는 모든 생각을 포기하기 전까지는 결코 구원받을 수 없다는 사실을 보기를 기원합니다. 그리스도를 향해 똑바로 걸어가는 것 외에는 그 어떤 것으로도 구원받을 수 없습니다. 왜냐하면 피조물의 끝에 도달하기 전까지는 결코 창조주의 시작에 도달하지 못할 것이기 때문입니다. 그들의 호주머니로부터 곰팡이 난 모든 빵부스러기들을 털어버리기 전까지는, 그들은 그리스도 예수 안에 있는 풍성한 긍휼로 채워질 수 없습니다. 주께서 여러분 모두를 진리를 아는 데에 이르게 하시기를 기원합니다.

사람이 '그리스도를 믿는 믿음에 관한 진리'를 아는데 이를 때, 그는 그리스도를 믿게 되며 그 믿음으로 말미암아 죄로부터 구원받게 됩니다. 그리고 또한 그는 죄로부터 총체적으로 구원받기 시작합니다. 하나님은 그날 죄의 권능의 뿌리를 자릅니다. 그러나 그것은 여전히 살아 있으면서, 물기만 있으면 또다시 싹을 냅니다. 죄는 우리 지체 속에서 질긴 생명력을 가지고 여전히 살아 있습니다. 그러나 진리를 아는 데에 이를 때, 우리는 죄가 우리 안에서 어떻게 죽임을 당하게 되는지, 그리고 그럼으로써 우리가 어떻게 그리스도의 형상을 회복하게 되는지 배우기 시작합니다. 사랑하는 형제들이여, 죄로부터 구원받은 여러분 가운데 많은 사람들은 자기 안에 내주하는 죄에 관한 모든 진리를 아는데 이르지 못함으로써 죄의 권능과 더불어 필요 이상의 지나친 싸움을 싸우기도 합니다. 그러므로 나는 여러분에게 이 문제에 대한 하나님의 말씀을 많이 연구할 것을 권고합니다. 특별히 여러분의 본성을 통제하며 여러분의 모든 부패한 욕망을 정복하는 그리스도의 권능에 대한 말씀을 많이 살펴보십시오. 그리고 믿음으로 각각의 죄를 그리스도 앞으로 가져가는 방법을 배우십시오. 마치 아각처럼 죄는 그리스도 앞에 여러 조각으로 쪼개질 수 있습니다. 여러분은 어린 양의 피 외에는 어떤 방법으로도 죄를 극복하지 못할 것입니다. 믿음으로 성별되는 것 외에 다른 방법은 없습니다. 죄책을 파괴한 동일한 무기가 또한 죄의 권능을 깨뜨립니다. "우리 형제들이 어린 양의 피로 그를 이겼으니"(계 12:11). 그들이 어린 양의 피로 이긴 것처럼, 여러분도 그렇게 해야 합니다. 이 진리를 확실하게 배우십시오. 그러면 여러분은 매일같이 여러분 안에서 역사하는 구원을 발견하게 될 것입니다.

　여러분 가운데 어떤 사람은 "나는 이 모든 것을 안다고 생각해요"라고 말할 것입니다. 좋습니다. 그러나 여러분은 실제로 그것에 대해 아무것도 알지 못하면서도 충분히 안다고 생각할 수 있습니다. 그러면 그들은 말합니다. "그렇지만 나는 실제로 그것을 압니다. 나는 주일학교에서 요리문답을 배웠거든요. 나는 계속해서 성경을 읽어왔고요, 정통적인 모든 교리들에 대해 매우 익숙합니다." 물론 그럴는지 모르지만, 그럼에도 불구하고 여러분은 진리를 알지 못할 수 있습니다. 한 번도 물에 들어가 보지 않았으면서도 수영하는 법은 잘 아는 사람을 생각해 보십시오. 나는 실제로 그가 수영하는 법을 알지 못한다고 생각합니다. 나는 어떤 식물학자에 대해 들은 적이 있습니다. 그는 모든 종류의 꽃을 알고 있었습니다. 그러나 그는 실제로 런던에 살면서 화병에 꽂힌 몇 종류의 시들시들한 꽃만을 보았을 뿐입니다. 나는 실제로 그가 꽃에 대해 아주 조금밖에는 알지 못한다고 생각합니다. 또 나는 어떤 천문학자에 대해 들은 적이 있습니다. 그는 천문학자임에도 불구하고 망원경을 가지고 있지 않았습니다. 그는 별과 천체에 관한 모든 것을 단지 책으로만 배웠을 뿐입니다. 나는 그가 천체에 대해 실제로 많이 안다고 생각하지 않습니다. 이와 같이 자신이 안다고 생각하지만 그러나 실제로 제대로 알지 못하는 사람들이 많이 있습니다. 단순한 관념적 지식이나 메마른 교리적 지식은 아무 쓸모 없습니다. 우리는 그것과는 아주 다른 방식으로 진리를 알아야 합니다.

그러면 우리는 어떻게 진리를 알게 될까요? 첫째로, 우리는 그것을 믿음의 앎(believing knowledge)을 통해 알게 됩니다. 만일 여러분이 그것이 실제로 그러하다고 믿지 않는다면, 여러분은 그것을 알지 못하는 것입니다. 만일 여러분이 그것을 의심한다면, 여러분은 그것을 알지 못하는 것입니다. 만일 여러분이 "나는 정말로 그것이 사실인지 여부를 확신할 수 없어요"라고 말한다면, 여러분은 그것을 안다고 말할 수 없습니다. 주께서 성경 속에 계시해 놓으신 것을 여러분은 사실로서 믿어야 합니다.

계속해서 여러분의 앎은 개인적인 앎(personal knowledge)이 되어야 합니다. 다시 말해서, 여러분의 자아 속에 그것이 사실로서 설득되고 받아들여져야 한다는 말입니다. 그것은 여러분의 이웃과 여러분의 형제에 대해 사실입니다. 그러나 여러분은 그것을 여러분 자신에 대해 믿어야만 합니다. 그렇지 않으면 그것은 헛된 앎이 되고 맙니다. 예를 들어, 여러분은 여러분 자신이 잃어진 자이며, 여러분 자신이 하나님 앞에서 영원한 멸망의 위험 가운데 있으며, 여러분을 위해 그리스도 외에는 소망이 없으며, 그리스도 안에서 여러분이 구원을 받는다는 사실을 알아야만 합니다. 그렇습니다. 바로 여러분 자신이 그렇다는 것을 알아야만 합니다. 여러분은 여러분이 예수 그리스도를 믿기 때문에 구원받았으며, 지금 여러분이 정죄로부터 벗어났으며, 지금 여러분 안에서 새 생명이 시작되었으며, 마침내 여러분은 하늘나라에 안착하게 될 것을 알아야 합니다. 여러분은 여러분이 사실로 믿는 것을 개인적으로 전유(專有)해야 합니다. 바로 그것이 영혼을 구원하는 앎입니다.

동시에 그것은 능력 있는 앎(powerful knowledge)이어야만 합니다. 다시 말해서, 그것은 여러분의 마음속에서 실제로 역사하는 믿음이어야만 합니다. 자기 집에 불이 났다는 소식을 들은 어떤 사람을 상상해 보십시오. 내가 여기 서서 방금 받은 전보를 쳐들며 소리를 지릅니다. "여보시오, 당신의 이름이 아무개요?" "그렇습니다." "방금 전보를 받았는데 당신의 집에 불이 났다는구려." 그는 사실을 알게 되었습니다. 그렇지 않습니까? 그러나 그는 가만히 앉아 있습니다. 그러면 나는 어떻게 생각하겠습니까? 그는 나의 말을 믿지 않으므로 그 사실을 알지 못하고 있는 것입니다. 그는 분명 그 사실을 믿지 않는 것입니다. 어쩌면 그는 자기 집이 아니라 다른 사람의 집에 불이 난 것이라고 믿고 있는지도 모릅니다.

만일 지금 불타고 있는 것이 그의 집이며 그가 그 사실을 안다면, 그는 어떻게 행동하겠습니까? 당장 일어나 자기 집을 향해 달려가지 않겠습니까? 바로 이것이 영혼을 구원하는 믿음입니다. 어떤 사람이 자신과 관련한 진리를 알고 그것을 앎으로써 그의 전 본성이 영향을 받는다면, 그는 어떻게 행동하겠습니까? 만일 내가 지옥불의 위험 아래 있음을 안다면, 나는 어떻게 행동하겠습니까? 그것을 나의 감각으로 느낀다면 말입니다. 그렇다면 그 위험으로부터 벗어날 때까지, 나는 결코 쉴 수 없을 것입니다. 여러분은 그리스도 안에 자신을 위한 구원이 있음을 압니까? 그렇다면 믿음으로 그 구원을 얻을 때까지, 여러분은 결코 만족할 수 없을 것입니다.

　　이러한 앎은 또한 **경험적인 앎**(experimental knowledge)입니다. 다시 말해서, 그것은 "너희는 여호와의 선하심을 맛보아 알지어다"라는 시편 기자의 훈계처럼, 실제로 맛봄을 통해 얻어지는 앎입니다(시 34:8). 여기에서 잠깐 나 자신에 대한 이야기를 하고 싶습니다. 나는 내가 처음부터 본질적으로 잃어진 자임을 압니다. 내가 그것을 믿습니까? 내가 지금 여기 있는 것이 확실한 것처럼, 나는 그것을 확신합니다. 나는 내가 본질적으로 잃어진 자임을 압니다. 어떤 사람이 나로 하여금 그것을 의심하도록 만드는 것은 결코 가능하지 않습니다. 나는 계속해서 그것을 느낍니다. 얼마나 많은 날들을 나는 그것을 아는 앎의 무게 아래 보내왔는지요! 어떤 것이 우리 앞에서 계속해서 꼬리를 칠 때, 우리는 개나 고양이 같은 동물이 거기에 있음을 알지 않습니까? 우리로 하여금 거기에 그와 같은 동물이 없다고 믿게 만들기 위해서는 매우 많은 논증이 필요할 것입니다. 나는 오랫동안 내가 스스로를 구원할 수 없다는 사실을 모르고 있었습니다. 나는 쳇바퀴 위에서 별에 올라가려고 몸부림을 쳤습니다. 나는 힘을 다해 애쓰고 또 애썼지만, 한 치도 올라가지 못했습니다. 나는 밑 빠진 항아리에 물을 채우고자 무진 애를 썼습니다. 나는 수고하고 또 수고했지만 결코 항아리를 채울 수 없었습니다. 그러다가 나는 구원이 사람에게 있는 것도 아니며, 감정 안에 있는 것도 아니며, 우는 것에 있는 것도 아니며, 기도하는 것에 있는 것도 아니며, 성경을 읽는 것에 있는 것도 아니며, 교회에 가는 것에 있는 것이 아니며, 이 모든 것을 합친 것에 있는 것도 아니라는 사실을 알게 되었습니다. 사람이 행하는 어떤 행위로도 그 자신의 구원에 이르게 할 수 없다는 사실 말입니다. 나는 끊임없이 시도하고 또 시도했지만 결국 실패하고 말았으며, 그러한 처절한 실패를 통해 나는 그것 즉 사람의 어떤 행위로도 스스로를 구원에 이르게 할 수 없다는 사실을 알게 되었습니다.

이제 나는 그리스도를 믿음으로 실제로 구원을 받는다는 사실을 압니다. 나는 지금까지 경험으로 알지 못하는 주제에 대해서는 여러분에게 설교하지 않았습니다. 그리스도를 믿은 순간, 나는 절망으로부터 충만한 기쁨으로 도약했습니다. 예수 그리스도를 믿은 이후로, 나는 자신이 총체적으로 새로워졌음을 발견했습니다. 나는 예전의 모습으로부터 총체적으로 달라졌습니다. 지금 나는 예수 그리스도를 믿는 믿음에 비례하여 하나님을 사랑하며 그를 섬기고자 애쓰는 것을 발견합니다. 그러나 언제든지 나 자신을 신뢰하기 시작할 때, 나는 즉시로 하나님을 잊고 죄의 길로 달려가기 시작합니다. 나는 아무것도 아니며 그리스도가 모든 것이 되실 때, 나는 의의 길로 인도함을 받습니다.

나는 지금 나 자신에 대해서 말하고 있습니다. 그렇지만 여러분 모두도 나와 똑같이 증언할 수 있을 것이라고 확신합니다. 여러분은 계속해서 구원받고 있는 중이며, 진리를 경험적으로 아는 데에 이르고 있는 중입니다. 구원의 과정에 있는 모든 영혼은 같은 방식으로 진리를 믿으며, 진리를 전유(專有)하며, 진리 위에 행하며, 진리를 경험적으로 알아야 합니다. 그 진리는 다음과 같이 요약될 수 있습니다. "사람은 잃어졌으나 그리스도가 그의 구주가 되셨으며, 사람은 아무것도 아니나 하나님은 모든 것이 되시며, 마음은 부패되었으나 성령은 믿음으로 새 생명을 일으키신다." 부디 이러한 진리가 여러분의 마음에 능력으로 임하기를 기원합니다.

여기에서 나는 두 가지 실제적인 추론을 도출하고자 합니다. 첫째는, 여러분이 구원을 찾아야 한다는 것입니다. 본문은 여러분이 구원을 발견하지 못한 이유가 여러분이 진리를 알지 못하기 때문일 수 있다는 사실을 보여주지 않습니까? 본문은 그것이 매우 가능성 높은 이유일 수 있음을 우리에게 암시합니다. 나는 성경을 부지런히 찾으면서도 안식을 얻지 못하는 많은 젊은이들에게 간곡히 탄원합니다. 첫 번째로 그리고 가장 중요한 것은 주 예수 그리스도를 믿는 것입니다. 그럼에도 불구하고 만일 여러분이 "나는 그것을 이해할 수 없어요"라든지 혹은 "나는 그것을 믿을 수 없어요"라고 말한다면, 그것은 여러분이 진리에 대한 완전한 지식을 얻지 못했기 때문일 수 있습니다. 어떤 사람이 여러분에게 "믿으세요, 믿으세요, 믿으세요"라고 말하는지 모릅니다. 나 역시도 그렇게 말합니다.

그러나 우리는 무엇을 믿을 것인지 또는 누구를 믿을 것인지 등과 관련하여 '앎에 있어서의 상식적인 원리'에 기초하여 그렇게 말할 필요가 있습니다.

　　나는 며칠 전 내게 온 어떤 젊은 여자에게 이것을 설명했습니다. 그녀는 내게 자신은 예수 그리스도를 믿을 수 없다고 말했습니다. 나는 대답했습니다. "좋습니다. 당신이 저 의자에 앉아 있다고 상상해 보십시오. 내가 당신에게 말합니다. '젊은이, 나는 당신을 믿을 수 없소.' 당신이 나에게 말합니다. '나는 당신이 나를 믿어야 한다고 생각해요.' 그에 대해 나는 '그럴 수 있기를 바라오'라고 대답합니다. 그러면 당신은 나에게 어떻게 말하겠습니까? '나는 당신을 믿을 수 없다고 생각하오'라는 말은 얼마나 어처구니없는 말입니까? 당신이 멀쩡하게 여기 앉아 있는데 말입니다. 그렇게 하는 대신 나는 다른 사람에게 물어야 합니다. '이 젊은 여자는 누구입니까? 그녀는 어떤 성격을 가지고 있습니까? 그녀는 무슨 일을 합니까?'라고 말입니다. 당신에 관한 모든 것을 알았을 때, 나는 아무 의심 없이 이렇게 말할 수 있을 것입니다. '나는 그녀에 대해 알아보았고, 나는 이제 그녀를 믿지 않을 수 없어'라고 말입니다."

　　이것은 예수 그리스도에 대해서도 마찬가지입니다. 만일 여러분이 "나는 그를 믿을 수 없어요"라고 말한다면, 나는 여러분에게 "사복음서의 거룩한 증언을 읽으십시오. 그 중에서도 특별히 그의 죽음을 다루는 부분을 집중적으로 읽으십시오"라고 말할 것입니다. 여러분은 많은 사람들이 십자가 밑에서 자기를 위해 죽으시는 하나님의 아들을 바라보며 "나는 믿지 않을 수 없나이다. 나는 믿지 않을 수 없나이다. 내 죄를 바라볼 때 그것은 너무도 크게 보이지만, 그러나 나의 구주를 바라볼 때 나의 죄는 사라져 없어지나이다"라고 외치는 것을 압니까?

　　내가 종종 사용하던 예화를 생각해 보십시오. 만일 여러분이 자동차를 타고 런던 이쪽 끝에서 저쪽 끝까지 돌아다녀본다면, 여러분은 도시의 광대함에 놀라게 될 것입니다. 그리고 여러분은 이렇게 말하게 될 것입니다. "도대체 이들 모두가 어떻게 먹고 살 수 있는 것일까? 도무지 이해할 수가 없군. 이 많은 사람들을 먹일 빵과 치즈와 버터와 고기는 도대체 어디서부터 오는 것일까? 이들은 결국 굶주리게 될 거야. 레바논의 모든 짐승과 유럽과 아메리카의 광대한 평원조차도 이들의 모든 필요를 채울 수는 없을 거야." 이것이 여러분이 느끼는 바입니다. 그리고 나서 여러분은 다음 날 아침 일어나 거대한 식료품 시장으로 갑니다. 그리고 집에 돌아와 이렇게 말합니다. "오늘은 전혀 다른 것을 느끼게 되는군.

나는 지금껏 그토록 거대한 시장은 한 번도 본 적이 없어. 도대체 그 많은 식료품들을 어떻게 다 소비할 수 있단 말인가? 거기에는 런던 인구의 두 배도 더 되는 사람들을 다 먹이고도 남을 만큼의 엄청난 식료품이 있더군."

여러분의 죄와 관련해서도 마찬가지입니다. 여러분은 "도대체 내가 어떻게 구원받을 수 있단 말인가?"라고 말합니다. 여러분의 생각의 방향을 다른 쪽으로 돌려 보십시오. 예수 그리스도가 하나님의 아들이심을 생각해 보십시오. 성육신하신 하나님의 아들이 짊어진 죄의 분량이 얼마나 클지 생각해 보십시오. 그러면 여러분은 "나의 죄가 얼마나 큰가?"라고 말하는 대신 "그의 속죄의 희생제사가 얼마나 큰가?"라고 말하게 될 것입니다. 그러므로 나는 여러분에게 그리스도를 더 많이 알도록 힘쓰라고 간곡히 촉구합니다. 이사야 선지자의 훈계를 들어 보십시오. "너희는 귀를 기울이고 내게로 나아와 들으라 그리하면 너희의 영혼이 살리라"(사 55:3). 귀한 말씀을 더 많이 알고, 더 많이 듣고, 더 많이 읽고, 더 많이 믿으십시오. 항상 다음과 같은 열망을 품으면서 말입니다. "나는 단지 듣기 위하여 듣지 않을 것이며, 단지 알기 위하여 알려고 하지 않을 것이라. 다만 구원받기 위해 듣고 알기를 원하노라."

은화(銀貨)를 잃어버린 여인을 생각해 보십시오. 그녀는 등불을 켜면서 "좋아, 나는 등불을 켠 것으로 충분해!"라고 말하지 않았습니다. 그녀는 빗자루를 들고 만족스럽게 앉으며 "이 얼마나 훌륭한 빗자루인가!"라고 말하지 않았습니다. 그녀는 비질을 하느라 먼지를 일으키면서 "내가 일으킨 이 먼지들을 보라. 나는 지금 훌륭하게 잘 해 가고 있어!"라고 말하지 않았습니다. 아, 구원을 찾고자 애쓰는 가운데 영혼의 먼지들이 일어나는 것을 보면서 그것으로 만족하는 가련한 자들이여! 결코 그렇지 않습니다. 그녀가 원했던 것은 오직 그녀의 잃어버린 은화였을 뿐입니다. 그녀는 등불이나 빗자루나 먼지 따위는 신경 쓰지 않았습니다. 그녀는 오직 은화를 찾았습니다. 이것은 여러분에게도 마찬가지입니다. 읽는 것이라든지, 듣는 것이라든지, 혹은 느끼는 것으로 만족하지 마십시오. 여러분에게 필요한 것은 그리스도입니다. 여러분이 찾아야만 하는 것은 값진 은화입니다. 여러분은 그것을 찾을 때까지 계속해서 비질을 해야만 합니다. 아, 저기에 은화가 있도다! 저기에 예수 그리스도가 있도다! 그를 붙잡으십시오. 그를 붙잡으십시오. 바로 지금, 그를 믿으십시오. 그러면 여러분은 구원을 받을 것입니다.

　두 번째 실제적인 추론은, 여러분이 죄인들을 구원하고자 열망해야 한다는 것입니다. 사랑하는 형제들이여, 여러분은 그들을 예수 그리스도께 데려가기를 원합니까? 그러면 먼저 그들을 진리로 데려가야 합니다. 나는 어떤 사람들에게 요란한 예배모임이 매우 유익할 것이라 믿습니다. 사람들은 너무도 무감각해져서 웬만한 자극에는 잘 깨어나지 않습니다. 그들의 영혼을 깨움에 있어 가장 중요한 일은 그들에게 진리를 말해주는 것입니다. 어떤 진리 말입니까? 그것은 복음의 진리입니다. 그들에게 필요한 것은 그리스도와 관련한 진리입니다. 그것을 사랑과 성실의 태도로 말하십시오. 왜냐하면 하나님은 그들이 이런 방식, 즉 진리를 앎으로 말미암아 구원받기를 뜻하시기 때문입니다. 하나님은 모든 사람이 이런 방식으로 구원받기를 뜻하십니다. 즉 그들을 무지 가운데 내버려 두시는 것이 아니라 그들 앞에 진리를 가져다주심으로써 말입니다. 바로 이것이 그들을 구원하는 하나님의 방식입니다. 여러분은 다른 사람들에게 진리를 말하기 위해 항상 성경을 가까이 두고 있습니까? 그들에게 "이 구절을 보세요"라고 말하기 위해서 말입니다. 비틀거리는 영혼에게 특정한 성경 구절을 지목하여 읽어주는 것은 매우 큰 효력을 가지고 있습니다. 그들에게 이렇게 말하십시오. "당신은 이 약속을 아십니까? 당신은 이 구절을 본 적이 있습니까?" 성경을 항상 여러분 가까이 두고 있으십시오. 나는 많은 영혼을 그리스도께로 인도한 한 형제를 알고 있습니다. 나는 그가 매우 신속하게 성경구절들을 찾아 사람들에게 읽어주는 광경을 자주 목격하곤 했습니다. 나는 그가 어떻게 그렇게 빨리 성경구절들을 찾는지 의아하게 생각했습니다. 그의 성경책을 볼 때까지 말입니다. 그는 두 페이지짜리 성구색인을 만들어 그것을 성경책에 붙여놓고, 그것을 참조하여 수시로 자신이 원하는 성구들을 찾곤 했던 것입니다. 그것은 자신이 원하는 성구를 그때그때 신속하게 찾는 참으로 탁월한 방법이었습니다.

　특정한 성경구절 하나가 사람의 영혼을 빛으로 이끄는 것은 흔히 일어나는 일입니다. 수많은 논증과 변론을 통해서도 꿈쩍하지 않던 영혼이 말입니다. 영혼들이 우리의 설교보다도 우리가 설교하는 본문을 통해 구원받는 것을 우리는 종종 목격하곤 합니다. 성령 하나님은 자신의 검을 사용하기를 좋아하십니다. 하나님의 축복이 임하는 것은 통상적으로 하나님의 말씀을 통해서이지, 그 말씀에 대한 인간의 해설을 통해서가 아닙니다. 그러므로 성경 구절 자체를 굳게 붙잡으십시오. 그리고 진리를 의지하십시오. 만일 어떤 사람이 거짓 교훈으로 구원을 받았다면, 그것은 거짓 구원일 것입니다. 오직 진리만이 참된 결과를 맺습니다. 그러므로 계속해서 진리를 가르치십시오. 하나님이 여러분으로 하여금 피 흘려 죽으시고, 부활하시고, 승천하시고, 다시 오실 구주에 관한 값진 진리를 선포하도록 도우실 것입니다. 하나님이 여러분 모두를 축복하시기를 기원합니다.

제
6
장

—

여섯 가지 경건의 비밀

—

"크도다 경건의 비밀이여, 그렇지 않다 하는 이 없도다
그는 육신으로 나타난 바 되시고 영으로 의롭다 하심을
받으시고 천사들에게 보이시고 만국에서 전파되시고
세상에서 믿은 바 되시고 영광 가운데서 올려지셨느니라"
— 딤전 3:16

15절에서 바울은 주님이 세상 속에서 자신의 교회를 세우심에 있어 두 가지 계획을 가지고 계셨음을 우리에게 말해 줍니다. 첫 번째 계획은 교회를 그의 거처로 삼는 것입니다. 15절은 살아 계신 하나님의 교회를 "하나님의 집"이라 부릅니다. 교회는 하나님이 자기 자녀들에게 스스로를 나타내는 집이며, 그의 사랑의 안식처입니다. 여호와는 여전히 이스라엘의 찬송 가운데 거하시며, 여전히 자기의 택한 자들에게 자신의 약속을 이루십니다. "이와 같이 하나님께서 이르시되 내가 그들 가운데 거하며 두루 행하여 나는 그들의 하나님이 되고 그들은 나의 백성이 되리라"(고후 6:16). 이러한 하나님의 첫 번째 계획을 실현하며 그의 임재와 능력을 계속해서 향유하는 교회는 얼마나 복됩니까? 이 땅에서 우리는 함께 지어져가며, 주 안에서 하나님의 거하시는 처소인 성전을 이루어갑니다. 세상에 교회를 세우심에 있어서의 하나님의 두 번째 계획은 교회로 하여금 사람들 가운데 그의 진리를 보존하며 굳게 세우도록 하는 것입니다. 15절은 살아 계신 하나님의 교회를 "진리의 기둥과 터"로 부릅니다. 복음은 하나님의 사람들에 의해 믿어지고,

실천되고, 선포되어야 합니다. 그렇지 않으면 그것은 힘을 갖지 못할 것입니다. 하나님은 자신의 진리가 보존되는 것을 책이나 혹은 가장 정교하게 기록된 교리들이나 혹은 특정한 한 사람에게 맡기지 않으셨습니다. 그렇게 하는 대신 그는 썩지 않는 씨를 그의 택하신 자들의 마음속에 심으셨으며, 그러한 좋은 토양 속에서 그것의 생명력은 굳게 보존될 것이었습니다. 영감된 말씀조차도 단지 문자로서는 아주 작은 능력밖에 갖지 못합니다. 그것이 뜨거운 마음속에 그 거처를 갖기 전까지는 말입니다. 그러나 뜨거운 마음속에 그 거처를 가질 때, 그것은 자라 열매를 맺습니다. 그리고 그 씨앗들이 바람을 타고 날아가 산과 골짜기에 퍼집니다. 단 한 권의 성경책만 남아있다 하더라도 우리는 순전한 진리를 잃어버리지 않습니다. 그러나 그것은 심겨지지 않은 씨앗과 같습니다. 복음이 전파되기 위해서는 인간의 목소리가 요구됩니다. 사람들 가운데 그것을 확증하며 뿌리를 내리기 위해서는, 인간의 삶이 필요합니다. 하나님은 자신의 복음이 그의 교회에 의해 세상 속에서 펼쳐지며, 전파되며, 수호되며, 옹호되기를 원하십니다. 단지 그의 사역자들만에 의해서가 아니라, 모든 믿음의 백성들에 의해서 말입니다. 특별히 사역자들에게는 진리의 깃발을 맡기셨습니다. 그들은 항상 그 깃발을 휘날리며 성령의 능력으로 계속해서 승리하며 나아가야 합니다. 이런 의미에서 살아 계신 하나님의 교회는 "진리의 기둥과 터"이며, 영원히 그러해야 합니다. 우리 교회로 하여금 그렇게 되도록 모두 힘을 합쳐 함께 나아갑시다.

15절에서 이러한 문제를 다룬 후 곧바로 바울은 16절 본문에서 그 진리가 무엇인지, 그리고 하나님의 교회가 영원히 지켜야 할 본질적인 진리들이 무엇인지 이야기합니다. 이런 의미에서 본문은 매우 흥미롭습니다. 그것은 변론적인 주제들이 아니라 우리들 가운데 진정으로 받아들여지는 매우 실제적인 주제들을 다룹니다. 본문의 증언은 간결하면서도 매우 강력합니다. 우리는 본문으로부터 단 한 단어도 빼거나 더할 수 없습니다. 그렇게 하는 것은 큰 죄가 될 것입니다. 바울은 그것을 "비밀"(mystery)이라고 부릅니다. 그것은 정말로 그러합니다. 왜냐하면 엄청나게 거대한 의미를 가짐에도 불구하고 그 언어가 조금도 모호하지 않고 명백하기 때문입니다. 그것이 "비밀"인 까닭은 그것이 매우 난해한 의미를 가지고 있다든지 혹은 철학적인 이론을 제시하기 때문이 아닙니다. 그것은 사실들을 다룹니다. 다시 말해서, 본문이 제시하는 것은 실제로 일어난 역사적 사건들입니다.

　　여기에서 복음이 여섯 개의 짤막한 문장들로 포괄적으로 요약되어 있는 것을 주목하십시오. 이러한 규칙성으로부터 어떤 학자들은 이것이 초대교회의 찬송시가 아니었나 추측하기도 합니다. 나는 이것이 초대교회에서 정말로 그렇게 사용되었을 수 있다고 생각합니다. 여섯 개의 문장에는 시적 형식이 있습니다. 물론 동양인들은 여러분이 아는 것처럼 시(詩)에 있어 운율(韻律)을 맞추는 것을 본질적인 것으로 간주하지 않습니다. 이 부분에서 우리는 운율의 노예지만, 그들은 자유롭습니다. 찬송시를 만들 때, 그들은 운율을 맞추는 것보다 의미를 더 중요시합니다. 그리고 그들은 서로 대조되는 개념들을 병행시키기를 아주 좋아합니다. 이것이 찬송시든 아니든, 우리는 여기에서 이러한 특징들을 발견할 수 있습니다.

　　첫째 구절의 "육신"과 둘째 구절의 "영"이 대조되는 것을 주목하십시오. 또 셋째 구절의 "천사들"과 넷째 구절의 "이방인들"(Gentiles, 한글개역개정판에는 "만국"으로 되어 있음)이 서로 대조되는 것을 주목하십시오. 여기에서는 하나님의 보좌로부터 가장 가까이에 있는 존재들과 그 반대편에 가장 멀리 떨어져 있는 자들이 대조되고 있습니다. 그리고 다섯째 구절의 "세상에서"와 여섯째 구절의 "영광 가운데"가 개념적으로 서로 대조되고 있습니다. 이와 같이 전체적으로 빛과 그림자가 분명한 목적에 의해 서로 대조되면서 제시됩니다.

　　뿐만 아니라 만일 여러분이 본문을 주의 깊게 살펴본다면, 여러분은 여기에서 명백한 대구법(parallelism)을 발견하게 될 것입니다. 처음 두 절은 주 예수 그리스도의 나타남을 다룹니다 — 그는 육신으로 나타난 바 되시고, 영으로 의롭다 하심을 받으시고. 그리고 나서 그가 천사들과 이방인들에게 알려졌음이 뒤따릅니다 — 천사들에게 보이시고, 이방인들 가운데 전파되시고. 그리고 마지막으로 땅과 하늘 양쪽으로부터 받아들여진 것이 이어집니다 — 세상에서 믿은 바 되시고, 영광 가운데서 올려지셨느니라. 여기에 더하여 첫째 구절과 마지막 구절, 둘째 구절과 다섯째 구절, 셋째 구절과 넷째 구절이 서로 대조됩니다. 첫째 구절이 그리스도의 내려오심을 다루는 반면 마지막 구절은 그의 올라가심을 다룹니다. 그리고 둘째 구절과 다섯째 구절은 매우 영적이며, 셋째 구절과 넷째 구절은 오로지 감각과 관련됩니다. 이러한 대조들을 단순한 우연으로 생각하기는 매우 어렵습니다.

　　본문의 이러한 특성을 대수롭지 않게 여기지 마십시오. 왜냐하면 그것은 우리에게 우리의 기억력은 여러 가지 방법으로 강화되고 조력(助力)될 필요가 있음을 가르쳐주기 때문입니다. 간결하면서도 서로 대조를 이루는 그와 같은 형식은 우리로 하여금 그것을 기억하는데 매우 큰 도움을 줍니다. 바울은 성령의 인도하심 가운데 선한 말씀을 우리가 기억하기 좋은 방식으로 제시하고 있었던 것입니다. 우리 역시도 이런 식의 태도를 가져야만 합니다. 그래서 다른 사람들에게 특별히 젊은이들에게 진리를 제시할 때, 우리는 그들이 가장 잘 기억할 수 있는 방법으로 그렇게 하도록 노력해야 합니다.

나는 본문의 여섯 가지 경건의 비밀을 "여섯 가지 근본 진리"라고 부를 것입니다. 본문은 여섯 가지 위대한 진리를 여러분 앞에 제시하는데, 그것들은 우리의 거룩한 믿음을 구성하는, 그리고 하나님의 교회가 영원히 붙잡고 또 선포해야 할 근본적인 요소들입니다.

바울은 "크도다 경건의 비밀이여, 그렇지 않다 하는 이 없도다"라고 말합니다. 여기에서 "그렇지 않다 하는 이 없도다"라고 말할 때, 나는 그가 이러한 여섯 가지 사실들과 관련하여 어떤 반론의 여지도 있을 수 없음을 의미하는 것으로 생각합니다. 비록 그러한 진리들과 관련하여 지금까지 많은 반론들이 제기되었고 또 앞으로도 계속해서 그럴 것이라 하더라도 말입니다. 가장 자명한 진리라 하더라도 반드시 그에 대해 반론을 제기하는 자명한 바보들이 있게 마련입니다. 어쨌든 그는 최소한 하나님의 교회에는 이러한 근본적인 진리들에 대해 어떤 의심도 없음을 의미합니다. 교회 밖에서는 이러한 진리들이 부인됩니다. 그러나 하나님의 집 안에서는 어느 누구도 그것을 의심하지 않습니다. 모든 그리스도인은 이것들이 진리라는 사실에 한 마음으로 동의합니다. 또 그들은 그것들이 사소한 것들이 아니라, 어떤 사람들에게는 감추어진 위대한 비밀이라는 사실에 동의합니다. 다시 말해서, 그것들은 자신들 안에 감추어진 비밀들이며, 인간의 생각으로는 결코 발견할 수 없는 은밀한 것들이라는 것입니다. 이제 그것들이 나타나기는 했지만, 그러나 그것들은 너무도 광대하며 심원한 문제들과 관련되기 때문에 어떤 사람도 그것을 충분히 깨닫지 못합니다. 가장 지혜로운 서기관조차도 그것을 충분히 깨닫기를 바랄 수 없을 정도로 말입니다. 본문의 여섯 가지 사실들은 하나님의 교회에 의해 의심되지 않습니다. 또 그것은 신실한 자들 사이에서 결코 논란의 대상이 되지 않습니다. 그것들은 그 내적 깊음 안에 세상 전체를 담을 만큼의 거대한 의미를 내포하고 있는 것으로 간주됩니다. 그것은 거대한 경건의 비밀인 것입니다.

여러분은 신약에 "비밀"이라고 표현된 여섯 가지 사실들을 주목해 보았습니까? 물론 그 이상이 있을 수도 있습니다. 그러나 다음에 제시되는 여섯 가지가 주된 비밀들입니다. 첫 번째 비밀은 본문에 나타난 성육신의 비밀입니다. "크도다 경건의 비밀이여 그는 육신으로 나타난 바 되시고." 두 번째 비밀은 에베소서 5장 31절과 32절에서 보게 되는 그리스도와 교회의 연합의 비밀입니다. "그러므로 사람이 부모를 떠나 그의 아내와 합하여 그 둘이 한 육체가 될지니 이 비밀이 크도다 나는 그리스도와 교회에 대하여 말하노라." 예수 그리스도와의 연합은 얼마나 복된 것입니까? 그 안에서 우리 영혼은 천국을 발견합니다.

> "주여, 우리로 하여금 이 놀라운 비밀을
> 알고 또 소유하게 하소서,
> 주는 우리와 함께 하나이며,
> 우리는 주와 함께 하나이나이다."

세 번째 비밀은 바울이 에베소서 3장 4절로부터 6절에서 언급하는 이방인들을 부르시는 비밀입니다. 거기에서 바울은 이렇게 말합니다. "그것을 읽으면 내가 그리스도의 비밀을 깨달은 것을 너희가 알 수 있으리라 이제 그의 거룩한 사도들과 선지자들에게 성령으로 나타내신 것 같이 다른 세대에서는 사람의 아들들에게 알리지 아니하셨으니 이는 이방인들이 복음으로 말미암아 그리스도 예수 안에서 함께 상속자가 되고 함께 지체가 되고 함께 약속에 참여하는 자가 됨이라." 이 말씀을 들을 때 본래 이방인이었던 우리는 얼마나 기쁘며 또 얼마나 감사가 넘칩니까? 네 번째 비밀은 유대인들과 관련되는 것으로서 이스라엘의 회복을 다룹니다. 이와 관련하여 여러분은 로마서 11장 25절과 26절에서 다음과 같은 말씀을 읽게 됩니다. "형제들아 너희가 스스로 지혜 있다 하면서 이 신비(mystery)를 너희가 모르기를 내가 원하지 아니하노니 이 신비는 이방인의 충만한 수가 들어오기까지 이스라엘의 더러는 우둔하게 된 것이라 그리하여 온 이스라엘이 구원을 받으리라 기록된 바 구원자가 시온에서 오사 야곱에게서 경건하지 않은 것을 돌이키시겠다 함과 같음이라." 다섯 번째 비밀은 육체의 부활과 관련한 비밀인데, 우리는 그것을 고린도전서 15장 11절과 12절에서 보게 됩니다.

"보라 내가 너희에게 비밀을 말하노니 우리가 다 잠 잘 것이 아니요 마지막 나팔에 순식간에 홀연히 다 변화되리니 나팔 소리가 나매 죽은 자들이 썩지 아니할 것으로 다시 살아나고 우리도 변화되리라." 마지막 여섯 번째 비밀은 데살로니가후서 2장 7절에 나타나는 불법의 비밀입니다. "불법의 비밀이 이미 활동하였으나 지금은 그것을 막는 자가 있어 그 중에서 옮겨질 때까지 하리라."

이렇게 볼 때, 본문은 신약의 여섯 가지 비밀들 가운데 하나입니다. 그것은 여기에서 "경건의 비밀"로 불립니다. 왜냐하면 그것이 경건의 삶과 가장 밀접하게 관련되기 때문이며, 마음으로 그것을 받은 자들이 그로 인해 경건한 사람들이 되기 때문이며, 특별히 그것이 신자들을 경건 가운데 세우기 때문입니다. 그들에게 그것은 하나님에 대한 경건한 사랑과 거룩한 두려움을 위한 큰 동기(動機)가 됩니다.

이제 성령의 도우심 가운데 본문의 경건의 비밀을 구성하는 여섯 개의 가지들을 하나씩 살펴보도록 합시다.

1. 첫 번째 가지는 "하나님이 육신으로 나타난 바 되시고"입니다.

(God was manifest in the flesh. 한글개역개정판에는 "그는 육신으로 나타난 바 되시고"라고 되어 있음)

나는 우리의 역본(즉 KJV)이 정확하다고 믿습니다. 그러나 본 구절과 관련하여 오랫동안 많은 논쟁이 벌어졌습니다. 어떤 사람들은 "데오스"(Theos)가 "오스"(Os)가 와전된 것이라고 주장합니다. 그러므로 "하나님이 육신으로 나타난 바 되시고"라고 읽는 대신, "육신으로 나타난 바 되신 …"(who was manifest in the flesh)이라고 읽어야 한다는 것입니다. 그러나 우리는 이 문제에 대해 논쟁을 벌일 필요가 없습니다. 만일 본문이 하나님이 육신으로 나타나셨음을 말하는 것이 아니라면, 도대체 누가 육신으로 나타났다고 말하는 것입니까? 사람입니까? 천사입니까? 그렇지 않으면 마귀입니까? 그것이 우리에게 어떤 사람이 육신으로 나타났음을 말하고 있는 것입니까? 분명 그럴 수 없습니다. 왜냐하면 모든 사람이 육신으로 나타나기 때문입니다. 그러므로 그 구절을 단순히 어떤 사람과 연결시키면서 그것을 "비밀"이라고 부르는 것은 전혀 이치에 부합하지 않습니다. 그러면 천사가 육신으로 나타났음을 말하는 것입니까? 도대체 어떤 천사가 육신으로 나타난 적이 있었습니까? 만일 정말로 그가 천사라면, 그가 "천사들에게 보인" 것이 도대체 무슨 비밀이 될 수 있단 말입니까? 천사가 천사를 보는 것이 놀랄 일입니까? 그러면 육신으로 나타난 것이 마귀입니까? 결코 그럴 수 없습니다. 어떻게 마귀가 "영광 가운데서 올려질" 수 있었단 말입니까? 만일 그가 사람도 아니고 천사도 아니고 마귀도 아니라면, 육신으로 나타난 자는 도대체 누구였겠습니까? 두말할 나위도 없이 그는 하나님이어야만 합니다. 설령 하나님이란 단어가 거기에 분명하게 적시되지 않았다 하더라도, 의미적으로 볼 때 그것은 하나님일 수밖에 없습니다. 그렇지 않으면 본문 전체는 앞뒤가 맞지 않는 말이 되고 맙니다. 비평학자들이 본문에다가 아무리 맷돌질을 한다 할지라도, 그 의미는 우리의 역본(KJV)이 말하는 그 이상도 이하도 될 수 없습니다. 하나님 자신이 육신으로 나타나셨습니다. 이것은 얼마나 엄청난 비밀(mystery)입니까? 그것은 비밀 중의 비밀입니다. 보이지 않는 하나님이 나타나셨습니다. 영이신 하나님이 육신 가운데 사셨습니다. 무한하시며 무엇으로도 담을 수 없는 하나님이 육신 가운데 나타나셨습니다. 도대체 어떻게 스스로 존재하시며 능력으로 충만하시며 스스로 충족하신 하나님이 그 본질이 흙인 보잘것없는 육신이 될 수 있었단 말입니까? 하나님과 육신 사이의 대조보다 더 큰 대조를 도대체 어디에서 찾을 수 있겠습니까? 그러나 양자(兩者)는 우리 구주의 성육신 안에서 하나가 되었습니다. 하나님이 육신으로 나타나셨습니다. 참 하나님이 육신이 되셨습니다. 그는 참 육신으로 나타나셨습니다. 실제적인 육신으로 말입니다.

> "그는 인간 어머니로부터 태어나셨도다.
> 완전한 신성(神性)의 빛남이여!
> 나의 구주 예수 그리스도는
> 영원히 하나님이시요 영원히 사람이시로다.
> 그 위에서 우리 소망은 영원무궁하리로다."

　이것은 그 무엇과도 비교할 수 없는 진리입니다. 교회는 이 진리를 증언하는데 조금도 머뭇거려서는 안 됩니다. 왜냐하면 이 진리는 세상을 구원함에 있어 본질적인 진리이기 때문입니다. 교회는 이러한 성육신의 진리를 세상 가운데 널리 알려야 합니다.

　사랑하는 형제들이여, 이 진리는 "그렇지 않다 하는 이가 없는" 자명한 진리입니다. 그러므로 우리는 이 진리와 관련하여 이러쿵저러쿵 논란을 벌여서는 안 됩니다. 그렇게 하는 대신 그것으로부터 양식을 공급받으십시오. 하나님은 스스로를 낮추사 육신으로 나타나셨습니다. 이것은 얼마나 놀라운 이적입니까? 우리는 이것을 가지고 변론을 벌이기보다 마음으로 깊이 생각해야 합니다. 조용히 앉아서 여러분을 만드신 자가 여러분처럼 된 사실을 깊이 묵상하십시오. 여러분의 하나님이 여러분의 형제로서 사람이 되셨다는 것은 얼마나 놀라운 일입니까? 천사들로부터 경배를 받으시는 자가 구유에 뉘어졌습니다. 모든 생명체에게 먹을 것을 주시는 자가 주리고 목이 말랐습니다. 하나님으로서 온 세상을 굽어보는 자가 사람으로서 여러분처럼 잠을 자고 고난을 당하고 죽으셨습니다. 이것은 쉽게 믿어지지 않는 선언입니다. 만일 많은 증인들이 그를 보지 않았다면, 다시 말해서 많은 사람들이 그를 만지고 보고 그가 말하는 것을 듣지 않았다면, 신적 인격이 육신으로 나타나셨다는 사실은 쾌히 받아들여질 수 없는 사실이 되었을 것입니다. 그것은 스스로를 낮추신 놀라운 사건입니다.

그것은 또한 축복의 경이로운 사건입니다. 왜냐하면 하나님이 사람의 육신으로 나타나신 것은 우리에게 수만 가지 축복을 가져다주는 사건이기 때문입니다. 베들레헴의 별은 신자들에게 소망의 샛별입니다. 이제 인간이 하나님께 가장 가까운 존재가 되었습니다. 하나님은 천사의 본질로 나타나지 않으셨습니다. 그는 육신으로 나타나셨습니다. 여자로부터 태어난 보잘것없는 인간과 영원한 하나님은 가장 놀라운 연합의 띠로 하나가 되었습니다. 우리 주 예수 그리스도는 하나님과 사람이 한 인격 안에 계신 존재입니다. 이것은 우리의 인성(人性)을 하나님께 가까이 데려갑니다. 그리고 그렇게 함으로써 우리의 본성을 쓰레기더미로부터 끌어올려 하늘의 방백들과 함께 있게 만듭니다. 동시에 그것은 우리의 인성을, 그 안에 하나님의 모든 충만이 육체로 거하시는 예수 그리스도의 모든 영광으로 부요케 만듭니다. 억눌리고 짓밟힌 인자(人子)들이여, 눈을 드십시오. 만일 여러분이 사람이라면, 여러분은 하나님이신 그리스도와 형제입니다. 자신을 땅의 찌끼와 죄의 노예로 생각하며 스스로를 경멸하는 자들이여, 머리를 들고 포로된 자들의 멍에를 깨뜨리신 인자(人子) 안에 있는 구속을 바라보십시오. 만일 여러분이 하나님의 그리스도를 믿는 자들이라면, 여러분은 동시에 하나님의 자녀입니다. 그리고 자녀라면, 여러분은 예수 그리스도와 함께 하나님의 유업을 이을 자입니다.

이 진리 속에는 엄청난 축복뿐만 아니라 또한 충만한 위로가 있습니다. 만일 하나님의 아들이 사람이 되셨다면, 그는 우리를 아시며 또 체휼하실 것입니다. 그는 내가 때때로 얼마나 예배드리기에 부적합한 존재가 되는지를 아십니다. 그는 자꾸만 무기력해지며 무감각해지는 나의 기질을 아십니다. 그는 나의 고통을 아시며, 나의 연약함을 아시며, 나의 슬픔을 아십니다.

　　"그는 격렬한 유혹의 의미를 아십니다.
　　왜냐하면 그 자신도 동일한 유혹을 받으셨기 때문입니다."

아버지 우편에 앉아 계신 참 사람이신 나의 구주여, 주는 내 영혼의 기쁨이나이다. 그 안에 하나님의 백성인 여러분을 위한 최고의 위로가 있지 않습니까?

또 우리는 하나님이 육신으로 나타나셨다는 사실 속에서 매우 놀라운 교훈을 발견할 수 있습니다. 만일 하나님을 보기를 원한다면, 여러분은 그리스도 예수 안에서 그를 보아야만 합니다. 본문은 하나님이 육신으로 스스로를 감추었다고 말하지 않고 ― 어떤 측면에서 이것이 사실일 수 있지만 ― 육신으로 나타나셨다고 말합니다. 만일 우리가 직접적으로 태양을 바라보면, 태양의 강렬한 광채가 우리의 시력을 잃게 만들 수도 있습니다. 따라서 우리는 색 유리 같은 것을 통해 태양을 바라보아야 합니다. 그럴 때 태양은 우리에게 나타납니다. 이와 같이 우리 마음의 눈은 무한한 신성(神性)의 강렬한 영광을 감당할 수 없습니다. 그 신성이 사람의 본성과 연합되기 전까지는 말입니다. 여러분은 절대적인 하나님을 감히 응시할 수 없습니다. 만일 그렇게 한다면, 그 광채가 여러분의 눈을 멀게 만들 것입니다. 우리 하나님은 소멸하는 불입니다. 수풀 속에서 불 가운데 계신 하나님을 보려고 하지 마십시오. 그 불이 여러분을 둘러싸고 있는 수풀을 태우지 않겠습니까? 또 시내 산 위에서 번개와 천둥 가운데 계신 하나님을 보려고 하지 마십시오. 사람이신 그리스도 예수 안에서 하나님을 보는 것으로 만족하십시오. 하늘과 땅의 모든 영광과 창조세계의 모든 경이가 하나님을 나타낸 것보다 마리아의 아들로 태어나셨다가 십자가에서 죽으시고 무덤에 들어가셨다가 영원한 보좌로 올라가신 예수 그리스도가 그렇게 한 것이 훨씬 더 큽니다. 하나님의 어린 양을 보십시오. 하나님이 그 안에서 나타나셨습니다. 하나님의 백성들이여, 하나님을 보기 위해 다른 곳으로 가지 마십시오.

여기에서 여러분 각각에게 개별적인 질문을 던지고 싶습니다. 여러분은 개별적으로 그리스도 안에서 하나님을 보았습니까? 이것이 구원에 있어 본질적인 것임을 잊지 마십시오. 나는 지금 여러분을 협박하고 있는 것이 아니라 사실을 말하고 있는 것입니다. 설령 여러분이 받아들이지 않는다 하더라도, 나는 분명하게 말할 수 있습니다. 만일 여러분이 주 예수 그리스도의 인격에 대해 올바르지 않다면, 여러분은 어디에서도 올바를 수 없습니다. 만일 여러분이 그를 하나님의 아들로 받아들이지 않는다면, 그는 여러분에게 구주가 될 수 없습니다. 그리고 여러분에게 그가 구주가 되지 않는다면, 여러분은 필경 잃어지게 될 것입니다. 여러분이 세상에 태어나 지금 여기에 있는 것이 확실한 사실인 것처럼, 여러분이 잃어지게 될 것 역시 똑같이 확실한 사실입니다. 그가 여러분에게 구주가 되지 않는다면 말입니다. 나는 여러분 가운데 많은 사람들이 "그렇습니다. 예수 그리스도는 나의 구주입니다. 나는 그를 경배하며, 순종하며, 신뢰합니다"라고 말할 수 있을 것이라고 믿습니다. 만일 여러분이 지금 그를 경배하는 자가 아니라면, 부디 성령께서 여러분을 그에게 데려가시기를 기원합니다. 먼저 아버지께 가려고 하지 마십시오. 왜냐하면 그리스도께서 "나로 말미암지 않고는 아버지께로 올 자가 없느니라"라고 말씀하셨기 때문입니다(요 14:6). 여러분은 오직 십자가를 통해 하나님의 보좌로 나아가야 합니다. 왜냐하면 이것이 유일한 열린 길이기 때문입니다.

2. 두 번째 가지는 "영으로 의롭다 하심을 받으시고"입니다.

우리 주님이 인간의 육신으로 오셔서 스스로를 하나님의 아들로 선포하셨을 때 많은 사람들이 의심하며 불신했던 데에는 나름대로 근거가 있었습니다. 왜냐하면 그는 궁핍과 약함과 비천함 가운데 오셨기 때문입니다. 어쨌거나 하나님이 육신으로 나타나신 것은 많은 증거를 필요로 했습니다. 그러나 우리 주님을 둘러싸고 있던 환경은 특별히 육신적인 생각을 가지고 있었던 사람들에게 큰 의심과 불신을 불러일으킬 만한 것이었습니다. 그러나 우리 주님은 ― 비록 육체가 그의 자기 선언을 가리는 것처럼 보였을지라도 ― "영으로 의롭다 하심을" 받으셨습니다. 아마도 이것은 사람으로서의 그의 영적 본성이 그의 신성(神性)으로 인해 너무도 높았기 때문에 그것이 하나님의 아들이라는 그의 주장을 충분히 정당화했다는 것을 의미하는 것일 것입니다. 그의 영은 얼마나 정결하며 얼마나 존귀한 것이었습니까! 아무리 고결한 사람인들 그의 고결함과 비견할 수 있겠습니까? 그의 마음은 얼마나 숭고하며, 그의 지혜는 얼마나 뛰어납니까! 그는 아이일 때조차 랍비들을 이겼으며, 자신의 말에 트집을 잡고 올가미를 씌우려고 하는 자들을 번번이 좌절시켰습니다. 그의 가르침과 같은 가르침이 있었습니까? 그의 말에 귀를 기울여 보십시오. 그러면 여러분은, 그 눈에서 빛나고, 그의 입술로부터 흘러나오는 영이 지극히 높은 자의 아들이라는 그의 주장을 의롭다하는 혹은 정당화하는 것을 느끼게 될 것입니다.

　또 그가 명령하는 말을 들어보십시오. 그의 인성(人性) 속에 그의 신성(神性)이 반짝이고 있지 않습니까? 그리고 그것이 그가 신적 존재임을 증명하고 있지 않습니까? 그가 말하면, 그대로 이루어집니다. 그가 명령하면, 그 명령은 굳게 섭니다. 그가 명령하자 바람이 그치고 파도가 잔잔해집니다. 고통이 떠나가며, 건강이 회복되며, 죽음이 삶으로 바뀝니다. 그토록 놀라운 일들을 통해 그의 영적 본질이 충분히 그를 정당화하지 않습니까?

　또 그가 어떻게 의롭다 하심을 받으셨는지 보십시오. 그는 단지 자기 자신의 영에 의해서만 의롭다 하심을 받으신 것이 아니라 또한 그에게 한량없이 부어진 성령에 의해 의롭다 하심을 받으셨습니다. 그를 모든 선지자들과 선생들을 능가하는 최고의 존재로 만든 것은 바로 이러한 기름 부음이었습니다. 그의 말을 들었던 모든 사람이 그의 특별한 권능을 인식했습니다. 심지어 그를 대적하던 사람들조차 말입니다. 하나님의 성령이 그 안에서 증언했으며, 따라서 그의 말은 기름 부음으로 충만했습니다. 하나님의 성령이 그와 함께 증언했으며, 따라서 그의 말은 사람들의 마음을 파고들었습니다. 하나님의 성령이 그에 대해 증언했으며, 그가 세례를 받을 때 그의 모든 주장들을 의롭다 혹은 정당화했습니다. 그때 성령이 비둘기 형상으로 나타났으며, 하늘로부터 "이는 내 사랑하는 아들이라"는 음성이 들렸습니다. 동일한 성령이 변화산에서 다시 한 번 들을 수 있는 음성으로 그의 모든 주장들이 정당함을 선언했습니다. 하나님의 성령은 조용하게 그러나 분명하게 항상 그 위에 계셨으며, 모든 곳에서 그를 증언하셨습니다. 오직 그를 미워하므로 소경된 자들만이 그의 모든 말과 행동을 덮고 있는 신적 빛을 볼 수 없었습니다. 무엇보다도 성령에 의해 우리 주님의 주장들이 의롭다함을 얻은 것은 그의 부활 속에서입니다. "성결의 영으로는 죽은 자들 가운데서 부활하사 능력으로 하나님의 아들로 선포되셨으니 곧 우리 주 예수 그리스도시니라"(롬 1:4). 마찬가지로 40일 후 그는 영광 가운데 올림을 받으셨는데, 그 때에도 하나님의 성령은 급하고 강한 바람과 불의 혀처럼 갈라지는 모습으로 내려와 그의 제자들에게 임함으로써 그가 말씀하신 모든 것을 의롭다 하셨습니다. 만일 그리스도가 죽은 자 가운데 다시 살아나지 않았다면, 그는 거짓말쟁이가 될 것이었습니다. 설령 죽은 자 가운데 다시 살아났다 하더라도 만일 하나님의 성령이 강림하지 않았다면, 그의 주장은 여전히 구름 가운데 남아 있게 될 것이었습니다. 그러나 이제 모든 것은 분명해졌습니다. "주께서 높은 곳으로 오르시며 선물들을 사람들에게서 받으시며 반역자들로부터도 받으시니 여호와 하나님이 그들과 함께 계시기 때문이로다"(시 68:18). 하나님의 성령이 사람들 가운데 부어지는 것은 우리의 강한 정복자가 영광의 보좌로 올라갈 때 주겠다고 자기 백성들에게 약속하신 것이었습니다.

성령은 그리스도를 의롭다 하셨습니다. 교회는 그리스도의 주장들이 그의 가르침의 영과 성령에 의해 의롭다 함을 받았다고 증언했습니다. 교회는 항상 이것을 증언해야 합니다. 복음을 이성적으로 변증하기 시작할 때, 우리는 그릇된 기초 위에 서게 됩니다. 복음에 대한 참된 변증은 그리스도의 영입니다. 예수 그리스도는 성령 안에서 의롭다함을 받습니다. 다른 것은 필요하지 않습니다. 사랑하는 형제들이여, 만일 우리가 그리스도의 영을 나타낸다면, 우리는 트집을 잡는 자들에게 올바로 대응하는 것이 될 것입니다. 또 교회의 모든 사역이 하나님의 성령 위에 세워진다면, 트집을 잡는 자들은 더 이상 트집 잡는 일을 그치게 될 것입니다. 그들은 교회의 영광을 보고 부끄러워하게 될 것입니다. 성령은 우리의 힘이며 우리의 영광입니다. 성령은 예수 그리스도가 주시며 하나님이심을 영원히 증언합니다.

형제들이여, 성령께서 여러분의 영혼 안에서 그리스도를 의롭다 하셨습니까? 성령께서 구원을 위해 세상에 오신 자를 여러분의 구주로 계시하셨습니까? 성령께서 죄를 도말하기 위해 오신 자를 여러분의 죄를 씻는 자로 계시하셨습니까? 만일 여러분이 그리스도의 고귀함과 그의 능력을 개인적으로 경험했다면, 그것은 성령이 여러분 안에서 그리스도를 의롭다 하신 것입니다. 만일 성령이 여러분에게 그것을 주셨다면, 아무도 그것을 빼앗을 수 없습니다. 그러나 그것을 가지고 있지 않다면, 여러분은 꼭 필요한 한 가지를 결여한 것입니다. 부디 여러분이 그것을 결여하지 않기를 바랍니다.

3. 세 번째 가지는 "천사들에게 보이시고"입니다.

천사들이 계속해서 속죄소(mercy-seat)를 응시하면서 주가 나타나기를 기다려왔다는 것은 매우 중요한 개념입니다. 하늘에서는 하나님의 지혜와 관련한 이러한 비밀이 널리 알려져 있었지만, 그러나 그들은 그것을 충분히 이해하지 못했습니다. 그러나 이제 그리스도 안에서 성육신하신 하나님의 비밀이 그들에게 나타났습니다. 나는 신성(神性)의 광채가 천사들을 놀라게 했다고 표현하고 싶습니다. 그렇게 표현할 수 있다면 말입니다. 그들은 하나님을 볼 수 없었습니다. 그러나 하나님이 오셔서 육신으로 스스로를 나타내셨을 때, 하나님은 천사들에게 보이셨습니다. 천사들은 그리스도 안에서 예전에 결코 보지 못했던 모습으로 신성(神性)을 보았습니다. 그들은 공의의 속성이라든지, 능력의 속성이라든지, 지혜의 속성이라든지, 통치권의 속성 같은 것은 진작부터 보았습니다.

그러나 그들은 그리스도의 생애와 인격 속에서 반짝이는 사랑과 겸손과 부드러움과 긍휼 같은 것들을 일찍이 하나님으로부터 보지 못했었습니다. 그들은 하나님이 그러한 분이라는 것을 생각할 때 놀라지 않을 수 없었습니다. 그들은 하나님을 삼중으로 거룩한 분으로 알았습니다. 왜냐하면 하나님을 찬미할 때 항상 "거룩하다 거룩하다 거룩하다" 하면서 삼중송(三重頌)으로 노래했기 때문입니다. 그러나 그들은 하나님을 사랑으로는 알지 못했습니다. "자기 아들을 아끼지 아니하시고 모든 사람을 위하여 내어주신" 그런 사랑 말입니다(롬 8:32). 천사들은 이처럼 육신으로 나타나신 하나님을 보면서 그에게 수종들었습니다. 그들은 구유 주위를 내려다보았습니다. 그들은 그의 양부모에게 그에게 닥칠 위해(危害)를 경고했습니다. 그들은 그가 광야에서 시험을 받을 때 그를 수종들었습니다. 한 천사는 겟세마네 동산에서 그에게 힘을 주었으며, 다른 천사는 그의 무덤의 돌을 굴렸습니다. 나는 다음과 같은 노래가 사실이라고 믿어 의심치 않습니다.

"그들은 위로부터 그의 병거를 가져왔도다,
그를 그의 보좌로 올려가기 위해.
그들은 날개를 맞부딪히며 외쳤도다,
'영광스러운 일이 이루어졌도다'라고."

이와 같이 예수 그리스도는 천사들에게 보이셨습니다. 바로 이것이 그들이 그토록 감미롭게 그리고 전심으로 찬미하는 한 가지 이유입니다. "죽임을 당하신 어린 양은 능력과 부와 지혜와 힘과 존귀와 영광과 찬송을 받으시기에 합당하도다"(계 5:12). 그들은 그의 생애와 죽음을 보았습니다. 그들은 그의 수고와 고통을 보았습니다. 그렇기 때문에 그들의 노래는 그토록 힘차며 감격으로 가득합니다. 그들은 노래합니다. "일찍이 죽임을 당하사 … 사람들을 피로 사서 하나님께 드리시고"(계 5:9). 여기에 얼마나 기쁨이 충만합니까! 이렇게 하여 천사들의 무리가 우리와 가까워졌습니다. 왜냐하면 그들도 예수 그리스도를 보고 우리도 그를 보기 때문입니다. 그래서 우리의 눈과 천사들의 눈이 그리스도 위에서 마주칩니다. 그들과 더불어 우리는 공동의 사랑과 공동의 주님을 공유합니다. 이제 그를 수종들던 영들이 우리를 수종들기 위해 준비되어 있습니다. 그들은 머리로 인해 지체들을 사랑합니다. 사랑하는 자들이여, 예수 그리스도는 교회의 머리일 뿐만 아니라 또한 천사들과 통치자들과 권세자들의 머리입니다. 그러므로 그 안에서 깨어진 연합이 다시 회복되며, 그 안에서 하나님의 권속들이 하나가 됩니다. 천사들의 눈이 그를 바라보고 기뻐했습니다. 그들은 계속해서 기뻐하며 또 놀랍니다. 우리 신랑의 아름다움에 매혹된 정결한 영들이여, 우리와 함께 기뻐할지로다!

이제 여러분에게 한 가지 질문을 던지고 싶습니다. 여러분은 예수를 보았습니까? 그는 천사들에게 보이셨습니다. 여러분의 눈은 그를 보았습니까? 여러분의 영적 눈은 그를 보았습니까? 그렇지 않다면, 주께서 이 시간 여러분의 눈을 여시사 그를 보고 구원받도록 도우시기를 기원합니다. 그가 천사들에게 보이신 것은 아무것도 아닙니다. 만일 그가 여러분에게 보이지 않는다면 말입니다. 그를 여러분의 구주로서 그리고 여러분의 모든 것으로서 보십시오. 그리고 그 안에서 안식하십시오. 이것이 무엇보다 가장 크고 중요한 일입니다. 하나님이 여러분 모두에게 그 아들을 보는 기쁨을 주시기를 기원합니다.

4. 네 번째 가지는 "이방인들에게 전파되시고"입니다.
(한글개역개정판에는 "만국에서 전파되시고"라고 되어 있음)
언뜻 볼 때 이것은 전혀 비밀이 아닌 것처럼 보입니다. 하나님이 "육신으로 나타난 바 되시고 영으로 의롭다 하심을 받으시고 천사들에게 보이신" 사실들은 정말로 비밀입니다. 그러나 "이방인들에게 전파되신" 것은 매우 평범한 것처럼 보입니다. 그렇지만 그것은 놀랄 만한 일이 아닌 것이 아닙니다. 그에 대해 깊이 생각할 때, 우리는 그 안에 은혜의 큰 비밀이 담겨 있는 것을 발견하게 될 것입니다. 그리스도께서 오시기 전에는 이방인들에게 아무것도 전파되지 않았습니다. 그들은 개로 여겨졌으며, 주인의 상에서 떨어지는 부스러기로 만족해야 했습니다. 그러나 승천 이후 우리 주님은 이방인들에게 전파되었습니다. 유대인들에게 이것은 매우 이상한 일이었습니다. 그들이 볼 때, 이방인이 멸망을 당하는 것은 지극히 당연한 일이었습니다. 그러나 복음이 이방인들에게 전파되는 것은 정말로 이상한 일이었습니다. 하나님이 할례받은 자들의 사도로서 베드로를 통해 역사하신 것은 그들에게 있어 쉽게 받아들일 수 있는 일이었습니다.

　　그러나 동일한 하나님이 이방인의 사도인 바울을 통해 똑같이 역사하신 것은 정말로 믿을 수 없는 일이었습니다. 하나님을 송축할지니, 여러분과 나는 이 비밀에 참여하는 자가 되었습니다. 왜냐하면 우리는 우리를 향한 하나님의 사랑을 들었고 또 믿었기 때문입니다. 우리 역시도 이방인이었습니다. 그러나 복음은 유대인들에게 전파된 것과 마찬가지로 또한 우리들에게도 전파되었습니다. 아니, 그들보다도 우리가 더 큰 은혜를 입었습니다. 왜냐하면 오늘날 결혼한 여자 즉 유대인의 자녀보다 혼자 사는 여자 즉 이방인의 자녀가 더 많기 때문입니다. 하나님은 성령으로 말미암아 이방인들 가운데 아브라함의 씨를 많게 하셨습니다. 반면 육체를 따른 아브라함의 씨는 구주를 배척하고 말았습니다. 그러므로 그리스도가 이방인들 가운데 전파되었다는 이 비밀로 인해 기뻐하고 기뻐하십시오.

　　특별히 여기에서 "전파되었다"(preach)는 단어를 주목하십시오. 그리스도는 전파되는 방식을 통해 세상에 제시됩니다. 그리스도가 세상에 제시되는 것은 다른 방식이 아니라 전파되는 것을 통해 이루어진다는 이 위대한 비밀을 교회는 영원히 붙잡아야 합니다. 내가 지금 연필을 잡고 구주를 그린다고 상상해 보십시오. 라파엘로나 티치아노조차도 필적할 수 없는 놀라운 기술로 말입니다. 그러나 하나님은 그런 방식으로 그리스도를 이방인들에게 제시하도록 정하지 않으셨습니다. 또 지금 내가 로마교회가 요구하는 모든 화려함과 격식을 갖춘 의식(儀式)을 집례하고 있다고 상상해 보십시오. 그러나 이런 방식으로 이방인들 가운데 그리스도를 제시하는 것 역시 신적 비밀에 따른 것이 아닙니다. 그리스도는 이방인들 가운데 전파되어야 합니다. 성육신하신 하나님을 사람의 아들들 가운데 나타내는 하나님의 방법은 전파하는 것입니다. 교회는 항상 이 사실을 잊어서는 안 됩니다. 시온 성벽 가운데 가장 강한 요새는 영원히 강단이어야 합니다. 공격을 위해서든 수비를 위해서든 말입니다. 하나님은 전도(preaching, 즉 말씀을 전파하는 것)의 미련한 것으로 믿는 자들을 구원하시기를 기뻐하셨습니다. 나는 강단은 한쪽 구석에 밀어놓고 제단을 중앙에 배치한 현대적인 교회당을 싫어합니다. 제단은 죄를 생각나게 하는 장소입니다. 그런데 그것이 어떻게 거룩한 장소에 있을 수 있단 말입니까? 하나님은 그것이 거기에 있도록 정하지 않았습니다. 도대체 성경 어디에 신자들의 회중 가운데 물질적인 제단이 있어야 한다는 말씀이 있단 말입니까? 우리의 유일한 제단은 우리 주님의 인격의 영적 제단뿐입니다. 외적인 형식과 의식과 예식에 수종드는 자들은 여기에서 먹을 권리를 갖지 못합니다. 제단은 유대인들과 이교도들에게 속합니다. 사실 그들조차도 그 앞에서 절하지 않습니다. 실제로 제단 앞에서 가장 깊숙이 허리를 숙여 절하는 자들이 누구입니까? 바로 가톨릭의 우상 숭배자들이 아닙니까? 교회의 가장 중요한 기능은 그리스도를 전파하는 것입니다. 그것이야말로 천국의 나팔이요, 지옥문을 부수는 공성퇴입니다. 바로 이것을 통해 구원이 임합니다. 왜냐하면 믿음은 들음에서 오며, 들음은 하나님의 말씀으로부터 말미암기 때문입니다.

그러면 전파하는 자가 없이 누가 들을 수 있단 말입니까? 사람들의 마음속에서 믿음을 창조하는 하나님의 방법은 그림이나 음악이나 상징들을 통하는 것이 아니라, 하나님의 말씀을 들음을 통하는 것입니다. 이것은 이상하게 보일는지 모릅니다. 그렇게 보인다면, 그냥 그렇게 보이게 내버려 두십시오. 왜냐하면 그것은 비밀이기 때문입니다. 그것은 큰 비밀입니다. 그러나 "그렇지 않다 하는 이가 없는" 분명한 사실입니다. 따라서 교회는 예수 그리스도를 이방인들에게 전파하는 일을 영원히 지속해야 합니다. 그러한 비밀의 일부는 복음을 전파하는 사람들 안에 놓여 있습니다. 예수 그리스도가 무식하고 비천한 사람들에 의해 이방인들에게 전파된 것은 참으로 이상한 일이었습니다. 물론 바울은 전혀 다른 부류의 사람이었습니다. 그러나 그 역시도 인간의 탁월한 언변으로 전파하지 않고, 하나님의 비밀을 가장 단순한 언어로 전파했노라고 선언합니다. 그리스도가 이방인들에게 그토록 빨리 전파된 것은 정말로 놀라운 일이었습니다. 120문도가 다락방에 모여 있던 날로부터 당시의 문명세계에서 예수의 이름을 듣지 못한 지역이 하나도 없게 된 때까지 걸린 시간은 그리 길지 않았습니다. 그들은 스키타이를 정복했으며, 야만인들을 굴복시켰습니다. 그들의 유일한 무기인 십자가를 들고 말입니다. 그들은 당시 고전학문의 중심지인 아테네를 정복했습니다. 그들은 로마로 진군해 들어갔으며, 그곳의 온갖 화려한 악들의 한가운데 십자가를 높이 세웠습니다. 복음전파자들이 밟지 않은 지역은 한 곳도 없었으며, 그들이 전파하는 복음에 의해 영향을 받지 않은 지역 역시 한 곳도 없었습니다. 이것은 큰 비밀입니다. 주님은 이 비밀을 계속해서 반복하고 계십니다. 아! 이러한 복음전파가 다시 한 번 구원에 이르는 하나님의 능력으로 인식되고, 영국과 세계의 모든 교회와 공회당과 거리에서 다시 한 번 힘차게 펼쳐진다면 얼마나 좋겠습니까?

여러분에게 한 가지 질문을 던지고 싶습니다. 여러분은 전심으로 복음을 들었습니까? 성경은 하나님의 말씀을 전파하는 것을 통해 구원이 이루어진다고 선언하면서, 동시에 "그러므로 너희가 어떻게 들을까 스스로 삼가라"로 경고합니다(눅 8:18). 하나님은 스스로 삼가 듣는 자들을 축복하시려고 준비하고 계십니다. 그렇다면 대수롭지 않다는 태도로 주의를 기울이지 않고 듣는 자들에게는 화가 있을 것입니다. 말씀을 듣기만 하고 행하지 않는 자들에게는 화가 있을 것입니다. 들음과 함께 책임이 따릅니다. 부디 전심으로 말씀을 듣기를 바랍니다. 그럴 때 말씀을 전파하는 우리는 마지막 날 그분 앞에 여러분에 대해 좋은 보고를 할 수 있게 될 것입니다. 그리고 그럴 때, 우리의 사역은 헛되지 않고 여러분에게 구원에 이르는 하나님의 음성이 될 것입니다.

5. 다섯 번째 가지는 "세상에서 믿은 바 되시고"입니다.

이것 역시 네 번째와 마찬가지로 언뜻 보기에는 비밀처럼 보이지 않지만 실제로는 놀라운 비밀입니다. 예수 그리스도가 세상에서 믿은 바 되셨다는 사실은 본문의 여섯 가지 비밀 가운데 가장 영광스러운 사실입니다. 처음에 비천한 복음전파자들이 예수 그리스도에 대해 말하기 위해 나갔을 때, 그들의 이야기는 사람들이 믿을 것이라고는 거의 생각할 수 없을 정도로 참으로 이상한 것이었습니다. 그들이 전파하는 교훈은 세상의 모든 육신적인 생각들과는 반대되는 것이었습니다. 그것은 인간이 자랑하는 모든 것을 땅바닥에 내동댕이쳤으며, 인간의 모든 자부심을 모독했습니다. 그러므로 사람들이 그러한 교훈을 받아들일 것이라고는 거의 기대하기 어려웠습니다. 또 그 당시 세상은 어떠했습니까? 당시 세상은 죄와 악과 사치와 잔인함이 거의 목까지 차 올랐습니다. 그런 세상이 거룩한 구주와 그의 완전한 가르침을 받아들일 것이라고 생각할 수 있었겠습니까? 그러나 놀라운 일이 벌어졌습니다. 그가 "세상에서 믿은 바" 되셨습니다. 얼마나 놀랄 만한 일입니까? 자신들이 전파한 복음을 사람들이 믿는 것을 발견했을 때, 초창기 복음전파자들은 얼마나 뛸듯이 기뻐했을까요? 내가 만일 베드로였다고 가정해 보십시오. 삼천 명의 사람들이 내가 전파한 복음을 기꺼이 믿으면서 세례를 받고자 했을 때, 나는 너무나 기뻐 며칠 동안 잠을 잘 수 없었을 것입니다. 또 내가 바울이었다고 가정해 보십시오. 나는 그가 고난을 많이 겪기는 했지만 실제로는 너무나 행복했을 것이라고 생각합니다. 그는 우상을 섬기는 나라에 가서 이 새롭고 이상하며 믿을 수 없는 이야기를 전파하지 않았습니까? 그런데 모든 곳에서 수많은 사람들이 자신의 이야기를 기쁨으로 믿는 것을 바라볼 때, 그는 얼마나 놀라고 또 놀랐을까요?

교회는 예수 그리스도를 믿음으로써 그의 희생의 효력이 임한다는 이 비밀을 영원히 선포해야 합니다. 여기의 요점은 그리스도가 세상에서 섬김을 받게 되었다는 것도 아니고, 그가 세상에서 경배를 받게 되었다는 것도 아닙니다. 물론 이러한 개념들이 뒤따르기는 하지만 말입니다. 여기의 비밀은 그리스도가 "세상에서 믿은 바" 되셨다는 것입니다. 다시 말해서, 그리스도께서 구주로서 신뢰되셨다는 것입니다. 사람들은 다른 모든 신뢰의 대상들을 내려놓고, 예수 그리스도를 신뢰합니다. 그들은 자기 의를 포기합니다. 그들은 스스로 자랑하던 각종 의식(儀式)들을 내려놓습니다. 그들은 스스로 구원하고자 하는 모든 방법들을 버리고, 그리스도께 나아와 그를 신뢰합니다. 이것이 여기의 위대한 비밀입니다. 어떤 사람들은 말합니다. "여기에 도대체 무슨 비밀이 있다는 것인지 알 수가 없군." 여러분은 여러분 자신의 믿음으로 예수 그리스도를 믿었습니까? 만일 그랬다면, 여러분은 "이것은 진실로 하나님의 손가락이로다"라고 말할 것입니다. 예수 그리스도를 믿는 믿음은 세상을 창조하는 하나님의 능력의 위대한 역사와 같습니다. 어떤 사람들은 이렇게 말합니다. "설교자가 나를 설득할 수만 있다면, 나는 기꺼이 신자(信者)가 될 텐데." 좋습니다. 그러나 어떤 설교자도 믿음을 창조할 수 없습니다. 그것은 설교자의 능력보다 훨씬 더 큰 능력을 필요로 합니다. 성령의 능력 말입니다. 하나님은 자신의 택하신 자들에게 믿음의 축복을 주십니다. 그리고 나머지 사람들은 완악한 마음으로 불신앙 가운데 남아 있습니다. 믿음은 초자연적이며, 신적인 것입니다. 그것은 인간의 도움이나 웅변으로 얻어지지 않습니다. 그것을 가진 자들은 그것이 복된 비밀이라는 사실을 압니다.

　　여러분은 이 믿음을 가지고 있습니까? 여러분은 예수 그리스도를 믿습니까? 본문의 다른 모든 비밀들이 결국 이것으로 모아집니다. 설령 그가 육신으로 나타난 바 되셨다 할지라도 만일 내가 그를 믿지 않는다면, 그것이 도대체 내게 무슨 의미가 있겠습니까? 설령 그가 영으로 의롭다 하심을 받으셨다 할지라도 만일 그를 믿는 믿음이 나를 의롭다 하지 않는다면, 그것이 도대체 내게 무슨 의미가 있겠습니까? 설령 그가 천사들에게 보이셨다 할지라도 만일 내가 그를 보지 못했다면, 그것이 내게 무슨 도움이 되겠습니까? 설령 그가 이방인들 가운데 전파되었다 할지라도 만일 내가 그것을 듣고도 그를 믿지 않았다면, 그것은 도리어 나의 죄를 더하는 것 외에 무엇이겠습니까?

　　사랑하는 형제들이여, 여러분에게 장황하게 설교하는 것이 무슨 의미가 있겠습니까? 나의 전파하는 말이 실제적으로 여러분을 구원으로 이끌지 못한다면 말입니다. 여러분 가운데 많은 사람들은 나의 주님을 믿었으며, 그것이 바로 나의 위로입니다. 그러나 나의 설교를 듣고 또 듣고 또 듣고 하면서도 단지 그것이 전부인 사람들이 얼마나 많습니까? 여러분은 도대체 언제까지 우리의 수고를 헛되게 만들 것입니까? 우리 구주보다 더 신뢰할 만한 것이 도대체 무엇이란 말입니까? 그가 죄인들을 구원하시려고 오셨다는 소식보다 더 믿을 만한 소식이 도대체 무엇이란 말입니까?

6. 여섯 번째 가지는 "영광 가운데서 올려지셨느니라"입니다.

　　예수 그리스도가 그렇게 올림 받은 것은 그의 사역이 끝났기 때문입니다. 만일 그가 그의 모든 수고를 마치지 않았다면, 그는 결코 영광 가운데 올려지지 못했을 것입니다. 그랬다면 그는 아무런 상급도 받지 못했을 것입니다. 나의 영혼아, 너는 예수 그리스도가 영광 가운데서 올려지셨음을 믿을지어다! 그럴 때 너는 네가 완성된 속죄사역 위에서 안식하고 있음을 알게 될 것이니라. 그는 영광으로 들어가셨으며, 바로 이것이 그의 상급이었습니다. 또 이와 같이 그는 자기가 산 모든 사람을 소유하게 되었습니다. 그리스도께서 영광 가운데 계십니까? 그러면 신자들도 역시 영광 가운데 있습니다. 왜냐하면 그는 우리의 언약의 머리(covenant Head)이기 때문입니다. 그는 "내가 너희를 위해 거처를 예비하러 간다"고 말씀하셨습니다(요 14:2). 지금 슬픔 가운데 있는 자들이여, 기뻐하고 기뻐하십시오. 왜냐하면 심지어 지금 이 순간에도 천국은 여러분의 것이기 때문입니다.

우리 주님께서 영원히 승귀(昇貴)되신 사실을 생각할 때, 우리는 얼마나 기쁜지요! 만일 그가 승귀되지 못하셨다면, 우리가 무슨 위로를 가질 수 있단 말입니까? 그는 영광 가운데 올려지셨습니다. 사람들은 그가 하나님이 아니라고 말합니다. 그러나 그들은 그를 해롭게 할 수 없습니다. 왜냐하면 그는 영광 가운데 올려지셨기 때문입니다. 그들은 그의 복음을 모독합니다. 그러나 그들은 그의 면류관의 광채를 어둡게 할 수 없습니다. 왜냐하면 그는 영광 가운데 올려지셨기 때문입니다. 그들은 할 수만 있으면 그의 백성들을 해하려고 합니다. 그러나 그는 영광 가운데 올려지셨습니다. 그들은 그의 주장에 대해 이의를 제기하며 할 수만 있으면 그것을 뒤집으려고 합니다. 그러나 그것이 도대체 무슨 소용이 있단 말입니까? 그는 영원히 승귀되셨습니다. 그리고 영광 가운데 올려지신 그는 똑같은 모습으로 다시 오실 것입니다. 그는 하늘로 올리우셨던 바로 그 모습으로 다시 오실 것입니다. 여기에 큰 위로의 샘이 있습니다. 그는 자기 영광으로 들어가셨으며, 하늘과 땅의 모든 권세를 받으셨습니다. 그러나 그가 자기 원수들에게는 칼을 겨누고 자기 백성들에게는 얼굴을 드러낼 때가 시시각각 다가오고 있습니다. 그러므로 우리는 그 안에서 기뻐하면서, 살아 계신 하나님의 모든 교회들과 함께 우리의 고귀한 주님에 관한 본문의 여섯 가지 비밀을 세상을 향해 힘차게 증언해야 합니다.

제
7
장

—

금생에서의 경건의 유익

—

"육체의 연단은 약간의 유익이 있으나 경건은 범사에
유익하니 금생과 내생에 약속이 있느니라 미쁘다 이 말이여
모든 사람들이 받을 만하도다" — 딤전 4:8-9

　　흠정역(KJV) 본문에는 "이것은 신실한 말이요 모든 사람이 받을 만하도다"라고 되어 있는데(This is a faithful saying and worthy of all acceptation), 여기에서 "신실한 말"이라는 단어와 "모든 사람이 받을 만한"이라는 단어를 주목해 보십시오. 전자는 "가장 참되며 확실한 말"이라는 의미이며, 후자는 "우리 모두에 의해 받아들여지고 실천될 만한"이라는 의미입니다. 바울은 네 개의 신실한 말들을 가지고 있습니다. 첫 번째는 디모데전서 1장 15절에 나타납니다. "미쁘다 모든 사람이 받을 만한 이 말이여 그리스도 예수께서 죄인을 구원하시려고 세상에 임하셨다 하였도다." 두 번째는 여기의 본문이며, 세 번째는 디모데후서 2장 11절입니다. "미쁘다 이 말이여 우리가 주와 함께 죽었으면 또한 함께 살 것이요." 그리고 네 번째는 디도서 3장 8절입니다. "이 말이 미쁘도다 이는 하나님을 믿는 자들로 하여금 조심하여 선한 일을 힘쓰게 하려 함이라."
　　우리는 이러한 신실한 말들 사이에 어떤 연결관계가 있는 것을 주목할 수 있습니다. 첫 번째 신실한 말은 구속자를 보내신 사실 속에 나타나는 하나님의 값없는 은혜 위에 우리의 영원한 구원의 기초를 세웁니다. 두 번째 신실한 말은 그러한 구원 위에서 우리가 이중적인 축복 즉 이 땅에서의 축복과 영원한 축복

을 받음을 확증합니다. 세 번째 신실한 말은 택함받은 백성들이 마땅히 감당해야 하는 의무를 보여줍니다. 그것은 그리스도를 위해 고난을 받는 것으로서, 우리에게는 "만일 우리가 고난을 받으면 또한 그와 함께 다스릴 것이요"라는 약속이 주어집니다. 마지막 것은 우리로 하여금 선한 일에 힘쓰도록 격려하면서 기독교적 사역의 실천적 형태를 제시합니다. 이와 같이 우리는 값없는 은혜 안에 구원의 뿌리를 갖습니다. 다음으로 그러한 구원은 금생과 내생의 이중적인 특권을 갖습니다. 다음으로 그러한 구원은 두 개의 큰 가지를 뻗는데, 하나는 그리스도와 함께 고난을 받는 것이고, 또 하나는 그리스도와 함께 선한 일을 감당하는 것입니다. 이러한 신실한 말들을 마음에 새기십시오. 그것들로 여러분의 삶과 여러분의 인생길의 인도자가 되게 하십시오. 바울 사도는 그것들을 "신실한 말"이라고 확증합니다. 그것들은 지금도 여전히 신실합니다. 어느 하나도 땅에 떨어지지 않을 것입니다. 그것들은 모든 사람이 받을 만합니다. 지금 그 말씀들을 받으십시오. 그리고 그것들의 신실함을 확인하십시오. 이러한 네 개의 신실한 말들을 여러분의 집의 네 모퉁이에 새기십시오.

오늘은 네 개의 신실한 말들 가운데 두 번째 것을 살펴보도록 합니다. 다시 본문을 읽겠습니다. "육체의 연단은 약간의 유익이 있으나 경건은 범사에 유익하니 금생과 내생에 약속이 있느니라"(딤전 4:8). 바울이 이 편지를 기록하던 시대의 그리스인을 비롯한 많은 사람들은 육체 문화에 큰 관심을 기울이고 있었습니다. 예컨대 근육을 발달시키는 것이라든지, 사지(四肢)의 균형비율이라든지, 기타 건장한 남성을 구성하는 모든 육체적 특징들 말입니다. 그리스 철학은 모든 것을 이와 같은 방식으로 보았습니다. 그리하여 남자들은 육체를 발달시킴으로써 영혼을 돕는다는 생각으로 다양한 운동장에서 다양한 종류의 육체 운동을 했습니다. 지금 디모데는 아직 젊은 나이였던 것으로 보입니다. 그리고 그는 이러한 철학에 무언가 있다고 생각한 것 같습니다. 실제로 거기에 무언가 있습니다. 바울 역시도 그렇다는 사실을 기꺼이 인정합니다. 본문은 "육체의 연단은 약간의 유익이 있으나"라고 읽을 수도 있고, "육체의 연단은 짧은 기간 동안 유익이 있으나"라고 읽을 수도 있습니다. 육체의 훈련에 어느 정도 유익이 있다는 사실을 주목하십시오. 그것은 죄가 아니며, 악한 것으로 정죄되지도 않습니다. 그것은 어느 정도 유익한 것으로서 그에 합당한 위치를 갖습니다. 그럼에도 불구하고 그것은 기독교 체계 안에서 특별한 위치는 여전히 갖지 못합니다. 그것은 그리스도와 그의 사도들의 가르침 안에서 눈에 잘 띄지 않는 한 구석에 위치를 차지할 뿐입니다. 그것은 전인교육에 있어 부차적인 부분에 불과합니다. 그것은 약간 그리고 잠시 동안 유익이 있을 뿐입니다. 그러나 하나님을 경외하며 섬기는 경건은 영원히 그리고 풍성한 축복을 가지며, 금생과 내생의 약속을 갖습니다. 경건의 유익은 "약간"이 아닙니다. 그것은 매우 큽니다. 또 경건의 유익은 육체에 제한되지 않습니다. 육체와 영혼이 그 유익을 공유합니다. 또 경건의 유익은 이 땅의 삶에 한정되지 않습니다. 그 유익은 무덤을 넘어 무덤이 전혀 알지 못하는 세상으로 도약합니다.

　　오늘 아침 우리는 금생과 관련한 경건의 유익을 살펴보고, 저녁 시간에는 내생과 관련한 유익을 살펴보고자 합니다.

　　금생 즉 이 땅의 삶과 관련하여, 기독교는 그것을 과소평가하지도 않고 과대평가하지도 않습니다. 기독교는 금생이 마치 아무것도 아닌 것처럼 경멸하지 않습니다. 도리어 기독교는 금생을 소중하게 여기면서, 그것이 하늘의 영원한 생명과 갖는 관계를 제시합니다. 또 다른 한편 기독교는 금생이 마치 사람이 추구해야 하는 주된 목적인 양 그것을 과대평가하지도 않습니다. 기독교는 금생을 소중하게 여기지만 그러나 부차적인 자리에 놓으면서 이렇게 말합니다. "너희는 먼저 그의 나라와 그의 의를 구하라 그리하면 이 모든 것을 너희에게 더하시리라"(마 6:33). 그러나 금생을 합당하게 평가하고 그것을 올바른 자리에 계속해서 위치시키는 것은 결코 쉬운 일이 아닙니다.

　　많은 사람들이 현재의 생명을 과소평가합니다. 그들은 그것을 과소평가하면서, 자신들의 정욕에 탐닉하며 욕망을 만족시키기 위해 그것을 희생시킵니다. 너무나 많은 사람들이 금전적 만족을 위해 자신의 삶을 망가뜨리며, 비참한 종말을 맞이합니다. 그들은 금생을 평가함에 있어 오류를 범하고 말았습니다. 성결과 생명 대신 정욕과 죽음을 선택했을 때, 그들은 그것을 값싼 것으로 바꾸고만 것입니다. 술주정뱅이는 자신의 잔을 받은 것입니다. 정욕에 불타는 사람은 스스로를 더러운 정욕에 던져 버립니다. 그 결과가 자기 앞에 분명하게 나타나 있는 데도 말입니다. 기름진 음식이나 환락의 불꽃을 좇는 자들은 내생뿐만 아니라 금생을 팔아버리고 있는 것입니다. 그들은 정말로 어리석은 자들입니다. 즐거움을 얻고자 하는 자들은 그것을 지나치게 추구해서는 안 됩니다. 여기에 필요한 법칙이 바로 절제입니다. 스스로 삼가 과도하지 않게 사용하는 것이 금생에서조차 참된 즐거움을 얻는 올바른 방법입니다. 육체의 감각이 가져다주는 순간적인 즐거움들을 과도하게 추구하지 마십시오. 그것들에 의해 생명이 손실되지 않을 만큼 최소한의 정도로 그것을 추구하십시오.

어떤 사람들은 자신들의 삶을 시기심으로 얼룩지게 만들 만큼 그것을 과소평가합니다. 그들은 다른 사람들을 바라보며 그들이 자신들보다 더 부유하다고 생각합니다. 그리고 다른 사람들이 자신들보다 세상의 재물을 더 많이 소유하는 것을 참을 수 없는 일로 생각합니다. 그들은 다른 사람들은 마차를 타고 달리는데 자신들은 걸어가고 있다고 생각합니다. 그들은 자신들의 삶에 있어 마차를 주된 것으로 간주합니다. 그들은 자신들의 삶을 향유할 수 없습니다. 왜냐하면 다른 사람들이 소유한 탐나는 물건들을 가질 수 없기 때문입니다. 하만은 자기가 가진 모든 것으로도 만족할 수 없었습니다. 성문에 앉은 모르드개가 자기 앞에 엎드리지 않는 한 말입니다. 그는 자신의 꿀이 쓴 것이 되었다고 생각합니다. 사람들을 자기 마음대로 좌지우지할 수 없기 때문에 말입니다. 많은 은총을 가진 사람이라고 해서 항상 하나님께 많은 감사를 드리는 것은 아닙니다. 그는 자신이 갖지 못한 또 다른 것으로 인해 한탄합니다. 그는 자신이 살아 있다는 사실과 하나님으로부터 많은 은총을 받았다는 사실은 전혀 고려의 대상조차 되지 못하는 것으로 간주합니다. 왜냐하면 자신의 탐욕이 요구하는 모든 것을 갖지 못했기 때문입니다. 다른 사람들을 시기하는 것은 삶을 해하는 독입니다. 만일 여러분이 그렇게 한다면, 여러분은 자신의 금생을 과소평가하고 있는 셈입니다.

또 탐욕의 노예 역시도 자신의 생명을 과소평가하고 있는 것입니다. 왜냐하면 자신의 생명을 풍성하게 만드는 데는 관심을 기울이지 않고 오로지 그것을 재물을 모으는 일에만 사용하기 때문입니다. 스스로를 굶주리게 만들면서까지 자신의 주머니를 채우고자 애쓰는 수전노는 "목숨이 음식보다 중하지 아니하며 몸이 의복보다 중하지 아니하냐"는 말씀을 깊이 새길 필요가 있습니다(마 6:25). 가죽으로 가죽을 바꿀 것이 아닙니까? 그러나 여러분은 여러분의 생명을 이런 겉만 번지르르한 찌꺼기들과 바꿉니다. 여러분은 확실하지도 않은 상속자에게 남겨줄 재물을 쌓기 위해 여기에서의 삶, 즉 금생이 줄 수 있는 모든 즐거움들을 기꺼이 포기합니다. 그러나 그들은 여러분이 그것을 얼마나 힘들게 모았는지는 생각하지 않고 모든 재물을 허랑방탕하게 낭비합니다. 어째서 우리가 이런 허탄한 재물을 위해 우리 자신을 던져버려야 한단 말입니까? 우리의 삶을 향유하는 것을 포기한 대가가 결국 우리의 모든 존재를 망치는 것일 뿐이란 말입니까? 그것이 과연 합당한 일입니까? 그것이 진정 성공적인 삶입니까? 이것은 정말로 자신의 삶을 과소평가하는 것입니다.

또 대수롭지 않은 일로 무모하게 생명을 내던지는 자들 역시도 그것을 과소평가하는 것입니다. 국가를 위해서라든지 동료를 위해 생명을 내던지는 자들은 정말로 영웅으로 불릴 자격이 있습니다. 그러나 웃음을 폭발시키기 위해서라든지 혹은 군중들의 박수갈채를 얻기 위해 쓸데없이 위험을 무릅쓰는 자는 단지 어리석은 자에 불과합니다. 그리고 그런 행동은 결코 찬사를 받을 자격을 갖지 못합니다. 생명을 위태롭게 하는 기교를 펼치는 사람이나 별것도 아닌 일로 위험을 무릅쓰는 사람은 생명을 과소평가하고 있는 것입니다. 성경은 결코 우리에게 자신의 생명을 과소평가하라고 가르치지 않습니다. 하나님은 "살인하지 말지니라"라고 말씀하셨습니다. 그것은 우리가 다른 사람뿐만 아니라 자기 자신도 죽여서는 안 된다는 의미입니다. 우리는 우리가 할 수 있는 모든 일을 통해 스스로의 생명을 잘 보존하도록 노력해야 합니다. 예컨대 스스로를 청결케 하려고 노력한다든지, 건강을 위한 법칙들을 주의 깊게 지킨다든지, 위험한 행동을 삼간다든지 하는 등의 일을 통해 말입니다. 왜냐하면 생명은 소중한 것이기 때문입니다.

반면 여기의 생명 즉 금생을 지나치게 과대평가하는 일도 있으며, 수많은 사람들이 이러한 오류에 빠져 왔습니다. 금생을 영원한 생명보다 더 좋아하는 자들은 그것을 과대평가하는 것입니다. 왜 그럴까요? 왜냐하면 여기의 생명은 영원한 생명이라는 거대한 대양(大洋)과 비교할 때 고작 한 방울의 물에 불과하기 때문입니다. 지극히 높은 자와 함께 영원히 거하는 것과 비교할 때, 이 땅에서의 칠팔십 년이 도대체 무엇이란 말입니까? 금생은 장차 나타날 영광과 족히 비교할 수 없습니다. 박해자들 앞에서 목숨을 보존하기 위해 신앙을 부인했던 사람들을 생각해 보십시오. 그들은 이 땅의 생명을 과대평가한 것입니다. 칼과 불과 고문의 고통으로부터 스스로를 보존하기 위해 예수의 이름을 부인했을 때, 그들은 황금을 찌끼와 바꾸는 실수를 한 것입니다. 아! 그와 같은 상황에서 똑같은 실수를 할 자들이 우리 가운데 한 사람도 없다면 얼마나 좋겠습니까?

하나님의 사랑보다 여기의 생명을 더 나은 것으로 간주하는 사람들 역시도 그것을 과대평가하고 있는 것입니다. 왜냐하면 하나님의 사랑이 생명 그 자체보다 더 나은 것이기 때문입니다. 많은 사람들이 자신의 삶을 위해서는 무엇인가를 기꺼이 주면서도 하나님의 사랑을 위해서는 아무것도 주려고 하지 않습니다. 자기 생명이 위태로워질 때, 그들은 서둘러 의사에게 달려갑니다. 그러나 하나님의 사랑을 누리지 못할 때는 그냥 가만히 앉아서 마치 아무 일도 없는 양 태평합니다. 그리고 소중한 은택을 찾으려고 하지 않습니다. 제대로 판단할 줄 아는 사람이라면 죽는 것은 싼 것으로, 그리고 하나님과 분리되어 살아가는 것은 매우 두렵고 비싼 것으로 생각할 것입니다. 그들은 하나님 없이 사는 것이 진정한 죽음이며, 육체의 죽음은 고작 하나님께 나아가는 관문에 불과한 것으로 인식합니다.

이 땅의 생명을 하나님의 사랑 앞에 놓지 마십시오. 또 그것을 단 한순간이라도 하나님의 영광을 좇는 것과 비교하지 마십시오. 모든 그리스도인은 자신의 생명을 세상의 어떤 영광보다도 더 소중하게 여겨야 합니다. 그러나 자신의 생명과 하나님의 영광 사이에서 선택해야 할 때, 그리스도인은 조금도 머뭇거리지 말고 주의 제단 앞에 자신의 생명을 기꺼이 희생시켜야 합니다. 바로 이것이 참된 그리스도인의 정신입니다. 전에도 그랬고, 지금도 마찬가지입니다. 그들은 결코 죽는 것을 두려워해서는 안 됩니다. 또 생명 혹은 삶이 손실되는 것에 대해서도 염려해서는 안 됩니다. 그들은 자신들의 생명을 내던져 버려서는 안 됩니다. 그들은 자신들의 생명이 얼마나 소중한 것인가를 알아야 합니다. 그러나 그리스도를 위해서라면 자신들의 생명을 결코 아껴서는 안 됩니다. 왜냐하면 생명 자체보다 그리스도가 훨씬 더 존귀하기 때문입니다. 이와 같이 여러분은 금생 즉 여기의 생명을 과소평가해서도 과대평가해서도 안 됩니다. 우리는 금생에 대해 성경이 가르치는 올바른 교훈을 잘 배우고 또 그것을 잘 따라가야 합니다.

본문은 경건이 금생에 큰 영향을 끼친다고 말합니다. 이러한 주제를 좀 더 상세히 살펴보도록 합시다.

1. 첫째로, 경건이 금생의 삶을 변화시키는 것을 주목하십시오.

경건은 금생의 약속을 가집니다. 여기에서 약속이라는 단어를 주목해 보십시오. 불경건한 사람도 삽니다. 그러나 어떻게 삽니까? 그는 경건한 사람과 매우 다른 의미로 삽니다. 사형수와 함께 뉴게이트의 감옥에 앉아 있어 보십시오 (Newgate: 런던 서문에 있던 유명한 감옥. 1902년 폐쇄됨). 그는 살아 있지만, 그러나 법적으로 죽은 것으로 간주됩니다. 그는 정죄를 받았습니다. 설령 지금 형 집행이 유예되고 있는 중이라 할지라도, 그의 생명은 다른 사람의 뜻에 달려 있습니다. 그리고 머지않아 그는 공의의 요구에 따라 그의 생명을 내어주어야만 합니다. 나는 지금 그 옆에 앉아 있으며, 그의 같은 공기를 마시고 있으며, 여러 가지 측면에서 그와 같은 생명을 살고 있습니다. 그러나 나는 그와는 총체적으로 다른 의미에서 살고 있는 것입니다. 법과 관련한 한, 나는 나 자신의 고유한 권리로서 생명을 향유합니다. 법은 나의 생명을 보호합니다. 비록 그의 생명은 파괴하지만 말입니다. 불경건한 사람은 이미 정죄를 받았습니다. 그는 사망의 정죄를 받았습니다. 왜냐하면 죄의 삯은 사망이기 때문입니다. 여기에서의 그의 전체 삶은 하나님의 오래 참으심으로 말미암은 형 집행의 유예 외에 아무것도 아닙니다. 그러나 그리스도인은 죄 사함을 받았습니다. 그는 지금 법정적 공의에 그의 생명을 빚지고 있지 않습니다. 죽음이 그에게 올 때, 그것은 형이 집행되는 의미에서 그런 것이 아닙니다. 그것은 그의 영이 더 나은 상태로 옮겨지는 것일 것입니다. 그의 몸은 잠시 잠들어 있다가 천사장의 나팔소리에 영광스러운 모양으로 깨어날 것입니다. 만일 사는 것이 이렇게 다른 의미를 갖는다면, 삶 그 자체가 변화된 것이 아닙니까? 내가 지금 사는 것은 법(law)에 의해 보호를 받기 때문입니다. 이렇게 사는 것이 형 집행이 유예된 상태로 사는 것보다 훨씬 더 낫지 않습니까? 죄 사함을 받고 자유인으로서 그리고 하나님의 자녀로서 사는 것은 시시각각 사형집행을 향해 나아가는 사람이 사는 것과 완전히 다르지 않습니까? 전자는 즐거운 삶입니다. 그러나 후자는 살았으나 죽은 것입니다. 아무리 그럴듯하게 꾸민다 하더라도, 그것은 영원한 진노의 어둠으로 그늘진 삶입니다.

　"경건은 금생의 약속을 갖느니라"(Godliness hath the promise of the life that now is. 한글개역개정판에는 "경건은 금생에 약속이 있느니라"로 되어 있음). 이 말씀은 어떤 의미에서 금생의 불확실성을 제거시킴으로써 그것을 변화시킵니다. 하나님은 회심하지 않은 여러분들에게는 금생의 어떤 약속도 주지 않으셨습니다. 여러분은 주인의 묵인 하에 그의 땅에 장막을 치고 잠시 머무는 무단거주자와 같습니다. 그러나 잠시 후 여러분은 장막을 걷고 떠나야만 한다는 사실을 기억하십시오. 그러나 그리스도인은 금생의 약속을 가집니다. 다시 말해서, 그는 그것을 합법적으로 소유합니다. 그것은 하나님으로부터 그에게 주어진 생명입니다. 그는 그것을 실제적으로 향유하며, 그에 관한 절대적인 확실성을 가집니다. 실제로 그리스도인에게 금생은 내생을 미리 맛보는 것이 되었습니다. 여러분은 그리스도인에게도 살 것인지 죽을 것인지가 불확실하지 않느냐고 반문할는지 모릅니다. 어떤 의미에서 그것은 틀리지 않습니다. 어떤 의미에서 그리스도인이 여기에 남아 있는 것은 불확실합니다. 그러나 그리스도인에게 다음과 같은 사실은 확실합니다. 즉 그에게 죽는 것이 최선이 될 때까지 그는 결코 죽지 않을 것이며, 그가 내생을 위해 충분하게 익을 때까지 그는 결코 금생을 떠나지 않을 것이라는 사실 말입니다. 실제로 그는 자신이 — 만일 그가 모든 것을 안다면 — 떠나는 것을 완전하게 원할 때까지는 금생의 장막을 결코 떠나지 않을 것입니다. 나는 여기에서 "원한다"는 단어를 썼는데, 실제로는 그것보다 훨씬 더 이상입니다. 그는 자신의 장막이 거두어지는 것을 너무나 기뻐합니다. 왜냐하면 그로써 "손으로 짓지 않은 하늘의 영원한 집"에 들어갈 수 있게 되었기 때문입니다. 경건한 자와 불경건한 자에게 있어, 이 땅에 거주하는 것은 매우 다릅니다. 전자는 약속을 가진 하나님의 자녀로서 확실성을 가지고 살지만, 후자는 아무런 합법적 권리도 갖지 못한 무단거주자처럼 삽니다.

이러한 약속은 우리의 삶을 얼마나 복되게 만듭니까? 경건은 금생의 약속을 갖습니다. 다시 말해서, 경건한 자에게 오는 모든 것은 그에게 약속으로 오는 것입니다. 반면 만일 불경건한 사람이 어떤 축복을 갖는다면, 그것은 약속으로 오는 것이 아닙니다. 그것은 두려운 죄책에 의해 가려진 모습으로 옵니다. 그러한 죄책은 그의 축복을 저주로 바꾸며, 그가 가진 재물과 건강과 지위로 하여금 도리어 그의 멸망이 되도록 만듭니다. 그것은 그의 고의적인 불순종을 통해 "사망에 이르는 사망의 냄새"로 역사합니다. 반면 그리스도인에게 오는 모든 것은 약속으로 옵니다. 그는 일용할 양식을 보며 이렇게 말합니다. "여기에 아버지의 표적이 찍혀 있도다. 아버지는 이 양식이 나에게 주어질 것이라고 말씀하셨었도다. 또 여기에 생명수 강가로부터 온 물이 있도다. 얼마나 하나님의 사랑의 향기로 진동하는가! 하나님은 내게 이 물을 주시겠다고 말씀하셨었도다." 또 그는 옷을 입으면서 이렇게 말합니다 — 마치 남의 옷처럼 잘 어울리지 않는다 하더라도 말입니다. "이것은 아버지가 나에게 약속하신 옷이로다." 그가 잠자는 것은 하나님의 날개 아래 잠자는 것입니다. 그가 일어나 외출할 때, 약속에 따라 천사들이 그를 보호합니다. 때로 그에게 고난이 닥치기도 합니다. 그러나 그것 역시도 약속으로 오는 것입니다. 그러한 고난의 화살 위에 다음과 같은 만왕의 왕의 글귀가 새겨져 있습니다. "세상에서는 너희가 환난을 당하나 담대하라 내가 세상을 이기었노라"(요 16:33). 그는 어디에서나 언약의 약속을 지키시는 하나님의 신실하심을 발견합니다. 그는 종인 어머니와 함께 광야로 쫓겨나고 마는 이스마엘의 삶을 살지 않습니다. 그는 약속의 자녀인 이삭의 삶을 삽니다. 오래 전에 모든 것을 유업으로 받은, 그리고 지금도 아버지의 사랑하는 아들이며 아버지의 사랑 안에서 즐거워하는 이삭 말입니다. 금생을 소유하는 것과 금생의 약속을 소유하는 것 사이에는 엄청난 차이가 있습니다. 하나님의 약속을 소유하는 것은 모든 것을 은혜로 만들며, 모든 것을 확실하게 만들며, 모든 것을 하나님 사랑의 복된 증표로 만듭니다.

2. 둘째로, 이제 경건이 금생에 가져다주는 은택을 살펴보도록 합시다.

　아마도 본문이 우리에게 가르쳐주는 핵심적인 교훈은 인생의 꽃, 인생의 면류관, 인생의 최고의 행복은 경건에 의해 얻어진다는 사실일 것입니다. 여러분은 본문을, 이 세상과 다음 세상을 최선으로 만드는 방법은 그리스도인이 되는 것이라고 해석하는 이야기를 종종 들었을 것입니다. 나는 그러한 해석을 판단하거나 반박할 마음이 추호도 없습니다. 나 역시도 그러한 해석에 동의합니다. 그러나 그들이 해석하는 방법에 대해 나는 이의를 제기하지 않을 수 없습니다. 사우린(Saurin)이라는 뛰어난 설교자는 여기의 본문을 가지고 매우 탁월한 설교를 했습니다. 거기에서 그는 그리스도인이 세상에서의 성공의 최고의 소망을 가진다고, 본문이 그것을 보증한다고 역설합니다. 나는 본문이 정말로 그렇게 가르치는지 의아합니다. 물론 그의 말에 어느 정도 진실의 요소가 있을 수 있습니다. 그러나 나는 본문이 정말로 그렇게 보증하는 것으로는 결코 생각하지 않습니다. 그는 하나님을 경외하는 자는 최고의 건강을 보장받게 된다고 말합니다. 그것은 사실입니다. 경건 속에 육체의 건강을 파괴하는 것은 아무것도 없습니다. 참된 그리스도인은 질병을 야기하고 일찍 죽게 만드는 과도한 격정과 자극과 방종과 탐닉을 스스로 멀리할 것입니다. 많은 부분 사실입니다. 그러나 나는 경건이 필연적으로 건강을 책임진다고는 믿지 않습니다. 경건이 건강을 책임진다는 이론은 내가 볼 때 참으로 이상한 이론입니다. 왜냐하면 그 이론은 필연적으로 건강하지 못한 사람은 경건에 있어 결함이 있다는 결론을 이끌기 때문입니다. 그러한 결론은 우리가 일상적으로 경험하는 것과 얼마나 다릅니까? 우리 주변에 정말로 경건하며 선함에도 불구하고 오랜 세월 병석에 누워 있는 사람이 얼마나 많습니까? 나는 여러분에게 경건을 추구하는 가운데 여러분의 건강을 해하는 것은 아무것도 없다는 사실을 분명하게 말할 수 있습니다. 그러나 나는 "만일 여러분이 경건하다면, 여러분은 건강의 약속을 가집니다"라고는 말할 수 없습니다. 왜냐하면 나는 그렇게 믿지 않기 때문입니다. 그리고 건강을 해치는 것은 부적절한 행동 외에도 다른 수천 가지 근원들로부터 올 수 있기 때문입니다.

한 걸음 더 나아가 나는 때로 경건이 어떤 경우 사람으로 하여금 어쩔 수 없이 스스로를 불건강(unhealthy)의 자리에 놓을 수밖에 없게 만드는 사실을 지적하지 않을 수 없습니다. 우리의 선교사들이 복음을 전파하기 위해 온도가 높고 습한 지역에 거주하는 것은 최고의 경건이 아닙니까? 얼마 전 나는 어떤 선교사로부터 그가 마침내 선교지의 풍토에 적응하여 예전보다 덜 열병에 시달리게 되었다는 말을 들었습니다. 그의 경우 나는 경건이 필연적으로 건강을 약속한다고 생각할 수 없습니다. 도리어 나는 경건한 사람이 다음과 같이 생각해야 할 경우가 종종 있다고 생각합니다. '안녕, 건강이여, 나에게 있어 그대는 금생의 모든 약속 가운데 포함되지 않는도다. 나는 이 세상에서 고난을 짊어져야만 하며, 질병과 심지어 죽음까지도 각오해야만 하는도다. 건강보다 더 나은 것 곧 그리스도를 위해 영혼을 건지며 무지한 자들을 십자가에 못 박혀 죽으신 구주께로 인도하는 일을 위해서.' 그리스도를 위해 건강을 희생시킨 것을 경건의 결함에 기인하는 것으로 생각하는 것은 너무도 악한 일입니다.

또 어떤 사람들은 경건한 사람에게는 이 세상에서 물질적인 부요의 약속이 주어진다고 주장합니다. 물론 나는 경건이 우리를 허랑방탕한 삶으로부터 구원한다는 사실을 기꺼이 인정합니다. 또 경건은 분명 우리를 검소하며 경제적인 삶의 습관으로 이끌 것입니다. 또 경건은 정직과 성실을 낳으며, 이러한 성품은 심지어 세상적인 의미에서조차 가장 훌륭한 삶의 지혜입니다. 그리스도인 기업가가 큰 성공을 거두며 경건한 자들이 사람들 사이에서 호의를 얻는 데에는 그럴만한 이유가 있습니다. 그럼에도 불구하고 나는 그렇지 않은 경우가 너무도 많이 있다는 사실을 인정하지 않을 수 없습니다. 그것을 행하는 사람들에게 많은 부를 가져다주지만 그러나 그리스도인이기 때문에 할 수 없는 그런 일들도 많이 있습니다. 또 나는 너무나 훌륭한 그리스도인이었으면서도 가난하게 살다가 가난하게 죽은 사람들을 많이 알고 있습니다. 만일 물질적 부요가 금생의 약속에 포함된다면, 경건은 필연적으로 물질적 부요를 가져다주어야만 합니다. 하나님을 경외하는 사람도 다른 사람들처럼 좋은 기회를 가질 수 있습니다. 그러나 하나님을 경외하는 모든 사람이 다 물질적 부요를 얻는 것이 아닙니다. 경건한 사람도 그의 신앙이나 정직한 삶과는 무관한 여러 가지 이유들로 가난하게 살다가 가난하게 죽을 수 있습니다. 비록 믿음에는 부요했다 하더라도 말입니다.

또 어떤 사람들은 세상에서의 명예와 명성과 좋은 평판이 금생의 약속에 포함된다고 주장합니다. 이것 역시 어느 정도 사실입니다. 문명화된 사회에서 거룩한 성품을 가진 그리스도인은 주변 사람들로부터 존경을 받게 될 것입니다. 심지어 악인들 가운데서조차 뛰어난 성품을 가지고 성실하게 행동하는 사람은 나름대로 좋은 평판을 받게 될 것입니다. 그러나 이 모든 사실에도 불구하고, 나는 사람들 사이에서의 좋은 평판이 금생의 약속에 포함된다고 믿지 않습니다. 왜냐하면 그것은 궁극적인 것이 아니기 때문입니다. 물론 나는 사람들 사이에서의 좋은 평판을 평가절하하고자 하지 않습니다. 그것을 받기에 합당하다면 말입니다. 그러나 만일 어떤 사람이 그리스도로 인해 비방을 당하며 좋은 평판을 잃어버린다면, 그는 금생의 약속을 잃은 것입니까? 나는 감히 그렇게 생각할 수 없습니다. 도리어 나는 그에게 기뻐하며 즐거워하라고 말할 것입니다. 왜냐하면 그보다 앞서 선지자들이 그렇게 박해를 받았기 때문입니다. 비방을 당하기에 가장 적합한 사람이 누구겠습니까? 자기가 고백하는 믿음과 가장 일치되게 사는 사람이 아니겠습니까? 그리고 가장 열심히 믿음을 전파하는 사람이 아니겠습니까? 바울 사도는 분명 물질적 부요를 금생의 약속으로 간주하지 않았습니다. 왜냐하면 그는 아무것도 갖지 않았기 때문입니다. 그는 궁핍에 처하는 법을 배웠으며, 자기 손으로 수고하여 필요를 채웠습니다. 또 그는 분명 건강을 금생의 약속으로 간주하지 않았습니다. 왜냐하면 그는 거의 대부분의 경우 복음을 위해 위험한 상황에 처해 있었기 때문입니다. 땅에서도 그랬고, 바다에서도 그랬으며, 형제들 가운데서도 그랬습니다. 또 좋은 평판과 관련해서도 그는 그것을 금생의 약속으로 간주하지 않았습니다. 왜냐하면 그는 기꺼이 만물의 찌끼로 자처했기 때문입니다. 어떤 사람들은 그를 미쳤다고 생각했으며, 또 어떤 사람들은 그를 거짓 사도라고 생각했습니다. 그는 결코 사람들로부터 좋은 평판을 듣지 못했습니다.

　　여러분이 혹시 나의 말을 오해할까 하여 좀 더 이야기하도록 하겠습니다. 통상적인 환경 아래서 경건이 건강이나 물질적 부요나 좋은 평판 등에 대해 호의적인 얼굴을 하는 것은 사실입니다. 그리고 일반적으로 경건을 추구하는 삶은 그러한 것들에 손상을 끼치지 않습니다. 그러나 나는 이러한 세 가지가 금생의 약속의 일부를 구성한다는 개념을 받아들일 수 없습니다. 나는 금생의 약속을 충만하게 소유하고 있으면서도 건강이나 물질적 부요나 좋은 평판을 가지지 못하는 사람들이 얼마든지 있을 수 있음을 추호도 의심하지 않습니다. 고난당하신 우리 주님이 웃는 얼굴로 바라보는 것이 건강을 누리며 많은 재물 위에서 구르며 좋은 평판을 얻는 것보다 훨씬 더 복됩니다.

　　그러면 금생의 약속이 실제로 무엇인지 살펴보도록 합시다. 나는 그것이 "외적인 상황들로부터 완전하게 독립된 내적인 행복"이라고 믿습니다. 그것은 재물보다도 더 부요하며, 건강보다도 더 부요하며, 좋은 평판보다도 더 부요합니다. 이러한 영적 비밀, 이러한 깊은 기쁨, 이러한 고요한 안식 — 경건은 항상 우리에게 이것을 가져다줍니다. 경건이 우리 마음을 다스리는 분량만큼 말입니다.

　　왜 그러한지 살펴보도록 합시다. 경건한 사람은 어떤 사람입니까? 그는 자기를 지으신 자와 함께 하는 사람입니다. 피조물에게 있어 창조주와 함께 하는 것은 항상 합당하며 올바른 일입니다. 창조주는 전능하시며, 공의로우시며, 거룩하십니다. 피조물이 본래의 자리로부터 이탈할 때, 그는 항상 찌르는 가시 속으로 돌진하며 결국 상처를 입게 될 것입니다. 피조물이 창조주의 뜻과 일치되게 움직이지 않을 때, 만일 창조자가 그 방향을 바꾸어주지 않는다면, 그는 필경 불행과 고통과 불안정 속으로 떨어질 것입니다. 그러나 경건이 우리의 의지를 창조주의 의지와 일치시킬 때, 그것은 심지어 금생에서조차 우리를 참된 행복으로 이끌 것입니다. 더 충만하게 일치시킬수록 이것은 더 확실해질 것입니다. 내가 건강하다고 반드시 행복한 것은 아닙니다. 그러나 설령 건강하지 못하다 하더라도 그것을 하나님의 뜻으로 여기며 만족한다면, 나는 행복합니다. 나는 내가 물질적으로 부요한 것으로 행복하지 않습니다. 그러나 만일 내가 가난한 것을 하나님의 기쁘신 뜻으로 여기며 나의 가난한 것을 기뻐한다면, 나는 가난한 것으로 행복합니다. 나는 내가 유명(有名)한 것으로 행복하지 않습니다. 그러나 실령 내가 무명(無名)하다 하더라도 하나님의 사랑하는 아들로 받아들여진 것을 최고의 명성으로 여긴다면, 나는 무명한 것으로 행복합니다. 하나님의 뜻과 평화를 이룬 마음은 금생의 약속을 충만하게 소유합니다. 왜냐하면 그러한 하나님과의 평화 자체가 완전한 행복이기 때문입니다. 하나님의 뜻과 화평을 이루는 것이야말로 이 땅에서 천국을 누리는 것입니다. 부디 당부하노니 여러분 모두 안에서 경건이 역사하여 하나님의 뜻과 합치되는 삶이 되기를 바랍니다. 그러면 어떤 일을 하는 사람이든 여러분은 금생의 약속을 충만하게 소유하며 누리게 될 것입니다.

그리스도인은 금생의 삶을 위해 최선의 무장(武裝)을 갖춘 자입니다. 그는 앞에 기다리고 있는 모든 폭풍과 역풍에 대해 잘 준비된 배와 같습니다. 그리스도인은 싸움을 위해 나가야만 하는 병사와 같습니다. 그러나 그는 최고의 갑옷으로 보호받습니다. 그는 투구를 쓰고 흉배를 입습니다. 그는 하늘의 지혜가 준비한 하나님의 전신갑주를 입습니다. 그리고 그것이 원수의 모든 불화살로부터 그를 보호해 줄 것입니다. 그는 이미 금생의 약속을 가지고 있습니다. 마치 좋은 칼과 좋은 갑옷을 가진 자가 승리에 대한 최고의 약속을 갖는 것처럼 말입니다. 하나님께서 여러분에게 은혜를 베푸사 여러분으로 하여금 금생의 싸움에서의 최고의 무기가 경건과 거룩 그리고 하나님에 대한 믿음임을 알고 느끼게 하시기를 기원합니다. 이런 의미에서 우리는 또다시 금생의 약속을 갖습니다.

그리스도인에게는 모든 것이 합력하여 선을 이룹니다. 이러한 사실이야말로 금생의 약속의 중요한 한 부분이 아닙니까? 그의 인생에 거센 파도가 요동칠 수 있지만, 그러나 그것은 그의 배를 천국 항구로 더 빠르게 이끌어 갑니다. 그의 인생에 요란한 천둥과 번개가 다가올 수 있습니다. 그러나 그것은 그의 인생의 공기를 깨끗하게 하며 그의 영혼의 건강을 증진시킵니다. 그는 잃음으로 얻습니다. 그는 약함으로 강해집니다. 그는 죽음으로 삽니다. 그는 재물을 탈취당함으로 도리어 부유해집니다. 여러분은 이것보다 더 좋은 약속을 원합니까? 모든 것을 갖는 것보다 모든 것이 합력하여 선을 이루는 것이 훨씬 더 낫지 않습니까? 그것들은 나에게 즐거움을 가져다줄 수 있지만, 마침내 나를 멸망으로 이끌 수도 있습니다. 설령 그것들이 나에게 즐거움을 가져다주지는 않는다 할지라도, 또 그것들이 항상 나를 유익하게 하지는 않는다 할지라도, 모든 것이 합력하여 선을 이루는 이것이야말로 금생의 최고의 약속이 아닙니까?

그리스도인은 모든 상황 속에서 하나님을 향유합니다. 이 역시 금생의 약속입니다. 그는 하나님과 화해하였습니다. 아니, 실제로 그 이상입니다. 그는 하나님 안에서 스스로 즐거워합니다. 그는 자연 속에서 하나님을 발견합니다. 그에게 있어 모든 풍경은 다른 사람들은 결코 볼 수 없는 거룩한 빛으로 반짝입니다. 하늘과 별들의 영광 속에는 자연인들은 결코 볼 수 없는 신적인 빛이 있습니다. 그는 홀로 있는 가운데 하나님을 봅니다. 그리고 하나님의 백성들과 함께 합니다. 그는 하나님으로부터 그리고 하나님의 공동체로부터 결코 쫓겨나지 않습니다. 그는 항상 하나님을 찾으며, 그의 사랑하는 아들을 향해 나아갑니다. 그는 병상에서조차 탄식하며 부르짖을 수 있습니다. 그러면 하나님이 그를 위해 그곳에 오십니다. 복된 자가 누구입니까? 그는 바로 금생의 약속을 가진 자입니다. 왜냐하면 그 모든 것 안에서 그는 자신을 위해 천상의 광채로 빛나는 하나님의 사랑을 보기 때문입니다. 바로 이것이 금생의 약속을 충만하게 누리는 삶입니다.

진정으로 경건을 소유한 자는 자신의 삶을 곤고하며 궁핍하게 만드는 모든 근심과 염려로부터 자유함을 얻는다는 의미에서 또한 금생의 약속을 갖습니다. 경건을 소유하지 못한 자는 매일의 근심과 염려, 과거의 두려운 기억, 미래의 두려움 등의 무거운 짐에 눌립니다. 그러나 경건을 소유한 자는 모든 과거가 용서받았으며 그의 모든 죄가 도말되었다는 사실을 압니다. 현재와 관련하여, 그는 모든 무거운 짐을 주께 맡깁니다. 또 미래와 관련하여, 그는 불안한 눈으로 힐끔거리지 않고 그 모든 것을 하나님의 뜻에 맡깁니다. 그는 아버지의 뜻이 자신에게 옳고 선함을 알고 만족하며 고요하게 안식합니다.

이와 같이 근심과 걱정으로부터 자유로워질 때, 그는 또한 사람을 두려워하는 것으로부터도 자유로워지게 됩니다. 불경건한 사람은 대부분의 경우 주변 사람들에 대해 지나칠 정도로 예민합니다. 그에게 있어 가장 중요한 문제는 자신이 주변사람들에 의해 어떻게 생각되고 받아들여지느냐 하는 것입니다. 다시 말해서, 주변사람들이 자신을 보고 미소를 짓느냐, 아니면 얼굴을 찌푸리느냐 하는 것입니다. 반면 경건한 사람은 주변사람들의 시선에 지나치게 휘둘리지 않는 법을 배웠습니다. 그는 자신의 마땅한 길을 따라 삽니다. 그리고 그럴 때 다른 사람들이 칭찬한다고 해서 그것을 더 좋게 생각하지도 않고, 다른 사람들이 비난한다고 해서 그것을 더 나쁘게 생각하지도 않습니다. 그의 원칙은 다른 사람들의 의견도 아니고 그 세대의 풍조도 아닙니다. 그는 하나님이 말씀하신 것을 진리로 믿습니다. 또 그는 하나님이 정하신 것을 옳은 것으로 알고 받아들입니다. 그는 사람들의 판단에 개의치 않습니다. 그의 주인 외에 어느 누구도 그를 판단할 수 없습니다. 이와 같이 자기 양심에 따라 살아가는 사람은 금생의 약속을 소유합니다. 하늘이 그를 옳다고 인정하는 한, 어느 누구도 그의 손가락을 물어뜯을 수 없습니다. 여러분의 목으로부터 인간의 판단의 멍에를 꺾어 버리십시오. 여러분의 영으로부터 인간의 오만한 의견의 굴레를 벗어 버리십시오. 이것이 금생의 약속을 받는 것입니다.

또, 그리스도인에게 사망의 두려움은 지나갔습니다. 이것 역시 우리로부터 금생의 행복과 위로를 빼앗아가는 중요한 요소입니다. 사람들은 가장 즐거운 순간에조차 해골이 잔치를 망치지 않을까 두려워합니다. 사람들은 가장 즐겁게 춤 출 때조차 모든 것을 일순간 잠잠케 하는 나팔소리를 듣게 되지 않을까 두려워합니다. 그러나 그리스도인은 두려워하지 않습니다. 그에게 죽음을 내다보는 것은 슬픈 일이라기보다 즐거운 일입니다. 이 땅의 죽을 수밖에 없는 상태를 벗는 것은 그에게 있어 모든 슬픔을 마치고 큰 기쁨으로 들어가는 것입니다. 형제들이여, 죽음의 두려움으로부터 자유케 되는 것은 삶을 참된 삶으로 만듭니다. 그리고 그것은 부활이요 생명이신 예수 그리스도를 온전히 의지하는 자에게 속합니다.

이제 이 모든 것을 종합해 봅시다. 이웃과의 화평, 하나님과의 화평, 모든 것이 합력하여 선을 이룬다는 의식, 사람의 판단을 두려워하지 않는 마음, 지극히 높은 자와의 교통 — 이러한 것들은 앞에서 이야기한 것처럼 많은 재물을 쌓는 데 있지 않습니다. 이러한 것들은 아름다운 외모에 있는 것도 아니며, 화려한 명성과 좋은 평판에 있는 것도 아닙니다. 그것은 사람이 하나님과 동행하며 땅을 자기 발 밑에 굴복시킬 때 옵니다. 또 그것은 우리 영혼이 영적인 세계와 교통할 때, 보이는 것들 속에서 보이지 않는 영원한 빛을 발견할 때, 우리의 모든 평강과 기쁨이 하나님의 사랑의 깊은 샘으로부터 흘러내릴 때, 우리가 하나님 안에 거하고 하나님이 우리 안에 거할 때 옵니다. 바로 여기에 최고의 삶, 최고의 생명이 있습니다. 바로 이것이 금생의 꽃이며, 경건이 그 약속을 갖습니다.

이제 더 이상 여러분을 붙잡아 둘 수 없습니다. 그렇지만 오늘의 주제를 여러분에게 적용시키는 일은 결코 빠뜨려서는 안 되는 중요한 작업입니다. 하나님을 경외하며 경건을 소유한 형제 자매들이여, 여러분을 위해 금생의 위로와 기쁨과 즐거움이 준비되어 있다는 사실을 믿으십시오. 여러분은 그리스도 안에서 잔치를 누리는 삶을 그를 얼굴로 볼 때까지 미룰 필요가 없습니다. 이 순간 이 땅에서 그를 누리십시오. 여러분은 성령의 기쁨을 누리는 것을 육체의 성가신 진흙을 벗어버릴 때까지 기다릴 필요가 없습니다. 주의 기쁨은 바로 오늘의 여러분의 힘입니다. 여러분은 여러분의 평강과 안식이 아직도 감춰어 있으며, 미래에 남아 있다고 생각할 필요가 없습니다. 영원한 생명과 그 축복은 현재적 소유입니다. 믿는 자는 안식으로 들어가며, 지금 안식 안으로 들어갈 수 있습니다. 에스골의 포도송이는 지금 여러분 앞에 있습니다. 우리 주님이 그것을 요단을 건넌 여러분 앞에 놓았습니다.

> "은혜의 사람들은 이 땅에서 시작된
> 영광을 발견했도다,
> 하늘의 열매들이 지상의 땅 위에서
> 믿음과 소망으로 자라도다."

우리는 경건이 모든 신자들을 부자로 만든다고 말하지 않습니다. 왜냐하면 경건한 신자임에도 불구하고 가난한 사람들이 항상 있을 것이기 때문입니다. 또 경건한 자라고 하여 모두가 건강과 좋은 평판을 얻는 것도 아닙니다. 경건을 소유했다 하더라도 그렇지 못한 사람들이 얼마든지 있을 수 있습니다. 그러나 우리 모두는 경건 안에서 최고의 행복과 최상의 기쁨과 가장 풍성한 위로를 발견했노라고 만장일치로 선언할 수 있습니다. 경건을 고백하는 자들이여, 여러분은 여러분의 삶을 대단한 것으로 만들지 못할 수도 있습니다. 그러나 여러분은 그것을 참으로 기쁘고 즐거운 것으로는 만들 수 있습니다. 지금 이 땅에서 하늘을 누릴 수 있다는 사실을 믿으십시오. 여러분은 땅에 있는 것들 속에서 하늘을 발견할 수 없습니다. 왜냐하면 여기에는 좀과 동록이 있어 그것을 해하기 때문입니다. 그러나 여러분은 이 땅에 있는 동안 여러분 가운데 시작된 영광을 발견할 수 있습니다. 여러분의 마음이 땅에 있는 것들이 아니라 하늘에 있는 것들을 바라볼 때 말입니다. 이스라엘의 아들들이여, 일어나 여러분의 위로를 빼앗아가는 아말렉 사람들을 멸하십시오. 주님을 경외하는 자들이여, 일어나 의심과 두려움은 마치 저주받은 가나안 사람들처럼 그 땅으로부터 쫓겨나야 한다고 요구하십시오. 여러분은 하나님의 약속을 믿어야 합니다. 그럴 때 여러분의 평강은 강같이 흐를 것이며, 여러분의 기쁨은 넘칠 것입니다.

　　우리는 본문을 또 다른 측면 즉 죄인에 대해서도 적용할 수 있습니다. 불경건한 자들이여, 금생의 약속이 오직 경건한 자들에게만 속한다는 것은 분명한 사실입니다. 여러분은 금생의 달콤한 약속을 잃어버려도 상관없습니까? 설령 내생에 대해서는 생각하지 않는다 하더라도, 최소한 이것은 생각하십시오. 여러분은 행복하기를 바랍니다. 여러분은 행복이 외적인 것들에 있는 것이 아니라 여러분의 마음 상태에 있다는 사실을 알 정도의 지각은 가지고 있습니다. 심지어 이 땅에서의 즐거움을 위해서도 죄의 길이 아니라 의의 길이 훨씬 더 낫다는 사실을 나는 여러분에게 분명하게 확언합니다. 설령 우리에게 또 다른 세상이 없다 하더라도, 우리는 의의 길을 죄의 길로 결코 바꾸지 않을 것입니다. 설령 기독교적 삶이 우리에게 이런저런 고난과 슬픔을 가져다준다 하더라도, 우리는 결코 그것을 다른 형태의 삶으로 바꾸지 않을 것입니다. 결국 그리스도인처럼 복된 사람은 없습니다. 이스라엘이여! 여호와의 구원받은 백성들이여! 우리는 여러분에게 경건이 여러분을 부자로 만들 것이라고 말하지 않습니다. 우리는 경건이 여러분을 건강하게 만들 것이라고 말하지 않습니다. 우리는 이러한 것들로 여러분을 유혹하지 않습니다. 이러한 것들은 저급한 축복들입니다. 이러한 것들은 여러분이 첫 번째로 추구해야 하는 것들이 아닙니다.

　　그러나 우리는 다음과 같은 사실은 분명하게 확언할 수 있습니다. 즉 만일 여러분이 주님을 찾기만 한다면 그리고 죄를 멸하기 위해 오신 예수 그리스도를 믿기만 한다면, 여러분은 세상에서 향유될 수 있는 가장 행복하며 가장 선하며 가장 고상하며 가장 바랄 만한 삶을 갖게 될 것이란 사실 말입니다. 여러분 가운데 많은 사람이 이것을 믿습니다. 여러분은 마음으로 그리스도인들을 부러워합니다. 보잘것없는 그리스도인들이라 하더라도 말입니다. 만일 여러분이 그들의 소망을 가질 수만 있다면 그리고 그들의 하나님을 가질 수만 있다면, 여러분은 기꺼이 가난해질 수도 있고 약할 수도 있다고 느낍니다. 만일 여러분이 최선의 것을 안다면, 바로 그 최선의 것을 가지십시오. 어떤 사람이 묻습니다. "내가 그것을 가질 수 있습니까?" 누가 안 된다고 말합니까? 주께서 그의 선하심을 맛보아 알라고 여러분을 초청하지 않습니까? 그가 여러분에게 이렇게 명령하지 않습니까? "주 예수를 믿으라 그리하면 너와 네 집이 구원을 얻으리라"(행 16:31). 단순하게 믿고 신뢰하십시오. 이것이 거룩한 생명의 시작입니다. 이것이 여러분을 세상은 알지 못하는 하늘의 비밀로 이끌 것입니다. 곡식과 포도주가 창고에 가득할 때, 사람들은 기뻐합니다. 그러나 여러분은 "주여 주의 얼굴의 빛을 내게 돌리소서"라고 말할 것입니다. 그리고 거기에서 여러분은 그들보다 더 풍성한 기쁨을 발견할 것입니다. "너희는 여호와를 만날 만한 때에 찾으라 가까이 계실 때에 그를 부르라 악인은 그의 길을, 불의한 자는 그의 생각을 버리고 여호와께로 돌아오라 그리하면 그가 긍휼히 여기시리라 우리 하나님께로 돌아오라 그가 너그럽게 용서하시리라"(사 55:6, 7). 하나님이 그리스도 안에서 여러분 모두를 축복하시기를 기원합니다.

제
8
장

—

내생에서의 경건의 유익

—

**"육체의 연단은 약간의 유익이 있으나 경건은 범사에
유익하니 금생과 내생에 약속이 있느니라"** — 딤전 4:8

오늘 아침 우리는 금생과 관련한 경건의 유익을 다루면서 금생의 약속이 무엇인지 살펴보았으며, 그렇게 하여 그것이 마음의 평화, 하나님과의 평화, 영의 만족과 행복 등으로 구성되는 것을 알게 되었습니다. 우리는 경건이 부와 건강과 명예를 보장하지는 않는다는 사실을 지적했습니다. 왜냐하면 경건한 사람이라고 하여 항상 이런 것들이 따르는 것은 아니기 때문입니다. 그러나 우리는, 만일 우리가 경건한 삶을 산다면, 우리 존재의 위대한 목적이 반드시 이루어지게 된다는 사실을 확인했습니다. 참된 신앙이 이 땅에서의 실제적인 삶에 끼치는 영향에 대해 이야기하는 것을 나는 결코 중요하지 않은 문제라고 생각하지 않습니다. 그러나 우리는, 이 세상이 가장 중요하며, 가장 지혜로운 사람은 세상을 자기 존재의 가장 근본적인 목적으로 삼는 사람이라는 관점을 결코 지지해서는 안 됩니다.

사랑하는 형제들이여, 이 땅의 삶을 넘어서는 또 하나의 삶이 있습니다. 이 교도들 역시도 그러한 삶을 희미하게나마 인식하고 있었습니다. 심지어 야만인들조차도 죽음 너머의 영역과 관련하여 어떤 흐릿한 빛을 가지고 있었습니다. 사실상 죽음 이후의 상태에 대해 아무런 개념도 갖고 있지 않은 사람은 거의 없습니다. 죽음이 자기 존재의 종결이라고 믿은 사람은 극히 소수였습니다. 인간

이 단순한 동물 이상의 존재라는 사실을 망각할 정도로 본성적인 빛을 상실한 사람들은 오직 극소수일 뿐이었습니다.

한편 지혜로운 철학자들은 이교도들에 의해 희미하게 인식되었던 것을 좀 더 충분하게 탐구했습니다. 인간과 관련하여, 그들은 인간을 소나 말 이상의 존재가 되게 만드는 어떤 것을 보았습니다. 그들은 세상에서의 하나님의 도덕적 통치를 인식했습니다. 그들은 악인이 흥하며 의인이 고난을 당하는 것을 보면서 '위대하며 공의로운 존재가 이 모든 잘못된 것들을 바로잡을, 그리하여 의인이 상을 받고 악인이 정죄를 당하는 또 하나의 상태가 있어야만 한다'고 생각했습니다. 그들은 그것이 또 하나의 삶의 존재를 증명한다고 생각했습니다. 그러나 그들은 확신을 가지고 말할 수 없었습니다. 이성(理性)은 마음을 만족시켜 주지 못합니다. 이성은 "바라는 것들의 실상과 보지 못하는 것들의 증거"를 주지 못합니다. 오직 믿음만이 그것을 가져다줄 수 있습니다. 이교도들의 최고의 빛은 고작해야 미명(微明)에 불과했습니다.

이와 같이 고대의 위대한 사상가들이 생각하며 탐구했던 것은 마침내 예수 그리스도의 복음 안에서 빛으로 드러났습니다. 그는 우리가 다시 살 것이며, 의인과 악인 모두에게 심판과 부활이 있을 것이며, 의인은 영원한 상을 받고 악인은 영원한 형벌에 처할 것이라고 선언하셨습니다. 우리는 지금 오로지 이성에 의존하여 생각하며 추론하도록 남겨져 있지 않습니다. 우리는 하나님의 권세 있는 말씀을 들었습니다. 오는 세상이 있으며 그때 경건치 않은 자들에게는 화가 있는 반면 의인들에게는 복이 있을 것이라는 말씀을 때로는 선지자들로부터 들었으며, 때로는 하나님의 사랑하는 아들로부터 들었으며, 때로는 그의 영감 받은 제자들로부터 들었습니다.

사랑하는 형제들이여, 그렇다면 여러분에게 내생(來生)은 어떤 것일 것입니까? 여러분은 내생의 약속을 유업으로 받을 것입니까? 여러분은 경건을 가지고 있습니까? 만일 여러분이 경건을 가지고 있다면, 여러분은 내생의 약속을 가집니다. 여러분은 경건치 않은 삶을 삽니까? 여러분은 하나님 없이 삽니까? 여러분은 하나님을 믿는 믿음 없이 삽니까? 여러분은 하나님에 대한 사랑 없이 삽니까? 여러분은 하나님을 경외하지 않고 삽니까? 여러분은 하나님이 그리스도 예수 안에서 신자들에게 주신 죄 사함 없이 삽니까? 그렇다면 여러분에게는 아무런 소망도 없습니다. 여러분에게 내생은 두려운 심판 외에 아무것도 아닙니다.

1. 첫째로, 경건에 주어진 내생의 약속은
무엇과도 비교할 수 없는 유일한 약속입니다.

여기에서 내가 유일한 약속이라고 말하는 것을 주목하십시오. 그것은 불경건은 내생에 대한 어떤 약속도 주지 않기 때문입니다. 불경건은 내생이 있음을 부인하며, 그와 관련하여 약속될 수 있는 모든 위로를 배격합니다. 사람은 마치 자기 감옥에 갇혀 있는 수감자와 같습니다. 그 감옥은 어둡고 음산합니다. 오직 하나의 창문이 있어 그것으로 영광스러운 광경을 바라볼 수 있을 뿐입니다. 그러나 불경건은 유령처럼 감옥 속으로 들어와, 창백한 손으로 그 창문을 닫아 버립니다. 그래서 사람은 어둠 가운데 영원히 앉아 있게 되든지, 아니면 기껏해야 자유로운 사고라고 불리는 희미한 빛만을 가질 수 있을 뿐입니다. 불경건이 인간에게 말할 수 있는 모든 것은 인간 역시도 개처럼 죽을 것이라는 것입니다. 자신의 영 안에서 고동치는 영원을 느끼는 사람은 얼마나 복됩니까! 나는 내가 소멸하는 짐승처럼 죽지 않을 것이라는 사실을 압니다. 어떤 논증으로도 나로 하여금 내가 소멸하는 짐승처럼 죽을 것이며 나의 영혼이 마치 촛불의 불꽃처럼 완전한 멸절로 꺼지고 말 것이라고 믿게 만드는 것은 결코 가능하지 않습니다. 나의 마음은 그런 터무니없는 논증들에 동의하지 않습니다. 나의 마음은 나 자신의 천부적인 존엄성을 인식하면서, 내가 들짐승 가운데 하나로 계수되며 그것들처럼 아무 소망 없이 죽을 것이라는 논증을 받아들이지 않습니다.

아! 도대체 어떻게 인간을 저렇게 아무것도 아닌 존재로 바라볼 수 있단 말입니까? 어떻게 사람들이 스스로의 저급성(低級性)을 전파하는데 그토록 열심일 수 있단 말입니까? 인간의 멸절을 믿는 광신자들이여! 차라리 지옥 자체를 광적으로 전파하는 것이 더 낫지 않겠는가! 경건은 내생에 약속을 갖지만, 불경건은 하늘 아버지의 계시를 부인하면서 우리로 하여금 영원히 멸절되어 사라지는 것으로 만족하라고 말하는 것 이상의 아무것도 해줄 수 없습니다. 생각이 깊은 자들이여, 그대들은 불경건의 황량한 광야와 메마른 빈들로 만족할 수 있습니까? 간곡히 당부하노니, 그들을 떠나십시오. 왜냐하면 젖과 꿀이 흐르는 복음의 아름다운 땅이 있기 때문입니다. 불멸을 위해 멸절을 버리십시오. 낙원을 위해 소멸을 버리십시오.

이 소망이 유일한 것은 로마가톨릭교회조차도 우리에게 내생을 약속해주지 않기 때문입니다. 또 하나의 생이 있을 것이라는 사실에 대해 로마가톨릭교회가 긍정적으로 말하는 것을 나는 잘 압니다. 그러나 그것은 우리에게 또 하나의 생 즉 내생에 대한 아무런 약속도 주지 않습니다. 최고의 로마가톨릭교도라 하더라도, 그의 기대하는 것이 무엇입니까? 얼마 전에 우리는 유명한 가톨릭교도들의 영혼의 안식을 위한 미사가 거행되는 것을 보지 않았습니까? 풍부한 학식을 자랑하는 추기경들과 열정적인 사제들과 심지어 거룩한 무오성(無誤性)을 주장하는 교황들을 생각해 보십시오. 그들은 죽으면 어디로 가게 될까요? 그에 대해 그들 스스로는 어떻게 생각할까요? 어쨌든 그들은 신실한 신자들이 그들의 영혼의 안식을 위해 기도해야 할 필요가 있는 어떤 곳에 있습니다. 그렇기 때문에 수많은 신자들이 그들의 영혼의 안식을 위해 그토록 열렬히 기도하지 않았겠습니까? 그것은 우리 같은 보통 사람들의 눈에 참으로 초라하기 짝이 없는 광경이었습니다. 만일 그토록 화려한 명성을 가진 자들이 죽은 후에도 여전히 영혼의 안식을 얻지 못한 상태로 그들 자신의 표현대로 연옥의 불에 던져졌다면 그리고 그곳에서 그들의 모든 죄가 다 태워질 때까지 있어야만 한다면, 정말로 그들이 기대하는 것이 겨우 그것이라면, 나는 어떤 아일랜드인이 말한 대로 차라리 프로테스탄트 이단이 될 것입니다. 가톨릭교도들이 바라보는 것이 겨우 그 정도라면 말입니다.

경건은 내생의 약속을 가집니다. 그리고 그러한 약속을 소유함에 있어 오직 경건만이 유일합니다. 바티칸으로부터의 음성은 다음과 같이 말하는 밧모섬의 음성과 비교할 때 절반만큼도 달콤하지 못합니다. "또 내가 들으니 하늘에서 음성이 나서 이르되 기록하라 지금 이후로 주 안에서 죽는 자들은 복이 있도다 하시매 성령이 이르시되 그러하다 그들이 수고를 그치고 쉬리니 이는 그들의 행한 일이 따름이라 하시더라"(계 14:13). 우리는 사랑하는 자들을 먼저 떠나보내면서 마치 아무 소망 없는 사람처럼 슬퍼할 필요가 없습니다. 왜냐하면 우리는 "예수 안에서 자는 자들도 하나님이 그와 함께 데리고 오실" 것을 믿기 때문입니다(살전 4:14). 한쪽에 불신앙이 있고, 다른 한쪽에 미신이 있습니다. 그러나 그 어느 것도 우리에게 내생과 관련한 약속을 주지 못합니다.

또 인간의 공로에 기초한 어떤 체계도 그것을 믿는 자들에게 그들이 실제로 붙잡고 확신할 수 있는 내생의 약속을 주지 못합니다. 자기 의를 좇는 자들은 구원의 확신에 대해 말하지 못할 것입니다. 실제로 그들은 그것을 하나의 억측에 불과하다고 비난합니다. 그들은 자신들의 기초가 불안정하다고 느낍니다. 따라서 다른 사람들의 확신 역시 자신들의 그것처럼 공허한 것으로 의심합니다. 예수 그리스도를 믿는 자들이 자신들에게 결코 정죄함이 없다는 사실을 아는 가운데 즐거운 기대를 품고 천국에 들어갈 때를 기다리는 동안, 그들은 소망과 두려움 사이에서 삽니다. 공허한 자기 의를 좇는 자들에게는 결코 약속되지 않는 것이 예수 그리스도의 의를 소유하는 모든 자들에게 확실하게 약속됩니다. 그들에게는 "오라 복 받은 자들이여!"라는 환영의 말이 있을 것입니다. 예수 그리스도와 함께 있는 것이 그들의 분깃입니다.

이와 같이 경건은 축복된 미래와 관련한 하늘의 약속을 독점합니다. 하늘 아래 하나님이 주신 또 다른 약속은 없습니다. 예컨대 악(惡)을 보십시오. 그것이 여러분에게 무엇을 줍니까? 그것은 이생의 쾌락을 줍니다. 그러나 여러분은 그 얼굴 뒤에 감춰진 거짓을 발견합니다. 이생에서 악은 단지 취함을 가져다줄 뿐입니다. 눈이 빨개지고 비애가 따르는 취함 말입니다. 그것은 단 맛으로 가득 차 있지만 그러나 그 식탁에는 토한 것이 가득합니다. 폭식으로 인해 포만이 따르지만, 그러나 만족함이 없습니다. 거기에는 혐오와 양심의 가책과 비애가 있습니다. 어떤 악이 감히 "악을 행하며 죄 가운데 살아라, 그러면 영생이 따를 것이라"라고 말할 수 있습니까? 결코 그럴 수 없습니다. 어떤 악도 여러분에게 영생을 제시할 수 없습니다. 그것은 여러분을 무저갱으로 초청할 뿐입니다. 행악과 술 취함과 음행과 매춘 — 이 모든 것들은 자기를 따르는 자들에게 결코 영원한 생명을 약속해 주지 못합니다. 죄는 기껏해야 여러분에게 거품을 가져다줄 뿐입니다. 기쁨은 사라지고 고통만 남습니다. 죄의 환락은 너무도 공허하며 허망할 뿐입니다.

> "그들은 웃고 떠든다. 그러나 무엇 때문에?
> 그들은 언제까지 웃을 것인가?
> 그들의 환락은 절반은 무지요 절반은 거짓이라.
> 세상을 속이고 자신을 속이기 위해 그들은 웃는다.
> 그들의 환락은 얼마나 곤고한가!
> 그들은 끓어오르는 감정을 겨우 삼킬 수 있을 뿐이다.
> 아! 어릿광대 놀음 같은 인생이여!
> 막이 내릴 때까지 슬픈 웃음을 지어라."

어릿광대들의 환락이 심지어 이 땅에서조차 이렇게 허망하게 끝나고 마는 것이라면, 그것이 영원한 생명과 관련하여 도대체 무슨 유익을 가져다줄 수 있겠습니까?

또 죄에 속하지 않는 다른 것들 속에도 역시 내생의 약속은 없습니다. 예를 들어 혈통을 생각해 보십시오. 설령 자신의 혈통을 유명한 십자군 전사라든지 혹은 헤이스팅스 전투에서 중요한 역할을 담당했던 노르만족의 기사까지 추적해 올라갈 수 있다 할지라도, 그것이 도대체 우리에게 무엇을 줄 수 있단 말입니까? 세상의 어떤 혈통과 족보 속에도 영원한 생명의 약속은 없습니다. "그가 죽으매 가져가는 것이 없고 그의 영광이 그를 따라 내려가지 못함이로다 그가 비록 생시에 자기를 축하하며 스스로 좋게 함으로 사람들에게 칭찬을 받을지라도 그들은 그들의 역대 조상들에게로 돌아가리니 영원히 빛을 보지 못하리로다"(시 49:17-19). 혈통과 족보는 보잘것없는 것들입니다. 우리의 혈통을 끝까지 추적해 보십시오. 그러면 우리는 무화과나무 잎으로 수치를 가리고자 했던 벌거벗은 죄인들에게까지 올라가게 될 것입니다. 왕족의 혈통을 자랑합니까? 조상들 가운데 용맹한 왕들이 있었음을 자랑합니까? 그러나 어느 누구도 이런 것으로 내생의 약속을 받지 못합니다. 왜냐하면 영원한 생명은 이런 것에 의해 주어지지 않기 때문입니다. 왕도 노예처럼 썩으며, 영웅도 벌레들에 의해 먹힘을 당합니다. 공작과 백작과 백만장자도 농사꾼이나 노예들과 똑같이 꺼지지 않는 불에 의해 사름을 당합니다.

뿐만 아니라 재물 속에도 내생의 약속은 없습니다. 사람들은 재물을 모으며, 쌓으며, 지키며, 인봉합니다. 마치 그것을 영원히 자기 곁에 둘 것처럼 말입니다. 그러나 마침내 그들은 재물 속에 심지어 금생의 약속조차 없다는 사실을 발견하게 됩니다. 왜냐하면 그것은 그것을 소유한 자에게 아주 작은 만족밖에 주지 않기 때문입니다. "그러나 그들의 속 생각에 그들의 집은 영원히 있고 그들의 거처는 대대에 이르리라 하여 그들의 토지를 자기 이름으로 부르도다 사람은 존귀하나 장구하지 못함이여 멸망하는 짐승 같도다"(시 19:11, 12). 내생의 약속과 관련하여, 세상의 재물과 장래에 나타날 영광 사이에 도대체 무슨 관계가 있단 말입니까? 아무런 관계도 없습니다. 오히려 이 세상에서 소유한 많은 재물이 그를 참소하는 것이 될 수 있습니다. 그는 "내가 곳간을 헐고 더 크게 지으리라"라고 말합니다. 그러나 하나님은 그를 "어리석은 자"라고 부릅니다. 하나님이 그의 영혼을 부르실 때, 그가 쌓아놓은 모든 것이 도대체 무슨 소용이 있겠습니까? 여러분은 인도 대륙 전체를 움켜쥘는지 모릅니다. 여러분은 광대한 땅에 울타리를 칠 수도 있습니다. 그러나 그것은 여러분을 천국에 단 한 발자국도 가까이 데려가지 않습니다. 탐욕을 좇는 곳에 내생의 약속은 없습니다.

　또 개인적인 성취나 미모 등에도 내생의 약속은 없습니다. 얼마나 많은 사람들이 필경 썩어 흙으로 돌아가게 될 보잘것없는 육체의 모양을 위해 삽니까? 그들은 아름다운 옷을 입고, 사람들의 시선을 끌기 위해 스스로를 단장하며, 사람들의 기호를 만족시키며, 유행을 따릅니다. 그들은 불멸의 영혼을 위해서는 아무런 주의도 기울이지 않은 채 오로지 썩을 육체에만 모든 관심을 기울입니다. 그것은 마치 천사가 데이지 꽃을 모으거나 비누거품을 부는 것만큼이나 이상한 일입니다. 아! 육체의 옷을 입고 살아가는 불멸의 영이여! 화장을 하고 염색을 하고 리본을 장식하고 핀을 꽂는 것이 불멸을 따르는 것입니까? 그렇지만 얼마나 많은 사람들이 그렇게 살고 있습니까? 그러나 아무리 사람의 눈을 현혹시키는 최고의 미모라 할지라도 거기에는 어떤 내생의 약속도 없습니다. 하늘까지 이어지는 아름다움은 외적인 미모가 아닙니다. 땅의 아름다움은 죽음과 시간과 벌레들에 의해 완전하게 파괴됩니다. 공동묘지를 파다 보면 우연히 해골이 나오게 될 것입니다. 그것을 가지고 여러분의 아내에게 가서 "당신이 아무리 예쁘게 화장해도 결국에는 이렇게 될 것이오"라고 말하십시오. 그녀가 입은 아름다운 옷은 결국에는 수의(壽衣)가 될 것이며, 그녀의 모든 화려한 장신구들은 결국 벌레들의 만찬장을 꾸미는 멋진 장식들이 될 것입니다. 이런 하찮은 것들 속에는 내생의 약속이 없습니다. 그런데 어째서 여러분은 그런 하찮은 것들로 여러분의 시간을 허비하며 영성을 흐리게 한단 말입니까?

　이보다 좀 더 고상한 성취들에도 역시 내생의 약속은 주어지지 않습니다. 예컨대 학문적 성취라든지 총명한 지성 같은 것도 미래의 축복의 약속을 가져다주지 않습니다. 설령 어떤 사람이 매우 총명하여 뛰어난 책을 쓸 수 있다든지 혹은 탁월한 시집을 낼 수 있다 하더라도, 만일 그것이 그리스도를 위한 것이거나 혹은 죄인을 십자가로 이끌기 위해 쓴 것이 아니라면, 그것은 아무것도 아닙니다. 나는 하나님을 전심으로 사랑했던 가장 보잘것없는 그리스도인이 바이런의 천재성이나 셰익스피어의 위대함을 소유했으면서도 그러한 열 달란트를 오로지 자신과 주변 사람들을 위해서만 사용하고 하나님을 위해서는 전혀 사용하지 않은 사람보다 훨씬 더 존귀하다고 생각합니다. 그렇습니다. 철학자에게도, 정치가에게도, 시인에게도, 문인에게도, 내생의 약속은 없습니다. 그들이라고 해서 우리 주님이 더 사랑하는 것은 아닙니다. 그들을 구원하는 것은 은사가 아니라 은혜입니다. 겸손과 회개와 믿음 안에서 그들은 영생의 약속을 찾아야 합니다. 그들은 경건 안에서 영생의 약속을 찾아야 합니다. 다른 곳에서는 결코 찾을 수 없습니다. 경건은 영생의 약속을 가지고 있지만, 그러나 다른 것에는 없습니다. 만일 여러분이 이탈리아에 간다면, 여러분은 길모퉁이에 서 있는 큰 십자가들을 쉽게 보게 될 것입니다. 얼마 전에 나는 그러한 십자가들 가운데 한 곳에 다음과 같은 글귀가 적혀 있는 것을 보았습니다. "Spes unica" — 유일한 소망. 그렇습니다. 예수 그리스도는 인류의 유일한 소망입니다. "경건은 범사에 유익하니 금생과 내생에 약속이 있느니라." 이곳 외에 다른 어느 곳에서도 여러분은 그러한 약속을 발견할 수 없습니다. 높은 곳이든 낮은 곳이든 땅이든 바다든 그 어느 곳이든 오직 경건 속에만 그러한 약속이 주어집니다.

2. 둘째로, 그 약속은 유일할 뿐만 아니라 또한 포괄적입니다.

우리는 내생의 약속과 관련한 모든 주제를 다룰 만큼의 충분한 시간을 갖고 있지 못합니다. 도대체 누가 그와 관련한 무한한 보화의 목록을 제시할 수 있으며, 도대체 누가 그와 관련한 무궁무진한 땅을 측량할 수 있겠습니까? 여기에서는 다만 개략적으로만 살펴보고자 합니다. 그 약속은 대략 다음과 같은 것입니다. 단지 외적인 사실로서만 바라볼 때, 경건한 사람들도 다른 사람들이 죽는 것처럼 죽을 것입니다. 그러나 그들의 죽음은 그 본질과 의미에 있어 매우 다를 것입니다. 그들은 이 세상을 넘어서 오는 세상으로 나아갈 것이며, 경건이 주는 약속을 실현하기 시작할 것입니다. 그리고 마침내 그들은 영원한 생명으로 들어갈 것입니다. 아니, 그들은 이미 영원한 생명으로 들어왔습니다. 또 그리스도인의 생명은 결코 멸망을 당하지 않을 것입니다. 그리스도께서는 "내가 살았기 때문에 너희도 또한 살 것이라"고 말씀하셨습니다(요 14:19). 또 그리스도인들은 하늘에서 나이가 먹는 것에 대해 염려할 필요가 없습니다. 시들지 않는 생명의 면류관을 받은 자들에게는 영원한 젊음이 있을 것입니다. 하늘에서는 더 이상 해가 필요 없을 것이며, 달도 더 이상 빛나지 않을 것입니다. 별들도 마른 무화과나무처럼 떨어질 것입니다. 심지어 이 땅조차도 하늘과 함께 낡은 옷처럼 말릴 것이며, 전에는 있었지만 지금은 없는 것들 가운데 놓일 것입니다. 보이는 모든 것은 단지 그 속에 벌레가 들어 있는 열매와 결국에는 시들 운명을 가진 꽃에 불과합니다. 그러나 신자(信者)는 영원히 살 것입니다. 그들의 생명은 지극히 높은 자의 연수와 같을 것입니다. 하나님은 영원무궁히 사시며, 경건한 영혼 역시 그럴 것입니다. 예수 그리스도는 그들에게 영생을 주시며, 그들은 그리스도와 하나입니다. 예수 그리스도께서 영원히 사시는 것처럼, 그들 역시 그럴 것입니다.

죽음의 순간 그리스도인들은 이러한 영생을 즐기기 시작할 것입니다. 그리스도의 무리 가운데, 하나님 앞에서, 그리고 육체를 떠난 영들과 거룩한 천사들의 무리 가운데 말입니다. 십자가에 달린 강도로부터 우리는 땅으로부터 하늘로 나아가는 도상에 어떤 멈춤(halt)도 없음을 배웁니다.

> "부드러운 숨소리와 함께,
> 생명을 붙잡고 있던 속박의 끈이 끊어지도다.
> 그는 떠났도다,
> 하늘에 예비된 집을 받기 위해."

바울은 이것을 "육체를 떠나는 것"으로 표현합니다. 그리고 곧바로 그것은 "주와 함께 있기 위하여"라고 덧붙입니다. 땅에서 감긴 눈은 곧바로 하늘에서 뜹니다. 생명의 닻이 풀어질 때, 그들은 곧바로 바라던 하늘에 도달합니다. 육체를 떠난 영의 상태로 얼마동안 복을 누리게 될지 우리는 알지 못합니다. 그러나 때가 차면 주 예수 그리스도는 그들의 육체를 부활시킴으로써 모든 것을 완성시킬 것입니다. 나팔소리가 날 때, 예수 그리스도의 몸이 첫 열매로서 죽은 자 가운데 다시 일어나셨던 것처럼, 우리도 일어날 것입니다. 각자 자기 순서대로 말입니다. 우리의 몸은 하나님의 능력으로 일어난 후 그리스도와 함께 살기 위해 우리 영혼과 다시 결합될 것입니다. 그러나 잠자기 위해 무덤에 들어갈 때의 형상이 아니라 그것보다 훨씬 더 고상한 형상으로 말입니다. 그들은 볼품없는 씨로 뿌려졌지만, 여름 정원을 장식하는 아름다운 꽃으로 다시 일어날 것입니다. 그들은 투박한 구근(球根)으로 심겨졌지만, 눈처럼 하얀 사랑스러운 백합의 영광으로 다시 피어날 것입니다. 그들은 오그라든 볍씨나 밀씨처럼 뿌려졌지만, 황금빛 이삭으로 다시 나올 것입니다. "장래에 어떻게 될지는 아직 나타나지 아니하였으나 그가 나타나시면 우리가 그와 같을 줄을 아는 것은"(요일 3:2). 내생의 약속과 관련한 하나님의 말씀은 얼마나 놀라운 것입니까? 그것은 나의 영혼을 위한 약속이면서 동시에 나의 육체를 위한 약속입니다. 이 땅에서의 모든 아픔과 고통과 괴로움과 곤비함은 보상될 것입니다. 육체는 영혼과 재결합될 것입니다. 둘이 나누어질 때는 큰 슬픔이 있었지만, 다시 재결합됨으로써 더 큰 기쁨이 있을 것입니다. 왜냐하면 또다시 나누어지는 일은 결코 없을 것이기 때문입니다. 그때 육체와 영혼은 완전해질 것이며, 우리의 행복은 충만에 이르게 될 것입니다.

그러면 그때 심판은 없을까요? 그렇지 않습니다. 분명 심판이 있을 것입니다. 설령 의인들을 위한 공식적인 심판은 없다 할지라도 그러나 영으로는 분명 있을 것입니다. 우리는 큰 백보좌 앞에 모일 것입니다. 우리는 염소들과 함께 모이든지 아니면 양들과 함께 모일 것입니다. 그러나 경건한 자들에게는 심판의 날에 두려워할 것이 아무것도 없을 것이라는 약속이 주어집니다. 여러분은 피로 값 주고 산 죄 사함을 가지고 심판대 앞에 나아갈 것입니다. 여러분은 "그리스도 예수 안에 있는 자들에게는 결코 정죄함이 없나니"라는 말씀을 사람들과 천사들과 마귀들에게 선포하면서 그 앞에 나아갈 것입니다. 예수 그리스도께서 위하여 죽으시고 아버지가 의롭다 하신 자들을 정죄할 것은 아무것도 없을 것입니다. 여러분은 심판을 두려워할 필요가 없습니다. 여러분은 세상에 환난이 임하는 것을 두려워할 필요가 없습니다. 그리스도께서 밤에 도둑처럼 오실 때 있을 환난 말입니다. 여러분은 금생과 내생의 약속을 가지고 있습니다.

내 말을 들으십시오. 여러분은 왕 같은 제사장의 위엄을 영원히 누릴 것이라는 약속을 가지고 있습니다. 수고의 아들들이여! 궁핍의 딸들이여! 그대들은 하늘에서 고귀한 자들이 될 것이며, 영원한 왕의 신하들이 될 것입니다. 여러분은 하나님의 아들딸로서 하늘의 왕족이 될 것입니다. 여러분의 머리 위에는 면류관이 씌워질 것이며, 여러분의 손에는 환희의 종려나무가 쥐어질 것입니다. 여러분은 영광스러운 신분을 갖게 될 것이며, 그 신분에 합당한 무리들과 함께 있게 될 것입니다. 속된 자들이 다니는 곳과 사탄의 회당은 여러분으로부터 멀리 떨어져 있게 될 것입니다. 여러분은 더 이상 메섹에 우거하지 않을 것이며, 게달의 장막에 거주하지 않을 것입니다. 여러분은 더 이상 무익한 한담(閑談)이나 불경스러운 말을 듣지 않게 될 것입니다. 여러분은 천사들의 노래를 들을 것입니다. 여러분은 천사들의 노래로 인해 황홀해질 것이며, 천사들은 여러분이 하나님의 놀라운 지혜를 말하는 것을 들으며 황홀해할 것입니다. 여러분은 그리스도의 보혈로 구속받은 거룩한 자들과 함께 교제할 것입니다.

> "보좌에 앉으신 자가 통치하시도다.
> 그대들은 영원무궁히 생명나무로부터 양식을 공급받으며,
> 생명 샘물로 인도되리로다."

　여러분은 하나님과 더불어 그리고 그리스도와 더불어 깨어지지 않는 교제를 누릴 것입니다. 이것은 얼마나 황홀한 교제가 되겠습니까? 우리는 상상할 수 있는 그 이상의 놀라운 경험을 하게 될 것입니다. 세상에서 그리스도와의 교제는 우리를 세상보다 훨씬 높은 곳으로 끌어올릴 것입니다. 그때 우리는 주님과 더불어 얼굴과 얼굴을 대하는 교제를 가질 것입니다. 그때의 그 충만한 기쁨을 어떻게 다 상상할 수 있겠습니까?

　사랑하는 형제들이여, 좀 더 들어 보십시오. 또 거기에서 여러분은 여러분에게 합당한 일을 갖게 될 것입니다. 나는 여러분이 천국에서 무슨 일을 하게 될지 알지 못합니다. 그러나 나는 다음과 같은 말씀이 기록된 것은 압니다. "그의 종들이 그를 섬기며 그의 얼굴을 볼 터이요 그의 이름도 그들의 이마에 있으리라"(계 22:3, 4). 그들은 밤낮으로 성전에서 그를 섬깁니다. 여러분은 일이 없이는 결코 행복하지 못할 것입니다. 일이 없는 상태로 마음은 결코 평안하지 못합니다. 여러분에게 영예롭고 기쁨이 넘치는 일이 주어질 것입니다. 여러분의 온전케 된 능력에 합당한 일이 말입니다. 그러나 여러분은 일만 하지 않습니다. 그와 함께 안식이 있을 것입니다. 여러분의 고요한 가슴을 요동치게 만드는 것은 아무것도 없을 것입니다. 여러분은 복된 안식의 바다에서 여러분의 영혼을 영원히 씻을 것입니다. 근심도 없으며, 두려움도 없으며, 불만족스러운 것도 없을 것입니다. 바라는 것은 모두 이루어질 것이며, 기대하는 것은 모두 성취될 것입니다. 하나님은 여러분의 기업이 될 것이며, 무한하신 성령은 여러분의 친구가 될 것이며, 영원히 복되신 그리스도는 여러분의 맏형이 될 것입니다. 여러분은 천국의 무한한 즐거움 속으로 들어갈 것입니다. "네 주인의 즐거움에 참여할지어다"라는 말씀대로 말입니다(마 25:21). 이 모든 것과 내가 필설로 형언할 수 없는

모든 것이 영원무궁토록 여러분의 것이 될 것입니다. 그것을 잃어버리거나 그 가운데 죽을 것을 두려워할 필요조차 없이 말입니다. "기록된 바 하나님이 자기를 사랑하는 자들을 위하여 예비하신 모든 것은 눈으로 보지 못하고 귀로 듣지 못하고 사람의 마음으로 생각하지도 못하였다 함과 같으니라"(고전 2:9). 아버지가 예비하신 모든 나라와 아들이 예비한 모든 장소가 여러분의 것이 될 것입니다. "의롭다 하시고 의롭다 하신 그들을 또한 영화롭게 하셨느니라"는 약속처럼 말입니다(롬 8:30). 그 약속은 경건과 함께 갑니다. 만일 여러분이 경건을 가지고 있다면, 하늘에 있는 기쁨과 존귀와 안식과 평안 가운데 여러분의 것이 아닌 것은 아무것도 없을 것입니다. 왜냐하면 경건에는 그러한 약속이 주어져 있으며, 하나님의 약속은 결코 떨어지지 않기 때문입니다.

"나는 불멸의 것들을 보노라.
복된 처소로 들어가라.
영광의 문이 열리도다.
그리고 구주의 행렬이 들어가도다.

아버지의 모든 택하신 자들,
어린 양이 위하여 죽으신 자들,
모든 죄와 더러운 것으로부터 씻음받은
모든 교회가 함께 나타나도다.

그의 사랑스러운 미소가 그곳을 밝히도다,
천 개의 태양보다 더 밝게.
그의 임재가 모든 곳을 밝히도다,
변함없이, 그러면서도 항상 새롭게.

상상할 수 없는 축복의 나라여!
그 엄청난 기쁨을 누가 말할 수 있으랴?
그것이 나의 복된 기업이라.
내 구주와 함께 거기서 영원히 살리라."

　　10분 후에 우리가 그곳에 있게 될지 누가 알겠습니까? 나는 하나님이 내게 허락하신 것을 절반도 이야기하지 못했습니다. 그렇지만 나는 여러분이 나의 말을 충분히 이해했을 것이라고 믿습니다. 여러분에게 주어진 포괄적인 내생의 약속을 기억하며, 인생의 무거운 짐으로 곤고한 가운데서도 항상 그 날을 기쁨으로 바라보십시오.

3. 셋째로, 그 약속은 유일하며 포괄적일 뿐만 아니라 또한 확실한 약속입니다.

　　"경건은 … 약속이 있느니라." 다시 말해서, 경건에 하나님의 약속이 주어져 있다는 말입니다. 하나님의 약속은 산보다 더 견고합니다. 그는 하나님이시며, 거짓말하실 수 없습니다. 그는 결코 자신의 약속을 철회하지 않으실 것입니다. 또 성취되지 않은 상태로 내버려 두시지도 않으실 것입니다. 그는 너무도 지혜로우셔서 성급하게 약속하지 않습니다. 그는 너무도 강하셔서 반드시 자신의 약속을 이루십니다. "하나님은 사람이 아니시니 거짓말을 하지 않으시고 인생이 아니시니 후회가 없으시도다 어찌 그 말씀하신 바를 행하지 않으시며 하신 말씀을 실행하지 않으시랴"(민 23:19). 이미 그 약속이 이루어진 수많은 사람들이 영광스럽고도 완전하게 변화된 영 안에서 축복 가운데 안식하고 있습니다. 우리는 그와 같은 복된 상태로 가는 도상(途上)에 있습니다. 우리 가운데 거의 요단 강가에 도달한 사람들도 있지 않습니까? 또 주님은 갑자기 오실 것이며, 그때 우리는 완전한 모습으로 변화될 것입니다. 우리는 그것을 의심하지 않습니다. 우리의 믿음은 강하며 견고합니다. 우리는 우리 역시도 아직 남아 있는 안식에 들어갈 것을 확신합니다. 그리고 어린 양의 피로 씻음받은 무리와 함께 경이와 감격으로 하나님을 경배할 것입니다. 그리고 그 앞에 우리의 면류관을 던질 것입니다.

4. 넷째로, 그 약속은 또한 현재적인 약속입니다.

　　본문이 분사형으로 되어 있는 것을 주목해 보십시오(having promise). 본문은 경건이 잠시 후 약속을 얻을 것이라고 말하지 않고, 지금 바로 이 순간 약속을 가지고 있다고 말합니다. 사랑하는 성도들이여, 만일 여러분이 경건을 가지고 있다면, 다시 말해서 여러분이 하나님의 구원의 방법에 순복하고 하나님을 믿고 사랑하며 섬기며 실제로 회심한 사람이라면, 여러분은 지금 내생의 약속을 가지고 있는 것입니다. 만일 우리가 신뢰하는 사람의 약속을 가지고 있다면, 우리는 아무 걱정 하지 않고 편안하게 쉴 수 있을 것입니다. 런던에 있는 많은 회사들이 발행한 수표는 거의 현금처럼 통용됩니다. 이와 같이 하나님이 약속을 주셨을 때, 그것은 확실하며 안전합니다. 우리는 그것을 이미 이루어진 것처럼 받아들일 수 있습니다. 왜냐하면 그 약속은 너무나 확실하기 때문입니다. 우리는 그러한 약속을 가지고 있습니다. 그것은 너무도 분명하며 확실한 약속입니다. 무엇이 더 필요합니까? 우리는 이미 그것의 성취의 일부를 가지고 있습니다. 그리스도께서는 "내가 나의 양들에게 영생을 주노라"라고 말씀하셨습니다. 그러한 약속 앞에 우리는 마땅히 감사하며 찬미할 수 있지 않습니까? 예수 그리스도를 믿으십시오. 그러면 여러분은 지금 영생을 소유합니다. 죽은 다음에 여러분에게 주어질 새로운 생명은 없을 것입니다. 여러분은 바로 지금 그 씨앗을 가지고 있습니다. 그리고 그것이 하늘의 영광의 생명으로 자랄 것입니다. 은혜는 초창기 형태의 영광입니다. 여러분은 성령의 보증을 갖고 있습니다. 여러분은 이미 경건에 주어진 약속의 분깃을 갖고 있습니다. 지금 여러분이 해야만 하는 것은 그러한 약속을 향유하며 사는 것입니다. 여러분은 하늘을 향유할 수 없습니다. 왜냐하면 지금 거기에 있지 않기 때문입니다. 그러나 여러분은 그에 대한 약속을 향유할 수 있습니다. 아이들에게 어떤 재미있는 파티가 약속된 것을 생각해 보십시오. 그들은 마치 종다리처럼 친구들과 함께 깡충깡충 뛰며 다닐 것입니다. 아직 파티의 때가 되지 않았지만, 아이들은 그때를 부푼 가슴으로 기대합니다. 아이들이 소풍날을 기대하며 설레는 가슴으로 즐거워하는 것을 생각해 보십시오. 여러분과 나도 곧 우리 것이 될 하늘나라를 기대하며 어린아이들처럼 기뻐해야 마땅하지 않겠습니까? 여러분 가운데 어떤 사람들은 내일 또 고된 일을 할 것입니다. 그러나 여러분은 이렇게 노래할 수 있습니다.

> "여기는 나의 안식처가 아니라네,
> 나의 안식처는 아직 도래하지 않았다네.
> 나는 그곳을 향해, 나의 영원한 집을 향해
> 계속해서 달려간다네."

아마도 여러분은 세상의 싸움을 싸워야만 할 것입니다. 그리고 그 싸움은 매우 격렬할 것입니다. 그러나 여러분은 심지어 지금 이 순간 종려나무 가지를 들고 노래할 수 있습니다. 여러분을 기다리고 있는 승리의 노래를 말입니다. 그리고 그리스도께서 예비하신 면류관을 바라볼 때, 여러분은 격렬한 싸움의 한가운데에서조차 안식할 수 있을 것입니다. 오랫동안 집을 떠났다가 다시 돌아오는 어떤 여행자를 생각해 보십시오. 마침내 고개를 넘자, 그의 눈에 멀찌감치 고향 성읍의 작은 교회가 나타납니다. 그리고 성읍 전체의 전경이 펼쳐집니다. 그는 한참 동안 바라보고는 혼자 중얼거립니다. "그래, 저기가 중심가야. 그리고 그 옆에 오래된 여인숙이 있었지. 바로 저기에 있군. 아! 그 옆에 나의 옛집이 보이는구나." 길은 아직도 멀고, 그의 발에는 물집이 생겨 있을는지도 모릅니다. 그리고 그의 얼굴에 땀이 비 오듯 흘러내리고 있을는지도 모릅니다. 그러나 그는 힘을 내어 옛집을 바라봅니다. 이제 남은 길은 내리막길이며, 머지않아 목적지에 다다를 것입니다. 그는 지금 오랫동안 그리워했던 고향을 자기 눈으로 바라보고 있습니다. 그리스도인들이여, 여러분도 그것을 바라볼 수 있습니다. 지금 이 순간, 여러분 역시도 느보 산으로부터 약속의 땅을 바라볼 수 있습니다.

> "오랫동안 믿음으로 바라보았던 황금문이
> 지금 나의 눈앞에 펼쳐지도다!'

십자군 전사들이 오랜 원정(遠征) 후에 비로소 예루살렘이 바라보이는 자리까지 왔을 때, 그들은 거룩한 도성을 바라보며 감격 가운데 무릎을 꿇었습니다. 그 도성을 얻기까지 아직도 많은 싸움이 남아 있었음에도 불구하고 말입니다. 십자가의 군병들이여! 의의 거룩한 싸움을 싸우고 있는 십자군 전사들이여! 다가오는 영광을 바라보며 이렇게 노래하지 않으시렵니까?

> "오, 나의 아름다운 도성 예루살렘이여!
> 그대를 바라볼 때, 나의 모든 근심이 사라지도다.
> 그대, 기쁨의 도성이여!
> 내가 그대를 바라보노라."

크세노폰의 용맹한 전사들이 마침내 바다가 바라다보이는 자리에 도달했을 때, 그들은 "탈라사! 탈라사!"라고 외쳤습니다. 우리 역시도 죽음의 바다가 바라다보일 때, 그 너머에 있는 아름다운 약속의 땅을 바라볼 수 있습니다.

> "출렁이는 바다 너머,
> 아름다운 들과 푸른 초장이 보이도다."

그것을 바라볼 때, 우리의 무거운 짐은 가벼워집니다. 또 그것을 바라볼 때, 우리는 이 땅에서 하늘을 맛봅니다. 하나님 없이 오로지 세상만을 좇아 살아가는 사람들을 생각해 보십시오. 부디 그들에게 이러한 놀라운 행복과 기쁨에 대해 말해 주십시오.

5. 마지막으로, 그 약속은 또한 매우 필요한 약속입니다.

그것은 반드시 있어야만 하는 매우 필요한 약속입니다. 만일 나에게 내생의 약속이 없다면, 나는 어디에 있으며 또 어디에 있게 될 것입니까? 나는 지금 내가 살아 있음을 압니다. 또 반드시 죽을 것임을 압니다. 만일 성경이 말하는 것처럼 이 모든 것이 사실이라면, 그리고 내가 경건을 가지고 있지 않다면, 그날은 나에게 재앙의 날이 될 것입니다. 아! 나에게는 정말로 내생의 약속이 필요합니다. 왜냐하면 만일 나에게 그 약속이 없으면, 나의 내생에 저주가 있을 것이기 때문입니다. 나는 죽을 수 없습니다. 하나님은 나의 영혼을 불멸로 만드셨습니다. 심지어 하나님 자신조차도 나를 멸절시키지 않으실 것입니다. 왜냐하면 하나님은 나를 불멸의 영으로 영원히 살도록 창조하시기를 기뻐하셨기 때문입니다. 어떤 사람들은 하나님이 사람을 자연적으로 필멸(必滅)의 존재로 만드셨고 따라서 영혼은 소멸될 수 있다고 말합니다 — 내가 볼 때 이것은 사람의 영혼을 매우 위태롭게 할 수 있는 개념입니다. 계속해서 그들은 죄인들이 죽은 이후에 어느 정도 기간 동안 고통을 겪도록 살아 있다가 결국에는 멸절될 것이라고 가르칩니다. 만일 하나님이 사람들이 필요로 하지 않는 삶을 주신다면 — 단지 고통을 겪도록 하기 위해서 말입니다 — 그것이 도대체 무슨 하나님이란 말입니까? 나는 그런 하나님을 알지 못합니다. 내가 경배하는 하나님은 그의 무한하신 선하심 가운데 인간에게 그 자체로 놀라운 축복인 불멸성을 주셨습니다. 만일 여러분이 그것을 영원한 저주로 바꾸기를 선택한다면, 그 책임은 여러분에게 불멸성을 주신 하나님이 아니라 그것을 저주로 바꾼 여러분 자신에게 있는 것입니다.

만일 여러분이 '그리스도 안에 있는 소망' 없이 죽는다면, 여러분에게 남는 것은 이 땅에서 죄를 짓는 것과, 장차 다른 세상에서 또 다른 방식으로 계속해서 죄를 짓는 것일 것입니다. 그리고 계속해서 죄를 지으면서도, 그것으로부터 아무런 즐거움도 얻지 못합니다. 여기에서는 때때로 죄의 낙이라도 있었지만, 거기에서는 그와 반대일 것입니다. 거기에서는 양심의 가책으로 괴로움을 당하며, 더욱더 하나님을 대적하며, 스스로를 다스리지 못하는 가운데 격정과 분노로 끓을 것입니다. 죽지 않는 벌레는 어쩌면 하나님에 대한 여러분 자신의 끓어오르는 증오일는지 모릅니다. 꺼지지 않는 불은 어쩌면 여러분 자신의 악을 향해 타오르는 욕망의 불꽃일는지도 모릅니다. 나는 거기에 육체적 고통이 없을 것이라고 말하고 있는 것이 아닙니다. 다만 죄의 자연적인 결과가 영혼에 가장 끔찍한 지옥이 임하는 것이라고 말하고 있는 것입니다. 죄는 여러분을 지금 불행하게 만들었습니다. 그것은 계속해서 자랄 것이며, 점점 더 익어갈 것입니다. 그리고 그것을 막는 것이 제거될 때, 여러분의 불행은 완전한 상태에 이르게 될 것입니다. 여러분은 의인의 무리로부터 분리되고, 악인들 가운데 있게 될 것입니다. 그리고 그 가운데서 여러분은 점점 더 악해질 것이며, 죄의 증가는 필연적으로 고통의 증가를 가져올 것입니다. 하나님이 여러분을 단순히 즉흥적으로 징벌할 것이라는 것은 사실이 아닙니다. 하나님은 그것을 미리 정하셨습니다. 하나님은 죄가 스스로를 징벌하도록 정하셨습니다. 하나님은 죄가 스스로 고통이 되며 괴로움이 되도록 정하셨습니다. 죄는 여러분에게 결코 끝나지 않는 죽음이 될 것입니다. 왜 여러분은 스스로를 죽음으로 이끕니까? 왜 여러분은 죄를 사랑함으로써 스스로를 영원한 죄와 영원한 고통으로 이끕니까? 그리스도께로 돌이키십시오. 지금 그 앞으로 나오십시오. 바로 지금 말입니다. 그리고 영생을 붙잡으십시오.

오늘 저녁 여러분에게 설교하는 동안 나 자신을 포함한 설교자들에 대해 생각해 보았습니다. 설교자들은 많은 사람에게 말씀을 선포하는 가운데 자칫 자신은 돌아보지 못하는 함정에 빠질 수 있습니다. 몇 해 전 함부르크에서 일어난 일입니다. 그때 도시의 절반이 불탈 정도로 큰 화재가 났었는데, 그때 일어난 사건들 가운데 다음과 같은 사건이 있었습니다. 어떤 집의 마당에 검은 개가 있었습니다. 그 개는 화재를 보고 한밤중에 매우 격렬하게 짖어댔습니다. 그 덕분에 그 집 사람들이 제때 일어나 화재를 피하고 생명을 보존하게 되었습니다. 그러나 그 가련한 개는 줄에 매여 있었습니다. 격렬하게 짖어댐으로써 다른 사람들의 생명은 살렸지만, 정작 자신은 불에 타 죽었습니다. 하나님을 위해 교회에서 수고하는 여러분이 여기의 개처럼 죽지 않습니까? 죄의 줄이 여러분을 묶도록 허락하지 마십시오. 그런 가운데 다른 사람들을 위해 경고하다가 정작 자신은 잃어버릴 수 있습니다. 여러분은 지금 내생의 약속이 주어져 있는 경건을 소유하고 있습니까? 그런지 그렇지 않은지 스스로 살펴보십시오.

여러분은 진정으로 경건을 찾고자 열망합니까? 그렇다면 그것이 오직 그리스도 안에 있다는 사실을 기억하십시오. 3주 전에 나는 윈더미어 호수에 갔었습니다. 거기에서 나는 물이 용솟음쳐 오르는 작은 옹달샘과, 그 옆에 여행자들이 물을 떠먹을 수 있도록 준비된 쇠로 된 작은 물그릇을 보았습니다. 나는 물을 떠먹으려고 앞으로 나아갔습니다. 그런데 그 그릇은 금이 가고 구멍이 나 있어서 물을 담을 수 없었습니다. 거기에다가 온통 녹이 슬어 있어서 설령 물을 담는다 하더라도 먹을 수 없었습니다. 때로 우리는 아무 짝에도 쓸모없는 구원의 도구들을 보게 됩니다. 그들은 여행자들을 실망시킵니다. 그러나 나의 주 예수 그리스도는 깊고 넓은 은혜의 강입니다. 여러분은 단지 몸을 구부려 마시기만 하면 됩니다. 그러면 여러분은 마시고 싶은 만큼 마시게 될 것입니다. 아무도 여러분에게 안 된다고 말하지 않을 것입니다. 여러분에게 "목마른 자는 올 것이요 또 원하는 자는 값없이 생명수를 받으라"는 말씀이 있지 않습니까?(계 22:17).

하나님이 은혜를 베푸사 부디 여러분이 마음으로 예수 그리스도의 복음을 믿기를 기원합니다.

제
9
장

—

살아 계신 하나님을 믿음

—

"이를 위하여 우리가 수고하고 힘쓰는 것은
우리가 살아 계신 하나님을 믿음이니" — 딤전 4:10

우리를 둘러싼 모든 것이 변할 때 우리는 탄식하게 되지만, 그러나 그 가운데 변하지 않는 하나님을 바라볼 때 우리는 위로를 발견하게 될 것입니다. 인간의 죽을 수밖에 없는 필멸성으로 인해 탄식할 때, 지혜로운 자는 "홀로 죽지 아니하시는" 하나님을 바라봅니다. 세상의 기쁨이 사라질 때, 우리에게 있어 사라지지 않는 기쁨의 샘에 가서 우리의 모든 고통을 잊도록 만들어주는 깊은 행복의 샘물을 마실 수 있는 것은 얼마나 복된 일입니까?

여기에서 나는 먼저 살아 계신 하나님의 존재라는 위대한 진리에 대해 말하고, 이어 그로부터 실제적인 추론들을 끌어내고자 합니다. 그리고 설교를 마치기 전에 여러분에게 한 가지 질문을 던질 것입니다.

1. 첫째로, 살아 계신 하나님의 존재라는
위대한 진리에 대해 살펴보도록 합시다.

바울은 디모데에게 "이를 위하여 우리가 수고하고 힘쓰는 것은 우리가 살아 계신 하나님을 믿음이니"라고 말합니다. 이러한 표현으로 바울이 의미하는 것은 첫째로, 하나님은 이방인들의 죽은 신들과는 달리 실제로 존재하신다는 것입니다. 사실 이방의 신들은 전혀 신도 아니며, 신으로서의 존재성도 갖지 못합니다. 수많은 사람들이 나무나 돌이나 상아나 금으로 만든 형상들 앞에 절을 합니다. 그러나 실상 그것들은 "입이 있어도 말하지 못하며 눈이 있어도 보지 못하며 귀가 있어도 듣지 못하며 코가 있어도 냄새 맡지 못하며 손이 있어도 만지지 못하며 발이 있어도 걷지 못하며 목구멍이 있어도 작은 소리조차 내지" 못합니다(시 115:5-7). 인간이 죽은 신을 섬길 수 있다는 사실은 인간의 이해력이 죽었음을 보여주는 확실한 표적입니다. 그러나 여러분과 나는 "살아 계신 하나님"을 섬깁니다. 그는 하늘과 땅과 그 안에 있는 모든 것을 만드신 하나님입니다. 그는 자신의 전능하신 팔로 온 우주를 지탱하시는 하나님입니다. 그는 자연과 섭리와 은혜를 주관하시는 하나님입니다. 그는 유일하시며 실제적인 참 하나님입니다. 그는 상상으로 불러낼 수 있는 꿈이나 유령이나 신화가 아니라 실제적인 하나님, 살아 계신 참 하나님입니다. 우리는 그를 참되며 성실한 마음으로 예배할 수 있습니다. 참 하나님을 예배할 수 있다는 사실은 우리에게 있어 얼마나 큰 축복입니까? 우리는 옛 조상들처럼 우연히 하나님을 더듬어 찾을 수도 있고, 거짓 신들을 섬기다가 미신의 미궁에서 길을 잃을 수도 있습니다. 그러나 "어두운 데에 빛이 비치라 말씀하셨던 그 하나님께서 예수 그리스도의 얼굴에 있는 하나님의 영광을 아는 빛을 우리 마음에" 비추셨으며, 따라서 우리는 살아 계시며 실제적인 하나님을 믿습니다(고후 4:6).

"살아 계신 하나님"이란 표현으로써 바울이 두 번째로 의미하는 것은, 하나님의 자존성과 독립성입니다. 우리는 매우 강조적인 의미에서 살아 계신 하나님을 믿습니다. 여러분과 나도 살아 있지만, 그러나 우리의 존재는 전적으로 하나님의 뜻에 의존합니다. 물론 하나님은 우리에게 불멸의 영을 주셨지만, 그러나 그러한 불멸성은 오직 하나님의 정하심으로 말미암습니다. 그리고 신자들의 영광스러운 불멸은 그들의 머리되신 주 예수 그리스도와의 생명의 연합으로부터 말미암습니다. 우리는 독립적인 불멸성을 갖지 못합니다. 우리에게 있어 그것은 고유한 속성이 아닙니다. 다만 신적 능력의 의해 계속해서 유지되며 지탱되어야 하는 것입니다. 그것은 스스로 불탈 수 없는 불입니다. 계속해서 연료가 공급되어야 합니다. 그렇지 않으면 불은 곧 꺼질 것입니다. 그러나 하나님은 스스로 존재하시는 분입니다. 그는 위대한 자존자입니다. 설령 그의 모든 피조물들이 더 이상 존재할 수 없게 된다 할지라도, 그는 완전하신 하나님으로서 여전히 정당합니다. 그들이 있을 때도 그렇고, 없을 때도 마찬가지입니다.

"그는 불안한 보좌에 앉아 계시지 아니하며,
　무엇에도 빚지고 있지 않도다."

　하나님은 연료 없이도 계속해서 타오르는 불이며, 아무리 빛을 비추어도 그 빛이 감소하지 않는 태양입니다. 그는 독립적이며, 자존하신 하나님입니다. 그는 우주 전체에서 홀로 "살아 계신" ─ 가장 충분하며 가장 강조적인 의미에서 ─ 하나님입니다.

　이런 하나님을 예배하는 것은 얼마나 복된 일입니까? 도대체 무엇이 그의 생명과 권능과 능력을 감소시킬 수 있단 말입니까? 만일 하나님의 궁정이 유지된다면, 그것은 사람들이 바치는 공물에 의해서가 아니라 그분 자신의 부요함에 의한 것입니다. 만일 그의 주권이 견고하다면, 그것은 군대의 힘에 의한 것이 아니라 그분 자신의 전능하심에 의한 것입니다. 만일 그분 자신이 완전하게 충족하시다면, 그것은 그가 만물을 자신에게로 모으기 때문이 아니라 만물이 그로부터 말미암기 때문입니다. 그는 우리가 마땅히 예배해야 할 하나님이 아닙니까? 그는 우리가 완전하게 의지하며 안식할 하나님이 아닙니까? 그는 스스로 실패할 수 없으며, 우리로 하여금 실패하게 하실 수도 없는 하나님 아닙니까?

　"살아 계신 하나님"이란 표현이 세 번째로 의미하는 것은 모든 영원을 통한 하나님의 존재의 사실 속에서 발견됩니다. 여러분과 내가 지금은 살아 있지만, 그러나 우리가 살아 있지 않았던 때가 있었습니다. 또 이 세상과 관련한 한, 우리가 죽은 자 가운데 계수될 때가 올 것입니다. 그러나 하나님이 살아 계시지 않았던 때는 결코 없었습니다. 그는 항상 살아 계신 하나님이셨으며, 항상 살아 계신 하나님이시며, 항상 살아 계신 하나님이실 것입니다. 여러분의 생각을 영원으로 되돌려 보십시오. 물론 그것은 매우 어려운 일입니다. 왜냐하면 영원에 대한 우리의 모든 개념은 매우 피상적이며 얕기 때문입니다. "영원"이 의미하는 바에 대해 우리는 명확한 개념을 형성할 수 없습니다. "영원한 과거"(past eternity, 혹은 "지나간 영원")란 표현을 생각해 보십시오. 그 자체가 우리의 유한한 이해력을 드러내지 않습니까? 우리는 부정확한 단어들을 사용하여 우리의 불완전한 개념을 표현합니다. 그러나 해와 달과 별들과 우주 전체가 아직 하나님의 마음속에서 잠자고 있을 때 ─ 마치 숲이 도토리깍정이 속에서 잠자고 있는 것처럼 말입니다 ─ 심지어 그때에도 하나님은 "살아 계신 하나님"이셨습니다. 최초의 빛줄기가 태초의 어둠을 비추기 전에도 아니 어둠조차도 있기 이전에도, 하나님은 "살아 계신 하나님"이셨습니다. 그때에도 하나님은 지금과 마찬가지고 정당하시며, 위대하시며, 영광스러우셨습니다. 그를 찬미하는 천사나 우러러 앙모하는 사람들이 없을 때에도, 그는 여전히 그들과 무관하게 "살아 계신 하나님"이셨습니다. 우리에게 있어 이러한 사실은 얼마나 복된 것입니까? 사탄이 우리를 대적하여 음모를 꾸밀 때도 하나님은 계셨으며, 그 영원 이전에도 하나님은 계셨습니다. 사탄은 하나님과 비교할 때 아이에 불과합니다. 하나님은 모든 세대의 영원이시며, 영원하신 아버지입니다. 그는 항상 일어날 수 있는 모든 일을 예상하실 수 있으며, 우리에게 해가 될 수 있는 모든 일을 사전에 아시며, 대적의 모든 갱도(坑道)를 뚫으시며, 옛 뱀의 모든 궤계를 좌절시키시고, 도리어 그것을 자신의 영광을 드러내는 것으로 바꾸십니다.

또 그는 과거에 "살아 계신 하나님"이셨던 것처럼, 현재에도 "살아 계신 하나님"이십니다. 영원에 대한 인간적인 표현으로, 그는 진실로 수천 억 년 전에도 살아 계셨습니다. 왓츠 박사(Dr. Watts)는 이렇게 노래합니다.

> "그는 자신의 영원을 지금 채우노라,
> 그리고 우리의 세대들이 지나가는 것을 아시노라."

우리에게 세대들은 과거가 되기도 하고, 현재가 되기도 하며, 미래가 되기도 합니다. 그러나 하나님께는 모두 현재입니다. 사람이 지도를 바라볼 때, 그는 나라 전체를 자기 손 아래 놓을 수 있습니다. 그러나 여행자가 나라 전체를 이 끝에서 저 끝까지 지나가기 위해서는 수많은 시간을 힘겹게 여행해야 합니다. 그러나 지도 위에서 여러분의 손은 나라 전체를 망라할 수 있습니다. 이와 같이 영원 전체가 하나님의 손 아래 있습니다. 마치 사람의 손이 지도 위에서 나라 전체를 망라하는 것처럼 말입니다. 하나님은 영원히 "살아 계신 하나님"이셨으며, 영원히 "살아 계신 하나님"이십니다. 그는 영원히 지혜로우시며, 사랑이 많으시며, 온유하시며, 강하십니다. 영원히 그러셨으며, 영원히 그러십니다. 그의 거룩한 이름을 송축합시다.

뿐만 아니라 그는 미래 전체를 통해 그러하실 것입니다. 우리는 이 세상에서 아직 일어나지 않은 일은 알 수 없습니다. 그러나 한 가지, 즉 하나님은 항상

"살아 계신 하나님"이실 것이라는 사실만은 분명히 압니다. 지금 강력한 힘을 가진 나라들도 언젠가 완전하게 멸망을 당할 수 있습니다. 지금의 세대도 완전하게 지나갈 것이며, 언젠가는 "산들도 떠나며 언덕들도 옮겨질" 것입니다(사 54:10). 그러나 다음과 같은 사실은 결코 움직이지 않습니다. 즉 모든 세대에 자기 백성들의 거처이셨던 자는 아직 도래하지 않은 이후 세대에도 그의 백성들의 거처일 것이라는 사실 말입니다. 우리의 위대하신 주님의 죽음을 알리는 장례식 종소리는 결코 없을 것입니다. 하늘의 복된 영들에게 있어 그들의 창조주와 보호자와 보존자와 친구가 되시는 분이 더 이상 존재하지 않게 되었음으로 인해 슬퍼할 필요는 전혀 없을 것입니다. 왜냐하면 그는 영원히 "살아 계신 하나님"이실 것이기 때문입니다. 그는 영원히 살아 계시기 때문에 다음과 같은 찬미를 받기에, 아니 홀로 독점하기에 합당합니다. 왜냐하면 그것은 오직 그분께만 속하기 때문입니다.

> "위대하신 하나님! 주는 얼마나 무한하신지요!
> 우리는 하찮은 벌레에 불과하나이다!
> 모든 피조물이 주께 엎드려 절하며
> 찬미를 돌리기에 합당하나이다.
>
> 주의 보좌는 영원히 섰나이다.
> 바다들과 별들이 만들어지기 전에.
> 주는 영원히 살아 계신 하나님이시나이다.
> 열방이 사라진다 할지라도.
>
> 영원과 그 모든 연수(年數)는
> 주께서 보시기에 항상 현재로 서 있나이다.
> 주께 예전에 사라진 것도 없으며
> 새로운 것도 없나이다."

　　"살아 계신 하나님"이란 표현의 네 번째 의미는 이것입니다. 즉 하나님은 그 존재의 충분한 분량으로 스스로, 항상, 실제로, 그리고 진실로 하나님이 되심으로써 "살아 계신 하나님"이라 불린다는 사실입니다. 어떤 때 우리는 어떤 사람에 대해 "그가 완전하게 살아 있다"라고 말합니다. 그러다가 다른 때 그는 충분하게 살아 있다고 말할 수 없는 상태가 됩니다. 그는 어느 정도 생명을 유지하고 있지만, 그러나 충분한 생명을 가지고 있지는 않습니다. 그러다가 마침내 우리는 그가 죽었다고 말합니다. 그렇다고 해서 그가 존재하기를 그친 것은 아닙니다. 왜냐하면 사람이 존재하기를 그치지 않는 것은 하나님 자신이 존재하기를 그치지 않는 것과 마찬가지이기 때문입니다. 대신에 우리는 그가 죽었다고 말합니다. 왜냐하면 그의 존재의 일부인 몸이 무덤에 들어갔기 때문입니다. 그러나 하나님은 모든 생명(all life)이시며, 홀로 생명(only life)이십니다. 따라서 하나님의 어떤 부분도 — 이를테면 그의 어떤 부분의 기능이나 능력이나 속성도 — 마비될 수 없으며, 지극히 작은 분량으로라도 죽음과 유사한 어떤 것에 종속될 수 없습니다. 하나님은 완전히 살아 계시며, 모든 생명이시며, 홀로 생명이십니다. 하나님의 지혜는 항상 무오(無誤)합니다. 그의 능력은 항상 무한합니다. 그의 힘은 어느 때든지 항상 유효(有效)합니다. 그가 나이에 굴복한다든지, 피로로 지친다든지, 괴로움으로 무기력해지는 때는 결코 올 수 없습니다. "살아 계신 하나님"은 전체적인 하나님(whole God)입니다. 하늘의 네 생물이 그에 대하여 "거룩하다 거룩하다 거룩하다 주 하나님 곧 전능하신 이여 전에도 계셨고 이제도 계시고 장차 오실 이"라고 찬송을 부른 것처럼, 그는 전체적인 하나님입니다(계 4:8). "하나님"이란 단어가 무엇을 의미하든 간에, 하나님은 충분한 분량으로 항상 살아 계실 것이며, 우리가 죽음이라고 부르는 것에 의해 가장 작은 분량만큼도 그의 존재가 감소되지 않을 것입니다. 그는 영원무궁히 "살아 계신 하나님"이십니다.

나는 이러한 진리에 대해 묵상하기를 좋아합니다. 왜냐하면 하나님 자신이 그에 대해 반복적으로 말씀하시기 때문입니다. 하나님은 광야에서 모세에게 "여호와의 손이 짧으냐?"라고 반문하셨습니다(민 11:23). 이사야의 예언에서, 우리는 "내 손이 어찌 짧아 구속하지 못하겠느냐 내게 어찌 건질 능력이 없겠느냐?"란 말씀을 읽습니다(사 50:2). 그는 또 계속해서 성령의 감동으로 이렇게 기록합니다. "여호와의 손이 짧아 구원하지 못하심도 아니요 귀가 둔하여 듣지 못하심도 아니라"(사 59:1). 자기 날개로 이스라엘을 품어 깊은 바다를 지나게 하시고 바로의 멍에로부터 건져내셨을 때와 똑같이, 하나님은 지금도 강한 능력을 가지고 계십니다. 하나님을 송축할지니, 그는 여전히 "살아 계신 하나님"이십니다.

　　"살아 계신 하나님"이란 표현의 다섯 번째 의미는 하나님이 역동적으로 활동하고 계시다는 것입니다. 기꺼이 어떤 종류의 신을 믿고자 하지만 그러나 도무지 신이라 불리기에 합당하지 못한 그런 신을 믿는 사람들이 있습니다. 그들은 무신론자가 아닙니다. 만일 우리가 그들을 그런 이름으로 부른다면, 그들은 심한 반감을 느낄 것입니다. 그러나 그들의 관념은 모든 것이 소위 "자연법칙"(the laws of nature)에 의해 움직인다는 것입니다. 만일 그들에게 "자연"(nature)이 무엇이냐고 묻는다면, 그들은 기이한 대답을 할 것입니다. 어떤 사람은 말합니다. "나는 당신들의 예배처소에 들어가, 거기 앉아 당신들이 하나님에 대해 말하는 것을 듣고 싶지 않습니다. 나는 여기저기 산책하면서 자연을 예배하기를 좋아합니다." 나는 그가 "자연"이란 표현으로 무엇을 의미하는지 묻고 싶습니다. 만일 그가 런던에 있다면, 나는 그에게 "당신이 말하는 자연은 길게 뻗은 돌담과 산책로들을 의미하는 것입니까?"라고 물을 것입니다. 그들이 말하는 자연은 정말로 돌담과 산책로들입니까? 그렇다면 나는 그의 "자연"을 예배하지 않을 것입니다. 아니면, 그는 초원의 풀과 들의 꽃들을 의미합니까? 그렇다면, 도대체 내가 왜 소가 뜯어먹는 것을 예배해야 한단 말입니까? 만일 사람이 몸을 구푸려 소가 뜯어먹는 것에 절한다면, 그것은 사람을 얼마나 저급하게 만드는 것입니까?

　　그러나 그들은 '살아 계시며 참되신 하나님 개념'을 폐하기 위해 또 다른 말을 할 것입니다. 그들은 하나님은 다른 일로 바쁘시고 만물은 스스로 움직이도록 만들었다는 듯이 "자연"이나 "섭리" 따위의 단어들을 주로 사용합니다. 아들이 태어났을 때 자동기계장치로 그 아들을 씻기고, 옷을 입히며, 자동으로 작동되는 요람에 누이고, 자동기계로 정기적으로 우유를 공급하는 아버지를 생각해 보십시오. 나는 그런 아버지의 아들이 되고 싶지 않습니다. 그리고 나는 그런 아버지를 한 번도 본 적이 없습니다. 물론 나는 만물 속에 어떤 신비한 힘이 있다는 사실을 압니다. 비록 그것을 보지는 못했다 하더라도 말입니다. 바로 그것이 그들이 "하나님"이라고 부르는 죽은 힘인 것입니다. 그러나 우리가 믿는 하나님은 위대하시며, 온유하시며, 사랑이 많으시며, 생각하시며, 행동하시는 인격적인 하나님입니다. 그는 자신이 만든 만물이 스스로 움직이도록 그냥 내버려 두시는 분이 아닙니다. 비록 세상이 그를 알지 못한다 하더라도, 그것은 여전히 그의 세상이며 그는 여전히 그 안에 계십니다.

　　나는 "이 세상에 살아 계신 하나님"에 대해 묵상하기를 좋아합니다. 이 세상은 바로 그 자신이 창조하신 세상 아닙니까? 앵초나 수선화를 바라볼 때, 나는 이러한 봄꽃들을 이토록 아름답게 채색한 분이 하나님임을 압니다. 각종 풀꽃들을 모을 때, 나는 하나님의 색연필이 움직인 것을 압니다. 나는 꽃을 바라보면서 내가 하나님께 가까이 있음을 느낍니다. 마치 친구의 화실에 들어가 거기에 걸려 있는 몇몇 그림들을 바라볼 때 느끼는 것처럼 말입니다. 나는 그가 거기에 있으면서 이토록 아름다운 그림들을 그렸음을 압니다. 마찬가지로 나는 나의 하나님의 손이 이토록 아름다운 자연의 그림들을 그렸음을 압니다. 그래서 나는 "살아 계신 하나님"과 아주 가깝게 있게 됩니다. 사랑하는 형제 자매들이여, 나에게 있어 하나님이 단순히 죽은 힘, 혹은 추상적인 에너지, 혹은 세상에 에너지를 주는 어떤 것, 혹은 오래 전에 세상에 에너지를 주었지만 지금은 옛 에너지들로 하여금 스스로 작동하도록 내버려 둔 어떤 것이 아니라는 사실을 기억하는 것은 큰 기쁨입니다. 절대로 그렇지 않습니다. 나는 주 하나님이 여전히 여기의 정원의 나무들 사이에서 거닐고 계심을 믿습니다. 주 하나님은 마치 목자처럼 여전히 자기 양들을 지키시며, 여전히 우레 가운데 우리에게 말씀하시며, 여전히 햇빛 속에서 우리를 향해 웃으시며, 여전히 이슬과 비로 축복을 내려주시며, 여전히 추수할 곡식을 풍성하게 내려주십니다. 그는 겨울에도 우리를 위해 일하십니다. 바람과 서리로 흙을 기름지게 만들고, 그럼으로써 땅으로 하여금 사람을 위한 곡식과 소 떼를 위한 풀을 맺도록 준비시킵니다. 우리는 이와 같이 하나님이 여전히 "살아 계신 하나님"이심을 묵상하기를 기뻐합니다.

여섯 번째로 하나님은 생명의 근원이요, 생명을 주시는 자시요, 생명을 지탱하는 자라는 의미에서 "살아 계신 하나님"입니다. 우리는 살아 있는 피조물이지만, 그는 살아 계신 하나님입니다. 우리는 살아 있는 의존자들이지만, 그는 우리 모두가 의존하는 "살아 계신 하나님"입니다. 그는 우리에게 무(無)로부터 말씀하셨으며, 또 그렇게 하기를 기뻐하신다면 우리로 하여금 무(無)로 돌아가라고 말씀하실 수 있습니다. 우리는 단지 그의 뜻으로 말미암은 피조물에 불과합니다. 그리고 소작인들처럼 그의 땅에서 살고 있습니다. 우리는 그의 뜻이라면 언제든지 그곳으로부터 쫓겨날 수 있으며, 심지어 코로 숨 쉬는 것까지 그의 절대적인 뜻에 의존합니다. 그러나 하나님은 생명 자체입니다. 그로부터 그의 피조물들에게로 흐르는 모든 강들을 따라 많은 생명이 자랍니다. 그러는 가운데 그가 "인자(人子)들아 돌아가라"라고 말씀하시면, 우리는 그에게로 돌아갑니다. 이와 같이 그는 "살아 계신 하나님"입니다. 이제까지 항상 그러셨던 것처럼, 앞으로도 항상 그럴 것입니다.

> "주여, 주의 은혜를 알지 못하는 자들로 하여금,
> 주의 영광을 보지 못하게 하소서.
> 그러나 우리의 우렁찬 노래들은
> 여전히 주의 기이한 것들을 기록할 것이나이다.
>
> 말씀으로 우리를 지으신 주여,
> 우리가 주의 이름을 앙모하나이다.
> 주는 우리의 망가진 체질을 회복시키시사
> 주의 구원에 이르게 하시나이다!"

　　이와 같이 나는 "살아 계신 하나님"이란 표현이 의미하는 바를 여섯 가지로 제시했습니다. 나는 땅 위에 있는 모든 것들을 상상하면서, 그 모든 것들에 대해 이렇게 말합니다. "그것들은 모두 죽어가는 피조물들이로다." 이것은 분명한 사실이지만, 그러나 사람들은 너무나 자주 잊어버립니다. 그러나 사랑하는 사람이 세상을 떠날 때, 우리는 그 사실을 깨닫기 시작합니다. 이것을 생각할 때, 나는 마치 그 행렬이 나를 지나가는 것 같은 느낌을 받습니다. 나는 나를 지나갔던 많은 사람들을 기억합니다. 그들은 내가 여기 남아있는 동안 지나갔습니다. 나는 이 땅에서는 더 이상 그들을 보지 못할 것입니다. 우리 주님의 종들의 긴 행렬을 생각해 보십시오. 그들 가운데 어떤 사람들은 주님의 깃발을 높이 들고 나아갑니다. 그리고 다른 사람들은 밤의 두려움 때문에 칼을 뽑아들고 행군합니다. 또 어떤 사람들은 미약하고 연약합니다. 그들은 주변에 힘센 용사들의 보호를 받아야만 합니다. 지금도 여러분 가운데 어떤 사람은 내 앞서 지나갑니다. 그리고 더 많은 사람들이 오고 있습니다. 그러나 그들도 결국 다 지나갈 것입니다. 지금 나는 이런 행렬을 바라보고 있다고 말했습니다. 그러나 틀렸습니다. 왜냐하면 나 역시 그 행렬 가운데 있기 때문입니다. 나 역시 다른 사람들과 함께 지나가고 있습니다. 우리 모두는 마치 그림자와 같지 않습니까? 그림자처럼 쏜살같이 지나가지 않습니까? 우리는 그저 잠시 사노라고 말할 수 있을 뿐입니다. 왜냐하면 우리가 살기 시작하는 순간은 곧 우리가 죽기 시작하는 순간이기 때문입니다.

> "우리 맥박의 고동은
> 계속해서 그 수가 줄어가노라."

이 땅은 "살아 있는 땅"이 아닙니다. 이 세상은 계속해서 죽어가는 세상입니다. 살아 있는 세상은 죽음의 차가운 강 너머에 있습니다. 여기에는 헤아릴 수 없이 많은 무덤들이 있습니다. 이 세상에 도대체 무덤이 아니었던 곳이 어디란 말입니까? 바람이 불 때 여러분의 얼굴에 부딪히는 먼지 입자들을 생각해 보십시오. 어쩌면 그것들은 한때 어떤 생명체의 일부를 구성하고 있었던 것이었는지도 모릅니다. 오, 죽음이여! 그대는 모든 것을 통치하도다. 그러나 죽음이여, 결코 그렇지 아니하도다. 왜냐하면 심지어 그대까지도 통치하는 자가 계시기 때문이로다. 오, 죽음이여! 그대는 "살아 계신 하나님"을 능가하는 권세를 가질 수 없도다. 그대는 그의 종일 뿐이요, 다만 그의 목적을 이루기 위해 허용된 것일 뿐이니라. 그것은 우리가 그대를 통과하여 생명으로 나아가기 때문이로다. 우리 구주의 죽으심으로 인해, 우리는 멸망으로부터 구속받았습니다. 따라서 우리는 죽음과 멸망의 용모를 띠고 있는 모든 것으로부터 돌이켜 영원히 동일하시며 그 연대(年代)가 끝이 없으신 자에게로 향할 수 있습니다.

**2. 둘째로, 이러한 위대한 진리로부터
몇 가지 실제적인 추론을 도출해 보도록 합시다.**

우리가 도출할 수 있는 첫 번째 추론은 경건한 두려움과 거룩한 떨림의 개념입니다. 우리가 예배하는 하나님은 얼마나 크신 하나님입니까? 나무로 만든 신 앞에 엎드려 절하는 가련한 이교도들을 생각해 보십시오. 그러나 우리는 "살아 계신 하나님"을 예배하기 위해 여기에 모였습니다. 율법이 주어졌을 때, 이스라엘 백성들은 모세에게 이렇게 말합니다. "육신을 가진 자로서 우리처럼 살아 계시는 하나님의 음성이 불 가운데에서 발함을 듣고 생존한 자가 누구니이까?" 하나님이 내려오셔서 산들을 덮으심으로 산들이 거대한 향단처럼 연기를 내자, 그들은 그 자리에 서서 두려워 떨 수밖에 없었습니다. 이것이 우리가 예배하는 하나님입니다. 그 앞에 모든 것은 하찮은 것일 뿐입니다. "살아 계신 하나님" 앞에서,

우리는 티끌 가운데 엎드려야 합니다. 여호와를 섬긴다고 고백하는 자들이여, 그를 신실하게 섬기고 있는지 스스로 돌아보십시오. 왜냐하면 여러분이 섬기는 자는 "살아 계신 하나님"이시며, 위선적인 섬김으로 조롱을 당하지 않으시는 하나님이기 때문입니다. 그와 화해하지 못한 자들이여, 여러분이 화해하지 못한 자는 "살아 계신 하나님"이란 사실을 기억하십시오. 그리고 "살아 계신 하나님의 손에 빠져 들어가는 것이 무서울진저"라는 두려운 말씀과 "우리 하나님은 소멸하는 불이심이라"는 엄중한 선언을 기억하십시오(히 10:31; 12:29). 이와 같이 우리는 "살아 계신 하나님"이라는 위대한 진리로부터 첫 번째로 경건한 두려움과 거룩한 떨림의 개념을 추론할 수 있습니다.

　　하나님의 백성에게 있어 "살아 계신 하나님"이란 위대한 진리로부터 도출할 수 있는 두 번째 추론은 거룩한 용기의 개념입니다. 우리는 하나님의 편입니까? 그렇다면, 사랑하는 형제 자매들이여, 결코 두려워하지 맙시다. 왜냐하면 우리는 "살아 계신 하나님"의 편이기 때문입니다. 누가 그에게 도전할 수 있습니까? 누가 감히 그와 싸워 이길 수 있습니까? 여러분은 다윗이 가드 사람 골리앗과 관련하여 사울에게 말한 것을 기억할 것입니다. "주의 종이 사자와 곰도 쳤은즉 살아 계시는 하나님의 군대를 모욕한 이 할례 받지 않은 블레셋 사람이리이까 그가 그 짐승의 하나와 같이 되리이다"(삼상 17:36). 그는 마치 이렇게 말하는 것 같습니다. "이 거인 친구는 단지 죽은 신의 종일 뿐입니다. 그와 그의 신으로 하여금 내 앞에 나오게 하십시오. 나 스스로는 아무것도 아니지만 그러나 나는 살아 계신 하나님의 이름으로 나갑니다. 그리고 그의 머리를 승리의 전리품으로 가져올 것입니다. 아무도 그 때문에 두려워 떨지 마십시오." 이와 같이 오늘날에도 거대한 골리앗이 우리 앞에 나타날 때, 우리는 이렇게 말해야 합니다. "그가 도대체 무엇이관대 살아 계신 하나님의 군대에 도전한단 말인가?" 만일 이스라엘의 하나님이 지금 살아 계시지 않는다면, 의와 진리가 승리하는 원칙은 결코 서지 못할 것입니다. 그러나 우리는 다윗처럼 "여호와께서 살아 계시니 나의 반석을 찬송하리로다"라고 말할 수 있습니다(시 18:46). 그가 살아 계신 한, 우리는 "만일 하나님이 우리를 위하시면 누가 우리를 대적하리요"라고 담대하게 말할 수 있습니다(롬 8:31).

　　세 번째로, 이것은 또한 위험의 때에 우리의 큰 위로와 안위가 될 것입니다. 히스기야가 앗수르 왕 산헤립으로부터 혐오스러운 편지를 받았던 사건을 기억합니까? 그때 히스기야는 "그 편지를 여호와 앞에 펴" 놓았습니다(왕하 19:14). 형제들이여, 여러분은 여러분의 편지를 하나님 앞에 펴 놓아 본 적이 있습니까? 그것이 악하고 혐오스러운 편지일 때, 이렇게 하나님 앞에 펴 놓는 것이 세상에서 우리가 할 수 있는 최선의 방법입니다. 히스기야는 산헤립의 편지를 여호와 앞에 펴 놓으면서 이렇게 말합니다. "여호와여 귀를 기울여 들으소서 여호와여 눈을 떠서 보시옵소서 산헤립이 살아 계신 하나님을 비방하러 보낸 말을 들으시옵소서"(16절). 바로 이것이 핵심이었습니다. 히스기야는 산헤립이 멸망을 당할 것을 확신했습니다. 왜냐하면 그가 살아 계신 하나님께 도전했기 때문입니다. 만일 하나님이 죽은 신이었다면, 산헤립은 하나님을 다른 신들처럼 대할 수 있었을 것입니다. 산헤립은 이렇게 말했었습니다. "내 조상들이 멸한 여러 민족 곧 고산과 하란과 레셉과 들라살에 있는 에덴 족속을 그 나라들의 신들이 건졌느냐?"(12절). 그는 그것들이 산산조각으로 깨어진 것은 그것들이 단순한 우상이었기 때문이라는 사실을 깨닫지 못했습니다. 그러나 이번에는 "살아 계신 하나님"께 도전하고 있었습니다. 형제들이여, 만일 "살아 계신 하나님"이 여러분 편에 서 계신다면, "여러분을 치려고 제조된 모든 연장은 쓸모없는 것이 될 것이며 여러분을 대적하여 송사하는 모든 혀는 도리어 여러분에게 정죄를 당하게" 될 것입니다(사 54:17). 사랑하는 자들이여, 만일 여러분이 "살아 계신 하나님" 앞에 성실하게 행한다면, 설령 산헤립이 강한 군대를 끌고 여러분을 대적하기 위해 온다 할지라도, 여러분의 하나님 여호와가 그의 거룩한 천사를 보내 여러분의 원수들을 치실 것입니다. 그리고 여러분은 필경 구원을 얻게 될 것입니다. 만일 여러분의 하나님이 "살아 계신 하나님"이라면, 아무것도 두려워하지 마십시오.

네 번째로, 이러한 진리는 항상 우리로 하여금 사람들을 두려워하지 않도록 만들어줍니다. 도대체 사람이 무엇이란 말입니까? 주님이 이사야 선지자에게 말씀하셨던 것을 기억해 보십시오. "너는 어떠한 자이기에 죽을 사람을 두려워하느냐?"(사 51:12). 여러분을 위협하는 가장 힘세고 가장 포학한 사람조차도 고작해야 죽을 사람에 불과합니다. 또 예수 그리스도는 여러분에게 이렇게 말씀하십니다. "몸은 죽여도 영혼은 능히 죽이지 못하는 자들을 두려워하지 말라"(마 10:28). 헤롯은 곧 벌레들에 의해 먹힐 것입니다. 박해하는 왕들도 하나님이 그들을 정죄하실 때 곧 사라질 것입니다. 그러므로 "살아 계신 하나님"이 여러분의 하나님이라면, 죽을 사람을 두려워하지 마십시오.

"성도들이여, 하나님을 두려워하라.
그러면 그 외에 다른 어느 것도
두려워하지 않게 될 것이라."

"살아 계신 하나님"이라는 위대한 진리로부터 도출할 수 있는 다섯 번째 추론은 그것이 우리로부터 사별(死別)의 슬픔을 경감시켜 준다는 사실입니다. 슬픔은 자연스러운 것이지만, 그러나 과도한 슬픔은 잘못입니다. 나는 어떤 선한 여인에 대해 들은 적이 있습니다. 그녀는 남편을 잃고 오랫동안 슬픔에서 헤어나오지 못했습니다. 그녀의 어린 아들은 그녀가 매일같이 우는 것을 보았습니다. 그러다가 마침내 그녀의 옷을 잡아당기며 물었습니다. "엄마, 하나님이 죽으셨어요?" 그녀는 대답합니다. "그렇지는 않지만, 그러나 네 아버지가 죽으셨단다." 그러나 어린 아들의 질문은 그녀의 슬픔을 멈추게 만들었습니다. 왜냐하면 만일 하나님이 죽지 않았다면, 우리 모두에게 즐거운 소망이 남아있기 때문입니다. 만일 사람들이 와서 "그토록 교회 일에 열심이었던 그 부인이 죽었습니다, 우리가 그토록 사랑했던 그 형제가 죽었습니다, 목사님이 죽었습니다"라고 말한다면, 누가 슬퍼하지 않을 수 있겠습니까? 그러나 그런 때조차도 "주께서 살아 계신다"는 것은 여전히 사실입니다. "주께서 살아 계신다"는 위대한 사실을 항상 기억하십시오. 우리는 우리의 사랑하는 자들을 무덤에 묻어야만 할 것입니다. 그러나 하나님은 살아 계십니다. 그리고 하나님이 살아 계시는 한, 우리는 "이제 어떻게 해야 하지?"라고 물을 필요가 없습니다. 우리는 어떻게 해야 할지 모를 수 있지만, 그러나 하나님은 아시며 그렇게 하실 것입니다. 우리는 "아! 결코 메워질 수 없는 거대한 간격이 있어"라고 말해서는 안 됩니다. 하나님은 살아 계십니다. 하나님은 그 간격을 메우실 수 있습니다.

그러므로 여러분은 낙담하거나 절망해서는 안 됩니다. 우리는 슬퍼할 수 있습니다. 예수께서도 눈물을 흘리셨습니다. 그러나 결코 하나님을 불신하지 맙시다. 하나님이 한 사람의 일꾼을 데려가실 때, 그는 또 다른 일꾼을 세우실 것입니다. 만일 주님이 여러분으로부터 남편을 데려가신다면, 그 자신이 여러분의 남편이 되어주실 것입니다. 만일 주님이 여러분으로 하여금 아버지 없이 내버려 두신다면, 그 자신이 여러분의 아버지가 되어주실 것입니다. 만일 주님이 여러분에게 자녀를 허락하지 않는다면, 그는 이렇게 말씀하실 것입니다. "내가 네게 열 아들보다 낫지 아니하뇨?" 그는 모든 간격을 메우실 수 있습니다. 그러므로 여러분의 영혼을 최고의 만족으로 넘치게 하십시오.

> "주께서 이르시되 보라 내가 너희와 함께 있나니,
> 내 백성은 안전하게 거할 것이라.
> 그 영혼이 나를 믿는 나의 백성을
> 내가 결코 버려두지 않을 것이라.
>
> 삶과 죽음의 모든 순간들을 통해
> 우리는 그 약속을 믿노라.
> 그리고 그것은 우리 자녀들의 노래가 될 것이라,
> 우리가 죽어 흙이 된 후에도."

여섯 번째, 이러한 진리는 또한 우리로 하여금 사업에서의 손실이나 역경 가운데에도 지나치게 슬퍼하지 않도록 만들어줍니다. 친구여, 당신은 오늘 큰 손실을 입었으며, 그 일로 인해 얼굴이 핼쑥해졌습니다. 혹은 여러분에게 큰 이익을 가져다주던 사람이 파산했다든지 혹은 죽었다는 소식을 들었습니다. 그러나 주님은 살아 계십니다. "살아 계신 하나님을 믿음이니." 주님을 위해 고아원과 대학과 관련한 일을 해야만 했던 적이 있었습니다. 그러다 보면 재정이 부족하다든지 혹은 완전히 고갈되는 때도 있습니다. 나는 쌀통 바닥을 긁은 적이 종종 있었습니다. 나는 한 방울의 기름을 얻기 위해 기름병을 짜내야만 했습니다. 그러나 우리는 살아 계신 하나님을 믿었습니다. 그리고 지금까지 우리는 그분이 충분히 믿을 만한 분임을 발견했으며, 앞으로도 항상 그러할 것을 믿습니다. 우리 편에서는 실수와 오류가 있어 왔습니다. 그러나 하나님 편에서는 어떤 실수도 어떤 오류도 없었습니다. 우리는 이러한 사실을 증언하지 않을 수 없습니다. 그러므로 항상 "살아 계신 하나님"을 신뢰합시다. 여러분 앞에 폭풍이 불어올 때, 때가 되면 폭풍조차도 여러분에게 유익한 것으로 바뀔 것이라고 믿으십시오. 여러분 앞에 거센 파도가 몰아칠 때, 도리어 그것이 여러분을, 바라던 하늘나라로 더 가까이 나아가도록 이끌어줄 것이라고 믿으십시오.

또 우리가 "살아 계신 하나님"을 믿을 때, 그것은 일곱 번째로, 우리에게 세상을 떠난 그리스도인 친구들과 관련하여 가장 풍성한 위로를 베풀어줍니다. 그들의 하나님이 살아 계시기 때문에, 그들은 죽지 않습니다. 여러분은 그리스도께서 사두개인들과 논쟁을 벌이신 것을 기억할 것입니다. 그때 그리스도의 논증은 대략 이런 것이었습니다. 하나님은 "나는 아브라함의 하나님이요 이삭의 하나님이요 야곱의 하나님"이라고 말씀하셨다. 만일 하나님이 죽은 자들의 하나님이 아니고 산 자들의 하나님이라면, 죽은 성도들은 실제로 죽은 것이 아니다. 어떤 잘못된 생각이 생기면, 그것은 또 다른 잘못된 생각을 유발시킵니다. 오류는 또 다른 오류를 낳는 법입니다. 어떤 사람들이 인간의 모든 영혼이 불멸이 아니며, 악인의 영혼은 소멸될 것이라는 개념을 출발시킵니다. 그러나 여기에서 멈추지 않습니다. 그들은 한 걸음 더 나아갑니다. 그 다음 개념이 제시되는데, 우리 모두가 죽을 때 소멸된다는 개념입니다. 어떤 영혼도 불멸이 아니며, 의인조차도 그 영혼과 몸과 모든 것이 소멸된다는 것입니다. 이것이 유물론의 개념입니다. 그들은 그리스도인인 우리조차도 그렇게 생각할 것이라고 상정합니다. 그러나 우리는 바보가 아닙니다. 그들이 어떻게 생각하든 말입니다. 우리는 이 땅에서 오랜 세월 예수 그리스도와 함께 했던 우리의 사랑하는 친구들이 이제는 더 이상 그리스도와 함께 하지 않을 것이라고 결코 믿지 않습니다. 만일 하나님이 그들의 하나님이시며 "하나님은 죽은 자들의 하나님이 아니라 산 자들의 하나님"이라는 그리스도의 말씀이 사실이라면, 어떻게 그럴 수 있겠습니까? 그들은 살아 있습니다. 그들은 이 땅에서 살아 있었던 것과 똑같이 지금도 살아 있습니다. 다만 육체는 썩어 소멸되지만, 왓츠 박사(Dr. Watts)가 쓴 것처럼 그것조차도 장차 불멸을 덧입게 될 것입니다.

> "썩음과 흙과 벌레들은
> 여기의 육체를 단지 새롭게 만들 뿐이라.
> 나의 영이 승리 가운데 올 때
> 그것을 새롭게 덧입으리."

　　우리는 무덤으로 내려갑니다. 마치 에스더가 왕을 맞이할 준비를 갖추기 위해 향품으로 목욕했던 것처럼 말입니다. 그리고 부활의 아침, 우리의 보잘것없는 몸은 아름답고 영광스럽게 변화되어 영광스러워진 영과 다시 결합될 것입니다. 그리고 우리는 왕의 아름다운 얼굴을 보게 될 것이며, 그와 더불어 영원무궁토록 함께 있을 것입니다. 하나님은 죽은 자들의 하나님이 아닙니다. 그러므로 그를 자기 하나님으로 삼은 자들은 결코 죽지 않을 것입니다. 이러한 추론은 명쾌하며 강력합니다. 그것을 믿으십시오. 그것을 붙잡으십시오. 그리고 그것을 기뻐하십시오. 그가 여러분의 하나님이기 때문에 여러분이 죽지 않을 것이라는 사실을 알 때, 여러분은 큰 위로를 얻을 것입니다. 하나님은 죽은 자들의 하나님이 아닙니다. 그의 거룩하신 이름을 송축할지니, 비록 한때 죽었었다 하더라도 나는 죽지 않습니다. 왜냐하면 그가 나를 생명으로 소생시켰기 때문입니다. 나는 더 이상 죽지 않을 것입니다. 왜냐하면 예수께서 "내가 살았으니 너희도 살겠음이라"고 말씀하셨기 때문입니다. "살아 계신 하나님"은 죽은 영혼들의 아버지가 아닙니다. 그는 살아 있는 자녀들을 헤아릴 수 없이 많이 가지고 계십니다. 그들은 그의 상속자가 되며, 그와 함께 영원히 거합니다. 여러분은 여호수아가 이스라엘 백성들과 함께 요단 강을 건넌 사건을 기억할 것입니다. 그때 여호수아는 제사장들의 발이 강물에 닿을 때 강물이 갈라질 것을 말하면서 이렇게 이야기합니다. "살아 계신 하나님이 너희 가운데에 계시사 가나안 족속과 헷 족속과 히위 족속과 브리스 족속과 기르가스 족속과 아모리 족속과 여부스 족속을 너희 앞에서 반드시 쫓아내실 줄을 이것으로서 너희가 알리라"(수 3:10). 그들이 요단 강을 건넌 것은 비유적으로 신자들이 즐거운 승리로 죽음을 통과한 것인데, 그것은 우리에게 하나님이 자기 백성과 함께 계시며, 우리의 모든 원수들을 우리 앞에서 쫓아내실 것이며, 우리로 하여금 하늘에 있는 약속의 땅으로 들어가게 하실 것이라는 증거입니다. "살아 계신 하나님"의 이름에 영원히 영광을 돌립시다.

3. 셋째로, 이제 여러분에게 "살아 계신 하나님이 여러분의 하나님입니까?"라는 질문을 던지면서 본 설교를 마무리하고자 합니다.

정말로 그렇다면, 여러분은 하나님과 아주 가까이 있는 것입니다. 바울은 고린도후서 6장 16절에서 "우리는 살아 계신 하나님의 성전이라"고 말합니다. 여기에서는 이 말씀에 대해 길게 이야기하지 않으려고 합니다. 그렇게 하고 싶기는 하지만 말입니다. 어쨌든 "살아 계신 하나님"이 우리 몸 안에 거하기를 원하신다는 사실은 얼마나 놀라운 일입니까? 우리는 자신의 몸을 정결하게 지켜야 합니다. 혹시라도 다음과 같은 두려운 저주 아래 떨어지지 않도록 스스로를 잘 살핍시다. "누구든지 하나님의 성전을 더럽히면 하나님이 그 사람을 멸하시리라"(고전 3:17). 그렇게 되는 대신, 우리의 몸과 혼과 영이 우리 주 예수 그리스도의 오실 때까지 흠 없이 보존되도록 해야 합니다. 사랑하는 형제들이여, 만일 "살아 계신 하나님"이 정말로 우리의 하나님이라면, 시편 42편의 저자가 쓴 것처럼 우리도 하나님을 목마르게 찾읍시다. "하나님이여 사슴이 시냇물을 찾기에 갈급함 같이 내 영혼이 주를 찾기에 갈급하니이다 내 영혼이 하나님 곧 살아 계시는 하나님을 갈망하나니 내가 어느 때에 나아가서 하나님의 얼굴을 뵈올까"(시 42:1, 2). 그는 "살아 계신 하나님"입니다. 그러므로 우리는 그를 목마르게 찾으며, 계속해서 그에 대해 목말라야 합니다. 그리고 그분 없이 사는 것으로 만족해서는 안 됩니다. 왜냐하면 "살아 계신 하나님" 없이 사는 것은 살았으나 죽은 것이며, 실제적으로 전혀 사는 것이 아니기 때문입니다. 하나님의 자녀들이여, 여러분 안에 "살아 계신 하나님"이 거하신다는 사실을 생각하십시오. 그의 임재를 실현하기를 추구하십시오. 그것을 더욱더 갈망하고 또 갈망하십시오.

여러분 가운데 나의 질문에 대해 "아니오, 살아 계신 하나님은 나의 하나님이 아닙니다"라고 솔직하게 대답할 수밖에 없는 사람들이 있습니까? 그러면 나는 앞에 인용한 두 개의 성경구절을 다시 반복해야만 합니다. "살아 계신 하나님의 손에 빠져 들어가는 것이 무서울진저"(히 10:31). "우리 하나님은 소멸하는 불이심이라"(히 12:29). 후자의 말씀은 종종 잘못 인용됨으로써 그 의미가 퇴색되곤 했습니다. 나는 그 말씀이 "하나님은 그리스도 밖에서 소멸하는 불이심이라"(God, out of Christ, is a consuming fire)라고 인용되는 것을 여러 차례 들었습니다. 그러나 그것은 여기의 본문이 말하는 것과 다릅니다. 본문은 "우리 하나님" 즉 그리스도인의 하나님 혹은 그리스도 안에 계신 하나님이 "소멸하는 불"이라는 것입니다. 만일 하나님이 자기 백성들에게 소멸하는 불이라면, 하물며 불경건한 자들에게는 어떠하겠습니까?

이사야 33장의 질문은 참으로 놀라운 질문입니다. "우리 중에 누가 삼키는 불과 함께 거하겠으며 우리 중에 누가 영영히 타는 것과 함께 거하리요?"(사 33:14). 그 답은 이것입니다. "오직 공의롭게 행하는 자, 정직히 말하는 자, 토색한 재물을 가증히 여기는 자, 손을 흔들어 뇌물을 받지 아니하는 자, 귀를 막아 피 흘리려는 꾀를 듣지 아니하는 자, 눈을 감아 악을 보지 아니하는 자, 그는 높은 곳에 거하리니 견고한 바위가 그의 요새가 되며 그의 양식은 공급되고 그의 물은 끊어지지 아니하리라"(15, 16절). 이사야 선지자는 은혜로 새로워진 사람을 묘사합니다. 왜냐하면 오직 그런 사람만이 신적 위엄과 정결이 영원히 불타는 가운데 능히 살 수 있기 때문입니다. 그는 그곳에서 살 수 있습니다. 왜냐하면 삼키는 불이 단지 그 안에 있는 것들 가운데 오직 하나님과 같지 않은 것들만을 태울 것이기 때문입니다. 그러나 그리스도인 안에 있는 새 생명과 성령이 우리 안에 두신 은혜는 그 불을 견딜 것입니다. 사람과 사람의 공로에 속하는 모든 것은 불의 시험을 통과해야만 합니다. 만일 하나님이 우리 안에 은혜의 금과 은과 보석들을 지으셨다면, 그리고 만일 우리가 그 위에 우리의 삶의 행위를 세웠다면, 우리와 우리의 행위는 불의 시험을 견딜 것입니다.

그러나 죄인들이여, 그대들 역시도 그 불을 통과해야만 합니다. 여러분 안에 무엇이 있는지 보십시오. 자아와 죄의 나무와 풀과 짚 외에 아무것도 없습니다. 하나님 앞에 추하고, 가증스러우며, 거룩하지 못하며, 불의한 것 외에 아무것도 없습니다. 그 모든 것들은 삼키는 불에 의해 살라질 것입니다. 그대들의 모든 영광과 평안과 행복과 삶을 삶 되게 만드는 모든 것들은 그대들로부터 취하여질 것입니다. 그리고 그대들에게는 아무것도 남지 않게 될 것입니다. "그들은 영벌에, 의인들은 영생에 들어가리라 하시니라"(마 25:46). 홀로 생명을 주실 수 있는 자께서 지금 이 시간 그대들에게 생명을 주시기를 기원합니다. 그렇지 않으면, 여러분의 분깃은 오직 영원한 죽음뿐일 것입니다. 부디 이 시간 그의 무한하신 긍휼로, 그리고 주 예수 그리스도를 믿음으로 구원받기를 기원합니다.

제
10
장

—

다른 사람의 죄에
참여하는 자가 되지 말라

—

"다른 사람의 죄에 참여하는 자가 되지 말며" — 딤전 5:22

우리 모두는 먼저 자신을 바라보며 자신의 죄를 직시해야만 합니다. 사람에게 있어 자신의 괭이를 갖고 다른 사람들의 정원의 잡초를 뽑으면서 정작 자신의 정원은 가시와 엉겅퀴로 가득하도록 내버려 두는 것보다 더 어리석은 일은 없습니다. 두 개의 자루를 가지고 있는 사람의 옛 우화를 생각해 보십시오. 그는 하나의 자루는 자기 앞에, 그리고 또 하나의 자루는 자기 뒤에 가지고 있습니다. 그러면서 다른 사람들의 허물은 앞의 자루에 담고 자기 자신의 허물은 뒤의 자루에 담는데, 그것은 다른 사람들의 허물은 큰 눈을 뜨고 바라보는 반면 자신의 허물은 적당히 눈을 감아버리는 자들의 어리석음을 잘 나타냅니다. "사랑은 자신으로부터 시작되어야만 한다"는 속담처럼, 비판 역시도 마찬가지입니다. 특별히 성격이나 성품과 관련한 비판은 자기 자신에서 멈추는 것이 훨씬 더 낫습니다. 다른 사람의 더러운 옷에는 관심이 많으면서 정작 자신의 더러운 옷에는 무관심한 사람들이 너무나 많습니다. 우리는 "네 일이나 신경 써라"(mind your own business)는 격언을 깊이 새길 필요가 있습니다. 바울 사도 역시도 성령의 감동으로 데살로니가인들에게 "조용히 자기 일을 하라"고 씁니다(살전 4:11). 그와 베드로는 공히 "다른 사람의 일로 분주한" 자들을 꾸짖습니다.

이와 같이 나는 여러분에게 먼저 자신의 문제에 착념할 것을 말합니다. 그러나 동시에 나는 여러분에게 우리는 이 세상에서 전적으로 우리 자신에 대하여서만 살 수 없다는 사실을 일깨워주고 싶습니다. 자신의 일에 전적으로 착념하는 사람은 이웃집의 정원 역시도 자신의 정원과 어느 정도 관계가 있다는 사실을 알게 됩니다. 설령 자신의 정원을 부지런히 살핀다 하더라도, 이웃집으로부터 잡초 씨앗들이 그의 정원으로 날아올 수 있으며 그렇게 하여 문제가 발생하게 됩니다. 이 땅에서 우리가 거주하는 집들은 서로 떨어져 있지 않습니다. 우리의 집들은 거리를 따라 이어져 있습니다. 따라서 만일 옆집에서 불이 난다면, 그 불길이 우리 집까지 태울 것입니다. 그러므로 우리는 우리 자신의 문제에만 이기적으로 착념해서는 안 됩니다. 왜냐하면 설령 우리 자신의 일에 전적으로 열중하고자 노력한다 하더라도, 우리는 다른 사람들의 행동을 주목하지 않을 수 없게 될 것이기 때문입니다. 어쨌든 우리는 원하든 원하지 않든 그들과 서로 연결되어 있습니다. 이런 차원에서 본문의 메시지는 우리에게 매우 절실한 메시지입니다.

먼저 본문을 둘러싸고 있는 문맥을 주목할 필요가 있습니다. 바울은 디모데에게 "아무에게나 경솔하게 안수하지 말라"고 훈계합니다. 자신들이 설교할 수 있다고 섣부르게 생각했던 부류의 사람들이 있었습니다. 그런가 하면 교회에서 다른 사람들을 주관할 수 있다고 섣부르게 생각했던 부류의 사람들도 있었습니다. 아마도 이들에게는 그들의 주장에 동조하는 무리가 있었을 것입니다. 교회 안에 이들의 아들이나 형제나 삼촌이나 조카나 친구들이 어떤 기회에 이들이 유창한 달변으로 말하는 것을 들었을 것입니다. 그러면서 그들은 이들이 지도자가 되기에 합당하며, 이들에게 합당한 지위가 주어져야 한다고 판단했을 것입니다. 이런 상황에서 바울은 교회의 지체들을 감독하라고 보낸 디모데에게 아무에게나 경솔하게 안수함으로써 그들의 주장에 힘을 실어주지 말고 그들로 하여금 충분한 시험을 거칠 때까지 잠시 기다리게 하라고 훈계하고 있었던 것입니다. 바울이 그렇게 훈계하는 것은, 만일 디모데가 그들에게 어떤 중요한 직책을 맡겼다가 그들이 어떤 잘못이나 어리석은 일을 범한다면, 그 모든 책임이 디모데 자신에게 있게 될 것이었기 때문입니다. 그리고 그렇게 된다면, 사람들은 이렇게 말할 것이었습니다. "디모데가 저런 사람들에게 그토록 중요한 직책을 맡겼다는 사실이 참으로 놀랍군." 따라서 디모데는 어떤 의미에서 "다른 사람의 죄에 참여하는 자"가 되지 않도록 주의할 필요가 있었습니다. 우리 모두는 지금 디모데와 정확하게 똑같은 위치에 있지 않습니다. 따라서 우리는 바울이 디모데에게 경고했던 잘못에 떨어지지 않을 수 있을 것입니다. 그와 정확하게 동일한 형태로는 말입니다. 그러나 본문 속에는 우리에게 적용되는 매우 중요한 메시지가 담겨 있습니다. 그것을 좀 더 상세히 살펴보도록 합시다.

1. 첫째로, 우리가 어떻게 다른 사람의 죄에 참여하는 자가 되는지 생각해 보십시오.

본 설교를 통해서 우리는 매우 다양한 방법으로 다른 사람의 죄에 참여하는 자가 될 수 있다는 사실을 발견하게 될 것입니다. 그리고 만일 내가 많은 주의를 기울이지 않는다면, 여러분은 나의 설교가 마치 마른 뼈들로 가득 차 있었던 에스겔의 이상 골짜기와 같다고 생각하게 될 것입니다. 나는 지나치게 장황하게 이야기하지는 않겠지만, 그러나 본 주제를 어느 정도 상세하게 다루어야만 합니다.

우리가 어떻게 다른 사람의 죄에 참여하는 자가 될 수 있느냐와 관련하여, 먼저 설교자 자신도 자기 믿음에 진실하지 않다면 언제든지 그렇게 될 수 있다는 사실을 분명히 하고 싶습니다. 만일 그가 거짓 교훈을 가르친다면, 혹은 바른 교훈을 가르치지만 그러나 그것을 올바로 시행하지 않는다면, 혹은 입맛에 맞지 않는 진리들은 뒤로 밀쳐둔다면, 혹은 죄를 책망하지 않고 그냥 허용한다면, 혹은 영적 삶에 있어 큰 결함이 있음을 보고서도 그것을 지적하지 않는다면, 혹은 충성되지 못한 그리스도의 종이 됨으로써 청중들로 하여금 저급한 은혜생활을 하게 만들고 미회심자들로 하여금 그리스도께로 나오는 길을 막는다면 ─ 그는 다른 사람의 죄에 참여하는 자가 될 것입니다.

사실 복음을 전파하는 사역자보다 본문이 경고하는 잘못을 범하기에 더 적합한 사람은 거의 없습니다. 하나님과 청중들에 대한 신실함으로부터 떨어지지 않기 위해서는, 우리에게는 위로부터의 많은 은혜와 많은 도움이 필요합니다. 많은 영혼의 운명이 우리에게 달려 있으므로 우리는 다른 사람의 죄에 참여하는 자가 되어서는 안 됩니다. 형제들이여, 우리가 그렇게 되지 않도록 항상 우리를 위해 기도해 주십시오.

"목사의 보살핌은
너무도 크고 중요한 것이로다.
그것은 천사의 마음을 채우며
구주의 손을 채우고 있었던 것이로다.

그들은 영혼들을 지키며 보호하도다,
주께서 하늘의 복락을 버리고 내려오신 것처럼.
영원히 사는 영혼을 위해,
영원한 행복 가운데서든 혹은 영원한 고통 가운데서든.

그들이 전파하는 예수 그리스도
그들의 구주가 보시도다.
주께서 그들의 영혼을 돌보시는 것처럼,
그들이 주를 위해 그렇게 하도다."

지금까지는 설교자들에게 초점을 맞추었지만, 이제부터는 우리 모두에게 공통적으로 초점을 맞추고자 합니다. 나는 여러분에게 우리 모두가 다른 사람들과 더불어 어떤 죄의 행동에 고의적으로 연합함으로써 그들의 죄에 참여하는 자가 될 수 있다는 사실을 일깨워주어야만 합니다. 잠언에 언급된 대로 "너는 우리와 함께 제비를 뽑고 우리가 함께 전대 하나만 두자"라고 말했던 죄인들처럼 말입니다(잠 1:14). 우리는 그런 사람들과 어떤 관계도 맺어서는 안 됩니다. 하나님은 우리가 그렇게 하는 것을 금하십니다. 홀로 죄를 범하는 것만으로도 충분히 나쁜 일입니다. 그러나 만일 함께 죄를 범한다면, 우리는 우리 자신의 죄에 대해서만 대답해야 할 뿐만 아니라 또한 다른 사람들의 죄에 대해서도 최소한 부분적으로라도 그렇게 해야 합니다. 만일 서로 합심하여 함께 죄를 범한다면, 그 죄책은 더 커질 것입니다. 왜냐하면 자신이 죄를 범한 것뿐만 아니라 다른 사람이 죄를 범하도록 도왔기 때문에 자신의 죄책에다가 다른 사람의 죄책의 일부가 더해지기 때문입니다. 두 사람의 죄인을 생각해 보십시오. 그들이 개별적으로 죄를 범했을 때의 죄책보다 함께 죄를 범했을 때의 죄책이 훨씬 더 큽니다. 하나님이여, 다른 사람들의 죄에 연합함으로써 그들의 죄에 참여한 죄책으로부터 우리 모두를 구원하여 주소서!

　　또 우리는 다른 사람들을 죄로 유혹함으로써 그들의 죄에 참여하는 자가 될 수 있습니다. 이것은 가장 가증스러운 일입니다. 이런 일을 행하는 자는 마귀의 가장 헌신적인 종이 될 것입니다. 나는 이와 같이 다른 사람들을 죄로 유혹한 사람들을 압니다. 그들은 젊은 시절부터 음란과 호색으로 가득 찬 방법으로 많은 사람들을 죄로 유혹했습니다. 그들은 모든 정숙함을 파괴하기에 충분한 음란한 눈길을 보냅니다. 그리고 그들의 말은 호리는 음색과 은근한 암시로 가득합니다. 나는 그런 사람 하나가 교회 전체를 오염시키는 것을 본 적이 있습니다. 어떤 젊은이 하나가 그런 여자와 선술집에 앉아 있는 것을 보았을 때, 나는 만일 그가 그녀의 사악한 유혹으로부터 벗어나지 않는다면 결국 파멸의 길로 떨어지고 말 것이라는 사실을 알았습니다. 런던에는 그런 친구들이 많이 있습니다. 어떻게 그런 사람들을 뿌리 뽑을 수 있을까요? 그들은 다른 사람들에게 악을 퍼뜨리는 사탄의 종들입니다. 나는 이 자리에는 그런 사람이 한 사람도 없을 것이라고 생각합니다. 그러나 때로 그런 사람들이 이런 자리에 오기도 합니다. 그런 사람들은 필경 나의 설교에 화를 낼 것입니다. 그럴 수밖에 없지 않겠습니까? 경찰관을 좋아하는 도둑이 어디 있겠습니까? 나는 그런 사람들로부터 칭송을 받기를 기대하지도 않고 바라지도 않습니다. 많은 사람을 악으로 유혹하는 자여, 만일 내가 그대의 죄를 지적함에도 그대가 회개하지 않는다면, 나는 그대에게 가장 뜨거운 지옥이 그대를 위해 예비되어 있다고 말할 것입니다. 왜냐하면 그대는 많은 젊은이들을 선술집으로 이끌면서 그들에게 마귀의 마취제를 마시는 법을 가르치기 때문입니다. 그리고 그들로 하여금 그대의 더러운 독설과 음탕한 행위를 똑같이 흉내내게 만들기 때문입니다. 간절히 당부하노니 더 늦기 전에 회개하십시오. 그 죄가 하나님의 아들 예수 그리스도의 보혈로 도말되도록 말입니다. 그렇게 하지 않으면, “다른 사람들의 죄”가 전능자의 심판대 앞에서 그대에 대하여 부르짖을 것입니다. 또 나는 이런 죄를 범하지 않은 여러분 모두에게도 엄중하게 당부합니다. 어린아이의 순전한 마음을 오염시키는 말을 하지 마십시오. 그리고 다른 사람들을 어떤 방식으로든 죄로 이끌 수 있는 표현은 결코 사용하지 마십시오. 왜냐하면 우리에게 있어 다른 사람들을 죄로 유혹함으로써 그들의 죄에 참여하는 자가 되는 것은 그리 어려운 일이 아니기 때문입니다.

　　만일 그것보다 더 나쁜 악이 있다면, 나는 그것이 다른 사람들을 죄의 도구로 사용하는 것이라고 생각합니다. 우리야를 죽이는 일과 관련한 다윗의 죄의 가장 야비한 부분 중의 하나가 바로 이것이었습니다. 우리야를 죽이려고 작정했을 때, 다윗은 그 일을 스스로 하려고 하지 않고 요압으로 하여금 그를 죽음의 자리에 놓도록 시켰습니다. 어떤 사람을 정직하지 못하도록 만드는 것은 참으로 나쁜 일입니다. 하물며 자신을 위해 죄를 범하도록 시키는 것은 얼마나 더 그렇겠습니까? 신앙인이라고 하면서 자신의 고용인들로 하여금 손님을 향해 거짓말을 하도록 시키는 고용주들이 있는 것은 참으로 부끄러운 일입니다. 그리스도인이라 하면서 "지나치게 정직한" 고용인을 원하지 않는 그런 고용주들은 없습니까? 많은 젊은이들이 지나치게 양심적이라는 이유로 직장으로부터 배척을 당하는 일을 나는 종종 보아왔습니다. 그들은 자신들이 판매하는 상품을 거짓으로 설명하지 못합니다. 고용인들은 그렇게 하기를 원하지만, 그러나 그들은 그것이 거짓말이라는 것을 뻔히 알기 때문입니다. 그들은 이런 말을 듣게 됩니다. "장사에 있어 이것은 관례적인 일이야. 그러므로 여기에서는 반드시 그렇게 해야만 해." 다시 말해서, 다른 사람들도 모두 거짓말쟁이이므로 너도 거짓말쟁이가 되어야만 한다는 것입니다. 다시 말해서, 주인은 점원들의 거짓말로 돈을 벌어야 되겠다는 것입니다. 만일 내가 거짓말을 하거나 도둑질을 해야만 한다면, 점원을 고용하여 나를 위해 거짓말을 하도록 시키기보다 차라리 내 스스로 그렇게 하겠습니다. 만일 여러분 가운데 그렇게 한 사람이 있다면, 간절히 당부하노니 그런 가증한 악을 회개하십시오. 그 죄의 절반은 점원들의 것이고 나머지 절반만 여러분의 것인 것이 아닙니다. 물론 그들의 죄도 일부 있지만, 그러나 여러분의 죄가 훨씬 더 큽니다. 왜냐하면 그들은 단지 여러분의 명령에 따라 악을 행했을 뿐이기 때문입니다. 하나님께서 우리 모두를 그와 같은 방식으로 "다른 사람의 죄에 참여하는 자"가 되는 것으로부터 구원하여 주시기를 간절히 기원합니다.

어떤 사람들은 다른 사람들을 죄로 몰아 부침으로써 이 큰 악을 범합니다. 예컨대, 두려움을 일으킨다든지, 임금으로 강요한다든지, 혹은 죄를 범할 수밖에 없는 자리에 놓는다든지 하는 등으로 말입니다. 나는 화물을 목적지까지 배달하는 일에 고용되었던 어떤 사람의 이야기를 들은 적이 있습니다. 그는 화물 가운데 일부에 대해, 돈은 받았지만 그것을 장부에 기장하지 않고 은밀하게 자기 주머니에 넣곤 했습니다. 그는 너무도 적은 임금을 받았습니다. 바보가 아닌 이상 그렇게 적은 임금으로 생활할 수 있다고 믿는 사람은 아무도 없을 것이었습니다.

그래서 그가 어느 정도 은밀하게 자기 주머니를 채우는 것은 암묵적으로 받아들여지는 일이었으며, 따라서 그의 임금은 그가 실제적으로 생활할 수 있는 수준보다 훨씬 낮았습니다. 이런 이유로 정직하지 못한 생활을 할 수밖에 없는 사람들이 많다는 사실이 나는 심히 두렵습니다. 나는 그들이 잘못이 없다고 말하지 않습니다. 그러나 만일 그들이 도둑질한 죄로 감옥에 가야 한다면, 나는 그들의 주인 역시 똑같이 감옥에 가야 한다고 생각합니다. 왜냐하면 그들의 주인 역시 그들과 동일한 죄책이 있기 때문입니다.

　　또 우리는 다른 사람들에 대해 우리의 위치를 오용(誤用)함으로써 그들의 죄에 참여하는 자가 될 수 있습니다. 이것은 특별히 부모의 경우에 그렇습니다. 아버지가 품행이 좋지 않은 습관을 가진 사람인 경우를 생각해 보십시오. 만일 그의 아들이 아버지의 악한 본을 따른다면, 누가 비난을 받아야 합니까? 만일 술주정뱅이 아버지가 자기 아들도 자신의 본을 따라 술주정뱅이가 되는 것을 본다면, 그것은 누구의 잘못입니까? 만일 말을 함부로 하는 아버지가 자기 아들이 저속한 언어를 사용하는 것을 본다면, 누가 그것을 가르친 것입니까? 그것은 아버지의 죄책이 아닙니까? 여러분 가운데 어떤 사람들은 이렇게 말할 것입니다. "우리는 자녀들에게 결코 술 취하는 것이나 더러운 말을 하는 것을 가르치지 않았어요." 예컨대 여러분이 그리스도인이 아니라고 가정해 보십시오. 여러분은 도덕적일 수도 있고 진실할 수도 있습니다. 그러나 여러분은 그리스도인이 아닙니다. 만일 여러분의 자녀가 회심하지 않는다면, 그들은 "우리 아버지도 회심하지 않았는데 어째서 우리가 회심해야 하죠?"라고 말하지 않겠습니까? "그렇지만 우리는 항상 아이들을 예배당에 데리고 왔는데요." 나는 여러분이 그렇게 했음을 압니다. 그러나 여러분의 자녀들은 이렇게 말할 것입니다. "아버지는 예배당에 가셨지만 그러나 그리스도를 믿지는 않으셨어요. 그는 한 번도 기도한 적이 없었답니다." 그들이 이렇게 자란다면, 누가 비난을 받아야 합니까? 여러분은 자녀들이 그렇게 하지 않을 것이라고 믿었노라고 말할 것입니다. 그러면 주께 여러분이 그리스도인이 되게 해 달라고 요청하십시오. 그러면 여러분의 자녀들도 그리스도인이 될 확률이 훨씬 높아질 것입니다. 여러분의 자녀들이 잘못된 행동을 한 것으로 인해 책망할 때, 여러분은 여러분 자신을 더 책망해야 합니다. 왜냐하면 그들은 단지 여러분이 행한 것을 따라 했을 뿐이기 때문입니다.

　　철학자 플라톤은 어느 날 한 소년이 거리에서 매우 부끄러운 태도로 행동하는 것을 보았습니다. 그러자 그는 곧바로 그의 집으로 가서 그의 아버지를 때리기 시작했습니다. 그가 플라톤에게 "어째서 나를 때리는 거요?"라고 말했을 때, 플라톤은 이렇게 대답했습니다. "당신의 아들이 거리에서 못된 행동을 하는 것을 보았소. 나는 그를 때리지 않았소, 대신 당신을 때리는 것이오. 왜냐하면 그러한 못된 행동을 당신으로부터 배웠음에 틀림없기 때문이오. 설령 그렇지 않다 하더라도 그것은 필경 당신의 허물이요. 왜냐하면 당신이 아들에게 집에서 합당한 훈육을 행하지 않았기 때문이오." 여러분은 자녀의 죄를 보았을 때 스스로가 회초리를 맞아야만 한다고 느껴본 적이 없습니까? 그 죄에 함께 연루된 공범으로서 말입니다. 얼마나 많은 자녀들의 영혼이 부모의 그릇된 모범으로 인해 멸망을 당합니까? 부모의 그릇된 영향이 자녀를 저주에 이르게 만드는 것은 얼마나 슬픈 일입니까? 자녀를 가진 부모들이여, 여러분이 어느 날 다음과 같이 말하게 될 수도 있다는 사실을 상상해 본 적이 있습니까? "우리의 비기독교적 모범이 자녀를 멸망하게 했나이다."

어떤 사람들은 "그렇지만 우리는 교회의 지체인데요"라고 말할 것입니다. 그렇습니다. 여러분이 교회의 지체라는 사실을 나도 압니다. 다만 내가 말하는 것은 여러분 가운데 자녀를 부적절한 방법으로 양육하고 있는 사람들이 있다는 것입니다. 만일 여러분의 가정이 올바로 질서 잡혀 있지 않거나 혹은 완전히 무질서하다면, 어떻게 여러분의 자녀들이 신앙적으로 양육되기를 기대할 수 있겠습니까? 기독교 신앙을 고백하지만 그러나 그 신앙을 따라 살지 않는 부모를 생각해 보십시오. 그런 부모는 차라리 불신 부모보다 기독교 신앙에 더 큰 해를 끼칩니다. 겉으로는 천사의 표지를 휘날리지만 속에는 마귀가 들어앉아 있는 사람들이 있습니다. 많은 사람들의 집이 마치 그 안팎을 역청으로 칠한 노아의 방주와 같습니다. 주방에 역청이 있습니다 — 탐식과 술 취함. 침실에 역청이 있습니다 — 음란과 호색. 응접실에 역청이 있습니다 — 합당치 못한 대화와 잡담. 작업실에 역청이 있습니다. 거기에 온갖 더러운 것들이 가득합니다. 도대체 어떻게 이런 집에서 선한 자녀들이 나올 것을 기대할 수 있겠습니까? 우리 중 아무도 엘리처럼 자녀를 책망하기를 게을리함으로써 그들의 죄에 참여하는 자가 되지 않기를 바랍니다. 우리 중 아무도 다윗처럼 악한 모범을 보임으로써 자녀를 죄 가운데 빠뜨리지 않게 되기를 바랍니다. 그렇게 하는 대신 자녀를 위해 기도합시다. 아브라함이 하나님께 "이스마엘이나 주 앞에 살기를 원하나이다"라고 기도했던 것처럼 말입니다. 우리 찬송가에 있는 가사처럼, 나는 하나님께 이렇게 기도하기를 좋아합니다.

> "우리 아이들의 참된 부모이신 주님,
> 부모의 간구를 들으소서.
> 간절한 마음으로 우리 자녀를,
> 지금 주께 맡기나이다.
>
> 우리 자녀는 우리의 가장 큰 걱정거리이나이다.
> 주께서 그들을 돌보소서.
> 그들이 주의 은혜 안에서
> 하늘의 모든 기쁨을 맛보게 하소서.
>
> 자기 종을 위한 백부장의 기도에
> 주님은 기꺼이 응답하셨나이다.
> 하물며 자녀를 위한 우리의 간구에
> 주께서 귀를 막으시겠나이까?
>
> 주께서 우리에게 주의 은혜를 베푸셨나이다.
> 우리 자녀들에게도 그렇게 하옵소서.
> 그들로 주의 성도들 가운데 있게 하시고,
> 하나도 뒤에 남겨지지 말게 하소서."

본문의 교훈은 가정의 부모에게 해당될 뿐만 아니라 또한 학교의 교사들에게도 해당됩니다. 만일 교사가 말과 행동이 일치하지 않는다면, 학생들이 그대로 본받을 것입니다. 그렇다면 그들의 그릇된 행동의 책임은 최소한 부분적으로 교사에게 있게 될 것입니다. 동일한 원리가 세상에서 영향을 끼치는 위치에 있는 모든 사람들에게 적용됩니다. 만일 내가 하원이나 상원에서 설교를 하고 있다면, 나는 그들이 듣고 싶은 이야기만을 하지는 않을 것입니다. 그들은 영국이 더욱 종교적인 나라가 되어야 한다고 힘주어 역설하지만, 그러나 그들의 삶은 그다지 종교적이지 못하며, 따라서 그들의 말은 매우 위선적인 말이 됩니다. 하나님은 필경 통치자들과 지도자들을 징벌하실 것입니다. 만일 그들이 보통 사람들이 따라갈 수 있는 합당한 모범을 보이지 않는다면 말입니다.

그렇지만 설령 우리가 통치자나 지도자의 위치에 있지 않다 하더라도, 만일 우리가 다른 사람들에게 나쁜 모범을 보인다면, 우리는 그들의 죄에 참여하는 자가 될 것입니다. 만일 내가 어떤 사람의 모범에 대해 그것을 나쁜 것으로 인식한다면, 그것은 나에게 유혹이 되지 못할 것입니다. 그러나 만일 그가 나쁜 일을 행한 것을 알면서도 단지 그가 먼저 행했기 때문에 나도 똑같이 행한다면, 나는 그의 죄에 참여하는 자가 됩니다. 만일 내가 그의 길이 그릇되었다는 것을 안다면, 나는 그의 배가 파선당한 암초를 피해야만 합니다.

또 우리는 다른 사람을 옹호함으로써 그의 죄에 참여하는 자가 될 수 있습니다. 예를 들어 불경건한 자들과 함께 연합하는 것과 같은 경우 말입니다. 만일 우리가 그렇게 한다면, 다른 사람들은 우리가 그것을 별로 해롭지 않은 것으로 생각한다고 받아들일 것입니다. 특별히 가장 나쁜 것은 그들의 정결하지 못한 환락에 함께 웃고 떠드는 것입니다. 신실한 그리스도인이 악인의 추잡한 희롱의 말에 함께 희희낙락할 때, 그 악인은 자신의 죄에 더욱 담대해질 것입니다.

또 우리는 비성경적인 교리를 가르치거나 혹은 사도적 전통을 따라 행하지 않는 교회에 출석함으로써 "다른 사람의 죄에 참여하는 자"가 될 수 있습니다. 어떤 사람들은 말합니다. "우리는 이러저러한 교회에 출석하지만 그러나 그 교회가 가르치는 교리에 대해서는 동의하지 않습니다." 무엇이라고요? 그게 도대체 무슨 말입니까? 여러분이 어떤 교회에 속했는데, 그 교회가 가르치는 원칙들에 대해서는 동의하지 않는다고요? 여러분은 지금 자신의 말로 스스로를 정죄하고 있는 것입니다. 만일 내가 스스로 믿지 않는 교리를 가르치는 교회에 출석한다면, 나는 그 교회의 모든 잘못에 참여하는 죄책을 갖습니다. 우리에게 있어 "나는 그 교회로부터 해로운 영향은 받지 않으려고 노력하고 있답니다"라고 말하는 것은 아무 의미 없는 일입니다. 우리는 그곳과 어떤 관계도 맺어서는 안 됩니다. 만일 우리가 어떤 해적선의 선원 가운데 한 사람으로 참여해 있다면, 우리는 전체 선원들에 의해 행해진 모든 악에 대해 책임을 지게 될 것입니다. 우리는 결코 해적선에 참여해서는 안 됩니다. 속히 그곳으로부터 나와야 합니다. 해적들의 악행에 참여하기보다는 차라리 스스로를 바다에 던지는 것이 더 나을 것입니다.

설령 여러분이 성경적인 교리를 가르치는 교회에 속했다 할지라도 만일 그곳에서 그러한 교리들이 올바로 시행되지 않는다면, 여러분은 "다른 사람의 죄에 참여하는 자"가 될 수 있습니다. 만일 우리가 교회의 지체들이 총체적인 죄 속에서 살고 있음을 알면서도 그리스도와 그의 사도들의 가르침에 따라 합당한 징벌을 시행하지 않는다면, 우리는 그들의 죄에 참여하는 자가 될 수 있습니다. 이것을 생각할 때, 나는 종종 두려운 마음을 갖게 됩니다. 왜냐하면 수많은 교인들에 대해 그렇게 하는 것이 결코 쉬운 일이 아니기 때문입니다. 그렇다고 하여 우리는 자신의 죄에 대해서나 혹은 다른 사람들의 죄에 대해 눈을 감고 묵인해서는 안 됩니다. 우리가 피차 서로 감독하며, 서로 올바른 길로 행하도록 격려합시다. 그리고 찰스 웨슬리(Charles Wesley)처럼 우리도 이렇게 기도합시다.

> "하나님이여, 나의 양심이
> 마치 눈의 동공처럼 빠르게 하소서.
> 죄가 가까이 있을 때, 내 영혼을 깨우소서.
> 그리고 내 영혼이 항상 깨어있게 하소서."

또 우리는 다른 사람이 죄를 범할 때 그것을 견책하지 않음으로써 그들의 죄에 참여하는 자가 될 수 있습니다. 우리가 그렇게 해야 할 의무가 있을 때, 혹은 그렇게 함으로써 그들을 회심시킬 수 있음에도 불구하고 그렇게 하지 않을 때 말입니다. 예를 들어, 이웃과 함께 살면서 그들에게 복음을 전하려고 노력하지 않는다든지 혹은 마치 하나님과 분리된 사람인 양 기독교적 삶의 원칙에 부합하지 않게 사는 등의 경우입니다. 우리 모두 다음과 같은 찬미의 노래를 함께 부르도록 합시다.

> "열심과 경건한 두려움 안에 있는
> 내적 원리를 나는 원한다네.
> 죄에 대한 민감성,
> 그것이 가까이 있을 때 느끼는 고통.
>
> 교만이나 욕망이 다가올 때,

속히 그것을 알아채기를 원한다네.
나의 방황하는 의지를 붙잡고,
활활 타는 불을 *끄기*를 원한다네.

더 이상 주님으로부터 떨어지지 아니하며,
더 이상 주의 선하심을 슬프게 하지 않기를 원한다네.
부드러운 양심이 가져다주는
참된 경외심과 풍성한 마음이여.

내가 오른쪽으로나 왼쪽으로나 비켜 행할 때,
주여, 바로 그 순간 꾸짖으소서.
나로 하여금 나의 인생을 향해 울게 하소서.
주의 사랑으로 인해 눈물을 흘리게 하소서.

나의 영혼을 올바로 인도하시고,
작은 태만조차도 괴로워하게 하소서.
그리고 모든 것을 온전하게 하는 주의 보혈로,
나를 이끄소서."

**2. 둘째로, 왜 우리는 다른 사람의 죄에 참여하는 자가
되는 것을 피해야만 합니까?**

아마도 이렇게 대답하는 것으로 충분할 것입니다. 왜냐하면 우리는 이미 우리 자신의 충분한 죄를 가지고 있으며, 따라서 다른 사람의 죄까지 질 수 없기 때문입니다. 또 만일 우리가 그들의 죄에 참여하는 자가 된다면, 우리는 또한 그들의 재앙에도 참여하는 자가 될 것이기 때문입니다. 또 우리가 다른 사람들의 죄에 참여하는 자가 됨으로써 그들에게 해를 끼치기 때문입니다. 우리는 그들의 죄 안에서 그들의 마음을 완악하게 만듭니다.

그렇지만 가장 중요한 이유는 이것입니다. 즉 우리가 "다른 사람의 죄에 참여하는 자"가 되어서는 안 되는 이유는, 그렇게 함으로써 우리가 거룩하시고 은혜로우신 하나님을 슬프게 만들기 때문입니다. 예수 그리스도를 참으로 사랑하

는 사람은 결코 그렇게 하지 않을 것입니다. 바울은 에베소의 성도들에게 이렇게 씁니다. "하나님의 성령을 근심하게 하지 말라 그 안에서 너희가 구원의 날까지 인치심을 받았느니라"(엡 4:30).

3. 셋째로, 우리는 어떻게 다른 사람의 죄에 참여하는 자가 되는 것을 피할 수 있을까요?

첫 번째로, 다른 사람의 죄에 대해 마음을 많이 쓰십시오. 나는 모든 부모들이 욥이 자녀들에게 했던 것처럼 하기를 바랍니다. 욥의 자녀들은 함께 모여 잔치를 즐기곤 했습니다. 잔치가 마치면, 욥은 "아침에 일어나서 그들의 명수대로 번제를 드렸는데 그것은 혹시 그의 아들들이 죄를 범하여 마음으로 하나님을 욕되게 하였을까" 염려했기 때문이었습니다(욥 1:5). 그리스도인 부모들이여, 여러분도 이렇게 하십시오. 왜냐하면 이렇게 하는 것이야말로 여러분을 여러분의 자녀의 죄에 참여하는 것으로부터 막아주는 가장 좋은 방법이기 때문입니다.

두 번째로, "다른 사람의 죄에 참여하는 자"가 되지 않도록 항상 경계하십시오. 어떤 병에 전염되기를 바라지 않는 사람은 그 병에 감염된 집에 가지 않고자 스스로 경계할 것입니다. 이와 같이 죄인들이 가는 곳에 가지 마십시오. 그들의 죄에 감염되지 않도록 말입니다. 아브라함이 소돔 왕으로부터 "실 한 오라기나 들메끈 한 가닥도" 취하려고 하지 않았던 것을 기억하십시오(창 14:23). 비록 전리품의 몫을 받는 것이 합법적인 일이었음에도 불구하고 말입니다. 가장 작은 죄에 대해서조차도 경계를 게을리하지 마십시오.

세 번째로, 기도함으로써 다른 사람의 죄에 참여하는 자가 되는 것을 피하십시오. 아우구스티누스는 수시로 다음과 같은 짤막한 기도를 드리곤 했는데, 여러분도 그렇게 하기를 권합니다. "주여, 종을 다른 사람들의 죄로부터 구원하소서!" 그리고 또 이렇게 기도하십시오. "주여, 주께 다른 사람들의 죄를 고백하나이다. 나는 다른 사람들의 죄에 대해 애통하나이다. 나는 내가 다른 사람의 죄에 참여하는 것으로 인해 슬퍼하나이다." 이것은 다른 사람의 죄에 참여하는 것으로부터 스스로를 지키는 좋은 방법입니다.

우리 가운데 어느 누구도 본 설교의 그물로부터 안전하다고 생각해서는 결코 안 됩니다. 만일 그렇게 생각한다면, 그것은 나의 잘못이든지 아니면 우리 자신의 양심의 잘못일 것입니다. 나는 모든 방향으로 강력한 포탄들을 발사하고자 애썼습니다. 나 자신조차 포함해서 말입니다. 우리 가운데 거의 대부분의 사람들이 특별히 자신을 향해 날아오는 포탄을 느꼈을 것입니다. 이것은 얼마나 좋은 일입니까? 우리가 종종 노래하곤 하는 다음과 같은 시구(詩句)를 생각해 보십시오.

> "피로 가득 찬 샘이 있도다,
> 임마누엘의 핏줄로부터 흘러나온.
> 죄인들이여, 그 샘으로 뛰어들라.
> 죄로 더러워진 모든 얼룩이 씻겨지도록."

우리 모두는 자기 자신의 죄뿐만 아니라 다른 사람의 죄로부터 튀긴 흙탕물로 더러워져 있습니다. 그러므로 우리 모두 그 샘으로 가서 씻읍시다. 예수 그리스도의 보혈로 우리의 믿음을 새롭게 합시다. 만일 우리가 지금까지 보혈에 대한 믿음을 갖지 못했다면, 주께서 은혜를 베푸사 이 시간 믿음을 허락하시기를 기원합니다. 우리가 여왕에 대해 폭동을 일으켰다가 마침내 힘으로 진압을 당했다고 상상해 보십시오. 그런데 사면령이 선포되면서, 누구든지 자수하고 사면령의 은택에 호소하기만 하면 일체 죄를 묻지 않겠다는 칙령이 반포되었다고 합시다. 그러면 어떤 사람은 스스로에게 이렇게 말할 것입니다. "내가 폭동에서 어떤 중요한 위치를 차지했었든지 어쨌든 나에게 있어 가장 안전한 길은 빨리 자수하고 사면령의 은택을 내 것으로 삼는 일이야." 그와 같이 나는 죄인 가운데 한 사람으로서 만왕의 왕께 이렇게 말하고 싶습니다. "나는 내 자신의 죄에 대해, 내 자녀의 죄에 대해, 내 하인들의 죄에 대해, 내 이웃들의 죄에 대해, 나의 교회의 죄에 대해, 그리고 나의 회중의 죄에 대해 죄책이 있나이다. 그렇지만 주께서는 '나 곧 나는 나를 위하여 네 허물을 도말하는 자니 네 죄를 기억하지 아니하리라'라고 말씀하셨나이다(사 43:25). 주께서는 주의 아들 예수 그리스도를 믿는 자들로부터 모든 죄를 도말하겠다고 약속하셨나이다. 주여, 내가 믿나이다. 그리고 사면령의 은택에 호소하나이다."

사랑하는 형제들이여, 여러분도 나와 같이 호소하지 않으시렵니까? 지금 "땅의 모든 끝이여 내게로 돌이켜 구원을 받으라"는 주의 명령에 순복하지 않으시렵니까?(사 45:22). 설령 여러분이 땅의 끝까지 갔다 하더라도, 여전히 하나님은 여러분에게 "내게로 돌이켜 구원을 받으라"고 초청하고 계십니다. 돌이키십시오! 돌이키십시오! 돌이키십시오! 여러분이 해야만 하는 일은 아주 작은 일입니다. 여러분이 해야만 하는 일은 정말로 아무것도 아닙니다. 왜냐하면 하나님이 여러분에게 요청하는 모든 것을 행할 수 있도록 여러분에게 은혜를 주셨기 때문입니다. 그러므로 그를 믿으십시오. 그리고 그 안에 안식하십시오. 주께서 그렇게 할 수 있도록 도우실 것입니다. 그러면 "여러분의 죄가 주홍 같을지라도 눈과 같이 희어질 것이요 진홍 같이 붉을지라도 양털 같이 희게" 될 것입니다(사 1:18). 하나님께서 그의 이름을 인하여 여러분을 축복하시고 구원하시기를 기원합니다. 아멘!

앞에 인용한 시구(詩句)를 다시 한 번 여러분에게 읽어주고 싶습니다.

> "피로 가득 찬 샘이 있도다,
> 　임마누엘의 핏줄로부터 흘러나온.
> 　죄인들이여, 그 샘으로 뛰어들라.
> 　죄로 더러워진 모든 얼룩이 씻겨지도록."

이 시구(詩句)를 마음으로 노래할 수 있는 사람은 다음과 같은 유명한 합창에 함께 동참할 수 있을 것입니다.

> "나는 믿습니다, 나는 믿을 것입니다,
> 　예수께서 나를 위해 죽으셨음을.
> 　십자가 위에서 그는 피를 흘리셨습니다,
> 　죄로부터 우리를 자유하게 하기 위해."

제
11
장

—

영생을 붙잡으라

—

"영생을 붙잡으라" — 딤전 6:12

바울은 믿음의 아들 디모데를 항상 따뜻한 마음으로 보살폈습니다. 그는 디모데에 대해 큰 사랑과 함께 많은 신뢰감을 가지고 있었습니다. 바울은 복음을 전파하는 일이 매우 막중한 책임이 따르는 일이라는 사실을 잘 알았기 때문에, 그를 위해 기도하는 일이나 그가 받은 것을 굳게 붙잡으라고 권고하는 일을 조금도 게을리할 수 없었습니다. 그리하여 젊은 디모데가 자신의 참된 후계자가 되기를 간절히 바라면서, 노인 바울은 뜨거운 마음으로 그에게 자신의 영혼을 쏟아 붓습니다. 자신이 세상을 떠난 후에 그가 주님과 복음에 더욱 충성된 일꾼이 되도록 말입니다. 우리는 은혜의 복음을 전파하는 젊은 형제들에 대해 아무리 많이 마음을 써도 결코 지나치지 않습니다. 우리 신학생들을 위해 항상 기도하십시오. 개인적으로 기도할 때마다 항상 그들을 위해 기도하십시오. 복음전파의 사명을 감당한 일꾼들이 아버지 곁에서 쉬게 될 때, 하나님은 그들보다 더 나은 새로운 일꾼들을 세우실 것입니다.

"영생을 붙잡으라"는 본문 말씀을 제대로 이해하기 위해 우리는 그 전후 문맥을 살필 필요가 있습니다. 같은 절에서 바울은 젊은 사역자 디모데에게 "믿음의 선한 싸움을 싸우라"고 말합니다. 이로부터 만일 그가 영생을 붙잡고자 한다면 그는 그것을 위해 싸워야 한다는 사실과, 만일 그가 싸워야 한다면 그는 오직 영생을 굳게 붙잡고야 싸울 수 있을 뿐이라는 사실이 분명하게 드러납니다. 모든 그리스도인은 병사입니다. 어떤 병사도 온 마음과 영혼으로 영생을 붙잡지 않으면 결코 선한 싸움을 싸우지 못할 것입니다. 땅에 속한 싸움은 땅에 속한 생명으로 싸울 수 있을 것입니다. 그러나 우리의 싸움은 전혀 다른 종류의 것입니다. "우리의 씨름은 혈과 육을 상대하는 것이 아니요 통치자들과 권세들과 이 어둠의 세상 주관자들과 하늘에 있는 악의 영들을 상대함이라"(엡 6:12). 우리 영혼 안에 하나님의 생명을 받음으로써 비로소 우리는 이러한 적들과 성공적으로 싸울 수 있게 될 것입니다. 그리스 신화에서 우리는 싸움에 나가기 전에 스틱스 강(Styx: 그리스 신화에 나오는 지옥의 강)에 몸을 담금으로써 적의 화살이 아무런 위해(危害)도 끼치지 못하게 된 어떤 사람의 이야기를 읽습니다. 우리에게 있어 그 이야기는 우리가 "영생을 붙잡을 때" 실제가 됩니다. 악한 자의 불화살은 우리의 믿음의 방패에 의해 꺼집니다.

6장 전체가 본문에 대한 일종의 서문을 형성합니다. 디모데가 사역했던 교회에 세 종류의 사람들이 있었던 것으로 보입니다. 그리고 그들은 어떻게 사람들을 가장 잘 가르칠 것인가에 대해 제각각 다른 관점을 가지고 있었던 것 같습니다. 첫째로, 사회적인 문제에 개입하는 사람들이 있었습니다. 그들은 종들에게 주인에 대해 반기를 들고 그 당시 존재하던 잘못된 제도를 바로잡으라고 말했습니다. 바울은 어느 누구보다도 불의한 제도가 종식되기를 간절히 바랐습니다. 특별히 그는 복음의 영향력으로 노예제도가 지상에서 사라지기를 간절히 열망했습니다. 그러나 그는 성급한 사회변혁에 의해서보다 복음전파를 통해 이러한 악들이 가장 확실하게 극복될 것이라고 보았습니다. 그는 디모데에게 말합니다. "그 문제는 그냥 내버려 두어라. 영생을 붙잡으라. 너는 지저분한 사회문제들을 깨끗하게 하라고 보냄을 받지 않았느니라. 너에게 있어 영생을 붙잡는 것으로 충분하니라. 그리고 다른 사람들에게도 그렇게 가르쳐라. 너나 다른 사람들에게 있어 가장 중요한 것은 영생을 붙잡는 일이니라." 오늘날의 목회자들 역시도 성령의 감동을 받은 바울의 이러한 훈계에 귀를 기울일 필요가 있습니다. 물론 모든 그리스도인은 정의의 원칙에 기초한 모든 실제적인 사회 개선에 많은 관심을 기울여야 합니다. 그러나 그렇게 하는 가장 확실한 방법은 사람들에게 복음을 전파하는 것이라는 사실을 그들은 한순간도 잊어서는 안 됩니다. 복음전파를 통해 사람들의 성품이 바뀌고 삶이 갱신될 때, 바로 이것이 사회적인 문제를 새롭게 변화시키는 결과로 나타날 것입니다.

두 번째로, 디모데 주변에 바울의 표현대로 "망령되고 헛된 말을 지절거리는" 사람들이 있었습니다(딤후 2:16). 이들은 "변론과 언쟁을 좋아하는" 자들로서 매우 건전하지 못한 자들이었습니다(딤전 6:4). 그들과 관련하여 바울은 디모데에게 이렇게 말합니다. "그와 같이 마음이 부패하고 진리를 잃어버린 자들의 변론에 대응하지 말거라. 그들로 인해 스스로를 번거롭게 하지 말거라. 벌들로 하여금 윙윙 소리를 내도록 그냥 내버려 두어라. 오직 너는 영생을 붙잡으라. 그리고 네 일에만 착념하라. 하나님이 너에게 맡기신 영광스러운 일 곧 영혼을 구원하는 한 가지 일에 집중하라. 변론과 언쟁을 좋아하는 자들은 자기들끼리 싸우도록 내버려 두어라. 오직 너는 영생을 붙잡아라."

세 번째로, 디모데 주변에는 또한 부하려고 하는 자들이 있었습니다(9절). 그들은 부자가 되는 것이 곧 경건의 일이며, 만일 부자가 된다면 자신들이 더 나은 사람이 될 것이라고 생각했습니다. 그러나 바울은 디모데에게 이렇게 말합니다. "돈은 그대로 내버려 두어라. 먹을 것과 입을 것이 있으면 그것으로 족하게 여겨라. 네 손은 두 가지를 모두 붙잡을 만큼 충분히 크지 못하니라. 너는 오직 한 가지만을 붙잡을 수 있을 뿐이니라. 그러므로 너는 오직 영생을 붙잡으라. 디모데야, 너는 오직 네 일에 착념해라. 영생을 붙잡아라. 바로 이것이 네가 관심을 기울여야 할 주된 일이니라. 이를 위하여 네가 부르심을 받았고 많은 증인 앞에서 선한 증언을 하였느니라."

나는 바울 사도의 이런 단호함을 좋아합니다. 그는 이렇게 말하는 것 같습니다. "디모데야 제일 중요한 일을 붙잡고 항상 그 일에 착념해라. 다른 사람들로 하여금 네 일에 끼어들어 이러쿵저러쿵 하지 못하게 하라. 항상 가장 높은 목적을 붙잡아라. 내가 작년에 로마에서 빌립보인들에게 썼던 것처럼, 그들에게 '나는 오직 한 일 즉 위에서 부르신 부름의 상을 위하여 달려가노라'라고 말해라(빌 3:13, 14). 너는 오직 영생을 붙잡으라."

여기에 등장하는 세 종류의 사람들을 생각해 보십시오. 그들은 인생의 사소한 문제들을 추구하는 가운데 영원한 생명이라는 본질적인 표적을 놓쳐버리고 마는 것 같습니다. 기도에 있어서도 그렇지 않습니까? 정말로 구할 만한 것이 아닌 것 때문에 정말로 구할 만한 것을 놓쳐버리는 경우는 없습니까? 가장 중요한 것을 붙잡으십시오. 그리고 하나님께 여러분이 원하는 것을 구하십시오. 참된 기도를 드리십시오. 천사를 꼭 붙잡으십시오. 그리고 그와 더불어 씨름하고 그를 이기십시오. 이러한 바울의 교훈을 통해 우리는 오늘날의 설교 속에도 본질적인 요소는 놓쳐버린 채 부수적인 것들만 붙잡고 있는 경우가 많지 않은지 생각해 볼 필요가 있습니다. 그는 젊은 디모데에게 말합니다. "표적의 중심을 겨누어라. 너의 주된 임무에 착념하라. 무엇보다도 영생을 붙잡으라."

우리의 기도를 생각해 보십시오. 단지 요란한 말잔치에 불과한 경우가 얼마나 많습니까? 우리의 찬미 역시 단지 그럴듯한 음악일 뿐인 경우가 얼마나 많습니까? 오늘날의 교회들이 하는 일에 있어서도 그리스도를 위해 영혼을 구원하는 일보다 단지 사람들을 좀 더 낫게 개량하는 것에 불과한 경우가 얼마나 많습니까? 오늘날의 설교들에 있어서도 '기독교적 가르침'일 수는 있을는지 모르지만 그러나 '그리스도의 가르침'은 아닌 것이 얼마나 많습니까? 그러나 본문은 모든 것을 하나의 초점으로 모읍니다. 그리고 디모데를 그 초점으로 데려가면서, "영생을 붙잡으라"고 말합니다. 이렇게 그 자신 영생을 붙잡고 난 후, 그는 그것을 똑같은 열정과 강조로 다른 사람들 앞에 제시해야 합니다. 그들 역시도 영생을 붙잡고 구원을 받으라고 말입니다.

사랑하는 형제들이여, 만일 여러분이 영생을 얻지 못한다면, 내가 여러분에게 설교하는 것이 도대체 무슨 소용이 있습니까? 만일 여러분이 "여러분 안에서 영생하도록 솟아나는 생명의 샘물"을 받지 못한다면, 내가 여러분에게 이렇게 저렇게 말하는 것이 도대체 무슨 의미가 있습니까? 여러분에게 간절히 당부하노니, 경건의 큰 비밀을 깨닫고 참된 지혜를 배우십시오. "영생을 붙잡으라"는 본문의 훈계를 가슴에 새기십시오. 부디 하나님께서 여러분을 축복하시기를 기원합니다.

1. 첫째로, 그러면 영생은 무엇입니까?

이러한 질문에 대답하기에 앞서 먼저 우리는 그것이 하나님의 선물 즉 우리 마음에 신적 능력이 작용한 결과라는 사실을 분명히 해야 합니다. 하나님의 은혜의 첫 번째 역사(役事) 가운데 하나는 우리 안에 영생을 놓는 것입니다. 아무도 영생을 창조할 수 없습니다. 자신 안에서든 혹은 다른 사람 안에서든 말입니다. 우리의 육체적 생명이 우리 자신의 노력과 무관하게 주어지는 것처럼, 신적 생명 역시 우리 자신의 노력이나 인간적인 방법으로부터 말미암지 않습니다. 그것은 하나님의 성령에 의해 주어지는 것입니다. 하나님이 사람을 창조하시고 그

코에 생기를 불어넣으시니 사람이 생령이 되었습니다. 마찬가지로 그리스도 안에서 사람이 새 피조물이 될 때, 그 일은 전적으로 그리고 실제적으로 하나님의 일입니다. 누구에게도 영생은 자연적이며 본래적인 것이 아닙니다. 왜냐하면 모든 사람이 죄로 죽었기 때문입니다. 또 아무도 영생을 스스로의 노력으로 획득할 수 없습니다. 왜냐하면 육체의 일로 영적인 선물을 살 수 없기 때문입니다. 영원을 위해 애쓰며 수고한다고 해서 영원한 생명을 소유하는데 더 가까워지는 것은 아닙니다. 그것이 노력으로 오지 않는다는 것은 너무도 분명한 사실입니다. 죽은 자가 어떤 종류의 노력을 한다고 해서 그것으로 도대체 어떻게 생명을 얻을 수 있단 말입니까? 또 영생은 외적인 의식(儀式)에 의해 오지 않습니다. 외적인 의식으로도 하나님이 값없이 주시는 것을 결코 살 수 없습니다.

그럼에도 불구하고 값없이 얻어지는 것에 대해 값을 치르려고 하는 것은 교만한 인간에게 있어 너무도 자연스러운 일입니다. 하나님의 선물(gift)은 거절하면서도 자신의 예물(gift)은 받아들여지기를 기대하는 것은 참으로 이상한 일입니다. 우리는 우리의 모든 예물로도 하나님을 부요케 할 수 없다는 사실을 기억해야 합니다. 또 우리는 하나님께 그분이 아직까지 가지고 계시지 않은 것을 드릴 수 없다는 사실을 기억해야 합니다. 만일 우리가 그러한 사실들을 기억한다면, 영생이 하나님의 선물 외에 다른 방법으로는 결코 올 수 없다는 사실이 너무도 분명해질 것입니다. 이미 가득 채워진 그릇을 채우려고 노력하는 것은 어리석은 일입니다. 하나님으로부터 받는 대신 그분에게 드림으로써 구원을 얻고 영생을 사고자 추구하는 것은 어리석은 일일 뿐만 아니라 또한 불경스러운 일이기도 합니다. 그것은 베드로로부터 다음과 같은 말을 들은 마술사 시몬을 흉내내는 것입니다. "네가 하나님의 선물을 돈 주고 살 줄로 생각하였으니 네 은과 네가 함께 망할지어다"(행 8:20). 돈으로도 의식(儀式)으로도 영생을 살 수 없습니다. 그것은 전적으로 예수 그리스도에 의한 하나님의 선물입니다. "죄의 삯은 사망이요 하나님의 은사(gift, 혹은 "선물")는 그리스도 예수 우리 주 안에 있는 영생이니라"(롬 6:23).

"생명은 오직 예수 안에 있도다.
　　오직 그 안에서 그대에게 생명이 주어지도다.
　　값없이 돈 없이 주어지도다.

그것은 값없이 주어지는 하나님의 선물이로다.
구원을 취하라.
지금 취하라, 그리고 복을 얻으라.”

이와 같이 값없이 주어지는 영생은 우리가 이 땅에서 현재적으로 소유하는 것입니다. “영생”이란 단어는 때때로 하늘의 영광을 나타내기 위해 사용됩니다. 그러나 항상 그런 것도 아니고, 대부분의 경우 그런 것도 아닙니다. 그것은 ‘이 땅에서 현재적으로 소유되는’ 어떤 것입니다. 거듭날 때, 우리는 이러한 영생의 첫싹을 받습니다. 거듭날 때, 그것은 “썩어질 씨가 아니라 썩지 아니할 씨 곧 살아 있고 항상 있는 하나님의 말씀으로” 말미암은 것입니다(벧전 1:23). 그것은 하나님의 선물로서, 미래를 위해 유보된 선물이 아니라 지금 그리스도를 믿는 순간 주어지는 선물입니다. 영생이 주어졌음을 보여주는 최초의 표적들은 기도의 부르짖음과 죄에 대한 회개와 우리 주 예수 그리스도를 믿는 믿음입니다. 이와 같이 영생은 하나님의 선물이며, 현재적으로 소유되는 것입니다. 여러분은 그것을 받았습니까? 나는 여러분이 영생을 받은 정확한 날짜와 시간을 아느냐고 묻고 있지 않습니다. 다만 여러분이 하나님에 대해 자연적인 생명으로서가 아니라 성령 하나님에 의해 심겨진 생명으로 살아 있느냐고 묻고 있는 것입니다.

이러한 생명은 실제로 영혼 안에 있는 하나님의 생명입니다. 성령께서 죽은 자 안에 들어오셔서 하나님의 생명을 불어넣습니다. 그 자체로 영원한 것은 하나님 외에 아무것도 없습니다. 그리고 영원한 자(everlasting One)로부터 오는 생명 외에 또 다른 영원한 생명은 없습니다. 하나님의 선물이라는 표현을 주목해 보십시오. 그것은 하나님이 주시는 선물을 의미할 뿐만 아니라 또한 하나님 자신이 바로 그 선물임을 의미합니다. 우리 안에 이러한 영생을 불어넣으시는 자는 실제로 우리 안에 살아 계시는 그리스도입니다. 예수 그리스도 자신이 “아버지와 함께 계시다가 우리에게 나타나신 영생”입니다. 또 성령께서 우리 안에 오셔서 거하십니다. 그리스도는 말씀하십니다. “우리가 그에게 가서 거처를 그와 함께 하리라”(요 14:23). 이와 같이 아버지와 아들과 성령이 우리 가운데 오셔서 우리 안에 거하십니다. 그럼으로써 우리는 성령의 전이 되며, 하나님에 대해 살아 있는 자가 됩니다.

또 영생은 **결코 죽지 않는 생명**입니다. 이것은 너무도 자명한 사실입니다. 영원한 생명에는 끝이 있을 수 없습니다. 만일 어떤 과정으로든 끝이 있다면, 그것은 영원한 것이 아닙니다. "영원"이란 단어가 함축하는 대로, 그것은 너무도 자명합니다. 이와 같이 하나님이 거듭난 영혼에게 주시는 생명은 결코 소멸될 수 없습니다. 다음과 같은 그리스도의 말씀을 들어 보십시오. "내 양은 내 음성을 들으며 나는 그들을 알며 그들은 나를 따르느니라 내가 그들에게 영생을 주노니 영원히 멸망하지 아니할 것이요 또 그들을 내 손에서 빼앗을 자가 없느니라"(요 10:27, 28). 우리는 설령 신자 안에 있는 하나님의 생명이 소멸된다 하더라도 그럼에도 불구하고 그는 구원받을 수 있다고 가르치지 않습니다. 성경의 어느 부분도 그렇게 가르치지 않습니다. 다만 우리는 만일 어떤 사람 안에 하나님의 생명이 있다면 그것은 영원한 것이라고 가르칩니다. 그것이 영원할 것이라는 의미에서 뿐만 아니라, 지금 그 본질상 영원하다는 의미에서 말입니다. 그리고 그것은 영원한 생명이므로 결코 끝이 있을 수 없습니다. 그것은 작아질 수 있으며, 약해질 수 있으며, 흐릿해질 수 있습니다. 그러나 거기에 끝은 있을 수 없습니다. 만일 끝이 있다면, 그것은 결코 "영원한 생명"이라고 불릴 수 없습니다. 만일 여러분이 하나님의 선물을 받았다면, 여러분이 받은 축복이 얼마나 큰 것인지 생각해 보십시오. 만일 여러분이 예수 그리스도로 말미암아 생명을 받았다면, 여러분은 결코 소멸되지 않는 생명을 가지고 있는 것입니다. 여러분은 이 세상이 새카만 숯으로 변한 것을 알 것입니다. 여러분은 모든 만물이 소멸되는 것을 알 것입니다. 그러나 여러분의 생명과 하나님의 생명은 영원히 지속될 것입니다. 바울은 디모데에게 그와 같은 생명을 붙잡으라고 당부합니다. 그리고 우리도 똑같이 여러분에게 그렇게 하라고 당부합니다.

> "예수로부터 기쁨으로 취하십시오,
> 　그가 주시는 영원한 생명을.
> 　그리고 당신은 결코 죽을 수 없음을 확신하십시오.
> 　왜냐하면 당신의 의이신 예수께서 살아 계시기 때문입니다."

또 이러한 영생은 영광 안에서 완성되는 생명입니다. 그것은 심지어 이 세상에서조차 발전되며 익어갑니다. 매우 높은 수준에 이르기까지 말입니다. 새로 태어난 아기와 완전하게 자란 성인 사이에는 매우 큰 차이가 있습니다. 마찬가지로 이제 막 영생을 받은 신자와, 그리스도 예수 안에서 충만에 이른 장성한 성도 사이에는 매우 큰 차이가 있습니다. 그러나 그것은 같은 생명입니다. 그것은 다음과 같이 말하는 동일한 생명입니다. 처음에는 "하나님이여 불쌍히 여기소서 나는 죄인이로소이다"라고 말했다가, 나중에는 "내가 믿는 자를 내가 알고 또한 내가 의탁한 것을 그 날까지 그가 능히 지키실 줄을 확신함이라"라고 말입니다 (눅 18:13; 딤후 1:12). 그것은 같은 생명이지만, 그러나 나중에는 더욱 충만하게 자랐습니다. 전자는 생명이며, 후자는 더욱 풍성한 생명입니다. 영원한 생명이 비록 작은 싹의 모습으로나마 분명하게 시작된 것처럼, 그것은 영광 가운데 충만한 완성에 이르기까지 꽃이 피고 열매를 맺을 것입니다. 하늘에 있는 신자들의 생명, 결코 죄를 짓지 않는 생명, 절대적인 순종의 생명, 지고(至高)의 행복을 누리는 생명 ― 이러한 생명은 지금 이 땅의 신자 안에 있는 생명과 동일한 생명입니다. 처음 믿었을 때 하나님이 주신 생명과, 새 예루살렘의 황금 길을 걸으며 하나님을 얼굴로 볼 때의 생명은 동일한 생명입니다.

　　이것이 영생입니다. 그것은 새로운 원리이며, 신적 원리이며, 다함도 없고 꺼짐도 없으며 소멸됨도 없는 원리입니다. 사람의 아들들 가운데 가장 복된 자는 그것을 가진 자들입니다. 그것을 갖지 못한 사람은 살았으나 죽은 자입니다.

　　이제 우리는 앞의 질문으로 다시 되돌아와야 합니다. 우리는 이러한 영생을 가지고 있습니까? 우리는 그것을 하나님의 선물로서 받았습니까? 그것은 우리 마음속에서 등불처럼 빛나고 있습니까? 우리는 그것의 현재적인 능력과 실재를 알고 있습니까? 그리고 우리는 그것으로 인해 기뻐합니까? 그렇습니다. 우리는 하나님 안에서 기뻐합니다. 우리를 사망으로부터 생명으로 옮기신 하나님, 사망의 음침한 골짜기로부터 하늘의 큰 빛으로 옮기신 하나님 안에서 말입니다. 만일 우리가 그러한 영생을 가지고 있다면, 마음을 모아 이렇게 찬미합시다. "그의 말할 수 없는 은사(gift, "선물")로 인하여 하나님께 감사하리로다." 하나님이 우리에게 그토록 엄청난 보화를 주셨는데 어떻게 우리가 그의 이름을 찬미하지 않을 수 있겠습니까? 그러나 만일 여러분이 영생을 소유하고 있지 못하다면, 간절히 당부하노니 지금 이 순간 손을 내밀어 값없이 주시는 선물을 취하십시오. "또 증거는 이것이니 하나님이 우리에게 영생을 주신 것과 이 생명이 그의 아들 안에 있는 그것이니라 아들이 있는 자에게는 생명이 있고 하나님의 아들이 없는 자에게는 생명이 없느니라"(요일 5:11, 12).

2. 둘째로, 우리는 어떻게 영생을 붙잡습니까?

바로 이것이 오늘 설교의 요지입니다. 우리는 어떻게 영생을 붙잡습니까? 이러한 생명을 받는 데에는 정도의 차이가 있습니다. 자신이 "그리스도 예수께 붙잡힌" 바 되었음을 충분히 깨닫는 자는 복이 있습니다. 하나님의 성령이 우리를 붙잡으셨습니다. 우리로 하여금 영생을 붙잡을 수 있도록 만들기 위하여 말입니다. 우리가 어떻게 영생을 붙잡을 수 있게 되는가 하는 문제가 바로 오늘의 주된 주제입니다.

첫째로, 만일 여러분이 영생의 선물을 붙잡고자 한다면, 먼저 그것이 사실임을 믿으십시오. 우리 소망의 출발점은 주께서 우리를 이끌어 영생이라는 것이 실제로 있음을 믿도록 하는 것입니다. 그것이 꿈이나 환상이 아니라 실제로 확실하게 붙잡을 수 있는 것임을 믿도록 말입니다. 우리가 붙잡을 수 있는 것에 대해서는 우리는 그것이 존재한다는 것을 분명하게 믿습니다. 만일 "보는 것이 믿는 것"이라면, 붙잡는 것은 믿음에 있어서의 한층 더 확실한 기초입니다. 그러므로 자연적인 생명보다 더 높은 차원의 생명이 있음을 믿으십시오. 만일 회심하지 않았다면, 여러분은 이에 관한 것을 여러분 자신의 경험으로 결코 알지 못합니다. 그러나 그와 같은 것이 있습니다. 그리스도 안에 있는 생명이 있으며, 그리스도께서 그것을 여러분에게 주실 수 있습니다. 여러분 안에서 역사하는 성령에 의한 생명이 있습니다. 성령께서는 여러분으로부터 죄의 옷을 벗기고, 여러분을 무덤으로부터 일으킬 수 있습니다. 예수 그리스도께서 마르다에게 하셨던 말씀을 생각해 보십시오. "나는 부활이요 생명이니 나를 믿는 자는 죽어도 살겠고 무릇 살아서 나를 믿는 자는 영원히 죽지 아니하리니 이것을 네가 믿느냐"(요 11:25, 26). "네가 이것을 믿느냐?"는 주님의 물음에 대답해 보십시오. 만일 믿는다면, 여러분에게는 그의 은혜에 참여할 소망이 있습니다. 그가 시작한 일을 아무도 방해할 수 없습니다. 설령 여러분이 아무것도 느끼지 못한다 하더라도, 이러한 생명이 여러분에게 주어질 것입니다. 만일 여러분이 십자가 위에 높이 들린 자를 바라본다면, 그러한 생명은 바로 지금 여러분에게 주어질 것입니다. "이는 그를 믿는 자마다 멸망하지 않고 영생을 얻게 하려 하심이라"(요 3:16).

사랑하는 형제들이여, 여러분이 이러한 영생을 가지고 있음을 믿으십시오. 아무리 사탄이 여러분으로 하여금 그것을 허구로, 꿈으로, 종교적 광신으로부터 나온 터무니없는 개념으로 생각하도록 만든다 할지라도, 하나님 말씀의 명백한 증언과 선진들의 풍부한 증언으로 그를 물리치십시오. 하나님의 자녀라 하더라도 가끔 의심이 들 때도 있지만, 그러나 여전히 그들은 다음과 같이 진실하게 말할 수 있습니다. "나는 예전의 내가 아니로다. 나에게는 옛 생명이 아니라 하나님의 선물로 말미암은 새 생명으로부터 온 기쁨과 탄식이 있도다."

> "주여, 나는 죽었었나이다.
> 나의 죽은 영혼은 주를 찾지 않았나이다.
> 그러나 지금은 주께서 나를 살리심으로,
> 죄의 캄캄한 무덤으로부터 일어났나이다."

만일 여러분 가운데 아직 이와 같은 변화를 경험하지 못한 사람이 있다면, 내가 말한 대로 영생이 있음을 믿는 것으로부터 시작해 보십시오. 그리고 복음이 전파되는 장소에 정기적으로 출석하면서, 이렇게 말하십시오. "정말로 영생이 있다면 나는 반드시 그것을 가져야만 해. 믿음은 들음에서 난다고 하지? 그러면 나는 열심히 말씀을 들어야 해. 들음은 하나님의 말씀으로부터 말미암는다고 하지? 나는 하나님의 말씀을 듣고 읽는 일에 더욱 힘써야만 해. 그러면 나에게 믿음이 올 것이고, 믿음으로 말미암아 생명이 올 거야. 왜냐하면 나를 '본래적인 나' 훨씬 이상의 존재로 만들 새롭고 영적인 생명이 있기 때문이야. 나는 그것이 사실임을 믿어." 이것이 영생을 붙잡는 첫 번째 방법입니다.

그러나 단순히 어떤 것이 있음을 믿는 것만으로는 그것을 붙잡는 것이 아닙니다. 여러분은 한 걸음 더 나아가야만 합니다. 그것을 여러분의 것으로 전유(專有)하십시오. 여기에 책이 있습니다. 나는 그것이 여기에 있음을 믿습니다. 그런데 어떤 사람이 내게 말합니다. "그 책은 당신을 위해 여기에 있는 것입니다. 그 책을 갖기 위해 당신이 해야 하는 모든 일은 그것을 붙잡는 것입니다." 그러면 그가 의미하는 것은 내가 그것의 존재를 믿는 것뿐만 아니라 그것을 취하여 집으로 가져가라는 것입니다. 바로 이것이 여러분이 "영생을 붙잡는" 방법입니다. 너무나 간단한 것임에도 불구하고, 죄인들은 이것을 이해하지 못합니다. 영생이 우리가 손을 뻗어 붙잡을 수 있는 하나님의 값없는 선물이며, 우리가 우리 자신의 구원을 위해 그것을 붙잡아야 한다는 사실은 어떤 사람들에게 있어 세상에서 가장 어려운 수수께끼보다 더 어렵게 느껴집니다. 그러나 바로 이것이 구원의 문제에 있어 가장 중요한 핵심입니다. 찰머스 박사(Dr. Chalmers)는 복음은 한 쪽 측면에서 단순히 주는 것이며, 다른 쪽 측면에서 단순히 받는 것이라고 말하곤 했습니다. 하나님은 주시고, 우리는 받습니다. 주님은 여러분이 죄인으로서 정죄되었으며 오로지 죽기에 합당한 존재임을 보이시면서, 이렇게 말씀하십시다. "영생을 붙잡으라. 주 예수 그리스도를 믿으라. 그를 너희의 것으로 취하라. 너희가 마땅히 받아야 할 죄값인 죽음을 짊어진 자로서, 그리고 너희를 위해 자기 생명을 주셨으며 지금도 주고 계신 그를 너희의 대속물로 받아들이라. 그리고 변화를 받으라. 그리스도께서 너희의 죽음을 짊어지셨도다. 그의 생명을 취하라. 그가 너희의 악을 짊어지셨도다. 그의 선하심을 취하라. 그것을 너희의 것으로 전유하라. 영생을 붙잡으라." 사람들이 물에 빠졌다고 생각해 보십시오. 그런데 만일 바로 옆에 구명로프가 있다면, 그들에게 그것을 붙잡으라고 간곡하게 당부할 필요도 또 그렇게 할 수 있는 방법을 세세하게 설명할 필요도 없을 것입니다. 단순히 그것을 그냥 붙잡으면 됩니다. 여러분은 아무것도 가져갈 필요가 없습니다. 만일 여러분의 손에 무엇인가가 쥐어져 있다면, 여러분은 어떤 것을 붙잡을 수 없습니다. 여러분은 빈손으로 그리스도께 나와야 합니다. 담대하게 그를 붙잡으십시오. 그를 당신의 것으로 삼으십시오. 여러분에게 어떤 자격도 필요하지 않습니다. 여러분에게 무슨 자격이 있을 수 있겠습니까? 여러분은 죄인이며 자격이 없음에도 불구하고 그가 값없이 자신을 주십니다. 여러분이 죄인이며 자격이 없음을 고백하고, 영생을 붙잡으십시오. 그리고 그것을 여러분 자신의 것으로 전유(專有)하십시오.

그러나 영생을 붙잡으라는 본문의 훈계는 그 이상을 의미합니다. 그것을 여러분의 것으로 전유한 후에는 그것을 지키십시오. 그것을 끌어안으십시오. 그리고 놓치지 마십시오. 그것을 가장 값진 보화처럼 여러분의 마음속에 감추십시오. 만일 어떤 사람이 그것을 훔치려고 한다면, 그것을 더욱 꽉 끌어안으십시오. 여러분으로 하여금 먼저 그것을 취하고 그 다음에 지킬 수 있도록 만들어주는 것은 하나님의 은혜의 역사(役事)입니다. 여러분으로 하여금 영생을 포기하도록 만드는 수많은 공격들이 안팎으로부터 가해질 것입니다. 그럴 때 본문의 훈계를 유념하십시오. "영생을 끌어안으라. 그것을 계속해서 꽉 붙잡으라. 죽을 힘을 다해 붙잡으라. 한 손으로 붙잡지 말고 양손으로 붙잡으라. 더욱더 힘써 영생을 붙잡으라."

나아가 그 위에 머무십시오. 본문에 따르면, 여러분은 "믿음의 선한 싸움"을 싸워야만 합니다. 기회만 있으면 여러분의 원수는 여러분을 유혹하고, 상처를 입히고, 피 흘리게 만들 것입니다. 여러분은 어떻게 하겠습니까? 항상 다시금 영생을 붙잡으십시오. 그렇게 할 때 그것이 여러분을 강화시키며, 상처를 싸매주며, 싸움의 날에 다시 한 번 강하게 만들어 줄 것입니다. 나는 여러분이 이에 대해 많이 생각하며 묵상하기를 바랍니다. 만일 여러분이 그리스도를 믿는다면, 여러분 안에 하나님의 생명처럼 영원히 소멸되지 않는 생명이 있습니다. 또 여러분은 여러분 안에 "티나 주름 잡힌 것이나 이런 것들이 없이" 여러분을 그리스도의 영광의 보좌 앞에 서도록 이끌어주는 생명을 가집니다(엡 5:27). 그러므로 소망을 포기하지 마십시오. 또 이 땅에서 고난을 받는 것으로 인해 비틀거리지 마십시오. 모든 고난 가운데 여러분의 마음을 하나님과 그가 주신 선물 위에 머물게 하십시오. 영생을 붙잡으십시오. 설령 세상과 하늘 사이에서 여러분이 매일 같이 순교자처럼 불에 태워진다 할지라도, 영생을 붙잡고 믿음으로 인내하며 견디십시오.

> "하늘의 왕이 아름다움 가운데
> 가리는 수건 없이 온전히 보이는도다.
> 참으로 아름다운 여행이었도다.
> 비록 열 번의 죽음이 있었다 할지라도."

설령 이 땅과 하늘 사이에서 여러분이 그리스도의 원수들로부터 온갖 잔혹함과 위해(危害)를 당한다 할지라도, 여러분은 그것을 남자답게, 아니 심지어 기쁨으로 감당해야 합니다. 왜냐하면 여러분은 이렇게 말할 수 있기 때문입니다. "나는 하늘에서 여기의 것보다 더 나은, 그리고 영원한 본체를 갖게 될 것을 아노라. 심지어 이 땅에서조차 나는 세상이 줄 수 없는 생명을 가지고 있노라. 그러한 하나님의 놀라운 선물이 나의 것임을 생각할 때, 나는 큰 위로를 받노라. 나는 슬픔의 바다 한가운데서도 굳게 설 수 있노라. 내 육체와 마음은 쇠약하나 하나님은 내 마음의 반석이시요 영원한 분깃이노라"(시 73:26).

또 나는 "영생을 붙잡으라"는 바울의 훈계 속에 다른 것들은 그냥 내버려 두라는 교훈이 담겨 있다고 생각합니다. 여기에 최근에 회심한 한 형제가 있습니다.

그는 지금까지 주일에도 계속해서 자신의 상점을 열어 왔습니다. 왜냐하면 그의 상점은 주일 날 가장 장사가 잘 되는 거리에 있었기 때문입니다. 만일 주일 날 상점을 닫는다면, 그는 큰 손실을 입을 것이었습니다. 그는 어떻게 해야 합니까? 감사하게도 그는 하나님을 믿고 올바른 선택을 했습니다. 바울은 이렇게 말하는 것 같습니다. "다른 것들은 그냥 내버려 두어라. 다른 것들은 그냥 내버려 두어라. 오직 영생을 붙잡아라. 오직 그것에만 착념하라." "그렇지만 생계를 잃을 수는 없지 않습니까?" 그렇습니다. 그러나 만일 당신이 생계를 잃고 생명을 구원한다면, 그것이 당신에게 손실입니까?

당신은 오스트레일리아로부터 황금이 가득 든 가방을 들고 고향으로 돌아온 사람의 이야기를 듣지 못했습니까? 배를 타고 돌아오는 도중 그가 타고 있던 배가 가라앉고 있었습니다. 즉시로 그는 선실(船室)로 내려가, 가능한 많은 황금을 자기 허리에 묶고 허리띠로 단단하게 조였습니다. 그리고 구명보트로 뛰어내렸는데, 그만 옆에 떨어지고 말았습니다. 그러나 구명보트에 있던 사람들은 그를 건져줄 수 없었습니다. 왜냐하면 그의 허리에 묶여 있던 황금의 무게로 인해 그는 즉시로 가라앉고 말았기 때문입니다. 그에게는 아무런 소망도 없었습니다. 그의 황금은 그의 멸망이었습니다. 이와 마찬가지로 오늘날 많은 사람들의 수고는 도리어 그 자신의 멸망을 준비하는 것이 되고 맙니다. 열심히 수고하며 일하는 것이 도리어 그의 영혼을 멸망시키는 것이 되고 맙니다. 이런 것들은 그냥 내버려 두십시오.

"사람이 만일 온 천하를 얻고도 제 목숨을 잃으면 무엇이 유익하리요 사람이 무엇을 주고 제 목숨을 바꾸겠느냐"(마 16:26). 금방 사라져 없어지는 육신의 생명을 위해서도 사람들은 기쁘게 모든 것을 희생시킵니다. 불타는 집에서 빠져나왔을 때, 사람들은 얼마나 기뻐합니까? 모든 재산이 타 없어졌음에도 불구하고 말입니다. 강도의 손아귀로부터 빠져나왔을 때, 사람들은 얼마나 감사합니까? 강도에게 모든 소유를 다 빼앗겼음에도 불구하고 말입니다. "사람이 그 모든 소유물로 자기의 생명을 바꾸올지라"(욥 2:4). 금방 사라져 없어지는 육체의 생명을 위해서도 이렇게 하는 것이 지혜로운 일이라면, 하물며 영원한 생명을 위해서야 얼마나 더 그렇겠습니까? 우리는 잃음으로써 얻습니다. 친구라든지, 친척이라든지, 안락함이라든지, 육체의 생명 같은 것은 그냥 내버려 두십시오. 그런 것들은 그냥 내버려 두십시오. 그렇게 함으로써 우리는 영생을 더욱 굳게 붙잡을 수 있을 것입니다. 온갖 유혹으로 가득한 세상 속에서 그리스도인들이 해야 할 주된 일은 영생을 붙잡고 그것을 굳게 지키는 일입니다. "영생을 붙잡으라."

본문은 또한 그 이상을 의미합니다. 싸우십시오. 그리고 싸울 때, 승리를 붙잡으십시오. 여러분이 하늘을 향해 달려가는 동안 계속해서 하늘의 기쁨을 기대하십시오. 나는 여러분과 내가 하늘에 충분히 가지 않았다고 생각합니다. 어떤 사람은 말합니다. "그래요, 나는 우리가 죽을 때 그곳에 갈 것이라고 생각해요." 그렇습니다. 만일 여러분이 그리스도를 믿는 신자라면, 그것은 확실합니다. 그런데 어째서 지금은 가지 않는 것입니까? 그리스도인의 위치는 독특합니다. 그들은 동시에 두 세상에 있습니다. 우리 주님께서는 우리를 소생시키셨습니다. 그리고 "함께 일으키사 그리스도 예수 안에서 함께 하늘에 앉게" 하셨습니다(엡 2:6). 여러분은 하늘로 향하는 모든 길이 바로 여기에서부터 시작되는 것을 알지 못합니까? 승리 — 이것이 하늘입니다. 우리는 심지어 지금 어린 양의 피로 이깁니다. 하나님과의 화평 — 이것이 하늘입니다. 지금 이 순간 우리는 믿음으로 의롭다함을 받고 하나님과 화평을 누립니다. 거룩 — 이것이 하늘입니다. 지금 우리는 우리 마음속에 계신 성령의 역사로 거룩하여집니다. 하나님과의 교제 — 이것이 하늘입니다. 지금 이 순간 우리는 하나님과 교제합니다. "우리의 사귐은 아버지와 그 아들 예수 그리스도와 함께 함이라"(요일 1:3).

때로 가만히 앉아서 하늘의 기업으로 들어갈 날을 바라보는 것은 좋은 일이 아닙니까? 여러분은 부왕(父王)이 어느 날 깨어났을 때, 왕관을 쓰고 있는 채로 발견되었던 젊은 왕자의 이야기를 들었을 것입니다. 그의 행동은 참으로 사려 깊지 못한 행동이었습니다. 그러나 여러분의 아버지는 여러분이 때때로 왕관을 써 보는 것을 조금도 못마땅하게 생각하지 않을 것입니다. 왕관을 써 보십시오. 그리고 그것이 여러분에게 얼마나 잘 맞는지 보십시오. 여러분은 새 노래를 부르게 될 것입니다. 그것을 여기에서 부르기 시작하십시오. 여러분은 거룩한 일을 하게 될 것입니다. "그들이 하나님의 보좌 앞에 있고 또 그의 성전에서 밤낮 하나님을 섬기매"(계 7:15). 그 일을 여기에서부터 시작하십시오. 예수 그리스도는 하늘에서 우리 가운데 거하실 것입니다. 그러나 동시에 그가 여기에서 우리 가운데 거하시는 것을 기억하십시오. 나는 다음과 같은 찬송가 구절을 좋아합니다.

"나는 여기에서 노래를 부르기 시작한다네.
그러므로 나의 영혼이 새로워진다네.
오, 거룩한 하늘의 음정이여,
나의 열정이 하늘까지 올라간다네."

어떤 청교도는 자기가 하늘에 들어가기 전에 하늘이 자기 안에 있었다고 말했습니다. 이것은 우리 모두에게 있어서도 마찬가지입니다. 우리가 하늘에 들어가기 전에 하늘이 우리 안에 있어야만 합니다. 만일 우리가 죽기 전에 하늘을 갖고 있지 않다면, 우리는 나중에 거기에 들어가지 못할 것입니다. 사람들이 어떤 스코틀랜드인에게 "당신은 하늘에 들어갈 것을 기대합니까?"라고 물었습니다. 이러한 질문에 대한 그의 대답은 "무엇이라고요? 나는 이미 하늘에 살고 있는 데요"라는 것이었습니다. 우리 모두 그렇게 삽시다. 종종 하늘에 갑시다. 그곳에 영구히 머물기 전에 말입니다. 여러분이 일하러 밖에 나갔다고 합시다. 그런데 그곳이 여러분의 안식처가 아니라는 사실을 깨닫습니다. 그렇다 할지라도 여러분은 그다지 실망하지 않을 것입니다. 왜냐하면 여러분은 하늘의 영원한 안식처를 소유하고 있기 때문입니다. 그리고 그곳에 여러분의 영원한 기업이 있기 때문입니다. 영생을 붙잡으십시오. 지금 붙잡으십시오. 그것은 미래에 속한 것이면서, 동시에 현재에 속한 것입니다. 미래에 속한 것을 여러분은 믿음으로 지금 이곳에서 실제적으로 실현하며 향유할 수 있습니다. "영생을 붙잡으라."

나는 본문을 내가 원하는 만큼 충분히 설명하지 못했습니다. 본문이 말하는 생명은 모든 언어를 초월하는 것입니다. 그러나 만일 여러분이 본문의 훈계를 순종한다면, 그것은 여러분에게 최고의 훈계가 될 것입니다. 여러분 가운데 영생을 소유하지 못한 사람이 있습니까? 그것이 있다는 사실과 그것을 받아야만 한다는 사실을 믿으십시오. 여러분 가운데 영생을 간절히 열망하는 사람이 있습니까? 지금 그것을 붙잡으십시오. 그리고 여러분의 것으로 삼으십시오. 그런 사람들은 그것을 잃어버릴까 두려워할 필요가 없습니다. 영생을 가지고 있는 사람은 그것을 가장 값진 보화처럼 꽉 끌어안으십시오. 그리고 다른 것들은 그냥 내버려 두십시오. 차라리 집을 팔지언정 그것은 팔지 마십시오. 그리고 그것을 가지고 있는 자는 지금 그것을 향유하십시오. 하나님이 여러분을 도우셔서 영생을 굳게 붙잡게 하시기를 기원합니다.

3. 셋째로, 영생을 붙잡아야 할 자들은 특별히 누구입니까?

첫 번째로, 부름을 받은 자들입니다. 이것이 바울이 디모데에게 "이를 위하여 네가 부르심을 받았고"라고 말한 이유입니다. 사랑하는 형제들이여, 여러분 가운데 부름을 받은 자들이 있습니다. 오늘 오후 한 소년이 어떤 용무가 있어 내 곁에 있었습니다. 그런데 그 소년이 갑자기 달려 나가는 것이었습니다. 나는 '왜 갑자기 달려 나가지?'라고 생각했습니다. 나는 비록 아무 소리도 듣지 못했지만 누군가가 그를 불렀으며, 그래서 그가 달려 나갔다는 사실을 알게 되었습니다. 그 소년을 본받으십시오. 자신 외에 아무도 듣지 못한 음성에 의해 부름을 받은 자처럼 이 세상으로 나가십시오. 하나님이 여러분을 자신에게로 부르시지 않았습니까? 하나님은 여러분이 옛 자아로부터 벗어나 더 이상 옛 생활을 살지 않기를 원하십니다. 그는 여러분이 영생을 붙잡기를 바라십니다. 만일 하나님이 우리를 복되게 하기를 뜻하지 않는다면, 결코 이렇게 부르지 않으실 것입니다. 하나님은 결코 아무 이유 없이 "너희는 내 얼굴을 찾으라"고 말씀하지 않습니다. 하나님이 사람들 가운데 여러분을 부르셨습니까? 여러분은 여러분의 부모나 친구들이 느끼지 못하는 것을 느낍니까? 여러분에게 "사무엘아 사무엘아"라는 부르심과 "내가 여기 있나이다 말씀하옵소서 주의 종이 듣겠나이다"라는 응답이 있습니까? 만일 하나님이 여러분을 특별하고 유효한 부름으로 부르기를 기뻐하셨다면, 여러분의 모든 마음과 영혼으로 영생을 붙잡고 결코 놓지 마십시오. 어떤 일이 있든, 살든지 죽든지, 영원에 이르기까지 그 하나님의 선물을 붙잡겠노라고 결심하십시오.

다음으로, 그리스도를 고백하는 자들은 특별히 영생을 붙잡아야 합니다. "이를 위하여 네가 부르심을 받았고 많은 증인 앞에서 선한 증언을 하였도다." 디모데는 세례를 받았습니다. 그리고 아마도 그때 매우 많은 사람들이 동참하여 그의 신앙고백을 격려했을 것입니다. 이것이 자신이 붙잡은 것을 더욱 견고히 지켜야 하는 이유입니다. 오, 그리스도의 이름을 부르는 자들이여! 그의 죽으심과 부활에 연합하여 그로 옷 입은 자들이여! 영생을 붙잡으십시오. 세례와 성만찬에 머물지 마십시오. 이것들은 상징에 불과합니다. 단지 상징만을 붙잡지 말고, 상징이 의미하는 것을 붙잡으십시오. 여러분은 "세례로 그와 함께 장사"되었습니까? 그렇다면, 그러한 상징의 실체를 붙잡으십시오. 그것은 단순히 공허한 형식도 아니며, 어떤 교파의 상징도 아닙니다. 그것은 오직 육신의 옛 생명이 끝나고 죄와 세상에 대하여 죽음으로 "새 생명"으로 일어나 하나님과 함께 행할 수 있게 되었음을 보여주는 표상입니다. 모든 사람 가운데 세례 받은 자는 "영생을 붙잡아야" 합니다. 왜냐하면 그의 세례의 진실성에 비례하여 그가 붙잡을 다른 생명은 없기 때문입니다. 그리스도와 함께 죽고 그리스도와 함께 장사되었기 때문에 말입니다. 그리하여 우리는 그의 식탁에 나아와, 거기에서 그의 살을 먹고 그의 피를 마십니다. 단지 기념으로 떡과 포도주를 받는 것이 아니라, 믿음으로 그 자신을 우리 마음속으로 받아들이는 것입니다. 영생을 붙잡으십시오. 영생 없는 신앙고백은 하나님을 조롱하는 것에 불과합니다. 영생 없이 주의 만찬에 나오는 것은 스스로에 대한 정죄를 먹고 마시는 것입니다. 많은 증인들 앞에서 선한 증언을 한 자들이여, 영생을 붙잡으십시오.

또 특별히 영생을 붙잡아야 하는 자들은 디모데처럼 하나님의 일에 성별된 자들입니다. 어떤 형태로든 이런 일로 부름받은 자들이여! 주일학교에서 아이들을 가르치는 교사들이여! 주님으로부터 위임받은 복음을 다른 사람들에게 나누어 주는 자들이여! 영생을 붙잡으십시오. 만일 여러분 자신의 영혼 속에 영생을 가지고 있지 않다면, 여러분은 결코 여러분에게 맡겨진 일을 제대로 감당할 수 없을 것입니다. 먼저 그것을 살피십시오. 여러분이 영생을 붙잡고 있는지 되돌아보십시오. 죽은 설교자 — 그가 하는 일이라는 것이 고작해야 죽은 영혼들을 조롱하는 것 외에 무엇이겠습니까? 죽은 선생 — 그가 도대체 무엇을 가르칠 수 있겠습니까? 죽은 성경공부반 인도자 — 그를 통해 어떻게 생명의 말씀이 존귀하게 될 수 있겠습니까? 영생을 가지고 있지 않은 사람이 복음을 가르치는 것은 소경이 미술을 가르치며 귀머거리가 음악을 가르치는 것과 무엇이 다르겠습니까? 그가 도대체 무엇을 할 수 있겠습니까? 영생을 붙잡으십시오. 그렇지 않다면, 당신이 가진 헛된 직분을 버리십시오. 주께서 오실 때, 다음과 같은 진노의 음성을 듣지 않기를 바란다면 말입니다. "네가 어찌하여 내 율례를 전하며 내 언약을 네 입에 두느냐?"(시 50:16). 아! 지금 나는 내 자신에게 말하고 있는 중입니다. 나는 결코 이것을 잊어서는 안 됩니다. 여러분 역시도 마음을 열고 가슴에 새기기를 바랍니다. 그러면 여러분은 "영생을 붙잡으라"는 세미한 음성을 듣게 될 것입니다.

어리석음과 환락을 좇는 가련한 죄인들이여! "영생을 붙잡으라"는 부르심을 들으십시오. 그리고 어리석은 일들을 버리십시오. 세상 속에서 죄의 대가로 이득을 취하라고 유혹을 받는 가련한 그리스도인들이여! "영생을 붙잡으라"는 음성을 들으십시오. 그럴 수 없다며 의를 위하여 기꺼이 고난을 당하려고 할 때 수많은 냉대를 받는 자들이여! 또다시 "영생을 붙잡으라"는 음성을 들으십시오. 하나님을 위해, 그리스도를 위해, 영원을 위해, 하늘을 위해 그것을 굳게 붙잡으십시오. 영생 곧 영원한 삶이야말로 정말로 살 가치가 있는 유일한 삶입니다. 하나님이 여러분으로 하여금 항상 영생을 위해 살도록 도우시기를 기원합니다. 그리고 만일 여러분이 그렇게 한다면, 그것은 하나님의 은혜로 말미암은 것이요, 그분께 영원무궁히 영광이 돌려질 것입니다. 아멘.

제
12
장

—

현재적으로 붙잡을 수 있는 영생

—

"영생을 붙잡으라" — 딤전 6:12

"이것이 장래에 자기를 위하여 좋은 터를 쌓아 참된 생명을
취하는 것이니라" — 딤전 6:19

"영생을 붙잡으라"는 훈계 앞에 "믿음의 선한 싸움을 싸우라"는 또 하나의 훈계가 있는 것을 주목하십시오. 이를 통해 우리는 영생을 붙잡고자 하는 자들은 그것을 위해 싸워야만 한다는 사실을 배우게 됩니다. 영적인 삶의 길은 결코 쉬운 길이 아닙니다. 그 길을 걸어가는 매 걸음마다 여러분은 경쟁해야만 할 것입니다. 그 구절의 올바른 번역어는 "믿음의 선한 경쟁을 경쟁하라"입니다. 그것은 세상에 대한 경쟁이며, 육신에 대한 경쟁이며, 마귀에 대한 경쟁입니다. 만일 우리가 하나님을 향해 산다면, 우리는 매일같이 전쟁을 치르며 사망과 지옥의 권세를 짓밟아야 합니다.

우리는 하나님에 대한 굳센 믿음으로 선한 싸움을 싸웁니다. "세상을 이긴 이김이 이것이니 곧 너희의 믿음이니라"(요일 5:4). 그 싸움은 믿음의 싸움이며, 믿음을 위한 싸움이며, 믿음에 의한 싸움입니다. 따라서 우리는 그 구절에다가 정관사 "the"를 삽입시켜야 합니다. "그 믿음의 선한 싸움을 싸우라"(Fight the good fight of the faith). "성도들에게 전달된 믿음을 위해 부지런히 경쟁하라." "건전한 말씀을 굳게 붙잡아라." 믿음을 위해 싸우는 것은 충분히 가치 있는 일입니다. 설령 우리가 피 흘리는 저항에 직면한다 하더라도 말입니다. 믿음을 위

해 죽는 자는 자기 생명을 가치 있는 목적 위에 놓은 것입니다. 우리는 오직 하나님을 믿는 믿음과, 그가 우리 믿음의 목적으로 계시한 위대한 진리를 믿는 믿음으로 말미암아 그분을 향해 살기를 바랄 수 있습니다. 내가 여러분에게 "영생을 붙잡으라"고 말할 때, 이것이 꿈속에서 행해질 수 있다거나, 혹은 여러분이 힘을 다함이 없이도 이루어질 수 있다거나, 혹은 하나님의 도우심이 없이도 이루어질 수 있다고 상상하지 마십시오.

우리의 본문이 "믿음의 선한 싸움을 싸우라"는 명령에 뒤이어 나오는 것을 주목하십시오. 그것은 우리에게 믿음을 위한 싸움의 최선의 길이 우리 스스로 영생을 붙잡는 것이라는 사실을 가르쳐줍니다. 여러분은 단순히 생각하며 추론하는 것만으로 믿음을 지킬 수 없습니다. 승리는 예전부터 사용되어 왔던 논증들의 화살로 오지 않습니다. 여러분 스스로 내적 생명을 소유하고, 매일의 삶 속에서 그것의 힘과 영향력을 드러내야 합니다. 영적 전쟁에서 승리하고자 한다면 말입니다. 하나님의 생명을 잃어버린 자들은 곧 하나님의 진리를 던져버릴 것입니다. 만일 하나님의 생명이 우리 안에 있지 않다면, 설령 정통적인 신앙을 고백한다 할지라도 우리는 머지않아 굽은 길로 가게 될 것입니다. 그러므로 두 개의 훈계는 서로 하나로 결합되어야 합니다. "믿음의 선한 싸움을 싸우고, 영생을 붙잡으라." 이것은 우리에게 "내가 곧 길이요 진리요 생명이니라"라는 주님의 말씀을 일깨워줍니다.

사랑하는 형제들이여, 대부분의 사람들이 알고 있는 생명보다 더 낮고 더 높은 생명이 있습니다. 모든 사람이 소유하고 있는 동물적인 생명이 있습니다. 또 우리를 짐승 이상의 존재가 되게 하는 정신적인 생명이 있습니다. 그러나 정신적인 생명 훨씬 이상의 또 하나의 생명이 있습니다. 대부분의 사람들은 이것을 알지 못합니다. 그리고 그에 대해 듣는다 할지라도 그것을 믿지 않습니다. 그것은 영적 생명입니다. 육신적인 생각이 어떻게 영적인 것을 분별할 수 있겠습니까? 영적인 것은 오로지 영적인 것으로라야 분별될 수 있을 뿐입니다. 그러나 그러한 생명이 있으며, 그것은 영원한 생명입니다. 우리가 여러분에게 붙잡으라고 간곡히 당부하는 것이 바로 이러한 생명입니다. 하늘의 생명은 하나님이 여기에서 신자들에게 나누어주시는 하나님의 생명 외에 아무것도 아닙니다. 그리고 그것은 완전을 향해 계속해서 발전해갑니다. 신자(信者)를 사망으로 잡아끄는 것은 아무것도 없습니다. 그의 생명 줄(line of life)은 끊어지지 않습니다. 물론 그의 조건에 변화가 있습니다. 그의 썩을 몸은 죽습니다. 그러나 그 안에 생명이 있습니다. 그 생명은 이 땅에서부터 영원으로 펼쳐집니다. 여기에서 강처럼 흐르면서 점점 넓어지고 깊어지다가 마침내 하늘의 완전한 생명의 바다로 들어갑니다.

여러분은 미래에 영생을 얻지 못할 것입니다. 지금 이 땅에서 그것을 받지 않는다면 말입니다. 만일 여러분이 지금 영생에 참여하지 못한다면, 그 결과는 너무도 끔찍하고 두려운 것입니다. 사망이 여러분을 발견하는 곳에서 영원은 여러분을 떠날 것입니다. 나는 본문 말씀을 이렇게 읽습니다. 다른 사람들은 자기 원하는 대로 읽도록 내버려 두십시오. 우리가 영생을 붙잡는 것은 오직 지금 여기에서 일 뿐입니다. 그것은 지금 그리스도 예수로 말미암아 영원한 복음 안에서 빛으로 나타납니다. 지금 그것을 붙잡으십시오. 어떤 위험이 있더라도 그것을 굳게 붙잡으십시오. 나의 표현이 이상하게 들립니까? 다음과 같은 성경의 경고를 들어 보십시오. "잠자는 자여 깨어서 죽은 자들 가운데서 일어나라 그리스도께서 너에게 비추이시리라"(엡 5:14). 일단 영생을 받으면, 그것은 결코 우리를 떠나지 않습니다. 우리가 육체를 떠날 때도 그렇고, 심판의 날에도 그렇고, 영원에 이르기까지 그렇습니다. 영생을 붙잡으십시오.

1. 첫째로, 영생을 붙잡으십시오.
다시 말해서 그것을 믿으십시오.

만일 어떤 것이 실체임을 알지 못한다면, 여러분은 그것을 붙잡을 수 없습니다. 여러분은 그림자나 허구나 환상을 붙잡을 수 없습니다. 무엇인가를 붙잡으려면 거기에 실체적이며 확실한 어떤 것이 있어야만 합니다. 그러므로 실체에 대한 믿음으로부터 시작하는 것이 필요합니다.

이러한 생명을 믿을 수 있게 되기 위해서는, 우리는 먼저 성경이 하나님의 은혜로 새로워지지 못한 사람들을 계속해서 죽은 자로 묘사하는 사실을 주목할 필요가 있습니다. 그들은 "허물과 죄로" 죽었습니다(엡 2:1). 그들은 "영생을 보지 못하고 도리어 하나님의 진노가 그 위에 머물러" 있습니다(요 3:36). 타락한 인간의 자연적인 생명은, 설령 최고의 학문을 연마하여 철학자나 현자가 되었다 하더라도, 영원한 생명과 비교할 때 죽은 것 외에 아무것도 아닙니다. 지금 여러분이 가지고 있는 자연적인 생명은 잠시 후면 여러분으로부터 취하여질 것입니다. 그때가 얼마나 속히 임할지 아무도 알지 못합니다. 여러분의 육체의 집을 보십시오. 그것은 여러분의 필멸성(必滅性)을 일깨워줍니다. 그러나 만일 하나님이 여러분에게 새로운 생명을 주신다면, 다시 말해서 여러분 안에 하나님의 생명이 주입된다면, 그것은 영원한 생명이며 영구히 썩지 않는 생명의 씨입니다. 그것은 여러분 안에 있는 그리스도의 생명입니다. 영원한 포도나무의 진액이 가지로 흘러들어가는 것입니다. 이러한 하늘의 생명이 없다면, 여러분은 살았으나 죽은 것입니다. 사망이 썩음의 속성을 가진 것처럼, 여러분은 계속해서 죄 가운데 자랄 것입니다. 허물과 죄로 죽은 자들은 계속해서 썩음 가운데 자라가다가 마침내 사망에 이르게 됩니다. 만일 여러분에게 새 생명을 가져다주는 성령이 없다면, 여러분은 영원히 영적 죽음 가운데 남아 있게 될 것입니다.

또 성경은 신자들을 영원한 생명을 소유하고 있는 자들로서 묘사합니다. 예수 그리스도를 믿을 때, 죄로 인한 우리의 죽음은 사라집니다. 그때 우리의 영적 눈이 열리는데, 우리의 영적 눈이 최초로 보는 것은 우리가 하나님의 생명을 소유하고 있다는 확실한 증거입니다. 그리고 그때로부터 우리는 예수 그리스도와 하나로 연결됩니다. 왜냐하면 이제 우리는 생명을 가지고 있으며 또 영원히 살 것이기 때문입니다. "우리 생명이신 그리스도께서 나타나실 그 때에 너희도 그와 함께 영광 중에 나타나리라"(골 3:4).

이러한 생명은 우리 안에 계시는 성령의 작용으로 말미암아 만들어집니다. 예수께서는 니고데모에게 이렇게 말씀하셨습니다. "진실로 진실로 네게 이르노니 사람이 물과 성령으로 나지 아니하면 하나님의 나라에 들어갈 수 없느니라"(요 3:5). 우리가 하나님의 나라에 들어가는 것은 성령의 역사로 말미암은 새 생명에 의해서입니다. 새 생명이 주입될 때, 우리는 새롭게 탄생되며 하나님의 나라에 들어가게 됩니다. 우리는 그리스도 예수 안에서 새롭게 창조됩니다. 혹은 다른 표현을 사용하면, 우리는 죽은 자로부터 소생되며 다시 살아납니다. 사랑하는 성도들이여, 여러분은 이러한 변화를 개인적인 경험으로 알고 있습니까? 나는 여기 앉아 있는 사람들 가운데 많은 사람들이 사망으로부터 생명으로 옮겨졌다는 사실을 알고 그리스도 예수 안에서 그들과 함께 기뻐합니다.

이러한 새 생명은 그것을 받은 자들을 얼마나 다르게 만듭니까? 그것은 얼마나 놀라운 생명입니까? 그것은 새로운 지각과 새로운 감정과 새로운 열망을 가져다줍니다. 그것은 새로운 감각들을 가지고 있습니다. 거기에는 새로운 눈이 있으며, 우리는 그것으로 보이지 않는 것들을 봅니다. 거기에는 새로운 귀가 있으며, 우리는 그것으로 전에는 듣지 못했던 하나님의 음성을 듣습니다. 거기에는 새로운 만짐이 있으며, 우리는 그것으로 신적 진리를 붙잡습니다. 또 우리는 새로운 미각을 갖게 되며, 그리하여 "주의 선하심을 맛보아 알게" 됩니다. 이러한 새 생명은 우리를 새로운 세상으로 인도하며, 우리에게 새로운 관계와 새로운 특권을 부여해줍니다. 만물을 새롭게 하는 주 예수 그리스도는 영혼의 보좌에 앉으시는데, 바로 그곳이 새로운 권능과 통치의 중심입니다. 여러분은 이러한 생명을 압니까? 어떤 사람들은 확신을 가지고 이러한 생명을 증언합니다. 그렇지만 이것이 죽은 자들에게 무슨 소용이 있겠습니까? 하나님의 생명이 주입됨으로써 새 생명으로 다시 태어나는 것과 비교할 수 있는 변화는 아무것도 없습니다. 그것은 마치 죽은 자가 무덤을 떠나는 것과 같습니다. 아니, 그 이상입니다. 새 생명은 화해의 생명입니다. 그것을 가진 자는 하나님과 화평을 이룹니다. 우리는 더 이상 하나님의 원수가 아니라, 하나님의 벗입니다. 우리는 더 이상 진노의 아들이 아니라, 지극히 높은 자의 자녀입니다. 우리 안에 있는 양자(養子)의 영이 "아바 아버지"라 부르짖습니다. 우리는 우리의 모든 기쁨의 샘이 되시며 우리의 모든 즐거움의 빛이 되시는 하나님 안에서 즐거워합니다. 하나님 안에서의 이러한 즐거움은 우리를 그분과의 교제와 교통으로 더 가깝게 이끕니다.

그리고 하나님과의 이러한 교제는 우리 안에 하나님 자신의 성품과 같은 새로운 성품을 낳습니다. 우리는 우리 안에 거하시는 자의 형상으로 변화되며, 그와 더불어 지속적인 교제를 누립니다. 새 생명은 다른 곳에서는 결코 발견되지 않는 영성(靈性)과 고상함과 정결함을 갖고 있습니다. 새 생명의 권능 아래서 사람은 하나님의 생명에 속하는 것들을 사랑하며, 하나님 자신과 같은 마음을 품게 됩니다. 이러한 영적 생명은 거룩함에 대한 본능적인 열망을 가지고 있습니다. 마치 자연적인 옛 생명이 악을 열망하는 것처럼 말입니다. 영적 생명은 새로운 고통과 새로운 열정과 새로운 기쁨과 새로운 슬픔을 갖습니다. 하늘의 불이 새롭게 변화된 영혼의 제단 위에서 타오르며, 그 불은 거룩함과 상반되는 모든 것을 완전히 사를 것입니다. 우리 하나님이 소멸하는 불인 것처럼, 사람의 영혼 속에 있는 하나님의 생명 역시 마찬가지입니다. 그것은 원죄와 자범죄의 모든 악을 궁극적으로 소멸시킬 것입니다. 그때의 자욱한 연기가 우리의 눈을 가리고, 우리로 하여금 눈물을 흘리게 할 수도 있을 것입니다. 그러나 그 마지막은 무한히 바랄 만한 것입니다. 여러분은 이러한 생명을 압니까? 여러분 안에 하나님이 살고 계십니까? 여러분의 몸은 성령의 전입니까? 만일 그렇지 않다면, 여러분은 그의 얼굴을 볼 수 없을 것입니다. 그는 죽은 자의 하나님이 아니라 산 자의 하나님입니다. 그러므로 오직 그리스도 예수 안에서 그에 대하여 산 자들만이 그와 더불어 교제를 나눌 수 있습니다.

이러한 생명은 우리가 최고로 향유할 수 있는 것 가운데 하나입니다. 진실로 그것은 옛 사망에 대항하여 싸우며 전쟁을 벌이는 생명입니다. 그러나 그 생명 자체는 순전하며 화평합니다. 영적 생명은 그 안에 하늘의 모든 요소를 가지고 있습니다. 거기에는 기쁨의 충만이 있습니다. 왜냐하면 그것이 우리를 '영원히 복되신 자'(Ever-blessed One)와의 교제 속으로 데려가기 때문입니다. 그때 우리는, 지난 목요일 날 나의 여동생이 내게 말한 것처럼, "하나님 자신이 나를 만드시니 나는 너무나 행복해요"라고 말할 수 있습니다. 우리는 "하나님은 나의 지극한 기쁨이라"고 말할 수 있습니다. 주의 임하심은 우리를 고요한 만족과 넘치는 평강으로 채우며, 그리하여 우리는 말할 수 없는 기쁨으로 기뻐합니다. 이러한 행복을 아는 자들만이 진정한 의미에서 살아 있다고 말할 수 있습니다. 그러나 그것을 알지 못하는 자들은 진정한 의미의 생명을 잃어버린 것입니다.

나는 여러분 모두가 이러한 개념을 머릿속에 담기를 바랍니다. 나는 지금 아직까지도 이러한 사실을 배우지 못한 모든 사람에게 말하고 있는 것입니다. 일반적인 생명을 초월하는 생명이 있습니다. 그것은 영원한 생명이며, 지금 여기에서 향유될 수 있는 생명입니다. 나는 이러한 개념이 여러분에게 실제적인 힘이 되기를 바랍니다. 스티븐슨(Stevenson)은 증기엔진의 개념을 자신의 머릿속에 새겨 넣었으며, 증기엔진은 곧 그에게 실제적인 사실이 되었습니다. 도예가 팔리시(Palissy)는 자신의 생각을 도예기술로 가득 채웠으며, 그것을 위해 다른 모든 것을 희생시켰습니다. 최고의 도예기술을 얻을 때까지 말입니다. 이와 같이 여러분도 성령의 가르침을 따라 영생을 복된 가능성으로서 붙잡으십시오. 그리고 그것을 간절히 찾으십시오. 영원한 생명이 있습니다. 사람의 영혼 안에 하나님의 생명이 있습니다. 나는 지금 이곳에서 설교를 듣고 있는 여러분이 "만일 그런 것이 있다면, 나는 그것을 가져야만 해"라고 결심하기를 바랍니다. 지금부터 여러분의 생각과 열망을 이쪽으로 향하게 하십시오. 여러분의 마음이 이러한 생명에 관심을 기울이며 추구하기 시작할 때, 여러분은 하나님의 나라에서 멀지 않습니다. 성령은 영혼 속에서 활동하면서 그 안에 새로운 생명을 불어넣습니다. 주께서 오늘 아침 여러분으로 하여금 영적이며 영원한 생명이 결코 환상이나 허구가 아니라는 사실을 깨닫게 하시기를 기원합니다. 그것은 실제적인 사실이며, 여러분이 가장 크게 관심을 기울여야 할 사실입니다. 이와 같은 방식으로 영생을 붙잡는 일을 시작하십시오.

2. 둘째로, 영생을 소유하십시오.

지금까지 이야기한 대로 영생이 있음을 믿는 것만으로는 충분하지 않습니다. 그것은 단지 "영생을 붙잡으라"는 주제의 출발점에 불과합니다. 한 걸음 더 나아가 영생을 소유하십시오. 그것을 여러분의 영혼 안으로 받아들이십시오. 내가 지금 무엇을 말합니까? 사랑하는 형제들이여, 여러분이 영생에 가기 전에 먼저 영생이 여러분에게 와야만 합니다. 성령께서 여러분에게 생기를 불어넣으셔야만 합니다. 그렇지 않으면 여러분은 여전히 자연적인 사망 안에 남아 있게 될 것입니다. "주 여호와께서 이 뼈들에게 이같이 말씀하시기를 내가 생기를 너희에게 들어가게 하리니 너희가 살아나리라 너희 위에 힘줄을 두고 살을 입히고 가죽으로 덮고 너희 속에 생기를 넣으리니 너희가 살아나리라"(겔 37:5, 6). 이와 같이 하나님의 생명이 임할 때, 비로소 죽은 자들이 다시 살아날 것입니다.

그러면 우리는 어떻게 영생을 붙잡을 수 있습니까? 단도직입적으로 말해서, 우리는 예수 그리스도를 믿음으로 영생을 붙잡습니다. 주 예수 그리스도를 믿는 것은 매우 단순한 일이지만, 그러나 그것이 영생을 얻는 유일한 길입니다. "나를 믿는 자는 죽어도 살겠고 무릇 살아서 나를 믿는 자는 영원히 죽지 아니하리니 이것을 네가 믿느냐"(요 11:25, 26). 믿음으로 우리는 자아와 자아로부터 나오는 모든 신념들을 극복합니다. 우리는 우리의 화목제물로 오신 주 예수에 의해 이루어진 충만한 속죄를 의지합니다. 이렇게 우리는 생명으로 나옵니다. 믿음과 새 생명은 함께 가며, 결코 나누어질 수 없습니다. 하나님의 은혜로 우리 모두가 그리스도 예수 안에서 하나님을 붙잡음으로써 영생을 붙잡게 되기를 바랍니다.

이렇게 붙잡은 생명을 우리는 거룩한 행함으로 계속해서 실천하며 실행해야 합니다. 매일같이 우리는 거룩과 인애의 행함으로 경건을 실천함으로써 영생을 붙잡습니다. 여러분의 삶(life)으로 하여금 사랑의 삶이 되게 하십시오. 왜냐하면 사랑은 생명(life)이기 때문입니다. 여러분의 삶으로 하여금 기도와 찬미의 삶이 되게 하십시오. 왜냐하면 이러한 것들은 새 생명의 호흡이기 때문입니다. 우리는 여전히 동물적인 삶과 정신적인 삶을 삽니다. 그렇지만 이러한 것들은 우리 존재의 바깥뜰에 불과합니다. 가장 깊은 내적 삶은 하나님께 온전히 성별된 영적인 삶입니다. 지금부터는 헌신이 여러분의 호흡이 되게 하며, 믿음이 여러분의 맥박이 되게 하며, 묵상이 여러분의 양식이 되게 하며, 자기를 살피는 것이 여러분의 씻음이 되게 하며, 거룩이 여러분의 걸음이 되게 하십시오. 항상 최선의 삶을 생각하며, 최고의 실천을 행하십시오. 여러분의 눈을 사용하는 것으로 만족하지 말고, 하나님에 대한 믿음을 사용하십시오. 여러분의 몸을 움직임에 있어 사지(四肢)를 사용하는 것으로 만족하지 말고, 달음질하여도 피곤치 아니하며 걸어가도 곤비치 않은 "주를 앙모하는 자"답게 독수리처럼 새 생명의 능력으로 날아오르십시오. 새 생명의 능력을 지속적으로 실행함으로써 영생을 붙잡으십시오.

　또 영생을 붙잡음에 있어, 그것이 계속적으로 발전해 간다는 사실을 기억하십시오. 열심을 품고 더욱더 영생을 굳게 붙잡으십시오. 영적인 삶은 아무리 강렬하게 추구해도 결코 지나치지 않습니다. 그것을 붙잡으십시오. 왜냐하면 그리스도께서 오신 것은 단순히 우리로 생명을 얻게 하기 위함이 아니라 그것을 더 풍성히 누리게 하기 위함이기 때문입니다. 사랑하는 형제들이여, 우리는 제자리에 머물러 있어서는 안 됩니다. 더 높은 곳으로 올라가야 합니다. "무릇 있는 자는 받아 더 풍족하게 될 것이라"(마 25:29). 우리 주님의 이와 같은 격려의 말씀을 잊어버리지 맙시다. 풍성한 생명을 가진 여러분은 또한 풍성한 약속을 갖습니다. 우리는 마땅히 이러한 하늘의 보화를 탐내야 합니다. 우리는 새 생명을 얻었지만, 그러나 그것은 매우 미약한 것일 수 있습니다. 의의 태양으로부터 나오는 햇빛을 쬐십시오. 왜냐하면 그의 날개 아래 치유가 있기 때문입니다. 영생의 충만한 분량을 붙잡으십시오. 그리고 더 강한 자가 되십시오.

　또 이러한 영적 생명은 하나님과의 긴밀한 교제 속에서 가장 충만한 의미로 향유됩니다. "영생은 곧 유일하신 참 하나님과 그가 보내신 자 예수 그리스도를 아는 것이니이다"(요 17:3). "너는 하나님과 화목하고 평안하라 그리하면 복이 네게 임하리라"(욥 22:21). 하늘 문이 닫히지 않을까 두려워하지 마십시오. 왜냐하면 그것은 결코 닫히지 않기 때문입니다. 그리고 우리는 우리 안에 계시면서 다스리는 자와 매일같이 교제를 나눌 수 있습니다. 하늘에서든 땅에서든 우리는 똑같은 아버지의 집 안에 있습니다. 우리는 영원히 주의 집에 거할 것입니다. 그렇지만 우리는 아직 하늘에 있지 않습니다. 그러나 하늘은 우리 안에 있을 수 있습니다. 사람들은 우리를 바라보며 "그는 하나님과 함께 있도다"라고 말하지 않습니다. 그러나 우리는 하나님이 우리와 함께 계심을 압니다. 그러므로 그리스도의 사랑 안에 거함으로써 영생을 향유하도록 노력하십시오. 그가 우리와 함께 마시며 우리가 그와 함께 마실 때, 우리는 진정한 의미에서 사는 것입니다. 죽은 자로부터 다시 살아나신 그분은 더 이상 죽지 않습니다. 그와 함께 다시 살아난 우리는 그와 함께 살며, 그를 위해 살며, 그와 같은 모양으로 삽니다. 우리 안에 있는 이러한 그리스도의 생명이 전면에 나서며, 저급한 것들은 뒤로 물러납니다. 우리는 더 이상 "무엇을 먹을까 무엇을 마실까 무엇을 입을까" 부르짖지 않습니다. 도리어 "주여, 내가 무엇을 하기를 원하시나이까"라고 부르짖습니다. 또 바울과 함께 우리는 이렇게 말합니다. "내가 그리스도와 함께 십자가에 못 박혔나니 그런즉 이제는 내가 사는 것이 아니요 오직 내 안에 그리스도께서 사시는 것이라 이제 내가 육체 가운데 사는 것은 나를 사랑하사 나를 위하여 자기 자신을 버리신 하나님의 아들을 믿는 믿음 안에서 사는 것이라"(갈 2:20).

3. 셋째로, 영생을 붙잡으십시오.
다시 말해서 그것을 살피고 지키며 보호하십시오.

대부분의 사람들은 어떤 대가를 치르더라도 자신의 생명을 보존하려고 할 것입니다. 술에 만취하거나 미치지 않은 이상, 그들은 목숨을 위해서라면 무슨 일이든 할 것입니다. "가죽으로 가죽을 바꾸오니 사람이 그의 모든 소유물로 자기의 생명을 바꾸올지라"(욥 2:4). 모든 신자는 자기 안에 있는 하나님의 생명을 자신의 가장 값진 소유로 여겨야 합니다. 자연적인 생명보다도 훨씬 더 값진 것으로 말입니다. 영적 생명을 보존하기 위해서라면 천 개의 육신적 생명을 포기하더라도 매우 지혜로운 일입니다. 죄를 짓는 것보다 고통을 당하는 것이 훨씬 더 나으며, 성결을 잃는 것보다 재물을 잃는 것이 훨씬 더 낫습니다. 하나님은 이러한 값진 보화를 우리에게 주셨습니다. 따라서 우리는 그것을 눈동자처럼 지켜야 합니다. 며칠 전 신문에서 우리는 미국에서 죽은 채로 발견된 두 사람의 이야기를 읽었습니다. 그들은 배고픔과 추위로 죽었는데, 놀랍게도 그들은 매우 많은 돈을 소지하고 있었습니다. 얼마나 어리석은 자들입니까? 그들은 많은 돈을 갖고 있었으면서도 굶주림으로 죽었습니다. 이 얼마나 미친 일입니까? 지적인 교만이나 육신적인 즐거움이나 사람들로부터의 존경을 위해 자신의 영적 생명을 손상시키는 자들은 이들보다 더 어리석은 자들이 아닙니까? 영혼이 육체보다 무한히 더 소중하지 않습니까? 사랑하는 형제들이여, 만일 우리가 무엇인가를 굶주리게 만들어야 한다면, 영혼을 굶주리게 만들기보다 차라리 육체를 굶주리게 만듭시다. 만일 어떤 것이 쇠해야만 한다면, 우리의 저급한 본성이 그렇게 되도록 합시다. 이 세상에 대해서는 열심히 살면서 오는 세상에 대해서는 무감각하게 산다면, 과연 이것이 신자들의 합당한 삶입니까? 우리 안에 하나님의 생명을 소유하고 있다면, 그것을 보살피며 보양(補養)하는 일을 게을리하지 마십시오. 사업을 발전시키고자 하는 열망 때문에 예배생활을 포기한 사람을 생각해 보십시오. 그는 금을 주고 놋을 산 것입니다. 반면 복음사역을 위해, 많은 월급을 주지만 영혼을 망가지게 만드는 직장을 포기한 사람은 찌끼를 주고 알곡을 산 것입니다. 그런가 하면 자기 영혼이 망가지는 것을 뻔히 알면서도 많은 월급 때문에 잘못된 회사에 다니는 사람들도 있습니다. 사랑하는 형제들이여, 여러분이 소유하고 있노라고 고백하는 영생이 여러분의 눈에 그토록 하잘것없이 보입니까? 정말로 그렇게 보인다면, 나는 여러분이 영생을 소유하고 있지 않노라고 강변할 것입니다. 만일 주께서 여러분에게 구원에 이르는 지혜를 주셨다면, 어떻게 여러분이 이토록 어리석게 행동할 수 있단 말입니까? 영생을 붙잡으십시오. 영생이야말로 다른 모든 저급한 것들을 포기할 만한 가장 값진 보화입니다. "너희는 먼저 그의 나라와 그의 의를 구하라 그리하면 이 모든 것을 너희에게 더하시리라." 다른 모든 것에 앞서, 빛의 갑옷과 하나님의 전신갑주를 입고 여러분 자신의 실제적인 생명을 보호하십시오.

여기에 침몰하고 있는 배가 있다고 상상해 보십시오. 수영할 줄 아는 사람 외에는 아무도 피신할 수 없습니다. 어떤 사람이 구명조끼를 붙잡고 그것을 입습니다. 그는 얼마나 지혜로운 사람입니까? 그런데 어떤 사람은 황금을 붙잡고 그것을 허리띠로 묶습니다. 그는 얼마나 어리석은 사람입니까? 그는 스스로에 대해 얼마나 합당치 못하게 행합니까? 마치 악한 주인이 자기 개의 목에다가 돌을 매달고 깊은 물속에 던지는 것과 같지 않습니까? 이 사람은 스스로 그리스도인이라 고백하면서도 부하고자 하는 욕심 때문에 스스로를 파멸과 멸망으로 던져버린 사람을 대표합니다. 9절 말씀을 주목해 보십시오. "부하려 하는 자들은 시험과 올무와 여러 가지 어리석고 해로운 욕심에 떨어지나니 곧 사람으로 파멸과 멸망에 빠지게 하는 것이라." 무엇보다도 먼저 영생을 붙잡으십시오. 그리고 그것을 모든 힘을 다해 지키십시오. 마치 그것이 여러분 자신인 양 또는 여러분의 모든 것인 양 말입니다.

이러한 목적을 위해 바울 사도는 디모데에게 그러한 생명에 위해(危害)가 되는 것들을 피하라고 명령합니다. "오직 너 하나님의 사람아 이것들을 피하라"(11절). 자기 생명을 소중하게 지키는 사람은 전염병이 유행할 때 밖에 나가지 않고 집에 남아 있을 것입니다. 그리고 자기 집의 하수도를 위시한 모든 장소의 위생상태를 철저히 점검할 것입니다. 그리고 그 집의 위생상태가 정말로 소망이 없다면, 그는 미련 없이 그 집을 떠날 것입니다. 집값이 싸다든지 혹은 교통이 편리하다든지 따위가 생명의 위험을 감수하게 만들 수는 없을 것입니다. 제정신을 가진 사람이 아무 이유 없이 전염병이 유행하는 소굴로 뛰어 들어가겠습니까? 반대로 사람들은 전염병이 유행하고 있다는 소문만 들어도 그 근처에는 발을 들여 놓으려고 하지 않을 것입니다. 스스로를 하나님의 사람으로 고백하는 여러분은 성결과 진리와 경건과 하나님과의 교제에 위해(危害)가 되는 것들을 피해야만 합니다. 왜냐하면 이런 것들은 여러분의 최선의 삶을 해치기 때문입니다.

계속해서 바울은 디모데에게 영생을 증진시키는 모든 것을 추구하라고 말합니다. "의와 경건과 믿음과 사랑과 인내와 온유를 따르며." 여러분의 최고의 생명을 증진시키며 발전시키는 것들을 추구하십시오. 항상 여러분의 거듭난 영혼을 감싸고 있는 거룩한 산을 자주 찾아가십시오. 허약한 사람들은 건강을 위해 자기 집을 떠나 멀리 여행을 갈 필요가 있습니다. 지중해의 화창한 해변을 여행할 뿐만 아니라, 한겨울의 알프스의 혹독한 추위와도 직면할 필요가 있습니다. 건강을 회복할 소망을 가지고 말입니다. 의사가 허락한 한다면, 시베리아나 그린란드로 이주하는 것도 좋을 것입니다. 사람들은 목숨을 위해서라면 무슨 일이든 할 것입니다. 하물며 영적 생명을 증진시키기 위해서라면 얼마나 더 그래야 마땅하겠습니까? 그리스도인들이여, 여러분의 하늘의 생명을 손상시키는 것은 그것이 무엇이든 행하지 마십시오. 오직 최고의 분별력을 가지고 여러분의 영생을 증진시키는 일을 행하십시오.

또 영생을 붙잡되, 이를 위해 무엇보다도 그리스도를 붙잡으십시오. 우리는 오직 그 안에서 삽니다. 그는 우리의 생명입니다. 그리스도로부터 분리되는 것은 우리에게 있어, 마치 몸이 머리로부터 분리되는 것처럼, 확실한 사망입니다. 예수 그리스도로 하여금 여러분의 존재의 알파와 오메가가 되게 하십시오. 왜냐하면 그가 없이는 여러분은 아무것도 할 수 없기 때문입니다. "그는 참 하나님이요 영생이시라"(요일 5:20). 예수 그리스도를 믿는 것은 곧 사는 것입니다. 그를 더 많이 사랑하는 것이 곧 생명을 더 풍성히 소유하는 것입니다. 예수 그리스도를 붙잡으십시오. 그 안에 안식하십시오. 왜냐하면 그는 우리의 평강이기 때문입니다. 골고다 위에 거하십시오. 우리 주님의 첫 번째 오심과 두 번째 오심 사이에서 사십시오. 물에 빠진 사람이 나무판자를 붙잡듯이 그렇게 영생을 붙잡으십시오. 그것은 여러분에게 있어 결코 헛된 것이 아닙니다. 왜냐하면 그것은 여러분의 생명이기 때문입니다. "아들이 있는 자에게는 생명이 있고 하나님의 아들이 없는 자에게는 생명이 없느니라"(요일 5:12). 그러므로 계속해서 하나님의 아들 안에 거하십시오. 그리고 여러분이 영생을 가지고 있음을 아십시오.

4. 넷째로, 영생을 붙잡으십시오, 다시 말해서 그것을 성취하십시오.

이 땅에 거주하는 동안, 죽어가는 보잘것없는 존재를 위해 수고하지 말고 영원한 생명을 위해 수고하십시오. 사회의 모든 위치에서 더 높고 영원한 생명을 성취하십시오. 디모데전서 6장은 당시 노예였던 종들을 위한 훈계로 시작됩니다. 이 땅에서의 그들의 삶은 정말로 비참했습니다. 그러나 바울은 그들에게 현재의 생명을 위해 살지 말고 영원한 생명을 위해 살라고 명령합니다. 종의 멍에를 계속해서 멤으로써 하나님을 영화롭게 할 수 있다면, 그리고 주인들에 대해 폭동을 일으키는 것이 하나님을 영화롭게 하는 것이 되지 않는다면, 바울은 그들에게 더 나은 시대가 올 때까지 계속해서 그 자리에 남아 있으라고 명령합니다. 그는 하나님의 은혜로 그들에게 스스로의 위치를 지킬 것을 당부합니다. 기독교는 노예제도를 결코 합당한 것으로 인정하지 않습니다. 그러나 기독교는 노예제도를 허물어뜨리기 위해 많은 시간을 필요로 합니다. 그러는 동안 신자들에게 그들의 위치를 지킴으로써 하나님을 영화롭게 하라고 가르칩니다. 복음은 우리 모두에게 "네 위치에서 하나님을 영화롭게 함으로써 그 위치를 존귀케 하라"고 가르칩니다. 유명한 스파르타 전사 브라시다스(Brasidas)가 스파르타가 너무나 작은 나라가 되었다고 불평할 때, 그의 어머니는 그에게 이렇게 대답했습니다. "아들아, 스파르타는 이제 너의 몫이니라. 스파르타를 화려하게 일으키는 것이 너의 의무니라." 그리스도인들이여, 모든 일 속에서 하나님의 교훈과 여러분의 구주를 화려하게 일으키십시오. 여러분이 어디에 있든 그곳에서 영원한 생명을 살도록 노력하십시오. 여러분의 위치를 바꾸려고 노심초사하지 마십시오. 마치 그것으로 영원한 목적을 이룰 수 있는 것처럼 말입니다. 여러분은 설교자입니까? 사람들을 기쁘게 함으로써 인기를 얻으려고 구하지 마십시오. 도리어 하나님을 기쁘시게 함으로써 존귀를 구하십시오. 여러분은 주인입니까? 여러분 자신을 기쁘게 하기 위해 그 위치를 사용하지 마십시오. 도리어 여러분의 세대에 축복이 되도록 여러분의 위치를 사용하십시오. 여러분은 종입니까? 고된 일과 가혹한 임금으로 탄식하지 마십시오. 그렇게 하는 대신 모든 사람으로 하여금 하나님의 은혜가 어떤 일을 할 수 있는지를 보게 하십시오. 영원한 생명은 저급한 생명을 아름답게 만듭니다. 마치 태양이 대지를 비추는 것처럼 말입니다. 저급한 생명에 짓눌려 허덕이는 것은 참으로 안타까운 일입니다. 말이 사람을 타서야 되겠습니까? 소가 농부를 이끌어서야 되겠습니까? 더 나은 위치가 있다면, 그것을 취하십시오. 그러나 그것이 개선될 수 없다면, 차라리 여러분 자신을 개선시키십시오. 그것이 훨씬 더 크고 나은 일입니다. 잠깐 있는 시간을 위해 살지 말고, 영원을 위해 사십시오. 설령 내가 종이라 할지라도, 나는 주 앞에 자유자이며 그렇게 삽니다. 설령 내가 가난하다 할지라도, 나는 하나님 앞에 부유하며 그것을 향유합니다. 더욱 힘써 영생을 붙잡으십시오. 잠깐 있다 사라지는 세상에서 여러분이 그렇게 붙잡을 것이 달리 무엇이겠습니까?

또 시대를 삼키는 문제들은 그냥 내버려 두고 이러한 더 나은 생명을 성취하십시오. 바울이 이렇게 삼키는 것들을 어떻게 파괴시켜 버리는지 보십시오. "변론과 언쟁을 좋아하는 것과 투기와 분쟁과 비방과 악한 생각과 부패한 마음과 진리를 잃어버리는 것과 경건을 이익의 방도로 생각하는 것과 다툼 — 너는 이런 것들로부터 떠나라"(4, 5절). 바울은 또한 본 서신 말미에서 "망령되고 헛된 말과 거짓된 지식의 반론을 피하라"고 말합니다(20절). 이러한 암세포들이 이 세대를 뒤덮고 있습니다. 형제들이여, 여러분은 이 세대의 모든 변론과 언쟁에 참여할 수 있습니다. 그렇게 하기를 원한다면 말입니다. 그러나 그 결과가 무엇입니까? 여러분은 정당 정치인이 될 수도 있으며, 계시보다 사변(思辨)을 더 좋아하는 교양인이 될 수도 있습니다. 그러나 만일 나의 훈계를 받아들인다면, 여러분은 이런 종류의 일을 하는 사람이 아니라 "영생을 붙잡는" 사람이 될 것입니다. 정치적 문제에 개입하도록 요청받았을 때, 웨슬리 형제는 이렇게 대답했습니다. "우리의 일은 영혼을 얻는 것이며, 우리는 그 일에 우리 자신을 드립니다." 나는 이 말을 참 좋아합니다. 또 오늘날의 교회들은 이 말을 귀담아 들을 필요가 있습니다. 오늘날의 교회들은 얼마나 다른 일로 분주합니까? 우리는 영생을 붙잡고, 사람들의 영혼을 얻는 일에 착념해야 합니다. 오늘날의 교회들은 자신들을 더럽히고 있는 이런저런 쓰레기들을 던져버려야 합니다. 예수 그리스도는 과거에 장사하는 자들로부터 성전을 정결하게 했던 것처럼, 오늘날 또다시 여러 가지 잡다한 쓰레기들로부터 성전을 정결하게 하실 것입니다. 우리는 이 땅에서 우리가 해야 할 가장 큰 일은 영생을 붙잡는 일이라는 사실을 새롭게 확신할 필요가 있습니다. 먼저 우리 자신의 부르심과 택하심을 분명하게 하고, 이어 다른 사람들을 그리스도께로 인도하는 것 말입니다. 이것과 비교할 때 다른 문제들은 지극히 사소한 것들에 불과합니다. 땅에 속한 자들은 그냥 땅에 속한 것들로 서로 다투도록 내버려 두십시오. 그러나 여러분은 오직 하나님의 나라를 위해 다투십시오. 여러분은 오직 영생을 붙잡으십시오. 그리고 나머지 것들은 그냥 주님의 뜻에 맡기십시오.

　　또 바울은 우리에게 육체의 유혹을 극복하기 위해 영생을 성취하라고 명령합니다. 그는 이렇게 경고합니다. "부하려 하는 자들은 시험과 올무와 여러 가지 어리석고 해로운 욕심에 떨어지나니 곧 사람으로 파멸과 멸망에 빠지게 하는 것이라 돈을 사랑함이 일만 악의 뿌리가 되나니 이것을 탐내는 자들은 미혹을 받아 믿음에서 떠나 많은 근심으로써 자기를 찔렀도다"(9, 10절). 인생의 목적이 돈을 모으는 것인 사람은 그리스도인이 아닙니다. 아무도 두 주인을 섬길 수 없습니다. 만일 어떤 사람에게 있어 재물이 주인이 된다면, 하나님은 그의 주인이 될 수 없습니다. 하나님의 영광을 위해 모든 것을 사용하고자 하는 열망으로 사업을 하고 큰 성공을 거두는 것은 합당하며 칭찬할 만한 일입니다. 그러나 돈을 버는 것을 수단이 아니라 목적으로 삼는 것은 우리의 에너지를 패역하게 사용하는 것입니다. 이 세상을 위해 사는 것은 오는 세상에 대하여 죽은 것입니다. 바울 사도는 우리에게 "이 땅의 생명을 붙잡으라"고 말하지 않고 "영생을 붙잡으라"고 말합니다. 그는 우리에게 황금의 부요함이 아니라 은혜의 부요함을 얻으라고 말합니다. 한 걸음 더 나아가 바울은 부유한 사람들에게 이렇게 말합니다. "네가 이 세대에서 부한 자들을 명하여 마음을 높이지 말고 정함이 없는 재물에 소망을 두지 말고 오직 우리에게 모든 것을 후히 주사 누리게 하시는 하나님께 두며 선을 행하고 선한 사업을 많이 하고 나누어 주기를 좋아하며 너그러운 자가 되게 하라 이것이 장래에 자기를 위하여 좋은 터를 쌓아 참된 생명을 취하는 것이니라"(17-19절). 연금술사들은 구리와 놋을 금으로 변화시키고자 했습니다. 이와 마찬가지로 금과 은을 영원한 보화로 변화시키는 진정한 연금술이 있습니다. 이 땅의 달란트들은 땅에 묻히지 말고 주를 위해 열심히 사용되어야 합니다. 그러한 달란트들은 녹도 슬지 아니하며, 도둑이 뚫고 들어와 훔쳐가지도 못하는 장소에 놓일 수 있습니다. 그것들은 하늘의 시장에서 거래될 수 있으며, 영원한 보화로 바꾸어질 수 있습니다. 우리는 그것들을 주의 일을 돕는데 사용할 수 있습니다. 예를 들어 가난하고 궁핍한 자들을 돕는 일 같은 경우 말입니다. 오늘날 많은 사람들이 자선을 베푸는 일을 열심히 감당합니다.

그러나 우리는 특별히 예수 그리스도를 따르는 자들에게 더 그렇게 해야 합니다. 여러분이 어떻게 거래하는지 영원의 관점에서 돌아보십시오. 여러분이 행한 것을 달아 보십시오. 세상 사람들의 기준이 아니라, 하나님의 나라에서 주의 얼굴을 보게 될 때 여러분 자신이 판단할 기준에 따라 말입니다. 나는 여러분이 죽음을 앞두고 이렇게 말하기를 원치 않습니다. "나는 많은 재산을 모았지만 그러나 악한 청지기였습니다. 나는 많은 것을 받았지만 그러나 주인의 재물을 허비했습니다. 나의 재물을 가지고 내가 한 모든 일은 나의 집을 멋지게 꾸미며, 값비싼 그림들을 구입하며, 호화로운 생활을 하는 것뿐이었습니다. 그것은 나에게 있어 참으로 해롭고 무익한 일이었습니다." 반대로 나는 여러분이 이렇게 말하기를 바랍니다. "나는 오직 은혜로 구원받았습니다. 그리고 그 은혜는 나로 하여금 나의 재물을 성별시킬 수 있도록 해 주었습니다. 그래서 나는 모든 재물을 최선의 용도로 사용할 수 있었습니다. 나는 아무 두려움 없이 주님과 결산할 수 있습니다. 나는 이 땅의 생명을 위해 살지 않고 영원한 생명을 위해 살았습니다." 형제들이여, 어떤 사람들은 자신을 위해서는 많이 지출하면서 주님을 위해서는 아주 적게 지출합니다. 그것은 사과는 자신이 먹고 주님에게는 껍질만 주는 격입니다. 그것은 자신은 곡식을 산더미처럼 쌓아놓고 주님에게는 찌끼만 주는 격입니다. 정말로 복 있는 사람은 이렇게 노래할 수 있는 사람입니다.

"나의 모든 것과 내가 가진 모든 것은

영원히 주의 것이 될 것이나이다.
나는 의무로 드리지 않고,
즐거움으로 드리나이다.

나에게 어떤 것이 조금 남아 있다 할지라도,
의무에 의해서가 아니라,
하나님에 대한 뜨거운 사랑으로,
그분께 모두 드리나이다."

"영생을 붙잡으라"고 말할 때, 바울은 오늘과 내일 그리고 이번 달과 올해를 뛰어넘어 영원까지 뻗어가는 미래를 위해 살 것을 의미합니다. 하루만 지나면 죽는 하루살이처럼 살지 말고, 영원히 사는 인간처럼 사십시오. 이러한 생명은 마치 종이에 뚫린 바늘구멍과 같습니다. 그것은 영원한 미래와 비교할 때 너무도 작습니다. 영원은 이러한 생명을 아무것도 아닌 것으로 축소시킵니다. 계속해서 바울은 이런저런 말로 우리에게 더 높은 생명을 성취하라고 말합니다. 그는 "이를 위하여 네가 부르심을 받았고"라고 말합니다. 주권적 은혜는 우리를 영원한 생명으로 불렀습니다. 우리는 하나님의 미리 아심에 따라 사람들 가운데 택함을 받았습니다. 우리로 하여금 그분을 위해 살 수 있도록 말입니다. 우리는 영원한 생명을 우리의 첫 번째 그리고 마지막 목적으로 삼아야 합니다. 왜냐하면 하나님이 우리를 그렇게 부르셨기 때문입니다. 그러한 부르심을 헛되게 하지 마십시오. 만일 여러분이 사역자거나 혹은 집사라면, 여러분은 직분에로의 부르심을 받은 것입니다. 그 일을 충성되게 감당하십시오. 그렇지만 여러분에게 주어진 더 높은 부르심을 따라 사십시오.

바울은 이렇게 덧붙입니다. "많은 증인 앞에서 선한 증언을 하였도다." 여러분 가운데 많은 사람들도 세례 받을 때에 그와 같이 했을 것입니다. "그러므로 우리가 그의 죽으심과 합하여 세례를 받음으로 그와 함께 장사되었나니 이는 아버지의 영광으로 말미암아 그리스도를 죽은 자 가운데서 살리심과 같이 우리로 또한 새 생명 가운데서 행하게 하려 함이라"(롬 6:4). 세례라는 엄숙한 행동을 통해, 여러분은 옛 본성이 거기에서 장사되고 새로운 본성으로 다시 태어나 이제는 그리스도를 위해 그리고 그리스도처럼 살 것을 고백했습니다. 부디 그러한 엄숙한 맹세를 헛되게 하지 마십시오. 이제 잠깐이면 지나가버리는 세상의 헛된 것이 아니라 영원한 생명을 붙잡으십시오. 계속해서 바울은 우리 앞에 위대한 모범을 제시합니다. "만물을 살게 하신 하나님 앞과 본디오 빌라도를 향하여 선한 증언을 하신 그리스도 예수 앞에서 내가 너를 명하노니 … 이 명령을 지키라"(13, 14절). 예수 그리스도는 우리를 위해 모든 것을 희생하셨습니다. 그는 우리를 위하여 자신을 주셨습니다. 그는 영원한 것을 붙잡으셨습니다. 그는 우리를 위해 모든 것을 기꺼이 포기하셨습니다. 영원이 항상 그의 마음을 누르고 있었습니다. 자기 앞에 놓인 기쁨을 위해, 그는 십자가를 참으시고 모든 수치를 담당하셨습니다. 그러므로 만일 여러분이 예수 그리스도를 따른다고 고백하는 그리스도인이라면, 영생을 붙잡으십시오.

5. 마지막으로, 영생을 기대하십시오.

믿음과 소망의 두 손으로 의의 큰 상급으로서 영생을 붙잡으십시오. 쇠하지 않는 생명의 면류관을 바라보십시오. 지금의 죽을 생명이 영원한 생명 속으로 완전하게 삼켜질 때가 올 것입니다. 사랑하는 형제들이여, 우리는 오는 생명에 대해 많이 생각해야 합니다. 우리는 곧 영원한 집에 있게 될 것이며, 그러므로 그곳에 대해 많이 생각할 필요가 있습니다. 천사의 비파 소리를 들으십시오. 구속받은 자들의 노래를 듣고 함께 찬미하십시오. 여러분은 곧 거기에 있게 될 것입니다. 그 날의 기쁨을 기대하십시오. 믿음으로 여러분의 흰옷을 입으십시오. 그것은 여러분의 믿음에 도움이 될지언정 해로운 것은 아무것도 없습니다. 여러분은 곧 면류관을 쓸 것입니다. 주의 발 앞에 기쁘게 던지게 될 바로 그 면류관 말입니다. 오늘 여러분은 궁핍과 곤궁 가운데 있을는지 모릅니다. 그러나 곧 여러분은 황금 길을 거닐게 될 것입니다. 오늘 여러분은 연약한 육체의 고통과 질병 가운데 있을는지 모릅니다. 그러나 곧 여러분은 아무런 고통도 아픈 것도 없는 영원한 젊음과 활력을 갖게 될 것입니다. 여러분은 지금 광야여행을 지나가고 있습니다. 그 여행의 끝을 생각하십시오. 여러분에게 남아 있는 안식과 약속된 온전함과 확실한 승리와 예비된 교제와 동터오고 있는 영광을 바라보십시오. "그의 종들이 그를 섬기며 그의 얼굴을 볼 터이요 그의 이름도 그들의 이마에 있으리라"(계 22:3, 4). 여러분의 집에 대해 많이 생각하십시오. 착한 자녀들은 모두 그렇게 할 것입니다.

여러분의 집에 대해 생각할 때, 그것이 매우 가깝다고 여기십시오. 여러분이 비교적 긴 생애를 산다고 상상해 보십시오. 그러나 인간의 생명은 실제로 길지 않습니다. 심지어 젊은이에게 있어서조차 인생은 고작 한 뼘에 불과합니다. 지나온 인생을 되돌아볼 때, 그것은 얼마나 짧습니까? 지난 주일 저쪽 의자에 앉아 있던 형제가 죽은 것을 생각할 때, 나는 천국이 우리에게 얼마나 가까운가를 느끼지 않을 수 없습니다. 우리는 천국과 너무나 가까이 접촉되어 살고 있습니다. 한 형제가 며칠 전 요단 강을 건너가지 않았습니까? 얼마 전 나는 갑자기 도버의 암벽을 보게 되었습니다(Dover; 영국 남동부의 항구도시). 배가 얼마나 쏜살같이 지나가던지 나는 바다를 지났다는 사실을 느낄 겨를조차 없었습니다. 거기에 암벽이 있었습니다. 바로 앞에 말입니다. 형제들이여, 천국이 바로 앞에 있습니다. 뱃머리로 달려가 보십시오. 천국이 바로 앞에 있습니다. 뒤에 있는 희미한 해변을 언제까지 바라보겠습니까? 앞을 보십시오. 여러분은 불멸의 땅에 여러분이 생각하는 것보다 훨씬 더 가까이 있습니다. 천국이 바로 우리 앞에 있습니다. 이쪽에서 소리를 지르면 저쪽에서 들을 수 있는 정도의 거리밖에 안 됩니다. 주님은 우리의 부르짖음을 들으시고, 우리는 그의 약속을 듣습니다.

> "믿음의 눈으로 바라보는 자에게,
> 　하늘의 황금 문은 얼마나 가까운가!"

이와 같이 믿음의 기대로써 영생을 붙잡으십시오.

또 영생을 연습하십시오! 하늘의 일과 기쁨을 연습하십시오. 아름다운 음악을 연주함에 있어, 사람들은 많은 연습을 합니다. 우리도 하늘의 음악을 연습합시다. 그 일은 우리가 연습하며 실행할 수 있는 것입니다. 우리는 여기의 장막에서 종종 성전 음악을 즐겁게 연습하곤 합니다. 이 강대상에서 나는 천국과 불과 1센티미터밖에 떨어져 있지 않습니다. 여러분도 여러분이 앉아 있는 의자와 천국이 얼마나 가까이 붙어 있는지 느끼기 바랍니다. 지금 여기에서 음악을 시작합시다. 영화로워진 성도들이 어린 양을 찬미합니다. 우리도 그를 찬미합시다. 그들은 기쁨에 도취되어 위대하신 하나님을 경배합니다. 우리도 그들과 함께 경배합시다. 그들은 자신들의 모든 것을 예수 안에서 발견합니다. 우리도 마찬가지 아닙니까? 우리의 안식일로 하여금 우리의 영원한 안식의 예표가 되게 하십시오.

이와 같이 영생을 붙잡으십시오.

어떤 사람은 말합니다. "아! 내가 이미 천국에 있다면 얼마나 좋을까요!" 서두르지 마십시오. 최선의 기대는 참음으로 기다리는 것입니다. 록하트(Mr. Lockhart) 목사는 캐리라는 이름의 그의 교인 가운데 한 사람에 대한 이야기를 해 주었습니다. 그녀는 매우 아팠으며, 죽음과 아주 가까웠습니다. 그러나 그녀가 살고자 하는 열망을 나타냈을 때, 록하트 목사는 다소 놀랐습니다. 왜냐하면 그는 그녀가 세상을 떠날 준비를 잘 하고 있다고 생각했기 때문이었습니다. 그녀는 선한 이유로 이 땅에 좀 더 머물고 싶어했습니다. 그녀에게 있어 이 땅에서는 볼 수 있지만 그러나 천국에서는 볼 수 없는 것이 한 가지 있었습니다. 그녀가 이 땅에 남아 있기를 바란 것은 그것을 계속해서 보고자 함이었습니다. 록하트 목사는 물었습니다. "그것이 무엇입니까?" 그녀는 대답했습니다. "그것은 죄인의 볼에 흐르는 회개의 눈물이에요. 집에 돌아가기 전에 그 눈물을 많이 보고 싶어요." 나 역시 그렇습니다. 아직 회심하지 않은 자들이여, 나는 여러분을 위해 울기 위해 기꺼이 천국 밖에 남아 있기를 원합니다. 여러분이 죄로 인해 울 때까지 말입니다. 여러분의 볼에 흐르는 회개의 눈물을 보는 것이 나에게 있어 천국입니다.

나의 동역자들도 여러분의 회개를 돕기 위해 기꺼이 이 땅에 남아 있고자 할 것입니다. 할 수만 있다면 우리 주님 다시 오실 때까지 말입니다. 죄인의 볼을 적시는 회개의 눈물은 천사들의 다이아몬드이며 성도들의 보화입니다. 나의 사랑하는 동역자들이 오늘 아침 여러분의 볼 위에 흐르는 많은 회개의 눈물방울들을 볼 수 있다면 얼마나 좋겠습니까? 또 예수께서 그 눈물을 보시며 평안을 말씀하시면 얼마나 좋겠습니까? 가련한 죄인들이여, 구주를 믿고 영생 안으로 들어오십시오. 그러면 여러분은 우리와 함께 그곳에서 영원히 거하게 될 것입니다. 주께서 여러분에게 영생을 주시기를 기원합니다. 아멘.

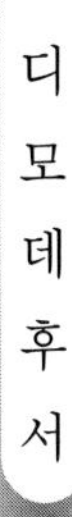

디모데후서

디모데후서

제
1
장

—

우리의 은사와
그것을 사용하는 방법

—

"그러므로 내가 나의 안수함으로 네 속에 있는
하나님의 은사를 다시 불일듯 하게 하기 위하여
너로 생각하게 하노니" — 딤후 1:6

디모데는 비교적 내성적이고 조용한 성격을 가진 젊은이였을 것으로 추측됩니다. 이러한 성격으로 인해 그는 좀 더 담대한 성품을 계발하도록 훈계 받을 필요가 있었습니다. 그는 주님을 증언하는 것을 부끄러워하지 말 것과 예수 그리스도의 좋은 군사로서 고난을 견딜 것을 훈계 받습니다. 또 그는 뒤에 있기를 좋아하는 성격으로 인해 앞으로 나서도록 부름받으며, 담대하게 명령하고 가르침으로써 아무도 그의 연소함을 업신여기지 못하게 하라고 훈계 받습니다. 또 그는 매우 열정적인 사람이 아니었던 것 같습니다. 따라서 그는 기회 있을 때마다 박차가 가해짐으로써, 그의 잠재되어 있는 에너지가 끌어내어질 필요가 있었습니다. 또 그는 맑은 영혼을 가진 사람이었습니다. 따라서 그런 사람을 격려하며 일깨우는 것은 바람직한 일이었습니다. 아무도 악인을 깨우기를 바라지 않습니다. 왜냐하면 깨어 일어나면 그는 마치 독사처럼 더 악해지기 때문입니다. 그러나 탁월한 성품을 가진 사람은 그 탁월함의 분량만큼 일깨워지는 것이 바람직합니다. 바울 사도는 디모데에게 그에게 보낸 첫 번째 편지에서 그 안에 있는 은사를 소홀히 여기지 말라고 말하면서, 여기에서는 그러한 은사를 불일듯 하게 하라고 말합니다. 어쨌든 두 경우 모두에서 바울은 디모데의 귀에 나팔을 불면서 열정적으로 행동할 것을 격려합니다.

본문에서 바울은 자신의 안수함으로 주어진 은사에 대해 말하는데, 앞 서신에서는 그것을 장로의 회에서 받은 안수와 연결시킵니다(딤전 4:14). 의심의 여지 없이 그것은 사도들이 교역자를 임직하는 의식(儀式)이었을 것입니다. 그러한 의식에는 분명한 이유가 있었습니다. 왜냐하면 그런 방법으로 임직자에게 은사가 전달되었기 때문입니다. 만일 오늘날에도 그런 방법으로 은사가 주어진다면, 우리는 기쁘게 안수 받을 것입니다. 그러나 공허한 손(empty hands)에 대해서는, 우리는 관심을 갖지 않습니다. 의식은, 그 의미가 그칠 때, 그칩니다. 그럼에도 불구하고 계속해서 시행된다면, 그것은 미신을 만들고 사제술(司祭術)의 도구로 전락합니다. 장로들이 손을 얹어 사역자를 임직하는 것은 합당하며 분별 있는 절차이지만, 바울이 장로의 회라고 말할 때 그것이 모든 사도들을 의미하는 것인지는 의문입니다. 내가 보기에 공허한 손은 공허한 머리 위에 얹어지기에 합당하며, 의미 없는 의식을 계속해서 고수하는 것은 시간 낭비에 불과합니다. 만일 바울이 여기에 있어서 그가 은사를 줄 수 있다면, 우리는 기쁘게 그것을 받을 것입니다. 또 가장 보잘것없는 사람이나 여자가 안수함으로써 가장 작은 은혜의 드라크마가 주어질 수 있다 하더라도, 우리는 기꺼이 가장 낮은 자세로 머리를 숙일 것입니다. 그렇지만 그런 경우 외에, 다시 말해서 의미 없는 안수에 대해서는, 우리는 그것을 겸손하게 사양하고자 합니다. 이런 이유로 우리는 본문을 당시 회중들에게 사용했던 것과 정확하게 똑같은 방식으로 사용할 수는 없지만, 그럼에도 불구하고 우리는 성령의 영감을 침해하지 않고 여러분 안에 있는 은사를 불일듯하게 하라고 진심으로 훈계할 수 있습니다.

은사에는 많은 종류가 있습니다. 모든 그리스도인은 은사를 가지고 있습니다. 어떤 사람들은 단지 한 달란트밖에 가지고 있지 않지만, 그러나 모든 사람은 최소한 한 달란트를 가지고 있습니다. 하늘의 위대한 주인은 모든 종들에게 달란트를 나누어주셨습니다. 우리 몸의 어떤 지체를 보더라도, 자신의 역할 혹은 직분을 가지고 있지 않은 것은 하나도 없습니다. 물론 어떤 지체의 경우 그 역할이 아직 발견되지 않은 것은 사실입니다. 심지어 의사나 해부학자조차도 어째서 특정한 지체가 인체 안에 있는지 그리고 그 역할은 무엇인지 말해주지 못합니다. 그러나 우리는 그 모든 지체들이 각각 유용한 목적을 성취한다고 확신할 수 있습니다. 정말로 이러한 범주에 포함될 수 있는 그리스도인들이 있습니다. 그들은 아무 일도 할 수 없을 것 같습니다. 그럼에도 불구하고 그들에게도 역시 어떤 종류의 역할이 맡겨져 있는 것은 너무도 분명한 사실입니다. 참된 신자라면, 그들은 그리스도의 몸의 본질적인 지체들입니다. 모든 짐승과 물고기와 곤충들이 생태계 안에서 각자 자신의 자리를 차지하고 있는 것처럼, 모든 그리스도인은 은혜의 생태계 안에서 각자 적합한 위치를 차지하고 있습니다. 모든 나무와 풀과 심지어 잡초까지도 필요하지 않은 것이 하나도 없습니다. 그것들 가운데 온전한 생태계에 해를 끼치지 않으면서 없어질 수 있는 것은 아무것도 없습니다. 마찬가지로 어떤 종류의 은사나 은혜도 교회 전체의 완전함에 해를 끼치지 않으면서 없어질 수 있는 것은 없습니다. 모든 살아있는 성도들은 자신의 몫과 달란트를 가지고 있습니다. 그러므로 우리의 은사는 불일 듯 일깨워질 필요가 있습니다.

　어떤 사람들은 내적인 은사라기보다 외적인 은사, 예를 들어 세상적인 지위의 은사라든지 혹은 높은 신분의 은사 혹은 많은 재산의 은사를 가지고 있습니다. 이러한 것들 역시도 올바르게 사용되어야 합니다. 이 세대의 기아 문제를 생각할 때, 그리고 복음전파의 가장 큰 장애물 가운데 하나가 말씀을 전파하는 자들을 부양하는 수단이 부족한 것이라는 사실을 생각할 때, 외적인 은사를 받은 사람들이 하나님의 돈을 가지고 마치 자신의 것인 것처럼 사용하는 것은 참으로 안타까운 일입니다. 고아들과 신학생들과 선교사들을 위해 우리는 많은 기금(基숲)을 필요로 합니다. 그런데 사람들이 자신의 지갑을 굳게 닫고 있으면서 어떻게 전심으로 주님을 사랑할 수 있단 말입니까? 그들은 자신에게 주어진 돈이 마르지 않는 방법을 배우지 못했습니다. 그들은 자신의 돈을 지키기 위해서는 그것을 나누어주어야 한다는 사실을 깨닫지 못했습니다. 그것을 하나님께 드리는 자만이 참으로 그것을 지킬 수 있다는 사실을 말입니다.

　자신을 위해 인색하게 지킨 것은 실제로 지켜지지 않습니다. 도리어 허비되고 맙니다. 주의 일을 위해 사용한 것은 하늘에 쌓입니다. 좀도 슬지 않으며, 동록도 해하지 못합니다. 그러나 이 문제에 대해서는 여기에서 길게 다루지 않을 것입니다. 나와 직접적으로 관련된 자들에게, 특별히 이 문제와 관련해서는, 많은 말을 할 이유가 없습니다. 왜냐하면 이 문제에 관한 한, 나는 여러분을 비난하기보다 칭찬해야 하기 때문입니다. 여기에 있는 대부분의 성도들은 외적인 은사들로 열심히 주를 섬깁니다. 어떤 사람들은 정말로 힘에 지나게 하기도 합니다. 그러나 모든 것에는 예외가 있게 마련입니다. 우리 가운데에도 일부 사람들은 물질로써 주님을 섬기는 일에 아직도 인색합니다. 그러나 우리는 그 주제에 머물지 말고 "네 속에 있는 은사"라는 당면한 주제로 나아가야 합니다. 이제 우리가 다룰 주제는 다음과 같습니다. 첫째로, 우리 각자 속에 있는 은사. 둘째로, 어떻게 우리가 이러한 은사를 불일듯 일깨울 것인가? 마지막으로, 은사를 불일듯 일깨워야 하는 이유.

1. 첫째로, 우리 속에 무슨 은사가 있습니까?

우리 중 어떤 사람들 속에 말의 은사(gifts of utterance)에 수반되는 지성의 은사(gifts of mind)가 있습니다. 이것은 결코 대수롭지 않은 것이 아닙니다. 이러한 은사로 우리는 성경을 읽고, 그 내적 의미를 이해하며, 영적인 것들을 분별합니다. 또 우리는 그것으로 역사 속에 나타난 하나님의 손을 볼 수 있습니다. 지성을 가진 모든 사람이 말의 은사를 갖는 것은 아닙니다. 그러나 하나님이 어떤 사람에게 지성의 은사와 함께 말의 은사를 주실 때, 그가 가진 은사는 매우 풍부한 것이 됩니다. 성경 속에서 많은 사람들이 큰 능력을 가졌지만, 그러나 그들이 다 말을 잘 했던 것은 아닙니다. 예컨대 아볼로의 경우에서처럼 두 은사가 만날 때 그리고 거기에다가 뜨거운 열정이 합쳐질 때, 하나님의 사람은 정말로 강력한 능력을 갖게 됩니다.

말의 재능을 소유한 모든 그리스도인은 그것을 예수 그리스도를 위해 사용할 의무가 있습니다. 어떤 젊은이들은 저녁시간을 사회문제 따위를 토론하는데 보냅니다. 나는 그에 대해 굳이 반대할 마음은 없습니다. 그러나 나는 다음과 같은 사실을 분명히 말해야 합니다. 즉 만일 주님이 여러분을 자신의 피로 사셨다면, 여러분에 대한 첫 번째 권리를 가진 자는 바로 그 주님이며, 따라서 여러분은 여러분에게 주어진 말의 능력을 그를 위해 사용할 책임을 갖는다는 사실 말입니다. 여러분은 말합니다. "그렇지만 나는 목사가 아닌데요?" 도대체 여러분은 지금 무슨 말을 하고 있는 것입니까? 여러분은 성경 속에서 성직자와 평신도를 구별하는 것을 발견합니까? 만일 그렇다면, 여러분은 나와 다른 눈으로 성경을 읽은 것입니다. 특별히 교회를 감독하며 말씀을 전파하도록 부름받은 사람들이 있습니다. 그러나 모든 사람이 각각 자기 은사에 따라 부르심을 받습니다. 하나님의 교회에 말하는 능력을 가지고 있으면서도 침묵할 권리를 가지고 있는 사람은 아무도 없습니다. 금제(金製) 입을 가진 웅변가뿐만 아니라 은제(銀製) 혀를 가진 사람들까지도 하나님의 아들의 복음 안에서 봉사해야 합니다. 모든 사람은 위험 가운데 빠져 있는 사람들에게 그 위험으로부터 피하라고 말할 의무가 있습니다. 어떤 끔찍한 질병으로부터 벗어난 사람은 다른 사람들에게 자신의 경우 어떤 약이 효과가 있었는지 말해줄 책임이 있습니다. 어떤 것도 우리로부터 예수 그리스도의 복음을 널리 전파하는 책임을 면제시켜 주지 않습니다. 만일 우리가 주위 사람들에게 침묵한다면, 그 일은 점점 더 요원해질 것입니다. 만일 우리가 세상의 말을 요란하게 떠들면서도 예수 그리스도를 전파하지 않는다면, 필경 거리의 돌들이 소리를 지를 것입니다. 하나님이여, 부디 이것으로부터 우리를 구원하여 주소서! 만일 여러분이 어떤 은사를 가지고 있다면, 부디 그것을 사용하십시오. 추수할 것은 많되 일꾼은 적은 오늘날 모든 사람은 자신에게 주어진 낫을 들고 밭으로 나가야 합니다. 아무도 "청하노니 부디 나를 면제시켜 주십시오"라고 말해서는 안 됩니다. 만일 여러분이 생명수를 맛보았다면, 가만히 있지 말고 다음과 같이 크게 외치십시오. "원하는 자는 값없이 생명수를 받으라" (계 22:17).

　　신자들 가운데 말의 은사는 가지고 있지 않지만 그러나 글을 매우 잘 쓰는 사람들이 있습니다. 만일 여러분이 펜의 은사(gift of pen)를 가지고 있다면, 여러분은 그리스도를 위해 그것을 사용하고 있습니까? 나는 여러분 속에 있는 은사를 불일듯 일깨워주고 싶습니다. 대화에 있어 종종 편지가 좋은 수단이 됩니다. 그러면 여러분은 이런 관점에서 종종 편지를 씁니까? 어쩌면 여러분은 우편요금을 많이 소비하는 사람일는지 모릅니다. 그러면 여러분은 어떤 편지를 씁니까? 여러분은 친구들에게 하나님의 은혜가 자신에게 얼마나 놀라운 영향을 끼쳤는지를 증언하는 편지를 씁니까? 만일 지금까지 그렇게 하지 않았다면, 지금 즉시 시도해 보십시오. 예수 그리스도는 '성별된 펜들'을 필요로 합니다. 그리고 그의 이름으로 나는 여러분이 '성별된 펜'이 되기를 요구합니다. 거룩한 진리를 글로 적어 사람들에게 전파하는 일은 너무도 중요합니다. 이런 쪽의 은사를 가진 사람은 자신의 은사를 이러한 방향으로 사용하기를 바랍니다. 신앙적인 글을 쓰는 작가들의 펜이 종종 너무도 무딘 것은 도대체 왜입니까? 세상은 명쾌하며 생명력 넘치는 재능을 요구하는데 말입니다. 얼마나 많은 펜들이 매일같이 쓸데없는 이야기를 쓰는데 동원됩니까? 그럼으로써 베스트셀러를 진열하는 서가(書架)가 허구적인 서적들로 채워지도록 만듭니까? 화려한 글 솜씨로 복음의 이야기를 흥미진진하게 써서 사람의 아들들에게 그 능력을 말해줄 사람이 그렇게 없단 말입니까? 펜의 은사를 가진 사람은 그 은사를 주를 위해 사용하십시오.

우리 속에 있는 또 다른 형태의 은사는 영향력(influence)의 은사입니다. 우리 모두는 어떤 종류의 영향력을 가지고 있습니다. 사람마다 그 차이는 있지만 말입니다. 부모는 자녀에게 어떤 영향력을 가지고 있습니까? 여러분은 여러분의 자녀의 삶에 엄청난 영향을 끼치지 않습니까? 우리는 어머니에 대해 갚을 수 없는 빚을 지고 있습니다. 어머니가 우리에게 해준 일을 생각할 때, 어떻게 우리가 감사한 마음을 갖지 않을 수 있겠습니까? 어린아이들을 돌보는 보모는 큰 주의가 요구됩니다. 왜냐하면 그녀의 행동이 의도하지 않게 아이들의 성격을 형성하는데 큰 영향력을 끼치기 때문입니다. 고용인들과 매일같이 접촉하는 주인들이여, 여러분은 고용인들에게 거룩한 영향력을 끼칩니까? 만일 주인과 고용인이 서로 불화한다면, 그것은 서로 사이에 기독교적 감정의 교류가 없기 때문이 아닙니까? 어떤 사람들은 나의 이러한 말을 우스꽝스러운 것으로 비웃을 것입니다. 그리고 내가 세상을 너무나 모른다고 말할 것입니다. 나는 그들의 비웃음을 만물이 온전히 드러나는 날까지 기억해 둘 것입니다. 그날 과연 누가 옳은지 분명하게 드러날 것입니다. 우리는 자기에게 주어진 영향력을 돌아볼 필요가 있습니다. 그리고 그것을 올바르게 사용할 수 있도록 하나님께 도움을 청하십시오. 나는 여기에서 세세한 부분까지는 들어가지 않을 생각입니다. 여러분은 모두 좋은 쪽으로든 나쁜 쪽으로든 여러분을 둘러싼 사람들에게 영향을 끼치고 있습니다. 그리스도인으로서 여러분은 다른 사람들을 무의식적으로나마 그리스도께로 인도하든지, 아니면 그들의 양심을 마비시키고 그들로 하여금 하나님 같은 것은 없다고 생각하도록 이끕니다. 분명 여러분은 후자처럼 하기를 원치 않을 것입니다. 여러분은 영향력의 은사를 가지고 있습니다. 나는 여러분에게 그것을 올바로 사용하도록 일깨우고 싶습니다.

교회의 연장자들에게는 또 다른 형태의 은사가 있는데, 그것은 **경험의 은사**입니다. 분명 경험은 살 수도 없으며, 배울 수도 없습니다. 그것은 우리를 유익되게 가르치는 주님으로부터 주어지는 것입니다. 그것은 각 사람이 광야를 지나가면서 얻는 특별한 보화입니다. 경험이 많은 그리스도인은 경험이 없는 자들을 인도해야 합니다. 그는 환난 가운데 고통하고 있는 자들에게 하나님의 도우심에 대한 경험으로부터 말미암은 위로의 말로 도움을 베풀 수 있습니다. 그는 경솔한 자들에게 자신의 경솔함으로 말미암아 겪은 재난을 이야기해줌으로써 그들을 도울 수 있습니다. 경험이 많은 그리스도인이 자신의 경험을 단지 자기 자신의 위로를 위해서만 사용하거나 혹은 다른 그리스도인들을 판단하는 잣대로 사용하거나 혹은 마치 자기가 대단한 사람인 양 스스로를 높이는 데만 사용한다면, 그런 사람은 자신의 달란트를 망쳐버리는 것입니다. 그리고 그는 그에 대해 무거운 책임을 지게 될 것입니다. 사랑하는 형제 자매들이여, 여러분에게 간절히 당부하노니 여러분의 경험을 지속적으로 병자들을 심방하며, 가난한 자들을 위로하며, 새 신자들을 격려하며, 게으른 자들을 권면하는데 사용하십시오. 여러분의 경험을 부지런히 사용하십시오. 여러분 주변의 사람들을 부지런히 찾아가십시오. 얼마 전에 나는 어떤 목사에 대한 이야기를 들었는데, 여러분도 그런 사람이 되십시오. 나는 한 가난한 여자에게 "그는 어떤 사람이죠?"라고 물었습니다. 그러자 그녀는 이렇게 대답했습니다. "그 목사님은 필요한 사람이라면 언제든 찾아가는 분이랍니다." 그는 필요한 사람들에게 언제든지 찾아가 하나님의 말씀과 적절한 훈계와 거룩한 위로의 말을 남기곤 했습니다. 그래서 그녀는 그가 자신의 초라한 집을 떠난 후에도 그것을 기억할 수 있었습니다. 여러분도 이렇게 하십시오.

　많은 사람들이 가지고 있는 또 다른 은사는 기도의 은사입니다. 교회와 죄인들을 위해 은밀하게 기도하는 능력의 기도 말입니다. 그들은 오랜 실천을 통해 하늘 문을 두드리는 법을 배운 사람들입니다. 이런 사람들은 부득이한 사정이 없는 한 기도회에 빠져서는 안 됩니다. 그들은 단지 공적인 기도회에 참석하는 것만으로 만족해서는 안 되며, 자신의 은사를 살려 다른 장소에서도 기도모임을 만들어야 합니다. 교회에 있어 지나치게 많은 기도란 결코 존재하지 않습니다. 성례(聖禮)는 과도하게 높여질 수 있지만, 그러나 기도에 있어 과도한 높임이란 없습니다. 성경을 읽는 것은 단순한 토론으로 변질될 수 있으며, 심지어 설교조차도 현란한 웅변으로 변질될 수 있습니다. 그러나 기도는 그 안에 상처받고 고통받는 많은 사람들을 소생시키는 생명의 요소를 가지고 있습니다. 아! 기도회를 포기한 교회들이여! 여러분은 기도회로서 하나님의 임재를 판단할 것입니다.

마치 온도계로 대기의 온도를 정확하게 판단하는 것처럼 말입니다. 사람들이 기도하는 것은 하나님이 그들과 함께 계심을 보여주는 참된 표적입니다. 반대로 사람들이 기도하지 않는 것은 하나님이 그들을 떠나셨음을 보여주는 두려운 표적입니다. 은밀하게 하나님과의 달콤한 교제를 누리는 여러분이여! 기도는 여러분 자신을 위한 축복일 뿐만 아니라 동시에 다른 사람들의 유익을 위해 여러분에게 주어진 은사라는 사실을 잊지 마십시오.

또 다른 은사는 대화의 은사(gift of conversation)인데, 이 역시 매우 훌륭한 은사입니다. 이것은 할 일 없이 수다나 잡담을 늘어놓는 것이 아니라, 대화를 이끄는 은사입니다. 이런 은사를 갖고 있을 때, 우리는 양심적으로 그것을 하나님을 위해 사용해야 합니다. 어떤 자리에서든 대화를 잘 이끄는 사람을 상상해 보십시오. 얼마나 귀한 은사입니까? 그런데 그것을 여흥이나 즐기는 자리에서 사용한다면 어떻겠습니까? 만일 여러분이 이런 은사를 가지고 있다면, 그것을 단순한 여흥이나 희롱하는 말로 허비하지 마십시오. 최고의 목적을 이루는 말로 사용하십시오. 예수 그리스도 자신도 어떤 자리에서든 말을 잘 하며 대화를 잘 이끄는 분이었다는 사실을 기억하십시오. 나 역시도 대화를 잘 이끎으로써 쓸데없는 잡담을 우리 구주와 관련한 대화로 이끄는 능력이 있었으면 좋겠습니다. 우리 가운데 다른 사람들의 이야기에 잘 끼어들어 대화를 자유롭게 이끄는 재주를 가진 사람들이 있습니다. 나는 그런 사람들을 정말로 부러워합니다. 얼마나 많은 사람들이 이와 같이 대화의 은사를 가진 그리스도인들의 개인적인 사랑의 충고로 그리스도를 만났습니까? 그렇게 하기 위해서는, 엘리야처럼 죽은 아이의 몸 위에 여러분의 몸을 포개십시오. 그의 손 위에 여러분의 손을 포개고, 그의 발 위에 여러분의 발을 포개며, 하나님의 도움의 생기를 그의 입에 불어넣으십시오. 여러분 가운데 이런 은사를 가진 사람들이 있을 것입니다. 여러분에게 이런 능력이 있다면, 그것을 사용하십시오. 그리고 만일 그런 능력이 없다면, 그것을 갖고자 노력하십시오. 어쩌면 이미 가지고 있으면서도 그것을 발견하지 못하고 있는 것인지도 모릅니다. 이 자리에 아직 회심하지 않은 사람들이 많이 앉아 있습니다. 만일 여러분이 말하지 않았다면, 그들 가운데 아무도 이 자리에 오지 않았을 것입니다. 회심하지 않은 자에게 있어 영혼구원의 열정을 가진 그리스도인의 초청 없이 세 안식일을 예배에 참예하는 것은 불가능한 일입니다. 만일 우리가 다른 사람들과 개인적으로 대화할 수 있다면, 그러한 능력을 계속해서 계발하고 좋은 상태로 유지하며 지속적으로 사용하십시오.

　　우리 속에 있는 은사의 목록은 이것이 전부가 아닙니다. 각 사람마다 제각각의 은사를 가지고 있습니다. 심지어 고난 가운데 잠잠히 인내하는 은사조차 결코 작은 것이 아닙니다. 가난 가운데 있으면서도 만족할 수 있는 은사 역시 소홀히 여겨져서는 안 됩니다. 병자를 돌보는 은사라든지 아이들을 즐겁게 해주는 은사 역시 즐겁게 사용되어야 합니다. 어떤 달란트도 수건에 싸여 땅에 묻혀서는 안 됩니다. 여러분 안에 있는 은사를 불일듯 일깨우십시오.

2. 둘째로, 우리는 어떻게 우리의 은사를 불일듯 일깨울 수 있습니까?

　　첫 번째로, 우리가 실제로 어떤 은사를 가지고 있는지 면밀히 살펴야 합니다. 우리에게 주어진 재능이 무엇인지 알기 위해서는, 먼저 우리의 모든 것을 상세히 검토할 필요가 있습니다. 잠깐 동안 가만히 앉아서 하나님이 여러분에게 주신 재능이 무엇인지 살펴보십시오. 스스로를 평가해 보십시오. 그러면 여러분은 아무런 재능도 없는 사람이 결코 아니라는 사실을 발견하게 될 것입니다. 만일 어떤 사람이 여러분에 대해 평가절하하는 투로 말한다면, 여러분은 즉시로 스스로를 방어하면서 여러분의 재능을 입증할 것입니다. 나는 여러분이 스스로의 재능과 능력을 깨닫기를 바랍니다.

　　사랑하는 형제 자매들이여, 여러분이 가진 모든 재능을 생각해 보십시오. 하나님이 여러분에게 무엇을 맡기셨습니까? 하나하나 헤아려보면서 전체가 얼마나 되는지 계산해 보십시오. 여러분은 주님으로부터 얼마만큼의 영업자금을 받았습니까? 많이 받은 자는 많이 요구받을 것입니다. 그러면 여러분은 얼마나 받았습니까? 이러한 질문은 여러분으로 하여금 자기 속에 있는 은사를 불일듯 일깨우는데 도움을 줄 것입니다. 모든 정신적인 재능과 영적인 재능과 모든 형태의 능력과 개인적인 영향력 등을 면밀히 살피는 것은 좀 더 강력한 행동으로 나아감에 있어서 좋은 출발점이 될 것입니다. 스스로에 대해 무엇을 할 수 있는지, 무엇을 더 잘 할 수 있었는지, 무엇을 더 잘 배울 수 있었는지, 적어도 무엇을 더 시도했어야만 했는지 등을 물으십시오. 여러분의 가능성의 분량을 축소시키지 마십시오. 만일 여러분이 "내가 할 수 있었던 일을 내가 어디까지 했지? 내게 맡겨진 모든 것을 내가 어디까지 사용했지? 내게 허락된 생명을 내가 얼마만큼 녹슬게 했으며 또 얼마만큼 주님을 위해 올바로 사용했지?"라고 묻는다면, 그러한 물음은 여러분을 일깨우는데 큰 도움이 될 것입니다. 내가 지금 여러분에게 촉구하고 있는 것은 즐거운 의무가 아닙니다. 만일 내가 여러분에게 언약의 보배로운 약속들을 생각해 보라고 촉구한다면, 여러분은 훨씬 더 만족할 것입니다. 그럼에도 불구하고 오늘의 주제는 너무도 필수적인 것입니다. 달콤한 것은 즐겁습니다. 그러나 종종 날카로운 것이 더 유익합니다. 우리의 머리를 부드럽게 받쳐주는 베개는 우리의 주된 바람(main desire)이 아닙니다. 십자가의 군사로서 우리는 무엇보다도 충성된 자로서 발견되기를 바랍니다. 우리는 하나님 앞에 보고를 해야만 할 것입니다. 아! 바로 지금 우리 스스로 앞에서, 다시 말해서 우리 자신의 양심의 법정 앞에서 보고해 봅시다. 그렇게 함으로써 우리 속에 있는 은사를 불일듯 일깨웁시다.

우리의 은사를 불일듯 일깨우는 또 하나의 방법은 우리가 소유한 달란트를 어떤 용도로 사용할지 생각하는 것입니다. 우리는 우리의 달란트를 먼저 우리 자신의 가정에서 어떤 용도로 사용할 수 있을까요? 우리는 지금 자녀들을 위해 우리가 할 수 있는 모든 일을 하고 있습니까? 우리는 지금 아내의 회심을 위해 혹은 남편의 회심을 위해 우리가 해야 할 모든 수고를 하고 있습니까? 다음으로 이웃에 대해서는 어떻습니까? 하나님을 알지 못하는 이웃의 구원을 위해, 우리가 할 수 있는 일이 더 없습니까? 아마도 우리는 그들이 술주정을 하며, 불경스러운 언사를 사용하며, 상스러운 행동을 하며, 하나님에 대한 모든 형태의 불순종으로 가득차 있는 것을 볼 것입니다. 우리가 그들을 하나님의 은혜로 변화시킬 수 없을까요? 그들은 결코 예배 장소에 오지 않을 것입니다. 우리는 그들을 예배 장소로 인도하기 위해 우리가 할 수 있는 모든 일을 했습니까? 우리가 그들 가운데 있는 것은 아무 목적 없이 그런 것이 아닙니다. 만일 그곳이 런던의 어두운 지역이라면, 우리는 그곳에 등불로서 놓인 것입니다. 만일 우리가 그리스도인이라면 말입니다. 그러면 우리는 빛을 비추고 있습니까? 대부분의 사람들은 밝은 지역에서 살기를 좋아합니다. 우리 자신을 위해서라면 그 선택은 지혜로운 것입니다. 그러나 생각하건대 유용성을 위해서라면, 사랑의 마음을 가진 사람은 어두운 지역에서 사는 것을 더 좋아할 것입니다. 왜냐하면 그곳에서 선을 행하며 빛을 비출 수 있기 때문입니다. 여러분은 예수 그리스도를 위해 여러분이 할 수 있는 모든 것을 행하고 있습니까? 정직하게 대답해 보십시오. 그렇지만 그것이 다는 아닙니다.

　　여러분은 또 다른 측면에서 스스로를 검토해 볼 필요가 있습니다. 여러분은 자신이 서 있는 모든 관계 속에서 스스로를 검토해 보아야 합니다. 주인으로서, 여러분이 고용하고 있는 자들과 관련한 은사를 일깨우십시오. 종으로서, 여러분의 동료 종들과 관련한 은사를 일깨우십시오. 장사하는 자로서, 여러분이 거래하는 자들과 관련한 은사를 일깨우십시오. 여러분은 오늘 이곳을 처음 방문한 선원(船員)입니까? 여러분은 여러 항구들을 다니면서 그리스도를 위해 무엇인가를 할 수 있는 얼마나 좋은 기회를 가집니까? 여러분은 사업 차 여러 지역을 방문하는 사람입니까? 분명 여러분은 우리 주님을 위해 복음 상품을 가지고 여행할 수 있습니다. 아무런 별도의 경비도 들이지 않고 말입니다. 만일 우리의 교회들이 영적으로 건강한 상태에 있다면, 사람들은 먼저 "내가 돈을 벌기 위해 어떻게 할 수 있을까?"라고 말하지 않을 것입니다. 그렇게 하는 대신 그들은 "내가 주님을 섬기기 위해 어떻게 할 수 있을까? 나는 나의 사업하는 일조차도 그 일을 위해 감당해야만 해"라고 말할 것입니다. 설령 우리가 여러분을 이 정도 수준까지 이끌지는 못한다 하더라도, 최소한 우리는, 여러분은 그리스도를 위해 살아야만 한다고 말해야 합니다. 여러분이 어떤 상태에 있든, 높은 사람이든 낮은 사람이든, 가난한 사람이든 부한 사람이든 상관없이 말입니다. 여러분은 "내가 지금의 자리에서 주를 위해 무엇을 할 수 있을까?"라고 물어야 합니다. 사랑하는 형제들이여, 이와 같은 방식으로 여러분 속에 있는 은사를 일깨우십시오.

　　다음으로 여러분은 여러분에게 주어진 은사를 단지 생각하고 살필 뿐만 아니라 실제로 사용함으로써 일깨울 수 있습니다. 우리는 지금 실천에 대해 말하고 있는데, 실제로 실천하는 것이 실천에 대해 말하는 것보다 낫습니다. 하나님의 영광을 널리 전파하며 영혼을 구원하기 위해 뭔가를 하는 것이 위원회를 구성하고 계획을 세우는 것보다 무한히 더 낫습니다. 부푼 가슴으로 행동하며 실천합시다. 아무도 실제로 시도하기 전까지는 자신이 할 수 있는 일을 알지 못합니다. 여러분은 들판에 많은 새들이 있다는 말을 듣습니다. 그러나 여러분은 실제로 들판으로 나가 새들을 직접 보기 전까지는 그것이 얼마나 많은지 알지 못합니다. 수레바퀴가 돌아갈 때, 여러분은 그 힘을 보게 될 것입니다. 여러분은 실제로 말 위에 올라타 박차를 가할 때 그 말의 속도를 알게 될 것입니다. 실천하십시오! 실천하십시오! 무디어진 도구는 사용함으로써 예리해질 것입니다. 비추십시오. 그러면 여러분의 빛은 그 비추는 행동으로 인해 더 밝아질 것입니다. 한 가지 일을 행한 사람은 두 가지 일을 행할 수 있는 자신을 발견하게 될 것입니다. 그리고 두 가지 일을 행할 때, 그는 네 가지 일을 성취할 수 있게 될 것입니다. 그리고 네 가지 일을 성취하면 곧 열두 가지 일을 성취하게 되고, 열두 가지 일은 곧 오십 가지 일이 될 것입니다. 이와 같이 자신이 가진 재능을 계속해서 사용함으로써, 그는 하나님을 섬기는 자신의 능력을 지속적으로 확장시켜 나가게 될 것입니다.

이 말이 여러분을 어리둥절하게 만듭니까? 지금 내가 "행함으로 인한 구원"과 비슷한 이야기를 하고 있는 것처럼 보입니까? 전혀 그렇지 않습니다. 나는 지금 전혀 구원에 대해 말하고 있지 않습니다. 또 나는 지금 구원을 길을 찾고 있는 자들에게 말하고 있지 않습니다. 나는 이미 하나님의 은혜로 구원받은 여러분에게 말하고 있습니다. 여러분은 구원받았습니다. 그 점에서 모든 것은 완료되었습니다. 여러분은 그리스도의 완성된 사역 위에서 안식하고 있습니다. 나는 지금 그런 여러분에게 이제 주님을 섬기는 일에 더욱 각성하라고 일깨우고 있는 것입니다. 주님의 눈물로 얼룩진 얼굴을 보십시오. 가시면류관을 쓴 그의 이마를 보십시오. 채찍에 맞아 피투성이가 된 그의 등을 보십시오. 그를 보십시오. 피와 사랑으로 얼룩진 광경을 보십시오. 그런데 그를 위해 여러분에게 주어진 은사를 사용하라고 일깨우는 말이 어렵게 느껴집니까? 화형에 처해지는 일조차 마다하겠습니까? 수천 번이라도 기쁘게 감당할 수 있지 않겠습니까? 그는 우리가 스스로를 희생제물로 드릴 만큼 충분히 자격 있는 분이 아닙니까? 그분께 우리의 모든 맥박을 드립시다. 그분께 우리의 모든 핏방울을 드립시다. 그분께 우리의 모든 호흡을 드립시다. 그는 그것을 받을 충분한 자격을 갖고 계십니다. 그의 이름에 영광을 돌립시다. 그는 우리의 모든 것을 천 배로 드려도 조금도 부족하지 않은 분입니다. 그토록 귀한 주님을 실제로 섬기기 위해 여러분 속에 있는 은사를 사용하라고 수천 번 수만 번 반복하여 강조한들, 그것을 지나치다고 말할 수 있겠습니까?

사랑하는 형제들이여, 우리 모두는 우리에게 주어진 은사를 실제로 사용하는 것에 더하여, 그것을 향상시키도록 노력해야 합니다. 우리는 오랫동안 젊은이들을 각성시키고자 노력해 왔습니다. 우리의 야간 신학과정의 목적은 거리에서 말씀을 전파하는 젊은이들에게 그리스도의 복음을 더 잘 전파할 수 있도록 교육시키는 것입니다. 그런 과정을 통해 수백 명의 젊은이들이 그리스도의 사역자가 되었으며, 지금도 많은 젊은이들이 훈련을 받고 있습니다. 나는 모든 젊은이들이 이렇게 훈련받기를 바랍니다. 나는 모든 그리스도인이 다음과 같이 생각해야 한다고 봅니다. '나는 두 달란트를 가진 그리스도인이었어. 그렇지만 할 수만 있다면, 열 달란트를 가진 그리스도인이 될 거야. 지금은 복음의 교리들을 충분히 이해하지 못하지만, 그것을 완전하게 이해하도록 노력할거야. 나는 성경을 읽고, 배우고, 연구할거야.' 우리는 자신의 교양을 자랑하며 우쭐거리는 사람이 아니라 참된 지성을 갖춘 그리스도인을 원합니다. 그러나 우리가 훨씬 더 원하는 부류의 사람은 옛 청교도들처럼 하나님의 말씀과 신학에 정통한 젊은이들입니다. 로마 가톨릭교는 이렇게 하나님의 진리로 무장한 사람들에게 아무런 힘도 행사하지 못할 것입니다. 로마 가톨릭교는 빛을 싫어하는 박쥐입니다. 그러므로 우리 모두는 항상 배우는 학생이 되어야만 합니다. 가장 거룩한 믿음 위에 스스로를 세울 뿐만 아니라 유용한 일꾼이 될 수 있는 능력을 배양하기 위해서 말입니다.

특별히 지금 나는 교회의 많은 젊은이들을 향해 말하고 있습니다. 성경을 읽고 공부하며 기도하는 일에 더욱 착념하십시오. 정신적으로 성장하십시오. 영적으로 성장하십시오. 성경공부반에서 가르치십시오. 여러분은 지금 잘 하고 있을는지 모릅니다. 그러나 만일 더 많이 안다면, 더 잘 할 수 있지 않겠습니까? 여러분은 지금 주일학교에서 어린이들을 가르치고 있습니까? 만일 여러분이 하나님의 진리를 더 잘 배운다면, 그 일을 더 잘 할 수 있지 않겠습니까? 아볼로는 배우기를 부끄러워하지 않았습니다. 마찬가지로 가장 유능한 일꾼도 배우기를 부끄러워할 필요가 없습니다. 여러분의 은사를 향상시키십시오. 그것이 그 은사를 불일듯 일깨우는 한 가지 방법입니다.

또 여러분의 은사를 위해 기도하십시오. 기도는 은사를 불일듯 일깨우는 좋은 방법입니다. 하나님 앞에 나아가십시오. 그리고 그분 앞에 여러분이 해야 할 일을 펼쳐 놓으십시오. 나는 종종 다음과 같이 부르짖어 기도합니다. "주여, 주께서 이 회중을 제게 맡기셨나이다. 그들의 피에 대해 깨끗하게 되는 것은 결코 쉬운 일이 아니나이다. 그들에게 말씀을 올바로 전함으로써 한 사람도 은혜받지 못하고 돌아가는 자들이 없게 하소서. 주여, 종을 도우사 저들을 때를 따라 합당한 양식으로 먹이게 하옵소서. 오직 주의 은혜로 충족하게 하소서." 사람이 힘을 다해 말씀을 전파할 수 있게 되는 것은 그가 기도로써 하나님 앞에 자신의 모든 연약함을 내어놓고 그러한 연약함이 하나님의 영광으로 성별되게 해달라고 간청할 때입니다. 우리의 부르심이 무엇이든 간에, 우리 역시도 그와 같이 해야 합니다. "위대하신 하나님, 종을 도우사 주를 향해 살게 하옵소서. 설령 내 안에 있는 주의 은혜가 한줌의 양심과 약간의 기름 같을지라도, 그것을 거두지 마소서. 주여, 종이 무엇을 할 수 있겠나이까? 무슨 일을 행하든 종으로 하여금 그 일을 행할 수 있게 도우소서. 그리고 계속해서 굳게 서게 하시고, 그 일로 인해 피곤하지 않게 하소서."

이와 같이 스스로에 대해 기도하십시오. 여러분의 전 자아를 제단 위에 올려놓으십시오. 그리고 기도로써 하나님 앞에 여러분의 눈물을 관제로 부으십시오. 그럴 때 여러분이 행하는 모든 일에 대해 하나님이 기쁘게 받으시고, 여러분을 기름 부으시며 인도하시며 축복하실 것입니다. 바로 이것이 여러분 속에 있는 은사를 불일듯 일깨우는 가장 확실한 방법입니다. 살아 계신 하나님의 성령이시여, 주의 모든 백성을 우리 구주에 대한 진실하며 실제적인 섬김으로 인도하소서.

3. 셋째로, 왜 우리는 우리 속에 있는 은사를 일깨워야만 합니까?

이에 대해서는 여러 가지로 대답할 수 있지만, 우리의 목적과 부합하는 몇 가지만을 제시하고자 합니다.

우리가 우리 속에 있는 은사를 일깨워야만 하는 첫 번째 이유는 우리가 아무리 많은 일을 한다 할지라도 그것이 우리 주님이 마땅히 받으셔야 하는 분량에 크게 못 미치기 때문입니다. 그의 사랑과 비교할 때 우리의 봉사는 얼마나 미미합니까? 그의 용광로 같은 뜨거움과 우리의 빙산 같은 차가움은 얼마나 현저하게 대조됩니까? 그는 자신을 아끼지 않으셨지만, 우리는 항상 스스로를 아낍니다. 그는 우리에게 모든 것을 다 주시고 십자가 위에 벌거벗은 채 달리셨지만, 우리는 대부분의 것을 우리 자신의 손으로 움켜잡고 있으면서 스스로를 희생시키기를 싫어합니다. 그는 수고하며 무거운 짐을 지면서도 지금까지 그치지 않지만, 우리는 조금만 힘들어도 금방 뒤로 물러납니다. 그는 무수한 반대와 훼방에도 계속해서 말씀을 전파하지만, 우리는 조그만 반대에 부딪혀도 쉽게 우리의 일을 내던져버리고 맙니다. 우리는 작은 일에도 얼마나 쉽게 낙망하고 마는 연약한 일꾼입니까? 우리는 조그만 반대와 훼방 앞에서도 얼마나 쉽게 우리의 일을 포기하고 마는 미약한 일꾼입니까? 오늘날 많은 사람들에게 "피차 서로 용납하라"는 교훈은 시대에 뒤떨어진 교훈처럼 보입니다. "하나님이 그리스도 안에서 너희를 용서하신 것처럼 너희도 서로 용서하라"는 교훈은 잊혀진 것 같습니다. 형제 자매들이여, 현관 앞에 놓여 있는 매트를 생각해 보십시오. 사람들이 실내에 들어가기 전에 신발에 묻은 흙을 털어내는 매트 말입니다. 만일 우리가 그리스도를 위해 그러한 매트가 되는 것이 하나님을 존귀케 하는 것이 된다면, 우리는 그렇게 사용되는 것을 큰 영광으로 생각해야 하지 않겠습니까? 참된 그리스도인들은 서로 낮은 자리를 차지하려고 다투는 반면, 거짓 그리스도인들은 서로 높은 자리를 차지하려고 다툽니다. 어떤 사람들은 오늘날 "장로와 집사 중에 어느 것이 더 높은 직분이지?"라고 물을 것입니다. 아! 그것은 정말로 얼마나 하잘것없는 물음입니까? 주님이 십자가를 지기 위해 예루살렘으로 올라가고 계셨을 때, 제자들 사이에 "누가 더 높으냐?" 하는 문제로 다툼이 일어났습니다. 이런 일은 오늘날에도 얼마나 자주 일어납니까? 너무나 자주 은혜는 낮아지고, 우리 자신의 목소리는 높아집니다. 또 주님에 대한 우리의 사랑이 너무도 작아져서 사소한 말에도 모욕을 느끼며 즉시 분개합니다. 심지어 전혀 모욕적인 말이 아님에도 불구하고 모욕으로 느끼며 분개하기까지 합니다. 사랑하는 성도들이여, 우리가 이 모든 영혼의 편협함으로부터 구원받아야 하지 않겠습니까?

　　우리가 우리 주님에 대해 어떤 빚을 지고 있는지 생각해 보십시오. 그가 없었다면 우리는 얼마나 허물과 죄로 죽었겠습니까? 그가 없었다면 우리는 얼마나 지옥에 있었겠습니까? 그가 없었다면 오늘 밤에도 우리는 얼마나 두려운 심판과 분노를 바라볼 수밖에 없었겠습니까? 그러나 우리는 씻음과 정결함을 받았으며, 하늘로 가는 도상(途上)에 서 있게 되었습니다. 우리는 이 모든 것을 그에게 빚지고 있습니다. 그러므로 우리 속에 있는 은사를 불일듯 일깨우고 전심으로 그를 섬깁시다.

　　두 번째 이유는 이 시대가 워낙 격동하는 시대이기 때문입니다. 그러므로 우리는 우리 속에 있는 하나님의 은사를 격동시켜야 합니다. 내가 볼 때 하나님의 교회는 느린 역마차를 타고 하늘나라로 가는 길로 천천히 여행하고 있는 것 같습니다. 온 세상은 빠른 속도로 자신의 길을 달려가고 있는데 말입니다. 만일 우리가 하나님의 일에 열심을 품는다면, 세상의 비판자들은 우리를 "광신자의 열심"이라고 비난할 것입니다. 여러분은 파리의 증권거래소에 가본 적이 있습니까? 그곳에서 증권거래인들이 주식 따위를 거래하기 위해 광적으로 소리지르는 것을 본 적이 있습니까? 그러나 아무도 "이 사람들을 보라. 얼마나 광적인가!"라고 말하지 않습니다. 도리어 사람들은 증권거래소에서 그런 광적인 모습을 기대합니다. 그런데 만일 우리가 하나님과 복음을 위해 그곳의 절반 정도의 열심만 가져도, 모든 사람들이 "보라, 여기에 미친 사람들이 있도다"라고 소리지를 것입니다. 어떤 노인이 길을 지나가다가 갑자기 자갈들이 쏟아졌고, 그 바람에 옆에 있는 몇 사람이 자갈에 매몰되고 말았습니다. 그리하여 그는 죽을 힘을 다해 사람들이 있는 곳으로 가서 소리를 질렀습니다. "도와주시오. 도와주시오. 도와주시오." 사람들이 어떻게 했겠습니까? 아무도 "저 노인이 미쳤나? 그까짓 일에 왜 저렇게 소리를 지르고 야단이지"라고 말하지 않았습니다. 아무도 그렇게 말하지 않습니다. 사람의 목숨을 구하는 일에 어떻게 광적으로 소리를 지르지 않을 수 있겠습니까? 그러나 만일 여러분이 버려진 영혼의 구원을 위해 열심을 품는다면, 미지근한 신자를 포함한 거의 대부분의 사람들은 여러분의 열심 위에 젖은 담요를 덮어씌우려고 할 것입니다. 삶의 수레바퀴가 오늘날처럼 빠르게 굴러간 적이 있었습니까? 세상은 지금 거인의 발걸음으로 행진하고 있습니다. 모든 사람들이 깨어 일어나고 있습니다. 그런데 교회는 대부분 잠자고 있습니다. 다른 일들로 사람들은 노동하며, 수고하며, 희생합니다. 자신들의 이상(理想)을 위해 사람들은 어떤 희생도 마다하지 않습니다. 인종의 통일성을 위해 사람들은 들판과 강을 피로 물들입니다. 그러나 그리스도를 전파하고 죄인을 지옥으로부터 건져내기 위해서는, 그들은 우리에게 조용하라고 말하며, 차가워지라고 말하며, 지나치게 광적이어서는 안 된다고 말합니다. 그들은 우리에게 차가워지라고 말합니다. 그러나 우리 주님은 우리를 "차가움"으로부터 구원하십니다. 또 우리 주님은 "예법"과 "교양"으로부터 구원하십니다 — 그러한 것들이 영혼을 구원하는 데 방해가 된다면 말입니다. 또 우리 주님은 우리를 하나님의 일에 방해가 되는 모든 관습과 우상으로부터 구원하십니다. 이 시대는 정말로 격동하는 시대입니다. 그러므로 우리는 우리 속에 있는 은사를 격동시켜야 혹은 일깨워야 합니다.

우리가 은사를 일깨워야 하는 세 번째 이유는 그것이 수시로 일깨워질 필요가 있기 때문입니다. 그리스도인들의 은사와 은혜는 마치 숯불처럼 계속해서 숯이 공급됨과 함께 또한 지속적으로 휘저어주어야 합니다. 그렇다고 해서 너무 과도하게 휘저어서는 안 됩니다. 부지깽이가 열을 가져다주는 것은 아닙니다. 사람을 휘젓는 것, 다시 말해서 사람을 불일듯 일깨우는 것 자체가 그를 더 낫게 만들지는 않습니다. 특별히 연약한 사람을 지나치게 휘젓는 것은 위험합니다. 그것은 마치 벽난로의 꺼져가는 불을 휘저음으로써 그 불을 완전히 꺼버리는 것과 마찬가지입니다. 그렇지만 어쨌든 휘젓는 것이 필요합니다. 많은 경우 불은 휘저어주지 않음으로써 꺼지곤 합니다. 종종 우리가 무감각해지고, 무기력해지며, 아무것도 하지 않게 되는 때가 있습니다. 바로 이것이 우리가 견책을 필요로 하는 이유입니다. 만일 우리 안에 있는 실제적인 은혜가 바닥을 보인다면, 우리에게 필요한 것은 우리를 휘저어줄 부지깽이입니다. 그러면 불은 곧바로 다시 타오르기 시작합니다. 나는 가끔씩 여러분들을 휘저어주기를 좋아합니다. 나는 어느 목요일 밤에 말씀을 들었던 한 형제를 기억합니다. 그는 뛰어나기는 하지만 그러나 게으른 그리스도인이었습니다. 그날 밤 주께서 말씀으로 그의 마음을 건드리셨으며, 그는 자기가 살고 있는 도시의 거리에서 말씀을 전파하기 시작했습니다. 그는 지금 가장 큰 기도회 중의 하나를 인도하고 있으며, 하나님은 그에게 수백 명의 영혼을 맡기셨습니다. 그는 단지 휘저어지는 것이 필요했습니다. 지금 이 말씀을 들으면서 마치 숯이 자신의 입술에 닿는 것 같은 느낌을 받으면서 곧바로 달려 나가 말씀을 전파하든지 혹은 자기 능력에 따라 주님께 봉사할 또 다른 형제는 없습니까? 사랑하는 형제들이여, 우리는 스스로를 휘저어야 합니다. 왜냐하면 만일 그렇게 하지 않으면, 우리는 우리의 유용한 재능과 능력을 잃어버리든지 혹은 빼앗길 수 있기 때문입니다. 사용되지 않는 칼은 무디어지게 마련입니다. 마찬가지로 하나님을 위해 일하지 않는 사람은 자신의 재능의 상당 부분을 잃어버리게 됩니다.

　　우리가 은사를 일깨워야 하는 네 번째 이유는 만일 우리가 스스로를 일깨운다면, 아니 그보다도 하나님의 성령이 우리를 일깨운다면 우리는 교회로서 매우 큰 일을 기대할 수 있기 때문입니다. 지난 월요일 밤 나는 너무도 큰 위로를 받았습니다. 나는 지난 안식일 날 "장로들과 집사들 그리고 영혼을 사랑하는 사람들은 함께 기도하기 위해 월요일 오후 6시에 모이기 바랍니다"라고 광고했습니다. 나는 많은 사람들이 주님을 뜨겁게 사랑하는 것을 보고 너무도 기뻤습니다. 그리고 뜨거운 기도회를 통해 우리는 우리가 하나님을 굳게 붙잡고 있다는 사실을 느꼈습니다.

나는 바로 여기에 축복이 있음을 압니다. 나는 그것을 확신합니다. 나는 "뽕나무 꼭대기에서 걸음 걷는 소리"를 듣습니다(삼하 5:24). 주께서 우리와 함께 계십니다. 그리고 그는 우리를 통해 일하십니다. 우리가 하나님을 향해 뜨거운 열심을 가지고 있음에도 불구하고 아무런 회심의 열매도 맺지 못할 것을 염려하는 것은 마치 뜨거운 여름 날 곡식이 익지 않을까 염려하는 것과 같습니다. 결코 그럴 수 없습니다. 간절하게 찾는 성도들은 항상 간절하게 찾는 죄인들을 만듭니다. 만일 우리가 죄인들을 위해 하나님을 찾는다면, 죄인들은 곧 스스로를 위해 하나님을 찾을 것입니다. 그러므로 여러분의 은사를 일깨우십시오. 스스로를 격동시키십시오. 왜냐하면 하나님이 우리를 격동하고 계시기 때문입니다.

장차 큰 격동이 있을 것이라는 사실을 기억하십시오. 사업도 끝나고, 정치도 끝나고, 여러분이 관계하는 모든 일들이 영원히 끝날 것입니다. 그 날 얼마나 큰 격동이 있겠습니까? 우리가 그리스도의 심판대 앞에 앉아 육체로 행한 모든 행동들에 대해 설명할 때 말입니다. 우리 스스로에 대해 얼마나 큰 격동이 있겠습니까? 다른 사람들에 대해 얼마나 큰 격동이 있겠습니까? 그들은 어디에 있을 것입니까? 그들은 오른쪽에 있을 것입니까, 아니면 왼쪽에 있을 것입니까? 우리 자녀들은 하늘에 있을 것입니까, 아니면 버려질 것입니까? 여러분의 남편이나 아내에 대해 거기에 얼마나 큰 격동이 있겠습니까? 여러분의 이웃들에 대해 거기에 얼마나 큰 격동이 있겠습니까? 생각해 보십시오. 그에 대해 생각하고, 지금 스스로를 격동시키십시오. 다시 말해서, 지금 스스로를 일깨우십시오.

만일 그들이 지금 모습대로 죽는다면, 그들에게 저주가 있을 것입니다. 필경 그럴 것입니다. 그들은 지옥으로 떨어지고 말 것입니다. 만일 그들이 구원받지 못하고 죽는다면, 그들에게 있어 그곳으로부터 피할 소망은 없습니다. 그날 모든 나라들을 통해 얼마나 큰 격동이 있겠습니까? 만일 우리가 그것을 영원의 빛 가운데 혹은 그리스도께서 구름과 함께 오실 그 두려운 날의 빛 가운데 바라본다면, 우리는 하나님을 섬기는 것 외에 다른 모든 것은 무가치하다는 사실을 느끼게 될 것입니다.

모든 삶의 궁극적인 핵심은 죄인들을 예수 그리스도께 데려감으로써 하나님께 영광을 돌리는 것입니다. 하나님이 여러분으로 하여금 그렇게 살 수 있도록 은혜를 베풀어 주시기를 기원합니다. 우리는 항상 강단으로부터 하늘로 가는 것처럼 그렇게 설교해야 합니다. 기도할 때도 항상 그렇게 기도해야 합니다. 하루를 보낼 때도 오늘이 마지막 날이라는 마음으로 그렇게 보내야 합니다. 이를 위해 우리는 성령의 능력을 필요로 합니다. 성령은 자기 백성 가운데 임하십니다. 성령께서 이 시간 예수 그리스도로 인해 우리 가운데 임하시기를 기원합니다. 아멘.

제
2
장
—

은혜로 말미암은 전적 구원

—

"하나님이 우리를 구원하사 거룩하신 소명으로 부르심은
우리의 행위대로 하심이 아니요 오직 자기의 뜻과
영원 전부터 그리스도 예수 안에서
우리에게 주신 은혜대로 하심이라" — 딤후 1:9

생각이 깊은 사람들에게 영향을 미치려면, 확고한 논증이 필요합니다. 생각이 얕은 사람은 단지 감정과 흥분에 의해서도 설득되지만, 사회중요 계층의 사람은 다른 방법으로 대해야 합니다. 사도 바울이 그의 믿음의 아들인 디모데에게 영향을 주기 원할 때 — 디모데는 부지런하고 열심히 있는 제자였고, 은혜와 은사를 소유한 사람이었습니다 — 그는 단순한 감정에 호소하지 않았고, 가장 효과적인 방법으로 확고한 교리적 진리를 제시함으로써 디모데에게 믿음을 갖게 했습니다. 이것이 목회에서 행해져야 할 학습입니다.

어떤 열심 있는 목사들은 끊임없이 사람들을 흥분시키지만, 교육시키는 일에는 거의 관심이 없습니다. 그들은 불을 많이 일으키지만, 빛은 거의 비춰 주지 않습니다. 하나님은 우리가 감정에 호소하여 말하는 것을 금하셨습니다. 이것은 감정 처리에 있어 가장 중요합니다. 그러나 어느 정도 감정도 주목해 볼 필요가 있습니다. 단순히 흥분에 기초하여 지탱하고 유지하는 종교는 틀림없이 보잘것 없고 견고하지 않을 것이며, 반대편의 도전이나 짓누르는 시간의 손아귀에 매우 빠르게 굴복할 것입니다. 그 목사는 하프 연주자가 하프 줄을 튕기듯이 큰 호소력으로 감정을 일으킬지도 모릅니다. 만약 잘 준비된 훌륭한 악기를 무시한다면, 그는 정말 어리석은 바보가 될 것입니다. 그러나 분별력 있는 사람들을 대하게 될 때, 그는 반드시 이치와 이해에 바탕을 두고 가르쳐야 한다는 것을 잊어서는 안 됩니다. 그는 성령이 가르쳐 주신 진리를 말하는 것보다 어떻게 더 잘 이해력에 호소할 수 있을까요? 성경의 교훈은 그리스도인의 마음을 움직일 만한 강력한 동기를 우리에게 틀림없이 부여해 줍니다.

만약 우리가 비이성적인 충동에 의해 여러분을 어떤 행동으로 움직이게 만들 수 있다면, 그것은 그대로 좋을 수도 있지만, 그것은 불안전하고 신빙성이 없을 것 같습니다. 왜냐하면 여러분은 이와 같은 일에 능수능란한 사람들에 의해 반대 방향으로 움직일 수 있는 길이 똑같이 열렸기 때문입니다. 그러나 하나님께서 성령으로 말미암아 우리가 여러분의 마음에 확고한 진리와 견고한 논증으로 영향을 미치도록 하실 수 있다면, 여러분은 어느 것에도 변치 않는 능력의 불변성에 의해 감동을 받을 것입니다. 깃털은 바람에 날리지만, 그것은 고유의 힘이 있어 움직이는 것이 아닙니다. 그러므로 강풍이 불 때, 깃털은 땅에 떨어집니다. 흥분의 종교도 이와 마찬가지입니다. 그러나 독수리는 자체 내에 생명을 지녔으므로, 바람이 불든 아니 불든, 드높이 날아갑니다. 진리의 확실성으로 견고한 종교는 이와 같습니다. 그리스도 예수 안에서 교육을 잘 받은 사람은 교육을 받지 않은 사람이 실패하거나 사라지는 곳에 굳건히 서 있습니다. "온갖 교훈의 풍조에 밀려 요동하지 않게 하려 함이라"(엡 4:14). 이들은 예수님 안에 있는 것처럼 진리 안에 잘 서 있어서 요동하지 않습니다.

다소 주목할 만한 사실이 있습니다. 이것은 최소한 주제에 대해 생각하는 것이 익숙하지 않은 사람에게는 주목할 만한 사실인 것 같습니다. 즉, 사도는 디모데에게 용기를 불어넣어 그가 믿음 안에서 끊임없이 견고히 서도록 하기 위해, 인간의 구원은 하나님의 은혜 속에 있다는 위대한 교리를 디모데에게 상기시켰습니다. 사도는 이 구절 속에서 복음의 짧은 요약을 제시합니다. 이 구절을 어떤 사람은 삽입 구절로 보지만, 나는 완전한 문장으로 봅니다. 이 복음은 하나님의 은혜를 두드러지게 제시하고 있습니다. 바울은 디모데가 그리스도를 증언하는 일에 담대하기를 원했습니다.

어떤 사람들이 지금까지 생각했던 것보다 더 큰 유용성이 은혜 교리 안에 숨겨져 있습니다. 교리적 진리를 단지 비실용적인 이론으로 여기는 것이 일반적이었습니다. 그러나 많은 사람이 하나님의 말씀의 교훈을 더 실제적이고 더 유용한 것으로 말하여 왔습니다. 우리가 더 밝은 빛 속에서 건전한 교리가 실제적으로 거룩함을 이루는 생명력과 근원이 된다는 사실을 인식할 날이 올 것입니다. 그날, 우리가 하나님께서 계시하신 진리를 사람들에게 가르치는 것은 그들을 순종으로 인도하며, 거룩함을 유지하는 가장 평탄하고 확신에 찬 길입니다.

첫째, 본문 속에서 사도가 가르친 교리를 살펴보고, 둘째, 그 교리의 목적을 살펴보는 동안 성령께서 우리를 도와주시기 바랍니다.

1. 본문 속에서 사도가 가르친 교리를 주의 깊게 살펴봅시다.

우리의 목적은 가장 인기가 있거나 가장 마음에 맞는 교리를 설교하려는 것이 아니며, 집회에서 어떤 사람의 견해를 발표하려는 것도 아님을 친구들은 기억할 것입니다. 우리의 단 한 가지 목적은 본문이 의미하고 판단한 것을 제시하는 것입니다. 아마도 많은 사람이 싫어하는 교리를 제시하게 될 것입니다. 만약 여러분이 그 교리를 싫어한다 해도 우리는 전혀 놀라지 않을 것이며, 여러분이 속상해하며 화를 낸다 할지라도 우리는 전혀 놀라지 않을 것입니다. 왜냐하면 우리는 설교를 듣는 자들을 기쁘게 하도록 위탁을 받았다고 생각하지는 않으며, 은혜로운 자에게 말하는 것도 아니고, 청중의 견해에 우리의 견해를 맞추어야 한다고 생각하지도 않습니다. 우리는 우리 자신을 하나님과 본문에 순종하도록 해야 합니다. 만약 우리가 본문의 의미를 제시한다면, 우리는 하나님의 마음을 제시하는 것이며, 따라서 우리는 하나님의 은혜를 충분히 받게 되리라고 믿습니다. 아마 하나님의 은혜는 우리와 모순될 것입니다. 그러나 본문의 의미가 영감된 말씀 속에 분명히 들어 있다면, 정직한 마음을 지닌 모든 자들은 그 진리를 즐거이 받아들여야만 합니다.

1) 다음 구절 속에서 사도는 하나님께서 구원의 창조자 — "우리를 구원하사 거룩하신 소명으로 부르신 자" — 가 되신다고 선언합니다. "하나님이 우리를 구원하사 거룩하신 소명으로 부르심은 우리의 행위대로 하심이 아니요 오직 자기의 뜻과 영원 전부터 그리스도 예수 안에서 우리에게 주신 은혜대로 하심이라"(딤후 1:9). 이 구절의 대의는 "구원은 여호와께 속하였나이다"(욘 2:9)라는 요나가 가진 구원의 강한 확실성을 지향하고 있습니다. 이 본문에서 구원이 사람으

로 말미암는다고 말하는 것은 비아냥거리는 것이나 거짓임을 나타냅니다. 하나님의 전적 구원을 발견하는 것은 표면에 드러난 진리를 인식하는 것입니다. 심오한 질문이 필요하지 않으며, 방황하는 사람은 그가 비록 바보라 해도 이 점에서 실수하지 않을 것입니다. "하나님이 우리를 구원하사 거룩하신 소명으로 부르셨다"(딤후 1:9)고 말씀하는 것처럼, 본문이 분명히 이렇게 말하고 있기 때문입니다.

그래서 사도는 구원이 은혜로 말미암았다는 진리를 말하기 위해, 구원은 하나님으로 말미암으며, 오직 하나님으로부터 직접적이고 완전하게 나온다고 선언합니다. 이것은 여러 성경 구절 속에서 성령의 가르침에 따른 것이 아닙니까? 그 성경 구절 속에서 하나님은 거듭거듭 확신시키시기를, 구원의 알파와 오메가는 우리 자신에게 있는 것이 아니라 우리 하나님 안에서 발견되어야 한다고 합니다.

사도는 하나님께서 우리를 구원하셨다고 말하면서 삼위일체를 언급합니다. 성부께서 우리를 구원하셨습니다. "하나님이 우리에게 영생을 주신 것과"(요일 5:11). "하나님의 자녀를 사랑하는 줄을 아느니라"(요일 5:2). 하나님의 은혜로우신 마음은 첫째, 타락의 멸망에서 택한 자를 구속하실 생각을 품으셨습니다. 하나님은 먼저 구원의 방법으로 그리스도의 대속을 계획하셨습니다. 그리스도께서 하나님 백성의 언약의 머리로서 고통당하시리라는 생각이 하나님의 넓으신 마음에서 흘러 나왔습니다. 이에 대해 사도는 다음과 같이 말합니다. "찬송하리로다 하나님 곧 우리 주 예수 그리스도의 아버지께서 그리스도 안에서 하늘에 속한 모든 신령한 복을 우리에게 주시되 곧 창세 전에 그리스도 안에서 우리를 택하사 우리로 사랑 안에서 그 앞에 거룩하고 흠이 없게 하시려고 그 기쁘신 뜻대로 우리를 예정하사 예수 그리스도로 말미암아 자기의 아들들이 되게 하셨으니 이는 그가 사랑하시는 자 안에서 우리에게 거저 주시는 바 그의 은혜의 영광을 찬송하게 하려는 것이라"(엡 1:3-6). 하나님의 긍휼에서 독생자 예수님이라는 선물이 나왔습니다. "하나님이 세상을 이처럼 사랑하사 독생자를 주셨으니 이는 그를 믿는 자마다 멸망하지 않고 영생을 얻게 하려 하심이라"(요 3:16). 성부 하나님은 성자 예수님이 이루신 구원을 영접하도록 사람을 택하셨습니다. 이들은 "그의 뜻대로 부르심을 입은" 자들이라고 로마서 8장 28절에 기록되었기 때문입니다. 구원의 계획은 세세한 부분에 이르기까지 성부의 지혜와 은혜에서 나왔습니다.

그러나 사도는 성자의 사역을 간과하지 않았습니다. 우리가 구원 받은 것은 확실히 하나님의 아들로 말미암은 것입니다. 예수라는 이름이 구세주라는 뜻이 아닙니까? 그는 성육신하셨으며, 그의 거룩한 생명은 의로움이고, 성도는 이 의로움으로 옷 입습니다. 굴욕적이며 고통스러운 그의 죽음이 거룩한 목욕탕을 피로 채웠고, 그 속에서 죄인들은 목욕을 하며 깨끗하게 됩니다. 하나님의 백성이 사랑하는 자 안에서 거저 받은 것은 그리스도 예수 안에 있는 속죄로 말미암은 것입니다. 영원한 보좌 앞에 한 가지로 그들은 노래합니다. "우리를 사랑하사 그의 피로 우리 죄에서 우리를 해방하신 그에게 영광이 있기를 원하노라." 하나님은 그들이 돌리는 영광을 받으실 만하시므로, 그들은 찬양을 드립니다. 인간의 구세주는 하나님의 아들이시며, 인간은 자기 자신들의 구세주가 아닙니다.

또한 사도는 찬송 받으실 삼위일체 가운데 제삼위 곧 성령을 잊지 않습니다. 성령님 외에 누가 복음을 이해할 능력을 우리에게 줍니까? "육에 속한 자는 하나님의 일을 깨닫지 못하기 때문입니다." 성령님은 우리의 의지를 감화시켜서, 이전에 행하던 반역의 고집에서 우리를 진리의 순종으로 인도하시지 않습니까? 성령님은 우리를 새롭게 하사 그리스도 예수 안에서 우리에게 선한 일을 창조하시지 않습니까? 우리가 영적인 삶을 사는 것은 성령의 숨결로 말미암은 것이 아닙니까? 그는 우리에게 선생님이며, 위로자이며, 깨닫게 하시는 자이지 않습니까? 정말 그는 우리의 마음을 움직이시는 전부가 아닙니까? 그러므로 성부는 계획하시며, 성자는 구속하시며, 성령은 구원을 적용하십니다. 이것은 "우리를 구원하신" 한 분 하나님이 하셨다는 것입니다.

형제들이여, 우리가 우리 자신을 구원한다는 것은 자명한 어리석음을 말하는 것뿐입니다. 우리는 성경 안에서 "성전"이라 부르심을 받았습니다. 우리는 주님 안에 있는 거룩한 성전입니다. 누가 건축물의 돌들 각자가 곧 건축가라고 주장할 것입니까? 지금 모여 있는 건물의 돌들이 스스로 모양을 만들고, 자발적으로 모여서, 이와 같이 넓은 건축물을 쌓았다고 말할 수 있습니까? 누가 이와 같이 어리석은 말을 주장합니까? 그가 제정신인지 의심스럽습니다. 하나님의 큰 성전이 스스로 구상되어 세워졌다고 주장한다면, 그 사람의 영적 상태가 건전한지 의심스럽습니다. 그렇습니다. 우리는 성부 하나님께서 건축가가 되시어 계획을 구상하셨고, 재료들을 제공하시며, 그 일을 완성하실 것이라고 믿습니다.

또한 구속함을 받은 자가 자기 자신을 구속했다고 주장할 수 있습니까? 사탄의 종들이 자기 자신의 차꼬를 끊을 수 있습니까? 그렇다면 대속자 되신 주님이 왜 필요합니까? 예수님께서, 자기 자신을 구속할 수 있다는 자들을 구원하시려고 세상에 오실 필요가 있을까요? 하나님께서 사자의 입에서 건져 낸 하나님의 양이 자기 자신을 구할 수 있었다고 믿습니까? 만약 사실이라면, 그것은 이상한 일입니다 우리 주 예수님은 적선을 하시기 위해 오신 것이 아닙니다. 만약 주님이 자기 자신을 구원할 수 있다는 자들을 구원하시기 위해 오셨다면, 그는 적선을 하시기 위해 오셨음에 틀림없습니다. 우리는 그리스도께서 죄인들이 스스로 할 수 있는 일을 하시기 위해 오셨다는 사실을 믿을 수 없습니다. 그렇습니다. "만인 중에 나와 함께 한 자가 없이 내가 홀로 포도즙 틀을 밟았노라." 하나님 백성의 구원은 오직 하나님께만 영광을 돌리는 일입니다. 한 번 죽었던 자가 영적으로 자신을 깨울 수 있다고 주장할 수 있습니까? 죽은 자가 자신을 살리실 수 있습니까? 누가 무덤에서 썩고 있는 나사로가 스스로 살아났다고 주장할 것입니까? 만약 그렇게 말하고 그렇게 믿는다면, 아니 그런 정도가 아니더라도, 우리는 죄로 죽은 자가 스스로 깨어난다고 믿을 것입니다. 성령 하나님으로 말미암아 구원받은 자들은 성령에 따라 새롭게 지은 바 되었습니다.

그러나 누가 자기 자신을 창조할 수 있다고 생각합니까? 하나님은 아무것도 없는 상태에서 세상을 말씀으로 만드셨지만, 무(nothing)는 세상의 창조를 도울 수 없었습니다. 하나님의 힘은 모든 것을 하실 수 있지만, 무(nothing)가 무엇을 할 수 있습니까? 지금 우리가 새 창조를 한다면, 그곳에는 창조자가 있어야만 합니다. 사망이 생명을 돕거나, 무존재가 창조를 돕지 않는다면, 영적으로 창조되지 않는다면, 우리가 우리 자신의 새 창조를 도울 수 없는 것이 분명합니다. 육에 속한 사람은 사람을 새롭게 창조하는 성령 하나님을 돕지 못합니다. 그러나 전적인 재창조는 성령 하나님의 일이며, 새롭게 만드시는 일은 하나님의 독립적인 능력입니다. 성부, 성자, 성령님을 찬양합니다. 이와 같은 생각을 할 때, 우리는 존귀하신 왕 앞에 겸손히 엎드려서, 그만이 우리를 구원하셨음을 알게 되며 그에게 영광을 돌릴 것입니다.

2) "하나님이 우리를 구원하사 거룩하신 소명으로 부르신" 하나님의 유일한 방법을 볼 때, 본문 속에서 은혜라는 말을 두드러지게 볼 수 있습니다. 방법의

특성이 세 가지 면으로 나타납니다. 첫째, 방법의 완성입니다. 사도는 완료 시제를 사용하여 "우리를 구원하사"라고 말합니다. 그리스도 예수를 믿는 자들은 구원을 받았습니다. 그들은 바라는 상태에 처한 것도 아니며, 궁극적으로 구원받을 것을 말하는 것도 아닙니다. 그들은 이미 구원받았습니다. 이 사실은 오늘날 교수들이 공통적으로 하는 말에 따른 것이 아닙니다. 왜냐하면 많은 교수들이 죽게 될 때 구원받는다고 말하기 때문입니다.

이것은 구원받은 우리에게 성경이 말하는 말씀입니다. 오늘 아침 알아야 할 사실이 있습니다. 그것은 여기 있는 모든 남녀가 지금 이 시간 구원받을 수도 있고 버림받을 수도 있다는 것입니다. 구원은 죽어 가는 침대 위에서 즐기는 복이 아닙니다. 더욱이 구원은 미래의 상태에서 찬양할 복도 아닙니다. 도리어 지금 선택하여 영접하고, 약속을 얻고, 즐기는 복입니다. 하나님은 자기 성도들을 구원하셨으며, 그들을 부분적으로 구원하신 것이 아니라 완전하게 구원하셨습니다. 기독교인은 하나님의 뜻대로 완전하게 구원받았습니다. 하나님은 그들에게 구원을 제정하셨고, 그 뜻을 이루셨습니다. 하나님은 그들을 위해 값을 지불하고 구원하셨습니다. 구원은 부분적인 것이 아니라 전체적인 것이기 때문입니다. 그리스도께서 하신 구속의 사역은 부분적으로 이루신 일이 아닙니다. 도리어 예수님은 돌아가실 때 "다 이루었다"고 구세주의 외침을 발하신 것입니다.

신자는 또한 그리스도의 언약의 머리 안에서 완전하게 구원받았습니다. 우리는 자범죄를 저지르기도 전에 아담의 타락으로 말미암아 전적으로 타락하게 되었습니다. 이처럼 그리스도 안에 있는 모든 사람은, 예수님께서 자신의 일을 다 이루실 때, 두 번째 아담 안에서 구원을 받았습니다. 구세주는 자신의 일을 완성하셨으며, 이런 점에서 바울은 "하나님이 우리를 구원하사"라는 표현을 사용합니다. 구원의 완성이 구원의 방법 중 한 가지 특성입니다.

다른 특성을 살펴봅시다. 나는 여러분에게 구원의 순서를 말씀드리려고 합니다. "우리를 구원하사 우리를 부르셨습니다." 정말 하나님은 우리를 부르시기 전에 우리를 구원하셨습니까? 물론, 본문이 이와 같이 말합니다. 그러나 은혜로 말미암아 부르심을 받기 전에 구원받은 사람이 있습니까? 성령의 역사는 그의 경험 안에서 이루어진 것이 아닙니다. 도리어 그는 하나님의 뜻 안에서 구원받았고, 그리스도의 구속 안에서 구원받았으며, 언약의 머리 되신 예수님과의 관계 속에서 구원을 받았습니다. 더욱이 그는, 그의 구원이 이루어졌으며 그것을 완성된 것으로 받아들임으로써 구원을 받았습니다.

어떤 사람이 옛날 빚으로 감옥에 갇혔는데, 여러분이 채무자가 진 빚을 갚고 석방 명령서를 얻었다면 옥에 들어가서 그에게 "내가 당신을 석방시켜 주겠소"라고 말하는 것은 정말 올바른 것입니다. 그러나 그는 여전히 감옥에 갇혀 있습니다. 그러나 여러분이 그의 빚을 갚자마자, 그는 곧 실제적으로 자유로워졌습니다. 그가 여전히 감옥 속에 있는 것은 사실이지만, 그는 법적으로 그곳에 있지 않습니다. 그가 빚이 청산된 것을 알게 되고 그 증빙 서류가 담당자 앞에 제출되자마자 그 사람은 자유를 얻게 됩니다. 그러므로 주 예수 그리스도는 사람들이 사실에 대해 알기 전에, 먼저 자기 백성의 빚을 갚으셨습니다. 주님은 천팔백 년 전에 십자가 위에서 가장 최고의 값을 지불하시지 않으셨나요? 이것이 주님께서 은혜의 길에서 우리를 만나자마자 "내가 너희를 구원하였으니 영생을 받으라"고 외치신 이유입니다. 그러므로 우리는 부르심을 받기 전에, 행동으로는 아니지만 실제적으로 구원을 받았습니다. "하나님이 우리를 구원하사 우리를 부르셨습니다."

세 번째 특성은 부르심과의 관계 속에 있습니다. 하나님은 거룩하신 부르심으로 우리를 부르셨습니다. 구주께서 십자가 위에서 구원하신 자들은 효과적으로 적당한 시기에 성령의 능력으로 말미암아 거룩하신 부르심을 받습니다. 그들은 자신의 죄를 버리고, 그리스도와 같이 되려고 노력하며, 강제에 의해 거룩함을 선택하지 않고, 새로운 품성 안에서 거룩함을 택했습니다. 그들이 전에 죄 속에서 자연스럽게 즐거워했던 것처럼, 새 성품은 그들을 거룩함 속에서 기뻐하도록 인도합니다. 그들의 옛 성품은 악한 것을 모두 사랑했지만, 반면에 그들의 새 성품은 하나님으로 말미암은 것이므로 죄를 지을 수 없으며, 새 성품은 선한 것을 모두 사랑합니다. 하나님께서 사람들의 거룩함을 예언하셨으므로, 자기 백성을 부르신다고 말하는 이 말을 충족시키기 위해 사도는 이와 같은 부르심의 결과를 언급하고 있지 않습니까? 그렇습니다. 하나님은 이와 같은 거룩하신 부르심으로 그들을 부르십니다.

이와 같은 거룩함은 원인이 아니라 결과이며, 하나님의 목적의 동기가 아니라 하나님의 목적의 결과입니다. 하나님은 그들이 거룩하기 때문에 그들을 택하시거나 부르신 것이 아닙니다. 도리어 하나님이 그들을 부르셨으므로 그들이 거룩하게 된 것이며, 거룩함은 하나님이 인간 속에 역사하심으로써 생긴 아름다움입니다. 신자에게서 볼 수 있는 탁월한 면은 대속하심과 같은 하나님의 큰 일입니다. 이 두 번째 요점은 하나님의 은혜의 충만함을 매우 부드럽게 밝혀 줍니다. 구원은, 첫째, 은혜로 말미암은 것입니다. 이는 주님께서 구원의 창시자이시기 때문입니다. 은혜 말고 무엇이 죄인들을 구원하도록 주님을 움직일 수 있겠습니까? 둘째, 구원은 은혜로 말미암은 것입니다. 이는 주님께서 사용하신 방법이므로 우리의 의는 영원히 무시됩니다. 구원은 하나님으로 말미암아 이루어집니다. 그러므로 구원은 사람으로 말미암은 것도 아니며, 사람에 의한 것도 아닙니다. 구원은 우리의 거룩함이 그 원인이 되는 것이 아니라 하나님에 의해 이루어집니다. 그러므로 우리의 공로는 영원히 무시됩니다.

3) 이야기하는 사람은 자기의 의견을 강조하고 분명하게 하기 위해서 일반적으로 다른 면에 대해 부정적으로 말합니다. 이처럼 사도도 부정을 덧붙여 말합니다. "우리의 행위대로 하심이 아니요." 세상의 위대한 교훈은 "당신이 할 수 있는 한 최선을 다하여 도덕적 삶을 살라. 그러면 하나님이 당신을 구원하리라"고 말합니다. 그러나 복음은 다음과 같이 말하고 있습니다. "당신은 타락한 죄인입니다. 그러므로 당신은 하나님의 노여움 외에 아무것도 받을 수 없습니다. 당신이 구원받았다면, 그것은 주권적 은혜의 행위에 의해서입니다. 하나님께서 당신에게 값없이 사랑의 홀(笏)을 내미셔야 합니다. 왜냐하면 당신은 지옥의 가장 밑바닥에 보내져야 할 죄 많은 사람이기 때문입니다. 당신의 선행도 죄로 가득 찼으므로, 그 선행은 당신을 조금도 구원할 수 없습니다. 당신은 모든 것을 하나님의 은혜라고 인정해야 합니다."

"오, 선행은 아무 소용이 없겠네요?"라고 묻는 사람도 있습니다. 하나님의 행위가 인간이 구원받을 때 반드시 필요하며, 이것이 그가 구원받았다는 증거입니다. 그러나 선행은 인간을 구원하지 못하며, 하나님의 마음을 움직여 인간을 구원하도록 만들지 못합니다. 만일 그렇다고 하면, 구원은 빚의 문제이지, 은혜의 문제는 되지 않을 것입니다. 주님은 자신의 말씀 속에서 거듭거듭 선언하셨습니다. "행위에서 난 것이 아니니 이는 누구든지 자랑하지 못하게 함이라"(엡 2:9). "율법의 행위로써는 의롭다 함을 얻을 육체가 없느니라"(갈 2:16).

사도는 갈라디아서에서 이 점을 매우 강조하고 있습니다. 그는 정말 거듭거듭 큰 소리로 주장하고 있습니다. 그는 구원이 우리의 어떠한 행위에 기인한다는 사실을 부정했습니다. 만약 구원이 행위로 말미암는다면, 사도는 구원이 은혜로 말미암지 않는다고 선언할 것이며, 따라서 은혜는 더 이상 은혜가 아닙니다. 만약 구원이 은혜로 말미암는다면, 구원은 행위로 말미암지 않으며, 따라서 행위는 행위 이상이 될 수 없습니다. 바울은 주장하기를, 은혜와 행위의 두 원리는 물과 기름보다 더 섞일 수 없다고 합니다. 사람이 하나님의 은혜로 구원을 받는다면, 구원은 반드시 은혜로 말미암아야지 행위로 말미암지 않습니다. 사람이 행위로 구원을 받는다면, 구원은 완전히 행위로 말미암아야지 행위와 섞인 은혜로 말미암지 않습니다. 왜냐하면 은혜와 행위는 병행되지 않기 때문입니다. 예수님은 구원을 베푸시지만, 그는 모든 행위를 이루시든지, 아니면 아무것도 하시지 않습니다. 하나님은 창조자이시며 완성자이십니다. 행위는 그의 의무를 도둑질하지 못합니다.

죄인이여, 그대들은 하나님의 하사품으로부터 값없이 구원을 받아들이든지, 아니면 그대들 자신의 자랑치 못할 행위로 구원을 이루십시오. 마침내 이 구원은 정말 불가능하게 됩니다. 오, 여러분은 처음 사실을 받아들이십시오! 나의 형제여, 이것은 여전히 전파되어야 할 진리입니다. 루터가 처음 이것을 주창할 때, 전 유럽을 이 끝에서 저 끝까지 뒤흔든 진리가 바로 이것입니다. 위대한 개혁자가 옛 로마를 흔든 천둥 번개는 바로 이것이 아닙니까? "그리스도 예수 안에 있는 속량으로 말미암아 하나님의 은혜로 값 없이 의롭다 하심을 얻은 자 되었느니라"(롬 3:24). 그러나 하나님은 왜 구원이 믿음에 의해서 이루어지도록 하셨습니까? 성경은 우리에게 말합니다. "너희는 그 은혜에 의하여 믿음으로 말미암아 구원을 받았으니"(엡 2:8). 구원이 행위로 말미암았다면, 반드시 빚으로 말미암은 것입니다. 그러나 믿음으로 말미암았으므로, 우리는 믿음 안에 아무 공로가 있을 수 없음을 분명히 봅니다. 그러므로 구원은 은혜로 말미암습니다.

4) 영원한 목적이 제시되었으므로, 본문은 더욱 분명히 말하고 있습니다. 사도는 본문 속에서 다음과 같이 말합니다. "하나님이 우리를 구원하사 거룩하신 소명으로 부르심은 우리의 행위대로 하심이 아니요 오직 자기의 뜻과 영원 전부터 그리스도 예수 안에서 우리에게 주신 은혜대로 하심이라"(딤후 1:9). "자기 뜻대로"라는 말에 주의하십시오. 오, 낚시꾼의 낚시에 달린 미끼처럼 사람들은 이 말에 꿈틀거립니다. 그러나 그것은 피할 수 없습니다. 하나님은 "자기 뜻대로", 아

니 "자기 자신의 뜻대로" 자기 백성을 구원하셨습니다.

나의 형제 자매여, 피조물의 모든 행위와 힘은 이 말씀에 아무 소용이 되지 않는다는 것을 보지 않습니까? 여러분이 구원받았다면, 여러분의 행위나 뜻대로 된 것이 아니라 하나님의 뜻대로 된 것임을 알지 못합니까? 나는 여기에서 그만두지 않을 것입니다. 오늘 아침 설교의 목적은 선택하신 사랑의 놀라운 신비를 말하려는 것이 아니라, 잠시 동안이라도 그 진리를 드러내려고 합니다. 어떤 사람이 구원을 받았다면, 그가 구원받기를 원했기 때문이 아니라, 하나님이 그를 구원하시기를 원하셨기 때문입니다. 여러분은 성령의 증거를 결코 읽어 보시지 않았습니까? — "그런즉 원하는 자로 말미암음도 아니요 달음박질하는 자로 말미암음도 아니요 오직 긍휼히 여기시는 하나님으로 말미암음이니라"(롬 9:16). 구주께서 그의 사도들에게 말씀하십니다. 그 말씀은 궁극적으로 우리에게 말씀하시는 것입니다. "너희가 나를 택한 것이 아니요 내가 너희를 택하여 세웠나니 이는 너희로 가서 열매를 맺게 하려 함이라"(요 15:16).

자유 의지에 관한 의견은 사람마다 틀리지만, 우리 구주의 교리는 다음과 같습니다. "그러나 너희가 영생을 얻기 위하여 내게 오기를 원하지 아니하는도다"(요 5:40). 그대들은 나아오지 않을 것입니다. 여러분의 의지는 결코 여러분을 나아오게 하지 못할 것입니다. 여러분이 나아온다면, 은혜가 여러분을 이끈 것입니다. "나를 보내신 아버지께서 이끌지 아니하시면 아무도 내게 올 수 없으니"(요 6:44)."내게 오는 자는 내가 결코 내쫓지 아니하리라"(요 6:37). 이 말씀은 크고 값진 말씀이며, 다음 말씀과 일치합니다. "아버지께서 내게 주시는 자는 다 내게로 올 것이요"(요 6:37). 이 본문은 구원이 "하나님 자신의 뜻대로" 된 것임을 우리에게 말하고 있습니다.

사람들이 하나님의 뜻에 대해 화를 내는 것은 이상한 일입니다. 우리 자신도 한 가지 뜻을 가집니다. 우리는 우리 동료들이 그들의 뜻대로 하기를 원합니다. 특히 좋은 일에 더욱 그러합니다. 그러나 나의 하나님은 사람들로 하여금 매이고 구속당해, 자신이 원하는 대로 행하도록 허락하지 아니하십니다. 오, 하나님을 대항하는 자들이여, 그대들은 하나님께서 자신의 일을 말씀하시지 아니하시며, 단지 "내가 원하는 대로 할 수 없느냐?"고 여러분에게 묻고 계심을 기억하십시오. 하나님은 하늘에서 통치하시며, 이 낮은 세상의 군대도 통치하십니다. 아무도 하나님의 손을 막거나 "당신은 무엇을 하십니까?"라고 하나님께 물을 수 없습니다.

　　5) 우리가 실수하지 않도록, 본문은 덧붙여 말합니다. "오직 자기 뜻과 … 은혜대로." 그 뜻은 예견된 행위에 기초한 것이 아니라 오직 은혜에 기초한 것입니다. 처음부터 끝까지 은혜이며, 오직 은혜입니다. 정죄함을 받은 죄인이 밖에서 떨고 있을 때, 보좌에 앉으신 하나님께서 사자를 보내어 그에게 이르기를, "너는 죄인들을 즐거이 영접하며 그들을 용서해 주어라"고 하십니다. 죄인은 "물론입니다. 내가 용서를 받을 만한 일을 했다면 나는 즐거이 용서를 받을 것입니다. 만약 왕 되신 하나님 앞에 서서 내가 그의 사랑을 받을 만한 일을 했다고 주장할 수 있다면, 나는 정말 즐겁게 나아올 것입니다"라고 말합니다. 그러나 그 사자는 대답합니다. "그렇지 않노라. 네가 용서를 받는다면, 그것은 전적으로 하나님의 은혜 행위임을 너는 알아야 하느니라. 하나님은 네 안에서 아무것도 선한 것을 보시지 않았으며, 그는 네 안에 선한 것이 아무것도 없음을 아시느니라. 하나님은 너의 있는 모습 그대로 너를 즐거이 택하셨느니라. 죄 많고, 나쁘고, 사악하고, 가치 없는 너의 모습을 택하셨느니라. 하나님께서 너에게 팔지도 않을 것이고, 또 하나님이 아시는 바 네가 살 수도 없는 것을 너에게 은혜로 주셨느니라. 너는 이것을 원하지 않느냐?" 그러면 모든 사람은 당연히 말합니다. "아닙니다. 나는 이런 식으로 구원을 받을 수 없습니다." 그러나 영혼들이여, 하나님의 방법은 은혜로 말미암는 구원이므로, 그들은 결코 구원받을 수 없다는 사실을 기억하십시오.

　　만약 여러분이 구원받았다면, 여러분은 하나님의 은혜로부터 단 하나의 복도 받을 자격이 있는 자가 결코 아니었음을 고백할 것입니다. 여러분이 천국에 들어간다면, 여러분은 모든 영광을 하나님의 거룩한 이름 앞에 드릴 것입니다. 주신 은혜를 받아들이는 문제에서, 하나님께서 여러분을 원하도록 만드시지 않는다면, 여러분은 결코 이 은혜를 받아들이지 못할 것임을 명심하십시오. 하나님은 값없이 여러분 모두에게 은혜를 주시며, 그리고 여러분이 그리스도에게 나아와 영생하기를 간곡히 명령하십니다. 그러나 처음 은혜를 주는 효과적 은혜 없이는 여러분은 결코 나아오지 못합니다. 그 은혜는 여러분이 즐거이 은혜를 받아들이도록 만듭니다. 그러므로 본문은 하나님의 뜻과 은혜라고 말합니다.

6) 또한 자랑할 만한 것을 없애기 위해, 모든 것을 선물이라고 말합니다. 다음 사실에 주목하십시오. 우리는 이 문제에 관해 그릇 행하는 양이므로 우리가 목장에서 벗어나지 않도록, "오직 자기 뜻과 … 우리에게 주신 은혜"라고 본문은 덧붙입니다. "하나님께서 우리에게 파신 것도 아니며, 우리에게 공급하신 것"도 아니며, "하나님께서 우리에게 주신 것"입니다. 하나님은 모든 행위에 치명상을 가할 말씀을 하십니다. "하나님이 우리에게 주신 것." 이것은 우리에게 주신 것입니다. 선물보다 더 대가 없이 받는 것이 무엇입니까? 과연 은혜보다 더한 것이 무엇입니까?

7) 그러나 선물은 그리스도를 영화롭게 하는 매개체를 통해 주어집니다. "그리스도 예수 안에서 우리에게 주신"이라고 기록되어 있습니다. 우리는 은혜의 샘물에서 은혜를 구해야 하며, 은혜를 길어 올 물통을 만들기를 원해서는 안 됩니다. 그리스도는 거룩한 그릇이시므로, 그 속에서 하나님의 은혜가 우리의 갈한 입술에 부어집니다. 어느 곳에 자랑할 만한 것이 있습니까? 정말 자랑은 십자가 밑에 앉아, "하나님은 우리 주 예수 그리스도 안에 있는 구원을 내가 찬미하도록 허락하시네"라고 노래하게 합니다. 이것이 오직 은혜 아닙니까?

8) 더욱이 때에 대한 언급이 있습니다. "영원한 때 전부터." 이 말씀은 영원히 우리가 구원받은 것에 대해 우리의 행위를 생각지 못하도록 하는 것 같습니다. 왜냐하면 이 말씀이 "영원한 때 전부터" 하나님께서 우리에게 은혜를 주셨다는 증거이기 때문입니다. 그렇다면 여러분은 어디 있었습니까? "영원한 때 전부터" 어떤 손이 여러분을 은혜 안에 있게 했습니까? 자연의 장자인 장엄한 산이 아직 생기기도 전, 바로 태고 때를 여러분이 상상할 수 있다면, 상상의 날개를 펴 보십시오. 그때 세상과 해와 달과 별들은 모두 하나님의 크신 마음속에 준비되었습니다. 그때, 항해하지 않은 바다 공간은 천사의 날개로 어지러워지지 않았습니다. 영원의 무서운 침묵이 천사의 노래에 놀라지 않았습니다. 그때, 하나님만 홀로 거하셨습니다. 여러분이 시간 전의 세계를 생각할 수 있다면, 그것은 막막한 영원의 시간입니다. 그때 하나님께서 그리스도 예수 안에서 우리에게 은혜를 주셨습니다.
오, 영혼아, 이 사실에 대해 무엇을 해야 하였느냐? 너의 행위는 어디 있었느냐? 너 자신은 어디 있었느냐? 오, 티끌과 같고 하루살이와 같은 너는 어디 있었느냐? 여호와께서 어떻게 다스리셨는지 보라.

그는 원하는 대로 은혜를 베푸셨고, 천사나 사람이 아직 존재하지 않았으므로, 그들의 간청도 없이 영생을 제정하셨습니다. 이것이야말로 "영원한 때 전부터" 하나님께서 우리에게 주신 은혜의 전부일 것입니다.

나는 솔직히 본문의 교리를 읽었을 뿐 더 이상 아무것도 하지 않았습니다. 이것이 본문의 뜻이 아니라면, 나는 본문의 뜻을 모릅니다. 그러므로 그 뜻이 무엇인지 여러분에게 말할 수 없습니다. 그러나 나는 본문의 일반적이고 문법적 설명은 제시했다고 생각합니다. 만약 여러분이 이 교리를 싫어한다면, 내가 어떻게 도울 수 있겠습니까? 나는 그 본문을 만들지 않았습니다. 만약 내가 그 본문을 해설해야 한다면, 나는 나의 주님의 말씀에 있는 그대로 솔직히 설명해야만 합니다. 여러분께서 나의 말에 관심을 갖든 말든, 하나님이 말씀하신 것을 여러분이 받아들이기를 기도합니다.

2. 나는 이 교리의 목적을 설명하는 동안 여러분의 인내를 원합니다.

은혜 교리는 잡동사니가 모인 방에 놓여 있었습니다. 이것은 대부분의 신조 속에서 고백되었기 때문에 진리임이 알려졌습니다. 아르미니우스주의자로 자처하는 사람들은 제외하고, 영국 국교회 신조에서도 나타나며, 모든 종류의 개신교 고백서에서도 나타납니다. 그러나 이 진리가 너무도 적게 설교됩니다! 과거의 유물 속에만 남아 있습니다. 이것은 더 이상 활동적인 봉사를 기대할 수 없는 은퇴한 군사를 향해서 갖게 되는 일종의 존경의 요소로밖에 여겨지지 않습니다. 나는 이 진리가, 주님의 군대에서 늙어 퇴역한 군사가 아니라, 여전히 힘과 정력이 충분한 군사라고 믿습니다.

이 진리의 목적은 무엇입니까? 첫째, 이 진리를 받아들인 사람에게 용기를 주려는 관계 속에서 분명히 나타납니다. 바울을 디모데에게 부끄러워하지 말라고 말합니다. 그리고 바울은 다음과 같은 사실을 동기로 제시합니다. 즉, 영원한 때 전부터 그리스도 예수 안에서 하나님께서 자기에게 은혜를 주신 것을 믿는다면 어떻게 부끄러워할 수 있는가?

극히 가난한 사람이 있다고 가정합시다. 그는 말합니다. "오, 이게 무슨 문제야? 병 속에 기름이 조금밖에 없고, 통 속에 음식이 조금밖에 없지만, 나는 아직도 영원한 것을 갖고 있지. 내 이름은 토지 대장이나 귀족 명부 속에는 없지만, 그러나 하나님의 선택의 책 속에 있다오. 영원한 때 전부터 그곳에 있었다오." 이런 사람은 자기 동료의 눈에 가장 의기양양한 모습으로 보입니다. 이것은 용감하고 늙은 철기군(크롬웰의 군대) 군병을 향한 교리였습니다. 그들이 말을 타고 전쟁에 나가면서 "만군의 여호와여!"라고 소리칠 때, 왕당원들은 바람에 나는 겨처럼 그들 앞에서 도망갔습니다. 이와 같이 사람에게 용기를 주는 교리는 없으며, 또한 전제군주의 발 밑에 있는 퇴비 속의 지푸라기를 짓밟는 것보다 더 나은 어떤 것을 향하여 나아가도록 느끼게 만드는 교리도 없습니다. 냉소자들은, 하나님의 선택자들이 고귀한 특성이 전혀 빛을 발할 수 없는 신적 선택에서 고귀함을 이끌어 낸다고 말할 것입니다.

나는 값없이 주는 은혜에 대해 더 설교하려고 합니다. 왜냐하면 이것은 사람들로 하여금 확신에 차서 믿게 하는 어떤 것을 주기 때문입니다. 신앙을 고백한 많은 그리스도인들은 교리에 대해 아무것도 모릅니다. 그들의 종교는 많은 시간을 예배드리러 가는 것에 있습니다. 그러나 그들은 이런저런 진리에 대해 관심을 갖지 않습니다. 나는 이 문제에 대해 아무 편견 없이 말합니다. 그러나 나는 매우 다방면에 걸친 목회 과정 속에서 수많은 사람과 이야기를 해보았습니다. 그들은 여러 해 동안 다른 교회의 성도였습니다. 내가 교리 문제에 관해 그들에게 몇 가지 물어 보았을 때, 그들이 오류에 빠져 있는 것 같지는 않았습니다. 그들은 열심 있는 이가 그들에게 가르쳐 주는 것은 거의 믿으려고 했습니다. 그러나 그들은 어떤 것도 알지 못했고, 자신들에 대해 아무 생각도 하지 않았으며, 뚜렷한 견해를 갖고 있지 않았습니다. "웨스트민스터 신앙고백"을 배운 우리 자녀들은, 매우 화려하게 가르치지만 아무것도 가르치지 않은 목사에게 열중하는 수백 명의 성인들보다 은혜 교리와 성경 교리에 대해 더 잘 알고 있습니다.

만약 누가 천문학이나 지질학에 대해 열세 번 정도 강의를 듣는다면, 그는 과학이 무엇이며 강의를 한 사람의 이론이 무엇인지 잘 이해할 수 있음이 얼마 전 한 탁월한 비평가에 의해 밝혀졌습니다. 그러나 여러분이 목사님들에게 천 삼백 번 정도의 설교를 듣는다고 해도 여러분은 목사님들이 무엇에 대해 전파하는지, 또는 그들의 교리적 취지가 무엇인지 전혀 모를 것입니다. 그렇게 되어서는 안 됩니다. 우리 대부분이 우리가 믿는 것을 알지 못하기 때문에, 퓨지주의(Puseyism: 의식을 중시하는 영국국교회파)의 주장이 그렇게 보급되고, 모든 종류의 오류가 이처럼 발판을 갖는 것이 아닙니까? 복음의 교리가 잘 받아들여진다면, 그것은 사람들에게 그들이 알고 소유하고 귀중하게 여길 어떤 것을 줍니다. 왜냐하면 그것은, 박해의 불이 다시 타오른다면 사람들이 죽을 각오를 하게 만드는 근원이 되기 때문입니다.

더욱이, 이 교리는 사람들에게 견고하게 하는 어떤 것을 줄 뿐 아니라, 그 사람들을 견고하게 합니다. 구원은 하나님으로 말미암은 것이지 인간으로 말미암은 것이 아니며, 하나님의 은혜는 영광을 돌려야 하는 것이지 인간의 행위가 아님을 다시 한 번 마음에 새기도록 합니다. 그렇다면 그들에게서 이 신앙을 빼앗아 갈 수 없을 것입니다. 그러므로 우리는 지금까지 신앙을 버리는 사람이 있다는 것을 거의 들을 수 없습니다. 다른 교리는 마치 진흙과 구르는 돌이 뒤범벅이 된 산비탈처럼 미끄러운 땅과 같습니다. 그래서 여행자는 순간적으로 발을 발판 위에 디뎌 보기도 전에 산 아래로 미끄러져 내려갑니다. 이 발판은 마치 영원한 진리의 피라미드 위에 서 있는 견고한 발판과 같습니다. 여러분의 발을 이 발판 위에 올려놓으십시오. 그러면 교리적 기준이 서 있는 곳에서 멀리 미끄러져 내려가리라는 두려움은 전혀 없습니다. 우리가 영국 교회에서 잘 배우고 진리를 굳게 잡는다면, 우리는 영원한 때 전부터 그리스도 예수 안에 있는 하나님의 영원하신 뜻의 참된 진리를 세상에 알려야만 합니다. 오, 성령님께서 이 진리를 우리 마음에 기록하옵소서.

나의 형제여, 게다가 이 교리는 마치 눈사태처럼 사제의 책략적인 모든 주장을 부숩니다. 하나님으로 말미암아 구원을 받았다고 사람들에게 알려줍시다. 그러면 그들은 즉시 "그렇다면 사제는 무슨 소용이 있습니까?"라고 말할 것입니다. 만약 그들이 구원이 하나님의 은혜임을 안다면 "그렇다면 면죄부를 사거나 미사를 올리기 위하여 돈을 들일 필요가 없군요"라고 말할 것입니다. 그러면 사제는 곧 몰락합니다. 사랑하는 이여, 이것이 하나님께서 지옥 문을 부수기 위해 사용하신 공성망치입니다. 이것은 많은 신학자들의 아름다운 글보다 더욱 힘이 있습니다. 그들의 글은 갈대보다 힘이 없고, 연기 나는 아마(亞麻)의 빛보다 빛나지 않습니다.

박해 시대 때 사람들이 숲속에 자주 모인 것이 무슨 이유라고 생각하십니까? 자기 생명의 위협을 느끼면서, 안트워프 시 밖이나 이와 비슷한 장소에서 수천 명의 사람들이 모였던 이유가 무엇이라고 생각합니까? 그들이 이 시대의 우유에 물 탄 듯한 힘없는 신학을 들으러 다 함께 나온 것이라고 생각합니까? 아니면, 현대 반(反)칼빈주의자들의 우유에 물을 탄 미적지근한 것을 받으러 나온다고 생각합니까? 나의 형제여, 그들은 그렇지 않았습니다. 그들은 더 좋은 고기와 그들의 구미에 당기는 더 맛있는 음식을 원했습니다. 설교자의 설교를 듣기를 갈구했을 때, 사람들이 밤의 그림자 아래서, 폭풍우 날개 가운데서, 철학적 연설이나, 단순히 도덕적 교훈이나, 물에 물 탄 듯하고, 가짜 같고, 영혼이 없는 신학적 가설을 들었을 것이라고 생각하십니까? 아닙니다. 이만한 일로, 사람들은 자기 생명이 위협당하는 곳에 모여들지 않습니다.

번개가 번쩍이고 천둥이 치는 죽음의 밤에 무엇이 그들을 모이도록 했습니까? 무엇이 그들을 모이게 했습니까? 물론, 하나님의 은혜 교리요, 예수님의 교리요, 예수님의 종 바울의 교리요, 아우구스티누스, 루터, 칼빈의 교리 때문입니다. 이 교리 속에는 기독교인의 마음을 사로잡고 영혼의 사랑과 같은 음식과, 하늘나라에 태어난 그들의 구미에 맞는 맛있는 고기를 제공하는 어떤 것이 있기 때문입니다. 이 교리를 듣는 사람들은 용감하게 죽었고, 칼 따위는 문제삼지도 않았습니다.

다시 한 번 우리가 추기경의 주홍색 모자가 착용자의 머리에서 벗겨지고, 번쩍번쩍 빛나고 번드르르한 로마의 관들이 원래의 장소로 돌아가는 것을 보고 싶다면, 또 그것들과 함께 퓨지주의 신봉자의 국교회가 없어지기를 간절히 바란다면, 반드시 하나님의 은혜를 외쳐야만 합니다. 이 교리가 선언되고 여러 곳에서 주장될 때, 우리는 다시 한 번 하나님과 사람의 원수들에게 한순간도 그들의 땅에 설 수 없음을 알려 주어야 할 것입니다. 그들이 서 있는 곳에 하나님의 사람들이 주의 검과 기드온의 검을 휘드르며, 하나님의 은혜 교리를 선포할 것입니다.

형제들이여, 사람들이 이 진리를 받아들이도록 하십시오. 성령님께서 그들의 마음에 이 진리를 기록하도록 하십시오. 그러면 이 진리가 사람을 똑바로 서게 할 것입니다. 그는 "하나님이 나를 구원하셨네"라고 말하면서 하나님을 똑바로 바라보고 걸어갈 것입니다. 그는 자연과 섭리 속에 계신 하나님의 손을 바라보는 것을 잊지 않을 것입니다. 반면 그는 주님께서 모든 곳에서 일하심을 깨닫고 겸손히 주를 찬양할 것입니다. 그는 살아 계신 하나님께 돌릴 영광을 자연 법칙이나 국가의 계획에 돌리지 않을 것이며, 도리어 보이지 않는 통치자를 존경할 것입니다. "여호와께서 내게 이르신 것을 내가 행하리라." 이것이 신자의 언어입니다. "하나님의 뜻을 내가 따르며, 하나님의 말씀을 내가 믿으며, 하나님의 약속 위에 살리라." 이것이 모든 일에 하나님을 바라보도록 사람들을 가르치는 복받은 생활 습관입니다.

동시에 이 교리는 사람에게 자신을 쳐다보도록 합니다. 그는 이렇게 말합니다. "아, 나는 아무것도 아니야, 존경받을 만한 장점이 내겐 아무것도 없어. 내게 선한 것이 전혀 없어. 구원을 받아도 나 자신을 찬양할 수 없지. 나는 조금도 자신에게 존경을 표현할 수 없어. 하나님이 하신 거야, 하나님이." 아무것도 그 사람을 이처럼 겸손하게 만들지 않습니다. 아무 것도 그를 매우 기쁘게 만들지 않습니다. 아무것도 그를 은혜의 자리까지 낮출 수 없습니다. 아무것도 그를 그의 동료의 얼굴을 쳐다볼 만큼 용기 있게 만들 수 없습니다. 이 교리는 굉장한 진리입니다. 하나님께서 여러분에게 그 강력한 능력을 알도록 해주시기 바랍니다.

마지막으로, 이 귀중한 진리는 죄인에게 충만한 위로를 줍니다. 이것이 내가 진리를 사랑하는 이유입니다. 어떤 사람은 이 진리를 전파할 때 과장되게 전파하기도 하고 무서운 것으로 만들기도 했습니다. 물론 선택의 교리를 가르칠 때, 마치 죄인을 그리스도에게로 나오지 못하도록 막는 일련의 날카로운 창과, 나아오는 죄인의 가슴을 찔러 은혜를 받지 못하도록 하는 날카롭고 번쩍이는 도끼창과 같이 설교하는 이들도 있습니다.

그러나 지금은 그렇지 않습니다. 죄인이여, 여러분이 누구이든지, 여러분이 어디 있든지, 여러분의 가장 큰 만족은 구원이 은혜로 말미암는다는 사실을 아는 것입니다. 행위로 말미암았다면 여러분은 무엇이 되었을까요? 하나님이 사람들의 행위로 그들을 구원하셨다면, 여러분 같은 술주정뱅이는 어떻게 되었을까요? 여러분은 부정하고 불결합니다. 여러분의 마음은 하나님을 저주했고, 지금도 그를 사랑하지 않습니다. 여러분과 같은 사람이 구원받을 수 있을까요? 한 번 생각해 보십시오. 그러나 이 모든 것이 하나님의 은혜라면, 여러분의 지난 과거 생활이 아무리 추하고 사악하다 할지라도, 여러분이 그리스도에게로 나오는 것을 막을 수 없습니다. 그리스도는 죄인을 영접하시고, 하나님은 죄인을 선택하셨습니다. 하나님은 가장 사악한 죄인을 선택하셨습니다. 여러분은 어떻습니까?

하나님은 자기에게 나아오는 모든 사람을 영접하십니다. 그는 여러분을 내쫓지 않으실 것입니다. 하나님을 미워하고, 하나님의 얼굴을 욕되게 함으로써 하나님을 모욕하고, 하나님의 종들을 산 채로 불사르고, 하나님을 따르는 자를 박해함으로써 하나님을 박해하는 사람들도 있습니다. 그러나 그들이 "하나님이여, 죄인인 나를 불쌍히 여기소서"라고 외치자마자 하나님은 곧 그들에게 은혜를 베푸셨으며, 만약 여러분도 이것을 구한다면 하나님은 주실 것입니다. 내가 여러분에게 여러분 자신의 구원이 하나님의 은혜와 관계 없이 이루어졌다고 말했다면, 여러분은 슬픈 모습을 할 것입니다. 그러나 지금 여러분에게 전합니다. 죄로 더러워진 자여, 여러분을 위한 씻음이 있습니다! 죽은 자여! 여러분을 위한 생명이 있습니다! 벌거벗은 자여! 여러분을 위한 옷이 있습니다! 모든 것이 이루어지지 않고 망한 자여! 여기 여러분을 위한 완성된 구원이 있습니다. 오, 여러분! 은혜를 받아서 늘 간직하십시오. 그러면 여러분과 나는 함께 하나님의 은혜의 영광을 찬양하게 될 것입니다.

제
3
장

—

그리스도께서 능히 지키실 줄을 확신함

—

"내가 믿는 자를 내가 알고 또한 내가 의탁한 것을
그 날까지 그가 능히 지키실 줄을 확신함이라" — 딤후 1:12

우리는 본문 속에서 오늘날의 의심의 시대에 우리의 마음을 든든하게 만들어 주는 명쾌한 확신을 발견할 수 있습니다. 오늘날 무엇인가를 믿는 사람들을 만나는 것은 드문 일이 되었습니다. 오늘날 일반적으로 받아들여지는 것에 대해서조차 일단 의심해 보는 것은 지혜롭고, 옳으며, 시류에 부합하는 일로 여겨집니다. 또 어떤 교리를 신봉하는 사람들은 자유주의 학파에 속한 사람들에 의해 구시대적 교리주의자, 편협한 마음을 가진 자, 지적으로 결함이 있는 자, 시대에 뒤떨어진 자로 치부됩니다. 이 시대의 위대한 사상가들과 지성인들은 계시에 대해 의심의 눈길을 던지며, 모든 종류의 확실한 것들을 비웃는 것을 지혜로운 일로 여깁니다. 그들이 가장 애호하는 단어들은 "만일" "그러나" "아마도" "우연히" 따위의 단어들입니다. 자신의 지성을 하나님의 말씀에 순복시키기를 거부하는 자들에게 있어 모든 것이 불확실해지는 것은 조금도 놀랄 일이 아닙니다.

본문 가운데 바울 사도가 "내가 믿는 자를 내가 알고"라고 말하는 것을 주목해 보십시오. 얼마나 놀라운 확신입니까? 그는 "내가 믿는 자를 내가 안다고 생각하고"라고 말하지 않습니다. 그는 의심을 추호도 용납할 수 없는 사람처럼 말합니다. 그는 자신이 믿은 것에 대해 추호도 의심하지 않습니다. "내가 믿은 자를 내가 알고." 그렇게 믿은 것에 대해 그가 옳았는지 여부는 어떤 의문의 여지도 없습니다. "또한 내가 의탁한 것을 그 날까지 그가 능히 지키실 줄을 확신함이라." 여기에 미래에 대한 어떤 의심도 없습니다. 그는 지금의 순간에 대해 확신하는 것처럼, 미래에 대해서도 똑같이 확신합니다. 바울은 "내가 의탁한 것을 그 날까지 그가 능히 지키실 수 있을 것이라"라고 말하지 않습니다. 그것은 얼마나 미약한 확신입니까? 그것은 단지 그렇게 생각한다는 것 외에 아무것도 아닙니다. 그러나 바울의 확신은 단지 "그렇게 생각하는" 것에 기초하는 것이 아니라 "앎"(knowledge)에 기초합니다. 그는 "내가 믿는 자를 내가 알고"라고 말합니다. 거기에는 그가 분명하게 확신하는 그리고 사실로서 아는 확실한 것들이 있습니다. 그의 확신은 이러한 확실한 사실들 위에 기초합니다. 더욱이 그의 확신은 단순히 "나는 그렇게 생각한다"는 식의 기초 위에 세워지지 않습니다. 그는 어떤 문제를 철저히 따져보고 분명히 알게 된 것처럼 분명하게 확신하고 있습니다.

확실하게 따져보고 알게 된 것의 결과인 곳에서, 그것은 최고로 확실한 것이 됩니다. 바울의 경우처럼 말입니다. 그리고 최고로 확실한 것이 될 때, 그것은 강력한 영향력을 갖게 됩니다. 여기의 경우, 바울의 그러한 확신은 분명 디모데의 마음에 큰 영향을 끼쳤습니다. 그리고 지난 열아홉 세기 동안 이 서신을 읽은 수많은 사람들에게도 똑같이 영향을 끼쳐 왔습니다. 또 바울의 그러한 확신은 마음이 미약하고 흔들리는 사람들을 굳게 세워주었습니다. 본문에 나타난 바울의 위대한 확신을 다시 한 번 읽어 보십시오. 오늘 아침 마치 나팔소리처럼 울리지 않습니까? "내가 믿는 자를 내가 알고 또한 내가 의탁한 것을 그 날까지 그가 능히 지키실 줄을 확신함이라." 이러한 확신의 말은 이런저런 어려움과 걱정 가운데 있는 우리들에게 얼마나 큰 위로가 됩니까? 이 시간 성령께서 우리를 도우셔서 우리가 바울의 믿음에 대해 감탄만 할 것이 아니라, 그의 믿음을 본받고 나아가 그와 동일한 확신을 갖게 되기를 기원합니다.

어떤 사람들은 스스로 확신하지 못하기 때문에 확신적으로 말합니다. 우리는 종종 허풍과 큰소리가 내적 유약함을 감추기 위한 외적 표현이라는 것을 발견하곤 합니다. 소년이 공동묘지를 지나가면서 스스로 용기를 북돋우기 위해 큰소리로 떠들며 휘파람을 부는 것처럼, 어떤 사람들은 스스로 확신하지 못하기 때문에 더욱 확신적으로 말하며 자신들의 유약한 믿음을 감추기 위해 더욱 과장

된 믿음의 퍼레이드를 펼칩니다. 그러나 바울의 경우에는, 그의 말 한 음절 한 음절 속에 가장 강력하며 실제적인 확신이 담겨 있습니다. 바울은 그리스도를 위해 갇힌 자로서 지금 감옥에 앉아 있었습니다. 그는 동족에 의해 미움을 받으며, 학식이 많은 자들에 의해 경멸을 당하며, 오만한 자들에 의해 조롱을 당하고 있었습니다. 그럼에도 불구하고 그는 온 세상에 대해 어떤 움츠림도 알지 못하는 거룩한 담대함으로 맞서고 있습니다. 그것은 그의 영혼의 깊은 곳으로부터 발원한 담대함이었습니다. 본문의 단어 하나하나를 깊이 묵상하며 읽어 보십시오. 그것은 뜨거운 열정과 용맹한 정신으로부터 흘러나온 참으로 진실한 말입니다. 우리 역시도 그와 똑같은 확신을 향유하기를 기원합니다. 그럴 때, 우리는 그러한 확신을 선언하기를 조금도 주저할 필요가 없습니다. 왜냐하면 우리의 증언은 하나님을 영화롭게 하며, 다른 사람들에게 위로를 가져다줄 것이기 때문입니다.

　　오늘 아침 우리는 성령의 도우심 가운데 첫째로, 여기에서 바울이 그리스도께 의탁한 것과 관련한 몇 가지 문제를 살펴보고, 둘째로, 모든 의심을 초월하는 사실 즉 그리스도께서 능히 지키실 것이라는 사실을 살펴보고, 셋째로, 그러한 사실에 대한 바울의 확신을 살펴보고, 넷째로, 그러한 확신의 영향력을 살펴보고자 합니다.

1. 첫째로, 여기에서 바울이 그리스도께 의탁한 것과 관련한 몇 가지 문제를 생각해 보도록 합시다.

　　1) 먼저 바울은 자신의 모든 관심사를 그리스도 안에서 하나님의 손에 의탁했습니다. 어떤 이들은 바울이 여기에서 의탁했다고 말하는 것이 그의 사역이었다고 말합니다. 그러나 그것이 잘못이라고 결론을 내릴 만한 많은 이유들이 있습니다. 한편 칼빈을 비롯한 많은 위대한 주석가들은 바울이 하나님의 손에 맡긴 유일한 보화가 그의 영원한 구원이었다고 생각합니다. 물론 그것이 그가 주님께 의탁한 가장 위대한 것이었다는 점은 의심의 여지가 없습니다. 그러나 우리는 전후 문맥이 그 의미를 한정하지 않는 한 그가 의탁한 것이 어떤 특정한 것으로 제한될 수 없다고 생각합니다. 나는 바울의 일시적인 관심사와 영원한 모든 관심사 모두가 믿음의 행동에 의해 그리스도 안에서 하나님의 손에 의탁되었다고 생각합니다.

바울은 자신의 **몸**을 주님의 은혜로우신 지키심에 의탁했습니다. 그의 육신의 장막은 많은 고난을 겪었습니다. 추위와 배고픔과 위험과 파선(破船)과 벌거벗음과 옥에 갇히는 것과 채찍에 맞는 것과 돌에 맞는 것이 항상 그를 따라다녔습니다. 그는 머지않아 자신의 몸이 잔인무도한 네로의 포획물이 될 것을 내다보고 있었습니다. 그에게 어떤 일이 일어날지 아무도 알 수 없었습니다. 그가 산 채로 불에 태워져 네로의 정원을 밝히는 빛이 될지, 사나운 짐승들에게 갈기갈기 찢겨질지, 로마 병사의 휘두르는 칼에 목 베임을 당하게 될지 아무도 알 수 없었습니다. 그러나 어떤 형태로 죽임을 당하게 되더라도, 그는 스스로를 하나님께 희생제물로 드리는 것으로 여겼습니다. 그리하여 그는 부활이요 생명이신 자의 지키심에 자신의 몸을 의탁하면서 주의 나타나시는 날에 다시 살아날 것을 확신했습니다. 따라서 그는 자신의 몸은 불에 태워지든 목 베임을 당하든 아무런 손실도 입지 않을 것임을 확신했습니다. 그는 영광스러운 부활을 바라보면서, 모든 것을 그리스도의 능력에 맡겼습니다.

또 그는 자신의 **인격과 평판**을 그리스도께 의탁했습니다. 기독교 사역자는 사람들 사이에서 좋은 평판을 잃을 것을 예상해야 합니다. 그는 기꺼이 그리스도를 위해 모든 수욕을 각오해야 합니다. 그러나 그는 결코 진정한 존귀를 잃지 않을 것을 확신할 수 있습니다. 왜냐하면 감추어졌던 모든 것이 완전하게 드러날 날이 올 것이며, 그날에 무엇이 참으로 옳은 것이었는지 분명하게 나타날 것이기 때문입니다. 사람의 부활뿐만 아니라 인격의 부활도 있을 것입니다. 그리스도를 위해 수욕을 당하고 좋은 평판을 잃은 사람들이 의인이 아버지의 나라에서 해처럼 비칠 때 영광스럽게 나타날 것입니다. 악인들이 자신에 대해 무엇이라고 말하든, 바울 사도는 자신은 자신의 모든 인격을 산 자와 죽은 자를 심판하실 자에게 의탁하노라고 말합니다.

뿐만 아니라 바울은 인생의 모든 일을 하나님의 손에 의탁합니다. 사람들은 바울이 큰 실수를 했다고 비방했습니다. 세속적인 사람들의 눈에 그는 거의 미친 것처럼 보였습니다. 만일 랍비가 되었다면, 그의 앞에 얼마나 훌륭한 명성이 기다리고 있었겠습니까? 또 그는 바리새인으로서 유대인들 가운데 존경받는 명망가로 살 수 있었습니다. 또 만일 헬라 철학을 따르기를 선택했다면, 그는 위대한 지성을 가진 자로서 소크라테스나 플라톤과 어깨를 나란히 할 수 있었을 것입니다. 그러나 그렇게 하는 대신, 그는 사람들로부터 멸시를 당하는 무리와 함게 하기를 선택했습니다. 그는 그의 삶의 모든 상급과 열매를 전적으로 그의 주님께 맡겼습니다. 왜냐하면 그분이 마침내 그의 선택을 정당화해 주실 것이며, 결국 모든 세상이 그가 결코 그릇된 열심을 품은 것이 아니었다는 사실을 알게 될 것이었기 때문입니다.

또 바울은 자신의 영혼을 그리스도 안에서 하나님의 손에 의탁했습니다. 주변의 모든 유혹들로부터 지켜주시기를 위해서 말입니다. 그의 내부의 부패성과 외부의 위험이 아무리 크다 할지라도, 그는 하나님의 손 안에서 안위(安慰)를 느꼈습니다. 그는 자신의 모든 정신적인 능력과 재능과 열정과 본능과 욕망과 야망을 하나님의 손에 맡겼습니다. 그는 자신의 모든 본성을 그리스도의 손에 맡겼습니다. 인생 전체를 통해 거룩 가운데 지켜주시기를 위해서 말입니다. 그리고 그의 인생행로는 그의 믿음이 정당했음을 잘 보여주었습니다.

또 그는 자신의 영혼이 죽음의 순간에 지켜지도록 의탁했습니다. 그는 자신의 영혼이 죽음이라는 미지의 영역을 통과하여 하나님의 보좌에 이르기까지 강화되고, 지탱되며, 위로되고, 인도되기를 바랐습니다. 그는 자신의 영을 그리스도께 의탁했습니다. 자신의 영이 마지막 날 "점이나 흠이나 주름 잡힌 것이 없이" 온전히 드려질 수 있도록 말입니다. 실제로 그는 자신의 모든 것과 자신이 가진 모든 것과 자신과 관련된 모든 것을 그리스도 안에서 하나님의 지키심에 완전히 의탁했습니다. 왜냐하면 하나님께서 신실하고 확실하며 안전하게 지키실 것을 확신했기 때문입니다.

2) 또 우리는 여기에서 지키는 자로서의 역할을 수행하는 주님의 능력을 발견합니다. 바울은 그리스도께서 자신이 의탁한 것을 지키는 자로서의 역할을 기꺼이 받아들이셨음을 추호도 의심하지 않았습니다. 그리스도께서 그 일을 신실하게 맡아주실 것이라는 사실은 의심의 여지가 없는 일이었습니다. 바울은 심지어 "나는 예수께서 신실하실 것을 확신한다"라고조차 말하지 않습니다. 그는 그러한 단언이 불필요하다고 느꼈습니다. 그리스도께서 자신에게 맡겨진 영혼을 기꺼이 지키실 것이라는 것은 의심의 여지가 없었습니다. 그러한 표현은 그에게 있어 불필요한 것일 따름이었습니다. 그러나 많은 사람들은 한때 십자가에 달린 구속자가 자기에게 맡겨진 것을 능히 지킬 수 있는 능력이 있는가 여부에 대해 확신하지 못합니다. 반면 바울은 그가 그렇게 하실 수 있음을 알며 또 확신한다

고 분명하게 단언합니다. 사랑하는 형제들이여, 이것이 스스로를 지키는 바울의 능력에 대한 문제가 아니라는 사실을 기억하십시오. 그가 지금 제기하고 있는 것은 이런 문제가 아닙니다. 여러분 가운데 많은 사람들은 자신이 유혹을 견딜 수 있는지 여부에 대해 고민을 합니다. 그러나 여러분은 이런 주제로 토론을 벌일 필요가 없습니다. 그리스도 없이 여러분은 끝까지 견딜 수 없습니다. 그러므로 그러한 주제에 대해 단호히 부정적인 결론을 내리고, 다시는 그런 주제를 꺼내지 마십시오. 본문의 주제는 심판 날 그가 자신의 의에 대해 공로가 있는 것으로 발견될 것인가 여부가 아니었습니다. 왜냐하면 바울은 이미 오래 전에 자신의 의를 내던져 버렸기 때문입니다. 그는 그러한 주제를 제기하지 않습니다. 근본적인 물음은 "예수 그리스도께서 나를 지키실 수 있는가?"라는 것입니다. 여러분도 이렇게 물으십시오. 그러면 여러분의 의문과 두려움은 곧 끝나게 될 것입니다. 여러분 자신의 능력이나 공로에 대하여는, 그 앞머리에 곧바로 "절망"이라고 쓰십시오. 피조물은 완전히 죽고 썩은 것으로 간주하십시오. 그리고 그 힘이 결코 쇠하지 않는 팔에 기대십시오. 그리고 여러분의 모든 것을 우주의 기둥들을 지탱하는 전능자에게 던지십시오. 바로 이것이 요점입니다. 그를 붙잡으십시오. 그러면 여러분은 기쁨을 잃지 않을 것입니다. 여러분은 스스로를 그리스도께 의탁했습니다. 이제 중요한 문제는 "여러분이 무엇을 할 수 있느냐?"가 아니라 "예수 그리스도가 무엇을 할 수 있느냐?"입니다. 그리고 여러분이 그에게 의탁한 것을 그가 능히 지키실 수 있다는 사실을 확신하십시오.

3) 바울은 우리의 생각을 어느 특정한 시점으로 끌고 갑니다. 예수 그리스도는 자신에게 맡겨진 영혼을 바울이 "그 날"이라고 부르는 날까지 지키실 것입니다. "내가 의탁한 것을 그 날까지 그가 능히 지키실 줄을 확신함이라." 나는 바울이 "그 날"이라는 표현을 사용한 것은 그것이 그리스도인들에 의해 가장 열렬하게 대망(待望)되었던 날이었기 때문이라고 생각합니다. 당시 그리스도인들에게 있어 그의 오심과 그 결과에 대한 이야기는 가장 통상적인 대화주제였습니다. 그래서 바울은 "그 도래"(the advent)라고 말하지 않고 "그 날"(that day)이라고 말합니다. 신자들에게 있어 그 날은 다른 날보다 훨씬 더 익숙하며 친숙합니다. 그 날은 영혼들이 하나님 앞에 나타나는 사망의 날입니다. 그 날은 책들이 열리고 거기에 기록된 것들이 읽혀지는 심판의 날입니다. 그 날은 모든 것을 종결하는

날이며, 운명을 인치는 날이며, 우리 모두의 영원한 운명이 나타나는 날입니다. 다른 모든 날들은 그 날을 위해 만들어졌습니다. 예수 그리스도는 그 날 우리를 지키실 것입니다. 다시 말해서, 그는 그 날 우리를 하나님 오른편에 세우실 것이며, 다른 사람들의 발이 무저갱 속으로 가라앉을 때 우리의 발을 반석 위에 세우실 것이며, 다른 사람들이 저주 가운데 떨어질 때 우리에게는 면류관을 씌우실 것이며, 죄인들이 지옥 속으로 떨어질 때 우리를 낙원으로 인도하실 것입니다.

핵심적인 물음은 "영혼의 큰 목자는 자기 양들을 지킬 수 있는가?"라는 것입니다. 형제들이여, 설령 여러분이 이러한 물음을 한 번도 제기해보지 않았다 하더라도, 나는 놀라지 않습니다. 그러나 여러분의 마음과 육체가 쇠약해지고 질병으로 죽음의 문턱에 다다를 때, 그러한 물음이 여러분 앞에 다가오게 될 것입니다. 그리스도에 대한 나의 믿음은 확실한 것인가? 나의 영혼이 벌거벗은 채 흔들리는 이 마지막 순간에 그는 나를 도우실 수 있는가? 지금 이 순간 그는 나를 도우실 수 있는가? 나팔소리가 죽은 자를 깨우는 더 두려운 시간에, 내가 정말로 나의 죄를 짊어지신 자가 내 앞에 서 계시는 것을 보게 될 것인가? 나 자신의 공로가 없음에도 불구하고 정말로 그의 공로로 충분한가? 그의 피가 정말로 나의 수만 가지 죄를 씻을 것인가? 이것보다 더 중요한 물음이 무엇이겠습니까?

**2. 둘째로, 모든 의심을 초월하는 사실,
즉 그리스도 안에서 하나님이 자기에게 의탁된 것을
능히 지키실 수 있다는 사실을 주목하십시오.**

바울이 확신하고 있는 것은 예수 그리스도가 능히 지키실 수 있는 자라는 것입니다. 첫 번째로, 바울은 그리스도가 영혼을 죄와 저주 가운데 떨어지는 것으로부터 지키실 수 있다고 확신합니다. 나는 이것이 참된 신자들을 번민케 해왔던 가장 큰 두려움들 가운데 하나라고 생각합니다. 여러분은 그리스도로부터 이탈되느니 차라리 죽는 것이 더 낫다고 기도한 적이 없습니까? 나는 그렇게 기도한 적이 있습니다. 그때 내 영혼은 쓰라린 마음으로 다음과 같은 노래를 불렀습니다.

"오 주여, 나의 마음을 받으소서.
　주께서 나를 굳게 붙잡지 아니하시면,
　나는 미끄러져 내려가는 자가 될 것이며,

마침내 주로부터 떨어질 것이나이다.”

이런 문제로 번민하는 그리스도인들이여, 여러분의 주님이 여러분을 모든 형태의 유혹으로부터 지키실 수 있다는 사실을 기억하십시오. 여러분은 말합니다. “바울 사도조차도 내가 겪고 있는 고난은 겪지 않았습니다.” 그러나 나는 그렇게 생각하지 않습니다. 바울 사도는 당신이 겪은 고난을 겪었습니다. 그렇지만 설령 바울 사도는 그런 고난을 겪지 않았다 하더라도, 우리 주님은 그것을 겪으셨습니다. 따라서 우리 주님은 여러분을 그러한 고난으로부터 지키실 수 있습니다. 어떤 사람은 말합니다. “나는 우리 집에서 유일하게 은혜로 부름받은 사람입니다. 나의 아버지의 집에서 그리스도인은 나 외에 아무도 없습니다.” 바울이 정확하게 그런 상태에 있었습니다. 그는 히브리인 중의 히브리인이었지만, 그러나 십자가에 달린 자를 따른다는 명목으로 동족들로부터 극도의 미움을 받았습니다. 그러나 그는 하나님이 자신을 지키실 수 있다고 확신했습니다.

그러므로 여러분도 그렇게 할 수 있습니다. 비록 부모가 버리고 형제들이 비웃는다 할지라도, 여러분이 의뢰하는 자는 믿음 안에서 여러분을 굳게 지키실 것입니다. 또 어떤 사람은 말합니다. “그렇지만 당신은 믿음과 상반되는 교육을 받은 사람들이 겪어야만 하는 갈등과 번민을 알지 못합니다. 은혜 안에서 자라려고 할 때마다, 어렸을 때부터 배웠던 모든 것이 훼방하며 방해합니다.” 바울 역시도 그러지 않았습니까? 율법으로 하면 그는 바리새인이었습니다. 그는 가장 엄격한 종파에서 교육받았으며, 예수 그리스도를 믿는 믿음과 상반되는 전통 안에서 자랐습니다. 그럼에도 불구하고 주님은 그를 끝까지 신실하게 지키셨습니다. 그가 가졌던 예전의 지식들 가운데 어떤 것도 그리스도의 복음을 가릴 수 없었습니다. 여러분이 과거에 어떤 교육을 받고 또 어떤 편견을 가지고 있다 할지라도, 하나님은 그것으로부터 여러분을 지키실 수 있습니다. 또 어떤 사람은 말합니다. “그렇지만 나는 회의주의(懷疑主義)에 매여 있는 걸요. 무슨 말을 듣든 나는 항상 의심이 떠오른답니다.” 여러분은 바울이 이런 종류의 문제에 대해 전혀 알지 못했을 것이라고 생각합니까? 그는 헬라의 회의주의 철학에 대해 문외한이 아니었습니다. 그 역시도 생각할 줄 아는 사람이라면 누구나 겪을 만한 유혹들을 틀림없이 경험했을 것입니다. 그럼에도 불구하고 그는 이렇게 말했습니다. “내가 믿는 자를 내가 알고 또한 내가 의탁한 것을 그 날까지 그가 능히 지키실 줄을 확신함이라.” 나의 말을 믿으십시오. 주 예수 그리스도는 바울과 똑같이 여러분도 지키실 수 있습니다. 또 다른 사람은 말합니다. “그렇지만 나에게는 세상의 유혹이 너무나 많습니다. 만일 그리스도인이 아니었다면, 나는 모든 일이 훨씬 더 잘 되었을 것입니다. 나에게는 많은 기회의 문이 열려 있습니다. 양심의 소리만 잠시 접어둔다면, 나는 많은 이득과 부를 얻을 수 있을 것입니다.” 바울 역시도 당신과 똑같은 경우였다는 사실을 잊지 마십시오. 그의 조건을 생각해 보십시오. 그는 매우 유리한 혈통을 가지고 있었습니다. 또 그의 지적 능력과 뜨거운 열정을 감안할 때, 그는 충분히 좋은 자리를 얻을 수 있었습니다. 그러나 그 모든 것들을 그는 그리스도를 위해 배설물로 여겼습니다. 또 어떤 사람은 말합니다. “나는 매우 가난하며, 가난은 정말로 심각한 고난이랍니다.” 그러나 형제여, 여러분은 바울만큼 가난하지 않습니다. 나는 그가 가진 것이 장막을 만드는 바늘 몇 개와 낡은 옷과 몇 개의 양피지가 전부였을 것이라고 생각합니다. 그에게는 가정조차도 없었으며, 그의 이름으로 발 디딜 만큼의 땅조차 가지고 있지 않았습니다.

그러나 그러한 가난과 궁핍조차도 그를 굴복시킬 수 없었습니다. 그런 가운데서조차 그리스도는 그를 지키실 수 있으셨습니다. 그러면 여러분은 이렇게 말할 것입니다. “그렇지만 바울에게는 내가 가지고 있는 것과 같은 강한 욕망과 부패한 마음이 없었지 않습니까?” 분명히 말하거니와 당신은 틀렸습니다. 왜냐하면 그에게도 그러한 것들이 있었기 때문입니다. 그는 이렇게 한탄하며 부르짖었습니다. “그러므로 내가 한 법을 깨달았노니 곧 선을 행하기 원하는 나에게 악이 함께 있는 것이로다 내 속사람으로는 하나님의 법을 즐거워하되 내 지체 속에서 한 다른 법이 내 마음의 법과 싸워 내 지체 속에 있는 죄의 법으로 나를 사로잡는 것을 보는도다 오호라 나는 곤고한 사람이로다 이 사망의 몸에서 누가 나를 건져내랴“(롬 7:21-24). 여러분이 유혹을 받는 것처럼, 그도 똑같이 유혹을 받았습니다. 그럼에도 불구하고 그는 그리스도께서 자신을 지키실 수 있음을 알고 또 확신했습니다. 연약한 그리스도인들이여, 여러분의 구주가 여러분을 능히 지키실 수 있다는 사실을 추호도 의심하지 마십시오.

그러나 바울은 단지 이처럼 그리스도께서 자신을 죄로부터 지켜줄 것을 믿기만 한 것이 아니었습니다. 그는 같은 팔이 자신을 **절망으로부터** 보존해 주시기를 의뢰했습니다. 그는 항상 세상과 싸우고 있었습니다. 그에게 도울 자가 아무도 없었던 때도 있었습니다. 종종 어떤 형제들은 그를 외면했으며, 또 어떤 형제들은 두려움으로 움츠렸습니다. 그는 세상에 마치 이리들에 둘러싸인 양처럼 고립되기도 했습니다. 그러나 바울은 미약한 마음을 가진 사람이 아니었습니다. 물론 그에게도 두려움은 있었습니다. 왜냐하면 그 역시도 죽을 수밖에 없는 사람이었기 때문입니다. 그러나 그는 이리들에 대해 굳게 일어섰습니다. 왜냐하면 하나님이 그를 붙잡으시고 지켜주셨기 때문입니다. 그는 항상 누군가와 맞서야 했습니다. 사나운 짐승 같은 네로가 그 앞에 맞설 수 있습니다. 그러나 바울은 결코 물러서지 않습니다. 유대인들이 그를 둘러싸고, 그를 성 밖으로 끌어낼 수 있습니다. 그러나 그의 마음은 조금도 요동하거나 동요하지 않습니다. 그는 채찍질을 당한 후 화형에 처해질 수 있습니다. 그러나 그의 마음은 신음하지 않고 도리어 노래합니다. 그는 항상 용맹합니다. 누구도 그를 정복할 수 없습니다. 그리고 그는 항상 승리를 확신합니다. 그는 하나님이 자신을 능히 지키실 수 있음을 믿었습니다. 그리고 항상 그렇게 지켜졌습니다. 사랑하는 형제 자매들이여, 비록 여러분의 인생이 너무도 가혹하며 때로 절망 가운데 포기할 수밖에 없을 것처럼 생각된다 할지라도, 결코 거룩한 싸움을 포기하지 마십시오. 오늘 이 순간까지 여러분을 지켜주신 그가 앞으로도 계속해서 지켜주실 것이며, 여러분을 넉넉히 이기는 자가 되게 해주실 것입니다. 왜냐하면 그는 여러분을 미약함과 절망으로부터 능히 지키실 수 있기 때문입니다.

바울 사도는 또한 그리스도가 자신을 사망의 권세로부터 지켜주실 수 있음을 확신했습니다. 사랑하는 자들이여, 이것은 죽을 수밖에 없는 우리에게 얼마나 큰 위로입니까? 바울에게 죽음은 매우 현재적인 것이었습니다. 그는 "나는 매일 죽노라"라고 말했습니다. 그렇지만 그는 죽음이 자신에게 손해가 아니라 유익이라고 확신했습니다. 왜냐하면 그에게 있어 죽음은 단지 천사가 자신을 영원한 생명으로 데려가는 것에 불과했기 때문입니다. 여러분도 바울처럼 이것을 확신하십시오. 왜냐하면 부활이요 생명이신 주님이 여러분을 결코 버리지 않을 것이기 때문입니다. 나의 형제 자매들이여, 사망의 두려움의 멍에 아래 떨어지지 마십시오. 왜냐하면 살아 계신 구주께서 여러분을 지키실 수 있으며 또 지키실 것이기 때문입니다. 간절히 당부하노니 고통과 괴로움과 이 땅의 싸움을 지나치게 크게 보지 마십시오. 그것을 보는 대신 여러분 앞서 죽음의 괴로움을 견딘 여러분의 구주를 보십시오. 그는 여러분의 고통을 체휼하셨으므로 여러분을 참으로 도우실 수 있습니다. 사망을 그에게 던져 버리십시오. 그리고 더 이상 죽음을 두려워하지 마십시오. 밤이 올 때, 여러분의 침대로 가는 것을 두려워하지 않는 것처럼 말입니다.

　　바울은 또한 그리스도가 다음 세상에서 능히 자신의 영혼을 보존하실 수 있음을 확신했습니다. 다음 세상에 대해 성경은 세세하게 묘사하지 않습니다. 그와 관련한 세세한 부분들에 대해, 우리는 상상할 수는 있지만 그러나 증명할 수는 없습니다. 영(靈)은 그것을 주신 하나님께로 돌아갑니다 — 우리는 이것을 압니다. 죽음 직후 의인의 영혼은 그리스도와 함께 낙원에 있습니다 — 이 역시 분명합니다. 그러나 세세한 것들에 대해서 알든 모르든, 우리는 영혼이 그리스도와 함께 안전함을 확신합니다. 이 세상으로부터 하나님의 처소에 이르는 여행길에 악한 영들로부터의 어떤 위험이 우리를 기다리고 있든지 간에 그리고 마지막 순간에 어떤 싸움이 기다리고 있든지 간에, 예수 그리스도는 우리가 의탁한 것을 능히 지키실 수 있습니다. 만일 내가 스스로를 지켜야만 한다면, 나는 알 수 없는 영역으로부터의 두려움으로 떨 수밖에 없습니다. 그러나 사망과 지옥의 주인이시며 천국열쇠를 가지고 계신 자는 망망대해를 지나가는 우리의 모든 인생길에서 우리 영혼을 확실하게 지킬 수 있습니다. 그러므로 의인들에게는 사망의 음침한 골짜기에서조차 두려울 것이 없습니다. 왜냐하면 우리 주님의 주권은 바로 그곳까지 미치며, 우리는 그의 주권 안에서 안전하기 때문입니다.

　　마지막으로, 바울은 그리스도가 **자신의 몸**을 능히 보존하실 수 있음을 확신했습니다. 바울이 자신의 모든 것을 그리스도 안에서 하나님께 의탁했다는 앞의 논지를 되돌아보십시오. 우리는 이 땅의 몸을 대수롭지 않게 여겨서는 안 됩니다. 그것은 우리가 장차 영원히 거할 새로운 몸의 싹(germ)입니다. 지금의 썩을 몸은 장차 썩지 않는 영원한 몸으로 다시 일어날 것이지만, 그러나 양자는 동일한 몸입니다. 그것은 약한 것으로부터 강한 것으로 그리고 욕된 것으로부터 영광스러운 것으로 변할 것이지만, 그러나 그 동질성을 잃지 않습니다. 부활의 경이(驚異)는 온전히 이루어질 것입니다. 지금의 몸을 생각해 보십시오. 그것은 무덤 속에서 썩어 흙이 되고, 식물에 의해 흡수되며, 짐승들에 의해 먹힘을 당하며, 수많은 변화를 겪게 될 것입니다. 그런 몸이 다시 일어날 것이라는 것은 정말로 불가능한 일처럼 보일 수 있습니다. 그러나 정말로 불가능한 일처럼 보이는 바로 그 일을 예수 그리스도는 이루실 것입니다. 처음에 하나님은 아무것도 없는 것으로부터 모든 것을 창조하셨습니다. 첫 번째 창조와 비교할 때, 두 번째 재구성은 훨씬 더 쉬운 일입니다. 하나님의 창조세계를 바라보십시오. 그러면 여러분은 하나님에게 불가능한 것은 아무것도 없다는 사실을 알게 될 것입니다. 말씀을 생각해 보십시오. 그가 없이는 아무것도 된 것이 없는 바로 그 말씀 말입니다(요 1:3). 그럴 때, 여러분은 그에게 더 이상 어려운 일은 아무것도 없다는 사실을 알게 될 것입니다. 사람에게, 그 일은 불가능한 일입니다. 그러나 하나님에게, 모든 것은 가능합니다. 형제들이여, 여러분의 전인(全人) 곧 여러분의 영과 혼과 몸 전체를 그리스도의 손에 놓으십시오. 그러면 그는 그 모든 것을 그의 형상이 여러분에게 온전히 회복되는 그날까지 능히 지키실 것입니다.

3. 셋째로, 바울이 그러한 사실을 어떻게 확신하게 되었는지 주목하십시오.

어떤 사람들은 이렇게 말합니다. "나는 바울처럼 말할 수 없습니다. 어떻게 '나는 안다' 혹은 '나는 확신한다'와 같이 말할 수 있겠습니까? 내가 말할 수 있는 것은 단지 '나는 희망한다' '나는 믿는다' '나는 생각한다'일 뿐입니다." 사랑하는 형제들이여, 여러분의 이러한 편견을 바로잡아 주기 위해 우리는 바울이 어떻게 그러한 확신을 얻게 되었는지 살펴볼 필요가 있습니다.

바울로 하여금 그러한 확신을 가질 수 있도록 도왔던 것은 본문에도 나와 있는 것처럼 어떤 것을 생각함에 있어 믿음을 가장 중요한 요점으로 삼는 그의 습관이었습니다. 우리는 본문의 짤막한 구절 속에서 믿음이 두 번 언급되는 것을 발견할 수 있습니다. "내가 믿는 자를 내가 알고 또한 내가 의탁한 것을 그 날까지 그가 능히 지키실 줄을 확신함이라." 바울은 믿음이 무엇인지를 알고 있었습니다. 즉 그것이 자신의 소중한 것들을 그리스도께 맡기는 것이라는 사실을 말입니다. 그는 "내가 그리스도를 위해 봉사했으므로 혹은 그리스도처럼 성장했으므로 … 그가 능히 지키실 줄을 확신함이라"라고 말하지 않았습니다. 결코 그렇게 말하지 않았습니다. 그는 자신의 사고체계에서 자신이 믿고 그럼으로써 스스로를 그리스도께 맡긴 사실을 가장 중요한 요점으로 삼았습니다.

자기 마음속에서 그리스도의 형상이 자란 증거와 흔적을 찾는 대신 이런저런 의심에 매여 있는 자들이여, 그러한 의심 대신 먼저 훨씬 더 중요한 것, 즉 "내가 그를 믿는가?"라는 질문을 스스로에게 던져 보십시오. 의심 가운데 빠져 있는 자들이여, 바로 이 지점부터 시작하십시오. 여러분은 스스로를 그리스도께 의탁했습니까? 만일 그렇게 했다면, 설령 그것이 매우 작고 잠시 흐릿하다 할지라도 여러분은 영생을 가지고 있으며 구원을 받은 것입니다. 그리고 그 증거들은 시간이 지남과 함께 점점 더 분명해질 것입니다. 그러나 죽음과 지옥과 더불어 실제적인 싸움을 벌이고 있는 자들에게 있어, 그 모든 증거들은 아무런 가치도 없습니다. 그러므로 그러한 때에 이기는 것은 단순한 믿음입니다. 앞에서 이야기한 이런저런 증거들은 단지 평안하며 순탄할 때에만 소용이 있을 뿐입니다. 그러나 여러분이 안전한지 혹은 그렇지 않은지 의심이 생길 때는, 다음과 같은 말씀을 기억하십시오. "미쁘다 모든 사람이 받을 만한 이 말이여 그리스도 예수께서 죄인을 구원하시려고 세상에 임하셨다 하였도다 죄인 중에 내가 괴수니라"(딤전 1:15). 그러므로 여러분은 이렇게 말할 수 있습니다. "그가 죄인을 구원하시려고 세상에 오셨으니, 나는 그가 나를 구원하실 수 있음을 믿노라." 만일 여러분이 믿음을 붙잡는다면, 여러분은 확신을 얻게 될 것입니다.

　　바울로 하여금 그러한 확신을 갖도록 도왔던 또 하나의 것은 그가 인격적인 그리스도와 관련한 자신의 관점을 명확하게 유지했다는 사실입니다. 본문에서 바울이 자기 주님을 세 번이나 반복하여 부르는 것을 주목하십시오. "내가 믿는 자를 내가 알고 또한 내가 그에게 의탁한 것을 그 날까지 그가 능히 지키실 줄을 확신함이라." 그는 "내가 믿는 교리들을 내가 알고"라고 말하지 않습니다. 분명 그는 자신이 믿는 교리들을 알고 있었습니다. 그러나 그것이 주된 요점은 아니었습니다. 그는 "나는 내가 붙잡은 온전한 말씀에 대해 확신하노라"라고 말하지 않습니다. 물론 그는 자신이 붙잡은 말씀에 대해 분명하게 확신했습니다. 그러나 그것이 그의 기초는 아니었습니다. 단순한 교리들은 영혼에 영원히 머물 수 없습니다. 교리(教理)가 무엇을 할 수 있습니까? 신조(信條)가 무엇을 할 수 있습니까? 형제들이여, 이런 것들은 약(藥)과 같습니다. 그러나 여러분에게는 그것을 주는 손이 필요합니다. 여러분에게는 약을 조제해서 주는 의사가 필요합니다. 그렇지 않다면 여러분은 이 모든 값진 약들이 옆에 있음에도 불구하고 그것과 더불어 죽을 수 있습니다. 우리에게는 믿음의 대상이 되는 인격이 필요합니다. 기독교에서 살아 계신 구속자를 빼버린다면, 그것은 우리에게 생명도 능력도 영향력도 아무것도 가져다주지 못할 것입니다. 나는 그를 압니다. 나는 그가 하나님이심을 압니다. 나는 그가 나의 구주이심을 압니다. 나는 단순히 그의 가르침을 믿는 것이 아니라 그 자신을 믿습니다. 나는 그의 율법이나 규례나 가르침보다도 한 인격으로서의 그 자신을 훨씬 더 많이 의지합니다.

사랑하는 형제들이여, 여러분은 어떻습니까? 여러분도 나와 같습니까? 여러분은 자신의 영혼을 아버지 오른편에 앉아 계신, 사람이시며 하나님이신 그분께 맡기고 있습니까? 여러분은 믿음으로 그의 발 앞에 나아와 그의 못 자국에 입을 맞추며 이렇게 말할 수 있습니까? "하나님의 아들이시여, 나는 주의 팔의 권능을 의지하며, 주의 보혈을 의지하며, 주의 사랑을 의지하며, 주의 중보를 의지하며, 주의 확실한 약속을 의지하며, 주의 변함없는 성품을 의지하나이다. 그리고 무엇보다도 주님 자신만을 의지하나이다." 이렇게 하면, 여러분은 지금 충만한 확신을 얻게 될 것입니다. 그러나 만일 여러분이 그리스도 그 자신보다 단순히 그의 교리나 신조를 의지하며 살아간다면, 여러분은 실제적인 확신으로부터 점점 더 멀어지게 될 것입니다.

나아가 바울은 그를 아는 지식의 자람을 통해 이러한 충만한 확신을 얻었습니다. 그는 "내가 그를 아는 것과 상관없이, 나는 그가 나를 구원하실 것을 확신하노라"라고 말하지 않았습니다. 그렇게 말하는 대신, 그는 "내가 믿는 자를 내가 알고"라는 말로 시작합니다. 모든 그리스도인은 그리스도의 복음과 관련하여 좀더 충분한 지식을 얻도록 준비된 수단들을 대수롭지 않게 여겨서는 안 됩니다. 나는 오늘날 많은 사람들이 성경이나, 혹은 믿음의 선진들이 유산으로 남겨준 훌륭한 경건서적들을 가까이 하지 않는 것에 대해 심히 우려하는 마음을 갖습니다. 사람들은 각급 학교에서 수학이나 고전 따위를 배우기 위해 많은 공부를 합니다. 그렇다면 그리스도와 그에 관한 모든 것을 알기 위해서는 더 그래야 하지 않겠습니까? 이제 우리가 더 이상 어린아이가 아니라 지식에 장성한 사람이 되기 위해서 말입니다. 그리스도인들은 더 많이 알아야 하며, 우리의 지식은 계속해서 증가되어야 합니다. 기독교에 있어 무지는 축복이 아닙니다. 도리어 재앙입니다. 성령의 임재에 의해 성별된 지식은 안개로 자욱한 어둠으로부터 충만한 확신의 빛으로 날아오르는 날개입니다. 그리스도를 아는 지식이야말로 최고의 지식이 아닙니까? 이런 측면에서 최고의 지식인이 되기를 추구하십시오. 그러면 여러분은 충만한 확신의 도상(途上)에 있게 될 것입니다.

또 바울은 지식뿐만 아니라 깊은 묵상으로 확신을 얻었습니다. "내가 믿는 자를 내가 알고 또한 내가 의탁한 것을 그 날까지 그가 능히 지키실 줄을 확신함이라." 확신은 세밀하게 살피고 따져본 것의 결과입니다. 바울 사도는 이 문제를 깊이 생각했습니다. 그는 긍정적인 측면과 부정적인 측면 양쪽으로부터 깊이 묵상했습니다. 그는 양쪽의 난점을 주의 깊게 저울질했으며, 이런 과정을 통해 합당한 결론을 도출했습니다. 사랑하는 그리스도인들이여, 만일 여러분이 신적 진리를 좀 더 공정하게 묵상한다면, 여러분은 성령의 인도하심 가운데 훨씬 더 풍성한 확신을 얻게 될 것입니다. 만일 어떤 교훈이 우리 마음을 번민케 한다면, 나는 그것이 우리가 그것을 가장 적게 생각하며 연구했기 때문이라고 믿습니다. 살피고, 연구하고, 생각하십시오.

오늘날 그리스도인들이 수많은 교파로 나누어진 것을 생각해 보십시오. 나는 그 이유가 실제적인 견해의 차이라기보다 깊은 생각과 묵상의 결핍 때문이라고 생각합니다. 나는 우리가 신학적으로는 점점 더 가까워지고 있다고 믿습니다. 최소한 영국의 비국교도 교회들 사이에서 대부분의 복음주의 설교자들은 거의 같은 신학을 가지고 있습니다. 다만 일부 설교자들이 용어를 사용함에 있어 좀 더 신중하지 못하고 또 부정확하게 사용함으로 인해 잘못된 교리를 전파하고 있는 것처럼 보일 뿐입니다. 만일 우리가 좀 더 생각을 깊게 한다면, 우리는 그로부터 수만 가지 유익을 얻게 될 것입니다. 그리스도의 신성이라든지, 하나님의 약속의 진실성이라든지, 영원한 언약의 기초라든지, 그리스도께서 우리를 위해 행하신 일 등을 깊이 생각하며 묵상한다면, 우리는 마침내 성령의 인도하심 가운데 그리스도께서 우리가 의탁한 것을 능히 지키실 수 있음을 충분히 확신하게 되는 데까지 이르게 될 것입니다.

의심과 두려움은 마치 바람 앞에서 구름이 사라지는 것처럼 사라지게 될 것입니다. 얼마나 많은 그리스도인들이, 자신의 돈이 안전한가 여부에 대해 확신을 갖지 못한 채 안절부절못하는 수전노(守錢奴)와 비슷합니까? 그 돈을 금고에 넣고, 그 방을 자물쇠로 잠그고, 그 집에 철조망을 쳐 놓고 있으면서도 말입니다. 한밤중에 그는 발자국 소리를 들었다고 생각하면서, 그 돈이 안전하게 있는지 확인합니다. 방을 살펴보고 창문의 모든 철창이 온전한지 흔들어보고 도둑이 들어오지 않았음을 확인하고 난 연후에도, 그는 벌써 도둑이 들어와 돈을 훔쳐 달아났을지도 모른다고 염려합니다. 그래서 금고 문을 열고, 그 속에 넣어둔 금괴를 비롯한 각종 채권들과 증서들을 세심하게 살핍니다. 그러고 난 후 다시 금고 문을 잠그고, 그 방을 잠급니다. 그러나 돌아와 다시 침대에 누웠을 때, 그는 어쩌면 도둑이 지금 막 들어와 금고 문을 열고 있을지 모른다고 또다시 상상합니다. 결국 깊은 잠의 평안함과 달콤함을 거의 누리지 못합니다. 그러나 그리스도인이 가진 보화의 안전성은 이와 전혀 다릅니다. 그는 굳이 금고 문을 잠그고, 그 방을 자물쇠로 채우고, 담장에 철조망을 칠 필요가 없습니다. 그는 그 모든 것을 영원하시며, 보이지 않으시며, 홀로 지혜로우신 우리 구주께 맡깁니다. 그리고 그 안에서 안식하는 가운데 평안하고 달콤한 잠을 즐깁니다. 그리고 그의 모든 것은 안전하게 지켜집니다. 만일 예수 그리스도께서 우리의 기대를 저버릴 수 있다면, 우리는 영원히 베옷을 입고 슬퍼할 수 있을 것입니다. 그러나 그의 사랑이 변할 수 없으며 그의 능력이 흔들릴 수 없는 한, 우리는 영원히 즐거운 찬미의 옷을 입을 것입니다. 영원한 사랑이신 우리 구주는 그 안에 안식하는 영혼을 버릴 수도 없으며 버리지도 않을 것입니다. 이것을 믿을 때, 우리는 영원히 승리의 노래를 부르게 될 것입니다.

4. 넷째로, 이러한 확신의 영향력을 주목하십시오.

환난과 핍박의 때에 이러한 확신은 우리로 하여금 그리스도인으로서 받게 되는 모든 비방과 조롱을 능히 감당하도록 만들어 줍니다. 그들은 바울을 어리석은 자라고 불렀습니다. 그는 대답합니다. "내가 이 고난을 받되 부끄러워하지 아니함은 내가 믿는 자를 내가 알기 때문이라 그러므로 나는 어리석은 자라고 불리는 것을 개의치 않노라." 경건치 않은 자들은 지금 우리를 보고 웃을는지 모릅니다. 그러나 그들의 웃음은 머지않아 그칠 것입니다. 그리고 영원히 승리하신 자가 그들을 보고 웃으실 것입니다. 여러분에게 모든 것이 안전함을 완전히 확신하십시오. 그리고 세상으로 하여금 여러분을 보고 웃도록 그냥 내버려 두십시오. 마침내 그 얼굴이 일그러질 때까지 말입니다. 죽을 수밖에 없는 인생들이 어떻게 생각하든, 그것이 도대체 무엇이란 말입니까? 하나님이 우리를 사랑하신다면, 세상이 어떻게 생각하든 그것이 무슨 의미가 있겠습니까?

사랑하는 자들이여, 하나님의 사랑을 확신하면서, 육신의 생각에 대해서는 관심을 두지 마십시오. 오직 주인의 뜻에만 눈을 고정시키고 하늘의 일에 착념하십시오. 그러면 세상의 비방과 판단은 여러분의 눈에 정말로 대수롭지 않은 것으로 보일 것입니다. 만일 여러분이 의심하며 두려워한다면, 그렇게 하는 것이 매우 어려울 것입니다. 그러나 그가 여러분을 지키실 수 있음을 고요한 마음으로 확신한다면, 여러분은 가장 지독한 비방과 판단조차도 아무 두려움 없이 뚫고 지나갈 수 있게 될 것입니다. 왜냐하면 여러분이 입고 있는 전신갑주는 그 어떤 비방과 판단의 창으로도 결코 뚫리지 않는 것이기 때문입니다. 확신은 여러분에게 내적 고요함을 줄 것입니다. 그리고 그와 같은 내적 고요함은 여러분에게 주를 위해 많은 일을 행할 수 있는 힘을 부여해 줄 것입니다. 항상 자기 영혼의 구원에 대해 염려하는 사람은 주를 위해 일할 수 있는 에너지를 거의 갖지 못합니다. 그러나 "다 이루었도다"라는 그리스도의 말씀의 의미를 알 때, 여러분은 여러분의 에너지를 그리스도를 위한 일로 돌릴 수 있게 될 것입니다.

항상 의심하며 염려하며 초조해하면서 "내가 주를 사랑합니까, 그렇지 않습니까? 나는 그의 것입니까, 아닙니까?"라고 묻는 자들이여, 내가 어떻게 여러분의 이러한 어정쩡한 상태가 끝날 것을 바랄 수 있겠습니까? 결국 버림을 당하지 않을까 매일같이 두려워하는 자들이여, 여러분은 지금 하나님을 위해 일할 수 있는 힘을 계속해서 잃어버리고 있습니다. 그가 여러분이 의탁한 것을 능히 지키실 수 있음을 확신할 때, 여러분의 전인(全人)은 감사로 충만한 가운데 하나님을 위한 일에 드려지게 될 것입니다. 하나님이 여러분에게 충만한 확신을 주시고, 그럼으로써 여러분이 하나님을 위해 열심히 일하는 사람들이 되기를 바랍니다.

나를 그리스도께로 이끌었던 것은 "성도의 견인"(the safety of the saints)이라는 교리였습니다. 나는 그러한 진리를 통해 복음과 사랑에 빠졌습니다. 무엇이라고? 예수 그리스도를 믿는 사람은 안전하다고? 그들은 결코 멸망하지 않으며, 어떤 것도 그들을 그리스도의 손으로부터 빼앗을 수 없다고? 만일 어떤 사람이 이런 보증의 말을 의심한다면, 그는 자신의 완전한 안전을 결코 확신할 수 없을 것입니다. 그러나 만일 우리 스스로를 구주께 드린다면, 우리는 그 안에 완전한 안전이 있음을 확신하게 될 것입니다. 나는 나의 영혼을 그리스도께 의탁한 것에 대해 결코 후회한 적이 없습니다.

젊은이들이여, 젊은 시절에 여러분의 미래를 주 예수께 의탁하십시오. 이것보다 더 좋은 일은 아무것도 없습니다. 많은 자녀들이 어린 시절 아직 부모의 집을 떠나기 전에는 매우 착하고 순전합니다. 그러나 세상은 너무나 거칩니다. 세상은 즉시로 가정의 온실에서 길러진 자녀들의 좋은 성품을 여지없이 허물어뜨립니다. 선한 소년들이 너무나 쉽게 악한 남자로 변합니다. 집에 있을 때 너무나 깨끗하고 사랑스러웠던 소녀들이 어느새 악한 여인으로 변합니다. 자녀들이여, 만일 여러분이 여러분의 모든 성품을 예수 그리스도께 의탁한다면, 여러분의 성품은 안전할 것입니다. 나는 만일 여러분이 예수를 믿는다면 부자가 될 것이라고 말하지 않습니다. 또 예수를 믿으면 형통하게 될 것이라고도 말하지 않습니다. 다만 내가 분명하게 말하는 것은, 만일 여러분이 스스로를 그리스도께 의탁한다면, 여러분은 최고의 의미에서 행복하게 될 것이며 여러분의 거룩은 지켜질 것이라는 것입니다.

사랑하는 젊은이들이여, 부디 이것을 열망하십시오. 특별히 부모의 집을 떠나 세상을 향해 나아가고 있는 자들이여, 여러분 스스로를 하나님께 의탁하십시오. 오늘은 한 해의 첫 안식일입니다. 새롭게 마음을 결심함에 있어 오늘보다 더 좋은 날이 언제이겠습니까? 부디 성령께서 세미한 음성으로 여러분으로 하여금 스스로를 그리스도께 의탁하도록 인도하시기를 기원합니다. 스스로를 그리스도께 의탁하는 것보다 더 지혜롭고 더 선한 일은 결코 없음을 나는 분명하게 증언합니다. 우리 영혼은 오직 주님 위에 안식할 때 비로소 행복을 알게 됩니다. 여러분의 영혼도 행복을 알게 되기를 바랍니다. 나는 그리스도인이 되기를 그치지 않을 것입니다. 왕이 되든 천사가 되든 상관없이 말입니다. 우리 구주의 신실한 사랑을 의지하는 겸손한 영혼보다 더 행복한 영혼은 결코 없습니다.

사랑하는 젊은이들이여, 나아와 그를 의지하십시오. 나이가 많은 분들이여, 여러분은 점점 더 무덤에 가까워지고 있습니다. 그런 여러분에게 내가 무슨 말을 더 할 필요가 있겠습니까? 만일 여러분이 지금 그리스도 밖에 있다면, 여러분은 머지않아 지옥에 있게 될 것입니다. 젊은이들이여, 화살처럼 빨리 날아가는 시간을 붙잡으십시오. 바로 지금 이 노래를 부르십시오.

"모든 것이 끝났도다, 큰 거래가 끝났도다.
나는 주의 것이요, 주는 나의 것이 되었도다.
그는 나를 이끄셨고, 나는 그를 따랐도다,
하늘의 음성에 매혹된 채.

하늘이 거룩한 맹세를 들었도다.
그 맹세가 매일같이 새롭게 들릴 것이라.

내 인생의 마지막 순간까지,

그와 나를 하나로 묶은 띠는 얼마나 복되고 사랑스러운가!"

제
4
장

—

예수 그리스도의 좋은 병사

—

"너는 그리스도 예수의 좋은 병사로
나와 함께 고난을 받으라" — 딤후 2:3

사람마다 생각이 제각각입니다. 그리스도인이 어떤 사람인가와 관련하여 매우 다양한 견해들이 있어 왔습니다. 어떤 사람들은 그리스도인이 매우 까다로운 입맛을 가진 사람이라는 견해를 갖고 있습니다. 그는 장엄한 고딕 양식의 건축물 외에서는 결코 예배를 드릴 수 없습니다. 그렇지 않은 다른 장소들은 그의 우아한 영혼을 결코 만족시키지 못합니다. 또 그는 자신의 기도가 최고로 감미로운 음악의 날개에 싸여 하늘로 올라가지 않는 한 결코 기도할 수 없습니다. 뿐만 아니라 그렇게 기도할 때조차도 정장을 차려 입은 예의 바른 신사들에 의해 시중을 받아야만 제대로 기도할 수 있습니다. 만일 오늘날 그리스도인이 되는 것이 이런 것이라면, 우리는 그것이 바울이 말하는 그리스도인의 모습과 매우 다르다는 사실을 말하지 않을 수 없습니다. 오히려 바울은 갈라디아서 4장 9절부터 11절에서 이렇게 말합니다. "이제는 너희가 하나님을 알 뿐 아니라 더욱이 하나님이 아신 바 되었거늘 어찌하여 다시 약하고 천박한 초등학문으로 돌아가서 다시 그들에게 종노릇 하려 하느냐 너희가 날과 달과 절기와 해를 삼가 지키니 내가 너희를 위하여 수고한 것이 헛될까 두려워하노라"(갈 4:9-11).

또 어떤 사람들에게 그리스도인은 영적 식도락가입니다. 그가 어떤 기독교 집회에 참여하는 것은 오로지 양식을 공급받기 위한 것일 뿐 다른 목적은 없습니다. 죄인들에게 회개와 회심을 촉구하는 설교를 그는 싫어합니다. 왜냐하면 그에게 있어 성경은 오직 개인적인 위로를 위한 책일 뿐이기 때문입니다. 그는 성경의 달콤한 약속들을 자신이 독점하려고 합니다. 다른 사람들을 더 많이 배제시킬수록 자신이 더 많이 향유할 수 있습니다. 그에게 있어 사는 것은 섬기는 것이 아니라 향유하는 것입니다. 그는 듣기만 하고, 행하지 않습니다. 하나님의 말씀을 빨아먹기만 하고 그것으로 끝입니다. 그러나 이것 역시 그리스도인에 대한 바울의 이상(理想)이 아닙니다. 바울은 그리스도인을 손에 냅킨을 들고 만찬장에 앉아 있는 모습으로가 아니라 허리에 칼을 차고 싸울 준비를 하고 있는 병사의 모습으로 그립니다.

　　또 어떤 사람들에게 최고 형태의 그리스도인은 영적인 수수께끼를 짓기 위해 최고의 책을 부지런히 읽는 위대한 독자(great reader)입니다. 그는 실천을 위한 목적으로 읽지 않습니다. 그는 말씀으로부터 희한한 것들을 뽑아내며, 음절 하나하나를 살피며, 사소한 것들을 크게 확대하며, 성경을 마치 머리카락을 나누듯 세세하게 분해합니다. 사람들을 더 난감하게 만드는 구절일수록 그는 그 의미를 더욱 확신합니다. 그는 실천적인 의미를 적게 가진 것일수록 더 좋아합니다. 그는 위대한 성경학자조차도 해석하지 못한 구절을 자신이 해석할 수 있을 것으로 상상하면서, 영적인 쌍안경을 끼고 성경을 들여다봅니다. 그는 정작 중요한 부분에 대해서는 간과하면서 큰 의미 없는 사소한 부분들을 쫓아다니는 사냥꾼입니다. 이 역시 바울이 제시하는 그리스도인의 모습과 아주 다릅니다. 왜냐하면 바울은 고작 논쟁이나 불러일으키는 사소한 부분들에 대해서는 그다지 큰 관심을 기울이지 않았기 때문입니다.

　　그런가 하면 어떤 사람들은 그리스도인의 이상(理想)을 그의 전 존재가 온전한 고요함 가운데 있는 사람 안에서 찾습니다. 예수 그리스도를 믿노라고 고백하면서 실제로 이렇게 말하는 사람이 있습니다. "영혼아 평안할지어다. 이제 여러 해 쓸 풍성한 고요를 쌓아 두었으니, 복음 안에서 먹고 마시고 즐거워하라. 그러나 주린 자를 먹이고 벗은 자를 입히는 것에 대하여, 네가 '형제를 지키는 자'인가? 그것이 네게 무엇이란 말인가? 너는 너 자신만 바라보라. 네 스스로 옳다면, 다른 것들은 그냥 운명이나 섭리 혹은 주권에 맡겨라." 그러나 바울은 그리스도인을 포근한 솜털침대에 파묻혀 고요하게 잠자는 자로서 묘사하지 않습니다. 본문에서 그는 그리스도인을 병사로 묘사합니다. 병사는 화려한 장식과 아름다운 음악을 좋아하는 종교적인 호사가나, 오로지 양식만을 공급받고자 추구하는 영적인 식도락가나, 영적인 수수께끼를 짓기 위해 성경의 세부적인 것들을 찾아다니는 사냥꾼이나, 오로지 스스로의 평안과 고요만을 추구하는 안일자(安逸者)와는 많이 다릅니다.

바울은 그리스도인을 병사로 표현합니다. 병사는 앞에서 묘사된 모습들과는 완전히 다릅니다. 병사는 누구입니까? 그는 실천적인 사람입니다. 그에게는 할 일이 있습니다. 그 일은 매우 힘들고 또 엄한 규율이 있는 일입니다. 때로 평화로울 때, 그는 멋진 장식이 달린 화려한 군복을 입을 수 있습니다. 그러나 실제적인 전쟁에 돌입하면, 그는 그런 것들에 대해서는 전혀 주의를 기울이지 않습니다. 그의 옷은 흙으로 뒤범벅이 되고, 피와 땀으로 얼룩집니다. 바로 이것이 병사의 모습입니다. 그의 칼과 방패와 갑옷은 여기저기 찌그러진 상처투성이입니다. 이런 것들이 실제로 전쟁을 수행하는 병사의 표적들입니다. 실제적으로 하나님을 섬기며, 기독교적 은혜들을 나타내며, 그리스도를 위해 일하며, 영혼을 구하기 위해 애쓰는 것 — 바로 이것이 그리스도인으로서의 합당한 열매를 맺는 것입니다. 병사는 말하는 사람이 아니라, 행동하는 사람입니다. 그는 다투고 싸워야 합니다. 싸우는 동안 그는 사치와 안일함에 대해 아무런 주의도 기울이지 않습니다. 마침내 한밤중에 나팔소리가 울려 퍼질 것입니다. 바로 그때 그는 적을 공격하느라 가장 멀리까지 진격해 있는 가운데 가장 피곤한 상태에 있을 것입니다. 그리스도인은 적의 영토 안에 있으므로 항상 파수대 위에 서서 망을 보아야만 하는 병사입니다. 그는 끊임없는 전투상태에 있습니다. 그의 싸움은 혈과 육에 속한 것이 아니라, 그보다 훨씬 더 악한 적 곧 하늘에 있는 악한 영들과의 싸움입니다.

그리스도인은 병사가 마땅히 그래야 하는 것처럼 스스로를 희생시키는 사람입니다. 자신의 나라를 보호하기 위해 병사는 스스로를 위험에 노출시켜야 합니다. 자신의 왕을 섬기기 위해 그는 자신의 목숨을 내려놓을 준비를 해야 합니다. 그러므로 자기희생의 정신을 느끼지 못하는 사람은 분명 그리스도인이 아닙니다. 만일 내가 나 자신을 따라 산다면, 나는 육체를 따라 살고 있는 것입니다. 그리고 육체를 따라 살 때, 나는 부패와 타락을 거둘 것입니다. 오직 하나님을 따라, 그리스도를 따라, 진리를 따라, 교회를 따라, 선을 따라 살 때 — 그는 스스로를 예수 그리스도의 병사라고 부를 수 있습니다.

　병사는 섬김의 사람입니다. 그는 자신의 즐거움을 좇지 않습니다. 그는 법과 규율 아래 있습니다. 그는 매 시간 규정된 의무 아래 살아갑니다. 그는 자기 자신의 의지나 생각에 순종하는 것이 아니라 다른 사람의 말에 순종해야 합니다. 그런 사람이 그리스도인입니다. 우리는 주 예수 그리스도를 섬깁니다. 물론 우리는 다른 사람의 눈치나 살피는 사람의 노예는 더 이상 아닙니다. 그러나 우리는 우리의 멍에를 풀어주신 그리스도의 종입니다.

　병사는 고난의 사람입니다. 병사는 종종 부상을 당하며, 고생을 많이 하며, 자주 병원에 누워 있습니다. 그런가 하면 사지가 절단되는 심각한 위해(危害)를 입기도 합니다. 그리스도의 병사도 마찬가지입니다. 그는 고난을 당하며, 고생을 많이 할 각오를 해야 합니다. 그는 세상의 즐거움을 추구해서는 안 됩니다. 도리어 그리스도를 위해 세상의 즐거움을 포기하는 것을 자신의 즐거움으로 여겨야 합니다.

　또 참된 병사는 열망의 사람입니다. 그는 명예와 영광을 열망하며 추구합니다. 그는 전쟁터에서 월계관을 모으며, 수많은 위험의 한가운데서 명예를 수확합니다. 그리스도인은 세상의 전사(戰士)들은 결코 알지 못하는 하늘의 열망으로 불탑니다. 그는 영원히 쇠하지 않는 면류관을 봅니다. 그는 만왕의 왕을 사랑합니다. 그 안에는 그를 가장 위대한 행동으로 이끄는 강력한 동기(動機)가 숨쉬고 있습니다. 그리고 하나님의 영이 그를 가장 자기희생적인 행동으로 이끕니다. 이와 같이 여러분은 그리스도인이 병사라는 사실을 보았습니다. 그리스도인의 삶 속에서 믿음을 위해 열심히 투쟁하며 죄와 더불어 맹렬히 싸우는 것은 그의 가장 중요한 일 가운데 하나입니다.

　바울은 디모데에게 평범한 병사가 되라고 말하지 않고 "예수 그리스도의 좋은 병사"가 되라고 말합니다. 왜냐하면 모든 병사가 다 좋은 병사는 아니기 때문입니다. 병사이기는 하지만 그러나 그 이상은 아닌 사람들이 많이 있습니다. 별다른 유혹이 없을 때는 특별히 드러나는 것이 없습니다. 그러나 강력한 유혹이 다가올 때, 그들은 너무나 쉽게 소심하며 무기력하며 무가치하며 쓸모없는 병사가 되고 맙니다. 그러나 좋은 병사는 언제든지 가장 용감하며 용맹합니다. 그는 자신의 의무를 열정적으로 그리고 마음을 다해 수행합니다. 예수 그리스도의 좋은 병사는 스스로를 주님을 섬길 수 있도록 준비시키며, 은혜 안에서 모든 말과 행실에 있어 온전하게 자라고자 노력합니다. 다윗에게는 좋은 병사들이 많이 있었습니다. 그러나 여러분은 다음과 같은 말씀이 여러 번 반복되는 것을 기억할 것입니다. "그러나 이들은 첫 세 사람에게는 미치지 못하였더라"(삼하 23:19). 지금 바울은 디모데에게 이를테면 첫 세 사람처럼 좋은 병사가 되라고 말하고 있는 것입니다. 그리고 오늘 아침 나는 우리 모두가 첫 세 사람처럼 좋은 병사가 되도록 노력하자고 말하고 싶습니다. 우리 모두 만왕의 왕의 강한 용사들 가운데 들어가도록 노력합시다. 그를 위해 영예롭고 위대한 일을 행함으로써 우리 주님께 영광을 돌립시다. 최고의 은사들을 열망합시다. 그를 더 많이 사랑하고, 따르는 표적으로 그 사랑을 증명합시다.

본론으로 들어가기에 앞서 한 가지 사실을 먼저 분명하게 제시하고자 합니다. 그것은 우리의 싸움이 사람들에 대한 것이 아니며 또 우리의 무기 역시 혈과 육에 속한 것이 아니라는 사실입니다. 그리스도인의 싸움은 원리들(principles)에 대한 싸움이며, 죄에 대한 싸움이며, 인류의 불행하게 만드는 것들에 대한 싸움이며, 인류를 창조주로부터 떠나게 만든 악한 자에 대한 싸움이며, 사람으로 하여금 스스로에 대해 원수가 되게 만드는 악에 대한 싸움입니다. 또 우리가 사용하는 무기는 거룩한 변론과 성별된 삶이며, 하나님에 대한 헌신과 기도이며, 사람의 아들들 사이에서의 교훈과 모범입니다. 또 우리의 싸움은 화평을 위한 싸움이며, 안식을 위한 싸움입니다. 우리가 세상을 요동시키는 것은 그것을 고요하게 만들기 위함입니다. 또 세상을 뒤흔드는 것은 그것을 올바른 자리에 놓기 위함입니다. 우리는 그들의 요새를 허물어뜨리지만, 그들은 하나님의 시온을 허물어뜨리지 못합니다. 우리는 이 싸움에 대해 결코 뒤로 물러서지 않습니다. 비록 다른 전쟁들에 대해서는 찬성하지 않지만 말입니다. 그리스도인에게 있어 대량 살육이 벌어지는 전쟁보다 더 혐오스러운 것이 무엇이겠습니까? 또 다음과 같은 약속의 때가 도래하는 것보다 더 소망스러운 것이 무엇이겠습니까? "무리가 그들의 칼을 쳐서 보습을 만들고 그들의 창을 쳐서 낫을 만들 것이며 이 나라와 저 나라가 다시는 칼을 들고 서로 치지 아니하며 다시는 전쟁을 연습하지 아니하리라"(사 2:4). 이와 같이 우리는 일반적인 전쟁에 대해서는 옹호하지 않지만, 그러나 거룩한 전쟁에 있어서는 결코 물러서지 않습니다.

이제 본론으로 들어가도록 합시다. 여기에서 나는 먼저 예수 그리스도의 좋은 병사에 대해 묘사하고, 계속해서 여러분에게 그런 병사가 되라고 훈계할 것입니다.

1. 첫째로, 예수 그리스도의 좋은 병사에 대해 묘사해 보도록 합시다.

가장 근본적인 것으로부터 시작합시다. 좋은 병사는 첫 번째로 자신의 왕에 대해 충성스러워야 합니다. 예수 그리스도의 병사는 신적 구속자를 자기 왕으로 시인하며, 영적 나라에 대한 그의 절대적인 주권을 고백합니다. 그는 모든 형태의 적그리스도를 혐오하며, 평강의 왕의 통치권에 어긋나는 모든 원리들을 싫어합니다. 그에게 있어 예수 그리스도는 주님이며 하나님입니다. 그가 부름받아 병사로 입적(入籍)된 날, 그는 이를테면 도마처럼 그의 못 자국에 손가락을 넣고 "나의 주시며 나의 하나님이시나이다"라고 고백했습니다. 바로 이것이 그의 병사 입적 선서였습니다. 그리고 그것은 지금도 그에게 똑같이 사실입니다. 그의 표어는 "그리스도가 모든 것이라"이며, 그의 평생의 사역은 모든 사람을 이끌어 임마누엘에게 순복시키는 것입니다. 마지막 승리를 거두며 칼집에 칼을 꽂을 때까지, 십자가의 주님은 그의 영혼의 유일한 군주입니다. 그는 주님을 위해 살며, 주님을 위해 기꺼이 죽습니다. 그는 거룩한 언약의 공동체 안으로 들어왔으며, 모든 사람 앞에서 예수 그리스도를 주라 시인하며 하나님 아버지께 영광을 돌립니다.

더욱이 그리스도의 병사는 예수를 자신의 왕으로 시인할 뿐만 아니라 또한 그에 대한 사랑과 헌신의 마음으로 가득합니다. 그리스도의 병사라는 영광스러운 이름보다 그의 마음을 더 뛰게 만드는 것은 아무것도 없습니다. 그는 예수 그리스도가 하나님의 아들이시며 "기묘자와 모사와 전능하신 하나님"이라는 사실을 잊지 않습니다. 그는 예수 그리스도가 무슨 일을 행했으며, 자신을 어떻게 사랑했는지를 잊지 않습니다. 그는 예수 그리스도가 자신을 위해 목숨을 주셨음을 잊지 않습니다. 그는 십자가를 바라보며, 택함받은 자들을 구속한 보혈의 피를 기억합니다. 그는 그리스도가 하늘에서 아버지 보좌 우편에 앉아 계심을 기억합니다. 하나님이 한때 사람들에게 멸시를 당하고 버림을 당했던 자를 지극히 높이셔서 모든 이름 위에 뛰어난 이름을 주시고 하늘에 있는 자들과 땅에 있는 자들과 땅 아래에 있는 자들로 모든 무릎을 그 이름에 꿇게 하신 것을 생각할 때, 그의 마음은 형언할 수 없는 기쁨으로 고동칩니다(빌 2:9, 10). 그는 십자가에 달리신 자가 영광 가운데 다시 오셔서 열방을 통치하실 때를 대망(待望)합니다. 그는 예수 그리스도를 사랑하며, 자신이 전적으로 그에게 속했음을 느낍니다. 그는 그의 피로 속량되었으며, 그의 권능으로 구속받았으며, 그의 임재로 위로받음을 느낍니다. 그는 자신이 값으로 산 것이 되었으므로 더 이상 자신의 것이 아니라는 사실을 기쁘게 받아들입니다. 그는 많은 물로도 홍수로도 끌 수 없는 뜨거운 열정으로 자신의 왕을 사랑하기 때문에, 그 왕으로 인해 그 왕의 모든 형제들과 종들을 사랑합니다. 그는 따뜻한 사랑으로 형제들을 품습니다. 그는 복음의 위대한 옛 깃발을 사랑합니다. 그는 성령의 바람이 더 강력하게 불기를 기도합니다. 모든 눈이 복음의 깃발의 아름다움을 보도록 말입니다. 그는 자신의 믿음을 굳게 지키며, 복음의 모든 교훈을 크게 기뻐합니다. 무엇보다도 그는 자신의 왕의 면류관을 사랑하며, 왕을 위해 일하는 것을 기뻐합니다. 자신의 주님을 더 높일 수만 있다면, 그는 멸시와 경멸 가운데 죽는 것조차도 기쁘게 받아들입니다. 자신의 왕이 오셔서 만유를 회복하는 것을 볼 수만 있다면, 그는 자신이 어떻게 되든 개의치 않고 기뻐합니다. 그의 마음은 충성 그 이상입니다. 그의 마음은 자신의 왕에 대한 사랑으로 가득합니다. 사랑하는 형제들이여, 여러분도 그러합니까? 여러분 가운데 많은 사람들이 그러한 줄 믿습니다. 나는 여러분이 예수 그리스도를 많이 사랑하는 것을 압니다. 여러분의 귀에 어떤 음악도 그의 감미로운 이름만큼 달콤하게 들리지 않을 것입니다. 최고의 음유시인이 부르는 어떤 노래도 그의 아름다운 이름에 비할 때 절반만큼도 달콤하지 못합니다. 그를 생각할 때, 여러분의 가슴은 큰 환희와 기쁨으로 가득 찹니다. 분명 여러분은 좋은 병사의 첫 표적들 가운데 하나를 가지고 있습니다. 간절히 당부하노니 계속해서 앞으로 나아가십시오.

좋은 병사의 두 번째 특징은 대장의 명령에 순종한다는 것입니다. 지휘관의 명령을 따르지 않고 자기 마음대로 행동하는 자는 결코 병사가 아닙니다. 지휘관이 화살을 쏘라고 명령했음에도 불구하고 쏘지 않았다면, 그는 곧 병사의 직위를 박탈당하게 될 것입니다. 여기 앉아 있는 나를 포함한 모든 그리스도인들에게 묻고 싶습니다. 여러분은 주님의 뜻대로 모든 일을 행하고 있습니까? 여러분은 주님의 뜻을 알기를 원합니까? 성경의 어떤 부분이 여러분의 입맛에 맞지 않는다고 하여 외면하지는 않습니까? 만일 나에게 성경의 어떤 부분을 읽기를 꺼려지는 마음이 있다면, 그것은 참으로 두려운 일입니다. 만일 우리가 어떤 특정한 본문을 건너뛰려고 한다든지 혹은 자기 생각에 맞게 변형시키려고 한다면, 그것은 너무도 두려운 일입니다. 우리가 어떤 의식을 행하는 것은 단순히 교회가 그렇게 가르친다든지 혹은 부모가 그렇게 믿었기 때문이 아닙니다. 우리는 성경을 읽고, 스스로를 위해 문제를 찾아야 합니다. 그렇게 하지 않는 것은 주님을 공경하는 합당한 태도가 아닙니다. 상관의 명령을 읽기 위해 수고하지 않는 병사는 혹시 불온한 마음을 품고 있는 것이 아닌지 의심받을 필요가 있습니다. 주님의 뜻을 알기 위해 주의를 기울이지 않는 마음속에는 불순종의 마음이 자리 잡고 있습니다. 항상 담대하게 성경을 직면하여 읽으십시오. 이것이 여러분의 가장 기본적인 의무입니다. 성경을 읽고 그 말씀에 순종하며 사는 것은 성경을 읽으면서 이렇게 저렇게 추측하는 것보다 훨씬 더 낫습니다. 순종은 결코 부차적인 덕(德)이 아닙니다. "순종이 제사보다 낫고 듣는 것이 숫양의 기름보다 나으니"(삼상 15:22). 예수 그리스도께서 우리에게 무엇을 말씀하십니까? 우리가 그를 사랑한다면, 기꺼이 그를 위해 화형을 당하라든지 혹은 그를 위해 왕들 앞에서 말씀을 전하라고 합니까? 그렇지 않습니다. 그가 말씀하는 것은 "너희가 나를 사랑한다면, 내 계명을 지키라"는 것입니다. 마치 이것이 그를 사랑하는 여부를 시험하는 가장 확실한 시금석인 것처럼 말입니다. 이와 같이 여러분도 만왕의 왕께 충성된 병사가 되십시오. 그리고 그의 명령에 순종하십시오.

　좋은 병사의 세 번째 특징은 정복하는 것을 자신의 주된 열망으로 삼는다는 것입니다. 지금 싸움이 벌어지고 있습니다. 자신의 피가 솟구쳐 오를 때, 그는 이렇게 느낍니다. "나는 적을 추격해야만 하며 그들의 요새를 함락시켜야만 해. 나는 적의 성채 위에 우리의 깃발을 꽂아야만 해. 그렇지 않으면 내가 죽게 될 거야. 오늘 이 일을 마무리짓지 못하고 후퇴하는 일은 절대로 있을 수 없어." 그는 승리를 얻든지, 아니면 전장(戰場)에 싸늘한 시체로 누워 있겠노라고 결심합니다. 그리스도를 위해 영혼들을 얻고 그리스도의 진리를 전파하며 새로운 땅에 그리스도의 교회를 세우기 위해, 그리스도인은 최정예부대의 용사들처럼 극도의 고통을 겪거나 심지어 죽는 것까지도 각오해야 합니다. 이것을 위해, 그는 다른 야심이나 계획 따위로 스스로를 얽매지 않습니다. "병사로 복무하는 자는 자기 생활에 얽매이는 자가 하나도 없나니 이는 병사로 모집한 자를 기쁘게 하려 함이라"(4절). 예수 그리스도의 좋은 병사의 주된 열망은 복음을 전파함으로써 사망 아래 있는 영혼들을 멸망으로부터 구원하는 것입니다. 그에게 있어 이것이 가장 주된 관심사이며, 가난하게 되거나 부유하게 되는 것은 그다지 큰 관심사가 아닙니다. 그는, 땅에서는 큰 자지만 주님에 대해서는 쓸모없는 자가 되느니 차라리 땅에서는 무명(無名)하지만 주님에 대해서는 유용한 사람이 되는 것을 훨씬 더 좋아합니다. 예수 그리스도의 선한 병사는 어떤 난관에도 굴하지 않습니다. 그에게 있어 난관은 극복될 수 있는 것 외에 아무것도 아닙니다. 만일 주님이 그에게 매우 어려운 임무를 부여했다면, 그는 전능자로부터 그 임무를 수행할 수 있는 힘을 끌어오고 그리하여 마침내 불가능한 일을 이루어냅니다.

웰링턴은 어느 날 밤 자신의 병사들에게 명령을 하달했습니다. "오늘 밤 슈다드 로드리고를 함락시켜라." 여러분은 이러한 명령을 하달받은 영국 병사들이 어떻게 했을 것이라고 생각합니까? 그들은 한마음으로 대답했습니다. "반드시 그렇게 하겠습니다." 우리의 위대한 장군께서 "너희는 온 천하에 다니며 만민에게 복음을 전파하라"고 명령하신 것을 기억하십시오. 만일 우리 모두가 십자가의 좋은 병사라면, 우리는 한마음으로 "반드시 그렇게 하겠나이다"라고 대답할 것입니다. 그것이 아무리 어려운 일이라 할지라도 하나님 자신이 우리의 대장으로서 우리와 함께 하시며 대제사장이신 예수 그리스도께서 우리의 선봉에서 나팔을 불 것이기 때문에, 우리는 그 일을 여호와의 이름으로 능히 수행할 수 있을 것입니다. 나의 형제 자매들이여, 여러분의 가슴을 그러한 불굴의 결심으로 불태우십시오. 그러면 여러분은 스스로를 "예수 그리스도의 좋은 병사"로 증명할 수 있을 것입니다.

병사에게 있어 승리를 위한 열망은 종종 그로 하여금 다른 모든 것을 잊어버리게 만듭니다. 워털루 전투에 앞서 픽톤(Picton)은 두 개의 갈비뼈가 부러져 있었습니다. 그러나 그는 그러한 심각한 부상을 감추고 자신의 부대의 선봉에서 돌격하며 그 날의 운명을 결정하는 큰 공을 세웠습니다. 그는 자기 자리를 이탈하지 않고 총알이 그의 두개골을 부술 때까지 말을 타고 달렸습니다. 워털루의 치열한 전투에서 그 영웅은 결국 그렇게 쓰러지고 말았습니다. 우리 가운데 예수 그리스도를 위해 이와 같이 역경을 견딜 수 있는 사람이 얼마나 적습니까? 우리 주님을 위한 일로부터 돌이키느니 차라리 역경과 고난을 무릅쓰며 견디는 것이 훨씬 더 낫지 않습니까? 그 전투에서 또 한 사람의 위대한 영웅이 있었는데, 그는 전투 초기에 그만 총을 맞고 왼쪽 팔 아랫부분이 부러졌습니다. 따라서 그는 고삐를 잡을 수 없었습니다. 그러나 그는 입으로 고삐를 잡고, 또 한 발의 총알이 그의 왼쪽 팔 위쪽 부분을 관통할 때까지 싸웠습니다. 그날 그 영웅은 그토록 큰 부상을 입었는데, 더 놀라운 사실은 바로 이틀 후 아직 상처가 채 아물기도 전에 그가 자기 부대의 선봉에서 또다시 말을 타고 앞장서 달렸다는 사실입니다. 영국 병사들 가운데 이토록 용맹한 영웅들이 있었습니다.

이러한 영웅적인 일들이 '전투하는 교회'(church militant)의 영적 병사들 가운데 많이 일어난다면 얼마나 좋겠습니까? 고난과 역경의 한가운데서도 우리는 하나님이 명령하신 거룩한 삶을 살며, 우리 영혼을 구원한 그리고 다른 사람들의 영혼을 구원할 영광스러운 복음을 열심히 전파해야 하지 않겠습니까? 우리의 위대하신 주님은 친히 자신의 모범으로 이러한 용맹을 우리에게 보여주셨습니다. 나는 우리 교회 안에서 더 많은 사람들이 땅끝까지 그리스도의 복음을 전파하겠노라고 결심하는 것을 보고 싶습니다. 그러면 우리는 그리스도께서 자기 영혼이 수고한 것을 보고 만족하는 것을 보게 될 것입니다. 나는 많은 그리스도인들이 별다른 열매를 보지 못하는 상태에서도 마침내 주님이 이 땅에서 혹은 하늘에서 상급을 주실 때까지 계속해서 인내하며 사역하고 있는 사실을 증언하고 싶습니다. 예수 그리스도의 좋은 병사가 되기 위해서는, 승리에 대한 한없는 열망과 함께 사람들의 영혼 속에 그리스도의 보좌를 세우고자 하는 지칠 줄 모르는 열정이 있어야 합니다.

좋은 병사의 네 번째 특징은 자신이 앞장서서 용감하게 나아간다는 것입니다. 마침내 적을 공격할 때가 올 때, 좋은 병사는 뒤로 물러나기를 바라지 않습니다. 비록 우박이 요란하게 쏟아지고 아군 진영이 약화되어도, 그는 자신이 앞장서서 용감하게 나아가기를 기뻐합니다. 왜냐하면 그는 항상 적과 직면하여 싸워 이길 기회를 찾고 있기 때문입니다. 진정한 그리스도인에게 있어서도, 그의 마음이 하나님 앞에 올바른 모습일 때, 이와 같습니다. 만일 그가 앞으로 전진하라는 명령을 받는다면, 설령 큰 위험이 예상된다 하더라도 그는 자신에게 그러한 임무가 부여된 것을 영예롭게 느낍니다. 우리 역시도 그러합니까? 이에 대해 나는 심히 부끄러움을 느낍니다. 우리 가운데 많은 사람들에게 있어, 사적인 대화에서 예수 그리스도에 대해 말하는 것이 얼마나 적습니까? 또 우리는 사람들 앞에서 우리의 빛을 얼마나 적게 나타냅니까? 만일 우리가 좋은 병사라면, 우리는 공적인 자리에서 뿐만 아니라 사적인 대화에서도 기회만 있으면 예수 그리스도와 그의 복음을 이야기할 것입니다. 사랑하는 자들이여, 여러분은 그렇게 합니까? 우리 모두는 예수 그리스도를 위해 자신의 특별한 일을 갖기를 추구해야 합니다. 그리고 만일 다른 사람들이 그 일을 맡고자 하지 않는다면, 우리가 마치 적의 포화 속으로 돌진해 들어가는 용맹한 전사처럼 깃발을 들고 앞장서 달려가 적진에 꽂아야 합니다. 첫 번째 용맹한 병사를 따를 수백 명의 다른 병사들이 있다는 사실을 확신하면서 말입니다. 사랑하는 자들이여, 여러분은 조롱하는 세상 앞에서 담대하게 그리스도를 증언할 준비가 되어 있습니까? 설교하는 강단에서, 일하는 일터에서, 물건을 사고파는 시장에서, 함께 하도록 부름받은 모든 무리 가운데, 여러분은 용감하게 우리 주님을 시인하며 그의 깃발을 높이 올립니까?

그러나 이것이 좋은 병사를 만드는 전부는 아닙니다. 좋은 병사는 공격에도 불구하고 흔들리지 않는 바위와 같아야 합니다. 영국 병사들이 바로 그러합니다. 그들은 적의 공격에 대항하여 전열을 흐트러뜨리지 않으면서 굳게 버팁니다. 적들이 미친 듯이 돌진해 들어오는데도 말입니다. 우리 병사들은 굴복할 줄을 모르며, 결코 물러서지 않습니다. 한 병사가 쓰러지면 재빨리 다른 병사가 빈 자리를 채웁니다. 그럼으로써 철옹성 같은 진영을 계속해서 유지하고, 그렇게 하여 적의 돌진을 무력화시킵니다. 우리 교회들에도 이와 같이 견고하고 굳세며 강한 경건이 필요합니다. 예수 그리스도의 좋은 병사일 때, 우리는 그러한 경건을 소유할 것입니다. 그러나 안타깝게도 너무나 많은 사람들이 쉽게 힘을 잃어버리고 맙니다. 잠시 그들은 최고의 지점에 도달합니다. 그러나 계속해서 전진하는 일은 그들에게 있어 너무도 어려운 일입니다. 얼마나 많은 젊은이들이 교회에 들어와서 잠시 열심을 내다가 곧 냉랭해져 버리고 맙니까? 안타깝게도 젊은이들만 그런 것이 아닙니다. 여러분 가운데 많은 사람들도 한때 주를 위해 열심히 일하지 않았습니까? 그런데 왜 지금은 주님을 위해 열심을 내지 않습니까? 그리스도께서 여러분에게 휴가를 주거나 은퇴를 허락하기라도 했다는 말입니까? 그가 여러분에게 그의 일을 행하는 것을 면제시켜 주기라도 했단 말입니까? 상급을 잃어버리지 않도록 조심하십시오. 결코 그래서는 안 됩니다. 우리는 일평생 계속해서 우리의 순전함을 유지해야 합니다. 또 일평생 유혹에 대항하며, 구별된 길을 걸으며, 특별히 변함없는 열정으로 인간의 영혼을 찾고자 애써야 합니다. 그리고 지칠 줄 모르는 열정으로 인간들을 위해 하나님과 씨름하며, 하나님을 위해 인간들과 씨름해야 합니다. 이와 같은 강고한 결심으로 굳게 서십시오.

예수 그리스도의 좋은 병사의 마지막 표적은 자신의 힘을 위로부터 끌어오는 것입니다. 이것은 일반적인 전쟁에서도 사실이었습니다. 왜냐하면 어떤 신앙인들은 하나님으로부터 힘을 끌어옴으로써 전쟁의 날 용맹한 전사가 되었기 때문입니다. 나는 프레데릭 대왕(Frederick the Great)과 관련한 이야기를 좋아합니다. 어느 날 대왕은 자신이 사랑하던 한 장군이 기도하는 것을 우연히 듣고 그에 대해 희롱하는 말을 했습니다. 한 번도 적을 두려워해 본 적이 없었을 뿐만 아니라 심지어 왕의 희롱조차도 두려워하지 않았던 장군은 대왕에게 이렇게 말했습니다. "폐하, 저는 지금 폐하의 위대한 동맹군으로부터 도움을 요청하고 있었습니다." 그는 하나님을 기다리고 있었습니다. 바로 이것이 그리스도인들이 승리를 얻는 방법입니다. 그들은 승리를 교회의 위대한 동맹군으로부터 찾습니다. 그리고 전쟁의 날 승리를 얻을 것을 확신하면서 전쟁터로 나갑니다. 최선의 그리스도인은 곧 최선의 기도자입니다. 최선으로 기도하는 자가 최고의 일을 행할 것입니다.

살라만카 전투에서 웰링턴 공작이 자신의 부하 지휘관 가운데 한 사람에게 그의 부대와 함께 앞으로 전진하여 협곡을 점령하라고 명령했을 때, 그 지휘관은 이렇게 대답했습니다. "공작님, 그렇게 하겠습니다. 그러나 먼저 공작님의 그 굳센 손으로 저를 꽉 잡아 주십시오." 그리하여 공작은 그를 꽉 잡아 주었으며, 그는 곧바로 적진을 향해 달려갔습니다. 나 역시 종종 나의 대장에게 이렇게 말하곤 합니다. "주여, 만일 주의 그 굳센 손으로 종을 꽉 잡아 주신다면, 종은 그 일을 행할 것이나이다." 그리스도께서 우리를 꽉 잡아 주실 때, 얼마나 강력한 힘이 우리 안으로 들어오겠습니까? 그리스도와의 교제가 교회의 능력의 근원입니다. 교회의 능력은 재물에 있는 것도 아니고, 설교자의 유창한 달변에 있는 것도 아니고, 사람으로부터 오는 것도 아닙니다. 교회의 힘은 신적인 근원으로부터 옵니다. 만일 영원한 하늘로부터 능력을 끌어오지 못한다면, 교회는 갈대처럼 약해질 것입니다. 예수 그리스도의 좋은 병사들은 성령 안에서 무시로 기도하며, 그럼으로써 주 안에서 그리고 그의 힘의 능력 안에서 강해집니다.

2. 둘째로, 여러분이 그런 병사가 되십시오.

사랑하는 형제들이여, 나는 그리스도의 병사인 여러분에게 좋은 병사가 되라고 훈계합니다. 바울은 기회 있을 때마다 교회들을 칭찬하곤 했습니다. 나 역시 진심으로 여러분이 주님을 잘 섬겼노라고 칭찬하고 싶습니다. 나는 여러분이 스스로 영광을 취하지 않은 것을 잘 압니다. 여러분은 모든 일을 행한 후에 스스로 무익한 종이라고 여겼습니다. 나는 여러분 안에서 이루어진 성령의 역사를 볼 때 너무도 기쁩니다. 나는 여러분 안에서 사도적 열정과 놀라운 자기희생을 보았노라고 감히 말할 것입니다. 오래된 기록들에서 보기는 했지만 그러나 직접 보리라고는 거의 기대하지 못했던 그런 열정과 자기희생 말입니다. 우리 가운데 많은 사람을 옳은 데로 돌아오게 함으로써 별처럼 영원토록 비칠 사람들이 많이 있습니다. 부디 지금의 아름다운 자리에서 넘어짐으로써 이제까지의 길을 부끄럽게 만들지 마십시오. "계속 전진하라"가 여러분의 표어가 되게 하십시오. 뒷걸음칠 생각을 하지 마십시오. 하나님에 대한 사랑으로 그리고 여러분 자신의 열심과 열정으로 계속해서 전진하십시오. 첫 사랑을 버리지 말고, 좋은 병사가 되십시오. 과거보다도 지금이야말로 좋은 병사가 되어야 할 더 큰 필요성이 있습니다.

불과 일이십 년 전만 하더라도 영국에서 가톨릭의 힘이 지금에 비하면 아무것도 아니었습니다. 그때 영국교회는 대체로 프로테스탄트적이었습니다. 그러나 지금은 훨씬 더 가톨릭적으로 바뀌었습니다. 나는 오늘날 우리가 두 개의 가톨릭교회에 의해 괴롭힘을 당하고 있다고 다소 거칠게 말하고 싶습니다. 하나는 로마교회이며, 또 하나는 옥스퍼드교회입니다(여기에서 옥스퍼드교회는 영국 국교회를 지칭하는 것임). 후자는 전자보다 조금도 낫지 않습니다. 오히려 많은 경건한 사람들을 데려간다는 측면에서 더 간악하며 더 위험하다고까지 말할 수 있습니다. 나는 영국의 복음주의 목회자들이 영국교회와 지속적인 교제를 가짐으로써 결과적으로 의식주의(儀式主義)의 방패 역할을 하는 것에 대해 참으로 통탄하는 마음을 갖습니다. 이 부분에서 의식주의자들과 복음을 사랑하는 자들 사이에 전투가 벌어지게 될 수밖에 없을 것입니다. 그 전투가 지금 우리 앞에 다가와 있습니다. 여러분은 이제 자신의 색깔을 분명하게 나타내면서 헤아릴 수 없이 많은 적들에 대항하여 자신의 주님을 섬겨야 합니다. 여러분은 한 번도 나를 실망시키지 않았으며, 항상 담대하며 굳건하며 열정적이었습니다. 그러므로 계속해서 그렇게 전진하십시오. 또 나는 우리의 많은 젊은이들이 우리를 둘러싸고 있는 세상적인 유흥과 환락에 유혹을 받고 있는 것을 잘 압니다. 이와 같이 우리의 위험은 단지 가톨릭교로부터만이 아니라 세상과 육신과 마귀로부터 옵니다. 여러분에게는 더 큰 열정과 더 강력한 경건이 필요합니다. 그렇지 않으면 다음 세대는 기쁨의 세대가 아니라 슬픔의 세대가 될 것입니다. 부디 이러한 사실을 직시하기를 바랍니다.

좋은 병사가 되십시오. 왜냐하면 많은 것들이 그것에 달려 있기 때문입니다. 영국의 축복의 분량은 우리 한 사람 한 사람이 좋은 영국인이 되는 분량에 비례

할 것입니다. 영국의 비국교도 교회는 경건을 잃어버릴 때 그 모든 힘을 잃어버리 것입니다. 나는 우리의 정치적 힘에 대해서는 크게 개의치 않습니다. 우리의 정치적 권리에 대해서도 거의 무관심합니다. 물론 그런 것들에 대해 관심이 있기는 합니다만, 그것들은 내 생각 속에서 아주 작은 부분밖에 차지하지 못합니다. 그러나 우리의 영성(靈性)은 주된 문제입니다. 우리를 우리의 나라 영국의 축복이 되게 만드는 것은 바로 이것입니다. 청교도의 아들들이여, 여러분은 하나님과 동행해야 합니다. 그렇지 않으면 여러분의 날은 단지 과거에 불과한 것이 되고 말 것입니다. 에스더를 생각해 보십시오. 그녀가 왕후가 된 것은 자기 나라 유다의 구원을 위한 것이었습니다. 그러나 그녀가 자신의 임무를 수행하지 않는다면, 그 일은 다른 사람의 몫이 될 것이었습니다. 여러분도 마찬가지입니다. 여러분이 경건한 백성으로서 하나님과 동행하는 삶을 살 때, 여러분은 영국의 축복이 될 것입니다. 그러나 그렇지 않을 때, 영국의 축복이 되는 것은 다른 사람들의 몫이 되고 말 것입니다. 여러분은 숫자도 많아졌고, 힘도 커졌습니다. 여러분은 은혜 안에서 자라야 하며, 복음을 더 많이 사랑해야 하며, 그리스도를 더 많이 사랑해야 합니다. 왜냐하면 여러분의 나라가 그것을 필요로 하기 때문이며, 여러분의 자녀가 그것을 필요로 하기 때문이며, 여러분 자신들이 그것을 필요로 하기 때문입니다. 오늘날은 참으로 위험한 시대입니다. 그러나 여전히 영국은 여러분에게 희망을 걸고 있습니다. 그러므로 간절히 당부하노니, 예수 그리스도의 좋은 병사가 되십시오.

또 우리가 좋은 병사가 되어야 하는 이유는 그것이 생사를 가르는 일이기 때문입니다. 본질적인 것은 하나님의 나라이며, 그리스도의 교회이며, 말씀이며, 진리이며, 복음의 교훈이며, 예수의 면류관입니다. 어느 누구도 예수 그리스도의 보좌를 흔들지 못할 것입니다. 왜냐하면 "열방이 분노하며 민족들이 허사를 경영한다" 할지라도, 그의 보좌는 굳게 설 것이기 때문입니다(시 2:1). 그러나 지금 우리는 인간의 예(例)대로 말하고 있는 중입니다. 하나님은 이 문제를 진리의 기둥과 터인 자기 교회에 남겨 두시기를 기뻐하셨습니다. 그러므로 우리는 남자답게 굳게 서서 열심히 싸워야 합니다.

형제들이여, 간절히 당부하노니 예전의 명성을 생각하면서 예수 그리스도의 좋은 병사가 되십시오. 병사는 자신의 깃발을 받았을 때 그 위에 어떤 글자가 새겨져 있는 것을 발견합니다. 그리고 그것은 그에게 그 부대가 거두었던 예전의 승리들을 일깨워줍니다. 히브리서 11장을 보십시오. 거기에서 여러분은 믿음으로 승리한 자들의 긴 목록을 보게 될 것입니다. 선지자들과 사도들이 어떻게 하나님을 섬겼는지 기억하십시오. 어떻게 순교자들이 기쁘게 자신의 목숨을 내려놓았는지 회상하십시오. 종교개혁자들과 모진 박해에도 굴하지 않았던 성도들을 보십시오. 여러분의 조상들이 겪었던 박해를 기억하십시오. 간절히 당부하노니, 여러분의 위대한 계보에 부끄럽지 않게 행하십시오.

또 여러분을 기다리고 있는 승리를 생각하면서 좋은 병사가 되십시오. 그리스도의 궁극적인 승리에 동참하는 것은 얼마나 놀라운 일이겠습니까? 그리스도의 모든 병사들이 전쟁으로부터 돌아올 때, 왕 자신이 그들의 머리 위에 승리의 월계관을 씌워주실 때, 그들이 만왕의 왕의 상아 궁이 있는 도성으로 돌아올 때, "문들아 너희 머리를 들지어다 영원한 문들아 들릴지어다"라는 노래가 울려 퍼질 때, "영광의 왕이 뉘시뇨"라는 질문에 "강하고 능한 여호와시요 전쟁에 능한 여호와시로다"라는 대답이 울려 퍼질 때 — 그날의 승리에 동참하는 것은 얼마나 영광스러운 일이겠습니까? 그들의 머리를 위해 면류관이 준비되어 있습니다. 비록 그 머리가 지금은 거룩한 싸움으로 인해 고난과 아픔을 겪고 있기는 하지만 말입니다. 그리고 그들의 손을 위해 종려나무 가지가 준비되어 있습니다. 비록 그 손이 지금은 거룩한 싸움으로 인해 많은 수고를 겪고 있기는 하지만 말입니다. 그리고 그들의 발을 위해 은으로 만든 신발이 준비되어 있습니다. 비록 그 발이 지금은 그리스도를 위한 오랜 행군으로 지쳐 있기는 하지만 말입니다. 십자가의 모든 충성된 병사들 앞에 상상할 수 없는 존귀와 불멸이 기다리고 있음을 결코 잊지 마십시오.

마지막으로, 여러분의 대장을 기억하면서 좋은 병사가 되십시오. 우리에 대한 사랑의 증표로서 그 손과 발에 못 자국을 가지고 계신 바로 그 대장 말입니다. 무저갱으로 떨어지는 것으로부터 구속받은 자들이여, 여러분의 감사의 마음을 무엇으로 충분하게 나타낼 수 있겠습니까? 장차 영원한 영광에 참여할 자들이여, 여러분의 빚진 자의 심정을 무엇으로 충분하게 증명할 수 있겠습니까? 그 눈이 불꽃 같은 자 그러나 눈물로 젖은 자를 기억하십시오. 그 머리에 많은 면류관을 쓴 자 그러나 여전히 가시 면류관을 쓰고 있는 자를 기억하십시오. 만왕의 왕이요 만주의 주인 자 그러나 여러분을 위해 그 머리를 사망에 숙인 자를 기억하십시오. 그를 기억하면서 여러분 생명의 마지막 숨까지도 그를 위해 쓸 것을 결심하십시오. 부디 주께서 은혜를 베푸사 우리 교회 안에 그런 성도들 곧 예수 그리스도의 좋은 병사들이 많이 일어나기를 기원합니다.

몇 마디만 더 하고 마치고자 합니다. 나는 여러분에게 오늘 이 시간부터 새로운 마음으로 그리스도를 위해 노력하자고 당부하고 싶습니다. 나는 여러분이 무기력해져 있음을 알지 못합니다. 또 여러분에 대해 어떤 특별한 불평거리를 가지고 있는 것도 아닙니다. 그러나 나는 우리 모두가 오늘부터 새로운 마음으로 시작하기를 바랍니다. 그렇게 할 때 우리는 예수 그리스도를 위해 새롭게 분발하는 새로운 시대를 보게 될 것입니다. 그렇게 되기 위해서는 한 사람도 우리의 싸움에서 자신의 위치를 이탈해서는 안 됩니다. 반도 전쟁의 위대한 전투 전야(前夜)에, 지휘관들이 점호 명부를 보면서 단 한 명의 병사도 빠지지 않은 것을 알게 된 것은 참으로 놀랄 만한 사실이었습니다(the Peninsular war; 19세기 초에 있었던 영국과 프랑스 사이의 전쟁). 병사들은 한 사람도 이탈하지 않았으며, 큰 전투를 앞두고 있었음에도 불구하고 식사도 잘 하고 있었습니다. 주일학교에서 아이들을 가르치는 자들이여, 길거리에서 전도지를 나누어주는 자들이여, 거리에서 말씀을 전파하는 자들이여 — 각자 자기 자리를 지키십시오. 만일 아직 자기 자리를 찾지 못했다면, 지금 찾으십시오. 한 사람도 우물쭈물하는 자가 없게 하십시오. 한 사람도 빈둥거리는 자가 없게 하십시오. 왜냐하면 한 사람의 빈둥거리는 자가 일을 망칠 수 있기 때문입니다.

또 우리가 승리하기 위해서는 결코 나누어져서는 안 됩니다. 우리의 깃발의 표어는 "우리는 하나다"여야 합니다. 누가 우리를 나눌 것입니까? 우리는 죽을 수밖에 없는 인생에 불과합니다. 그러므로 우리 가운데 작은 시기심이라든지 사소한 불평 따위가 생길 수 있습니다. 그러나 과거의 용맹한 전사(戰士)들은 큰 전투를 앞둔 전날 밤 함께 모여 다음과 같이 말할 줄 알았습니다. "오라, 우리가 화해하자. 우리의 공통적인 증오심을 적에게로 향하게 하고, 우리의 공통적인 사랑을 왕에게로 향하게 하자." 여러분의 화목이 깨어지지 않도록 하십시오. 여러분의 연합이 확고불변한 것이 되도록 하십시오. 그러면 하나님이 여러분을 축복하실 것입니다.

또 우리가 승리하기 위해 다음과 같은 규칙을 정하도록 합시다. 즉 일에서든, 덕에서든, 영적 성취에서든, 낮은 표준으로 만족하지 말자는 규칙 말입니다. 하늘의 별 바로 밑에까지 이르는 좋은 그리스도인 되기로 결심합시다. 그리스도를 사랑하되, 최선을 다해 사랑합시다. 그리스도를 위해 행하되, 최선을 다해 행합시다. 그리스도를 위해 무엇인가를 드리되, 최선을 다해 드립시다. 아무것도 아끼지 맙시다. 우리 가운데 아나니아와 삽비라가 없게 합시다. 우리 모두 주님을 사랑한 요한처럼 됩시다. 우리 모두 모든 것을 그리스도를 위해 배설물로 여긴 바울처럼 됩시다.

다음으로, 지금 이 순간을 붙잡으십시오. 나는 이 지역을 복음의 기본 도리를 기록한 소책자로 뒤덮어 버리고 싶습니다. 사람들에게 복음을 가르치고 또 의식주의자(儀式主義者)들의 비열한 태도에 대항하기 위해서 말입니다. 지금 우리 주변에서 천지가 진동하고 있습니다. 우리의 가난한 자들은 이런저런 미끼로 유혹을 당하고 있으며, 의식주의자들이 우리 교우들을 유혹하기 위해 조직적으로 집집마다 방문하고 있습니다. 이런 상황에서 중요한 것은 이것입니다. 즉 우리가 그리스도를 따르며, 성경의 가르침을 붙잡고 있느냐 하는 것입니다. 그렇다면 아무도 우리를 흔들 수 없습니다. 이 모든 것이 비국교도 교회를 파괴하기 위한 것입니다. 그러나 만일 우리가 하나님을 가까이 하며 우리의 신앙적 열정을 계속해서 지킨다면, 우리의 비국교도 교회는 모든 공격을 능히 극복할 수 있을 것입니다. 폭풍이 몰려올 때를 생각해 보십시오. 그러나 만일 우리가 폭풍의 주인이 어디에 계시는지를 안다면, 우리는 담대한 마음을 잃지 않을 것입니다. 그는 우리를 돕기 위해 물 위를 걸으실 수 있으며, 바다를 고요하게 할 수 있는 분이 아닙니까? 마음으로 그를 꽉 붙잡으십시오. 결코 패배할까 두려워하지 마십시오. 지금까지 만군의 여호와가 우리와 함께 계셨습니다. 또 그는 여전히 우리를 돕는 자십니다. 우리는 많은 사람들이 일어났다가 사라지는 것을 보아 왔습니다. 그들은 잠시 불처럼 타올랐다가 지금은 완전히 꺼져 버렸습니다.

반면 우리는 소수의 무리로부터 이렇게 큰 무리로 자랐습니다. 우리의 믿음의 대상이요 지금도 우리의 버팀줄이 되시는 하나님은 결코 우리를 버리지 않으실 것입니다. 그가 우리를 이끄셔서 우리로 하여금 사랑의 띠로 한 몸이 되게 하지 않았습니까? 그는 여러분을 더 위대한 목적으로 이끄시고 강화시키기를 원하십니다. 우리 하나님이 우리를 축복하실 것입니다. 임마누엘이 우리를 선봉에서 이끄십니다. 진리가 마치 시온의 처녀 딸처럼 거짓에 대하여 머리를 흔들며 그것을 비웃습니다. 거짓으로 하여금 자기의 겉만 번지르르한 옷을 입게 하십시오. 그리고 스스로 여왕이라고 생각하게 하십시오. 그리고 자신은 홀로 앉아 결코 슬픔을 보지 않을 것이라고 말하게 하십시오. 거짓으로 하여금 자기 위용을 갖추고 태양 앞에 깃발을 나부끼며 나아오도록 하십시오. 거짓은 스스로 종말을 향해 달려갈 뿐입니다. 거짓의 갑옷 － 그것이 무엇입니까? 그것은 고작해야 종이로 만든 갑옷에 불과합니다. 그것은 진리의 창에 의해 온전히 관통당할 것입니다. 거짓의 깃발 － 그것이 무엇입니까? 그것은 로마 창녀의 더러운 누더기에 불과합니다. 그것은 결국 진창에 내동댕이쳐질 것입니다. 거짓의 병사들을 모두 나오라고 하십시오. 그들로 빽빽한 진용을 갖추라고 하십시오. 예수 그리스도의 충성된 병사들이 그들의 진용을 휘젓고 들어가 마치 바람 앞의 갈대처럼 그들을 쓰러뜨릴 것입니다. 오늘날 인간의 교리와 전통이 우리를 둘러싸고 있습니다. 그것들은 마치 벌처럼 우리 주위에서 윙윙거립니다. 그러나 주의 이름으로 우리는 그것들을 허물어뜨릴 것입니다. 오직 하나님을 신뢰하십시오. 그리고 승리를 확신하십시오. 뒤로 물러나는 것은 결코 용납될 수 없습니다.

　알마에 있었던 콜린 캠벨 경에게 지금 왕의 수비대가 적의 공격을 받고 있는데 안전한 지역으로 잠시 퇴각하는 것이 낫지 않겠느냐는 메시지가 전달되었습니다. 이에 대해 캠벨 경은 이렇게 대답했습니다. "적에게 등을 보이며 퇴각하는 것보다 차라리 수비대 전원이 그 자리에서 죽는 것이 더 나을 것입니다." 그렇습니다. 겁쟁이로 사느니 차라리 죽는 것이 더 나을 것입니다. 이스라엘의 수치를 보며 사느니 차라리 무덤으로 들어가는 것이 더 나을 것입니다. 성벽 위에 "이가봇"이라고 씌어지는 것을 보느니 차라리 우리의 눈이 죽음 가운데 감기는 것이 더 나을 것입니다.

　형제들이여, 정말로 그렇지 않습니까? 여러분은 예수 그리스도를 섬기며, 그를 사랑할 것입니다. "승리를 향하여"가 오늘부터 여러분의 표어가 될 것입니다. 이를 위해 더 많이 기도하십시오. 이것이 중요합니다. 모든 사람은 각자 자신의 위치를 찾으십시오. 그리고 그 일에 전적으로 스스로를 던지십시오. 만일 어떤 사람이 냉담해진다면, 그로 하여금 다음과 같은 예수 그리스도의 말씀을 기억하게 하십시오. "볼지어다 내가 문 밖에 서서 두드리노니 누구든지 내 음성을 듣고 문을 열면 내가 그에게로 들어가 그와 더불어 먹고 그는 나와 더불어 먹으리라"(계 3:20). 이와 같이 예수와 더불어 먹는 것은 여러분을 회복시킬 것입니다. 설령 여러분이 차지도 덥지도 않은 라오디게아 교회처럼 되었다 하더라도 말입니다. 예수 그리스도와의 교제는 여러분의 사랑을 회복시켜 줄 것입니다.

그러므로 사랑하는 형제들이여, 예수 그리스도의 이름으로 당부하노니 주와 그의 강력한 능력 안에서 강해지십시오.

오늘 설교는 아직 그리스도를 알지 못하는 사람들에게 대한 것이 아닙니다. 그렇지만 그들조차도 본 설교의 핵심을 이해한다면 많은 유익을 얻을 것입니다. 그렇지만 지금 이 말은 아직 그리스도를 알지 못하는 사람들 다시 말해서 예수 그리스도의 병사가 아닌 사람들에게 대한 것입니다. 지금 예수 그리스도를 믿으십시오. 지금 나아와, 그의 은혜의 홀(笏)에 입 맞추십시오. 그가 여러분을 용서하시고, 자기 종으로 받아주실 것입니다. 하나님이 여러분을 축복하시기를 기원합니다. 아멘.

제
5
장
—

우리 주 예수의 부활

—

**"내가 전한 복음대로 다윗의 씨로 죽은 자 가운데서
다시 살아나신 예수 그리스도를 기억하라" — 딤후 2:8**

나는 말하는 재주에 있어서는 결코 탁월하지 못합니다. 만일 내가 탁월한 사고능력이나 혹은 언어능력을 추구했었다면, 오늘날 나는 분명 실패했을 것입니다. 왜냐하면 그런 부분에 있어 나는 거의 가장 낮은 수준밖에는 되지 못하기 때문입니다. 그렇지만 오늘 아침 여러분에게 설교를 하면서 하나님이 축복하시는 것은 교리 그 자체이지 그것이 말하여지는 방법이 아니라는 사실을 생각할 때, 나는 큰 위로를 받습니다. 물론 말하는 자와 그의 어투가 어느 정도 영향을 끼치기는 하지만 말입니다. 하나님은 모든 진리 가운데 가장 위대한 진리인 부활의 진리가 인간들에 의해서가 아니라 천사들에 의해 먼저 선포되어야만 한다고 선택하셨습니다. 그러나 곧이어 하나님은 인간을 위해 스랍을 제쳐 놓으셨습니다. 왜냐하면 천사들이 여자들에게 한두 마디 말하고 난 후에 그들의 증언은 곧바로 그쳤기 때문입니다. 주의 부활에 대한 가장 놀라운 증언은 먼저 거룩한 여자들에 의해 이루어졌습니다. 그리고 그 후에 부활하신 구주를 직접 보았던 오백 여명의 남녀들에 의해 이루어졌습니다. 우리 주님의 부활과 관련하여, 나와 다른 사역자들에게 다윗의 씨인 예수 그리스도가 죽은 자 가운데 다시 살아났다는 증언 이상의 또 다른 증언은 없습니다. 그것을 아무리 장엄한 시로 표현한다 하더라도, 그 이상의 또 다른 것은 아무것도 없습니다. 반대로 어린아이가

읽는 책에 가장 짤막한 표현으로 기록한다 하더라도, 그 의미는 조금도 줄어들지 않습니다. "주께서 정말로 살아나셨도다" ― 바로 이것이 부활하신 구속자와 관련하여 우리가 증언할 내용의 총체입니다. 만일 우리가 이러한 부활의 진리를 알고 그 능력을 체험한다면, 우리가 그것을 어떻게 표현하느냐 하는 것은 부차적인 중요성만을 가질 뿐입니다. 왜냐하면 성령께서 진리를 증언하시고, 그것을 듣는 자들의 마음속에서 열매를 맺으실 것이기 때문입니다.

오늘의 본문은 디모데에게 보낸 바울의 두 번째 편지 가운데 들어 있는 한 구절입니다. 바울은 놀라운 성공으로 말씀을 전파하는 젊은 사역자를 항상 따뜻한 마음을 가지고 바라보고 있었습니다. 그리고 그를 어떤 측면에서 자신의 후계자로 생각하고 있었습니다. 노인 바울에게 지금 장막을 벗을 때가 가까워오고 있었습니다. 그래서 바울은 복음으로 낳은 아들인 디모데가 자신이 전파한 것과 동일한 진리를 전파하고 그럼으로써 복음을 변질시키지 않기를 바랐습니다. 디모데의 시대에도 그랬고 오늘날에도 마찬가지인 풍조가 있는데, 그것은 사람들이 우리의 신앙이 기초하는 가장 단순하며 근본적인 사실로부터 좀 더 철학적이며 난해한 어떤 것으로 이행하려고 하는 풍조입니다. 어떤 말씀에 있어, 보통사람들은 그것을 기쁘게 듣고 즐겁게 받아들이는 반면 어떤 유식한 사람들에게는 그다지 달갑게 느껴지지 않는 경우가 있습니다. 따라서 그들에게 그것을 좀 더 보완하는 인간의 생각과 사유(思惟)의 안개가 필요하게 됩니다.

바울이 고린도전서 15장에서 제시하는 것처럼, 서너 가지 정도의 복음을 구성하는 근본적인 사실들이 있습니다. "내가 받은 것을 먼저 너희에게 전하였노니 이는 성경대로 그리스도께서 우리 죄를 위하여 죽으시고 장사 지낸 바 되셨다가 성경대로 사흘 만에 다시 살아나사"(고전 15:3, 4). 예수 그리스도의 성육신과 생애와 죽음과 부활 위에 우리의 구원이 기초합니다. 이러한 사실들을 올바로 믿은 자는 복음을 믿은 것이며, 복음을 믿음으로써 그는 의심의 여지 없이 그 안에서 영원한 구원을 발견할 것입니다. 그러나 사람들은 좀 더 새롭고 진기한 것을 원합니다. 그들은 나팔이 항상 같은 소리를 내는 것을 견딜 수 없습니다. 그들은 매일같이 어떤 새로운 것을 갈망합니다. "변주곡처럼 다양한 변이를 가진 복음"(the gospel with variations)이 그들을 위한 음악입니다. 그들은 지성(知性)은 계속해서 진보한다고 말합니다. 그러므로 그들은 그들의 조상들 앞으로 행진해 나가야 합니다. 성육신, 신성, 거룩한 삶, 속죄의 죽음, 문자적인 부활 ―

이런 단어들을 열아홉 세기 동안 들을 때, 그들은 다소 식상하게 느낍니다. 그래서 유식한 사람들은 이와 같이 시대에 뒤떨어진 만나로부터 벗어난 좀 더 변화된 어떤 것을 갈망합니다. 심지어 바울의 시대에조차 이런 풍조가 있었습니다. 그들은 사실(事實)에 대해 신비라든지 혹은 수수께끼 같은 것으로 접근하려고 애썼습니다. 그리고 그러한 사실 안에서 영적인 의미를 발견하려고 애쓰다가 마침내 그것이 실제적인 사실이라는 사실까지 부인하는 지경에 이르고 말았습니다. 난해한 의미를 추구하다가 그들은 그만 사실 자체를 간과해 버리고 만 것입니다. 그림자를 좇다가 그만 어리석게도 실체를 잃어버리고 만 것입니다. 하나님이 그들 앞에 하늘을 놀라움으로 가득 채우는 영광스러운 사건들을 제시하셨음에도 불구하고, 그들은 명백한 역사적 사실들을 해석되어야 하는 신화나, 풀어야 하는 수수께끼로 받아들임으로써 자신들의 어리석은 지혜를 나타냈습니다. 그리고 어린아이처럼 단순한 믿음으로 받아들인 자들은 어리석은 자로 치부되었습니다. 그리하여 "부활이 이미 지나갔다 함으로 어떤 사람들의 믿음을 무너뜨림으로써 진리에 관하여 그릇되었던" 후메내오와 빌레도 같은 사람들이 일어났습니다(딤후 2:18). 17절을 찬찬히 읽어 보십시오. "그들의 말은 악성 종양이 퍼져나감과 같은데 그 중에 후메내오와 빌레도가 있느니라." 그들은 부활을 없애버리고 말았습니다. 그들은 실제적인 부활을 없애버리는 과정에서 그것을 매우 심오하며 신비로운 어떤 것을 의미하는 것으로 만들었습니다.

　지금도 많은 사람들이 새로운 의미를 찾으려고 애쓰는 가운데 옛 교리들을 재해석하며, 문자적인 사실들을 영화(靈化)시킵니다. 그들은 진리로부터 창자를 끄집어냄으로써, 그것을 가설과 억측으로 빳빳하게 굳은 송장으로 만들고 맙니다. 솔로몬의 황금 방패는 탈취당하고, 그 자리를 놋 방패가 채웁니다. 놋 방패로 충분합니까? 예전에 황금 방패를 보았던 사람들이 놋 방패로 만족할까요? 우리는 결코 르호보암을 칭찬하지 않습니다. 우리는 본래의 황금 방패를 더 좋아할 정도로 충분히 시대에 뒤떨어진 사람들입니다. 바울 사도는 최소한 디모데가 옛 증언들을 굳게 지키고, 다윗의 씨인 예수 그리스도가 죽은 자 가운데서 다시 살아나셨다는 자신의 증언의 명백한 의미를 충분히 이해하기를 바랐습니다.

　본문 속에서 우리는 몇 가지 사실들을 발견할 수 있습니다. 첫째로, 여기에 지극히 높은 자의 아들 예수가 하나님의 기름 부음받은 자였다는 사실이 나타납니다. 바울은 그를 "그리스도" 즉 하나님으로부터 보냄받은 기름 부음받은 자,

메시야라고 부릅니다. 또 바울은 그를 구원자를 의미하는 "예수"라고 부릅니다. 마리아로부터 태어난 자, 베들레헴의 구유에 눕혀졌던 자, 우리를 위해 사시고 우리를 위해 죽으신 자가 인간의 구주로 기름 부음받은 자라는 사실은 참으로 장엄한 진리입니다. 우리는 우리 주 예수의 사명과 직임과 계획에 대해 추호의 의심도 갖지 않습니다. 실제로 우리 영혼의 구원은 그가 인간의 구주로서 여호와의 기름 부음받은 자라는 사실 위에 기초합니다.

이러한 예수 그리스도는 실제로 그리고 참으로 사람이셨습니다. 바울은 그를 "다윗의 씨"로 부릅니다. 진실로 그는 신적인 존재로서, 그의 탄생은 사람들의 통상적인 방식을 따른 것이 아니었습니다. 그럼에도 불구하고 여전히 그는 모든 측면에서 우리의 인간 본성에 참여하셨으며, 다윗의 줄기로부터 오셨습니다. 이 것을 또한 우리는 믿습니다. 우리는, 성육신을 영화(靈化)시키면서, 하나님이 마치 환영(幻影)처럼 여기에 있었던 것이라고 추측하는 무리 가운데 있지 않습니다. 심지어 그들 가운데 어떤 사람들은 예수 그리스도와 관련한 전체 이야기를 단지 교훈을 위한 신화에 불과한 것으로 생각하기까지 합니다. 결코 그렇지 않습니다. 하나님의 아들은 실제적인 살과 피로 사람들 가운데 사셨습니다. 이 땅에 우거하실 때 그는 우리의 뼈 중의 뼈요 살 중의 살이셨습니다. 우리는 예수 그리스도가 육체로 오셨음을 알고 또 믿습니다. 우리는 성육신하신 하나님을 사랑하며, 그 위에 우리의 믿음을 굳게 세웁니다.

또 본문 속에는 예수가 죽었음이 함축되어 있습니다. 만일 그가 먼저 죽은 자들 가운데 내려가 그들 가운데 있지 않았다면, 그는 결코 죽은 자들 가운데 다시 살아날 수 없었습니다. 그렇습니다. 예수는 죽으셨습니다. 십자가는 망상(妄想)이 아니었습니다. 그의 옆구리에 창이 찔린 것은 그가 죽은 것에 대한 가장 명백하고 확실한 증거였습니다. 그의 손과 발이 못 박히고 옆구리에 창이 찔렸으며, 그로부터 피와 물이 쏟아져 나왔습니다. 죽은 자로서, 그는 십자가로부터 내려졌으며 요셉의 새 무덤에 뉘어졌습니다. 나는 백합처럼 하얀 그의 창백한 시신을 봅니다. 그의 시신이 그의 상처로부터 흘러나온 피로 어떻게 얼룩졌는지 보십시오. 마치 장미처럼 붉지 않습니까? 거룩한 여인들이 그의 몸에 향품을 바르며, 세마포로 감싸며, 안식일을 홀로 무덤에서 보내도록 그의 시신을 안치하는 것을 보십시오. 세상에서 그보다 더 확실하게 죽은 사람은 아무도 없었습니다. "그의 무덤이 악인들과 함께 있었으며 그가 죽은 후에 부자와 함께 있었도다"(사

53:9). 그들은 그를 죽은 자로서 수건과 세마포로 싸서 죽은 자의 장소에 놓았습니다. 그러고 나서 그들은 큰 돌을 굴려 무덤 입구를 막았습니다. 그리고 그가 죽었음을 알고 그를 그곳에 두었습니다.

이어서 제삼일에 그가 죽은 자 가운데서 다시 살아나셨다는 위대한 진리가 이어집니다. 그의 몸은 썩지 않았습니다. 왜냐하면 거룩한 것이 썩음을 보는 것은 불가능했기 때문입니다. 그러나 그 몸은 여전히 죽은 상태에 있었습니다. 그리고 하나님의 능력으로 ― 그 자신의 능력으로, 아버지의 능력으로, 성령의 능력으로 ― 제삼일 새벽에 그의 죽은 몸은 다시 살아났습니다. 멈추었던 심장은 다시 뛰기 시작했으며, 혈관에는 다시 생명의 피가 흐르기 시작했습니다. 구속자의 영혼은 다시금 몸을 취하였으며, 또 한 번의 삶을 시작했습니다. 아직 무덤 안에 있었음에도 불구하고 그의 모든 부분이 예전처럼 다시 살아났습니다. 그는 문자적으로 그리고 실제적으로 무덤으로부터 물질적인 몸으로 나왔습니다. 하늘로 승천할 때까지 사람들 가운데 살기 위해서 말입니다. 바로 이것이 지금까지 계속해서 선포되었고, 앞으로도 영원히 선포되어야 할 진리입니다. 바로 이것이 바울 사도가 증언한 역사적 사실입니다. 바로 이것이 수많은 성도들이 위하여 피를 흘리며 또 죽었던 바로 그 진리입니다. 바로 이것이 기독교의 모퉁잇돌이 되는 교리입니다. 이 진리를 붙잡지 않은 자들은 하나님의 본질적인 진리를 내팽개쳐 버린 것입니다. 주께서 정말로 살아나셨음을 믿지 않는다면, 어떻게 그들이 자신의 영혼이 구원받을 것을 바랄 수 있단 말입니까?

오늘 아침 우리는 다음과 같은 세 가지를 다루고자 합니다. 첫째로, 그리스도의 부활의 사실이 다른 위대한 진리들에 대하여 갖는 관계를 살펴보도록 합시다. 둘째로, 그리스도의 부활의 사실이 복음에 대하여 갖는 관계를 살펴보도록 합시다. 그리고 셋째로, 그리스도의 부활의 사실이 우리 자신에 대하여 갖는 관계를 살펴보도록 합시다.

1. 첫째로, 예수께서 죽은 자 가운데 다시 살아나신 사실의 의미를 살펴보도록 합시다.

첫 번째로, 우리 주님의 부활을 통해 또 다른 삶(another life)이 있다는 사실이 확실하게 증명됩니다. "미지(未知)의 나라로부터는 어떤 여행자도 돌아오지 못한다"는 격언을 들어본 적이 있습니까? 그러나 그 격언은 틀렸습니다. 왜냐하면

"내가 너희를 위하여 거처를 예비하러 가노니 가서 너희를 위하여 거처를 예비하면 내가 다시 와서 너희를 내게로 영접하여 나 있는 곳에 너희도 있게 하리라"라고 말씀하신 한 여행자가 있었기 때문입니다(요 14:2, 3). 그는 또 이렇게 말했습니다. "조금 있으면 너희가 나를 보지 못하겠고 또 조금 있으면 나를 보리니 내가 아버지께로 감이라"(요 16:17). 여러분은 그의 이러한 말씀들을 기억하지 못합니까? 우리 주님은 미지의 나라에 가셨다가 돌아오셨습니다. 그는 삼일 만에 다시 살아날 것을 말씀하셨으며, 그 말씀대로 되었습니다. 인간에게 있어 또 다른 상태의 삶이 있다는 사실은 의심의 여지가 없습니다. 왜냐하면 예수께서 그곳에 계시다가, 그곳으로부터 다시 돌아오셨기 때문입니다. 우리는 미래의 존재에 대해 조금도 의심할 필요가 없습니다. 왜냐하면 예수께서 죽음 이후에 존재하셨기 때문입니다. 우리는 미래의 완전한 행복의 낙원이 있음을 조금도 의심할 필요가 없습니다. 왜냐하면 예수께서 거기에 가셨다가 다시 돌아오셨기 때문입니다. 그가 잠시 떠나셨다가 우리와 더불어 40일을 함께 거하시기 위해 다시 돌아오신 것은, 때가 되면 두 번째로 다시 오셔서 영원히 우리와 함께 거하실 것에 대한 분명한 확증입니다. 그가 죽은 자들 가운데 다시 살아나신 것은 우리가 죽음 이후에 존재할 것에 대한 명확한 확증입니다. 그러므로 우리는 그 안에서 기뻐하며 즐거워합니다.

　　그리스도의 부활은 또한 몸이 필연적으로 다시 살며, 더 나은 상태로 일어날 것에 대한 확증입니다. 왜냐하면 우리 주님의 몸은 죽음 이후에도 결코 영이 아니었기 때문입니다. "나를 만져 보라"(눅 24:39). 얼마나 놀라운 증거입니까? 그는 또 도마에게 이렇게 말씀하셨습니다. "네 손가락을 이리 내밀어 내 손을 보고 네 손을 내밀어 내 옆구리에 넣어 보라"(요 20:27). 여기에서 어떻게 속이는 것이 가능합니까? 부활하신 예수는 단순히 영이 아니었습니다. 그는 이렇게 말씀합니다. "영은 살과 뼈가 없으되 너희 보는 바와 같이 나는 있느니라"(눅 24:39). 또 그는 "지금 잡은 생선을 좀 가져오라"고 말씀하시기도 하셨습니다(요 21:10). 그는 자신의 몸이 실제적인 몸임을 보여주기 위해 먹을 필요가 없으셨음에도 불구하고 실제로 먹으셨습니다. 구운 생선과 떡은 그의 먹는 행동이 실제적인 것이었음을 보여주는 증거였습니다. 부활한 상태에서의 우리 주님의 몸은 그의 영광 전체를 나타내지 않았습니다. 왜냐하면 다른 곳에서, 예를 들어 요한이 죽은 자처럼 그의 발 앞에 엎드러졌다든지, 혹은 모든 제자들이 그의 부활의 모습을 바라보며 영광으로 압도되었다는 등의 이야기를 보게 되기 때문입니다. 그렇지만 어쨌든 우리는 그가 40일 동안 이 땅에 계셨던 것을 "하나님의 영광이 지상에 예수님의 삶 속에" 나타난 것으로 볼 수 있습니다. 그는 더 이상 사람들에 의해 멸시를 당하며 배척을 당하지 않았습니다. 도리어 영광이 그를 둘러쌌습니다. 부활한 몸이 순간적으로 이쪽 장소에서 저쪽 장소로 이동한 것은 명백한 사실입니다. 부활한 몸은 자기 뜻대로 나타났다가 사라졌으며, 물리적인 법칙을 초월했습니다. 부활한 몸은 이 땅에 있는 동안 고통을 느낄 수도 없고, 배고플 수도 없고, 목마를 수도 없고, 피곤을 느낄 수도 없습니다. 그것은 우리도 그와 같이 될 것을 보여주는 첫 열매였습니다. 우리의 몸에 대하여서도 바울은 이렇게 말합니다. "죽은 자의 부활도 그와 같으니 썩을 것으로 심고 썩지 아니할 것으로 다시 살아나며 욕된 것으로 심고 영광스러운 것으로 다시 살아나며 약한 것으로 심고 강한 것으로 다시 살아나며 육의 몸으로 심고 신령한 몸으로 다시 살아나나니"(고전 15:42-44). 그러므로 부활하신 그리스도를 생각하면서 미래의 삶을 확신하십시오. 그리고 우리의 몸도 영광스럽게 변화된 상태로 존재하게 될 것을 확신하십시오.

어쩌면 여러분 가운데 어떤 사람들은 오는 세상과 관련하여 우리가 영원히 사는 것이 사실인지에 대해 의문을 품고 있을는지 모릅니다. 그와 같이 의심하는 자들에게 죽음은 너무도 두려운 것이 됩니다. 그들은 죽음은 인식하는 반면 그것을 초월하는 생명은 인식하지 못합니다. 그러나 죽음을 초월하는 생명을 인식하도록 해주는 가장 큰 도움은 예수께서 죽으셨다가 다시 살아나신 사실을 굳게 붙잡는 것입니다. 이 사실은 역사 속에서 일어난 다른 어떤 사건들보다도 더 확실하게 증명됩니다. 그리스도의 부활에 대한 증언은 다른 어떤 사건의 증언보다 — 세속적인 기록이든 신앙적인 기록이든 — 훨씬 더 강력합니다. 우리 주 예수 그리스도의 부활의 확실성 위에서 여러분은 또 다른 세상의 존재를 확신할 수 있습니다. 바로 이것이 그리스도의 부활의 사실의 첫 번째 의미입니다.

두 번째로, 그리스도께서 죽은 자 가운데 부활하신 것은 그의 모든 주장에 대해 인을 치는 것이었습니다. 그러므로 그가 하나님으로부터 보냄을 받은 것은 사실이었습니다. 왜냐하면 하나님이 그를 죽은 자 가운데 다시 살리심으로 그의 보내심을 확증하셨기 때문입니다. 그는 스스로에 대해 "너희가 이 성전을 헐라 내가 사흘 동안에 일으키리라"라고 말씀하셨습니다(요 2:19). 보십시오. 여기에 그가 있습니다. 그의 몸인 성전이 다시 세워졌습니다. 그는 이것을 하나의 표적으로 주셨습니다. 마치 요나가 사흘 밤낮을 물고기 뱃속에 있었던 것처럼, 그가 사흘 밤낮을 땅 속에 있다가 다시 살아날 것을 말입니다. 보십시오. 그 자신의 입으로 말씀하신 표적이 그대로 이루어지지 않았습니까? 사람들의 눈에 그 표적은 분명하게 나타났습니다. 그가 다시 살아나지 않았다고 가정해 보십시오. 그러면 우리의 믿음은 그 모든 기초를 상실하고 말 것입니다. 만일 그가 여전히 사망 아래 남아 있었다면, 어떻게 그가 우리를 사망으로부터 건져내는 우리의 속죄제물이 될 수 있었겠습니까?

사랑하는 형제들이여, 그리스도께서 죽은 자 가운데 다시 살아나신 것은 그가 무죄한 자였음을 증명하는 것이었습니다. 그는 사망의 멍에에 묶여 있을 수 없었습니다. 왜냐하면 그에게는 그러한 멍에에 묶일 어떤 죄도 없었기 때문입니다. 부패도 그의 순전한 몸을 건드릴 수 없었으며, 원죄도 거룩한 자를 더럽힐 수 없었습니다. 사망은 그를 계속해서 붙잡고 있을 수 없었습니다. 왜냐하면 그는 실제적으로 죄 아래 오지 않았기 때문입니다. 설령 그가 우리 죄를 짊어지고 죽으셨다 하더라도, 그에게는 아무런 죄도 없었으며 따라서 잠시 그를 묶고 있는 사망의 멍에는 풀어질 수밖에 없었습니다.

나아가 그리스도의 부활은 자신의 신성(神性)에 대한 그의 주장을 증명하는 것이었습니다. 우리는 다른 곳에서 그가 죽은 자 가운데 다시 살아나심으로써 능력으로 하나님의 아들로 증명되었다는 말씀을 듣습니다. 그는 자신의 능력으로 스스로를 일으켰습니다. 설령 아버지와 성령이 그와 협력했으며 따라서 그의 부활이 그들에게 돌려져야 한다 할지라도, 그럼에도 불구하고 그것은 아버지가 그에게 그 안에 생명을 갖도록 하셨기 때문에 그가 죽은 자로부터 스스로를 다시 일으킨 것이었습니다. 오, 부활하신 구주여! 당신의 부활은 당신의 사역을 인치는 것이나이다. 우리는 지금 주님이 무덤에 계시지 않는다는 것에 대해 추호도 의심할 수 없나이다. 나사렛의 선지자여, 당신이 진정 하나님의 그리스도인 것은 하나님이 당신을 위해 사망의 멍에를 푸셨기 때문이나이다. 다윗의 자손이여, 당신이 진정 택함받은 고귀한 자인 것은 당신이 영원히 사시기 때문이나이다. 당신의 부활생명은 당신이 말씀하시고 행하신 모든 것에 대해 인을 쳤으며, 이로 인해 우리는 당신의 이름을 송축하며 찬미하나이다.

그리스도의 부활의 세 번째 의미는 이것입니다. 즉 우리 주님이 성경대로 부활한 것은 그의 희생제사가 받아들여졌음을 의미하는 것입니다. 주 예수 그리스도가 죽은 자 가운데 다시 살아나신 것은 곧 그가 인간의 죄에 합당한 형벌을 충분히 받으신 것을 증명합니다. "범죄하는 그 영혼은 죽을지라"는 것은 하나님의 정하신 바입니다(겔 18:20). 예수 그리스도는 죄인의 자리에 서서 죽으셨습니다. 그래서 그에 대해 아무것도 더 이상 요구될 수 없게 되었을 때, 죽으셨던 그는 율법(law)으로부터 벗어났습니다. 치명적인 범죄를 저지른 어떤 사람을 생각해 보십시오. 그는 교수형을 선고받습니다. 그리고 교수대에 매달려 죽습니다. 그러면 법(law)이 더 이상 그와 무슨 상관이 있습니까? 법은 그에게 해야 할 모든 일을 다 했습니다. 왜냐하면 그에 대한 판결을 모두 시행했기 때문입니다. 그런데 만일 그가 다시 살아날 수 있다면, 그는 분명 법으로부터 깨끗할 것입니다. 어떤 법조문도 더 이상 그를 건드릴 수 없습니다. 그는 모든 형벌을 받았습니다. 이와 같이 우리 주 예수께서 죽은 자 가운데 다시 살아나셨을 때, 그는 자기 백성의 죄를 위하여 공의에 합당한 형벌을 충분하게 치르셨습니다.

그리고 그의 새 생명은 법과 형벌로부터 깨끗하게 되었습니다. 여러분과 나는 율법의 요구로부터 깨끗하게 되었습니다. 왜냐하면 예수께서 우리를 대신하셨으므로, 하나님이 우리로부터든지 혹은 우리 구주로부터 더 이상 아무것도 요구하지 않으실 것이기 때문입니다. 예수께서 대신하여 죗값을 치르신 자들을 또다시 참소하는 것은 공의에 어긋나는 일입니다. 한때 우리의 대속물 위에 놓였던 죄의 무거운 짐이 그로부터 떠나가고 그가 사망의 고통으로 말미암아 율법의 공의를 만족시킨 것은 얼마나 기쁜 일입니까? 이제 죄인과 구속자가 함께 자유롭게 되었습니다. 이 얼마나 큰 기쁨입니까? 금 비파를 연주하며 가장 아름다운 노래를 부르기에 합당한 기쁨이 아닙니까? 우리의 죄를 짊어진 그는 이제 십자가에서 죽으심으로 그 죄에서 벗어났습니다. 그의 새로운 생명은 율법의 요구로부터 자유롭게 되었으며, 그것은 우리 역시도 그와 같이 자유롭게 되었음을 나타내는 증표입니다. 다음과 같은 말씀에 귀를 기울여 보십시오. "누가 능히 하나님께서 택하신 자들을 고발하리요 의롭다 하신 이는 하나님이시니 누가 정죄하리요 죽으실 뿐 아니라 다시 살아나신 이는 그리스도 예수시니 그는 하나님 우편에 계신 자요 우리를 위하여 간구하시는 자시니라"(롬 8:33, 34). 바울 사도는 그리스도가 우리를 대신하여 죽었으므로 우리가 더 이상 정죄당할 수 없다고 말하는데, 그것은 참으로 모든 두려움을 한방에 날려 보내는 결정타입니다. 뿐만 아니라 바울은 "죽으실 뿐 아니라 다시 살아나신"이라고 말함으로써 거기에 갑절의 힘을 더합니다. 그러므로 만일 사탄이 여러분에게 와서 "네 죄를 생각해봐, 네가 무엇을 할 수 있겠어?"라고 말하면, 그에게 예수 그리스도께서 그 죄를 위해 죽으심으로써 그 죄가 제거되었다고 말하십시오. 만일 사탄이 두 번째로 와서 "네 죄를 생각해 봐, 네가 무엇을 할 수 있겠어?"라고 말한다면, 그에게 "예수께서 살아계시며, 그의 생명은 우리의 의롭다 하심을 확증하는 것이야. 만일 그가 우리의 빚을 다 갚지 못했다면, 그는 여전히 사망의 권세 아래 있을 거야"라고 대답하십시오. 예수께서 우리의 모든 죄책을 조금도 남겨놓지 않고 다 제거하셨기 때문에, 그도 사셨을 뿐만 아니라 그와 연합되어 우리도 그 안에서 살았습니다. 그리스도의 부활이 이와 같이 성도들을 의롭게 만든다는 교리는 정말로 영광스러운 교리가 아닙니까? 주 예수는 우리 죄를 위해 자신을 내어주셨고, 우리의 의롭다 하심을 위해 다시 살아나셨습니다.

그리스도의 부활의 또 다른 의미는 그것이 그의 백성들의 부활을 보증하는 것이라는 사실입니다. 결코 잊어버려서는 안 되는 진리가 있는데, 그것은 아담과 그의 모든 씨가 하나인 것처럼 그리스도와 그의 백성들이 하나라는 사실입니다. 아담이 행한 일은 그의 모든 씨의 머리로서 행한 것입니다. 마찬가지로 예수 그리스도가 행한 일은 그의 모든 백성들의 머리로서 행한 것입니다. 우리는 그리스도와 함께 십자가에 못 박혔으며, 그리스도와 함께 장사되었으며, 그리스도와 함께 다시 살아났습니다. 또 하나님은 그리스도와 함께 우리를 다시 살리시고, 그리스도 안에서 우리를 하늘에 앉게 하셨습니다. "이는 내가 살아 있고 너희도 살아 있겠음이라"(요 14:19). 만일 그리스도가 죽은 자 가운데 다시 살아나지 않았다면, 여러분의 믿음도 헛되고 우리의 전파하는 것도 헛것이며 여러분은 여전히 죄 가운데 있고 그리스도 안에서 잠자는 자들도 망하고 여러분도 망할 것입니다. 그러나 만일 그리스도가 죽은 자 가운데 다시 사셨다면, 그의 모든 백성들 역시도 다시 살아날 것입니다. 이것은 복음의 필연입니다. 그리스도와의 연합으로부터 도출한 논증보다 더 강력한 논리는 없습니다. 하나님은 성도들을 그리스도와 하나되게 만드셨습니다. 그러므로 만일 그리스도가 다시 살아났다면, 모든 성도들 역시도 다시 살아나야만 합니다. 우리 영혼은 이러한 사실을 굳게 붙잡아야 합니다. 그리고 그것을 더 굳게 붙잡을수록 우리 영혼은 사망의 두려움을 더 많이 떨쳐내게 될 것입니다. 지금 우리는 사랑하는 자들을 무덤에 묻고 고요한 마음으로 작별을 고하며 이렇게 말합니다.

> "하나님의 아들 예수께서 죽으시고,
> 무덤을 지나가시며 침상을 축복하시도다.
> 사랑하는 자여, 여기 잠들라.
> 그의 보좌로부터 부활의 아침이 밝아올 때까지."

우리 형제들은 하늘에서 살아 있습니다. 뿐만 아니라 그들의 썩을 몸은 그 몸이 다시 살아나 완전한 사람으로서 하나님의 자녀의 축복을 향유할 때까지 하나님의 보호 아래 안전하게 지켜집니다. 우리의 죽은 자들이 살 것을 우리는 확신합니다. 그리스도의 죽은 몸이 살아난 것처럼, 그들은 살아날 것입니다. 어떤 힘도 주의 구속받은 자들을 붙잡아 둘 수 없습니다. "나의 백성들을 가게 하라"는 하나님의 명령에, 바로는 결국 단 한 명의 이스라엘 백성도 붙잡아 둘 수 없었습니다. 구원의 날이 속히 올 것입니다.

> "그의 보좌로부터 밝아오는 부활의 아침이여,
> 땅이여, 그의 말씀에 귀를 기울일지어다.
> 영광의 형상이여, 네 믿음을 회복할지어다.
> 사람들이 자기 주님을 만나기 위해 일어날 것이라."

나아가, 우리 주님이 죽은 자 가운데 다시 살아나신 것은 모든 신자들이 이미 향유하고 있는 새 생명의 아름다운 그림입니다. 사랑하는 자들이여, 비록 여기의 몸이 여전히 썩음의 멍에 아래 종노릇하고 있다 할지라도, 성경에 언급된 법칙에 따라 몸은 죄로 인하여 죽은 것이나 영은 의로 인하여 산 것입니다. 신자들 안에서 일어난 중생은 우리의 영을 변화시켰으며 그것에다가 영원한 생명을 주었지만, 그러나 우리의 몸에다가는 그것보다 훨씬 적은 영향밖에는 끼치지 못했습니다. 물론 우리의 몸은 성령의 전으로서 거룩하게 되었으며 하나님께 귀한 것이 되었지만 그러나 여전히 고통과 약함 그리고 특별히 사망에 종속되어 있습니다. 이와 같이 중생이 우리의 몸에 끼친 영향은 그것이 영에 끼친 영향보다 훨씬 작은 것이었습니다. "그는 허물과 죄로 죽었던 너희를 살리셨도다"라고 기록된 것처럼, 우리 안에 이미 부활이 성취된 부분이 있습니다(엡 2:1). 여러분은 과거에 경건하지 못한 자였으며, 죄와 사망 아래 있었습니다. 그러나 이제 여러분은 썩음의 종노릇하는 데서 해방되어 생명과 은혜의 특권의 자리로 옮겨졌습니다. 그리스도를 죽은 자 가운데 다시 살리시고 하늘에서 자기 오른편에 앉히신 하나님이 이제 그리스도 안에서 여러분에게 그의 힘의 위력으로 영광 가운데 역사하실 것입니다(엡 1:19, 20).

예수 그리스도께서 부활 후 매우 다른 형태의 삶을 사셨던 것을 생각해 보십시오. 그와 같이 여러분과 나도 사망으로부터 다시 살아났음을 생각하면서 예전과는 다른 영적이며 하늘에 속한 삶을 살도록 부름받습니다. 이로 인해 기뻐하며 즐거워합시다. 죽은 자 가운데 다시 산 자처럼 그리고 부활의 복된 자녀들처럼 행동합시다. 세상의 헛된 명성이나 돈을 좇아 살지 맙시다. 우리의 마음을 이 세상의 더러운 것들에 두지 맙시다. 그리고 껍질을 깨고 나온 어린 새처럼 주와 하늘의 것들을 향해 날아오릅시다. 살아 있는 진리, 살아 있는 행동, 살아 있는 믿음 – 이것이 살아 있는 자들을 위한 것들입니다. 우리의 옛 정욕의 더러운 옷을 벗어버리고, 빛과 생명의 옷을 입읍시다. 성령께서 우리 모두에게 은혜를 베푸시기를 기원합니다.

2. 둘째로, 그리스도의 부활의 사실이 복음에 대하여 갖는 관계를 주목하십시오.

바울이 "내가 전한 복음대로 죽은 자 가운데서 다시 살아나신 예수 그리스도"라고 말하는 것을 주목하십시오. 나는 항상 어떤 언급이 복음에 대하여 어떤 관계를 갖는지 살펴보기를 좋아합니다. 나는 설교할 기회가 있을 때마다 항상 이 한 가지를 마음에 새깁니다. 즉 부차적인 주제에 시간을 허비할 것이 아니라 복음 혹은 복음과 직접적으로 관계된 것에 집중해야 한다고 말입니다. 나는 설교할 때마다 허공을 때리는 것이 아니라 여러분의 심장을 때리려고 노력합니다. 나에게 있어 가장 중요한 것은 사람의 영혼을 구원으로 이끄는 위대한 진리를 붙잡는 것입니다. 나의 일은 십자가에 못 박힌 그리스도와 복음을 전파하는 것입니다. 그리고 바로 그것이 믿음을 통해 사람들에게 구원을 가져다줍니다. 나는 여러 곳에서 매우 마음을 끄는 설교를 듣습니다. 어떤 설교자는 내게 버찌씨로 사람의 머리를 조각하는 놀라운 기술을 가졌던 황제에 대해 일깨워줍니다.

또 우리 가운데 얼마나 많은 설교자들이 놀랍도록 잘 다듬어진 설교를 하면서도 아무런 결과도 맺지 못합니까? 그러나 우리는 복음을 원합니다. 우리는 살다가 죽습니다. 우리에게는 복음이 필요합니다. 매일같이 얼마나 많은 사람들이 죽어가고 있습니까? 그러므로 우리에게는 사소한 것들을 가지고 시간을 허비할 여유가 없습니다. 우리는 성경의 모든 교훈들이 우리의 영원한 운명에 실제적인 열매를 맺는 것을 보기를 원합니다.

그리스도의 부활은 생사를 가르는 절대적인 교훈입니다. 왜냐하면 무엇보다도 그것은 우리에게 복음이 살아 계신 **구주의 복음**임을 말해주기 때문입니다. 우리는 가련한 참회자들을 나무로 만든 십자가상(十字架像)으로 보내서는 안 됩니다. 그것은 죽은 사람의 죽은 형상에 불과합니다. 우리는 십자가상을 가리키며 "이스라엘아 이것이 너희의 하나님이니라"라고 말해서는 안 됩니다. 우리는 여러분을 여자의 품에 안긴 아기 그리스도에게로 보내서는 안 됩니다. 살아 계신 주님을 바라보십시오. 한때 죽으셨으나 다시 살아나셔서 영원히 살아 계신 주님을 바라보십시오. 그래서 지옥과 사망의 열쇠를 가지고 계신 주님을 바라보십시오. 그 안에서 살아 계시며 가까이 다가갈 수 있는 구주를 보십시오. 영광 가운데 다음과 같은 따뜻한 음성으로 부르시는 구주 말입니다. "수고하고 무거운 짐 진 자들아 다 내게로 오라 내가 너희를 쉬게 하리라"(마 11:28). "그러므로 자기를 힘입어 하나님께 나아가는 자들을 온전히 구원하실 수 있으니 이는 그가 항상 살아 계셔서 그들을 위하여 간구하심이라"(히 7:25). 우리에게는 살아 계신 구주가 계십니다. 바로 이것이 복음의 영광스러운 특성이 아닙니까?

또 우리 주님은 복음과 관련하여 **능력의 구주**임을 주목하십시오. 사망 안에서 그럼에도 불구하고 사망을 정복한 자는 그의 생명에 의해 훨씬 더 많은 것을 정복할 수 있습니다. 무덤 안에 계시면서 그것의 모든 결박을 깨뜨린 자는 필경 그의 모든 백성들을 구원하실 수 있습니다. 율법의 권세 아래에서, 그럼에도 불구하고 율법을 성취함으로써 자기 백성을 율법의 멍에로부터 자유롭게 한 자는 그들을 구원할 충분한 능력을 가지고 있음에 틀림없습니다. 여러분은 강한 능력을 가진 구주를 필요로 합니다. 그러면 여러분에게 죽은 자 가운데 다시 살아나신 자보다 더 강한 자가 누구겠습니까? 우리가 전파하는 복음은 얼마나 복된 복음입니까? 그것은 죽은 자 가운데 다시 살아나신, 그럼으로써 영원히 살아 계신 그리스도의 복음입니다.

또 우리가 전파하는 복음은 **사람을 완전히 의롭게 만드는 복음**임을 주목하십시오. 우리는 이렇게 말하지 않습니다. "형제들이여, 예수 그리스도는 그의 죽음으로 말미암아 사람들이 구원받을 수 있는 어떤 일을 행했습니다. 만일 그들이 마음으로 어떤 결심을 하고 그 결심을 부지런히 실천한다면 말입니다." 결코 그렇지 않습니다. 결코 그럴 수 없습니다. 우리가 말하는 것은 "예수 그리스도는 자기 백성들의 죄와 그 결과를 나무 위에서 자기 몸으로 짊어지고 죽으셨으며 그렇게 죽으심으로써 모든 형벌을 치르셨습니다"라는 것입니다. 그리고 그는 다시 살아나셨습니다. 그리하여 그가 위하여 죄를 짊어지고 죽으신 모든 자들은 죄책으로부터 자유롭게 되었습니다. 여러분은 묻습니다. "그들이 누구입니까?" 그러면 나는 "그를 믿는 모든 자들"이라고 대답합니다. 누구든지 그리스도를 믿는 자는 그 자신이 그러한 것처럼 죄책으로부터 자유롭게 됩니다. 우리 주 예수는 자기 백성의 죄를 짊어지고 죄인의 자리에서 죽으셨습니다. 그리하여 이제 그의 모든 백성들이 그 안에서 자유롭게 되었습니다. 이 교훈은 모든 이들에게 전파되기에 합당한 교훈입니다. 그리스도 예수를 믿는 믿음으로 말미암아 완전한 의에 이르는 교훈은 우리가 끝까지 전파해야 할 교훈입니다. 어떤 이들은 예수 그리스도가 어떤 일을 시작했으며 그것을 통해 우리가 죄 사함과 영원한 생명에 도달할 기회를 갖게 되었다고 생각합니다. 우리가 수년 동안 부지런히 노력하기만 한다면 말입니다. 그러나 이것은 우리의 복음이 아닙니다. 예수 그리스도는 자기 백성들을 구원하셨습니다. 그는 자기에게 맡겨진 일을 완수하셨습니다. 그는 죄를 끝내셨으며, 범죄에 종지부를 찍으셨으며, 영원한 의를 가져오셨습니다. 그리하여 누구든지 그를 믿는 자마다 정죄를 당하지 않으며, 또 그럴 수도 없습니다.

또 그리스도의 부활과 복음의 관계는 그것이 성도들의 안전을 확증한다는 사실입니다. 그리스도의 부활이 성도들의 안전을 확증하는 이유는 무엇일까요? 그것은 만일 그리스도께서 살아나셨을 때 그의 백성들도 정말로 그와 함께 살아난 것이라면, 그들은 그들의 주님의 생명과 같은 생명으로 살아난 것이며 그러므로 더 이상 죽을 수 없기 때문입니다. "이는 그리스도께서 죽은 자 가운데서 살아나셨으매 다시 죽지 아니하시고 사망이 다시 그를 주장하지 못할 줄을 앎이로라"(롬 6:9). 이것은 신자들에게도 마찬가지입니다. 만일 여러분이 그리스도와 함께 죽고 그와 함께 다시 살아났다면, 사망은 더 이상 여러분을 주장하지 못합니다.

여러분은 결코 죄의 비천한 요소들로 되돌아가지 않을 것입니다. 여러분은 결코 중생 이전의 모습으로 되돌아가지 않을 것입니다. 여러분은 결코 멸망을 당하지 않을 것이며, 어떤 것도 여러분을 그리스도의 손으로부터 빼앗지 못할 것입니다. 그는 여러분 안에 영원히 거하는 생명의 썩지 않는 씨를 놓으셨습니다. 그는 이렇게 말씀하십니다. "내가 주는 물을 마시는 자는 영원히 목마르지 아니하리니 내가 주는 물은 그 속에서 영생하도록 솟아나는 샘물이 되리라"(요 4:14). 그러므로 이것을 굳게 붙잡으십시오. 그리고 주님의 부활을 여러분의 구원의 확신의 증거로 삼으십시오.

형제들이여, 그리스도의 부활과 복음의 관계를 모든 측면에서 이야기하자면 끝이 없을 것입니다. 바울은 30회 이상 부활에 대해 이야기합니다. 어떤 때는 부활의 주제와 관련하여 한 장 전체를 할애하기도 합니다. 이러한 사실을 더 많이 생각할수록, 나는 예수와 부활에 대해 전파하기를 기뻐합니다. 그리스도께서 사람들 가운데 오셨으며 사람들을 위해 속죄제물로 자기 피를 주셨다는 소식이 복음인 분량만큼, 그가 다시 살아나셨다는 기쁜 소식 역시 그와 똑같은 분량으로 복음입니다. 만일 천사들이 주님이 태어나셨을 때 지극히 높은 곳에서 하나님께 영광이라고 노래했다면, 그가 죽은 자 가운데 다시 살아나셨다는 사실에 대해서도 똑같은 찬미가 드려져야 마땅합니다.

3. 셋째로, 그리스도의 부활의 사실이
우리 자신에 대하여 갖는 관계를 주목하십시오.

본문에서 바울이 "기억하라"고 단호히 명령하는 것을 주목하십시오. 여러분은 "어째서 우리에게 굳이 기억하라는 명령이 필요합니까?"라고 묻습니다. 그러면 정말로 여러분은 그것을 잊지 않고 있다고 확실하게 말할 수 있습니까? 나 자신도 신적 진리들을 너무나 자주 잊어버리곤 합니다. 그러므로 우리는 잊지 않도록 노력해야 합니다. 오늘은 한 주의 첫 날 아닙니까? 안식의 목적으로 첫째 날을 성별한 것 역시 우리로 하여금 부활을 잊어버리지 않도록 만들기 위함이 아닙니까? 일곱 째 날 사람들은 창조가 완성된 것을 기념했습니다. 반면 첫째 날 우리는 구속이 완성된 것을 기념합니다. 만일 여러분이 예수 그리스도가 다윗의 씨로 죽은 자 가운데서 다시 살아나신 것을 기억한다면, 무엇이 따를까요?

첫 번째로, 여러분은 대부분의 시험이 사라지는 것을 발견하게 될 것입니다.

여러분은 죄로 말미암아 시험을 당합니까? 예수 그리스도께서 여러분을 의롭게 하기 위해 죽은 자 가운데서 다시 살아나셨습니다. 사탄이 여러분을 참소합니까? 예수께서 여러분을 위해 중보하며 변론하기 위해 다시 살아나셨습니다. 여러 가지 결함들이 여러분을 훼방합니까? 살아 계신 그리스도께서 여러분을 위해 자신의 강함을 나타내실 것입니다. 여러분은 살아 계신 그리스도를 소유하고 있으며, 그 안에서 만물을 소유합니다. 여러분은 죽음을 두려워합니까? 예수께서 다시 살아나심으로써 마지막 원수를 정복하셨습니다. 여러분이 요단 강을 건널 차례가 될 때, 그가 오셔서 여러분을 맞이할 것입니다. 그리고 여러분은 즐겁게 그 강을 건너가게 될 것입니다. 여러분을 힘들게 만드는 것이 무엇입니까? 그것이 무엇이든 나는 개의치 않습니다. 왜냐하면 만일 여러분이 살아 계시며 능력이 많으시며 사랑이 많으시며 동정이 많으시며 우리의 모든 시험을 친히 체험하신 예수를 생각한다면, 여러분은 그의 부드러운 돌봄과 무한한 능력 안에서 아무 염려 없이 그의 발자취를 따라갈 수 있을 것이기 때문입니다. 예수를 기억하십시오. 그리고 그가 죽은 자 가운데 다시 살아나신 것을 기억하십시오. 그러면 여러분의 확신은 마치 독수리가 날개 치며 날아오르는 것같이 그렇게 날아오르게 될 것입니다.

두 번째로, 여러분은 여러분의 현재적인 고난이 그의 고난과 비교할 때 아무것도 아니라는 사실을 발견하고 그가 그랬던 것처럼 고난 이후의 승리를 기대하는 법을 배우게 될 것입니다. 디모데후서 3장을 천천히 읽어 보십시오. 그러면 여러분은 "너는 그리스도 예수의 좋은 병사로 나와 함께 고난을 받으라"는 말씀과 함께 "미쁘다 이 말이여 우리가 주와 함께 죽었으면 또한 함께 살 것이요 참으면 또한 함께 왕 노릇 할 것이라"는 말씀을 발견하게 될 것입니다(3, 11, 12절). 여러분에게 어떤 고난이 있습니까? 예수께서도 고난을 받으셨지만 그러나 죽은 자 가운데 다시 살아나셨음을 생각하십시오. 그러므로 주께서 명하신 풀무 속으로 들어가십시오. 그러나 연기가 여러분을 질식시킬까 두려워하지 마십시오. 심지어 무덤 속으로도 들어가십시오. 그러나 벌레가 여러분을 소멸시킬 것을 생각하지 마십시오. 그것이 그리스도에 대해 그렇게 하지 못했던 것처럼 말입니다. 부활하신 그리스도 안에서 여러분이 어떻게 될 것인가에 대한 예표와 모범을 보십시오. 그러므로 두려워하지 마십시오. 왜냐하면 그가 정복하셨기 때문입니다. 두려워 떨며 서 있지 마십시오. 그렇게 하는 대신 담대하게 행군하십시오. 왜냐하면 다윗의 씨이신 예수 그리스도께서 죽은 자 가운데 다시 살아나셨기 때문입니다. 그러므로 약속의 씨인 여러분 역시도 여러분의 모든 시련과 고난으로부터 다시 일어날 것이며 영광스러운 삶을 살게 될 것입니다.

세 번째로, 여러분은 소망이 없는 가운데서도 소망이 있음을 발견하게 될 것입니다. 사람에게 있어 가장 소망이 없을 때가 언제입니까? 물론 죽을 때입니다. 여러분은 여러분의 내적 약함과 관련하여 죽음에 이르는 것이 무엇인지 압니까? 나는 압니다. 때로 나의 모든 즐거움이 마치 죽은 것처럼 장사되며, 나의 모든 현재적 유용함과 장차 유용하게 될 것이라는 모든 소망이 시체처럼 관에 들어가 땅 속에 묻히는 것 같습니다. 괴로운 영혼과 황폐된 마음 가운데 나는 사는 것보다 차라리 죽는 것을 더 낫게 여기기도 합니다. 여러분은 그래서는 안 된다고 말합니다. 그렇기는 하지만, 그래도 어쩔 수 없이 그렇게 됩니다. 죽을 수밖에 없는 연약한 인생들의 마음속에서 일어나지 말아야 할 많은 일들이 일어납니다. 만일 우리에게 더 많은 믿음과 용기가 있다면, 그런 것들은 일어나지 않을 것입니다. 그렇지만 어쨌든 우리가 나락으로 떨어질 때, 다윗의 씨로 오신 예수 그리스도가 죽으시고 죽은 자 가운데 다시 살아나신 것은 참으로 복된 일이 아닙니까? 설령 내가 죽은 자들 속으로 즉시 가라앉는다 할지라도, 그럼에도 불구하고 나는 이 복된 소망을 붙잡습니다. 예수께서 죽은 자 가운데 다시 일어나신 것처럼, 나의 기쁨과 유용성과 소망과 영혼 역시도 그와 같이 다시 일어날 것을 말입니다. "우리에게 여러 가지 심한 고난을 보이신 주께서 우리를 다시 살리시며 땅 깊은 곳에서 다시 이끌어 올리시리이다"(시 71:20).

이와 같이 죽임을 당하며 사망의 나락에 떨어지는 것은 우리에게 유익합니다. 많은 부분에서 우리는 죽임을 당하며, 죽임을 당함으로써 삽니다. 많은 사람들은 자신의 교만한 자아가 죽임을 당하지 않는 한 결코 생명을 갖지 못합니다. 오, 교만한 바리새인이여! 만일 여러분이 하나님의 택하신 자들 가운데 살고자 한다면, 여러분은 도살장에 가서 죽임을 당하고 산산이 깨어져야 합니다. 어떤 사람은 말합니다. "이와 같이 관절과 골수를 나누며 영적으로 사지를 절단하는 것은 얼마나 두려운 일입니까?" 그렇습니다. 그것은 참으로 두렵고 고통스러운 일입니다. 참으로 선하며 뛰어난 사람들, 강하며 지혜로운 사람들, 여러 가지로 훌륭한 사람들 ― 이들 가운데 얼마나 많은 사람들이 믿음으로 말미암아 은혜로 구원받는다는 교훈에 동의할 수 없었습니까? 차라리 그렇지 못한 사람이었다면 훨씬 더 좋았을 것입니다. 솔로몬이 다음과 같이 말한 것을 생각해 보십시오. "미련한 자를 곡물과 함께 절구에 넣고 공이로 찧을지라도 그의 미련은 벗겨지지 아니하느니라"(잠 27:22). 그러나 사람의 미련을 벗겨낼 수 있는 것이 있습니다. 그것은 성령입니다. 그를 절구에 넣고 공이로 찧는 방법을 사용해서라도 말입니다. 이와 같이 산산이 부수는 고통스러운 과정조차도 그에게는 축복이며 위로입니다. 만일 예수 그리스도께서 죽은 자 가운데 문자적으로 다시 살아나셨다면, 그의 백성들도 그와 같이 될 것입니다. 「천로역정」에서 주인공 크리스천이 용의 발 아래로 다가가는 내용이 나옵니다. 거대한 용은 크리스천을 발로 밟은 가운데 강한 콧김을 쏟아냅니다. 가련한 크리스천은 용의 발에 붙잡혀 용의 가슴으로 끌어올려집니다. 그러나 크리스천은 그 손에 칼을 붙잡고 있었으며, 그것으로 아볼루온에게 치명적인 일격을 가합니다. 그러자 용은 날개를 펴고 날아오릅니다. 용의 발에 짓밟힌 가련한 순례자는 칼로 용을 찌르며 소리지릅니다. "나의 대적이여, 나로 인해 기뻐하지 말지어다. 나는 비록 쓰러질지라도 다시 살아날 것이니라." 형제들이여, 여러분도 그러합니까? 절망에 가까이 다가간 자들이여, 절망으로 하여금 여러분의 팔을 강하게 하며 마음을 굳건하게 하는 것이 되게 하십시오. "내가 전한 복음대로 다윗의 씨로 죽은 자 가운데서 다시 살아나신 예수 그리스도를 기억하라."

마지막으로, 여러분은 그리스도를 대적하는 모든 일이 결국 쓸데없는 일임을 알게 될 것입니다. 학식이 많은 자들이 기독교를 파괴하고 있습니다. 이미 그들의 오만에 따라 기독교는 크게 위축되었습니다. 강단은 시대에 뒤떨어진 것이 되었으며, 대중들의 관심을 끌지 못합니다. 우리는 강단에 서서 빈 의자들을 향해 설교합니다. 우리에게 남은 것은 품위 있게 죽는 것 외에 아무것도 없다고 그들은 은근히 암시합니다. 그러면 무엇입니까? 우리 주님이 죽으셨을 때, 싸늘한 시신이 로마 병정의 감시 아래 무덤에 눕혀졌을 때, 그리고 그 무덤이 큰 돌로 인봉되었을 때, 그것으로 모든 것이 끝이었습니까? 모든 제자들은 그를 버리고 도망쳤습니다. 그때 기독교는 끝장났습니까? 그렇지 않습니다. 바로 그날 우리 주님은 지옥의 문을 부수는 승리를 얻으셨으며, 온 우주를 놀라게 하셨습니다. 오늘날 상황이 더 나빠진 것은 아무것도 없습니다. 그때보다 지금의 상황이 더 악화된 것은 아닙니다. 결코 그렇지 않습니다.

오늘날 그를 보고 판단하십시오. 그의 머리 위에 많은 면류관이 있으며, 그의 발 앞에 천군천사들이 경배하고 있습니다. 가이사는 사라진 반면, 예수는 오늘날 수많은 사람들의 주님입니다. 여기에 가난하며, 무명(無名)하며, 대수롭지 않게 여김을 받는 그의 백성들이 있습니다. 그가 무덤에 들어갈 때 그를 따랐던 사람들보다 지금 그를 따르는 사람들이 훨씬 더 많습니다. 그의 대의는 짓밟혀지지 않았습니다. 그것은 영원히 세워집니다. 해가 거듭되고 세기가 거듭될수록 참된 신자들의 무리가 사탄의 요새를 공격하기 위해 행군하고 있습니다. 이 세상의 왕은 여기 이 땅 위에 성채를 가지고 있으며, 우리는 그것을 빼앗아야 합니다. 그러나 아직까지 우리는 작은 진보(進步)밖에는 이루지 못했습니다. 왜냐하면 계속해서 주의 전사(戰士)들이 성벽을 공격하면서 사망의 두려운 불 아래로 사라졌기 때문입니다. 그렇게 사라진 자들은 완전하게 진멸을 당하고, 우리의 대적은 여전히 자신의 성채를 굳게 지키고 있는 것처럼 보입니다. 그러면 아무것도 이루어진 것이 없습니까? 여러분은 그렇게 생각합니까? 사망이 순교자들과 신실한 성도들과 설교자들과 충성된 종들을 집어삼키는 동안 이루어진 것은 아무것도 없습니까? 만일 그리스도께서 정말로 죽고 그것으로 끝이었다면, 나는 우리의 패배를 기꺼이 받아들일 것입니다. 왜냐하면 그리스도 안에서 잠든 자들은 모두 망한 것이기 때문입니다.

　　그러나 그리스도께서 살아 계신 것처럼, 그의 대의 역시 살아 있습니다. 그리고 그 안에서 쓰러진 자들은 죽지 않았습니다. 그들은 잠시 우리의 시야에서 사라진 것일 뿐입니다. 그러나 장막이 걷힐 때, 우리는 그들 모두가 아무런 해도 입지 않고 면류관을 쓴 채 서 있는 것을 보게 될 것입니다. "이 흰 옷 입은 자들이 누구며 또 어디서 왔느냐?"(계 7:13). 이들은 패배를 당한 바로 그들입니다. 그러면 그들의 면류관은 어떻게 된 것입니까? 이들은 수욕을 당한 바로 그들입니다. 그러면 그들의 흰 옷은 어떻게 된 것입니까? 이들은 파괴당한 대의를 끝까지 붙잡고 따른 바로 그들입니다. 그러면 승리자의 긴 행렬은 어떻게 된 것입니까? 그들 가운데 정복당한 사람은 단 한 사람도 없지 않습니까? 진실이 무엇입니까? 예수 그리스도의 대의에 있어 패배란 단어는 없습니다. 형제들이여, 우리는 항상 승리했으며, 지금도 항상 승리합니다. 백마(白馬)를 타고 여러분의 주님을 따르십시오. 그리고 두려워하지 마십시오. 나는 피에 물든 옷을 입고 제일 앞에 서 계신 그를 봅니다. 여러분은 속죄의 피를 흘릴 필요가 없습니다. 다만 여러분의 주님을 따라 정복하기만 하면 됩니다. 흰 옷을 입고 백마를 타고 그를 따르십시오. 그리고 정복하고 또 정복하십시오. 그는 우리가 생각하는 것보다 훨씬 더 가까이 계십니다. 그리고 만물의 마지막은 어쩌면 바로 우리 앞에 있는지도 모릅니다. 부활하신 주를 믿고 그의 부활의 능력 가운데 사십시오.

제
6
장
—

참음과 예수와 함께 왕 노릇 함

—

**"참으면 또한 함께 왕 노릇 할 것이요 우리가 주를 부인하면
주도 우리를 부인하실 것이라" — 딤후 2:12**

우리의 사랑하는 친구 바울은 오늘도 우리가 묵상해야 할 본문을 주는 것을 잊지 않았습니다. 얼마 전 오늘과 비슷한 주제를 가지고 설교했기 때문에, 나는 오늘 설교를 준비하면서 다소 당황스런 느낌을 가졌습니다. 그러나 나는 용기를 내어 바울처럼 이렇게 말하고 싶습니다. "너희에게 같은 말을 쓰는 것이 내게는 수고로움이 없고 너희에게는 안전하나라"(빌 3:1). 설령 오늘 설교 가운데 얼마 전에 이야기한 것이 상당 부분 반복된다 할지라도, 부디 건성으로 듣지 말고 마음을 기울여 잘 들어주기 바랍니다. 자주 반복되는 병을 위해 번번이 같은 포도주를 처방하는 의사를 생각해 보십시오. 그런 의사를 누가 비난할 수 있겠습니까? 일꾼이 같은 채석장에서 가져온 돌로 망가진 도로를 보수한다고 하여 누가 그를 비난하겠습니까? 우리를 항구까지 가도록 이끌어준 바람을 생각해 보십시오. 그 바람이 계속해서 같은 방향으로 분다고 하여 누가 그것을 비난하겠습니까? 그것은 또다시 우리에게 유익을 가져다주지 않겠습니까? 그러므로 나는 여러분이 내가 비슷한 내용을 반복적으로 말하는 것에 대해 기쁘게 받아들일 것을 확신합니다.

본문이 바울의 신실한 말들(faithful sayings) 가운데 하나의 일부인 것을 주목하십시오(11절의 "미쁘다 이 말이여"를 참조하십시오 — 역주). 바울은 네 개의

"신실한 말들"을 가지고 있었습니다.

첫 번째 것은 디모데전서 1장 15절에 나타나는 것으로서, 모든 신실한 말들 가운데 가장 주된 것입니다. "미쁘다 모든 사람이 받을 만한 이 말이여 그리스도 예수께서 죄인을 구원하시려고 세상에 임하셨다 하였도다 죄인 중에 내가 괴수니라." 이것은 정말로 황금 같은 말씀으로서, 바울 자신이 그 가치를 가장 놀라운 방법으로 확증합니다. 그 말씀은 마치 등대처럼 어둠 속에 빛을 비춤으로써 비바람에 지친 수많은 사람들을 평안의 항구로 인도합니다.

두 번째 신실한 말은 같은 서신 4장 9절에 나타납니다. "경건은 범사에 유익하니 금생과 내생에 약속이 있느니라 미쁘다 이 말이여 모든 사람들이 받을 만하도다." 바울이 이것을 알았던 것은 어떤 형편에 있든지 그 가운데 만족하는 법을 배웠기 때문입니다.

그리고 여기의 본문이 세 번째 신실한 말이며, 마지막 것은 디도서 3장 8절입니다. "이 말이 미쁘도다 원하건대 너는 이 여러 것에 대하여 굳세게 말하라 이는 하나님을 믿는 자들로 하여금 조심하여 선한 일을 힘쓰게 하려 함이라 이것은 아름다우며 사람들에게 유익하니라." 우리는 이러한 신실한 말들 사이의 연결관계를 추적할 수 있습니다.

예수 그리스도께서 죄인을 구원하시려고 세상에 오셨다고 말하는 첫 번째 신실한 말은, 우리의 위대한 구속자의 사역 가운데 나타나는 것처럼, 하나님의 값없는 은혜 안에 우리의 영원한 구원의 기초를 놓습니다. 두 번째 신실한 말은 우리가 이러한 구원을 통해 얻는 이중적인 축복, 즉 하늘의 축복과 땅의 축복 혹은 일시적인 축복과 영원한 축복을 약속합니다. 세 번째 신실한 말은 택함받은 백성들이 부름받은 의무 가운데 하나를 보여줍니다. 즉 우리는 "참으면 또한 함께 왕 노릇 할 것"이라는 약속과 함께 여러 가지 고난과 시련을 참고 인내하도록 부름받았다는 사실입니다. 그리고 마지막 신실한 말은 우리에게 선한 일을 힘쓰라고 명령함으로써 그리스도인의 능동적인 섬김을 강조합니다.

이와 같이 여러분의 구원은 값없는 은혜 위에 그 기초를 갖습니다. 다음으로, 여러분은 금생과 내생에서 그러한 구원의 특권을 갖습니다. 그리고 계속해서 그러한 구원은 두 개의 큰 가지로 뻗어 나가는데, 하나는 그리스도와 함께 고난을 견디는 것이고, 또 하나는 그리스도를 섬기며 은혜의 성령의 열매를 맺는 것입니다. 사랑하는 형제들이여, 이러한 신실한 말들을 마음에 새기십시오. "이러므로 너희는 나의 이 말을 너희의 마음과 뜻에 두고 또 그것을 너희의 손목에 매어 기호를 삼고 너희 미간에 붙여 표를 삼으며"(신 11:18). 이러한 정금 같은 말씀들을 금 글자로 새겨서 여러분 집의 문과 기둥에 붙이십시오. 그리고 그러한 말씀들로 하여금 여러분의 삶을 인도하며, 위로하며, 가르치게 하십시오. 바울 사도는 그러한 말씀들을 "신실한 말"(faithful sayings)이라고 부릅니다. 그것은 지금도 신실한 말입니다. 단 하나의 말씀도 땅에 떨어지지 않습니다. 그것은 모두 모든 사람이 받을 만한 말씀입니다. 지금 그러한 말씀들을 받으십시오. 그리고 그것이 정말로 신실한 말인지 시험해 보십시오.

　　오늘 아침 우리는 세 번째 신실한 말 가운데 특별히 "참음" 혹은 "고난을 견딤"에 대해 묵상하려고 합니다. 먼저 오늘 본문의 앞 구절을 읽어 보십시오. "미쁘다 이 말이여 우리가 주와 함께 죽었으면 또한 함께 살 것이요"(11절). 모든 택함받은 자들은 그리스도께서 나무에 달려 죽었을 때 그와 함께 실질적으로 죽었습니다. 그들은 그리스도와 함께 십자가에 못 박혔으며, 그 안에서 무덤으로부터 일어났으며, 그 안에서 새로운 생명을 삽니다. 그가 살아 계시기 때문에, 그들 역시도 살 것입니다. 택함받은 자들은 하나님의 영으로 말미암아 죽임을 당합니다. 다시 말해서, 그들은 그리스도와 함께 죄에 대하여, 자기 의에 대하여, 세상에 대하여, 육체와 어둠의 권세들에 대하여 죽었습니다. 그리고 그들은 그리스도와 함께 삽니다. 그리스도의 생명은 그들의 생명이 됩니다. 그가 어떠하심과 같이 그들 역시 이 세상에서 그러합니다. 하나님의 영은 죄 가운데 죽은 자들 안에 생명의 은혜를 불어넣습니다. 그리하여 그들은 그리스도와 연합되어 생명을 가집니다. 신자들이 죽을 때 — 톱으로 켬을 당하든지, 화형을 당하든지 — 그것은 예수 안에서 자는 것이기 때문에, 그들은 그로 말미암아 사망의 멸망으로부터 보존되며, 그의 불멸에 참여합니다. 주께서 우리 모두를 그리스도 예수와의 연합이라는 신비로운 교훈 위에 든든하게 세우시기를 기원합니다.

　　이제 본문을 살펴보도록 합시다. "참으면 또한 함께 왕 노릇 할 것이요 우리가 주를 부인하면 주도 우리를 부인하실 것이라"(12절). 본문은 두 부분으로 나뉩니다. 첫째로, 그리스도와 함께 고난을 받는 것과 그 상급, 그리고 둘째로, 그리스도를 부인하는 것과 그 형벌.

1. 첫째로, 그리스도와 함께 고난을 받는 것과 그 상급.

참음(suffering) 즉 고난을 당하는 것은 모든 사람들의 공통적인 분깃입니다. 우리에게 있어 그것을 피하는 것은 불가능합니다. 우리는 고난의 문을 통해 이 세상에 옵니다. 그리고 죽음의 문 위에도 동일한 문장(紋章)이 걸려 있습니다. 우리는 살아 있는 한 고난을 겪어야만 합니다. 악인은 모든 종류의 덕행을 내던지며 과도하게 악을 남발합니다. 그렇다고 하여 그가 고난의 수레바퀴를 피하리라고 기대해서는 안 됩니다. 도리어 그는 열 배의 육체의 고통과 영혼의 번민을 겪게 될 것입니다. "악인에게는 많은 슬픔이 있을 것이라"(시 32:10). 지적 능력이 매우 저급한, 그래서 짐승과 별로 다를 것이 없는 것처럼 보이는 어떤 사람을 상상해 보십시오. 그렇다고 해서 그에게 고난이 없는 것은 결코 아닙니다. 우리는 짐승조차도 인간 못지않게 고통의 희생물이라는 사실을 압니다. 도리어 찰머스 박사(Dr. Chalmers)가 잘 지적한 것처럼, 짐승에게는 또 다른 고통이 있습니다. 왜냐하면 그것들은 이성적인 마음을 가지고 있지 않을 뿐만 아니라 또한 소망에 의해 위로받지도 못하기 때문입니다. 아무리 스스로를 저급하게 만든다 할지라도, 여러분은 여전히 고난의 멍에 아래 있을 수밖에 없습니다. 가장 고상한 사람도 가장 비천한 사람도 그것을 피할 수 없습니다. 인간성의 모든 밭은 고난의 쟁기로 갈아엎어져야 합니다. 파도 없는 바다는 있을 수 있지만, 고난 없는 인간은 있을 수 없습니다. 하나님이면서 동시에 사람이셨던 우리 주님 역시도 마찬가지였습니다. 만일 죄 없는 우리 주님에게조차 고난의 채찍이 있었다면, 하물며 죄 많은 우리야 얼마나 더 그렇겠습니까? "여인에게서 태어난 사람은 생애가 짧고 걱정이 가득하며"(욥 14:1). "사람은 고생을 위하여 났으니 불꽃이 위로 날아 가는 것 같으니라"(욥 5:7).

이와 같이 만일 사람에게 필연적으로 고난이 있다면, 우리는 고난이 반드시 사람을 유익하게 한다고 결론을 내릴 수 없게 됩니다. 왜냐하면 그것은 죄로 말미암아 모든 사람에게 온 공통적인 분깃이기 때문입니다. 여러분은 세상에서 고난의 채찍 아래 고통을 겪을 수 있지만, 그러나 그것이 여러분을 장래의 진노로부터 구원해주지는 않을 것입니다. 여러분은 가난 가운데 수고하며 무거운 짐을 지고 살아갈 수 있습니다. 여러분은 질병 가운데 침상에 누워 살아갈 수 있습니다. 온 몸의 각 지체들이 많은 괴로움을 겪을 수 있습니다. 여러분의 마음 역시도 두려움으로 침체되거나 혹은 절망의 심연 속으로 떨어질 수 있습니다. 그러나 이 모든 것에도 불구하고, 여러분은 특별히 불멸의 영에 있어 아무 유익도 얻지 못할 수 있습니다. 왜냐하면 사람이 거듭나지 아니하면, 그는 하나님의 나라를 볼 수 없기 때문입니다. 이 땅에서 아무리 많은 고난을 겪는다 하더라도, 그것이 거듭나지 않은 사람은 하나님의 나라에 들어갈 수 없다는 불변의 법칙을 바꿀 수는 없습니다. 고난을 당하는 것이 그리스도인의 전유물은 아닙니다. 또 고통을 겪는 것이 필연적으로 유익한 열매를 맺는 것도 아닙니다. 본문은 우리가 그리스도와 함께 왕 노릇하기 위해서는 그와 함께 고난을 받아야만 함을 분명하게 함축합니다. 앞 절 즉 11절은 본문을 그렇게 읽어야만 함을 한층 더 분명하게 요구합니다. 또 11절의 "주와 함께"란 어구는 12절에도 똑같이 적용됩니다. 다시 말해, 주와 함께 왕 노릇 하는 축복을 가져다주는 고난은 주와 함께 하는 고난이어야 합니다.

　　가난하며 비천한 사람들 가운데 편만한 그릇된 생각이 하나 있는데, 그것은 가난과 고통 가운데 있는 모든 사람들이 바로 그것 때문에 다음 세상에서 상급을 받게 될 것이라는 생각입니다. 나는 노동자들이 부자와 나사로의 비유를 부자의 고통에 대해 일종의 이상한 희열을 느끼며 이야기하는 것을 들은 적이 있습니다. 그들은 그 비유를 통해 모든 부자는 지옥 불에 떨어져 혀를 서늘하게 해줄 한 방울의 물도 얻지 못하는 반면, 모든 가난한 자들은 나사로처럼 당당하게 아브라함의 품에 안기게 될 것이라고 상상하고 있었던 것입니다. 이보다 더 큰 오류가 어디에 있겠습니까? 나사로로 하여금 아브라함의 품에 안기게 만든 것은 그의 고통이 아니었습니다. 그는 세상에서 개들에 의해 핥음을 당하다가 마침내 지옥으로 떨어질 수도 있었습니다. 가난한 사람들 가운데 너무나 많은 사람들이 지옥으로 갑니다. 술주정뱅이의 집은 너무도 누추합니다. 그가 그런 집에서 누더기를 걸치고 산다고 해서 그것으로 인해 천국에 갑니까? 거지로서 구걸하며 살아가는 사람들을 생각해 보십시오. 그것은 많은 경우 악이나 어리석음 혹은 무절제의 결과입니다. 이런 것들이 사람을 천국으로 데려가는 여권이라도 된단 말입니까? 어리석은 생각으로 스스로를 속이지 마십시오.

　　또 다른 한편 부자가 지옥에 떨어진 것은 그가 부유하며 호화롭게 살았기 때문이 아니었습니다. 만일 그가 부요한 믿음과 거룩한 삶과 새로워진 마음을 가지고 있었다면, 그의 자주색 고급 세마포 옷은 그에게 아무런 해도 끼치지 않았을 것입니다. 나사로가 천사들에 의해 아브라함의 품에 들어간 것은 그의 마음이 하늘에 있었기 때문입니다. 또 부자가 지옥에 떨어진 것은 그가 하나님과 하늘에 속한 것들을 바라보지 않았기 때문입니다. 사람의 미래를 결정하는 것은 그의 마음과 성품 속에 있는 은혜의 역사(役事)이지, 가난과 부요의 문제가 아닙니다. 우리는 이러한 사실을 분명히 인식할 필요가 있습니다. 이 땅에서 고난을 당하는 것이 반드시 다음 세상의 행복을 함축하는 것은 아닙니다. 우리에게 하늘의 상급을 약속하는 것은 고난 그 자체가 아니라 주 예수 그리스도와 함께 함으로 말미암는 고난입니다.

여러분의 이해를 돕기 위해 조금 더 이야기하도록 하겠습니다. 만일 여러분이 그리스도 안에 있지 않다면, 여러분은 그리스도를 위해 혹은 그리스도와 함께 고난을 당한다고 생각해서는 안 됩니다. 들 포도나무를 생각해 보십시오. 그 나무에 대해 가지치기를 한다고 하여 그것이 하늘의 열매를 맺지는 못할 것입니다. 가시나무를 가지치기 해 보십시오. 열매는 고사하고 도리어 가시만 더 날카로워질 것입니다. 어떤 방법을 사용한다 하더라도, 여러분은 가시나무를 에스골의 포도나무로 바꿀 수 없습니다. 사람이 그 본래의 상태로 남아있는 한, 그는 계속해서 땅에 속한 아담의 한 지체로 남아 있는 것입니다. 그러므로 그는 고난의 문제를 피할 수 없습니다. 그러나 고난을 당한다고 해서, 그는 그리스도와 함께 고난을 당한다고 생각해서는 안 됩니다. 그는 옛 아담과 함께 고난을 받고 있는 것입니다. 그는 다른 모든 진노의 후사들과 함께 죄의 확실한 유산을 받고 있는 것입니다. 그는 이러한 고난이 자신에게 영원히 떨어질 무서운 폭우의 첫 빗방울에 불과하다는 사실을 인식해야 합니다. 그것은 그의 영혼을 영원히 괴롭힐 두려운 채찍의 첫 흔적에 불과합니다. 만일 어떤 사람이 그리스도 안에 있다면, 그는 둘째 아담과 교제할 수 있으며 하늘에 속한 형상을 맺을 것을 기대할 수 있습니다. 형제들이여, 여러분은 살아 있는 믿음으로 그리스도 안에 있습니까? 여러분은 오직 예수 그리스도만을 믿습니까? 그렇지 않다면, 이 땅에서 아무리 많은 고난과 고통을 겪는다 하더라도 여러분은 장차 하늘에서 그리스도와 함께 왕 노릇 할 소망을 가질 수 없습니다.

또 어떤 사람이 그리스도 안에 있다고 하더라도 그의 모든 고난이 그리스도와 함께 고난을 받는 것은 결코 아닙니다. 왜냐하면 먼저 하나님으로부터 고난 받도록 부름받는 것이 필요하기 때문입니다. 만일 어떤 선한 사람이 고난과 자기 부인에 대한 그릇된 관념을 가지고 광신자들이 종종 그렇게 하는 것처럼 자기 몸에 고통과 괴로움을 가한다면, 나는 그의 인내력에는 경의를 표할 수 있지만 그러나 그가 그리스도와 함께 고난을 받고 있다고는 결코 생각하지 않습니다. 누가 사람들을 그런 고행으로 불렀단 말입니까? 사랑의 하나님은 분명 아닙니다. 그러므로 만일 그들이 자기 자신의 생각의 명령으로 스스로에게 괴로움을 가했다면, 그들에게 상을 주어야 하는 것은 하나님이 아니라 그들 자신의 생각입니다. 만일 내가 분별 없이 섭리나 은혜가 이끌지 않는 길로 달려갔다면, 나는 그리스도와 교제하는 것보다 오히려 죄를 짓고 있는 것이 아닌가 의심해 볼 필요가 있습니다. 베드로는 칼을 뽑아 말고의 귀를 잘랐습니다. 그러나 그는 말고의 귀를 베라는 명령을 받지 않았으며, 그를 로마 병사의 잔혹한 복수로부터 구원한 것은 주님의 온유함이었습니다. 만일 우리가 성경의 권위 대신 혈기와 자기 의지의 통치를 따른다면, 그것은 마귀의 무기를 가지고 주님의 싸움을 싸우는 격입니다. 설령 우리가 우리 자신의 손가락을 자른다 할지라도, 우리는 놀랄 필요가 없습니다. 간혹 일부 광적인 프로테스탄트들이 가톨릭 성당에 들어가 사제를 때려눕히고 성상(聖像)들을 땅에 내동댕이치는 등의 방법으로 우상 숭배에 대한 증오심을 표출하곤 합니다. 그로 말미암아 법에 따라 처벌을 받는 것에 대해 그리스도와 함께 고난을 당하는 것으로 보기는 매우 어렵습니다. 나는 이것이 마치 자신이 숭고한 순교자의 대열에 끼는 것인 양 착각한 결과로 나온 행동이라고 생각합니다. 순교자들은 모두 그들의 영예로운 자리로 선택되었습니다. "이 존귀는 아무도 스스로 취하지 못하고 오직 아론과 같이 하나님의 부르심을 받은 자라야 할 것이니라"는 말씀을 생각해 보십시오(히 5:4). 나는 이것이 제사장직뿐만 아니라 순교에 대해서도 마찬가지라고 생각합니다. 우리에게는 서로 의미가 다른 것들을 구별할 줄 아는 지혜가 필요합니다. 스스로 바위를 끌어다가 자기 머리 위에 올려놓고 하나님의 위로를 구하지 마십시오. 그것은 자칫 하나님의 섭리를 시험하는 것이 될 수 있습니다.

　　또 우리는 죄의 결과로서 오는 고난을 그리스도와 함께 고난을 당하는 것으로 생각해서는 안 됩니다. 미리암이 모세를 비방하다가 문둥병에 걸렸을 때, 그녀는 하나님을 위해 고난을 당하고 있었던 것이 아닙니다. 웃시야가 성전에 들어갔다가 평생 나병환자가 되었을 때, 그는 자신이 의를 위해 고난을 당하고 있다고 결코 말해서는 안 됩니다. 만일 여러분이 요행수를 노리고 투기를 하다가 모든 재산을 잃었다면, 제발 그리스도로 인해 모든 것을 잃었노라고 말하지 마십시오. 엉터리 회사와 거래하다가 속았을 때, 제발 그리스도를 위해 고난을 당한다고 흐

느껴 울지 마십시오. 그것은 여러분 자신의 어리석음의 결과일 뿐입니다. 불 속에 손을 집어넣었다가 손을 데었습니까? 손을 데게 만드는 것은 불의 본성입니다. 여러분이든 누구든 마찬가지입니다. 그러면서 제발 순교자나 되는 것처럼 어리석게 자랑하지 마십시오. 만일 여러분이 어리석은 일을 행하다가 그 결과로 고난을 당한다면, 그것으로 인해 도대체 무슨 상급을 받을 것이 있단 말입니까? 사람들 앞에 나아와 상급을 요구하지 말고, 골방에 들어가 여러분 자신의 어리석음으로 인해 우십시오. 많은 위선자들이 자신이 마땅히 받을 것을 받았음에도 불구하고 "아, 나는 지금 박해받고 있도다"라고 부르짖습니다. 사람들 사이에서 비방을 당하는 것이 그의 훌륭함을 증명하는 것은 결코 아닙니다. 누가 냉혈한 살인자를 존경하겠습니까? 모든 사람이 범죄자를 비난하지 않습니까? 사람들에 의해 악한 자라는 비방을 당하는 것 때문에 그가 그리스도인이 되는 것입니까? 절대로 그렇지 않습니다. 그는 악인일 뿐입니다. 그 이상도 이하도 아닙니다. 형제들이여, 우리는 결코 그런 어리석은 주장을 해서는 안 됩니다. 조금이라도 정직과 신실이 있다면 말입니다. 고작 죄의 결과로 고난을 당하고 있으면서, 마치 예수 그리스도를 위해 거창하게 고난을 당하는 양 말해서는 안 됩니다.

나아가 하나님이 받으시고 상급을 주시는 고난은 그 목적이 하나님의 영광을 위한 것임을 기억하십시오. 만일 내가 사람들 사이에서 명성과 갈채를 얻기 위해 고난을 당한다면, 혹은 만일 내가 단지 존경을 받기 위해 시련을 무릅쓴다면, 나는 나의 상을 받을 것입니다. 그러나 그 상은 주 예수의 충성된 종의 면류관이 아니라 바리새인의 상일 것입니다.

또 우리의 모든 인내의 근원은 그리스도에 대한 사랑과 그의 택함받은 자들에 대한 사랑이어야 합니다. 바울 사도의 "내 몸을 불사르게 내줄지라도 사랑이 없으면 내게 아무 유익이 없느니라"라는 말씀을 기억하십시오(고전 13:3). 만일 내가 형제들을 무시하는 교만한 마음 가운데 허풍과 허장성세로 고난을 겪는다면, 혹은 만일 내가 자기 아집에 집착하면서 예컨대 어떤 의견을 고집함에 있어 그것이 옳기 때문이 아니라 단지 내가 그렇게 생각하기로 선택한 것 때문에 그렇게 하고 그로 인해 어떤 고난을 겪는다면, 나는 그리스도와 함께 고난을 당하는 것이 아닙니다. 만일 나의 영혼 속에 하나님에 대한 사랑이 없다면 혹은 택함받은 자들을 위해 모든 것을 견디는 것이 아니라면, 설령 많은 매를 맞는다 하더라도 나는 성령의 교제를 잃고 아무런 상도 받지 못할 것입니다.

또 우리는 그리스도의 영을 명백히 드러내야 합니다. 그렇지 않으면 우리는 그와 함께 고난을 받는 것이 아닙니다. 나는 교인들과 큰 불화 가운데 있는 어떤 목회자가 "아론이 잠잠하였더라"라는 말씀을 가지고 설교하는 것을 들은 적이 있습니다(레 10:3). 그 설교는 자기 자신을 놀라운 온유함의 실례(實例)로서 제시하기 위한 목적으로 의도된 것이었습니다. 그러나 그의 이전의 언행(言行)은 전혀 그렇지 않았으며, 그의 교인들은 즉시로 그의 의도를 눈치챘습니다. 교인들이 볼 때 아론과 그 사이의 차이는 너무도 분명했습니다. 그들이 볼 때 "아론은 잠잠했지만 그 목회자는 그렇지 않았던" 것입니다. 우리와 세상을 떠난 성도들 사이의 유사점을 발견하는 것은 그리 어렵지 않습니다. 그러나 거룩한 인내와 그리스도를 닮은 용서로써 그것을 확증하는 것은 결코 쉽지 않습니다. 만일 우리가 스스로를 자랑하려다가 수치와 비방을 당한다면, 만일 우리가 스스로를 옹호하며 비방자들을 심판하느라 전전긍긍한다면, 만일 우리가 교만하며 용서할 줄 모른다면 ─ 우리는 그리스도와 교제할 좋은 기회를 상실한 것입니다. 우리는 우리 안에 그리스도의 영을 가져야만 합니다. 그렇지 않으면 우리의 고난은 받으심직한 것이 되지 못합니다. 만일 우리가 털 깎는 자 앞에 있는 어린 양처럼 잠잠할 수 있다면, 만일 우리가 능욕을 참고 능욕하는 자들을 사랑할 수 있다면, 만일 우리가 그리스도와 함께 "아버지여 저들을 용서하여 주옵소서 저들은 자기의 하는 것을 알지 못하나이다"라고 기도할 수 있다면, 만일 우리가 의롭게 심판하는 자에게 우리의 모든 사정을 맡기고 그리스도로 인해 비방을 당하는 것조차 기쁨으로 여긴다면 ─ 바로 그때 우리는 진실로 그리스도와 함께 고난을 당하는 것입니다.

이러한 말은 어떤 사람들에게 지나치게 날카롭게 들리는지 모릅니다. 그리고 그들의 모든 위로를 빼앗아가는 것처럼 보일는지 모릅니다. 그러나 나의 의도는 실제로 주와 함께 고난을 받는 겸손한 신자들로부터 위로를 빼앗는 것이 아닙니다. 우리는 하나님 앞에 정직해야 합니다. 다른 사람의 정원에서 꽃을 꺾는다든지 다른 사람에게 돌려져야 할 영예를 가로챈다든지 해서는 안 됩니다. 오직 진실한 사람만이 진실을 열망하는 법입니다.

이제 오늘날 그리스도를 위해 고난을 당하는 것이 실제로 어떤 것인지 살펴보도록 합시다. 오늘날 우리는 감옥에 들어간다든지, 양이나 염소의 가죽을 쓰고 유리방황한다든지, 돌에 맞는다든지, 혹은 톱에 켬을 당하는 등의 일을 당하지 않습니다. 느부갓네살의 풀무불의 때는 지나갔습니다. 그러나 그 불은 이 땅에 여전히 남아 있습니다. 어떤 사람들은 살림살이가 곤궁합니다. 나는 대부분의 그리스도인들에게 있어 신자가 될 때 금전적으로 손해가 되기보다 이익이 된다고 믿습니다. 그러나 나는 사람들이 양심으로 인해 큰 고통을 겪어야만 하는 경우들을 많이 만납니다. 오늘날 비교적 안락한 환경에서 살고 있지만 그러나 그 주된 일이 주일 날 이루어지는 이웃들 가운데 살고 있는 사람들이 있습니다. 주일 날 상점 문을 닫으면 많은 손실이 발생합니다. 그리스도를 위해 기쁘게 손실을 감수하지만, 그러나 투쟁이 매우 격렬합니다. 그런가 하면 월급이 많기는 하지만 죄와 결부되어 있는 직장에 다니는 사람들도 있습니다. 이런 사람들은 그리스도인이 될 때 직장 문제로 양심의 고통을 겪게 됩니다. 마침내 그들은 그러한 직장을 포기하고 현재는 훨씬 수입이 적은 직장에 다닙니다. 이와 같이 그리스도 때문에 특별히 금전적인 문제에 있어 실제적인 고난을 겪는 사람들이 있습니다.

그리스도를 위해 고난을 당하는 자들이여, 여러분은 은혜의 상급으로서 예수 그리스도와 함께 왕 노릇 할 것을 기대할 수 있습니다. 다른 사람들이 조롱할까 두려워하며 노심초사하는 소심한 병사들은, 예수 그리스도의 좋은 병사로서 실제적인 고난을 기꺼이 감수하는 자들을 생각하면서 스스로를 부끄러워해야 합니다. 참된 용사들이 추위와 굶주림과 가난을 기꺼이 감수하는 마당에 소심한 자들이 겪는 작은 괴로움이 도대체 무엇이란 말입니까? 또 박해받는 경우 역시 결코 드물지 않습니다. 많은 나라에서 경건한 성도들이 이런저런 고난을 겪습니다. 그들은 교회에 다닌다는 이유로 많은 위해(危害)를 당합니다. 문명화된 사회에 살고 있는 우리는, 그렇지 못한 지역에서 그리스도인들에 대하여 행해지는 폭력에 대해 거의 알지 못합니다. 모든 교파의 참된 그리스도인들은 서로 사랑하며 박해를 미워하지만, 그러나 명목상의 그리스도인들과 불경건한 자들은 영국을 또다시 메리 여왕의 시대로 되돌리려고 합니다. 이런 가운데 본문의 아름다운 약속은 압제를 당하는 모든 성도들에게 큰 위로를 줍니다. "참으면 또한 함께 왕 노릇 할 것이요."

일반적으로 박해는 인격적인 모욕의 형태를 취합니다. 거리에서 손가락질을 당하거나 저속한 사람들로부터 모욕적인 말을 듣는 것은 결코 즐거운 일이 아닙니다. 또 직장에서 모멸적인 취급을 당하거나, 바보 혹은 미치광이로 여겨지는 것은 결코 작은 시련이 아닙니다. 그러나 이것은 많은 하나님의 백성들이 매일 같이 받는 분깃입니다. 비교적 비천한 계급의 사람들은 지속적이며 노골적인 비난을 견뎌야만 합니다. 그런가 하면 좀 더 상위 계층의 사람들은 냉소적이며 싸늘한 태도를 견뎌야 합니다. 예수 그리스도의 참된 제자가 되는 순간부터 말입니다. 여기에는 달콤한 것보다 찌르는 것이 더 많습니다. 우리는 강한 자들 가운데 채찍에는 끄떡없지만 조소와 야유에는 무너지고 마는 자들이 있음을 알고 있습니다. 마치 모기들이 사자를 참지 못하게 만드는 것처럼 말입니다. 신자들은 거짓된 중상과 비방까지도 견뎌야 합니다. 물론 우리에게 있어 그것은 즐거운 일이 아닙니다. 나는 한 신실한 그리스도인을 압니다. 그는 결코 섣부른 말이나 행동을 하는 사람이 아니었습니다. 그러나 가장 야비한 비방이 마치 사냥개 떼처럼 그를 따라 다녔습니다. 공개적으로 그리고 개인적으로 그는 비방과 중상을 당하는 일에 익숙해졌습니다. 세상은 속삭입니다. "그가 하나님을 위해 열심을 낸다고? 잘 해 보라지!" 이렇게 진리 때문에 사람들에 의해 비방을 감수해야 하는 것이 모든 하나님의 종들의 분깃입니다. 그의 선에 대해 사람들은 악이라고 말합니다. 그의 열심에 대해 사람들은 분별 없는 행동이라고 말합니다. 그의 용기에 대해 사람들은 부적절한 행동이라고 말합니다. 그의 겸손에 대해 사람들은 비겁함이라고 말합니다. 그의 진지함에 대해 사람들은 경솔함이라고 말합니다. 많은 사람들의 시선을 받는 위치에 있는 참된 신자에게 있어 어떤 일을 제대로 하는 것은 거의 불가능합니다. 그는 마르틴 루터와 함께 다음과 같이 말하는 법을 배울 필요가 있습니다. "세상은 나를 미워하지만, 나에게 잃는 것은 아무것도 없어. 왜냐하면 세상이 나를 미워하는 만큼 나 역시 진심으로 세상을 미워하기 때문이야." 이것은 세상 속에 있는 사람들을 의미하는 것이 아니었습니다. 왜냐하면 루터만큼 사람들을 사랑한 사람은 아무도 없었기 때문입니다. 그가 의미한 것은 세상의 의견과 평판이었습니다. 그는 세상의 영광을 자기 발 아래 밟아 버렸습니다. 만일 여러분이 그리스도 때문에 어떤 합당치 못한 비방을 당한다면, 본문 말씀으로 스스로를 위로하십시오. "참으면 또한 함께 왕 노릇 할 것이요 우리가 주를 부인하면 주도 우리를 부인하실 것이라."

　또 만일 여러분이 그리스도를 위해 일하는 가운데 스스로를 희생하며 고통과 수고와 손실과 불편을 감수한다면, 나는 여러분이 그리스도와 함께 고난을 받고 있다고 생각할 것입니다. 복음을 들고 폭풍이 몰아치는 곳을 향해 나아가는 선교사, 야만인들이 사는 곳으로 들어가는 십자가의 사자(使者), 여러 곳을 다니며 신앙서적을 보급하는 사람들, 아이들에게 말씀을 가르치는 교사들, 여러 곳을 다니며 설교하는 순회설교자들, 적은 보수로 어렵게 살아가는 사역자들, 건강을 잃는 것까지도 기꺼이 감수하는 복음전도자들 — 이들 모두는 그리스도와 함께 고난을 받는 자들입니다. 우리 모두는 지나치리만치 스스로를 돌봅니다. 우리는 힘든 일과 어려운 일을 피합니다. 종종 우리 몸을 아끼기 위해 마땅히 해야 할 일을 절반만 합니다. 하나님의 일꾼은 안일을 추구해서는 안 됩니다. 만일 건강을 잃는다면, 하나님이 여러분에게 스스로를 산 제물로 드리는 특권을 허락하신 것으로 생각하며 감사드리십시오. 만일 어떤 사역자가 경솔함에 의해서가 아니라 참된 수고로 인해 무덤에 가게 된다면, 그의 경우 무덤 밖에 있는 것보다 무덤 안에 있는 것이 훨씬 더 나을 것입니다. 그것이 그리스도를 위해 수고하다가 그렇게 된 것이라면 말입니다. 무엇이라고요? 우리는 결코 고난을 당하지 않을 것이라고요? 우리는 그저 편안한 병사가 될 것이라고요? 하나님의 백성들은 편안한 이불 속에서 라벤더 향기를 맡으며 고통 따위는 경험하지 않을 것이라고요? 결코 그렇지 않습니다. 참된 성도의 상급을 잃어버리지 않으려면, 결코 그래서는 안 됩니다.

타고난 욕망과의 싸움, 교만한 자아에 대한 부인, 죄에 대한 저항, 사탄과의 결연한 투쟁 — 이 모든 것 역시 그리스도와 함께 고난을 당하는 것이라는 사실을 기억하십시오. 우리는 좀 더 넓은 외적 전쟁터에서와 마찬가지로 우리 안에서의 영적 전쟁 속에서 찬란한 면류관을 얻을 수 있습니다. 우리는 전신갑주를 입고 정사와 권세와 모든 종류의 영적 악과 더불어 싸워야 합니다.

그리스도와 함께 고난을 당하는 또 한 가지 경우는 친구들이 떠나거나 혹은 원수가 될 때입니다. 부모도 때로 떠납니다. 남편이 아내를 박해합니다. 심지어 자녀들이 부모로부터 돌이키는 경우도 있습니다. "사람의 원수가 자기 집안 식구리라"(마 10:36). 이것은 신자들을 고통하게 만드는 사탄의 최고의 도구들 가운데 하나입니다. 주를 위해 이 잔을 마시는 자는 그와 함께 왕 노릇 하게 될 것입니다.

형제들이여, 만일 여러분이 이와 같이 그리스도를 위해 고난을 받도록 부름받았다면, 이 땅에서 받는 작은 고난들이 무슨 대수겠습니까? "우리가 잠시 받는 환난의 경한 것이 지극히 크고 영원한 영광의 중한 것을 우리에게 이루게 함이니"(고후 4:17). 오늘날 우리가 겪는 고난을 메리 여왕 시대의 환난이나 초대교회 성도들의 박해와 비교해 본다면, 고작 핀으로 살짝 찌르는 것밖에 더 되겠습니까? 그럼에도 불구하고 우리가 그리스도와 함께 고난을 받을 때, 우리는 그와 함께 왕 노릇 하게 될 것입니다. 지금 우리가 받는 고난은 장차 받을 상과 족히 비교할 수 없습니다. 그러므로 그것은 모두 은혜입니다. 우리는 조금 수고하고, 조금 고난 받습니다. 그러나 주님은 "지극히 크고 영원한 영광의 중한 것"을 주십니다. 우리는 단지 그리스도와 함께 보좌에 앉기만 하는 것이 아닙니다. 우리는 또한 그와 함께 왕 노릇 합니다. 그의 왕권이 의미하는 모든 것, 그의 광대한 영토가 생산할 수 있는 모든 것, 그의 영원한 능력이 줄 수 있는 모든 것 ─ 이 모든 것이 여러분에게 속하며, 그의 모든 부요와 값없는 은혜가 여러분에게 주어집니다. 잠깐 동안 그와 함께 고난을 당한 것에 대한 상급으로 말입니다. 그렇다면 누가 뒤로 물러날 것입니까? 여러분 가운데 누가 꽁무니를 뺄 것입니까? 젊은 남자들이여, 십자가로부터 도망치겠습니까? 젊은 여자들이여, 사탄이 여러분에게 가시밭길을 피하라고 속삭입니까? 여러분은 면류관을 포기할 것입니까? 여러분은 보좌를 놓칠 것입니까? 사랑하는 자들이여, 그리스도와 함께 풀무 불에 들어가는 것은 얼마나 복된 일입니까? 그와 함께 차꼬에 매이는 것은 얼마나 영광스러운 일입니까? 설령 아무런 상급이 없다 하더라도, 우리는 얼마든지 스스로를 복된 자로 여길 수 있습니다. 그러나 상급이 그토록 부요하며, 넘치도록 풍성하며, 영원하며, 무한하다면, 우리는 능히 노래를 부르며 십자가를 질 수 있지 않습니까? 그리고 주 우리 하나님 안에서 기뻐하면서 우리의 길을 걸어갈 수 있지 않습니까?

2. 둘째로, 그리스도를 부인하는 것과 그 형벌.

"우리가 주를 부인하면 주도 우리를 부인하실 것이라." 이 얼마나 두려운 말씀입니까? 이 말씀은 우리 모두에게 적용될 수 있습니다. 사도들이 주의 만찬 자리에서 "주여 내니이까?"라고 물었던 것처럼, 여기에 앉아 있는 우리 역시도 "주여 내가 주를 부인할 자니이까?"라고 물을 수 있습니다. 여러분은 큰 소리로 "모든 사람이 주를 부인할지라도 나는 결코 주를 부인하지 않을 것이나이다"라고 말할는지 모르지만, 바로 여러분이 그렇게 할 수 있습니다. 어떤 방법으로 우리는 주를 부인할 수 있을까요? 어떤 이들은, 조롱하는 자들이 그렇게 하는 것처럼, 공개적으로 그를 부인합니다. 그들의 입술은 땅에서 움직이면서 하늘을 향해 도전합니다. 또 어떤 이들은 교리적이며 학문적인 방법으로 부인합니다. 아리우스파나 소치니파가 그렇게 했던 것처럼 말입니다. 그들은 그리스도의 신성(神性)과 그의 속죄와 성경의 영감을 부인합니다. 그런가 하면 한 마디도 하지 않으면서 그리스도를 부인하는 방법도 있는데, 이것이 좀 더 일반적인 경우입니다. 신성모독이 판치는 때에 많은 사람들은 자신들의 머리를 감춥니다. 그들 주변에는 그리스도에 대해 말해야 하는 무리가 있습니다. 그러나 그들은 스스로의 손으로 자신의 입을 가립니다. 그들은 예수 그리스도에 대한 자신들의 믿음을 담대히 고백하지 않습니다. 그들은 일종의 믿음을 가지고 있습니다. 그러나 그것은 순종으로 나아가지 못하는 믿음입니다. 예수 그리스도는 모든 신자들에게 세례를 받으라고 명령하셨습니다. 그러나 그들은 세례 받는 것을 게을리합니다. 세례 받는 것을 게을리할 뿐만 아니라 또한 율법의 더 중한 것들을 소홀히 여깁니다. 그들은 기꺼이 하나님의 전에 올라갈 것입니다. 거기에 올라가는 것이 사람들 사이에서 훌륭한 것으로 여겨지는 한 말입니다.

그러나 박해의 때가 되면, 그들은 함께 모이는 것을 기피합니다. 전쟁의 날에 그들은 주님의 편에 서지 않습니다. 깃발이 나부끼며 나팔이 울리며 휘황찬란한 행진이 있을 때, 그리고 화려한 장식과 훈장이 주어질 때, 그들은 그곳에 있습니다. 그러나 포탄이 날아오며 적들이 몰려오며 요새가 공격을 당할 때, 그들은 어디에 있습니까? 그들은 자신들의 굴로 사라져 버렸습니다. 그들은 맑은 날이 올 때까지 어디론가 사라져 숨습니다. 지금 내가 말하는 것을 꼭 기억하십시오. 나는 여기 있는 사람들 가운데에도 그런 사람들이 있을까 두렵습니다. 지금 내가 말하는 것을 마음에 담으십시오. 심판대 앞에서 부끄러움을 당하지 않으려면 말입니다. 어떤 사람들은 오랫동안 잠잠히 있으면서 실질적으로 그리스도를 부인하다가, 한 걸음 더 나아가 한때 가졌던 믿음을 완전히 저버립니다. 그리스도에 대한 참된 믿음을 가진 자는 그 믿음을 결코 잃지 않을 것입니다. 왜냐하면 하나님이 주시는 믿음은 영원하기 때문입니다.

외식하는 자들과 형식주의자들은 죽어 있으면서도 살아 있다는 이름을 가집니다. 그리고 잠시 후 그들은 개가 그 토한 것을 다시 먹는 것처럼 그리고 목욕한 돼지가 다시 우리에서 뒹구는 것처럼 본래의 자리로 되돌아갑니다. 그런가 하면 믿음을 고백하는 어떤 사람들은 자신들의 삶으로써 실질적으로 그리스도를 부인합니다. 설령 그에 대한 믿음을 고백한다 하더라도 말입니다. 여기에 세례를 받고 주의 만찬에 나온 사람들이 있습니까? 그러면 그들의 실제적인 삶은 어떠합니까? 그들의 집으로 따라가 보십시오. 만일 그들이 하나님의 집에서 공언하며 고백한 것을 자기 집에서는 부인한다면, 나는 그들의 믿음이 참된 것이라고 생각하지 않습니다.

만일 어떤 사람이 술에 취한다면, 만일 신앙을 고백하는 어떤 사람이 음행에 탐닉한다면, 만일 어떤 형제가 자신의 종들에게 지나치게 사납고 오만하며 난폭하다면, 만일 어떤 사람이 정직하지 못하게 사업하며 부당한 이득을 취한다면, 그러면서도 그들이 예수 그리스도를 신실하게 따르고 있노라고 고백한다면 ― 도대체 내가 무엇을 믿어야 합니까? 그들의 말입니까, 아니면 그들의 행동입니까? 나는 가장 크게 소리지르는 것을 믿을 것입니다. 그러면 무엇이 더 큰 소리를 지릅니까? 말입니까, 아니면 행동입니까? 분명히 말하건대, 행동이 말보다 훨씬 더 큰 소리를 지르는 법입니다. 나는 그들의 행동을 믿을 것입니다. 나는 그들이 거짓말쟁이라고 믿습니다. 예수 그리스도께서도 마침내 그들을 부인하실 것입니다.

우리 가운데에도 이 중 어느 하나에 속하는 사람들이 있지 않습니까? 앞에 묘사한 것들이 여러분에게 해당되지 않습니까? 만일 그렇다면, 나에게 화를 내지 마십시오. 나에게 화를 내는 대신 가만히 서서 주의 말씀에 귀를 기울이십시오. 사랑하는 형제여, 설령 주를 부인했다 하더라도, 여러분은 멸망을 당하지 않을 것입니다. 지금 그에게 달려가 피하기만 한다면 말입니다. 베드로도 부인했습니다. 그러나 그는 지금 하늘에 있습니다. 시험 가운데 잠시 그리스도를 부인하는 것은 우리를 영원한 파멸로 데려가지 않을 것입니다. 아직 믿음이 남아 있고, 하나님의 은혜가 개입하기만 한다면 말입니다. 그러나 계속해서 구주를 부인한다면, 본문의 두려운 경고가 바로 여러분의 것이 될 것입니다. "우리가 주를 부인하면 주도 우리를 부인하실 것이라."

"주도 우리를 부인하실 것"이라는 두려운 경고를 묵상할 때, 나는 예수께서 우리를 부인하실 다양한 방법들을 생각해 보게 됩니다. 그는 때로 이 땅에서도 그렇게 하십니다. 여러분은 프란시스 스피라(Francis Spira)의 죽음에 대해 읽었을 것입니다. 만일 여러분이 그에 대해 읽었다면, 여러분은 죽는 날까지 결코 그것을 잊어버릴 수 없을 것입니다. 프란시스 스피라는 진리를 아는 사람이었으며, 열정적인 개혁가였습니다. 그러나 죽음 앞에서 그는 두려움으로 자신의 주장을 철회했습니다. 곧바로 그는 절망 가운데 떨어졌고, 지옥의 고통을 경험했습니다. 그의 절규와 비명은 너무도 두려웠으며, 그 기록은 너무도 끔찍하며 차마 기록할 수 없을 정도였습니다. 그의 끔찍한 운명은 그 시대 사람들에 대한 경고였습니다.

우리는 또 한 사람의 예로서 벤자민 키치(Benjamin Keach)를 들 수 있는데, 그는 청교도 시대에 매우 열렬하게 청교도 신앙을 옹호하는 사람이었습니다. 그러나 나중에 박해의 시대가 되자, 그는 자신의 믿음을 버렸습니다. 그의 죽을 때의 장면은 너무도 소름끼치는 것이었습니다. 그는 자신이 하나님을 찾았음에도 불구하고 천국이 자기에 대해 닫혀 있노라고 울부짖었습니다. 그의 길에 놋문이 가로막고 있으며, 그는 완전한 절망에 압도되었습니다. 그는 저주하다가 기도하고 또 기도하다가 저주하고 하다가 결국 소망 없이 죽고 말았습니다. 만일 우리가 그리스도를 부인하면, 우리 역시도 그와 같은 운명에 넘겨질 것입니다. 설령 우리가 교회에서 가장 높고 두드러진 자리에 선다 하더라도 마침내 믿음을 저버린다면, 우리는 가장 깊은 절망 속으로 떨어지게 될 것입니다. 높은 곳에 있을수록 떨어지는 폭은 더 크게 될 것입니다.

이와 같이 심지어 이 땅에서조차 그리스도는 그런 사람들을 부인하실 것입니다. 자기 생명을 구하려고 하다가 잃어버리고 만 사람들이 얼마나 많습니까? 우리는 그런 사람들 가운데 한 사람으로서 리처드 덴턴(Richard Denton)을 들 수 있습니다. 그는 매우 열정적인 위클리프파 신자였으며, 유명한 성도 한 사람을 회심시킨 도구였습니다. 그가 화형을 당하기 위해 앞으로 나왔을 때, 그는 자기를 태울 불이 너무도 두려워 이제까지 붙잡고 있던 모든 것을 버리고 로마교회로 되돌아갔습니다. 그런데 얼마 후 그의 집에 불이 났습니다. 그는 집 안에 있는 돈을 꺼내오기 위해 집에 뛰어 들어갔다가 그만 비참하게 불에 타죽고 말았습니다. 그는 그리스도를 부인하면서까지 피하려고 했던 바로 그 불에 완전히 삼킴을 당하고 말았던 것입니다.

만일 내가 잃어져야만 한다면, 아무튼지 배교 외에 다른 것으로 그렇게 되기를 바랍니다. 만일 저주받은 자들 사이에 어떤 특징이 있다면, 그들은 유다가 말한 것처럼 "자기 수치의 거품을 뿜는 바다의 거친 물결이요 영원히 예비된 캄캄한 흑암으로 돌아갈 유리하는 별들"입니다(유 1:13). 그들은 정말로 그와 같은 자들입니다. 그들은 주를 버림으로써 가장 어둡고 가장 뜨거운 장소에 거하게 될 것입니다. 사랑하는 형제들이여, 그리스도를 잃느니 다른 모든 것을 잃는 것이 훨씬 더 낫지 않습니까? 마음의 평화와 양심의 평안을 잃어버리느니 차라리 고난을 당하는 것이 더 낫지 않습니까?

배교자 율리아누스(Julian) 황제가 마르쿠스 아레투수스(Marcus Arethusus)에게 로마시민들이 기독교로 개종하면서 허물어뜨린 이교 신전을 다시 세우는 일에 돈을 낼 것을 요구했을 때, 그는 단호히 거부했습니다. 그러자 율리아누스는 아레투수스가 나이 많은 사람이었음에도 불구하고 그의 옷을 벗기고 그의 몸 전체에 창과 칼을 꽂았습니다. 그럼에도 불구하고 아레투수스는 조금도 흔들리지 않고 굳게 서 있었습니다. 만일 그가 신전을 건축하는데 조금의 돈이라도 보탰다면, 그는 자유로울 수 있었습니다. 만일 그가 우상들에게 봉헌된 향단에 약간의 향이라도 피웠다면, 그는 피할 수 있었습니다. 그러나 그는 추호도 우상 숭배를 묵인하지 않았습니다. 창과 칼에 찔린 상처에서 피가 흐를 때, 사람들은 그 곳에다가 꿀을 바르고 벌들로 하여금 그를 쏘도록 했습니다. 결국 그는 그렇게 죽고 말았습니다. 그는 죽을 수는 있지만, 그러나 주님을 부인할 수는 없었습니다. 그는 주와 함께 숭고하게 고난을 받았기 때문에 주의 기쁨 안으로 들어갔습니다.

오래 전 복음이 페르시아에 전파되었을 때, 왕의 측근 신하 가운데 한 사람인 하메다타(Hamedatha)는 믿음을 받아들인 죄목으로 모든 직책을 박탈당하고 궁전에서 쫓겨나 낙타를 먹이는 일을 하도록 조치되었습니다. 그렇지만 그 일을 그는 큰 기쁨으로 수행했습니다. 어느 날 왕은 그 근처를 지나가다가 옛 신하가 낙타우리를 청소하는 것을 보았습니다. 왕은 그를 불쌍히 여기고 왕궁으로 다시 데려왔습니다. 그리고 그에게 호화로운 옷을 입히고, 예전의 직책을 회복시키며, 왕의 식탁에 앉도록 했습니다. 화려한 만찬장에서 왕은 하메다타에게 그의 믿음을 포기하라고 말했습니다. 그러자 하메다타는 식탁에서 일어나 자기의 화려한 옷을 찢으며 말했습니다. "왕께서는 내가 이런 하찮은 것들을 위해 나의 주님을 부인할 것이라고 생각하셨나이까?" 그리고 그는 다시금 낙타우리로 돌아왔습니다.

이 얼마나 위대한 행동입니까? 반면 믿음을 저버리는 것은 얼마나 비열하며 수치스러운 일입니까? 골고다에서 피 흘리고 죽으신 주님을 버리고 세상의 헛된 것으로 돌아가 다시금 그 목에 종의 멍에를 쓰는 것은 얼마나 혐오스럽고 비겁한 일입니까? 십자가에 달린 자를 따르는 자들이여, 여러분도 그렇게 할 것입니까? 여러분은 그렇게 하지 않을 것입니다. 여러분은 그렇게 할 수 없습니다. 나는 여러분이 그럴 수 없다는 것을 압니다. 순교자의 영이 여러분 안에 거한다면 말입니다. 만일 여러분이 하나님의 자녀라면, 여러분은 필히 순교자의 영을 가져야만 합니다. 그리스도를 부인하는 자들도 마침내 세상을 떠나야만 하는 날이 올 것입니다. 그러면 그때 그들의 운명은 어떻게 되겠습니까?

어쩌면 그들은 마음속에 약간의 소망을 가지고 주 앞에 나아와 "주여 주여 우리에게 열어주소서"라고 말할는지 모릅니다. 그러면 주님은 이렇게 대답할 것입니다. "너희는 누구뇨?" 그러면 그들은 이렇게 말할 것입니다. "주여 우리는 한때 주의 만찬에 참여하였었나이다. 주여 우리는 교회의 지체였었나이다. 그러나 너무도 가혹한 시대가 되었나이다. 어머니는 나에게 신앙을 버리라고 말했고, 아버지는 화를 냈나이다. 장사도 잘 안 되었으며, 나는 조롱을 당했나이다. 나는 더 이상 버틸 수 없었나이다. 주여, 내 주위에 악한 자들이 많이 있었나이다. 그들은 기회만 있으면 나를 유혹했으며, 나는 저항할 수 없었나이다. 나는 주의 종이나이다. 나는 주를 사랑하나이다. 내 마음속에는 항상 주를 사랑하는 마음이 있었나이다. 그러나 나는 어쩔 수 없이 주를 부인하고 세상으로 다시 돌아갔나이다."

그러면 예수 그리스도께서 무엇이라고 말씀하겠습니까? "나는 네가 어디에서 왔는지 알지 못하노라." "그러나 주여, 부디 나의 사정을 헤아려 주소서." "나는 너를 도무지 알지 못하노라." "그러나 주여, 만일 주께서 하늘 문을 열어주지 않는다면 나는 하늘에 들어갈 수 없나이다. 부디 열어주소서." "나는 너를 도무지 알지 못하노라." "그러나 주여, 내 이름이 교회 명부에 있었나이다." "나는 너를 알지 못하며 너를 부인하노라." "그렇지만 주는 나의 부르짖음을 듣지 않으실 것이나이까?" "너는 나의 부르짖음을 듣지 않았느니라. 너는 나를 부인했으며, 나는 너를 부인하노라." "주여, 부디 천국의 가장 낮은 장소라도 허락하여 주소서. 부디 다가올 진노를 피할 수 있도록 들어가게만 하여 주소서." "그럴 수 없느니라. 너는 세상에서 가장 낮은 장소를 견디지 못했느니라. 그런데 어떻게 하늘에서 가장 낮은 장소를 즐길 수 있단 말이냐? 네가 스스로 선택하였느니라. 너는 악을 선택하였으니, 네 선택대로 될 것이니라. 너는 추악함 가운데 있었으니 여전히 추악함 가운데 있을 것이니라. 너는 거룩하지 못함 가운데 있었으니 여전히 거룩하지 못함 가운데 있을 것이니라.”

사랑하는 형제들이여, 예수 그리스도의 진노한 얼굴을 보지 않으려거든, 그의 눈으로부터 번개의 번쩍임 같은 것을 보지 않으려거든, 그의 입으로부터 우레와 같은 소리를 듣지 않으려거든, 불과 유황으로 타는 못이 여러분의 분깃이 되지 않으려거든, 오늘 하나님 앞에 다음과 같이 힘껏 부르짖으십시오. “주여 나를 굳게 잡아주소서. 나를 지키소서. 나를 지키소서. 부디 나를 도우사 주와 함께 왕 노릇 하기 위해 주와 함께 고난을 견딜 수 있게 하소서. 주께서 나를 부인하지 않도록 부디 나로 하여금 주를 부인하지 말게 하소서.”

제
7
장

—

인간의 불신앙에
영향 받지 않는 영원한 미쁘심

—

"우리는 미쁨이 없을지라도 주는 항상 미쁘시니
자기를 부인하실 수 없으시리라" — 딤후 2:13

본문은 바울 사도가 언급하는 다섯 개의 '신실한(미쁜) 말들'(faithful sayings) 가운데 하나입니다. 그러한 신실한 말들은 모두 매우 중요합니다. 나는 그러한 말들이 아가보나 빌립의 딸들과 같이 초대교회에 특별히 세워졌던 선지자들에 의해 말하여짐으로써 교회 가운데 일반적으로 통용되게 된 것이 아닌가 추측합니다. 아마도 그러한 말들은 당시 선한 자들의 마음을 사로잡았다가, 말씀을 전파하는 자들과 교사들에 의해 인용되고, 마침내 교회 전체에 통용되게 된 말들 가운데 일부였던 것으로 보입니다. 그러한 금언(金言)들은 잠언으로 만들어져 입에서 입으로 통용됨으로써 많은 사람들을 유익하게 했습니다. 그리하여 마침내 그러한 말들은 성도들에게 마치 잘 알려진 속담처럼 입에 익숙하게 되었으며, 그리하여 '신실한 말들'(faithful sayings) 혹은 '참된 말들'(true sayings)이라는 특별한 이름이 붙여지게 되었습니다. 의심의 여지 없이 바울 사도는 그러한 거룩한 금언들을 굳게 신뢰했습니다.

그리고 그것들 가운데 다섯 개를 영감(靈感)의 울타리 속에 편입시켜 후세에 남겨 주었습니다. 다섯 개의 신실한 말들을 좀 더 구체적으로 살펴보는 것이 여러분에게 도움이 될 것입니다.

그 가운데 아마도 가장 중요한 것이 첫 번째 신실한 말인데, 그것은 디모데전서 1장 15절에 나타납니다. "미쁘다 모든 사람이 받을 만한 이 말이여 그리스도 예수께서 죄인을 구원하시려고 세상에 임하셨다 하였도다 죄인 중에 내가 괴수니라." 나는 복음이 당시의 그리스도인들에 의해 "그리스도 예수께서 죄인을 구원하시려고 세상에 임하셨다"는 축약된 형태로 외부 세상에 전달되었을 것이라고 생각합니다. 그래서 그것은 그리스도인들 사이에서 보편적으로 알려진 말이었을 것입니다. 또 그것은 지적 수준이 낮고 말씀을 전파할 수 없었던 자들이 복음의 핵심을 배울 수 있는 훌륭한 방편이기도 했을 것입니다. 그래서 그런 사람들조차도 이와 같은 축약된 형태의 말로 다른 사람들에게 복음을 가르쳐줄 수 있었을 것입니다. 또 새로운 회심자들 역시도 이 말을 자신의 이교도 친구들이나 지인들에게 쉽게 말할 수 있었을 것입니다.

두 번째 신실한 말 혹은 참된 말은 디모데전서 3장 1절에 나타납니다. "미쁘다 이 말이여, 곧 사람이 감독의 직분을 얻으려 함은 선한 일을 사모하는 것이라 함이로다." 목자처럼 백성들 가운데 있으면서 하나님의 교회를 감독하기를 열망하는 사람은 선한 일을 사모하는 것입니다. 그 일은 그에게 수고와 염려와 산고(產苦)를 가져다줄 것이지만, 그러나 참으로 영예로운 일입니다. 또 그 일은 그에게 큰 영적 상급을 가져다주는, 따라서 지혜로운 사람이라면 자신의 삶 전체를 드려 선택할 만한 일입니다.

세 번째 신실한 말은 디모데전서 4장 8-10절입니다. "육체의 연단은 약간의 유익이 있으나 경건은 범사에 유익하니 금생과 내생에 약속이 있느니라 미쁘다 이 말이여 모든 사람들이 받을 만하도다 이를 위하여 우리가 수고하고 힘쓰는 것은 우리 소망을 살아 계신 하나님께 둠이니 곧 모든 사람 특히 믿는 자들의 구주시라." 경건은 금생과 내생에 유익합니다. 따라서 경건한 사람은 고난당하는 것을 만족하게 여깁니다. 왜냐하면 그 결과로서 하나님의 풍성한 축복을 기대하며 또 받을 것이기 때문입니다. 이러한 금언은 박해의 시대에 너무도 필요한 말씀이었을 뿐만 아니라, 오늘날과 같은 탐욕의 시대에도 똑같이 필요한 말씀입니다. 오늘날 많은 사람들이 경건을 재물을 속히 낚아채는 일에 장애물로 여기면서 거짓되며 정직하지 못한 방법을 찾지 않습니까?

네 번째 신실한 말은 오늘의 본문을 포함하고 있는 말씀입니다. 그러므로 그에 대해서는 나중에 자세히 살펴보도록 하겠습니다. 그리고 다섯 번째 신실한 말은 디도서 3장 8절에 나타납니다. "이 말이 미쁘도다 원하건대 너는 이 여러 것에 대하여 굳세게 말하라 이는 하나님을 믿는 자들로 하여금 조심하여 선한 일을 힘쓰게 하려 함이라 이것은 아름다우며 사람들에게 유익하니라." 예수 그리스도를 믿는 자들은 자신의 거룩한 믿음을 실제적인 삶으로써 분명하게 나타내야 합니다. 이것이 바울의 입으로부터 나온 말임을 생각할 때, 그것은 좀 더 큰 힘을 갖습니다. 왜냐하면 그는 다른 어느 누구보다도 율법주의라든지 혹은 인간의 공로를 강조하는 것으로부터 자유로웠기 때문입니다.

이제 우리 앞에 놓여 있는 신실한 말, 즉 네 번째 신실한 말을 살펴보도록 합시다. 여러분은 빨리 눈치 채지 못할는지 모르지만, 학자들은 11절과 12절과 13절이 찬송시의 형식을 취하고 있음을 인식합니다. 히브리 찬송시는 운(韻)을 사용하는 것이 아니라 대구법으로 되어 있습니다. 따라서 여기의 세 절은 가장 오래된 기독교 찬송시들 가운데 하나였을 것으로 생각됩니다.

> "미쁘다 이 말이여
> 우리가 주와 함께 죽었으면 또한 함께 살 것이요
> 참으면 또한 함께 왕 노릇 할 것이요
> 우리가 주를 부인하면 주도 우리를 부인하실 것이라
> 우리는 미쁨이 없을지라도 주는 항상 미쁘시니
> 자기를 부인하실 수 없으시리라."

이러한 짤막한 찬송시는 초대교회 성도들이 모일 때마다 불렀던 시와 찬송과 신령한 노래들 가운데 하나입니다(골 3:16).

오늘은 여기의 짤막한 찬송시 가운데 특별히 마지막 부분을 주목하고자 합니다. 나는 그것이 오늘날에도 "신실한 말"로서 우리 모두가 받을 만한 것이라고 확신합니다. 13절의 "우리는 미쁨이 없을지라도 주는 항상 미쁘시니 자기를 부인하실 수 없으시리라"는 말씀을 주목하십시오. 이 말씀을 우리는 자주 언급하며 인용할 수 있습니다. 또 달콤한 사탕처럼 우리 혀 아래 굴리면서, 기독교적 지혜의 고전적인 말씀으로 회자시킬 수 있습니다.

본문을 살핌에 있어 먼저 그것을 두 개의 이중적인 부분으로 나누고자 합니다. 첫 번째 이중적인 부분은 슬픈 가능성과 위안이 되는 확신입니다. "우리는 미쁨이 없을지라도 주는 항상 미쁘시니." "우리는 미쁨이 없을지라도"는 슬픈 가능성이며, "주는 항상 미쁘시니"는 위안이 되는 확신입니다. 두 번째 이중적인 부분은 영광스러운 불가능성과 그것으로부터 끌어낼 수 있는 달콤한 추론입니다. 영광스러운 불가능성은 "그는 자기를 부인하실 수 없으시리라"이며, 그로부터 끌어낼 수 있는 추론은 본문을 뒤집을 때 발견됩니다. "만일 우리에게 미쁨이 있다면, 주는 항상 미쁘실 것이요 자기를 부인할 수 없으시리라."

1. 첫째로, 슬픈 가능성과 위안이 되는 확신으로부터 시작합시다.

"우리는 미쁨이 없을지라도 주는 항상 미쁘시니." 먼저 슬픈 가능성부터 살펴보기로 합시다. "우리는 믿지 않을지라도"(한글개역개정판에 "우리는 미쁨이 없을지라도"로 되어 있는 것이 KJV에는 "우리는 믿지 않을지라도"[If we believe not]으로 되어 있음 — 역주). 이러한 표현은 일차적으로 일반적인 세상과 관련되는 것으로 생각됩니다. 우리는 믿지 않을지라도, 인간은 믿지 않을지라도, 인류는 믿지 않을지라도, 다양한 계층의 사람들은 믿지 않을지라도, 그러나 주는 항상 미쁘시니.

먼저 지도자들부터 생각해 보도록 합시다. "지도자들은 믿지 않을지라도." 사람들은 예수 그리스도에 관하여 말합니다. "지도자들 가운데 누가 그를 믿었습니까?" 만일 어떤 지도자가 누군가의 말을 듣는다면, 그의 말 속에는 분명 무엇인가가 있을 것입니다. 영국인들은 일반적으로 공작이나 백작 같은 사람들의 판단에 큰 영향을 받는 경향이 있습니다. 만일 어떤 지도자가 예수 그리스도를 믿는다면, 누가 의문을 제기할 것입니까? 만일 지도자나 대인들이 믿는다면, 사람들은 이렇게 말합니다. "그렇다면, 그것은 좋은 것이며 참된 것임에 틀림없어." 그러나 역사는 이 세상의 지도자들 가운데 아주 적은 수의 사람들만이 진리를 받아들였음을 보여줍니다. 대부분의 경우 크고 높은 자들보다 작고 가난한 자들이 진리를 깨닫고 받아들였습니다. 만일 기독교가 보통사람들의 일터와 움막에서 그 피난처를 발견하지 못했다면, 오늘날 세상에 기독교는 더 이상 존재하지 않았을 것입니다. 복음이 세상의 대인(大人)들에 의해 대수롭지 않은 것으로 여겨질 때, 그것은 가난하며 비천한 사람들 사이에서 크게 번성했습니다. 형제들이여, 우리는 믿지 않을지라도, 다시 말해서 우리의 대인들은 믿지 않을지

라도, 우리의 지도자들과 통치자들과 유력자들과 방백들은 믿지 않을지라도, 그
것은 하나님의 진리에 아무런 영향도 미치지 않습니다. "우리는 믿지 없을지라
도 주는 항상 미쁘시니."

또 사상적인 지도자들을 생각해 보십시오. 많은 사람들은 예컨대 신학자나
사상가나 철학자와 같은 사상적인 지도자들이 교회 안으로 들어오는 것을 매우
중요하게 생각합니다. 그들은 이미 확립된 교리와 견고한 성경적 교훈에 대해서
조차 의심을 품으며 갖가지 억측을 제기합니다. 사람들은 그들이 진보의 길을
선도(先導)한다고 생각합니다. 그러나 우리 주님께서 이 땅에 계시는 동안 그와
같은 유식한 자들은 주님의 편에 서지 않았습니다. 그들은 거의 대부분 주님을
대적했습니다. 그리고 주님이 떠나시고 난 후, 하나님의 교회의 가장 심각한 위
기는 그와 같은 뛰어난 지식인들로부터 야기되었습니다. 영지주의자들과 다른
그리스 사상가들은 정결한 복음의 강에다가 자신들의 철학적 진흙을 던졌습니
다. 명료한 진술이 신화적이며 신비적이며 혼합적인 것이 될 때까지 말입니다.

예수 그리스도의 복음은 사람의 아들들에게 영구히 비취는 가장 단순한 진
리로 의도되었습니다. 그것은 어리고 무식하며 단순한 사람들까지도 충분히 이
해할 수 있도록 의도되었습니다. 그러나 유식한 사람들은 복음을 비틀고, 색깔
을 입히고, 꾸미고, 혼합시켰습니다. 도대체 뭐가 뭔지 하나도 모르게 될 때까지
말입니다. 그리하여 바울은 그것을 "다른 복음"이라고 부르면서, 계속해서 "어떤
사람들이 너희를 교란하여 그리스도의 복음을 변하게 하려" 한다고 말합니다(갈
1:7). 그러나 우리는 이와 같이 지혜로운 사람들 때문에 염려할 필요는 없습니
다. 왜냐하면 그들은 믿지 않을지라도, 하나님은 항상 미쁘시기 때문입니다. 설령
소크라테스와 플라톤이 그들의 철학으로 제자들을 모은다 할지라도 또 하나님
을 믿는 철학자가 단 한 사람도 없다 할지라도, 그러나 이것은 복음 혹은 우리의
믿음에 아무런 영향도 끼치지 않습니다. 그들은 믿지 않을지라도, 하나님은 항
상 미쁘십니다. 설령 바울이 아레오바고에서 아무런 동조자도 얻지 못했다 하더
라도, 그럼에도 불구하고 바울은 옳았으며 주님은 항상 미쁘십니다.

이러한 개념을 좀 더 확장해 봅시다. 지도자들은 믿지 않을지라도, 철학자
들은 믿지 않을지라도, 또 이른바 사람들의 일반적인 **통념**이 복음을 거부할지라
도, 그럼에도 불구하고 복음은 여전히 영원한 진리입니다. 대중적인 통념은 진
리의 시금석이 아닙니다. 왜냐하면 그것은 계속해서 변해왔고, 앞으로도 계속해

서 변할 것이기 때문입니다. 인간들의 생각은 틀릴 수 있습니다. 그런 인간들의 생각을 모두 합친다 하더라도, 하나님의 생각과 비교할 때 그것은 아무것도 아닙니다. 왜냐하면 하나님은 틀릴 수 없기 때문입니다. 성경 속에 성령으로 진리의 말씀을 우리에게 나타내신 것처럼 말입니다. 그러나 어떤 사람들은 복음이 너무나 오래되었고 오류가 많기 때문에 결코 옳을 수 없다고 생각합니다. 그러나 그러한 생각 자체가 복음이 옳음을 보여주는 또 하나의 증거입니다. 왜냐하면 세상은 악한 자 안에 처해 있고, 그 판단은 그의 영향력 안에 있기 때문입니다. 도대체 대중(大衆)이 무엇이란 말입니까? 그들 모두가 거짓의 아비의 영향력 아래 있는데 말입니다. 세상의 다수가 한 사람의 소수만 못합니다. 그가 하나님 편에 서 있다면 말입니다. 여러분은 머리 숫자를 셀 것입니까? 그렇게 해 보십시오. 그리기를 원한다면 말입니다. 그러나 나는 숫자를 세기보다 무게를 달 것입니다. 만일 내가 하나님의 진리를 말한다면, 나의 무게는 믿지 않는 백만 명의 무게보다 더할 것입니다. 아타나시우스는 예수 그리스도의 신성을 옹호하면서 "나 아타나시우스는 세상을 대적하노라"라고 말했는데, 나는 우리 모두가 그러한 아타나시우스의 정신에 참여하기를 바랍니다. 여러분은 홀로 서는 법을 배워야만 합니다. 만일 여러분이 계시된 진리를 굳게 붙잡고 있다면, 여러분은 인간의 모든 판단에 휘둘릴 필요가 없습니다. 전능하신 하나님의 영원하며 정확무오한 판단과 비교할 때, 인간의 판단이 도대체 무엇이란 말입니까? 우리는 믿지 않을지라도, 다시 말해서 우리 가운데 다수가 그리고 우리의 나라들이 믿지 않을지라도, 그럼에도 불구하고 주는 항상 미쁘시며 자기를 부인할 수 없으십니다.

　　여기에 한 가지 고려할 것이 있습니다. 여러분은 설교자들이 그 시대의 풍조와 동조(同調)해야 한다는 말을 종종 들을 것입니다. 신학은 항상 우리가 살고 있는 시대의 주도적인 사상과 함께 어우러지고 합치되어야 한다는 것입니다. 오늘날 불신앙의 풍조가 편만한 때, 우리가 그런 풍조와 동조해야 한다는 것입니다. 그것이 빛을 위해 싸우는 것이라는 것입니다. 우리는 이와 관련하여 바울을 떠올릴 필요가 있습니다. 그는 그 시대의 주도적인 사상과 동조하지 않았습니다. 도리어 그는 그것을 발로 밟았습니다. 그는 이렇게 말합니다. "사람은 다 거짓되되 오직 하나님은 참되시다 할지어다"(롬 3:4). 복음을 그 당시의 주도적인 철학과 합치시키라는 말에 대해 그는 이렇게 대답합니다. "내가 너희 중에서 예수 그리스도와 그가 십자가에 못 박히신 것 외에는 아무 것도 알지 아니하기로 작정하였음이라"(고전 2:2). 그의 이러한 생각은 당시의 유대인들을 기쁘게 하는 것이 아니었으며, 도리어 그들에게 거치는 돌이었습니다. 그것은 또한 헬라인들을 기쁘게 하는 것이 아니었습니다. 도리어 그들로 하여금 그를 조롱하며 어리석은 자로 부르도록 만드는 것이었습니다. 그래서 바울이 이렇게 말했습니까? "여보게 유대인 친구들, 이리로 오게, 내 말은 자네들이 생각하는 것처럼 그런 것이 아닐세. 내가 '십자가'라는 단어를 사용할 때, 그것은 유대교와 조금도 상치되지 않는 그런 의미로서 말하는 것일세." 또 그가 부드러운 목소리로 "여보게 헬라인 친구들, 함께 이야기해 보세. 당신네 철학자들과 나 사이에는 아무런 차이도 없다는 사실을 꼭 말해주고 싶네"라고 말합니까? 전혀 그렇지 않습니다. 도리어 그는 굳게 서서 십자가에 달린 그리스도와 그의 피로 말미암은 구원을 역설합니다. 나는 우리 역시도 그러해야 한다고 믿습니다. 우리는 믿지 않을지라도 — 다시 말해서, 온 세상은 믿지 않을지라도 — 그러나 하나님의 복음이 인간의 생각과 합치되도록 변개되어서는 결코 안 됩니다. 도리어 그것은 여전히 일점일획도 가감되지 않고, 신적 권위로서, 있는 그대로 선포되어야 합니다. "주는 항상 미쁘시니 자기를 부인하실 수 없으시리라."

　본문 속에 또한 보이는 교회(visible church)가 함축되어 있을까요? 만일 그렇다면, 그것은 참으로 슬픈 일이 아닐 수 없을 것입니다. 그러나 "우리는 믿지 않을지라도"라는 말 속에서, 바울은 분명 보이는 교회를 의미했을 것으로 보입니다.

　그러면 하나님의 교회는 종종 "우리는 믿지 않을지라도"라고 표현될 수 있는 상태로 떨어집니까? 그렇습니다. 보이는 교회는 너무나 자주 그렇게 변질되곤 했습니다. 그것을 확인하기 위해 광야로 가 보십시오. 이스라엘의 자녀들은 하나님의 권능의 손과 편 팔로 애굽으로부터 건짐을 받았으며, 광야에서 천사의 양식을 먹었으며, 반석으로부터 물을 마셨습니다. 그럼에도 불구하고 그들은 끊임없이 그들의 하나님을 의심했습니다.

　　"그들은 하나님의 말씀을 믿는도다,
　　반석에서 물이 쏟아지는 동안에는.
　　그러나 이내 죄로 그를 슬프게 하도다.

그리고 심판이 그들에게 임하도다."

　그렇지만 어떻게 되었습니까? 하나님이 아브라함의 자손에게 젖과 꿀이 흐르는 땅을 주겠다는 계획을 버렸습니까? 하나님이 그들과의 언약을 진저리치며 깨뜨려 버렸습니까? 결코 그렇지 않았습니다. 도리어 아브라함의 자손은 그 땅을 유업으로 받았습니다. 그들은 거기 거하며, 모든 사람이 자기 포도나무와 무화과나무 아래 살게 되었습니다. 비록 보이는 교회가 너무나 자주 하나님을 배척했다할지라도, 그리고 그러한 불신앙으로 인해 그들이 광야에서 죽었다할지라도, 그러나 하나님은 여전히 미쁘셨습니다. 그는 자신을 부인하지 않았으며, 부인할 수도 없었습니다. 이것은 지금도 마찬가지입니다. 지금도 보이는 교회는 때때로 하나님의 진리를 등집니다. 은혜의 교리들과 복음의 진리들이 때때로 흐려지고, 모호해지며, 제대로 전파되지 않으며, 이런저런 의식(儀式)들에 의해 가려집니다. 그렇지만 어떻게 됩니까? 근본적인 진리들이 허물어집니까? 영원한 진리가 전도(顚倒)됩니까? 하나님이 당신의 약속을 철회하셨습니까? 결코 그렇지 않습니다. 우리는 믿지 않을지라도, 주는 항상 미쁘시며 자기를 부인할 수 없으십니다.

　아, 하나님의 교회는 때로 기도에 대한 믿음을 잃어버리는 것 같습니다. 교회의 기도모임은 점점 더 희귀해집니다. 교회는 사람들의 회심을 위해 점점 더 기도하지 않습니다. 오직 극소수의 사람들만이 주께 간구하기 위해 은혜의 보좌 주위에 모입니다. 그러면 어떻게 됩니까? 하나님이 변합니까? 하나님이 당신의 계획을 버리십니까? 결코 그렇지 않습니다. 우리는 믿지 않을지라도, 주는 항상 미쁘시며 자기를 부인하실 수 없습니다. 그러한 때에 교회는 성령에 대한 믿음을 거의 잃어버리고, 설교를 성령께서 사람들을 구원하는 도구로서가 아니라 이를테면 견뎌야만 하는 필요악 정도로 생각하는 것 같습니다. 그들은 하나님의 말씀에 대해 아주 작은 믿음밖에는 갖지 않습니다. 그들은 그리스도의 나라가 우뚝 서는 것에 대해 거의 기대하지 않습니다. 도리어 그들은 이렇게 말합니다. "조상들이 잔 후로부터 만물이 처음 창조될 때와 같이 그냥 있지 않은가? 기독교의 진보는 얼마나 느리게 진행되어 왔는가? 그의 나라가 온 세상에 편만하게 되는 것은 바랄 수 없는 일이로다. 이교도 세계는 그냥 내버려 두는 것으로 만족하자." 이러한 때에 그들은 하나님에 대한 믿음을 잃어버립니다. 오늘날에도 보이는 교회가 상당 부분 이와 같은 상태로 떨어지는 것을 보지 않습니까? 우리는 주님과 함께 다음과 같이 말할 준비를 해야 합니다. "인자가 올 때에 세상에서 믿음을 보겠느냐?"(눅 18:8). 그러나 어떻게 됩니까? 우리가 살아 있는 동안 온 세상에 타락한 교회가 가득하게 되는 것을 상상해 보십시오. 라오디게아 교회처럼 차지도 덥지도 아니하므로 주님이 보이는 교회를 그의 입으로부터 토해내는 것을 상상해 보십시오. 하나님이 오늘날의 교회에 대해, 예전에 실로에 대해 그렇게 하셨던 것처럼, 다음과 같이 말하는 것을 상상해 보십시오. "너희는 내가 처음으로 내 이름을 둔 처소 실로에 가서 내 백성 이스라엘의 악에 대하여 내가 어떻게 행하였는지를 보라 돌 하나도 돌 위에 남지 아니하고 다 무너지리라"(렘 7:12). 하나님은 로마로부터 촛대를 옮기셨습니다. 그렇다면 다른 교회들로부터도 역시 그렇게 하실 수 있을 것입니다.

그러면 그것이 하나님의 미쁘심을 폐하며, 그가 자신을 부인할 수 있음을 나타내는 것입니까? 결코 그렇지 않습니다. 하나님이 믿지 않는 교회에 심판을 내리는 가운데에도 하나님의 미쁘심은 온전히 나타납니다. 이것은 오늘날에도 마찬가지입니다. 여러분은 단순한 복음을 믿지 않는 교회가 거의 성장하지 못하는 것을 볼 것입니다. 교회가 복음적이 되기를 그칠 때, 그것은 위축되고 약해집니다. 기도를 게을리하는 교회는 분열되고, 흩어지며, 무기력해지며, 빈사상태가 됩니다. 성령에 대한 믿음이 없는 교회는 이런저런 의식(儀式)들은 집행할 수 있지만 그러나 위로부터 부어지는 능력은 없이 다만 메마른 형식주의만 남을 뿐입니다. 이 모든 것은 "너희가 나를 대적하여 행하면 나도 너희를 대적하여 행할 것이라"고 말씀하신 자의 미쁘심을 증명합니다. 자신들의 힘을 자신들로부터 내쫓을 때 그들이 미약해지는 것은 하나님의 미쁘심을 증명하는 것입니다. 그리스도의 때로부터 오늘날에 이르기까지 교회의 모든 역사는 하나님이 자기 교회로 하여금 자신의 미쁘심을 알도록 그렇게 교회를 이끌어 오셨음을 보여줍니다. 교회가 하나님께 돌이킬 때, 하나님은 교회를 도우실 것입니다. 교회가 하나님을 믿을 때, 하나님은 교회를 축복하실 것입니다. 교회가 하나님을 높일 때, 하나님은 교회에 면류관을 씌워주실 것입니다. 그러나 교회가 단순한 믿음을 버릴 때, 하나님은 교회를 낮추시고 징벌하실 것입니다. 이와 같은 방법으로 하나님은 여전히 자신의 미쁘심을 나타냅니다.

뿐만 아니라 우리는 본문을 아주 좁은 의미로 읽을 수 있습니다. "우리가 믿지 않을지라도” ─ 다시 말해서 **최고의 영적 스승들과 설교자들과 저술가들이 믿지 않을지라도** ─ “주는 항상 미쁘시니 자기를 부인하실 수 없으시리라.”

어린 그리스도인들에게 있어 가장 큰 시험 가운데 하나는 훌륭한 영적 스승의 타락입니다. 매우 신실하며 진실한 사람이 갑자기 배교하자 자신의 믿음을 거의 포기할 뻔했던 사람들을 나는 몇몇 알고 있습니다. 이런 일이 종종 일어나는 것은 우리의 큰 슬픔이며 고통입니다. 그러나 나는 이런 일을 좀 더 솔직하게, 그리고 있는 그대로 드러내고자 합니다. 설령 존경하며 의지했던 어떤 사람이 참된 믿음의 자리에서 떠난다 하더라도, 부디 그의 불신앙을 따르지 마십시오. 왜냐하면 “우리는 믿지 않을지라도” 주는 항상 미쁘시며 자기를 부인할 수 없으시기 때문입니다. 베드로가 주님을 부인합니다. 베드로가 그렇게 할 때, 그를 따르지 마십시오. 왜냐하면 그는 다시 회개하고 돌아올 것이며, 여러분은 그가 다시 주님을 전파하는 것을 보게 될 것이기 때문입니다. 더 나쁜 경우도 있습니다. 유다가 주님을 팝니다. 유다가 그렇게 할 때, 그를 따르지 마십시오. 왜냐하면 유다는 비참하게 죽을 것이며, 그의 멸망은 다른 사람들에게 더욱더 믿음을 굳게 붙잡으라는 경고가 될 것이기 때문입니다.

여러분은 레바논의 백향목처럼 곧게 서 있던 사람이 마귀가 내리치는 도끼 한방에 쓰러지는 것을 볼는지 모릅니다. 그렇다고 하여 주의 모든 나무들이 똑같이 그렇게 쓰러질 것이라고 생각하지 마십시오. 하나님이 자기 나무들을 지키실 것입니다. 왜냐하면 그 나무들이 자신의 것임을 그가 아시기 때문입니다. 여러분의 믿음을 다른 사람의 소매에다가 꽂지 마십시오. 여러분의 믿음을 육체 위에 세우지 마십시오. 부디 이렇게 말하지 마십시오. “나는 어떤 사람이 그렇게 증언하기 때문에 나 역시 그렇게 믿습니다. 나는 나의 목사가 그렇게 주장하기 때문에 나 역시 그렇게 주장합니다.” 왜냐하면 그러한 기둥들은 어느 날 갑자기 쓰러질지 모르기 때문입니다. 우리는 믿지 않을지라도, 이 시대의 최고의 영적 스승들은 믿지 않을지라도, 오늘날의 가장 성공적인 복음전도자는 믿지 않을지라도, 하나님의 백성들로부터 최고의 존경 받는 지도자는 믿지 않을지라도, 또 그와 같은 자들이 영원한 진리를 버리고 예수 그리스도의 복음이 아닌 다른 복음을 전파할지라도, 간절히 당부하노니 그들을 따르지 마십시오. 그들이 누구든지 또 무엇이든지 말입니다. 사람으로 인해 하나님의 진리를 의심하지 마십시오. 그들이 누구든지 간에 말입니다. 왜냐하면 하나님은 항상 미쁘시기 때문입니다. 여러분은 항상 하나님의 계시된 뜻과 마음을 굳게 붙잡으십시오. 왜냐하면 "그는 자기를 부인할 수 없으시기" 때문입니다.

이제 슬픈 가능성을 넘어 위안이 되는 확신을 살펴보도록 합시다 ― "주는 항상 미쁘시니"(He abideth faithful). 예수 그리스도는 항상 미쁘십니다. 그 안에는 변함도 없고, 회전하는 그림자도 없습니다(약 1:17). 그는 흐르는 모래가 아니라 반석입니다. 그는 지도자들과 철학자들이 믿거나 혹은 배척하는 구주이십니다. 그는 교회와 사역자들이 진실하게 따르거나 혹은 멀리하는 구주이십니다. 그는 영원한 구원자이시며, 하나님이자 동시에 사람이시며, 가장 높은 보좌에 앉아 계십니다. 어찌하여 이방 나라들이 분노하며 민족들이 헛된 일을 꾸민단 말입니까?(시 2:1). 세상의 군왕들이 나서며 관원들이 서로 꾀하여 여호와와 그의 기름 부음받은 자를 대적합니다(2절). 그러면 어떻게 됩니까? 그러면 하늘에 계신 자가 웃으시고 그들을 비웃으시며 말씀하십니다. "내가 나의 왕을 내 거룩한 산 시온에 세웠도다"(4, 6절). 그들은 우리 주님의 영원한 보좌에 아무런 영향도 끼치지 못합니다. 그는 여전히 "복되시며 유일하신 주권자"이십니다. 그는 영원히 그러하십니다. 그러므로 그들로 하여금 그들이 원하는 대로 행하도록 그냥 내버려 두십시오.

그리스도께서 영원히 구주로 남아 계시는 것처럼, 그의 복음 역시 그러합니다. 그러나 그들은 계속해서 복음을 개량시킵니다. 그들은 마치 새로운 장난감을 기뻐하는 아이들처럼 자신들의 "현대적인 사상과 문화와 진보된 관념"을 소리 높여 외칩니다. 한 번 오래된 포도주를 맛본 사람은 새 포도주를 열망하지 않습니다. 왜냐하면 오래된 것이 새 것보다 더 낫기 때문입니다. 우리 구주와 그의 복음은 영원히 동일합니다. 바울의 복음, 아우구스티누스의 복음, 칼빈의 복음, 휫필드의 복음, 그리고 모든 신실한 성도들의 믿음은 우리를 충분히 만족시켜 주는 충족한 복음입니다. "주는 항상 미쁘시니."

또 복음이 항상 동일한 복음인 것처럼, 그리스도 역시도 아버지에 대한 약속에 항상 미쁘십니다. 그는 아버지께서 자신에게 주신 자들을 지키실 것을 약속했습니다. 그러므로 그는 그들을 마지막까지 지키실 것입니다. 예수 그리스도께서는 자기에게 맡겨진 양들을 다시 아버지의 손에 넘겨드릴 때 이렇게 말씀하실 것입니다. "아버지께서 내게 주신 자 중에서 하나도 잃지 아니하였사옵나이다"(요 18:9). "주는 항상 미쁘시니." 그는 세상의 모든 죄인들에게 만일 그들이 자신에게 오면 결코 그들을 내쫓지 않겠다고 약속하셨으며, 그는 그 약속에 미쁘십니다. 또 그는 "누구든지 주의 이름을 부르는 자는 구원을 얻으리라"라고 약속하셨으며, 그는 그 약속에 미쁘실 것입니다. 또 그는 자기 성도들에게 미쁘십니다. 그는 그들을 지키사 자신의 영원한 나라와 영광으로 이끄실 것을 약속하셨으며, 그는 그들을 그와 같이 지키실 것입니다. 또 그는 "내가 내 양들에게 영생을 주노니 영원히 멸망하지 아니할 것이요 또 그들을 내 손에서 빼앗을 자가 없느니라"라고 말씀하셨습니다(요 10:28). 그는 지금까지 그들을 사랑의 손으로 굳게 붙잡았으며, 마지막 때까지 그렇게 하실 것입니다. 설령 세상의 모든 불신앙이 그를 대적하여 일어난다 할지라도, 그는 자신의 약속에 미쁘실 것입니다. 그는 자신의 모든 말에 책임을 지실 것이며, 자신의 모든 약속을 이루실 것입니다. 모두가 그를 믿지 아니하며 부인한다 하더라도 말입니다. 이와 같이 예수 그리스도의 모든 약속은 우리에게 "예"와 "아멘"이 됩니다.

2. 둘째로, 영광스러운 가능성과 그것으로부터 끌어낼 수 있는 달콤한 추론을 살펴보도록 합시다.

"그는 자기를 부인하실 수 없으시리라." 하나님은 세 가지를 할 수 없습니다. 그는 죽으실 수 없으며, 거짓말하실 수 없으며, 속으실 수 없습니다. 이러한 세 가지 불가능한 것은 그의 능력을 제한하지 않습니다. 도리어 그의 위엄을 확대합니다. 왜냐하면 이러한 것들은 결함에 속하는 것들이기 때문입니다. 결함은 무한하시며 영원하신 하나님 안에 있을 자리가 없습니다.

여기에 하나님에게 불가능한 것들 가운데 하나가 있습니다. "그는 자기를 부인하실 수 없으시리라." 이것이 무엇을 의미하는 것일까요? 그것은 무엇보다도 주 예수 그리스도가 우리에 대한 그의 본성과 성품에 있어 변할 수 없음을 의미합니다. 왜냐하면 만일 그가 변한다면, 그것은 어떤 상태에서 다른 상태로의 변화, 이를테면 더 선한(better) 상태에서 더 못한(worse) 상태로, 혹은 더 못한 상태에서 더 선한 상태로 바뀌는 것이기 때문입니다. 예컨대 더 선한 상태에서 더 못한 상태로 변한다면, 그것은 그가 자기를 부인하는 것이 될 것입니다. 왜냐하면 그것은 그의 본성적인 선하심을 그치는 것이기 때문입니다. 또 더 못한 상태에서 더 선한 상태로 변한다면, 그 역시 그가 자기를 부인하는 것이 됩니다. 왜냐하면 그것은 예전에는 그가 충분히 선하지 못했음을 증명하는 것이기 때문입니다. 어떤 지점에서도 예수 그리스도는 변할 수 없습니다. 왜냐하면 그는 "어제나 오늘이나 영원토록 동일하신 예수 그리스도"시기 때문입니다. 만일 어떤 지점에서 그가 변한다면, 바로 그 지점에서 그는 자기를 부인하는 것이 됩니다. 그러나 그는 그렇게 될 수 없습니다. 왜냐하면 그는 하나님으로서 변할 수 없기 때문입니다.

그의 말씀 역시 변할 수 없습니다. 나는 여러분이 특별히 이것을 주목하기를 바랍니다. 왜냐하면 그의 말씀은 특별한 의미에서 바로 그 자신이기 때문입니다. 그의 이름은 하나님의 말씀으로 일컬어질 것입니다. 그렇습니다. 그는 로고스이며, 영원한 말씀입니다. 그리고 그 말씀은 변할 수 없습니다. "풀은 마르고 꽃은 떨어지되 오직 주의 말씀은 세세토록 있도다 하였으니 너희에게 전한 복음이 곧 이 말씀이니라"(벧전 1:24, 25). 그는 바울과 베드로가 증언한 여호와의 종입니다. 그는 하늘의 첫 사자(使者)들이 전파한 은혜의 말씀이며, 여러분도 똑같이 그렇게 전파할 자입니다. 왜냐하면 그 말씀은 영원히 동일하게 굳게 서 있기 때문입니다. 그는 자신의 말을 부인할 수 없습니다. 왜냐하면 그 말씀은 곧 그 자신이며, 그는 자기를 부인할 수 없기 때문입니다.

사랑하는 형제들이여, 그는 또한 사람의 아들들에게 선물로 준 구원을 철회할 수 없습니다. 왜냐하면 그 구원은 실제로 그 자신이기 때문입니다. 예수는 이스라엘의 구원입니다. 만일 어떤 죄인이 구원이 어디에 있는지 보기를 원한다면, 우리는 그에게 예수 그리스도를 가리킬 것입니다. 그는 구주일 뿐만 아니라, 구원 그 자체입니다. 그리고 그의 구원은 변할 수 없습니다. 왜냐하면 만일 그것이 변한다면, 그것은 그 자신이 변하거나 혹은 그가 자기를 부인하는 것이 되기 때문입니다. 그러나 그는 자기를 부인할 수 없으며, 따라서 그의 구원은 변할 수 없습니다. 뿐만 아니라 죄인 중의 괴수를 위해서도 여전히 동일한 죄 사함이 있으며, 가장 완악한 심령을 위해서도 여전히 동일한 새로워짐이 있으며, 길을 잃고 방황하는 자를 위해서도 여전히 동일한 긍휼이 있으며, 이방인과 외인들을 위해서도 여전히 동일한 자녀됨이 있습니다. 베드로가 오순절 날 전파했던 구원은 오늘날 우리가 죄인들에게 전파하는 바로 그 구원입니다. "그는 자기를 부인하실 수 없으시리라."

뿐만 아니라 속죄 또한 여전히 동일합니다. 왜냐하면 그것 역시 그리스도 그 자신이기 때문입니다. 그는 자기 자신에 의해서 우리의 죄를 정결하게 하셨습니다. 그 자신이 희생제물입니다. 어떤 시인이 노래한 것처럼, 그의 보혈은 영원합니다.

> "사랑하는 어린 양이여, 주의 보혈은
> 영구히 그 능력을 잃지 않을 것이나이다."

그것이 예수 그리스도의 피이기 때문에, 그 효력은 결코 변할 수 없습니다. 그는 자기 자신에 의해 우리의 죄를 씻으셨습니다. 그의 피는 그의 생명이며, 그는 영원히 살아 계십니다. 그는 영원히 살아 계시기 때문에, 그는 "자기를 힘입어 하나님께 나아가는 자들을 온전히 구원할" 수 있습니다(히 7:25). 그의 이름을 송축할지니, 예수 그리스도의 속죄의 희생제사는 그 효력을 가장 작은 분량만큼도 잃지 않았습니다. 예수 그리스도 옆에서 죽어가던 강도를 생각해 보십시오. 그때 그를 정결하게 하여 지옥의 더러움으로부터 낙원의 정결함으로 옮겼던 희생제물은 지금도 똑같은 효력을 가지고 있습니다. 추악한 강도를 정결하게 하여 바로 그날 주와 함께 낙원에 있게 만든 그 능력은 얼마나 복된 능력입니까? 속죄는 변할 수 없습니다. 왜냐하면 만일 그것이 변한다면, 그것은 예수 그리스도가 자기를 부인하는 것이 되기 때문입니다.

또한 기도의 장소인 은혜의 보좌 역시 그대로 남아 있습니다. 왜냐하면 만일 그것이 변한다면, 그것은 그가 자기를 부인하는 것을 의미하기 때문입니다. 언약궤 위에 놓여 있는 금 덮개인 은혜의 보좌 혹은 속죄소가 무엇입니까? 그것이 우리의 참된 속죄소와 은혜의 보좌이신 예수 그리스도 그 자신이 아니라면 도대체 무엇이겠습니까? 형제들이여, 여러분은 항상 기도할 수 있습니다. 왜냐하면 만일 기도의 효력이 부인된다면, 그것은 하나님이 자기를 부인하는 것이 되기 때문입니다. 하나님은 스스로를 "기도를 들으시는 하나님"이라고 칭하셨습니다. 그러므로 만일 그가 기도를 듣지 않으신다면, 그는 자기를 부인하며 자신의 어떠하심을 스스로 그치는 것이 됩니다. 여호와는 귀머거리 우상인 바알과 달리 결코 스스로를 부인하지 않으실 것입니다. 상상하는 것만으로도 그것은 하나님을 모독하는 것이 될 것입니다.

여기에는 또 하나의 달콤한 개념이 내포되어 있습니다. 그것은 자기 교회를 향한 그리스도의 사랑과 목적 역시 변할 수 없다는 것입니다. 왜냐하면 그는 자기를 부인할 수 없으며, 그의 교회는 그 자신이기 때문입니다. 내가 지금 말하고 있는 것은 혼합된 무리인 '보이는 교회'가 아닙니다. 지금 내가 의미하고 있는 것은 영적 백성이며 그리스도의 신부인 '보이지 않는 교회'입니다. 지금 보이지 않는 교회는 흐릿함 가운데 준비되고 있으며, 기묘하게도 이 땅의 가장 낮은 부분에서 역사하고 있습니다. 예수 그리스도 자신조차도 교회가 온전해질 때까지는 그것을 실제적으로 보지 못할 것입니다. 마치 아담이 잠들어 있는 동안에는 하와를 보지 못했던 것처럼 말입니다. 위대하신 하나님이 그의 신부를 완성하시고, 비할 데 없는 아름다움으로 그녀를 그의 누이요 배필로 주실 때까지 말입니다. 이와 같이 주 예수 그리스도가 자기의 완전해진 신부를 맞이할 날이 올 것입니다. 그리고 그때까지 그는 그녀에 대해 변할 수 없습니다. 그녀는 그가 죽음의 깊은 잠에 있을 때 그의 옆구리로부터 취하여졌습니다. 그리고 그녀는 그와 같은 모양으로 지어지며, 그리하여 그가 기쁨 가운데 그녀를 볼 때 그의 기쁨과 그녀의 기쁨은 충만할 것입니다. 그렇습니다. 그는 결코, 결코 그녀를 부인하지 않을 것입니다. 왜냐하면 그는 자기를 부인할 수 없기 때문입니다. 그의 사랑의 계획은 온전히 이루어질 것입니다.

뿐만 아니라 교회와 자기 백성을 향한 그의 직분 역시도 떨어지지 않을 것입니다. 그 선지자는 영원히 선지자일 것입니다. "그는 자기를 부인하실 수 없으시리라." 그 제사장은 멜기세덱의 반차를 따른 영원한 제사장일 것입니다. 그는 우리가 드리는 기도와 찬미 그리고 우리 영혼을 깨끗하게 하는 일을 결코 거절하지 않으실 것입니다. 왜냐하면 그는 자기를 부인할 수 없기 때문입니다. 그 왕은 통치하기를 그치거나, 자신의 면류관을 벗거나, 자신의 홀을 내려놓지 않을 것입니다. 왜냐하면 그는 자기를 부인할 수 없기 때문입니다. 그 목자는 영원히 양 떼를 지키실 것입니다. 그 친구는 영원히 형제보다 더 친밀할 것입니다. 그 남편은 영원히 자기 배필을 사랑할 것입니다. 그의 백성에 대한 그의 관계를 표현하는 모든 것은 영원할 것입니다. 왜냐하면 그는 항상 미쁘시기 때문입니다. "그는 자기를 부인하실 수 없으시리라."

이제 우리가 마지막으로 살펴볼 것은 달콤한 추론입니다. 본문은 "설령 우리는 믿지 않을지라도, 주는 항상 미쁘시니"(If we believe not, yet He abideth faithful)라고 말합니다. 그러면 형제들이여, 그것을 한 번 뒤집어 보십시오. 앞부분에서 "not"을 떼어버리고 "만일 우리가 믿는다면"(If we believe)이라고 바꾸어 보십시오. 그런 경우에도 그는 여전히 미쁘시며, 자기를 부인할 수 없지 않을까요?

어떤 죄인이 오늘 아침 이렇게 말하는 것을 상상해 보십시오. "나는 그리스도께서 나를 구원하실 수 있으심을 믿습니다. 나는 그에게 가서 간청하며 그를 믿을 것입니다." 그러면 어떻게 될까요? 의심의 여지 없이 예수 그리스도는 그의 부르짖음을 배척함으로써 자기를 부인하지 않으실 것입니다. 여러분이 그에게 갔을 때 만일 그가 여러분을 내쫓는다면, 그는 자기를 부인하는 것이 됩니다. 그러나 그는 결코 자기를 부인하지 않을 것입니다. 죄인이 그리스도께 갈 때마다, 그리스도는 그의 구주가 되십니다. 언제든지 그리스도께서 병든 영혼을 만날 때, 그는 그의 의사처럼 행동하실 것입니다. 병이 들었거나 혹은 지쳤거나 혹은 휴식이 필요한 어떤 의사를 상상해 보십시오. 한밤중에 병자가 찾아옵니다. 의사는 너무나 지쳐 있었으므로 가능한 한 그를 피하려고 합니다. 그래서 하인에게 "의사 선생님은 지금 안 계십니다"라고 말하도록 시킵니다. 그럴 수 있지 않겠습니까? 그 의사는 그렇게 했지만, 그러나 우리 주님은 결코 자기를 부인하지 않을 것입니다. 그는 결코 죄인을 피하려고 하지 않을 것입니다.

만일 여러분이 그에게 간다면, 여러분은 그가 그 자리에 계신 것과 거기서 여러분을 바라보고 계시는 것을 발견하게 될 것입니다. 그는 여러분을 맞이하는 것을 가장 큰 즐거움으로 삼습니다. 그는 여러분을 은혜 가운데 기다리고 계십니다. 마태가 세관에 앉아 세금을 내러 오는 사람들을 기다리고 있었던 것처럼, 예수 그리스도는 죄인들을 맞이하기 위해 기다리고 계십니다. 그는 여러분을 찾고 계십니다. 다시 한 번 말하거니와 그는 여러분을 배척하실 수 없습니다. 그것은 그의 성품을 바꾸는 것이며, 그를 가장 그답지 않게 만드는 것입니다. 만일 그가 자기에게 오는 죄인을 배척한다면, 그는 더 이상 그가 아닐 것입니다. "그는 자기를 부인하실 수 없으시리라." 가서 그를 시험해 보십시오. 여러분 가운데 두려워 떠는 영혼이 있습니까? 이 시간 그리스도에게 가서, 그에게 자신을 던져 보십시오. 그리고 그 결과를 말해 주십시오. 여러분 가운데 다음과 같이 노래하는 가련한 영혼이 있습니까?

"그에게 간다 할지라도 멸망할 수밖에 없을 것이라.
　　그렇지만 시도해 보리라.
　　왜냐하면 그렇게 하지 않고 가만히 있으면,

영원히 멸망할 것을 알기 때문이라.”

그러나 만일 여러분이 그의 발 앞에서 멸망을 당한다면, 여러분은 그에게 간 모든 사람들 가운데 멸망을 당한 첫 번째 사람이 될 것입니다. 그러나 그 첫 번째 사람은 아직 나타나지 않았습니다. 주님에게 가서, 정말로 그가 자기에게 오는 자를 내쫓지 않는지 시험해 보십시오.

나는 여기 앉아 있는 모든 사람들이 그리스도께 나오기를 바랍니다. 만일 여러분이 주님을 믿는다면, 그는 여러분에게 미쁘실 것입니다. 지금 여러분이 고난 가운데 있다고 생각해 보십시오. 그는 여러분에게 미쁘실 것입니다. 그에게 가서 여러분의 모든 짐을 그 앞에 내려놓으십시오. 지금 여러분이 영적인 고통 가운데 있다고 생각해 보십시오. 가련한 죄인들이여, 처음에 그랬던 것처럼 그에게 가서 스스로를 그 앞에 던지십시오. 그러면 여러분은 그의 미쁘심을 발견하게 될 것입니다. “그는 자기를 부인하실 수 없으시리라.” 오늘 밤 내가 나의 모든 짐과 함께 주님께 간다고 생각해 보십시오. 그럼에도 불구하고 만일 그가 나에게 은혜를 베풀지 않는다면, 나는 내가 다른 문을 두드렸다고 생각할 것입니다. 왜냐하면 주님은 지금까지 내게 너무도 선하시고 미쁘셨기 때문입니다. 우리 주님은 얼마나 선하신 주님입니까?

“내 옆에 항상 그가 서 계시도다.
그의 인자하심은 얼마나 선하고 아름다운가!”

나는 전심으로 이렇게 노래할 수 있습니다. 그리고 여러분 모두가 진심으로 나와 함께 그렇게 노래할 수 있기를 바랍니다. 여러분에게 사랑하는 어머니나 아름다운 아내나 혹은 좋은 친구가 있을 것입니다. 그들은 항상 여러분에게 따뜻하며 달콤한 말을 해줍니다. 그런데 어떤 암울한 때 여러분이 그들에게 갔는데 그들이 사랑으로 대하는 대신 여러분을 경멸하며 날카로운 말을 했다고 가정해 보십시오. 그러면 여러분은 그들이 지금까지 여러분을 사랑하지 않았음을 분명하게 깨닫게 될 것입니다. 그러면서 여러분은 그로 인해 얼마나 경악하게 되겠습니까? 마찬가지로 지금까지 사랑으로 대하여 준 주님이 어느 날 갑자기 전혀 다른 모습으로 우리를 대한다면, 그것은 얼마나 경악스러운 일이겠습니까?

그러나 우리는 전혀 염려할 필요가 없습니다. 왜냐하면 "그는 자기를 부인할 수 없기" 때문입니다.

마지막으로 그의 나라에 속한 것들과 관련하여 그리고 그의 진리와 관련하여 그는 자기를 부인할 수 없습니다. 오늘날 섭리의 하나님과 관련하여 큰 소동과 갑론을박이 있습니다. 그러면 무엇입니까? 그러므로 우리가 두려워해야 합니까? 결코 그렇지 않습니다. 도리어 우리가 그를 믿는다면, 우리는 그의 미쁘심을 발견하게 될 것입니다. 그는 자기를 부인하지 않으실 것입니다. 하나님의 선하신 계획이 회의주의와 미신으로 말미암아 실제로 위험에 처했습니까? 사람의 예대로 말할 때, 그렇게 보일는지 모릅니다. 그러나 실제로는 전혀 그렇지 않습니다. 설령 하나님의 궤가 흔들린다 하더라도, 그것을 붙잡기 위해 그 위에 우리의 손을 대어서는 안 됩니다. 하나님의 계획은 영원히 안전합니다. 우리가 살아 있는 동안 그것을 볼 수 있을지 여부는 알 수 없지만, 그러나 주님이 살아 계시는 한 영국에서 진리가 승리를 거둘 것이라는 것은 너무도 분명하며 확실한 사실입니다.

사람들은 청교도 신앙이 벽에 부딪혔다고 말합니다. 그러나 결코 그렇지 않습니다. 하나님의 계획은 잠시 숨 돌리기를 할 수 있지만, 그러나 청교도 신앙은 이 나라에서 다시금 부흥할 것이며, 그럼으로써 어설픈 점쟁이들을 놀라게 할 것입니다. 주님은 점쟁이들을 미치게 만들 것이며, 망루를 세며 시온이 완전히 무너졌다고 말하는 자들은 그 머리를 어디에 숨길지 알지 못하게 될 것입니다.

마귀는 한때 유럽 전역을 휩쓸며 이렇게 말했습니다. "유럽 전체가 내 것이로다. 그들은 자신들의 특권을 팔았으며, 교황과 내가 유럽 전체의 주인이로다." 그러나 한 가난한 수도사가 있었습니다. 그는 자신이 빛임을 알지 못했습니다. 그는 교회 문 위에 "95개 조문"을 붙였으며, 그 시간부터 그 빛은 유럽 전체에 퍼지기 시작했습니다. 여러분은 주님이 루터보다 못하다고 생각합니까? 여러분은 주님의 무기고에 더 이상 칼과 창이 남아 있지 않다고 생각합니까? 분명히 말하건대, 주님은 자기 곁에 하늘의 별들보다 더 많은 도구들을 가지고 계십니다.

복음의 영향력이 잠시 퇴조하는 것처럼 보일 수 있습니다. 그러나 그것은 썰물 때 조류가 잠시 물러나는 것과 같습니다. 만일 우리가 이러한 사실을 잘 알지 못한다면, 우리는 조류가 영원히 사라지고 그럼으로써 그 자리에 진흙과 돌이 대신하게 되었다고 생각할 것입니다. 그러나 잠시 후 조류는 더 이상 물러나지 않고 그 자리에 멈추게 될 것입니다. 그러다가 때가 되면 첫 번째 파도가 밀려올 것입니다. 그리고 또 다른 파도가 밀려오고, 또 다른 파도가 밀려오고, 또 다른 파도가 밀려올 것입니다. 마침내 바다가 그 충만에 이를 때까지 끝없이 밀려오는 조류는 해변을 완전히 정복할 것입니다. 진리의 바다에 있어서도 마찬가지입니다. 그러므로 믿음을 가지십시오. 우리는 복음이 다시 홍수를 이루고, 영국이 그 홍수에 뒤덮이는 것을 보게 될 것입니다.

형제들이여, 여러분이 좋아하는 것은 의심하십시오. 그러나 하나님의 진리는 의심하지 마십시오. 가장 낮고 비천하며 모욕과 비방을 당하는 편에 서십시오. 왜냐하면 그리스도와 그의 교회는 통상적으로 그런 편에 서 있었기 때문입니다. 여러분의 구주로부터 배운 용기를 가지고 조류에 맞서십시오. 왜냐하면 진리와 하나님의 아들 편에 선 자들이 최고의 영광과 존귀를 얻게 될 날이 곧 올 것이기 때문입니다.

그 영광과 존귀가 여러분 모두의 것이 되기를 바랍니다. 아멘.

제
8
장

—

진리의 말씀을 옳게 분별함

—

"너는 진리의 말씀을 옳게 분별하며" — 딤후 2:15

디모데는 하나님의 말씀을 "올바르게 나누어야"(rightly dividing) 했습니다 (한글개역개정판에 "옳게 분별하며"로 되어 있는 것이 KJV에는 "올바르게 나누며"로 되어 있음). 그 뿐만 아니라 모든 기독교 사역자가 그렇게 해야 합니다. 자신의 사역을 충분하게 증거하며, 마지막 날 그의 말을 듣는 자들의 모든 피에 대하여 깨끗하고자 한다면 말입니다. 지난 20년 동안의 설교 전체를 통해 이것, 즉 "진리의 말씀을 올바르게 나누는" 것이 항상 나의 중요한 목표였음을 나는 거짓 없이 증언할 수 있습니다. 만일 그 목표에 성공했다면 그것은 전적으로 주의 은혜이며, 만일 실패했다면 그것은 나의 잘못입니다. 이 시간 다시 한 번 그 목표에 도전하고자 합니다. 부디 성령 하나님께서 도우사 진리의 말씀을 올바르게 나눌 수 있도록 이끄시기를 기원합니다.

본문의 표현은 매우 주목할 만합니다. 왜냐하면 매우 다양한 측면의 의미를 담고 있기 때문입니다. 본문의 "올바르게 나눈다"는 표현을 이제부터 몇 가지 그림으로 묘사하고자 하는데, 나는 그것들 가운데 어떤 것도 부자연스럽다고 결코 생각하지 않습니다. 왜냐하면 그것들은 탁월한 주석가들로부터 취한 것으로서 정당한 해석으로 받아들일 수 있는 것들이기 때문입니다. 바울은 디모데에게 "진리의 말씀을 올바르게 나누라"고 당부합니다. 디모데는 — 말씀의 영혼을 붙잡지 않는 사람들이 종종 그렇게 하는 것처럼 — 진리의 말씀을 잘라내거나, 비틀거나, 견강부회하거나, 조각조각 나누거나, 외적인 의미만을 고집해서는 안 되었습니다. 그렇게 하는 대신, 그는 하나님으로부터 가르침을 받아 다른 사람들을 가르치는 자처럼 그것을 올바르게 나누어야 했습니다.

1. 첫째로, 본문은 "진리의 말씀을 올바르게 다루며"를 의미합니다.

그러면 진리의 말씀을 다루는 올바른 방법은 무엇입니까? 진리의 말씀은 칼과 같습니다. 그러나 그것은 가지고 장난하도록 의도된 것이 아닙니다. 그것은 복음을 올바르게 다루는 것이 아닙니다. 복음은 진지하며 성실하게 다루어져야 합니다. 나의 형제들이여, 여러분은 회심했습니까? 여러분은 예수 그리스도를 믿습니까? 여러분은 구원받았습니까 아니면 구원받지 못했습니까? 칼은 찌르고, 베고, 상처를 입히고, 죽이도록 의도된 것입니다. 그와 같이 진리의 말씀은 사람들의 마음을 찌르고, 그들의 죄를 죽이기 위한 것입니다. 하나님의 말씀이 그의 사역자들에게 주어진 것은 그것의 번쩍임으로 사람들을 즐겁게 하며, 그 손잡이에 박혀 있는 보석들로 사람들을 황홀하게 하기 위한 것이 아닙니다. 도리어 예수 그리스도를 위해 사람들의 영혼을 정복하기 위함입니다. 사랑하는 형제들이여, 만일 어떤 설교자가 여러분을 예수 그리스도를 고의적으로 배척하든지 아니면 즐겁게 영접하도록 이끌지 않는다면, 그는 아직도 하나님의 말씀을 올바르게 다루는 방법을 알고 있지 못한 것입니다. 여러분은 지금 이 순간 개인적으로 어디에 있습니까? 여러분은 하나님의 진노가 머무는 불신자입니까, 아니면 "진실로 진실로 내가 너희에게 이르노니 나를 믿는 자는 영생을 가졌느니라"는 말씀을 당당히 주장할 수 있는 신자입니까? 주께서 이 시간 그의 말씀을 이곳에 편만하게 하셔서, 그의 강력한 능력으로 모든 이의 양심을 치시며 모든 이의 마음을 벌거벗기기를 기원합니다.

하나님의 말씀을 올바르게 다루는 자는 그것을 사람들의 죄를 옹호하는데 사용하지 않고, 그들의 죄를 죽이는데 사용할 것입니다. 만일 어떤 그리스도인이 스스로 아는 죄 가운데 계속해서 살고 있다면, 그를 엄히 책망하여 스스로 부끄러움을 느끼게 만드십시오. 만일 어떤 비그리스도인이 죄 가운데 살고 있다면, 그의 양심을 일깨워 스스로를 책망하도록 만드십시오. 그리스도께서 사람들을 심판하기 위해 오시는 날, 그리고 책들이 펼쳐지고 모든 이들의 생각이 온전히 드러나는 날, 그는 무엇을 할 것입니까? 나는 하나님의 말씀을 나의 사역과 관련하여 사람들이 그리스도 없이 그리고 죄 가운데 산 것에 대해 아무 핑계도 발견할 수 없도록, 그리고 죄는 치명적인 악이며, 불신앙은 확실하게 영혼을 파괴하는 것임을 분명하게 알도록 그렇게 다루고 싶습니다. 하나님의 말씀으로 죄의 심장을 마치 좌우에 날선 검으로 찌르는 것처럼 그렇게 찌르는 자는 그것을 정말로 올바르게 다루고 있는 것입니다.

　또 복음은 결코 죄인들을 그리스도로부터 놀라 도망치도록 그렇게 사용되어서는 안 됩니다. 생명의 말씀을 올바르게 다루는 것은 사람들을 놀라게 하여 그리스도께 가도록 만들어야지, 그들을 놀라게 하여 그리스도로부터 도망치도록 만들어서는 안 됩니다. 우리는 그들에게 누구든지 그리스도께 나아오는 자는 결코 내쫓김을 당하지 않을 것이라는 확신을 주어야 합니다. 내가 여기에서 진리의 말씀을 이와 같은 방식으로 수도 없이 다루지 않았습니까? 그것은 죄인들을 끌어당기는 거대한 자석이지 않았습니까? 자석에 두 개의 극이 있는 것을 주목하십시오. 한 극은 밀어냅니다. 이와 같이 하나님의 진리는 완악한 마음을 밀어냅니다. 따라서 그것은 사망으로 사망에 이르는 향기입니다. 그러나 우리의 목적은 성령의 능력으로 잡아당기는 극이 역사하여 사람들로 하여금 그리스도께 끌려가도록 그렇게 다루는 것입니다.

　또 만일 우리가 하나님의 말씀을 올바르게 다룬다면, 우리는 그리스도인들을 잠자는 상태로 이끄는 방향으로 설교하지 않을 것입니다. 그리스도인들을 잠자는 상태로 이끄는 것은 너무도 쉽게 이루어집니다. 우리는 모든 사람들이 다음과 같이 느끼도록 위로의 복음을 전파할 수 있습니다. "나는 충분히 안전해. 각성할 필요도 없고, 싸울 필요도 없고, 분발할 필요도 없어. 나의 싸움은 이미 끝났고, 나의 승리는 이미 이루어졌어. 나는 단지 팔을 내리고 잠들기만 하면 돼." 결코 그렇지 않습니다. 절대로 그렇지 않습니다. 이것은 우리가 하나님의 말씀을 다루는 올바른 방법이 아닙니다. 도리어 우리는 이렇게 외쳐야 합니다. "두렵고 떨림으로 너희 구원을 이루라 너희 안에서 행하시는 이는 하나님이시니 자기의 기쁘신 뜻을 위하여 너희에게 소원을 두고 행하게 하시느니라. 시험에 들지 않도록 깨어 기도하라. 스스로 다 이룬 줄 여기지 말고 오직 한 일 즉 뒤에 있는 것은 잊어버리고 앞에 있는 것을 잡으려고 푯대를 향하여 달려가라." 바로 이것이 하나님의 말씀을 올바르게 다루는 것입니다.

사랑하는 형제들이여, 특별히 내가 두려워하는 것이 한 가지 더 있습니다. 그것은 하나님의 말씀을 다룸에 있어 여러분이 구원받지 못했음에도 불구하고 구원받았다고 설득하기 위한 방식으로 다루는 것입니다. 많은 수의 신앙고백자들을 모으는 것과 그리스도 안에서 많은 수의 참된 성도들을 세우는 것은 전혀 별개입니다. 사람들로 하여금 자신이 구원받았다고 느끼도록 만들기 위해 흥분의 소용돌이를 일으키고 사람들을 그 소용돌이 속으로 몰아넣는 일은 결코 드문 일이 아닙니다. 그러나 거품은 마침내 터져 사라지고 맙니다. 하나님이여, 우리를 그런 헛된 것으로부터 구원하여 주소서! 우리는 확실한 역사(役事)를 원합니다. 우리는 지속적인 역사를 원합니다. 우리는 마음속에서 일어나는 하나님의 은혜의 역사를 원합니다. 만일 여러분이 회심하지 않았다면, 간절히 당부하노니 회심한 것처럼 꾸미지 마십시오. 만일 여러분이 여러분 자신은 아무것도 아니며 오직 성령의 능력으로 그리스도 위에 세워져야만 한다는 사실을 알지 못한다면, 그것은 단지 모래성에 불과하며 그 성은 시험의 때에 결국 무너지고 말 것이라는 사실을 잊지 마십시오. 예수 그리스도의 견고한 반석의 기초 위에 세워지는 것 외에는 그 어떤 것으로도 만족하지 마십시오. 실제적이며 살아 있는 경건을 구하십시오. 그 외에 다른 모든 것은 마지막 날 여러분에게 아무 도움도 되지 못할 것입니다. 바로 이것이 하나님의 말씀을 올바르게 다루는 것입니다. 사람들의 회심을 위해 직설적으로 말씀을 찌를 때, 사람들의 죄를 쳐부수기 위해 말씀을 사용할 때, 사람들을 그리스도께로 이끌기 위해 말씀을 사용할 때, 죄인들을 각성시키기 위해 말씀을 사용할 때, 사람들의 마음속에 단순한 고백이 아니라 실제적인 은혜의 역사를 만들어 내기 위해 말씀을 사용할 때 — 바로 이것이 하나님의 말씀을 올바르게 다루는 것입니다. 부디 성령께서 그리스도의 모든 사역자들을 이와 같은 방식으로 성령의 검을 다루도록 이끄시기를 기원합니다.

2. 둘째로, 본문은 "똑바로 나누는 혹은 직선으로 자르는" 것을 의미합니다.

여기에 한 농부가 쟁기를 잡고 서 있습니다. 그는 밭의 이쪽 끝에서 저쪽 끝까지 직선으로 고랑을 내면서 똑바로 쟁기질을 합니다. 이와 같이 바울은 디모데에게 진리의 말씀을 따라 똑바로 고랑을 내라고 말합니다. 나는 진리의 선(線)이 이쪽 끝에서 저쪽 끝까지 분명하며, 철저하며, 직선으로 그어져야만 한다고 믿습니다. 진리가 직선인 것처럼, 우리가 진리를 다루는 것 역시 변이(變異)나 잔재주가 없이 분명하며, 정직하며, 직선적이어야 합니다. 우리에게는 몇 개의 고랑이 있습니다.

하나는 값없는 은혜의 고랑입니다. 구원은 주님으로부터 말미암습니다. 그분이 시작하시고, 그분이 이루어가시며, 그분이 완성하십니다. 구원은 사람으로부터 말미암지 않고, 사람에 의해 이루어지지도 않습니다. 그것은 오직 은혜로 말미암습니다. 택하심의 은혜, 구속의 은혜, 견인(堅忍)의 은혜, 완전한 영광에 이르게 하는 은혜 ― 처음부터 끝까지 모든 것이 은혜입니다. 만일 우리가 어느 순간 구원은 오직 은혜로 말미암는다는 분명한 증언과 상반되는 것을 말한다면, 우리를 믿지 마십시오. 이러한 고랑은 모든 오류를 넘어 분명하고 명백하게 나야 합니다. 죄인들이여, 여러분은 어떤 공로나, 고행이나, 기타 여러분 자신으로부터 말미암은 어떤 것에 의해 구원받을 수 없습니다. 오직 주님 한 분만이 값없는 은혜의 역사(役事)로서 여러분을 구원할 수 있습니다. 여러분이 구원받을 만한 자격이 있어서가 아닙니다. 오직 그가 그렇게 뜻하심으로 자신의 풍성한 사랑을 드러내기 위함입니다. 이것이 진리의 말씀의 똑바른 고랑입니다.

또 하나는 인간의 전적 부패라는 고랑입니다. 인간은 타락했으며, 그의 본성의 모든 부분이 부패했습니다. 그는 완전히 길을 잃었으며, 머리부터 발끝까지 병들었으며, 죄와 허물로 죽었으며, 하나님 앞에 더러워졌습니다. "선을 행하는 자는 없나니 하나도 없도다"(롬 3:12). 이러한 고랑을 매우 꾸불꾸불하게 내는 설교자들이 있습니다. 그들은 말합니다. "사람에게는 여전히 매우 선하며 훌륭한 부분들이 있습니다. 그러므로 우리는 그러한 부분들을 더욱더 발전시키며 교육시킬 필요가 있습니다." 휫필드는 예전에 인간은 절반은 짐승이며 절반은 악마라고 말한 적이 있는데, 이로 인해 그는 큰 곤욕을 치러야만 했습니다. 그런데 그는 거기에서 멈추지 않고, 자신은 짐승에게 용서를 구해야만 한다고 말했습니다. 왜냐하면 짐승은 인간의 본성이 홀로 남겨져 있을 때만큼 그렇게 악하고 비열하지 않기 때문이라는 것입니다. 오, 교만한 인간 본성이여! 우리는 그대를 쟁기질 하노라. 그대 밭에 있는 독초는 그 뿌리가 잘려야만 하노라. 그대의 밭에 있는 잡초는 마치 아름다운 꽃처럼 미소를 짓지만, 그러나 쟁기가 그 모든 잡초를 똑바로 뚫고 지나가야만 하노라. 인간의 모든 아름다움이 짙은 화장을 한 이세벨로 나타나고, 인간의 모든 자랑이 허탄한 거품으로 나타날 때까지. 하나님은 모든 것이며, 인간은 아무것도 아닙니다. 하나님은 당신의 은혜로 인간을 구원하시지만, 인간은 자신의 죄로 스스로를 완전히 파멸시킵니다. 하나님의 은혜가 개입될 때까지 말입니다. 우리는 이 부분에서 똑바로 쟁기질을 하고 곧은 고랑을 내야 합니다.

또 하나의 똑바른 고랑은 믿음의 고랑입니다. 우리는 사람들에게 믿고 세례를 받는 자는 구원을 받을 것이라고 말하라고 보냄을 받았습니다. 그리고 그 사실을 있는 그대로 제시하는 것이 우리의 의무입니다. 구원은 우리의 공로로부터 말미암지 않습니다. 구원이 우리의 공로로부터 말미암는다는 것은 복음의 고랑이 아닙니다. 구원은 기도로부터 말미암지 않습니다. 구원이 기도로부터 말미암는다는 것은 복음의 고랑이 아닙니다. 구원은 감정으로부터 말미암지 않습니다. 구원이 감정으로부터 말미암는다는 것은 복음의 고랑이 아닙니다. 구원은 마음의 각오와 잘못을 고치는 것으로부터 말미암지 않고, 오직 예수 그리스도를 믿음으로부터 말미암습니다. 그를 믿는 자는 정죄를 당하지 않습니다. 우리는 믿음으로 새 생명을 시작한 것처럼 또한 믿음으로 그 안에 거해야 합니다. 우리는 믿음에 의해 어느 정도 지점까지 구원받고 그럼으로써 그 이후는 우리 자신에게 의존하도록 그렇게 구원받지 않았습니다. 우리는 복음으로 시작했다가 율법으로 마쳐서는 안 됩니다. "오직 의인은 믿음으로 말미암아 살리라"(롬 1:17). 우리는 처음부터 마지막까지 믿음으로 삽니다. 우리는 시작부터 영원한 안식에 들어갈 때까지 믿음으로 삽니다. 믿으십시오! 이것이 가장 위대한 복음의 초청입니다. 우리는 이러한 고랑 밖으로 나가서는 안 됩니다. 복음의 밭에서 우리는 이쪽 끝부터 저쪽 끝까지 직선으로 고랑을 내야 합니다. "땅의 모든 끝이여 내게로 돌이켜 구원을 받으라 나는 하나님이라 다른 이가 없느니라"라고 외치면서 말입니다 (사 45:22).

또 하나의 고랑은 회개의 고랑입니다. 죄인들이여, 여러분과 여러분의 죄는 이제 헤어져야 합니다. 여러분은 오랫동안 죄와 짝을 이루어왔으며, 아마도 그와 더불어 즐거운 시간을 가졌을 것입니다. 그러나 이제 여러분은 헤어져야 합니다. 여러분과 여러분의 죄는 나누어져야만 합니다. 그렇지 않으면 여러분과 여러분의 하나님은 결코 함께 갈 수 없습니다. 단 하나의 죄도 붙잡고 있지 마십시오. 여러분은 모든 죄를 버려야 합니다. 여러분의 모든 죄는 마치 가나안의 왕들처럼 동굴로부터 끌려나와 태양 앞에서 목 매달림을 당해야만 합니다. 어느 하나도 남겨져서는 안 됩니다. 여러분은 모든 죄를 버려야만 하며, 싫어해야만 하며, 미워해야만 하며, 그것을 극복하게 해달라고 간청해야만 합니다. 여러분은 회개의 고랑이 그리스도인의 삶 전체를 통해 직선으로 뻗어 있는 것을 알지 못합니까? 때로 죄를 범하지만 그러나 곧바로 회개하고 버립니다. 하나님의 자녀는 죄를 사랑할 수 없습니다. 그는 죄를 싫어하며 미워해야 합니다.

또 거룩의 고랑이 있습니다. "거룩함이 없이는 아무도 주를 보지 못하리라"(히 12:14). 우리는 은혜로 말미암은 구원을 전파합니다. 그러나 우리는 여전히 죄 가운데 있는 자들에게는 구원을 전파하지 않습니다. 하나님의 자녀들은 거룩한 백성입니다. 그들은 씻음을 받았으며, 깨끗하여졌으며, 거룩하여졌으며, 선한 일에 열심을 품는 자들이 되었습니다. 믿음에 대해 말하면서 그 믿음이 살아 있는 믿음임을 행함으로 증명하지 못하는 자는 스스로에 대해, 그리고 하나님에 대해 거짓말을 하는 것입니다. 우리를 구원하는 것은 행함이 아니라 믿음입니다. 그러나 우리를 구원하는 믿음은 항상 행함을 만들어 냅니다. 믿음은 마음을 새롭게 하며, 성품을 변화시키며, 동기에 영향을 끼치며, 하나님의 손이 사람을 그리스도 예수 안에서 새로운 피조물로 만드는 도구입니다. 믿음과 행함 사이에는 어떤 부조화도 없습니다. 여러분은 세례를 받고, 또다시 세례를 받을 수 있습니다. 여러분은 성례에 참여할 수 있습니다. 여러분은 정통 교리를 믿을 수 있습니다. 그럼에도 불구하고 만일 여러분이 죄 가운데 살면, 여러분은 저주를 받을 것입니다. 여러분은 집사가 될 수도 있고, 장로가 될 수도 있고, 사역자가 될 수도 있습니다. 그러나 여전히 죄 가운데 눌러앉아 있는 자에게 구원은 없습니다. "죄의 삯은 사망이요"(롬 6:23) — 신앙을 고백하는 사람에게든 고백하지 않는 사람에게든 죄의 삯은 똑같이 사망입니다. 만일 그들이 은밀하게 죄를 품으면, 하나님은 그들의 죄를 공공연히 드러내실 것이며 율법의 엄격한 공의에 따라 그들을 정죄하실 것입니다. 이것이 우리가 갈아야 하는 고랑입니다. 그것은 깊고, 분명하며, 직선적인 고랑이어야 합니다. 하나님이 여러분의 마음을 쟁기질하사, 여러분으로 하여금 진리가 올바르게 나누어지는 것을 경험적으로 알게 하시기를 기원합니다.

**3. 셋째로, 진리의 말씀을 올바르게 나눈다는 것은
제물을 나누는 혹은 쪼개는 제사장으로부터 취한 표현입니다.**

양이나 소 등을 제물로 드릴 때, 제사장들은 먼저 그것을 죽이고 난 후 조심스럽게 조각으로 나누었습니다. 그러므로 짐승을 제대로 나누기 위해서는 관절이 어디에 있는지 찾아내는 기술이 필요했습니다. 마찬가지로 진리의 말씀은 지혜롭게 조각으로 나뉘어 취해져야만 합니다. 그것은 마치 들짐승이 자신의 먹이에 대해 그렇게 하는 것처럼 마구 파헤쳐지고 찢어져서는 안 됩니다. 그것은 올바르게 나누어져야만 합니다. 거기에는 올바른 분별과 나눔이 필요합니다. 복음을 올바로 나누는 것은 사역자들에게 있어 매우 중요한 의무입니다. 그는 복음의 한 조각은 여기에 놓고, 또 한 조각은 저기에 놓아야 합니다. 그리고 그것을 명쾌하고, 분명하며, 분별 있게 전파해야 합니다.

모든 복음의 사역자는 행위언약과 은혜언약 사이를 나누어야 합니다. 이것은 매우 중요한 부분이지만, 그러나 많은 사역자들이 제대로 분별하지 못합니다. 그러나 이 일은 항상 분명하게 행해져야 합니다. 그렇지 않으면 큰 해악이 따르게 됩니다. 은혜와 율법을 혼동하면 큰 혼란이 따릅니다. 행위언약이 있습니다 — "이것을 행하라 그러면 살리라." 그러나 그 음성은 "들으라 그러면 너희 영혼이 살리라"라고 말하는 은혜언약의 음성과 다릅니다. "너희는 살지니 내가 그렇게 뜻함이니라" — 이것이 은혜언약입니다. 이것은 조건이 덧붙여지지 않은 순전한 약속의 언약입니다. 어떤 사람이 이렇게 말하는 것을 들은 적이 있습니다. "신자들은 만일 지금부터 주어진 은혜에 신실하면 구원을 얻게 될 것입니다." 이것은 행위언약의 냄새를 풍깁니다. 또 어떤 사람은 말합니다. "만일 당신이 이러저러하면(if you -), 하나님이 당신을 사랑하실 것입니다." "만일"(if)이 들어가는 순간, 그것은 행위언약이 되고 복음은 사라집니다. 공로와 은혜가 섞이는 것보다 차라리 기름과 물이 섞이는 것이 훨씬 더 쉬울 것입니다. 여러분은 행위언약과 도대체 무슨 상관이 있습니까? 아브라함이 어떻게 했습니까? 또 사라가 요구한 것이 무엇입니까? "여종과 그 아들을 내쫓으라 종의 아들은 내 아들 이삭과 함께 유업을 얻지 못할 것이라." 만일 여러분이 자유로운 약속의 자녀라면, 여러분의 집 안에 법적인 종인 하갈과 육신적인 소망인 이스마엘을 두지 마십시오. 그들을 내쫓으십시오. 여러분은 그들과 아무 상관 없습니다. 율법과 복음은 각자의 위치를 가지고 있습니다. 율법은 우리를 그리스도께로 인도하는 몽학선생입니다. 그러나 우리가 그리스도께 왔을 때, 우리는 더 이상 몽학선생 아래 있지 않습니다. 율법은 죄인들 가운데 역사하도록 그냥 내버려 두십시오. 그들의 그

룻된 소망은 깨어질 것입니다. 반면 여러분은 그리스도 예수 안에 거하십시오. 만일 여러분이 행위로 구원을 받는다면, 그것은 은혜로 말미암은 것이 아닙니다. 그렇지 않으면 행위가 더 이상 행위가 되지 않을 것입니다. 반면 은혜로 구원을 받는다면, 그것은 인간의 공로로 말미암은 것이 아닙니다. 그렇지 않으면 은혜가 더 이상 은혜가 되지 않을 것입니다. 이와 같이 행위와 은혜를 정확하게 분별하며 나누는 것이 매우 중요합니다.

　또한 우리는 본성의 노력과 은혜의 역사를 명확하게 구분할 필요가 있습니다. 사람이 스스로를 향상시킬 수 있는 일을 행하는 것은 칭찬할 만한 일입니다. 사람이 좀 더 온전한 정신을 가지며, 좀 더 정직해지며, 좀 더 검소해지며, 더 좋은 시민이 되며, 더 좋은 남편이 되며, 더 좋은 아내가 되는 것은 좋은 일입니다. 그러나 그것은 본성(nature)이지 은혜(grace)는 아닙니다. 개선(改善)은 중생(重生)이 아닙니다. "너희가 거듭나야 하리라"는 말씀은 악한 자들에게 뿐만 아니라 선한 자들에게도 여전히 유효합니다. 그리스도 예수 안에서 새로운 피조물이 되는 것은 타락한 자들에게 뿐만 아니라 도덕적인 자들에게도 똑같이 필요합니다. 왜냐하면 "육으로 난 것은 육"이기 때문입니다. 육체가 그 최선의 것을 행한다 하더라도 말입니다. 사람은 성령으로 태어나야 합니다. 그렇지 않으면 그들은 영적인 것들을 이해할 수 없으며, 천국에 들어갈 수 없습니다. 나는 항상 둘을 명확하게 구분하고자 노력해 왔으며, 여러분 가운데 어느 누구도 본성의 노력과 은혜의 역사를 혼동하는 오류를 범하지 않을 것으로 믿습니다. 인간적인 개선(改善)을 위해 여러분이 할 수 있는 일을 행하십시오. 왜냐하면 여러분은 훌륭한 것이나 칭찬할 만한 것들을 계발할 필요가 있기 때문입니다. 그러나 주권적인 은혜의 역사의 자리에 가장 인본주의적인 계획이나 혹은 가장 고상한 체계를 놓지 마십시오. 왜냐하면, 그렇게 할 때, 여러분은 선보다 악을 열 배나 더 거두게 될 것이기 때문입니다. 우리는 진리의 말씀을 올바르게 나누어야만 합니다.

　그리스도인에게 있어 하나의 진리를 다른 진리와 구별할 줄 아는 것 역시 좋은 일입니다. 칼로 우리를 위한 그리스도의 역사(役事)의 관절과 우리 안에 계신 성령의 역사의 관절 사이를 나누십시오. 그리스도의 의가 우리에게 전가되는 칭의(稱義)는 하나의 축복입니다. 또 우리 자신이 개인적으로 의로워지는 성화(聖化)는 또 다른 축복입니다. 어떤 이들은 성화를 칭의의 역사(役事)를 위한 일종의 기초로서 이해합니다. 그가 거룩하기 때문에 의로워지는 사람은 결코 없습니다. 사람이 의롭게 되는 것은 그가 경건치 않은 자를 의롭게 하시는 자를 믿기 때문입니다. 의롭게 되는 것에 이어 거룩하여지는 것이 따릅니다. 아직 거룩하여지지 않은 영혼이 예수를 믿음으로 의롭다함을 얻게 되는 것은 그 안에서 일어나는 성령의 역사입니다. 예수 그리스도의 크고 완전한 역사로 인해 그에게 모든 영광을 돌리십시오. 그리고 여러분이 그리스도 예수 안에서 완전하여졌으며 사랑받는 자녀로 받아들여졌음을 기억하십시오. 그러면서 동시에 여러분은 아직 거룩에 있어 완전하지 않음을 기억하고 성령께 영광을 돌리십시오. 왜냐하면 성령께서 여러분의 삶 전체를 통해 계속해서 역사하실 것이기 때문입니다.

또 우리는 뿌리와 열매를 올바르게 나누어야 합니다. 땅 위로 솟아오른 싹만 알고 그 밑에 있는 구근(球根)은 알지 못하는 식물학자는 참으로 가련한 식물학자입니다. 그렇지만 우리 가운데 무엇이 뿌리이고 무엇이 열매인지 알지 못하는 사람들이 얼마나 많습니까? 그런 사람들은 식물이 자라는 것을 거의 보지 못한 자들입니다. 심지어 신학자들 가운데에도 영적인 것들에 있어 무엇이 원인이고 무엇이 결과인지 알지 못하는 사람들이 많이 있습니다. 말 앞에 마차를 다는 것은 얼마나 어리석은 일입니까? 그런데 많은 사람들이 그렇게 합니다. 많은 사람들이 이렇게 말하는 것을 들어보십시오. "만일 주 안에서 기쁨을 느낄 수 있다면, 나는 신자가 될 거야." 그렇습니다. 이것이 바로 말 앞에 마차를 다는 꼴입니다. 왜냐하면 기쁨은 믿음의 이유가 아니라 결과이기 때문입니다. "그렇지만 나는 마음의 큰 변화를 느끼기를 원해요. 그러고 난 연후에 믿을 거예요." 아직도 깨닫지 못한단 말입니까? 여러분은 지금 열매와 뿌리를 혼동하고 있는 것입니다. "주 예수 그리스도를 믿으라" — 이것이 뿌리입니다. 주 안에서 삶이 변화되고 기쁨을 누리게 되는 것은 그로부터 솟아오르는 은혜의 열매인 것입니다. 이것을 분명하게 구별할 수 있기를 바랍니다.

지금까지 우리는 본문의 의미를 세 가지로 살펴보았습니다 — 올바르게 다루는 것, 직선으로 고랑을 내는 것, 지혜롭게 분별하는 것.

**4. 본문의 네 번째 의미는 거룩하게 사용하기 위해
말씀을 실질적으로 잘라내는 것입니다.**

이러한 의미를 제시한 사람은 크리소스토무스였습니다. 이것이 의미하는 바를 살펴보도록 합시다. 지금 내 앞에 가죽이 있고, 그것으로 안장(鞍裝)을 만

들려고 한다고 가정해 보십시오. 나는 칼을 들고 안장의 모양대로 자르기 시작합니다. 나에게 안장의 모양대로 잘라진 이외의 부분은 필요치 않습니다. 그것 역시도 매우 좋은 가죽입니다. 그러나 지금에 있어 그것을 사용할 수는 없습니다. 나는 안장 모양대로 자르고, 바로 그것을 사용하여 안장을 만듭니다. 또 가죽으로부터 한 쌍의 고삐를 만들려고 한다고 가정해 보십시오. 나는 칼을 들고, 내가 목표로 하는 모양대로 가죽을 자를 것입니다. 이와 같이 설교자는 성공적으로 말씀을 전파하기 위해 지혜가 필요합니다. 그는 성경을 취하여, 자신의 목표에 부합하는 부분들을 사용해야 합니다. 그는 성경 안에서 이미 그의 손에 놓여 있는 재료를 사용해야 합니다. 하나님의 말씀의 모든 부분이 너무도 복되며 유익합니다. 그러나 그것들은 지금 설교자가 말하려고 하는 주제와 연결되지 않을 수도 있습니다. 그리하여 그는 그러한 부분들은 다음 기회에 살펴보도록 남겨 둡니다. 그는 많은 영혼이 구원받고 그리스도인들이 각성하기를 원합니다. 따라서 그는 예언의 나팔을 부는 부분은 사용하지 않습니다. 반면 어떤 그리스도인은 미래의 비밀에 대해 미친 듯이 열광합니다. 런던에 항상 예언의 나팔을 부는 설교자가 몇 명 있습니다. 예언의 나팔을 듣기를 원한다면, 그런 사람들에게 가서 들으십시오. 나는 묵시적 암호와 상징들을 해독하는 일로 보냄받지 않았음을 고백합니다. 나의 사명은 좀 더 하찮은 것일는지 모르지만 그러나 똑같이 유용한 것입니다. 나는 영혼들을 예수 그리스도께 데려가는 일로 부름을 받았습니다.

그런가 하면 항상 매우 깊고 심오한 비밀들을 다루는 설교자들도 있습니다. 그들에게 있어 신비의 산호 동굴과 심오한 형이상학은 강한 매력을 갖습니다. 나는 그들의 기호(嗜好)와 다투고 싶지 않습니다. 그러나 나는 하나님의 말씀이 우리에게 수수께끼 책으로 주어졌다고 생각하지 않습니다. 내가 하나님의 말씀을 올바르게 잘라내는 부분은 명백한 복음입니다. 하나님과의 화평을 어떻게 발견할 수 있는지 알기를 원하는 사람들이 있습니다. 그런 사람들에게는 다른 설교자가 예정론과 관련하여 설명해 줄 수 있습니다. 나는 모든 것을 다 아는 척하지 않습니다. 그러나 예수 그리스도를 믿는 믿음이 우리 마음에 화평을 가져다 준다는 사실은 분명히 압니다. 나의 사명은 영혼을 구원하며, 성도를 세우며, 그리스도인들로 하여금 그리스도를 위해 일하도록 세우는 것입니다. 그러므로 나의 설교는 바로 여기에 초점이 맞추어져야 합니다. 나는 비밀과 신비는 그냥 남겨둡니다. 그것을 대수롭지 않게 여겨서가 아니라, 이 시대가 먼저 우리에게 사람들의 영혼을 구원하라고 요구하기 때문입니다. 어떤 진리들은 지금 당장 듣도록 강요됩니다. 사람들은 지금 당장 그것을 들어야 합니다. 그렇지 않으면 그 영혼을 잃을 것입니다. 반면 내일 들어도 되는 진리들도 있습니다. 그러나 지옥으로부터 피하고 천국을 위해 준비하라는 것은 지금 당장 들어야만 하는 절박한 메시지입니다. 소돔 성에서 천사들이 롯과 그의 딸들에게 도성의 멸망에 대해 이야기하는 것을 상상해 보십시오. 천사들은 소리를 지릅니다. "당장 소돔으로부터 나가라." 그리고 그들의 팔을 잡고 끌어내면서 말합니다. "피하라, 피하라, 피하라, 하늘로부터 불이 떨어질 것이며, 이 도성은 멸망을 당할 것이니라." 바로 이것이 설교자들이 해야 하는 일입니다. 진리의 다른 부분들은 다음 기회를 위해 그냥 남겨 둔 채, 그는 지금 진리의 말씀을 올바르게 나누고 있습니다. 성경에는 그것이 없으면 사람들이 구원받을 수 없는 본질적인 것들이 있습니다.

그런가 하면 중요하기는 하지만 조금 소홀히 하여도 구원받는 데는 지장이 없는 부분들도 있습니다. 본질적인 것이 우선되어야 하지 않겠습니까? 모든 진리가 각자 그 때와 장소에 맞게 선포되어야 합니다. 그러나 우리는 이차적인 진리를 앞세워서는 안 됩니다. 바울 사도는 말합니다. "우리는 십자가에 못 박힌 그리스도를 전하니." 나는 만일 어떤 설교자가 진리의 말씀을 올바르게 나누면 그는 죄인들에게 다음과 같이 말할 것이라고 믿습니다. "죄인들이여, 그리스도께서 죽으시고 다시 살아나셨습니다. 그리고 지금 하늘에서 우리를 위해 중보하고 계십니다. 그를 바라보십시오. 어렵고 힘든 문제들이 있습니까? 그런 문제들은 잠시 그냥 내버려 두십시오. 그런 문제들은 나중에 생각해도 됩니다. 그러나 지금 당장 해야 할 중요한 일이 있습니다. 그것은 주 예수 그리스도를 믿는 일입니다." 이와 같이 설교자는 이차적인 것들로부터 핵심적인 것을, 사변적인 것들로부터 실제적인 것을, 다음으로 미루어도 되는 것들로부터 지금 당장 해야 할 급박한 것을 나누어야 합니다. 이런 의미에서 그는 진리의 말씀을 올바르게 나누어야 합니다.

5. 다섯째로, 또 본문은 각 사람에게 그에 합당한 몫을 할당하는 것을 의미합니다.

여기에서 그림이 바뀝니다. 칼빈에 따를 때, 여기에 나타나는 그림은 어떤 집의 청지기가 그 집의 구성원들에게 각각에 합당한 양식을 나누어주는 모습입니다. 그는 빵을 올바르게 나누어야 합니다. 그럼으로써 어린 자녀들과 아이들에게 부스러기가 돌아가지 않게 되도록 말입니다. 그는 각 사람의 필요에 따라 공급해 주어야 합니다. 장성한 사람에게 젖을 준다든지 어린 아이에게 딱딱한 음식을 준다든지 해서는 안 됩니다. 또 그는 자녀의 떡을 취하여 개에게 던져서도 안 되며, 돼지의 여물을 자녀들에게 주어서도 안 됩니다. 그는 모두 앞에 그 합당한 몫을 놓아야 합니다.

　　하나님의 자녀들이여, 여러분의 몫은 전체적인 하나님의 말씀입니다. 그 안에 있는 모든 약속이 여러분의 것입니다. 그것을 취하십시오. 그것을 양식으로 삼으십시오. 그리스도는 여러분의 것입니다. 하나님은 여러분의 것입니다. 성령은 여러분의 것입니다. 이 세상은 여러분의 것입니다. 오는 세상은 여러분의 것입니다. 시간은 여러분의 것입니다. 영원은 여러분의 것입니다. 생명은 여러분의 것입니다. 사망은 여러분의 것입니다. 영원한 영광은 여러분의 것입니다. 여기에 여러분의 몫이 있습니다. 여러분에게 왕의 양식을 주는 것은 참으로 멋진 일입니다. 주께서 여러분에게 좋은 입맛을 주십니다. 그것을 취하십시오. 그것을 먹으십시오.

　　죄인들이여, 예수 그리스도를 믿지 않는 여러분의 몫은 아무것도 없습니다. 만일 여러분이 지금의 모습 그대로 남아 있는다면, 오직 두려운 경고만이 여러분의 것입니다. 만일 여러분이 예수를 믿기를 거부한다면, 이 세상도 다음 세상도 여러분의 것이 아닙니다. 시간도 여러분의 것이 아니며, 영원도 여러분의 것이 아닙니다. 여러분은 좋은 것을 아무것도 갖지 못합니다. 지금 여러분의 몫은 얼마나 끔찍합니까? 왜냐하면 하나님의 진노가 여러분 위에 거하기 때문입니다. 여러분이 예수 그리스도를 믿을 때까지, 우리는 여러분에게 듣기 좋은 말을 해줄 수가 없습니다. 그때까지 여러분을 위한 약속은 없습니다. 성경의 어느 부분도 여러분을 옳다고 인정해 주지 않습니다. 여러분은 먹을 음식과 입을 옷을 얻습니다. 그러나 심지어 그런 것들조차도 하나님의 오래 참으심으로 말미암아 여러분에게 주어지는 것입니다. 그러므로 만일 회개하지 않는다면, 그런 것들조차도 여러분에게 저주가 될 수 있습니다. 여러분의 몫이 그런 것이라고 말해야 하는 나의 처지가 참으로 유감스럽습니다. 그러나 나는 여러분에게 정직해야만 합니다. 하나님은 "내가 그들의 축복들을 저주하리라"라고 말씀하셨습니다. 오,

죄인들이여, 하나님의 저주는 악인의 집 안에 있습니다.

우리는 또한 애통하는 자들에게 그 몫을 나누어 주어야 합니다. 시온에서 애통하는 자들에게 여호와께서 그들에게 복을 주실 것이라고 말하는 일은 얼마나 즐거운 일입니까? "애통하는 자는 복이 있나니 저희가 위로를 받을 것임이요"(마 5:4). 주님은 애통하는 자들에게 평안을 회복시켜 주실 것입니다. 두려워하지 마십시오. 낙망하지 마십시오. 주께서 여러분을 도우실 것입니다. 이와 같이 애통하는 자들에게는 그에 합당한 양식을 주어야 하지만, 그러나 외식하는 자들에게는 돌이켜 이렇게 말해야 합니다. "설령 여러분이 벼이삭처럼 고개를 숙이며 옷을 찢고 금식한다 하더라도, 그러나 여러분의 마음을 아시는 주님은 여러분의 가면을 벗기실 것입니다. 만일 여러분이 그 앞에 진실하지 않다면 또 저울에 달려 모자람이 발견된다면, 주님은 여러분에게 영원히 쓸개즙을 주실 것입니다. 애통하는 자에게는 긍휼이 있지만, 속이며 외식하는 자에게는 긍휼 없는 심판이 있을 것입니다."

또 진리를 찾는 자들에게 그 합당한 몫을 주는 것 역시 매우 즐거운 일입니다. "찾는 이가 찾을 것이요 두드리는 이에게 열릴 것이니라"(마 7:8). 또 예수 그리스도께서는 이렇게 말씀하십니다. "수고하고 무거운 짐 진 자들아 다 내게로 오라 내가 너희를 쉬게 하리라"(마 11:28). 여러분의 몫을 취하십시오. 그리고 즐거워하십시오.

이제 스스로 진리를 찾는 자들이라고 생각하면서 시간을 지체하며 머뭇거리는 사람들에게 묻습니다. "너희가 어느 때까지 둘 사이에서 머뭇머뭇 하려느냐?"(왕상 18:21). 어째서 여러분은 예수 그리스도를 믿는 일에 계속해서 머뭇거리며 주저하며 불신앙의 상태에 머물러 있단 말입니까? 그러므로 우리는 한쪽으로는 위로를 다른 한쪽으로는 충고를, 한쪽으로는 책망을 다른 한쪽으로는 격려를, 한쪽으로는 초청을 다른 한쪽으로는 경고를 주어야 합니다. 이것이 진리의 말씀을 올바르게 나누는 것입니다.

그렇습니다. 때로 하나님은 어떤 사람들에게 매우 놀라운 방법으로 말씀을 주심으로써 그들을 능하게 하십니다. 내가 만일 여러분에게 지난 21년 동안 일어났던 일들을 이야기한다면, 여러분은 믿지 못할 것입니다. 또 이곳을 찾아온 수많은 사람들에게 일어났던 일들을 모두 이야기한다면, 그 모든 이야기는 마치 허구적인 소설처럼 들릴 것입니다. 하나의 예만을 이야기해 볼까요? 여러분 가운데 어떤 사람들은 내가 "네 아버지께서 혹 엄하게 네게 대답하면?"이라는 본문으로 설교한 것을 기억할 것입니다(삼상 20:10). 바로 그날 예배가 끝난 후 매우 덕망 있는 어떤 그리스도인 신사가 한 낯선 젊은이를 데리고 목양실로 들어 왔습니다. 그는 매우 당혹스러운 표정이었습니다. 그는 내게 이렇게 물었습니다. "목사님은 혹시 이 젊은이의 사정에 대해 아는 것이 있습니까?" 나는 분명하게 대답했습니다. "아니오, 아무것도 없습니다." 물론 나는 나를 찾아온 그 신사를 알고 있었습니다. 그러나 그는 나에게 그 낯선 젊은이에 대해 아무 말도 하지 않았기 때문에 나는 그와 관련하여 아무것도 알지 못하고 있었습니다. 그러자 그는 내게 이렇게 말했습니다. "이 젊은이의 마음은 그리스도인이 되기로 거의 기울어졌습니다. 그런데 그의 부친은 다른 종교를 가지고 다른 신들을 섬기고 있습니다. 이 젊은이는 만일 자신이 그리스도인이 된다면 아버지의 사랑을 잃게 될 것을 알고 있습니다. 나는 그에게 그러면 오늘 아침 스펄전 목사의 설교를 들어보라고 권했습니다. 그래서 우리가 이렇게 오늘 아침 예배에 참석하게 된 것입니다. 그런데 오늘 본문이 다름 아닌 '네 아버지께서 혹 엄하게 네게 대답하면?'이었습니다. 그러면 목사님은 나로부터 이 젊은이에 대한 말을 단 한 마디로도 들은 것이 있습니까?" 나는 대답했습니다. "전혀 들은 적이 없습니다." 그러자 옆에 앉아 있던 젊은이가 말했습니다. "알겠습니다. 오늘 일은 정말로 나의 일생에서 가장 이상하고 특이한 일이로군요." 그래서 나는 그 젊은이에게 이렇게 말해 주었습니다. "나는 그것이 당신의 영혼에 주시는 하나님의 음성이라고 믿습니다. 하나님은 때로 자기 종들을 인도하셔서 그들로 하여금 사람들이 들어야만 하는 가장 적합한 말씀을 전하도록 하십니다."

　또 하나의 예를 들어볼까요? 어떤 도시에 파송된 한 선교사가 있었습니다. 그런데 그의 선교지역에는 어떤 그리스도인도 자기 집에 들어오도록 허락하지 않는 한 사람이 살고 있었습니다. 많은 사람들이 선교사에게 만일 그 집을 방문하면 당신의 머리통이 깨어지게 될 것이라고 경고했습니다. 그리하여 선교사는 그 집을 그냥 지나치기만 했습니다. 그렇게 하는 것이 좀 양심에 걸리기는 했지만 말입니다. 그러던 어느 날 선교사는 그 문제를 놓고 하나님께 간절히 기도한 후 담대하게 사자굴 속으로 들어갔습니다. 그러자 그 사람이 선교사를 노려보며 물었습니다. "무엇 때문에 여기에 왔소?" 선교사는 대답합니다. "나는 이 지역의 모든 집을 다니며 모든 사람들과 사귀기 위해 이곳에 왔습니다. 그런데 나는 당신의 집을 빠뜨렸습니다. 왜냐하면 내가 오는 것을 당신이 싫어하기 때문입니다. 그러던 중 나는 당신을 피하는 것이 비겁한 일로 보일 것이라고 생각했습니다.” 그러자 그가 말했습니다. “들어오시오, 여기 앉으시오, 당신은 선교사니 성경에 대해 잘 알겠군. 이제 내가 당신에게 한 가지 문제를 내겠소. 만일 대답할 수 있다면, 당신은 이 집에 다시 올 수 있게 될 것이오. 그러나 대답하지 못한다면, 나는 당신을 쫓아낼 것이오.” 그는 계속해서 말합니다. “좋소, 문제는 이것이오 — 성경에 ‘소녀’(girl)라는 단어가 어디에서 나오며 또 몇 번이나 나옵니까?” 선교사는 대답합니다. “ ‘소녀’라는 단어는 성경에 오직 한 번 나옵니다. 그것은 요엘서 3장 3절입니다. ‘소녀를 술과 바꾸어 마셨음이니라.’” 그러자 그가 대답합니다. “정확하게 맞았소. 그것을 알고 있었다는 게 놀랍군. 나는 당신이 모를 거라고 생각했소. 그렇지 않았다면 다른 문제를 냈을 것이오. 어쨌든 맞았으니 당신은 우리 집에 언제든지 올 수 있소.” 그러자 선교사는 이렇게 대답했습니다. “그러나 나는 당신이 내가 어떻게 그것을 알게 되었는지 알기를 바랍니다. 오늘 아침 나는 하나님의 인도하심을 기도하고 있었습니다. 그리고 성경을 펼쳐 바로 이 글을 읽었습니다. ‘소녀를 술과 바꾸어 마셨음이니라.’ 나는 성구사전을 취하여 ‘소녀’란 단어가 나타나는 곳을 찾아보았습니다. 나는 스가랴 8장 5절에서 ‘예루살렘 거리에 소년과 소녀들이 가득하여 거기에서 뛰놀리라’는 구절을 발견했습니다. 그렇지만 그것은 ‘소녀’(girl)가 아니라 ‘소녀들’(girls)이었습니다. 따라서 ‘소녀’라는 단어가 나오는 곳은 요엘서가 유일했습니다.” 이 일로 인해 선교사는 그 집을 마음껏 방문할 수 있게 되었습니다.

그리고 그와 그의 아내 그리고 그의 자녀 가운데 한 사람이 얼마 후 교회의 지체가 되었습니다. 이 일은 얼마나 특이하고 신기합니까? 그러나 나는 그런 신기한 일들이 나의 목회 속에 흔히 일어났음을 거짓 없이 증언할 수 있습니다. 하나님은 자기 종들로 하여금 말씀을 올바르게 나누도록, 다시 말해서 각각의 특별한 상황에다가 특별한 몫을 할당하도록 도우십니다. 런던에 오기 전의 일입니다. 어느 주일 날 어떤 사람이 극도로 흥분한 상태에서 나를 찾아왔습니다. 그는 내가 강단에서 자기를 모욕했으므로 나에게 똑같은 고통을 안겨 주겠다고 위협했습니다. 나는 “내가 무슨 말을 했는데요?”라고 물었습니다. 그는 대답합니다. “당신이 무슨 말을 했느냐고? 당신은 내 얼굴을 뚫어지게 응시하며 ‘하나님이 당신을 위해 무엇을 더 할 수 있단 말입니까? 하나님이 당신에게 좋은 아내를 주실 것입니까? 당신에게는 한 아내가 있었습니다. 그런데 당신은 그 아내를 학대함으로 죽였습니다. 그리고 얼마 전에 또 하나의 아내를 얻었습니다. 당신은 새 아내에게도 똑같은 일을 할 것입니다'라고 말하지 않았소?" 나는 말했습니다. "그래요? 당신은 정말로 아내를 학대함으로 죽였습니까?" 그가 대답합니다. "사람들이 그렇게 말하더군요. 그리고 나는 며칠 전에 또 결혼했습니다." 그러면서 그는 내게 물었습니다. "당신은 그것을 알지 못했소?" 나는 대답했습니다. "물론이오. 맹세코 알지 못했습니다. 나는 당신의 가정사(家庭事)에 대해 아무것도 모릅니다. 그리고 나는 당신이 새 아내와 행복하게 살기를 바랍니다." 그러자 그의 마음이 금방 누그러졌습니다. 내가 "당신은 아내를 학대하여 죽였으며 새 아내에 대해서도 똑같은 일을 하게 될 것"이라고 말했을 때, 나는 나도 모르는 사이에 그의 머리에 못을 박고 있었던 것입니다. 나의 말은 그의 상황에 정확하게 맞았던 것입니다. 나는 여러분도 그렇게 되기를 바랍니다. 나는 진리의 말씀이 각 사람의 상황에 정확하게 적용됨으로써 각 사람의 양심으로 하여금 하나님 앞에 두려워 떨며, 자기 죄를 고백하고 버리게 되기를 바랍니다.

6. 마지막으로, 진리의 말씀을 올바르게 나누는 것은 각 사람에게 그의 영원한 기업과 유업이 무엇인지 말해 주는 것을 의미합니다.

가나안 땅을 정복한 직후, 그 땅은 이스라엘 지파들 사이에서 기업으로 분배되었습니다. 이와 같이 설교자는 가나안 복지(福地)와 사망의 그늘진 땅에 대해 말하면서, 각 사람들로 하여금 그들의 최종적인 거주지가 어디인지를 알게 해주어야 합니다. 여러분은 그것을 알 것입니다. 여기에 앉아 있는 사람들은 그것을 알 것입니다. 그러나 우리는 수천 번도 더 들었던 이야기를 또다시 반복할 필요가 있습니다. 예수 그리스도를 믿는 자들, 그 마음이 새로워진 자들, 하나님의 은혜에 붙들린 자들, 믿음으로 구원받은 자들 — 그들은 영원한 생명을 유업으로 받을 것입니다. 그러나 하나님을 믿지 않는 자들, 그의 아들을 배척한 자들, 죄 가운데 살고 있는 자들 — 그들에게 기다리고 있는 것은 두려운 심판과 불 같은 진노 외에 아무것도 아닙니다. "악인들이 스올로 돌아감이여 하나님을 잊어버린 모든 이방 나라들이 그리하리로다"(시 9:17). "그들은 영벌에, 의인들은 영생에 들어가리라 하시니라"(마 25:46). "하나님을 잊어버린 너희여 이제 이를 생각하라 그렇지 아니하면 내가 너희를 찢으리니 건질 자 없으리라"(시 50:22). 아! 다가올 진노는 얼마나 두려운 것입니까?

신자들이여, 축복된 땅 안에 여러분의 기업이 있습니다. 죄인들이여, 만일 여러분이 회개하지 않는다면, 흑암 속에서 슬피 울며 이를 가는 땅 안에 여러분의 기업이 있을 것입니다. 나는 미국에서 발행되는 어떤 신앙잡지를 구독하고 있는데, 지난 호에 다음과 같은 글이 인쇄되어 있는 것을 보았습니다. "만일 당신이 이 잡지를 원하지 않는다면, 지금 끊으십시오. 만일 당신이 1875년에도 계속해서 구독하기를 원한다면, 지금 서명해 주십시오. 만일 당신의 주소가 변경되었다면, 지금 새 주소를 알려 주십시오." 모든 문장에는 "지금"이라는 단어가 굵은 글씨로 새겨져 있었습니다. 그것을 읽으면서, 나는 그것이 옳다고 생각했습니다. 그것은 상식입니다. 그리고 나는 여러분에게도 똑같이 말해야겠다고 생각했습니다. 만일 여러분이 여러분의 죄를 버리기를 원한다면, 지금 그것을 버리십시오. 만일 여러분이 예수 그리스도를 통해 하나님으로부터 긍휼을 얻고자 한다면, 지금 그를 믿으십시오. "지금"이란 단어를 사용함에 있어 한 해의 마지막 날인 오늘보다 더 적합한 때가 언제이겠습니까?

바로 그 잡지에서 나는 무디(Moody)와 생키(Sankey)에 관한 이야기를 읽었습니다. 그 이야기는 대략 이런 것이었습니다. 무디와 생키가 에든버러에서 설교하고 있는 동안 맞은편에 앉아 있는 어떤 사람이 말씀에 크게 심취했습니다. 잠시 예배가 중단된 동안 그 사람은 자기 친구와 함께 나갔습니다. 그러나 문에 도달했을 때, 그는 그 자리에 멈추었습니다. 그러자 그의 친구가 말했습니다. "제이미, 빨리 나오지 않고 왜 거기에 서 있는 거야?" 그러자 그는 대답했습니다. "아니야, 나는 돌아가야 해, 나는 영혼의 유익을 얻기 위해 이곳에 왔어. 그리고 아직 그것을 얻지 못했어. 나는 다시 돌아가야만 해." 그는 다시 자기 자리로 돌아와 다시 말씀을 들었습니다. 바로 그날 주께서 그를 축복하셨습니다. 그는 그리스도를 발견했으며, 그 안에서 구원을 찾았습니다. 그는 광부였습니다. 그런데 다음 날 그는 갱(坑)에 들어갔다가 그만 매몰되고 말았습니다. 그는 구출되기는 했지만 그러나 회복되지는 못했습니다. 그는 자신을 구출해준 동료에게 이렇게 말했습니다. "오, 앤드루, 어젯밤 모든 것이 결정되어서 나는 너무나 기쁘네. 어젯밤 모든 것이 결정되었거든."

나는 지난 성탄 전야에 철도사고로 죽은 사람들이 모두 이렇게 말할 수 있기를 바랍니다. "어젯밤 모든 것이 결정되었답니다." 만일 여러분이 내일 갑작스런 사고를 당한다고 생각해 보십시오. 그런데 여러분이 "어젯밤 모든 것이 결정된 것으로 인해 하나님을 송축합니다. 나는 나의 마음을 예수 그리스도께 드렸으며, 스스로를 하나님의 사랑과 긍휼에 드렸습니다. 그리고 구원받아 하나님의 자녀가 되었습니다"라고 말할 수 있다면, 그것은 얼마나 복된 일이겠습니까? 진리의 성령이시여, 그와 같이 되도록 이끄시고 찬미를 받으소서. 아멘.

제
9
장

—

큰 집과 그 안에 있는 그릇들

—

"큰 집에는 금 그릇과 은 그릇 뿐 아니라 나무 그릇과 질그
릇도 있어 귀하게 쓰는 것도 있고 천하게 쓰는 것도 있나니
그러므로 누구든지 이런 것에서 자기를 깨끗하게 하면 귀히
쓰는 그릇이 되어 거룩하고 주인의 쓰심에 합당하며 모든
선한 일에 준비함이 되리라" — 딤후 2:20-21

교회에 생길 수 있는 가장 큰 재앙 가운데 하나는 이단교리를 가르치는 사
역자들이 일어나는 일입니다. 그러나 그것은 새로운 일이 아닙니다. 그것은 처
음부터 일어났습니다. 바울과 베드로와 야고보와 요한은 자신의 서신들에서 교
회 안에 있는 미혹하는 자들에 대해 말해야만 했습니다. 교회가 아직 초창기 시
절이었음에도 불구하고 말입니다. 그때로부터 지금 이 순간에 이르기까지 하나
님의 집에는 사람들의 믿음을 파괴하고 그들을 근본적인 진리로부터 자신들이
만든 거짓 교훈으로 미혹하는 사람들이 계속해서 일어났습니다. 바울 사도는 이
것을 몸에 일어날 수 있는 가장 위험하며 치명적인 해악인 종기(腫氣)에 비유합
니다. 그것은 몸 안에 생깁니다. 그것은 육체를 계속해서 갉아 먹습니다. 그것은
육체를 곪게 하고 썩게 합니다. 만일 멈추어지지 않는다면, 그것의 해악은 계속
해서 진행되며 증가되다가 마침내 목숨을 잃게 만듭니다. 교회 안에 들어온 거
짓 교훈과 비기독교적 영은 그와 같은 위험한 종기로 간주되어야 합니다. 그것
은 마치 마음을 탐욕스럽게 갉아 먹는 조용한 이리와 생기(生氣)를 게걸스럽게

먹어치우는 프로메테우스의 독수리와 같습니다. 우리는 이러한 것들에 대해 잠시도 경계를 늦추어서는 안 됩니다.

　그러나 여기에 이러한 악들에 대해 걱정하는 우리들에게 큰 위로가 되는 말씀이 있습니다. "그러나 하나님의 견고한 터는 섰으니"(19절). 거기에는 어떤 흔들림도 없습니다. 사람들이 옹호하든 대적하든, 진리는 일점일획도 흔들리지 않습니다. 청명한 하늘일 때와 마찬가지로 구름에 가릴 때에도 태양은 영원히 비취며 온 세상에 찬란한 빛을 쏟아 붓습니다. 하나님을 모독하며 헛된 말을 지절거리기를 좋아하는 사람들은 우리로부터 영원한 진리를 빼앗지도 못했고 또 빼앗을 수도 없습니다. 설령 그들이 "하나님은 없다"라고 말한다 하더라도, 하나님은 영원히 살아 계십니다. 설령 어떤 설교자들이 그리스도의 속죄를 흐리게 한다 하더라도, 그의 보혈은 그 효력을 조금도 잃지 않습니다. 설령 사람들이 성령의 인격성을 부인한다 하더라도, 성령의 살리시며 위로하시는 능력은 조금도 줄어들지 않습니다. 설령 후메내오와 빌레도 같은 사람들이 부활이 지나갔다고 말한다 하더라도, 여전히 부활은 굳게 서 있습니다. 설령 바리새인들과 사두개인들이 합세하여 영원한 은혜언약을 비방하며 흔들어댄다 하더라도, 그것은 영원히 깨어지지 않습니다. 하나님의 터는 견고하게 섭니다. 그리고 교회의 터 역시 굳건하게 남아 있습니다. 왜냐하면 주님은 그 교회가 자신의 것임을 분명하게 알고 계시기 때문입니다. 하나님이 그 터 위에 세우신 모든 것은 단 하나의 돌도 그 자리로부터 옮겨지지 않습니다. 오류와 거짓의 지진이 그 집의 견고성을 시험할는지 모릅니다. 그러나 주의 말씀과 역사(役事)가 좌절되는 것보다 예루살렘을 둘러싼 산들이 옮겨지는 것이 훨씬 더 쉬울 것입니다. 가장 악한 때에도, 흔들릴 수 없는 것들은 조금도 변개(變改)되지 않은 채 그대로 남아 있습니다.

　바울 사도는 사실상 이렇게 말하고 있는 셈입니다. "요컨대 교회 안에 참된 진리로부터 말미암지 않은 사람들이 있는 것은 조금도 놀랄 일이 아니니라. 너희는 후메내오와 빌레도를 마치 그들이 특별한 사람이나 되는 듯이 바라보아서는 안 되느니라. 그들과 같은 사람들이 많이 있었고, 또 앞으로도 많이 있을 것이니라. 어느 시대든지 이러한 쭉정이들은 빨리 자라고 속히 퍼지는 법이니라."

　사랑하는 형제들이여, 하늘 아래 어디에서 우리가 완전히 깨끗한 공동체를 발견할 수 있겠습니까? 최초의 가정 안에도 가인이 있었습니다. 방주에 탔던 선택받은 소수의 사람들 가운데에도 악한 함이 있었습니다. 믿음의 조상 아브라함의 집 안에도 이스마엘이 있었습니다. 일평생 동안 하나님과 고요하게 동행했던 이삭조차도 에서로 인해 고통을 겪어야만 했습니다. 또 여러분은 야곱의 아들들 가운데 마땅히 행해야만 하는 길로 행하지 않은 아들들이 여럿 있었음을 압니다. 하나님의 교회가 광야에 있으면서 외부 세상과 단절되어 있었을 때조차도, 여러분은 그들 가운데 고라와 다단과 아비람을 비롯한 수많은 대적자들이 있었음을 압니다. 뿐만 아니라 하나님이 뽑아 세우신 제사장들 가운데에도 그 직분을 더럽힌 자들이 있었습니다. 나답과 아비후는 여호와 앞에서 불에 살라짐으로 죽었으며, 홉니와 비느하스는 전쟁터에서 죽었습니다. 그것은 그들이 하나님의 기름 부음받은 제사장이었음에도 불구하고 악을 행했기 때문이었습니다. 심지어 우리 주님이 특별하게 불러 세우신 열두 사도 가운데에도 가룟 유다가 있었습니다. 주님이 자신의 동산에 특별하게 심은 열두 나무 가운데에도 한 나무는 악한 열매를 맺었던 것입니다. "내가 너희 열두 사람을 선택하지 않았느냐? 그러나 너희 중에 한 사람은 마귀니라"(요 6:70).

그리스도께서 씨를 뿌린 밭에도 알곡들 가운데 가라지들이 자랄 것입니다. 왜냐하면 기회만 있으면 원수가 가라지 씨를 뿌리기 때문입니다. 우리에게 있어 가라지들을 완전히 근절하는 것은 가능하지 않습니다. 왕의 정원에도 가시와 엉겅퀴와 찔레가 자랄 것입니다. 심지어 그리스도의 백합들조차도 가시들 가운데 자랍니다. 여러분은 최고의 교회조차도 완전하게 깨끗한 상태로 유지할 수 없습니다. 왜냐하면 주님 자신이 포도원을 가꾸며 그 주위에 담장을 친다 하더라도 여우들이 와서 포도나무들을 망쳐놓기 때문입니다. 우리 주님의 좋은 열매 맺는 과수원에도 설령 땅을 파고 거름을 준다 하더라도 여전히 열매 맺지 못하는 무화과나무가 있을 것입니다. 이 땅에 있는 예수 그리스도의 양 우리를 보십시오. 그리고 거기에 양의 옷을 입고 있는 이리들을 보십시오. 그리스도의 종들이 해변으로 끌어올린 그물을 보십시오. 그러면 여러분은 거기에 좋은 고기와 나쁜 고기가 섞여 있는 것을 보게 될 것입니다. 눈을 들어 하늘을 보십시오. 무수한 별들 가운데 여러분은 잠깐 밝게 빛났다가 어둠 가운데 그 빛이 꺼져 버리고 마는 유성과 별똥별들을 보게 될 것입니다. 지극히 높은 자의 하늘에 이를 때까지, 우리는 알곡과 가라지가, 금과 찌끼가, 그리고 양과 염소가 섞여 있을 것을 예상해야 합니다.

본문으로 돌아옵시다. "하나님의 견고한 터는 섰다"는 큰 위로가 되는 말에 이어, 바울은 20절에서 하나의 특별한 은유를 제시합니다. 그는 수많은 가재도구들과 비품들이 구비되어 있는 "큰 집"을 이야기합니다. 거기에는 많은 종류의 그릇들이 있을 것입니다. 그것들 가운데 어떤 것들은 천하게 쓰기 위한 목적으로 땅에 속한 재료인 나무나 흙으로 만들어졌을 것입니다. 그런가 하면 또 어떤 것들은 주인의 존귀와 영광을 나타내기 위해 금이나 은으로 만들어졌을 것입니다. 큰 집에는 귀한 금속으로 만들어진 그릇들이 있으며, 그것들은 그 집의 영광입니다. 그러한 그릇들은 중요한 잔치 때 쓰기 위해 장식장에 진열되어 있습니다. 그런가 하면 값싼 재료로 만들어진 그릇들도 있습니다. 그런 그릇들은 뒷마당에 둡니다. 그것들은 중요한 잔치 때는 사용되지 않고 다만 일상적인 일에 사용될 목적으로 만들어진 것입니다. 대대로 내려오는 가보(家寶)로서 순은(純銀)으로 만든 잔이나 주전자 같은 것이 있습니다. 그것들은 극도로 아낌을 받으며 조심스럽게 보호됩니다. 그런가 하면 잠깐 동안만 쓰고 버릴 목적으로 만든 도기 접시나 종지 같은 것들도 있습니다. 그런 것들은 쉽게 깨어지므로 오래 사용할 수 없습니다. 이것은 하나님의 교회에도 마찬가지입니다. 교회에는 통상적인 용도로 쓰기 위한 그릇들과, 금보다 더 귀한 재료로 만들어진 그릇들이 있습니다.

　　여기에서 우리가 다룰 내용은 다음과 같습니다. 우리는 첫째로 큰 집에 대해 살펴보고, 둘째로 부엌으로 가서 천한 용도로 사용될 그릇들을 살펴보고, 셋째로 장식장에 진열되어 있는 금이나 은으로 만든 귀한 그릇들을 살펴볼 것입니다. 그리고 마지막으로 그 집을 떠나기 전에 그 집의 주인에 대해 잠깐 살펴보고자 합니다.

1. 첫째로, 큰 집에 대해 살펴봅시다.

　　바울 사도는 교회를 큰 집으로 비유합니다. 그가 지금 세상에 대해 말하고 있지 않음은 분명한 사실입니다. 지금은 세상에 대해 말하고 있는 상황이 아니었습니다. 만일 여기에서 세상에 온갖 종류의 사람들이 있음을 말하는 것이라면, 그것은 전적으로 불필요한 말이 될 것입니다. 왜냐하면 모든 사람이 그것을 알기 때문입니다. 모든 사람이 다 아는 것을 굳이 말할 필요가 어디에 있겠습니까? 이와 같이 교회는 하나님의 집으로서, 위대한 인격적 존재에게 속한 큰 집입니다. 하나님은 "내가 그들 가운데 거하며 그들 가운데 행하리라"라고 약속하셨습니다. 교회는 주님이 경배를 받으시는 성전이며, 그가 통치하는 왕궁입니다. 교회는 그의 진리를 수호하는 성(城)이며, 그가 그의 백성들에게 병기를 공급하는 병기고입니다. 교회는 하나님이 거하시는 하나님의 큰 집입니다. "이는 내가 영원히 쉴 곳이라 내가 여기 거주할 것은 이를 원하였음이로다"(시 132:14). 교회는 그의 사랑이 머무는 곳이며, 그가 무한한 낮추심으로 스스로를 나타내시는 곳입니다. 솔로몬 왕은 자신을 위해 레바논 숲에다 집을 건축했습니다. 그러나 주님은 산 돌들로 지어진 훨씬 더 영광스러운 집을 가지고 계십니다. 그것이 큰 집인 것은 그것이 크신 하나님의 집이기 때문입니다. 누가 하나님만큼 클 수 있단 말입니까?

또 그것이 큰 집인 것은 그것이 거대한 **규모**로 계획되고 설계되었기 때문입니다. 나는 그 집에 살고 있는 사람들 가운데 많은 사람들이 그것이 얼마나 큰 집인지에 대해 아무런 개념도 갖고 있지 못한 것이 심히 유감스럽습니다. 그들은 그것의 길이와 넓이에 대해 매우 희미한 개념밖에는 가지고 있지 않습니다. 하나님의 생각은 그들의 생각을 훨씬 초월합니다. "이는 내 생각이 너희의 생각과 다르며 내 길은 너희의 길과 다름이니라 여호와의 말씀이니라"(사 55:8). 만왕의 왕의 집은 무한히 장엄하며, 그 넓이와 크기가 지상의 모든 왕들의 거처보다 훨씬 더 뛰어납니다. 우리는 네로의 황금 궁전이 이쪽 산에서 저쪽 산까지 이르렀으며 그 안에 호수들과 강과 정원들이 포함되어 있었다는 이야기를 듣습니다. 그러나 보십시오. 하나님은 당신의 은혜의 손길을 나라와 열방과 땅끝까지 펼치셨습니다. 그의 집은 마치 빗자루로 쓸어 담듯이 인류를 쓸어 담습니다. 그 집에는 수많은 방들이 있습니다. 오직 자신이 태어난 방에서만 살면서, 그 큰 집의 다른 부분에 대해서는 한 번도 보지 못한 사람들이 얼마나 많습니까? 그들은 경이로운 복도들과 하나님이 백향목으로 지으신 거대한 홀들과 천상의 기교로 세공된 각종 세공품들을 한 번도 보지 못했습니다. 너무도 많은 사람들이 은혜로 다듬어진 반짝이는 기둥들의 긴 행렬을 거의 보지 못합니다. 하나님의 사랑과 지혜의 기념비인 천국의 기둥들 말입니다. 하나님의 계획은 너무도 거대합니다. 하나님의 교회는 그의 무한한 지혜의 결과입니다. 천사들은 하나님의 장엄한 계획을 바라보며 즐거워합니다. 위대한 건축자가 자신의 작품을 펼치면서 그들로 하여금 자신의 완전한 계획의 모든 부분들을 보도록 하실 때, 그들은 놀람과 경탄으로 그를 찬미합니다. "깊도다 하나님의 지혜와 지식의 풍성함이여"(롬

11:33). 교회는 소수의 사람들이 비좁게 살아가는 좁은 움막이 결코 아닙니다. 그것은 여호와의 무한한 마음에 합당하며, 성육신한 하나님이신 예수 그리스도의 피에 합당하며, 영원히 복되신 성령의 권능에 합당한 큰 집입니다.

또 그것이 큰 집인 것은 그것이 큰 비용과 수고를 지불하고 세워졌기 때문입니다. 이 집이 세워지는데 들어간 비용이 무엇입니까? 그것은 모든 값을 초월하는 가장 값비싼 것입니다. 왜냐하면 그 집을 세우기 위해 하나님이 자신의 독생자를 주셨기 때문입니다. 하나님은 자신의 독생자를 주신 대가로 자신의 영원한 거처가 될 백성들을 구속하셨습니다. 솔로몬의 성전을 생각해 보십시오. 오늘날 그것은 완전히 파괴되어 황폐된 가운데 있지 않습니까? 그럼에도 불구하고 그것의 거대한 규모와 돌들의 정교한 배열을 바라보면서 사람들은 찬탄을 금치 못합니다. 그것은 얼마나 영광스럽습니까? 그 영광스러운 집을 세우기 위해 얼마나 많은 비용이 지불되었습니까? 그러나 하나님이 세우신 그의 영적 집을 생각해 보십시오. 죄성(罪性)으로 얼룩진 거친 돌들을 깎고 다듬어 세운 아름다운 집을 생각해 보십시오. 그 가운데 얼마나 많은 하나님의 수고와 기술과 기교가 투입되었겠습니까? 거기에 또 성령의 에너지가 얼마나 많이 투입되었겠습니까? 부활의 능력은 또 어떠합니까? 우리의 본성은 화강암보다 더 단단했습니다. 그런 우리를 하나님이 깎고 다듬어 하나님의 처소로 함께 세워지도록 만드셨습니다. 하나님의 전능하신 능력과 무한히 부요하신 사랑이 그의 교회 안에 나타난 것으로 인해, 그의 은혜의 영광을 찬미합시다. 우리의 눈이 마침내 완전한 아름다움으로 하늘로부터 내려오는 하나님의 교회를 볼 때, 그 길이와 넓이와 높이가 정확하게 같은 것을 볼 때, 그 기초가 하나님의 영원한 계획 위에 놓이고 그 성벽이 영원한 영광의 첨탑(尖塔)과 함께 세워지는 것을 볼 때, 열방의 모든 영광과 존귀를 담을 만한 충분한 넓이와 그 경이로운 규모를 볼 때 — 우리는 자신을 위해 이 큰 집을 지으신 만왕의 왕의 부요와 권능과 영광을 바라보며 기쁨으로 외치게 될 것입니다.

또 그것이 큰 집인 것은 그 집의 살림이 거대한 규모로 행해지기 때문입니다. 지방의 부유한 영주(領主)를 생각해 보십시오. 그는 항상 자기 집을 "큰 집"(the great house)이라고 부릅니다. 그 큰 집에서는 소와 양과 육축까지도 살이 찌며 아무도 굶주리지 않습니다. 솔로몬은 큰 집을 유지했습니다. 솔로몬의 식탁에 오른 양식의 목록을 읽어 보십시오. 그러면 여러분은 그것이 정말로 큰 집이었음을 깨닫게 될 것입니다. 그러나 질적으로든 양적으로든 솔로몬의 집은 그 풍성함에 있어 하나님의 큰 집과 비교될 수 없습니다. 고운 밀가루에 대해 말해 볼까요. 하나님은 우리에게 천사의 양식을 주셨습니다. 왕의 진미(珍味)에 대해 말해 볼까요? 하나님은 우리에게 기름진 골수와 잘 정제된 포도주를 주셨습니다. 주 예수 그리스도는 자신을 따르는 모든 자들을 위해 영원한 잔치를 베푸십니다. 만일 어떤 사람이 주린다면, 그것은 그의 몫이 부족하기 때문이 아닙니다. 만일 거기에 어떤 불평이 있다면, 그것은 고기가 풍성하게 공급되지 않기 때문이 아닙니다. 결코 그렇지 않습니다. 모든 사람에게 풍성한 고기와 포도주가 주어집니다. 다윗이 언약궤를 시온 산으로 옮기던 날 베풀었던 것처럼 말입니다. 그는 말합니다. "나의 친구들아 먹으라 나의 사랑하는 사람들아 많이 마시라"(아 5:1). 바로 이 시온 산에 주의 손이 머물 것이며, 그는 열방에 기름진 것들로 잔치를 베푸실 것입니다. 보십시오, 그의 육축과 모든 것들이 준비되었습니다. 그것은 큰 집입니다. 그 집에서 큰 죄인들이 풍성한 양식을 먹으며, 주의 선하심으로 채워집니다.

또 그것이 큰 집인 것은 거기 거하는 자들의 수가 많기 때문입니다. 가고 오는 모든 세대에 걸쳐 얼마나 많은 사람들이 그 집의 지붕 아래 살았습니까? 그들은 말합니다. "주여, 주는 모든 세대를 통해 우리의 거처가 되셨나이다." 하나님은 그의 백성들의 집이며, 그의 교회는 하나님의 집입니다. 오늘날에도 얼마나 많은 사람들이 거기에 살고 있습니까? 아는 무리들과 함께 장엄한 경배에 동참하는 것만이 우리의 기쁨은 아닙니다. 주님은 온 세상에 걸쳐 자기 백성을 가지고 계십니다. 설령 사람들이 서로를 향해 주의 이름이 아닌 다른 이름으로 일컬으며 이런저런 허물과 연약함으로 그 집을 다소 어수선하며 지저분하게 만든다 하더라도, 여전히 주의 백성들은 모두 한 교회입니다. 만일 그리스도가 그들 가운데 계시다면, 그들은 그에게 속합니다. 하늘과 땅에 있는 그의 모든 백성들이 그의 이름으로 일컬음을 받으며, 그들은 하나의 영적인 집을 이룹니다. 주의 자녀들은 얼마나 거대한 무리를 이룹니까? 그럼에도 불구하고 양식을 공급받지 못하는 사람은 단 한 사람도 없습니다. 교회는 아무라도 능히 셀 수 없는 큰 무리가 거하는 큰 집입니다.

또 그것이 큰 집인 것은 그 중요성 때문입니다. 사람들은 어떤 집이 그 전체 이웃들에 대해 특별한 관계를 갖고 있을 때 그 집을 "큰 집"이라고 부릅니다. 그

"큰 집"이 그 지역의 정치적 · 경제적 · 사회적인 일들의 중심이 됩니다. 교회가 큰 집인 것은 그곳이 하나님의 피난처이기 때문입니다. 그곳에서 하나님은 수고하고 무거운 짐 진 자들을 새롭게 하기 위해 빵과 포도주를 공급해 주며, 폭풍 가운데 길을 잃고 방황하는 여행자들을 환대(歡待)합니다. 또 교회는 하나님의 병원입니다. 하나님은 병든 자들을 그곳으로 데려오시고, 그들이 독수리처럼 새 힘으로 회복될 때까지 그곳에서 먹이시고 기르십니다. 또 교회는 하나님의 거대한 등대(燈臺)입니다. 하나님은 그곳으로부터 빛을 비추심으로 길을 잃고 방황하는 자들을 평안의 항구로 인도합니다. "온전히 아름다운 시온에서 하나님이 빛을 비추셨도다"(시 50:2). 또 교회는 하나님이 다스리는 보좌입니다. 마치 다윗 집의 보좌처럼 말입니다. 보십시오, 주께서 자기 왕을 그의 거룩한 산 시온에 세우셨습니다. 그리고 거기로부터 그의 홀의 능력이 땅끝까지 펼쳐집니다. 교회라는 이름의 큰 집은 열방에 진리를 가르치는 대학(大學)이며, 거룩한 신탁들이 보존되어 있는 도서관이며, 진리가 보관되어 있는 보고(寶庫)이며, 천국의 상속자들의 이름이 기록되어 있는 등기소입니다. 그것은 땅에서 뿐만 아니라 하늘에서도 중요합니다. 그 첨탑(尖塔)은 하늘을 찌릅니다. 그리고 그 안에 사다리가 있는데, 그 첫 계단은 땅에 닿아 있으며 그 마지막 계단은 하늘에 닿아 있습니다. 그리고 천사들이 계속해서 그 위에서 오르락내리락 합니다. 이와 같이 바울 사도는 교회를 "큰 집"이라는 상징으로 묘사합니다.

2. 둘째로, 이제 부엌으로 가서 천하게 쓰는 그릇들을 살펴보도록 합시다.

우리는 이제 그 큰 집 안으로 들어갈 것입니다. 그 집에 들어갈 때, 제일 먼저 눈에 띄는 것은 그 집 안에 모든 비품과 가재도구들이 충분하게 갖추어져 있다는 사실입니다. 본문은 먼저 우리로 하여금 천하게 쓰는 그릇들을 주목하도록 초청합니다. 그것은 일상적인 용도로 사용하기 위한 저급한 종류의 그릇들입니다. 여기에 나무로 만든 접시들과 사발들이 있습니다. 그리고 흙으로 빚어 만든 저급한 주전자들과 물병들과 다양한 그릇들이 있습니다. 어떤 이들은 이러한 저급한 그릇들이 저급한 수준의 그리스도인들, 다시 말해서 작은 은혜밖에는 받지 못하고 아직 덜 거룩하여진 그리스도인들을 상징하는 것이라고 생각합니다. 설령 신자들이 어떤 측면에서 땅에 속한 그릇들로 비유될 수 있다 하더라도, 나는 어떤 하나님의 자녀도 천하게 쓰는 그릇으로 간주될 수 없다고 감히 생각합니다. 더욱이 21절의 "이런 것"이 나무 그릇과 질그릇을 가리키는 것을 감안할 때, 그것들은 성도들을 나타내는 것일 수 없음이 분명합니다. 만일 그렇지 않다면, 바울은 우리에게 그런 것들로부터 스스로를 깨끗하게 하라고 결코 말하지 않았을 것입니다. 만일 어떤 사람이 하나님의 자녀라면, 설령 그의 영적 상태가 저급하다 하더라도, 우리의 임무는 그를 돌보며 회복시키기 위해 노력하면서 우리 자신도 그와 같이 시험에 들지 않도록 조심하는 것입니다. 반면 믿는 신자로부터 우리 자신을 깨끗하게 하라는 것은 결코 옳은 훈계일 수 없습니다. 뿐만 아니라 그러한 해석은 문맥 전체의 흐름과도 맞지 않습니다.

본문이 실제로 의미하는 것은 하나님의 교회 안에 천하게 쓰는 그릇, 다시 말해서 저급하며 일시적인 목적으로밖에는 사용될 수 없는 부적합한 사람들이 있다는 것입니다. 비록 교회 안에 있지만, 그러나 그들은 나무나 흙으로 만든 그릇과 같습니다. 그들은 그 집의 보화가 아닙니다. 그들은 특별한 용도에는 사용되지 않으며, 오랫동안 보관되지도 않습니다. 왜냐하면 그러한 그릇들은 하나님 보시기에 귀하지 않기 때문입니다. 바울은 우리에게 그들이 어떻게 거기에 있게 되었는지에 대해서는 말해주지 않습니다. 왜냐하면 그것은 그의 의도가 아니었기 때문입니다. 어떤 비유도 모든 것을 다 가르쳐주지는 않습니다. 어떤 사람들은 거짓과 허위로 하나님의 교회에 들어옵니다. 어떤 사람들은 무지(無知)로 들어오며, 어떤 사람들은 스스로 속아서 들어오며, 또 어떤 사람들은 흥분된 분위기에 이끌려 들어옵니다. 본문의 비유는 그들이 어떻게 교회 안에 들어오게 되었는지에 대해서는 말하지 않습니다. 다만 그들이 나무 그릇과 질그릇이라는 사실만 이야기합니다.

그들은 자신들이 지금 교회 안에 있다는 사실을 그다지 특별한 일로 생각하지 않습니다. 어떤 사람에게 있어 그가 교회의 한 지체가 되는 것은 결코 귀한 일이 아닙니다. 그를 구성하는 재료가 나무나 흙처럼 본질적으로 무가치한 것이라면 말입니다. 설령 사람들이 그를 사역자로 삼아 준다든지 혹은 집사로 뽑아 준다 하더라도, 그 직분은 그에게 있어 조금도 귀한 것이 아닙니다. 그가 만들어진 재료가 그 직분에 적합하지 않다면 말입니다. 그는 귀한 자리로 들어온 침입자입니다. 자신이 거기에 있는 것은 그에게 있어 그다지 귀한 일이 아닙니다. 잡초를 생각해 보십시오. 잡초에게 있어 그것이 정원의 가장 좋은 자리에서 자라는 것은 조금도 귀한 일이 아닙니다. 열매 맺지 못하는 무화과나무에게 있어 그 것이 포도원 가운데 가장 좋은 땅을 차지하고 있는 것은 조금도 귀한 일이 아닙니다. 사랑하는 형제들이여, 설령 여러분이 하나님의 교회 안에 있다 하더라도 그러나 참된 주의 백성이 아니라면, 여러분에게 있어 그곳에 있는 것은 결코 귀한 일이 아닙니다. 예수의 이름을 부르는 모든 자들에게 요구되는 조건 곧 모든 죄로부터 떠나라는 요구를 이행하지 않으면서 여전히 교회 안에 남아 있는 것은 결코 귀한 일이 아닙니다.

　　그러나 큰 집에 있는 그릇들은 설령 나무나 흙으로 만들어진 것이라 할지라도 나름대로의 용도가 있습니다. 이와 같이 하나님의 교회 안에 주 예수께서 자기 백성으로 인정하지는 않지만 그러나 어떤 임시적인 목적을 위해 사용될 사람들이 있습니다. 예컨대 집을 지을 동안 임시로 사용하는 비계(飛階)라든지, 배를 진수시킬 때까지 사용하는 버팀목이라든지, 들판의 임시 울타리 같은 것들 말입니다. 나는 교회 안에 있는 이런 사람들이 다른 사람들을 깨어 있도록 만드는 감시견(監視犬)이라든지 혹은 얼마나 강한지를 시험해 보기 위한 무거운 짐 같은 것으로 사용된다고 믿습니다. 교회 안에 싸우기를 좋아하는 사람들을 생각해 보십시오. 그런 사람들은 다른 그릇들을 문질러 닦는데 도움이 됩니다. 만일 그들이 없다면, 다른 그릇들은 편안하게 있는 가운데 녹이 슬게 될 것입니다.

　　교회는 지속적으로 외부 세상과 관계를 맺어야 합니다. 이런 경우 교회 안에 있는 세속적인 사람들은 그와 관련된 저급한 목적에 사용됩니다. 유다는 좋은 재정담당자였습니다. 왜냐하면 자신이 훔쳐가는 것보다 더 많은 돈을 비축했기 때문입니다. 요압은 다윗을 위한 좋은 용사였습니다. 결코 거룩한 사람은 아니었다 하더라도 말입니다. 신앙을 거짓으로 고백하는 사람들로 인해 복음이 거짓된 것이 되는 것은 아닙니다. 때로 그들이 어떤 말을 할 때, 하나님이 그 말을 축복하시기도 합니다. 지금 당장 케닝턴 공원에 가보십시오. 그러면 여러분은 길가에 어린 나무들이 줄지어 심어져 있는 것을 보게 될 것입니다. 아직 어린 나무들이 어떻게 쓰러지지 않고 서 있을 수 있을까요? 그 이유는 간단합니다. 몇 개의 막대기가 어린 나무들을 지탱해주기 때문입니다. 그것들은 죽은 나무토막에 불과하지만 그러나 살아 있는 나무를 지탱하는데 좋은 도움이 됩니다. 심지어 죽은 주일학교 교사조차도 그리스도인 아이들에게 실제적인 도움이 될 수 있습니다. 또 죽은(이름뿐인) 집사가 살아 있는 교회에 재정적인 도움이 될 수 있습니다. 그렇습니다. 죽은 설교자들도 있습니다. 그럼에도 불구하고 그들은 부엌의 빈 공간을 채우는데 도움이 됩니다. 그렇지만 그들은 얼마나 천하게 쓰는 그릇들입니까? 앞에서 이야기한 것처럼 단지 어린 나무를 지탱해주는 버팀목 같은 사람들은 얼마나 불행한 사람들입니까? 어린 나무가 자라 든든하게 뿌리를 내리면, 버팀목들은 즉시로 치워질 것입니다. 이와 같이 교회 안에 있는 거짓된 신앙고백자들 역시도 우리 주님 앞에서 나름대로의 용도가 있습니다. 큰 집의 종들은 일상의 허드렛일을 위해 잠시 동안 나무 그릇과 질그릇을 사용할 수 있습니다.

또 여기에서 한 가지 주목할 것이 있습니다. 그것은 나무 그릇과 질그릇은 주인이 사용하기 위한 것이 아니라는 사실입니다. 중요한 잔치가 베풀어질 때, 주인은 귀한 그릇들만을 사용합니다. "솔로몬 왕이 마시는 그릇은 다 금이요 레바논 나무 궁의 그릇들도 다 정금이라"(왕상 10:21). 솔로몬 왕이 그랬다면 하물며 만왕의 왕의 식탁 위에 질그릇이 놓이겠습니까? 그의 식탁에 초대받은 귀한 손님들이 나무 그릇에 담긴 음식을 먹게 되겠습니까? 이와 같이 거짓된 신앙고백자들은 단지 종들에게 사용될 뿐이지, 주인에게는 사용되지 않습니다. 그들은 천한 목적을 위해 사용됩니다. 그러나 주님이 자신의 영광을 나타내시는 날, 그들은 보이지 않을 것입니다. 위대한 주인은 만유를 다스립니다. 종들의 주인으로서 그리고 종들의 목적에 부응하는 동안, 그러한 그릇들도 주인에게 나름대로 용도가 있습니다. 그러나 개인적인 관계로서 왕의 식탁과 나무그릇 사이에는 아무 상관 없습니다. 그에게 포도주를 귀한 잔에 담아 드리지 않는다거나 혹은 음식을 고귀한 접시에 담아 드리지 않는 것은 그를 모독하는 것이 될 것입니다. 많은 그리스도인들이 교회에 다양한 방식으로 사용되면서도 정작 개인적인 섬김으로는 주 예수 그리스도께 드려지지 못하는 것은 얼마나 슬픈 일입니까? 은혜가 그들을 나무로부터 은으로, 그리고 흙으로부터 금으로 변화시키지 않는 한 그들에게는 아무런 분깃도 없습니다.

여기에서 어떤 그릇들이 천하게 사용되는 것은 그 재료가 천한 것이기 때문이라는 사실을 주목하십시오. 이와 같이 우리 모두는 본질적으로 천한 재료입니다. 그러므로 은혜가 우리를 은이나 금으로 만들어야만 합니다. 그렇지 않으면 주인은 우리를 사용할 수 없으며 또 교회 안에서의 우리의 용도는 귀한 것이 될 수 없습니다. 교회 안에 있는 나무 그릇들은 매우 쉽게 칼자국과 긁힘과 생채기가 납니다. 또 흙으로 만든 그릇들은 너무나 쉽게 깨집니다. 큰 집의 뒷마당에는 깨진 질그릇의 잔해들이 있습니다. 말하기 민망하지만, 우리 역시도 우리 모두를 슬프게 하는 많은 잔해들을 발견할 수 있습니다. 그 집에는 한때 번듯한 모습으로 있었지만, 그러나 시험이 다가옴으로 식탁에서 치워져 한순간 깨어져 버리고 만 그릇들이 있습니다. 다른 그릇들은 귀한 금속으로 만들어져 훨씬 더 강한 충격과 시험에도 끄떡없었지만, 그러나 이러한 그릇들은 흙으로 만들어짐으로써 한순간에 깨어져 버리고 만 것입니다. 이와 같이 큰 집의 뒷마당에는 깨어진 질그릇의 파편들이 쌓여 있는데, 이것은 예수 그리스도의 큰 집에도 역시 마찬가지입니다.

그러므로 이러한 천하게 쓰는 그릇들은 종들의 입장에서 많은 주의를 필요로 합니다. 옛 사람들이 나무 그릇을 사용하여 음식을 먹곤 했을 때, 그들은 그러한 그릇들을 씻는다든지 혹은 끓는 물에 소독하는 등의 일에 너무나 많은 시간을 소요했습니다. 이와 같이 교회의 지체들 가운데에도 어느 정도 신앙의 모양을 갖추기까지 목사와 장로의 돌봄과 수고와 시간을 너무나 많이 빼앗는 사람들이 있습니다. 또 항상 가정 안에 다툼이 끊이지 않는 사람들도 있습니다. 이런 사람들도 동료 그리스도인들의 많은 돌봄과 살핌과 수고를 필요로 합니다. 그렇게 하지 않으면 그들은 신앙생활에 있어 금방 느슨해지고 실족하게 됩니다. 그러므로 우리는 그러한 그릇들을 수시로 씻고, 문질러 닦고, 끓는 물에 소독해야 합니다. 어떤 종류의 질그릇들은 매우 조심스럽게 다루어야 합니다. 그들은 질그릇이라기보다 차라리 계란 껍질로 만든 그릇이라고 하는 것이 더 나을 것입니다. 감사하게도 우리 교회에는 그런 사람들이 거의 없습니다. 적어도 내가 다루는 것과 관련해서 말입니다. 그러나 다른 사람들이 다룰 때에는 이야기가 달라집니다. 또 어떤 질그릇들은 조심스럽게 다루지 않으면 쉽게 이가 빠지고 귀퉁이가 떨어져 나갑니다. 어떤 형제가 그들 앞에서 정중한 태도로 모자를 벗고 예의를 갖추지 않는다면, 그들은 즉시로 실족하고 넘어집니다. 그들은 스스로 상처를 받고, 업신여김을 당했다고 느낍니다. 아무도 그렇게 하지 않았음에도 불구하고 말입니다. 그들은 자신들의 품위 위에 서 있으며, 모든 사람들이 그것을 인정해 주기를 바랍니다. 이런 사람들은 매우 쉽게 이가 빠지고 귀퉁이가 떨어지는 질그릇입니다. 주님의 종들은 이들에 대해 더 많이 조심하며 더 많은 주의를 기울일 필요가 있습니다. 그들이 산산이 깨어짐으로 그들 안에 담겨 있는 모든 것이

엎질러지지 않게 하고자 한다면 말입니다.

모든 큰 집에는 그런 그릇들이 있게 마련입니다. 마찬가지로 우리 주님의 큰 집에도 그런 사람들이 적지 않게 있습니다. 그들은 어떤 지점까지는 유용합니다. 그러나 그들은 그 집에 아무런 존귀도 더하지 못합니다. 왜냐하면 어느 집에나 그런 것들이 흔히 있기 때문입니다. 심지어 초라한 움막에도 질그릇은 있습니다. 그들은 그 안에 아무런 즐거움이 없는 그릇입니다. 그들은 특별하지도 않고, 값비싸지도 않습니다. 우리 주님에게 나무 그릇과 질그릇이 많다고 해서 주님의 명성이 더 높아지는 것은 아닙니다. 왕의 존귀는 금이나 은으로 만든 값비싼 그릇들과 진귀한 보물들로부터 옵니다. 사람들은 이러한 값진 물건들에 대해 이렇게 말합니다. "금과 은으로 만든 진귀한 그릇들로 가득 찬 장식장 좀 봐, 식탁이 왕이 예비한 잔치의 광채로 번쩍이네." 참된 그리스도인들은 그리스도의 영광입니다. 그러나 거짓된 신앙고백자들은 고작해야 천하게 쓰는 그릇에 불과합니다. 가장 큰 질그릇보다 가장 작은 은 그릇이 훨씬 더 낫습니다. 마찬가지로 헛된 신앙고백자들 가운데 가장 큰 자보다 모든 성도들 가운데 가장 작은 자가 훨씬 더 낫습니다.

3. 셋째로, 장식장에 진열되어 있는 금이나 은으로 만든 귀한 그릇들을 살펴봅시다.

금 그릇과 은 그릇은 무엇보다도 견고한 금속으로 만든 그릇입니다. 그것들이 모두 귀한 것들입니다. 모두 동일한 가치를 갖는 것은 아니라 하더라도 말입니다. 그것들의 가치는 영구적이며 언제든지 불을 견딜 수 있다는 사실로부터 옵니다. 주님을 정말로 사랑하는 참된 그리스도인들에게는 나무 그릇이나 질그릇과는 다른 어떤 것이 있습니다. 만일 여러분이 금 그릇과 은 그릇을 들어본다면, 여러분은 그것과 나무나 혹은 흙으로 만든 그릇과의 차이를 알게 될 것입니다. 심지어 그런 그릇들을 좋아하지 않는 자들조차도 다음과 같이 말할 수밖에 없게 됩니다. "이것은 정말로 값지고 귀한 진품입니다." 만일 주께서 우리를 신적 은혜로 그와 같이 만들지 않는다면, 우리는 결코 금 그릇과 은 그릇이 될 수 없습니다. 질그릇은 있는 그대로 만들어집니다. 어떤 옹기장이라도 그것을 만들 수 있습니다. 나무 그릇 역시 마찬가지입니다. 나무 그릇 제조자는 쉽게 나무를 깎아 접시나 종지 따위를 금방 만듭니다. 그러나 금이나 은으로 그릇을 만들 때는 훨씬 더 많은 시간과 노력이 들어갑니다. 광맥을 찾아야 하며, 광부들이 광석을 캐내야 하며, 풀무에 연단해야 하며, 그것으로 그릇을 만들어야 합니다. 거기에는 많은 수고와 기교가 들어갑니다. 예수 그리스도께서 자기 손으로 직접 그러한 그릇들을 주조(鑄造)하며 만드십니다. 여러분은 어떻게 최고의 금 그릇이 만들어지는지 들어본 적이 있습니까? 잠깐 들어 보십시오. 그러면 알게 될 것입니다.

> "아! 내가 주님의 쓰심에 합당한 잔,
> 곧 황금 잔이라면!
> 그의 마음을 즐거움으로 가득 채우는
> 기쁨의 마심으로 부르르 떨리.
>
> * * * * *
>
> 가련하고 하찮으며 깨어지고 속된 것,
> 쓸모 없는 버려진 것이 그렇게 말하였다.
> 주께서 들으시고 그 길로 지나가실 때,
> 구부려 상처난 손으로 그것을 만지셨도다.
> 보라! 그 저급함이 사라지고 대신에
> 놀랍도록 아름다운 황금 성배(聖杯)가 서 있도다.
> 그가 사랑의 손으로 그 잔을 들어
> 그의 아름다운 입술에 대고
> 그의 마음을 즐겁게 만드는 포도주를 마시도다.
> 그리고 그 잔을 하늘로 가져가셨도다."

　　여러분은 귀한 그릇 위에 인(印)이 찍혀 있는 것을 볼 수 있을 것입니다. 주의 순전한 금 그릇을 나타내는 인은 무엇입니까? 그에게는 오직 하나의 인만이 있을 뿐입니다. 그가 기초를 놓았을 때 그 위에 찍은 인은 무엇이었습니까? "그러나 하나님의 견고한 터는 섰으니 인침이 있어 일렀으되 주께서 자기 백성을 아신다 하며 또 주의 이름을 부르는 자마다 불의에서 떠날지어다 하였느니라"(딤후 2:19). 이것이 위대한 왕이신 하나님이 기초석 위에 찍으신 인이었습니다. 우리는 여기에서 그것을 발견합니까? 그렇습니다. 우리는 여기에서 그것을 발견합니다. "그러므로 누구든지 이런 것에서 자기를 깨끗하게 하면 귀히 쓰는 그릇이 될 것이라"(21절). 금이나 은으로 만든 그릇은 모든 죄로부터 떠나야 합니다. 바로 이것이 그들의 참된 성품의 증표입니다. 진실로 주의 소유된 사람은 세상의 공공연한 죄로부터 뿐만 아니라 그리스도인의 일반적인 죄로부터도 스스로를 깨끗하게 하기를 추구합니다. 그는 나무 그릇과 질그릇이 기뻐하는 죄로부터 깨끗하게 되고자 노력합니다. 그는 내적으로 그리고 외적으로 청결하게 되기를 원합니다. 그는 완전하게 되기를 열망하며, 모든 죄를 정복하고자 매일같이 노력하며, 자신의 주님을 섬기고자 모든 힘을 다해 분투합니다. 그는 아름다운 외모를 갖는 것으로 만족하지 않습니다. 그는 최고로 정결하며 견고한 그릇이 됨으로써 최고의 목적에 합당한 그릇이 되기를 소망합니다. 이와 같이 정결을 추구하는 것이 왕의 금 그릇과 은 그릇의 인(印)입니다.

본문 가운데 "누구든지 이런 것에서 자기를 깨끗하게 하면"이란 구절을 주목하십시오. 주님은 그들이 누구든지 간에 더러운 그릇은 사용하지 않습니다. 그는 오직 깨끗한 자들만 사용하실 것입니다. 그는 자신의 참된 백성들을 앞에서 이야기한 것처럼 전체적인 죄로부터 뿐만 아니라 교리적인 오류와 어그러진 마음을 가진 자들과 교제하는 것으로부터도 깨끗하게 하십니다. 우리는 후메내오와 빌레도로부터 깨끗하여져야 하며, 헛된 비방과 수군거림으로부터도 깨끗해져야 합니다. 나는 많은 그리스도인들이 명백한 오류를 가르치는 자들과 교제함으로써 큰 해를 당하는 것을 볼 때 참으로 안타까운 마음을 금할 수 없습니다. 만일 우리가 그리스도의 진리를 진척시키는 일에 쓰임받고자 한다면, 먼저 우리 자신이 올바른 진리를 붙잡고 있어야 합니다. 만일 우리가 오만한 자들과 합세하여 성전의 기둥들이 흔들리게 만든다면, 우리는 다른 사람들의 죄에 동참하는 것이 됩니다. 우리는 이러한 일에 깨끗해야 합니다.

또 금 그릇과 은 그릇은 깨끗하게 되어야 할 뿐만 아니라 또한 잘 보관되어야 한다는 사실을 주목하십시오. 그러한 그릇들은 주인의 쓰심에 합당해야 합니다. 왕 자신 외에는 어느 누구도 그러한 그릇들로 먹거나 마셔서는 안 됩니다. 다음과 같이 노래할 수 있는 것은 하나님의 자녀의 축복입니다.

"나는 오직 주의 것이나이다.
나는 이것을 기쁘게 고백하나이다.

그리고 나의 모든 일과 행로 가운데
오직 주의 칭찬을 구하나이다. "

　요셉이 오직 자신만이 사용할 수 있는 잔을 가졌던 것처럼, 하나님은 자기 백성들을 오직 자신만이 사용하는 특별한 보화로 취하십니다. 형제들이여, 나는 가장 미천한 하나님의 자녀에게 사용되는 것조차도 영예로운 일로 여깁니다. 왜냐하면 그렇게 함으로써 그의 주인 자신을 섬기는 것이 되기 때문입니다. 하나님에 의해 사용되는 것은 얼마나 놀라운 일입니까? 이것이야말로 우리 존재의 궁극적인 목적에 합치되는 것입니다. 만일 여러분이 하나님이 여러분을 사용하셨다고 느낄 수 있다면, 진실로 기뻐하고 또 기뻐하십시오. 무엇보다도 자기중심주의로부터 깨끗하게 되지 못함으로 인해 주님이 많이 사용할 수 없는 그리스도인들이 있습니다. 그들은 오직 자신의 존귀와 영광만을 바라봅니다. 주님은 이기적인 목표와는 아무런 관계도 맺지 않으실 것입니다. 어떤 사람들은 자신을 신뢰합니다. 그들은 너무나 자주 "나"를 내세웁니다. 주님은 그런 사람들을 사용하지 않으실 것입니다. 주님은 우리의 강함을 취하지 않으시고 약함을 취하십니다. 만일 우리가 큰 자라면, 주님은 우리를 그냥 지나치시고 작은 자를 취하여 사용하실 것입니다. 주님은 교만한 자를 사용하실 수 없습니다.

　만일 주께서 그들에게 작은 성공을 주신다면, 그것은 도리어 그들에게 위험한 일이 됩니다. 그들의 가련한 머리는 요란하게 돌아가기 시작합니다. 그리고 그들은 주님이 자신들 없이는 아무 일도 할 수 없다고 생각합니다. 또 그들에게 약간의 격려가 주어져 보십시오. 그들은 즉시 스스로 대단한 사람인줄 착각하고 모든 사람들이 자신들 앞에 엎드려 절할 것을 기대합니다. 하나님은 그런 사람들을 사용하지 않으실 것입니다. 또 자신의 식탁 위에 어떤 형태로든 더러운 그릇들을 놓지 않으실 것입니다. 이와 같이 하나님이 사용하는 그릇은 깨끗해야 합니다. 사람이 목회자로서 혹은 주일학교 교사로서 사역할 수 있습니다. 그러나 만일 그가 어떤 은밀한 죄를 행하고 있다면, 그는 형통할 수 없습니다. 하나님이 그를 존귀하게 하는 것은 가능하지 않습니다. 잠시 동안 어느 정도 성공을 거두는 일은 있을 수 있습니다. 하나님은 사람의 어떠함과 상관 없이 진리 그 자체를 사용하실 수 있습니다. 그러나 그 사람 자신은 주님에게 쓰임을 받을 수 없습니다. 또 작은 은혜와 영적 궁핍으로 만족하는 것 역시 많은 사람들을 하나님의 쓰심에 합당치 못하게 만듭니다. 만일 하나님이 우리로부터 갈한 자들에게 흘러넘치게 하려면, 먼저 우리가 가득 차 있어야 합니다. 만일 우리가 다른 사람들의 어둠에 빛을 비추려면, 먼저 우리가 하나님의 빛으로 가득 차 있어야 합니다. 우리는 하나님이 우리에게 나타내지 않은 것을 세상에 나타낼 수 없습니다.

거룩한 성품과 하나님과의 거룩한 교제를 위해서, 우리는 주인의 쓰심에 합당한 금 그릇이 되어야 합니다. 그리고 그럴 때 우리는 본문처럼 하나님께 완전하게 거룩하여진 자들로서 모든 선한 일에 준비된 자들이 될 것입니다. 그리고 이렇게 준비된 자가 될 때, 우리는 귀한 그릇이 될 것입니다. 사람들이 우리를 대수롭지 않게 여길는지 모르지만, 그러나 하나님이 우리를 귀하게 여기신다면 그것이 무슨 상관이겠습니까? 이러한 고귀한 은혜는 우리에게 고난과 시련의 대가를 요구합니다. 그렇지만 금은 마땅히 불로써 연단되어야만 하는 것이 아닙니까? 도둑이라면 당연히 나무 그릇이나 질그릇을 탐내지 않고, 오직 금 그릇과 은 그릇을 탐낼 것입니다. 그와 같이 우리는 다른 사람들보다 더 큰 유혹과 더 큰 박해에 노출될 것을 예상해야 합니다. 더 많은 은혜는 더 많은 시련을 포함합니다. 그러나 그럴 때, 우리는 하나님을 더 많이 영화롭게 하는 기쁨을 얻게 될 것입니다. 사랑하는 성도들이여, 귀하게 쓰는 그릇이 되기를 열망하십시오. 여러분은 그리스도인이라는 이름을 가졌으며, 성 삼위일체의 거룩한 이름으로 세례를 받았으며, 지금까지 도덕적인 성품을 계속해서 지녀왔습니다. 그러나 여러분을 구성하고 있는 내적 재료가 정말로 금과 은인지 되돌아보십시오. 여러분이 정말로 주님 자신이 특별하게 쓰시기 위해 준비되었는지 생각해 보십시오. 제단 위에 놓인 그릇들처럼 스스로를 그리스도께 성별하십시오. 세상이 여러분을 그릇으로 사용하여 먹고 마시도록 내버려 두지 마십시오. 마치 벨사살이 예루살렘으로부터 탈취한 보배로운 그릇들로 먹고 마셨던 것처럼 말입니다. 주께서 여러분을 더러운 그릇이 되지 않도록 지키시고, 항상 그 앞에 깨끗하고 성별된 그릇이 되도록 은혜를 베푸시기를 기원합니다.

4. 넷째로, 이제 그 집의 주인에 대해 이야기하도록 합시다.
여기에 자기가 쓰기에 합당한 그릇들을 가지고 있는 주인이 등장합니다. 이것은 첫 번째로 그가 그 집 안에 있음을 보여줍니다. 만일 그가 그 집에 없다면, 자기가 쓰기에 합당한 그릇들을 보관하고 있는 것은 아무 쓸모 없는 일이 될 것입니다. 이와 같이 하나님은 그의 내주하시는 성령으로 말미암아 자기 교회 가운데 계십니다. 그렇기 때문에 우리는 그의 쓰심을 위해 깨끗하게 되고, 거룩하게 되고, 준비될 필요가 있습니다. 여러분의 주인은 멀리 떨어져 계시지 않습니다. 그는 교회 가운데 계시겠다고 약속하셨습니다. "볼지어다 내가 세상 끝날까지 너희와 항상 함께 있으리라"(마 28:20). 그렇다면 여러분은 어떤 사람이 되어야 하겠습니까?

두 번째로, 그 주인은 그 집의 모든 것을 알며, 모든 그릇들의 귀하고 천함을 안다는 사실을 기억하십시오. 나무 그릇을 가지고 금 그릇이라고 속일 수 없습니다. 그는 그것이 금이 아니라는 사실을 압니다. 또 질그릇에다가 금박을 입혔다 하더라도 마찬가지입니다. 그는 그것이 금이 아니라는 사실을 압니다. 그는 여기에 앉아 있는 모든 사람들의 마음을 아십니다. 주님은 우리가 나무나 흙인지 혹은 금이나 은인지 통찰하고 계십니다.

세 번째로, 주님은 우리가 그의 쓰심에 합당할 때 우리를 사용하실 것임을 기억하십시오. 우리는 하나님의 집 안에 있습니다. 그렇지만 만일 우리가 나무 그릇이라면, 그는 우리를 나무 그릇에 합당한 용도로 사용하실 것입니다. 세상에 나무 그릇과 같은 설교자들이 얼마나 많습니까? 만일 우리가 질그릇처럼 흙으로 만들어진 마음을 가지고 있다면, 그는 우리를 질그릇에 합당한 용도로 사용하실 것입니다. 돈궤를 맡았지만 그러나 은혜는 없었던 가룟 유다처럼 말입니다. 만일 여러분이 은 그릇이라면, 그는 여러분을 은 그릇에 합당한 용도로 사용하실 것입니다. 또 만일 여러분이 금 그릇이라면, 그는 여러분을 금 그릇에 합당한 용도로 사용하실 것입니다. 그러면 여러분의 봉사는 금과 같은 봉사가 될 것이며, 여러분은 행복하며 존귀하며 축복된 자가 될 것입니다.

마지막으로, 본문은 우리에게 스스로를 깨끗하게 하도록 분발할 것을 촉구합니다. 본문 가운데 바울이 "그러므로 누구든지 이런 것에서 자기를 깨끗하게 하면"이라고 말하지 않습니까? 그것은 우리 각자에게 악한 무리로부터 스스로를 깨끗하게 하는 임무를 개별적으로 부여합니다. 그러나 그러한 책임을 고백하면서 동시에 우리는 기도로 하나님께 나아가야 합니다. 그리고 온전히 깨끗하게 되는 것은 우리가 이룰 수 없는 일이라는 사실을 깨닫고 이렇게 부르짖어야 합니다. "오 하나님, 종을 씻으시고 거룩하게 하소서. 그래서 주님의 쓰심에 합당하게 만드시고 모든 선한 일에 준비함이 되게 하소서."

사랑하는 자들이여, 진지한 마음으로 기도하십시오. 하나님께 외식하는 자가 되지 않게 해 달라고 기도하십시오. 항상 하나님의 살펴주심과 지켜주심을 구하십시오. 그래서 스스로 속이는 자가 되지 않게 해 달라고 구하십시오. 만일 여러분에게 자신이 하나님의 것이라는 확신이 있다면, 단순한 은이 아니라 그보다 훨씬 더 귀한 금이 되게 해 달라고 기도하십시오. 은은 쉽게 그 빛을 잃지만, 금은 최악의 상황에서도 그 빛을 잃지 않습니다. 우리 모두가 아무것도 섞이지 않은 순전한 정금이 되기를 소원합니다. 그래서 주께서 그의 기쁘신 뜻대로 우리를 마음껏 사용하시기를 소원합니다. 우리의 사랑과 믿음이 그를 기쁘시게 하기를 소원합니다. 그의 기쁨이 우리 안에 충만하고 그럼으로써 우리의 기쁨이 충만하게 되기를 소원합니다. 하나님이 예수 그리스도로 인해 우리 모두에게 이와 같은 은혜를 베푸시기를 기원합니다.

제
10
장

—

경건의 모양과 경건의 능력

—

"경건의 모양은 있으나 경건의 능력은 부인하니
이같은 자들에게서 네가 돌아서라" — 딤후 3:5

바울은 우리에게 마지막 때에 나타날 특별한 풍조들에 대해 경고합니다. 그러한 풍조들의 목록은 참으로 두렵고 끔찍합니다. 그러한 풍조들은 물론 다른 시대에서도 나타났었습니다. 그러나 바울의 경고를 통해 우리는 그러한 것들이 마지막 때에 이전의 어느 세대보다 더 광범위하고 보편적으로 나타날 것을 알 수 있습니다. "사람들이 자기를 사랑하며 돈을 사랑하며 자랑하며 교만하며 비방하며 부모를 거역하며 감사하지 아니하며 거룩하지 아니하며 무정하며 원통함을 풀지 아니하며 모함하며 절제하지 못하며 사나우며 선한 것을 좋아하지 아니하며 배신하며 조급하며 자만하며 쾌락을 사랑하기를 하나님 사랑하는 것보다 더하며"(2-4절).

이러한 풍조들은 마지막 때에 마치 파리 떼처럼 한꺼번에 몰려올 것이며, 그럼으로써 그때를 정말로 위험한 때로 만들 것입니다. 오늘날 우리는 그때를 향해 점점 더 가까이 다가가고 있습니다. 특별히 이들이 교회 안에 있는 자들이라는 사실은 우리를 더욱 고통스럽게 만듭니다. 그렇지만 그것은 사실입니다. 왜냐하면 암울한 목록의 말미에 그들을 일컬어 "경건의 모양은 있으나 경건의 능력은 부인하는" 자들이라고 표현하고 있기 때문입니다.

바울은 미래를 장밋빛으로 색칠하지 않습니다. 그는 황금시대의 부드러운 혀를 가진 선지자가 아니었습니다. 세상이 점점 더 나아지다가 마침내 천년왕국이 될 것이라고 낙관적으로 생각하는 사람들이 있습니다. 그러나 그들의 낙관적인 생각은 서지 못할 것입니다. 왜냐하면 성경이 그러한 생각에 대한 견고한 기초를 제공해주지 않기 때문입니다. 우리는 만왕의 왕이 없이는 천년왕국도 없을 것이며, 의로우신 주님의 나타나심이 없이는 의의 통치 역시 없을 것이라고 믿습니다. 우리 주님의 두 번째 강림을 제외해 놓고 생각할 때, 세상은 점점 더 천년왕국을 향해 나아가기보다 오히려 점점 더 복마전으로 치닫는 경향이 있습니다.

내가 볼 때 성경이 제시하는 신적 개입이야말로 참되면서도 또한 유일한 소망입니다. 우리는 모든 것이 점점 더 어두워지는 것을 바라봅니다. 인간의 상태는 영적인 측면에서 점점 더 나빠져 갑니다. 이러한 사실을 우리는 13절을 통해 더욱 분명하게 알 수 있습니다. "악한 사람들과 속이는 자들은 더욱 악하여져서 속이기도 하고 속기도 하나니." 기독교회 안에 그리고 그 주변에 신자(信者)라고 고백하지만 그러나 실제로는 불신자들과, 경건한 사람들과 함께 섞여 있는 불경건한 사람들과, 경건의 모양은 있으나 경건의 능력은 부인하는 사람들이 계속해서 일어날 것입니다. 우리는 오늘날의 시대를 암울한 시대로 부를 수 있습니다. 그러나 그러한 암울함은 계속해서 짙어져 갈 것입니다.

우리의 영혼을 덮고 있는 이러한 암울한 구름과 함께, 이제 우리는 본문 속으로 들어가 그것을 주의 깊게 살피고자 합니다. 성령께서 우리를 도우시기를 기원합니다. 참된 종교는 본질적으로 영적인 것이지만, 그러나 그것은 필연적으로 어떤 모양(form)를 띱니다. 인간은 영적인 피조물이지만, 그러나 인간의 영은 그것이 담겨지는 몸을 필요로 합니다. 이러한 필요에 의해 우리는 육체적인 존재가 되는 것입니다. 설령 우리가 "절반은 흙이요 절반은 신(神)"은 아니라 하더라도, 분명 우리는 물질이면서 동시에 영혼입니다.

이와 같이 우리 안에는 '모양(form)으로서의 몸'과 '능력(power)으로서의 영혼'이 있습니다. 이것은 종교의 경우도 마찬가지입니다. 그것은 본질적으로 영적인 것이지만 그러나 그것이 구체화되기 위해서는 어떤 모양 혹은 형식(form)을 요구합니다. 그리스도인들은 자신들의 신앙을 나타냄에 있어 특별한 외적 형식을 갖게 됩니다. 그러한 외적 형식이 참된 경건에 대하여 갖는 관계는 마치 몸이 영혼에 대하여 갖는 관계와 같습니다. 형식은 유용합니다. 형식은 필요합니다. 형식은 활성화되어야 합니다. 마치 몸이 유용하고, 필요하며, 영혼에 의해 활성화되어야 하는 것처럼 말입니다. 만일 여러분이 하나님의 말씀 안에서 정형화되는 형식(form)과 하나님의 성령으로 말미암아 주어지는 능력(power)을 가지고 있다면, 여러분은 살아 있는 그리스도인입니다. 만일 여러분이 형식은 없이 오로지 능력만 가지고 있다면, 여러분은 스스로를 불구가 되게 만드는 것입니다. 반대로 능력은 없이 형식만 가지고 있다면, 여러분은 영적인 죽음 속에서 살고 있는 것입니다. 영혼이 없는 몸은 죽은 것입니다. 그러면 육체의 죽음 뒤에 무엇이 따릅니까? 썩음과 부패 아닙니까? 그것은 얼마나 끔찍하며 보기 흉한 것입니까?

그래서 사람들은 "나의 죽은 몸을 보이지 않게 장사하라"라고 부르짖지 않습니까? 이와 같이 종교에 있어 생명은 없이 몸만 있다면, 그것은 곧바로 썩어 부패하며 그 모든 형질이 해체되게 됩니다. 마귀의 본질은 성결을 상실한 천사입니다. 가룟 유다도 본래 사도였습니다. 외적인 모양(form)이 아무리 뛰어나다 하더라도 그 안에 내적인 생명이 없다면 그것은 하늘 아래 가장 흉한 모습으로 썩습니다. 여러분은 이 시대가 "위험한 때"라고 일컬어지는 것에 대해 조금도 놀랄 필요가 없습니다. 왜냐하면 그러한 사람들이 너무도 많기 때문입니다. 한 사람의 유다조차도 오늘날의 가련한 세상이 감당하기에는 너무도 무겁습니다. 하물며 수많은 유다가 있다면, 그것은 얼마나 위험한 일이겠습니까? 이와 같이 종교의 본질은 없이 그 그림자만 갖고 있는 것은 참으로 두렵고 위험한 일입니다. 그런 사람들에 대해 이 시간 단호히 말하고 싶습니다. 하나님의 은혜로 그러한 것으로부터 돌이키십시오. 우리 가운데 아무도 "바람에 실려 가는 물 없는 구름"이 되지 않기를 바랍니다. 그러나 만일 우리가 경건의 능력은 없이 단지 경건의 모양만 가진다면, 우리는 정말로 물 없는 구름이 될 것입니다. 나는 오늘의 주제를 비장한 마음으로 다루고자 합니다. 하나님의 말씀으로 하여금 사람의 마음의 생각과 계획을 살피는 것이 되도록 만드시는 성령의 도우심을 구하면서 말입니다.

여기에서 나는 첫째로 경건의 모양은 가지고 있지만 그 능력은 부인하는 사람들에 대해 말하고, 둘째로 그들의 어리석음에 대해 말할 것입니다. 그리고 난 후 결론으로 몇 가지 교훈을 함께 살펴보고자 합니다.

1. 첫째로, 경건의 모양은 가지고 있지만 그러나 그 능력은 부인하는 사람들에 대해 이야기해 보도록 합시다.

그들은 경건의 모양(form)은 가지고 있지만 그러나 그 능력(power)은 부인합니다. 여기에서 그들이 가지고 있는 것과 가지고 있지 않은 것을 주목해 보십시오. 그들은 경건의 모양을 가지고 있었습니다. 경건의 모양이 무엇입니까? 그것은 무엇보다도 종교의 각종 규례들에 주의를 기울이는 것입니다. 성경에 근거한 종교적 규례들은 극소수이며 매우 단순합니다. 거기에는 신자가 그리스도와 함께 장사되고 새 생명으로 다시 일어나는 것을 상징하는 세례가 있습니다. 또 그리스도의 피와 살을 공급받는 것을 상징하는 주의 만찬이 있습니다. 이러한 두 가지 규례를 순종한 자들은 그들 자신의 인격 안에서 경건의 모양을 나타낸 것입니다. 이러한 경건의 모양은 그 자신에게 감동을 줄 뿐만 아니라 다른 사람들에게도 여러 가지 방식으로 교훈을 줍니다. 세례를 받고 성찬을 행하는 자들은 경건과 은혜 가운데 거하는 자들입니다. 그러나 세례와 성찬 그 어느 것도 경건과 은혜를 확증하지는 않습니다. 그 영혼 속에 하나님의 생명과 거룩함과 경건이 없음에도 불구하고 그러한 규례들이 행해질 수 있습니다. 우리 주변에 세례를 받았음에도 불구하고 여전히 세속적인 사람들과, 성찬에 참여하고 돌아가서는 즉시로 마귀의 잔에 참여하는 자들이 얼마든지 있을 수 있습니다. 그런 일이 종종 있는 것은 참으로 슬픈 일입니다. 그런 사람들은 거짓과 허위와 신성모독의 죄책을 가집니다. 매 안식일마다 우리 옆에 그런 사람들이 앉아 있는 것은 얼마나 슬픈 일입니까?

경건의 모양은 하나님의 백성들의 집회에 참예하는 것을 포함합니다. 그리스도를 구주로 고백하는 자들은 특정한 시간에 예배를 위해 모여 함께 기도하며 함께 찬송을 부릅니다. 그들은 하나님이 자신의 말씀을 전파하도록 부르신 그의 종들로부터 하나님의 증언을 듣습니다. 그들은 또한 서로 돕고 또 훈련을 받을 목적으로 그리스도 안에서 함께 연합하여 교제합니다. 이것은 매우 합당한 형식(form)이며, 단순한 형식으로 전락되지만 않는다면 교회와 세상에 큰 축복이 됩니다. 사람은 홀로 천국에 갈 수 있습니다. 그러나 동료 형제 자매들과 함께 여행하는 것이 훨씬 더 나을 것입니다. 그리스도의 백성들은 무리를 지어 다니기를 좋아하는 양 떼로 부름을 받았습니다. 개는 혼자서도 잘 다니지만, 양은 무리를 지어 다닙니다. 그리스도의 양들은 같은 목자 안에서 함께 있는 것과 선한 목자의 뒤를 무리를 지어 따르는 것을 좋아합니다. 예배와 교제와 거룩한 일을 위해 계속적으로 연합하는 자들은 경건의 모양(form)을 가지고 있는 것입니다. 그러한 경건의 모양은 매우 유용하며 합당한 것이지만, 그러나 만일 거기에 성령의 능력이 없다면 그것은 아무 가치 없는 것이 됩니다.

　　어떤 사람들은 한 걸음 더 나아가 종교적인 좌담회라든지 강연회 같은 자리를 활용합니다. 그들은 기독교 단체에서 하나님의 일들을 기탄없이 말합니다. 그들은 성경의 교리들을 옹호할 수 있으며, 성경의 교훈들을 변론할 수 있으며, 신자의 경험을 이야기할 수 있습니다. 그들은 교회 안에서 일어나고 있는 일들에 대해 이야기하기를 좋아합니다. 그들에게 있어 예루살렘 거리에서 말하며 이야기하는 것은 큰 즐거움입니다. 그들이 사용하는 말 속에는 경건한 표현들이 포함되며, 경건의 맛을 풍깁니다. 나는 이런 사람들을 결코 비하하지 않습니다. 도리어 그리스도인들 사이에 거룩한 대화가 더 많이 있기를 바랍니다. 나는 다음과 같은 옛 습관이 오늘날 다시 회복되기를 바랍니다. "여호와를 경외하는 자들이 피차에 말하매"(말 3:16). 거룩한 대화는 사람의 마음을 뜨겁게 만들며, 우리로 하여금 영광스러운 교제의 달콤한 맛을 느끼도록 만들어 줍니다. 그러나 자칫 거기에는 마치 예전에 상한 고기의 역겨운 맛을 없애기 위해 사용했던 향신료의 맛과 같은 것이 있을 수 있습니다. 마음의 내적인 깊은 샘으로부터 솟아오르는 것이 아니라 단순히 외적인 입술로부터 흘러나오는 신앙은 영생하도록 솟아나는 생수가 아닙니다. 은혜의 마음이 결여된 입술의 경건은 가증스러운 것입니다.

　　또 어떤 사람들은 종교적인 활동에 의해 지탱되는 경건의 모양을 가지고 있습니다. 사람에게 있어 영적 능력에 대해서는 아무것도 알지 못한 채 다만 외적인 교회 일에만 분주한 것은 충분히 가능한 일입니다. 어떤 사람은 거듭남에 대해 아무것도 알지 못하면서도 뛰어난 주일학교 교사가 될 수 있습니다. 또 어떤 사람은 마음에 역사하는 진리의 성령의 신비한 능력에 대해 아무것도 알지 못하면서도 유창한 설교자가 될 수 있습니다. 봉사에 있어 마르다처럼 되는 것은 너무도 쉬운 일입니다. 그녀에게 있어 한 가지 빠진 것이 있었는데, 그것은 마리아처럼 주님 발 앞에 앉아 말씀을 듣는 것이었습니다. 우리가 우리의 직분이 요구하는 모든 일을 행했다고 합시다. 그렇다 할지라도 우리는 단지 경건의 모양만을 나타낸 것에 불과합니다. 만일 주님으로부터 말씀을 들으면서 그의 임재 가운데 능력을 끌어내지 않는다면, 우리는 소리나는 구리와 울리는 꽹과리가 될 것입니다. 형제들이여, 나는 지금 비장한 마음으로 나 자신을 포함한 모든 사람들에게 말하고 있습니다. 만일 많이 말하며 후히 나누어주며 열심히 봉사하는 것으로 천국을 얻을 수 있다면, 우리는 쉽게 천국을 확보할 수 있을 것입니다. 그러나 그러한 것들보다도 더 필요한 것이 한 가지 있다는 사실을 우리는 잊어서는 안 됩니다. 오늘의 설교에서 가장 중요한 요점은 바로 이것입니다. 우리는 자칫 주님을 위해 열심히 수고하는 가운데 마음으로 '그 경고는 나에게 해당되지 않아'라고 생각할 수 있습니다. 열심히 일하며 수고하는 형제여, "그런즉 선 줄로 생각하는 자는 넘어질까 조심하라"는 말씀을 기억하십시오(고전 10:12). 만일 여러분 가운데 어떤 사람이 오늘의 설교가 마음에 들지 않는다면, 바로 그러한 사실이 여러분에게 정말로 필요한 것이 무엇인지를 분명하게 보여줍니다. 스스로를 기꺼이 통찰하고자 하지 않는 자는 바로 그와 같은 마음으로 스스로를 정죄하는 것입니다. 만일 여러분이 옳다면, 여러분은 저울에 달리는 것에 대해 반대하지 않을 것입니다. 설령 여러분이 정말로 정금이라 하더라도, 여러분은 여전히 풀무를 바라보며 근심스러운 마음을 느낄지언정 그 불을 바라보며 화를 내지는 않을 것입니다. 여러분의 기도는 항상 다음과 같아야 합니다. "하나님이여 나를 살피사 내 마음을 아시며 나를 시험하사 내 뜻을 아옵소서 내게 무슨 악한 행위가 있나 보시고 나를 영원한 길로 인도하소서"(시 139:23, 24).

나는 더 이상 논의를 확장시킬 필요를 느끼지 않습니다. 왜냐하면 여러분 모두가 경건의 모양이 무엇인지 알며, 여기에 참석한 우리 대부분이 그러한 모양을 굳게 붙잡고 있기 때문입니다. 그러나 우리는 그러한 경건의 모양을 성경과 온전히 일치시키도록 노력해야 합니다. 그리고 나는 여러분이 그렇게 하는 것에 큰 관심을 기울이고 있음을 믿습니다. 초대교회 성도들처럼 말입니다. 우리 주님을 닮은 고귀한 그리스도인이 됩시다. 외적인 모양에만 집착하면서 내적인 생명은 소홀히 여기는 사람이 되지 맙시다. 사람 자신은 죽게 내버려 두면서 오직 그의 옷만을 위해 다투는 사람이 되어서야 되겠습니까?

그러면 사람이 어떻게 경건의 능력은 갖지 못한 채 단지 그 모양만 갖기에 이르게 된 것일까요? 이러한 질문에 대해 우리는 몇 가지로 대답할 수 있습니다.

어떤 사람들은 **조상으로부터 물려받는** 방식으로 경건의 모양을 갖게 됩니다. 그들의 조상들은 하나님을 잘 섬기는 경건한 백성들이었습니다. 그래서 그들은 자연스럽게 조상들의 신앙고백을 그대로 이어받게 됩니다. 이것은 신앙이 이어지는 통상적인 방식이며, 올바로 이루어지는 한 가장 칭찬할 만한 것입니다. 자녀가 부모의 신앙을 이어받는 것은 큰 은혜입니다. 우리는 우리가 주님 앞에서 추구했던 것들을 우리 자녀들도 똑같이 그렇게 할 것을 소망하며 기대할 수 있습니다. 만일 우리 자녀들이 하나님의 진리를 따라 행하지 않는다면, 우리는 얼마나 슬프며 불행하겠습니까? 그럼에도 불구하고 단지 믿는 부모로부터 태어났다는 이유만으로 교회의 지체가 되는 것은 비성경적이며 위험한 생각입니다. 만일 어떤 자녀가 단지 그 부모가 신자라는 이유로 교회 안으로 받아들여진다면, 이것은 성경이 묘사하는 하나님의 자녀의 정의와 명백하게 불일치합니다. "이는 혈통으로나 육정으로나 사람의 뜻으로 나지 아니하고 오직 하나님께로부터 난 자들이니라"(요 1:13). 그리스도인을 만드는 것은 탄생이 아니라 중생입니다. 자신의 신앙의 계보를 스무 대에 걸쳐 추적해 올라갈 수 있다고 하여 그리스도인이 되는 것은 아닙니다. 여러분 자신이 거듭나야 합니다. 사람이 거듭나지 않으면, 그는 하나님의 나라를 볼 수 없습니다. 많은 사람들이 '혈연의 줄'이라는 경건의 모양을 붙잡습니다. 그러나 그것은 보잘것없는 줄입니다. 아브라함의 아들 이스마엘과 이삭의 아들 에서와 다윗의 아들 압살롬을 생각해 보십시오. 은혜는 혈통을 따라 흐르지 않습니다. 만일 여러분이 세상의 혈통보다 더 나은 기초를 갖지 못한다면, 여러분은 여전히 불행한 상태 속에 있는 것입니다.

또 권위와 영향력의 힘으로 경건의 모양을 받아들인 자들도 있습니다. 어떤 경건한 인물의 제자가 되는 남자들과 신앙적인 선생의 지도 아래 놓인 여자들을 생각해 보십시오. 그들은 자라면서 훌륭한 지식과 성품을 가진 사람의 영향력 아래 있게 되며, 그로 인해 경건의 모양을 갖게 됩니다. 많은 사람들은 환경에 의해 만들어집니다. 그들에게 있어 신앙적인 사람이 되느냐 혹은 불신앙적인 사람이 되느냐 하는 것은 환경의 결과입니다. 그런 사람들이 그리스도에 대한 믿음을 고백하게 되는 것은 다른 사람들이 그렇게 하고 또 친구들이 그들로 하여금 그렇게 하도록 권고하기 때문입니다. 그들에게 있어 스스로의 마음을 깊이 통찰하는 것은 간과됩니다. 그들은 좁은 문을 두드림이 없이 그냥 하나님의 백성들 가운데 하나로 헤아림을 입게 됩니다. 나는 경건한 친구들에 의해 구주께로 인도함을 받는 것에 대해 아무도 스스로를 정죄하지 않기를 바랍니다. 실제로 전혀 그렇지 않습니다. 그러나 그럼에도 불구하고 우리에게 있어 개인적인 회개와 개인적인 믿음은 결여된 채 단지 다른 사람들의 생각에 기대는 것으로 만족하는 것은 매우 위험합니다.

또 사람과의 관계 때문에 경건의 모양을 취하는 경우도 있습니다. 많은 경우 사랑과 결혼이 경건의 모양을 취하도록 이끌기도 합니다. 마음은 결여된 채 말입니다. 어떤 남자는 신실한 그리스도인 아내를 얻을 목적으로 신앙을 고백하도록 인도됩니다. 미래의 아내로 하여금 믿지 않는 자와 멍에를 함께 하지 말라는 그녀의 주님의 명령을 깨뜨리도록 하지 않기 위해서 말입니다. 이것은 거룩한 신앙고백을 오용(誤用)하는 것입니다. 그런가 하면 또 다른 종류의 사람과의 관계가 어떤 사람을 실제로는 믿지 않음에도 불구하고 사람들 앞에서 신앙을 고백하고 보이는 교회로 들어오도록 만드는 경우도 있습니다. 내가 지금 이 말을 하는 것은 여러분으로 하여금 어떻게 경건의 모양을 취하게 되었는지 정직하게 돌아보도록 하기 위함입니다.

또 어떤 사람들은 천부적인 종교성으로부터 경건의 모양을 취합니다. 회심하지 않은 모든 사람들이 종교성이 없다고 생각하지 마십시오. 이교도들 가운데에도 많은 종교성이 있으며, 민족들 가운데 천부적으로 다른 민족보다 더 많은 종교성을 가지고 있는 민족도 있습니다. 독일인들은 그들의 심오한 철학과 함께 미신으로부터 뿐만 아니라 종교로부터도 다소 자유로운 경향이 있습니다. 반면 러시아인들은 미신적이라고까지는 말할 수 없어도 천부적으로 종교적입니다. 나는 지금 사람의 예를 따라 말하고 있는 중입니다. 일반적인 러시아인들은 거룩한 장소라든지 성직자라든지 심지어 성화(聖畵) 앞에서조차 모자를 벗습니다. 그들은 불신앙적인 성향이나 혹은 종교를 조롱하는 태도를 거의 갖고 있지 않습니다. 우리는 우리 주변에서도 이와 비슷한 차이점을 발견할 수 있습니다. 어떤 사람은 회의론자들에 의해 쉽게 설득을 당합니다. 그런가 하면 또 어떤 사람은 다른 사람이 무슨 말을 하든 쉽게 믿습니다. 어떤 사람은 종교적인 성향이 많은 반면 또 어떤 사람은 종교적인 성향이 거의 없습니다. 이와 같이 어떤 사람들은 자신이 가진 천부적인 종교성으로부터 경건의 모양을 취합니다. 그들은 하나님께 예배드리는 장소에 참예하지 않거나 혹은 자신이 예수 그리스도를 믿는 신자들 가운데 한 사람으로 간주되지 않는 한 결코 행복할 수 없습니다. 그들은 종교 주위에 머물러 있어야만 합니다. 설령 그것을 자신들 삶의 주된 일로 받아들이지는 않는다 하더라도 말입니다. 그렇지만 인간의 타락한 본성으로부터 솟아오르는 것이 도대체 얼마나 가치가 있는 것인지 생각해 보십시오. 그것이 어떻게 사람을 하나님의 나라로 이끌 수 있겠습니까? 육으로 난 것은 육일 뿐이지 않습니까? 오로지 성령으로 난 것만이 영이 아닙니까? 예수께서도 "너희가 거듭나야 하리라"라고 말씀하지 않으셨습니까? 농부가 씨를 뿌리지 않은 밭에서 나는 모든 것을 경계하십시오. 그것은 결국 가라지가 아니겠습니까? 사랑하는 형제들이여, 하나님이 우리를 불로 시험할 날이 올 것입니다. 그 날에 거듭나지 않은 본성으로부터 나오는 것은 그 시험을 통과하지 못하고 불에 완전히 살라질 것입니다.

　또 어떤 사람들은 경건의 모양을 취하는 것이 사람들에 의해 좋은 평판을 받기 때문에 그것을 취합니다. 특별히 오늘날과 같은 시대에는 더욱 그렇습니다. 그리스도인이 되는 것이 비방을 당하며 옥에 갇히며 심지어 화형에 처해지는 것을 의미했던 시대를 생각해 보십시오. 그런 시대에는 외식하는 자들이 거의 없을 것입니다. 왜냐하면 믿음의 대가가 너무나 크기 때문입니다. 그런 시대에는 도리어 유다의 역할을 자청하는 이들이 많을 것입니다. 그러나 오늘날 종교는 아름다운 화관을 쓰고 있습니다. 심지어 어떤 계층의 사람들 사이에서는, 신앙을 고백하지 않는 사람이 다른 사람들에 의해 고운 시선을 받지 못하기도 합니다. 그래서 그들은 기꺼이 그리스도인이라는 이름을 취하며, 종교를 자기를 치장하는 화려한 옷의 일부로 삼습니다. 오늘날 많은 사람들이 십자가 목걸이를 하고 다닙니다. 우리 구주의 수치와 죽음의 도구였다는 사실은 잊혀지고, 그 대신에 그것은 불경건한 사람이 자신을 꾸미는 화려한 보석 장식물이 됩니다. 이것은 이 시대의 허위와 거짓을 보여주지 않습니까? 위선적인 경건으로 사람들 사이에서 좋은 평판을 얻으려는 태도를 경계하십시오. 마음이 담기지 않은 신앙 고백으로 얻어지는 명예는 하나님이 보실 때 가장 큰 불명예입니다. 연극배우가 가짜 왕관을 쓰고 뽐내며 걸을는지 모릅니다. 그러나 연극이 끝날 때, 그는 왕관과 왕복을 벗어야만 합니다. 그러고 나서 그는 어떻게 될까요?

　가룟 유다의 때로부터 오늘날에 이르기까지, 어떤 사람들은 그것으로부터 무엇인가를 얻기 위해 경건의 모양을 취했습니다. 경건으로부터 어떤 이득을 취하고자 하는 것은 그 멸망의 아들을 흉내 내는 것입니다. 이것은 매우 위험한 일임에도 불구하고 많은 사람들이 그렇게 하기 위해 자신들의 영혼을 겁니다. 하나님을 위한 열정처럼 보이지만 실제로는 황금을 위한 열정일 수 있습니다. 막시

밀리안 황제는 우상 숭배에 대한 장렬한 증오심을 나타내면서, 금이나 은으로 만든 모든 형상들을 불살라 녹여 버리라는 칙령을 반포했습니다. 그는 이 일에 극도의 열심을 품고 있었습니다. 형상들은 모두 불살라 녹아졌으며, 모든 금과 은은 황제에게 귀속되었습니다. 이 위대한 우상 파괴자가 정말로 순수한 동기로 그렇게 했는지 의심스럽습니다. 어떤 일이 사람에게 실제적인 이득을 가져다 줄 때, 그 일을 강력하게 추진하는 것은 조금도 어렵지 않습니다. 어떤 사람은 교회의 재정을 개인적으로 활용할 목적으로 교회의 일에 열심을 품습니다. 이런 종류의 경건을 경계하십시오.

한 가지만 더 이야기하겠습니다. 어떤 사람들은 경건의 모양이 자신의 양심을 편안하게 해주기 때문에 그것을 취합니다. 그들은 성전에서 기도했던 바리새인처럼 자신들이 다른 사람들과 같지 않음으로 인해 하나님께 감사를 드립니다. 그들은 교회에 참석하여 예배의 의무를 다합니다. 이제 그들은 양심의 거리낌 없이 그들의 일상적인 일로 나아갈 수 있습니다. 만일 예배의 의무를 다하지 않았다면, 양심의 찔림을 받았을 텐데 말입니다. 이러한 사람들은 회심했다고 고백하며, 신자들 가운데 하나로 헤아림을 받습니다. 그러나 불행하게도 그들은 신자들 가운데 있지 않습니다. 모든 사람들 가운데 이런 부류의 사람들이 구원에 이르기 가장 어려운 사람들입니다. 그들은 명목적인 종교의 보루(堡壘) 뒤에 숨습니다. 그들은 복음의 사정거리 밖에 있습니다. 그들은 죄인들 가운데 있지 않으며, 스스로 성도들 가운데 장막을 칩니다. 그들은 스스로 생명을 가졌노라고 자임하지만, 그러나 그것은 성령에 의해 부여된 새 생명이 아닙니다.

이와 같이 나는 많은 사람들이 경건의 모양을 갖게 되는 계기와 이유를 살펴보았습니다.

이제 그들이 갖고 있지 않은 것을 살펴보도록 합시다. 그들은 경건의 "모양"(form)은 가지고 있었지만, 그러나 그 "능력"(power)은 부인했습니다. 그 능력이 무엇입니까? 하나님 자신이 그 능력입니다. 성령이 그 생명이며 그 힘입니다. 경건은 사람을 하나님께로 이끌며 그분에게로 묶는 능력입니다. 경건은 하나님을 향해 회개하게 하며 그분을 믿게 만드는 능력입니다. 경건은 하나님을 향해 마음을 변화시킨 결과입니다. 경건은 하나님을 바라보며, 하나님과 멀리 떨어져 있음을 애통해합니다. 경건은 하나님께 더 가까이 나아가도록 재촉하며, 하나님과 함께 안식할 때까지 결코 쉬지 못합니다. 경건은 사람을 하나님처럼 만듭니다. 경건은 사람으로 하여금 하나님을 사랑하며 섬기도록 이끕니다. 경건은 사람의 눈앞에 하나님을 경외하는 마음을, 그리고 그 마음속에 하나님을 사랑하는 마음을 가져다줍니다. 경건은 사람을 거룩하게 하며, 하나님을 향해 집중하도록 이끕니다. 경건한 사람은 먼저 하나님의 나라와 그의 의를 구하며, 그럴 때 다른 것들이 더해질 것이라고 기대합니다. 경건은 사람을 하나님과 교제하게 만들면서 동시에 그로 하여금 하나님의 영광스러운 계획 안에서 하나님의 동역자가 되게 만듭니다. 그리고 이를 통해 그로 하여금 영원히 하나님과 함께 거하도록 준비시킵니다. 그러나 안타깝게도 경건의 모양을 가지고 있는 많은 사람들이 이러한 능력에 대하여 알지 못한 채 세속적인 신앙 가운데 기계적으로 기도합니다. 참된 경건은 영적인 능력 안에 놓여 있으며, 이것이 없는 자들은 살았으나 죽은 자들입니다.

이러한 능력을 가지고 있지 못한 사람들의 일반적인 경로는 무엇입니까? 그들의 경로는 일반적으로 다음과 같습니다. 그들은 그 능력을 부인하는 것으로부터 시작하지 않고, 그것 없이 살고자 노력하는 것으로부터 시작합니다. 그들은 기꺼이 교회의 지체가 됩니다. 그들은 자신들이 교회의 지체가 되기에 적합하지 않을 것을 염려하여 회심과 거듭남처럼 보이는 어떤 것을 찾습니다. 그들은 자신들이 변화되었노라고 스스로를 설득합니다. 그들은 거듭남과 믿음의 감정을 받아들입니다. 처음에 놋쇠를 금으로 간주하는 것은 어렵습니다. 그렇지만 계속해서 그렇다고 스스로를 설득하며 고집하면, 그렇게 하는 것은 점점 더 쉬워집니다. 그들은 회심과 중생을 가장하며 계속해서 앞으로 나아갑니다. 처음에는 자신이 정말로 참된 그리스도인인지 의심을 품기도 하지만, 그러나 그러한 의심을 쓸모없는 것으로 간주함으로써 모든 의심을 지속적으로 떨쳐 버립니다. 이렇게 하여 그들은 점진적으로 거짓을 믿게 됩니다.

다음 단계는 어렵지 않습니다 : 그들은 스스로를 속이면서 자신이 분명히 구원받았다고 믿기에 이릅니다. 그들은 영원을 위해 모든 것이 충분히 준비되었다고 상상합니다. 그들은 고요히 안심하며 자신들의 팔을 포갭니다. 경건한 백성들과 만날 때, 그들은 마치 자신들이 만왕의 왕 예수 그리스도의 참된 병사인 양 담대한 모양새와 말투를 취합니다. 경건한 백성들은 그들의 모습에 감동을 받고 즉시로 그들을 신뢰하게 됩니다. 이렇게 하여 그들은 다른 사람들을 속이면서 동시에 스스로의 거짓된 소망을 강화시킵니다. 그들은 진실한 그리스도인의 말투를 사용하면서, 가장 그럴듯한 어투로 '십볼렛'을 발음합니다.

그러다가 마침내 그들은 경건의 능력을 부인하는 단계까지 이르게 됩니다. 자신들이 그 능력을 가지고 있지 못하므로, 다른 사람들도 그럴 것이라고 상상합니다. 자신의 경우로부터 판단하여 모두가 그럴 것이라고 결론내리는 것입니다. 그들은 초자연적인 능력 없이도 그럭저럭 잘 지냅니다. 그러므로 다른 사람들도 그럴 것이라고 생각합니다.

그러다가 마침내 그들은 실제적으로 자신들의 삶 속에서 그 능력을 부인합니다. 그들을 보면서 그들을 그리스도인으로 받아들이는 사람들은 이렇게 말합니다. "거기에는 실제로 아무것도 없어. 왜냐하면 이 사람들은 우리와 같거든. 여기에 조금 페인트가 칠해져 있고 저기에 조금 니스가 칠해져 있을 뿐이지 결국 모든 것은 같은 나무야." 실질적으로 그들의 행동은 세상에다가 기독교에는 아무런 능력도 없다고 확증하는 꼴입니다. 그것은 단지 이름일 뿐입니다. 그리고 곧바로 그들은 마음속으로 은밀하게 모든 게 다 그렇고 그렇다고 생각하면서, 자신들이 생각하는 바와 부합하는 교리를 창안해 냅니다. 그리고 그들은 허물이 있는 그리스도인들을 바라보면서 스스로 이렇게 말합니다. "결국 믿음이란 게 그리 대단한 것이 아니야. 나는 이들 신자들 가운데 어느 누구 못지않게 선해. 아니, 어쩌면 내가 더 나을는지도 모르지. 설령 내 안에 성령의 역사 같은 것은 없다고 하더라도 말이야." 이와 같이 마음속으로 그들은 처음에는 감히 말하지 못하는 것을 믿게 됩니다.

그들은 결국 경건을 공허한 것으로 간주합니다. 많은 경우 이런 사람들은 우리의 거룩한 믿음에 나타나는 신적인 능력을 과감하게 부인하면서 마침내 십자가의 가장 큰 원수가 됩니다. 이렇게 하나님의 집에서 양육 받은 반역자들은 하나님의 진리에 대한 가장 악한 원수입니다. 그들은 한때 자신들이 고백했던 것을 비웃으며 조롱합니다. 그들은 그리스도의 곡식을 자신의 됫박으로 잽니다. 그들은 자신들이 장차 도래할 세상의 권능을 느끼지 못하기 때문에 다른 사람들도 역시 마찬가지일 것이라고 상상합니다.

오늘날의 교회를 보십시오. 특별히 진보주의자들을 보십시오. 그들 가운데 우리는 경건의 모양은 가지고 있지만 그러나 그 능력은 부인하는 설교자들을 보게 됩니다. 그들은 주 예수에 대해 말하지만, 그러나 그의 신성(神性)은 부인합니다. 바로 그 신성이 그의 능력인데 말입니다. 그들은 성령에 대해 말하지만,

그러나 그의 인격성은 부인합니다. 바로 거기에 그의 존재가 놓여 있는데 말입니다. 그들은 계시의 모든 교훈들로부터 그 핵심과 능력을 제거합니다. 여전히 그것들을 믿는 척하면서 말입니다. 그들은 구속(救贖, redemption)에 대해 말하지만, 그러나 그것의 핵심인 대속(代贖, substitution)은 부인합니다. 그들은 성경을 좋은 책으로 칭찬하지만, 그러나 그것의 무오성(無誤性)은 무인합니다. 바로 여기에 그것의 본질적인 가치가 있는데 말입니다. 그들은 정통적인 표현들을 사용하지만, 그러나 정통과 관련해서는 아무것도 믿지 않습니다. 나는 그들의 가르침과 영(靈) 가운데 어느 것을 더 혐오해야 할지 알지 못합니다. 분명 양자(兩者) 모두 너무도 혐오스러운 것입니다. 그들은 알맹이는 태워버리고 껍데기만 남겨 놓습니다. 그들은 진리를 죽이고서는 그 무덤에 경의를 표하는 척합니다. "보라 사탄의 회당 곧 자칭 유대인이라 하나 그렇지 아니하고 거짓말하는 자들 중에서 몇을 네게 주어"(계 3:9). 이 얼마나 혐오스러운 일입니까? 그러나 오늘날 악이 너무나 만연되어 있으며, 많은 하나님의 자녀들이 그들과 타협하고 있습니다. 그렇게 함으로써 그들은 하나님의 진리를 경멸하는 자들의 죄에 동참하면서 자신들의 주님을 팔고 있습니다. 이와 같이 경건의 모양은 있으나 그 능력은 부인하는 것이 오늘날 영국의 교회들을 파괴시키고 있는 이 시대의 죄입니다.

**2. 둘째로, 이러한 위선적인 행동의
어리석음에 대해 살펴보도록 합시다.**

첫 번째로, 그들은 그리스도의 이름을 더럽힙니다. 형제들이여, 경건에 있어 아무리 모양이 그럴듯하다 하더라도 거기에 능력이 없다면, 그것은 아무것도 아닙니다. 우리는 비 없는 구름을 원치 않습니다. 알맹이는 없이 겉만 번지르르한 것이 도대체 무슨 필요가 있겠습니까? 경건의 능력을 가지고 있지 못한 자들은 우리에게 종교의 해악을 일깨워줍니다. 그들은 우리 주님의 종교를 마치 시골 장마당의 어릿광대 쇼처럼 만듭니다. 겉모습은 화려하게 꾸미고 북을 치며 요란을 떨지만, 그 안에는 아무것도 없습니다. 그 쇼는 단지 껍데기일 뿐입니다. 은혜로 우신 주님, 부디 우리로 하여금 세상이 우리 구주를 허구로 가득 찬 판토마임의 연출자 외에 아무것도 아닌 것처럼 생각하게 만들도록 행동하지 말게 하소서. 형제 자매들이여, 여러분 자신이 껍데기가 아니라 실재가 되게 해 달라고 하나님께 간절히 기도하십시오. 모조품 보석이 아니라 진짜 보석 말입니다. 만일 여러분이 사람의 아들들로 하여금 신앙이 단지 허구적인 연기(演技)에 불과한 것처럼 느끼게 만든다면 그리고 그럼으로써 예수 그리스도의 이름이 더럽혀진다면, 여러분은 차라리 태어나지 않는 것이 더 나았을 것입니다.

또 그와 같은 죽은 모양(dead form)에는 아무런 가치도 없다는 사실을 주목하십시오. 여기에 또한 그것의 어리석음이 나타나지 않습니까? 경건의 능력 없는 경건의 모양은 아무짝에도 쓸모없는 것입니다. 모조품 보석을 생각해 보십시오. 얼마나 반짝이며 예쁩니까? 그러나 그것을 보석상에게 가져가 보십시오. 그는 그것에 대한 대가로 아무것도 주지 않을 것입니다. 이와 같이 마치 모조품 보석 같은 종교가 있습니다. 그것은 겉으로는 반짝이지만 그러나 진짜 금은 아닙니다. 그것의 정체가 드러나는 날, 여러분은 크게 실망할 것입니다. 거룩한 마음과 연결되지 않은 경건의 모양은 하나님께 아무런 가치도 없습니다. 나는 백조가 하나님의 제단에 제물로서 허락되지 않은 이유가 그 깃털은 눈처럼 희지만 그러나 그 피부는 검기 때문이라는 글을 읽은 적이 있습니다. 하나님은 내적인 불결은 가린 채 외적으로만 정결하게 보이는 것을 결코 받지 않으실 것입니다. 겉으로 드러나는 삶만 정결할 뿐 아니라 그 내적인 마음까지도 정결해야 합니다. 경건의 능력이 내부에서 역사해야 합니다. 그렇지 않으면 하나님이 우리를 받지 않으실 것입니다. 종교 안에 있는 죽은 모양(dead form)은 하나님에게나 사람에게나 아무 가치 없습니다.

또 단순한 형식주의 역시 아무 가치 없는 것입니다. 만일 여러분의 신앙 속에 영적 생명이 없다면, 그것이 도대체 무슨 소용이 있겠습니까? 죽은 말을 타고 집에 갈 수 있겠습니까? 죽은 개를 데리고 사냥을 나가겠습니까? 종이로 만든 투구를 쓰고 전쟁에 나가겠습니까? 칼이 머리 위로 떨어질 때, 그런 투구가 무슨 소용이 있겠습니까? 종이로 만든 칼을 든 병사를 생각해 보십시오. 도대체 어떻게 그가 전쟁터에서 고함을 지르며 적진을 향해 달려갈 수 있겠습니까? 거짓 신앙에 무슨 선한 것이 있겠습니까? 눈보라가 몰아치는 한겨울에 여러분은 물감으로 그린 불 앞에서 자기 몸을 녹일 수 있습니까? 여러분은 물감으로 그린 잔칫상으로 여러분의 주린 배를 채울 수 있습니까? 살아 있는 실체가 있어야만 합니다. 그렇지 않으면 모양(form)은 아무 쓸모 없는 것이 되고 맙니다. 아니, 단순히 쓸모 없는 정도가 아니라 그것보다 훨씬 더 나쁩니다. 왜냐하면 그것이 여러분을 스스로 속는 자리로 떨어지도록 이끌기 때문입니다.

　　뿐만 아니라 거기에는 아무런 위로도 없습니다. 능력(power) 없는 모양(form)은 그 안에 마음을 녹이는 것도 없으며, 영을 일으키는 것도 없으며, 병들었거나 혹은 죽을 때 마음을 강하게 하는 것도 없습니다. 하나님이여, 만일 나의 신앙이 단지 모양(form)일 뿐이라면, 요단 강 앞에서 내가 어떻게 할 것입니까? 그럴듯한 신앙고백은 모두 사라지고 아무것도 남지 않은 채 마지막 원수를 대하게 될 것입니다. 베드로는 위선자들을 "물 없는 샘"이라고 불렀습니다. 지금 여러분이 오랜 여행 중에 매우 목이 말라 있다고 상상해 보십시오. 그러다가 여러분은 샘을 발견합니다. 여러분은 얼마나 기쁘겠습니까? 샘 곁으로 달려가 보니 그 주위에 말고삐가 매여 있고 두레박이 있습니다. 여러분은 급히 물을 길어 올립니다. 그런데 웬 일입니까? 두레박이 빈 채로 올라옵니다. 여러분은 다시 시도합니다. 그런데 또다시 빈 두레박이 올라옵니다. 여러분은 얼마나 실망하겠습니까? 여러분의 마음은 얼마나 비통하겠습니까? 물 없는 샘은 가짜 샘입니다. 그것은 단지 사람을 조롱할 뿐입니다. 그것은 고작 멸망의 구덩이요, 헛된 미혹일 뿐입니다. 여러분은 단 한 방울의 위로도 주지 못하는 신앙을 가지고 있지 않습니까? 만일 그렇다면, 그러한 신앙은 여러분에게 도리어 멍에일 것입니다. 여러분은 마치 노예가 주인을 따르는 것처럼 그렇게 그리스도를 따릅니까? 그런 신앙으로부터 떠나십시오. 우리가 붙잡을 만한 가치가 있는 경건은 사람에게 큰 기쁨을 줍니다. 그것은 우리에게 있어 가장 귀한 것이며, 우리의 보화이며, 우리의 모든 것입니다. 우리는 유행이나 두려움 때문이 아니라 마음의 열망으로부터 나오는 뜨거운 사랑으로 그리스도를 따릅니다.

　　경건의 능력은 없이 단지 경건의 모양만 있을 때, 여러분의 신앙은 결코 일관적이며 불변한 것이 되지 못할 것입니다. 여러분은 아마도 신기루를 보지 못했을 것입니다. 그러나 동방을 여행한 사람들은 그것을 경험했을 것입니다. 매우 뜨겁고 건조한 날 여러분은 낙타를 타고 사막을 여행하고 있습니다. 갑자기 여러분 앞에 아름다운 광경이 나타납니다. 여러분 바로 앞에 강물이 출렁이며, 버드나무와 갈대가 일렁입니다. 그리고 그 건너편에 야자수와 오렌지 숲이 보입니다. 그리고 언덕 위에 도시가 솟아오르면서 곳곳에 뾰족한 첨탑들이 나타납니다. 여러분은 기뻐하며 안내인에게 빨리 강으로 가자고 재촉합니다. 그러나 안내인은 무뚝뚝하게 말합니다. "신경 쓰지 마세요. 저것은 신기루랍니다. 저쪽에는 뜨거운 모래 외에 아무것도 없습니다." 여러분은 그 말을 도무지 믿을 수가 없습니다. 그것은 너무나 실재처럼 보입니다. 그러나 보십시오. 그것은 갑자기 사라집니다. 마치 한밤중의 꿈처럼 말입니다. 경건의 능력은 없이 단지 경건의 모양 위에 세워진 소망 역시 이와 같습니다. 흰 개미는 나무상자의 구성요소들을 모두 갉아먹고 그 어설픈 모양만 남겨 놓습니다. 겉으로 보면 나무상자는 그대로 서 있는 것 같습니다. 그러나 손가락으로 슬쩍 건드려보면, 그 나무상자는 힘없이 쓰러지고 먼지만 남습니다. 이와 같이 그 실체와 본질은 다 갉아먹힌 나무상자와 같은 신앙을 조심하십시오. 그 위에 영원의 도장이 찍히지 않은 것은 아무것도 믿지 마십시오. 사랑하는 성도들이여, 스스로 거품을 만들지 마십시오. 햇빛이 그 거품을 무지갯빛으로 채색할는지 모르지만 그러나 한순간 터져버리고 아무것도 남지 않습니다.

또 이러한 종류의 신앙은 실제적으로 그리스도와 반대되는 것이라는 사실을 기억하십시오. 그것은 얀네와 얌브레의 잘못을 되풀이하는 것입니다. 또 위선적인 마술사 시몬은 오직 하나님께만 속하는 이적들을 자신도 행하고 싶어했습니다. 겉으로 볼 때 하나님이 행하시는 기사(奇事)와 비슷한 것을 행하는 것처럼 보일는지 모르지만, 그러나 그는 결국 실패하고 맙니다. 이와 같이 거짓된 자들은 참된 경건에 심각한 해를 끼칩니다. 에훗이 모압 왕 에글론에게 나아갈 때 그랬던 것처럼, 그들은 날선 검을 숨기고 은밀히 나아와 경건의 심장에 칼을 꽂습니다. 교회의 울타리 안에 있으면서 그러나 참된 생명은 가지고 있지 않은 자들보다 하나님의 교회에 더 큰 해를 끼치는 자들은 아무도 없습니다.

이와 같이 능력은 결여되고 오로지 이름뿐인 경건은 참으로 부끄러운 것입니다. 왜냐하면 주 예수께서 그것을 미워하시기 때문입니다. 예수 그리스도께서 잎만 무성하고 열매는 없는 무화과나무 곁을 지나가셨을 때, 그는 거기에서 참된 거룩함은 없이 겉모습만 그럴듯한 헛된 신자들의 모습을 보시고 "이제부터 네가 영원토록 열매를 맺지 못하리라"라고 말씀하셨습니다. 그러한 말씀으로 무화과나무는 즉시 말라버리고 말았는데, 이것은 거짓된 신앙 고백의 종말이 어떤 것인지를 보여주는 두려운 상징입니다. 그와 같이 열매 없는 혹은 생명 없는 신앙 고백은 영원한 나라에서 얼마나 부끄러울 것입니까? 마음에 감추어진 모든 것들이 온전히 드러나는 날 말입니다. 모든 거짓과 위선이 드러날 때, 그들 앞에 얼마나 큰 부끄러움과 영원한 수치가 기다리고 있겠습니까? 그들이 떨어질 지옥은 얼마나 두렵고 끔찍한 것입니까?

　　이제 몇 가지 **교훈의 말**을 덧붙이고자 합니다. 경건의 모양을 참으로 귀중한 것입니다. 경건의 능력을 가진 자들은 경건의 모양을 귀하게 여기고 그렇게 사용해야 합니다. 우리는 결코 경건의 모양을 대수롭지 않게 여기서는 안 됩니다. 앞으로 나아와 여러분의 신앙을 공개적으로 고백하십시오. 그러나 여러분에게 경건의 능력이 있는지 돌아보십시오. 부디 몸에 맞지 않는 옷을 입지 않게 해 달라고 하나님께 부르짖으십시오. 실제로 그리고 참으로 여러분의 것 이상으로 넘어가지 마십시오. 실제로 구원받지 못했으면서도 구원받았노라고 고백하는 것보다 차라리 잃어진 영혼으로 하나님께 가서 긍휼을 베풀어 달라고 부르짖는 것이 여러분에게 있어 훨씬 더 나을 것입니다. 여러분은 두려움 없이 그리스도를 고백합니다. 제자들의 나쁜 태도 때문에 그리스도 자신을 부끄러워하지 마십시오. 거짓 고백자들의 그릇된 모습을 여러분이 주를 위해 짊어져야 할 십자가의 일부로 간주하십시오. 이 땅에 있는 동안 그런 사람들과 관련을 맺는 것은 어느 정도 불가피합니다. 우리가 아무리 조심스럽게 사람들을 분별하며 선택한다 하더라도 말입니다.

　　나아가 본문은 우리에게 **스스로를 감찰**할 것을 교훈합니다. 본문이 직접적으로 말하지 않는 자들이 역설적으로 본문의 교훈을 자신에게 적용합니다. 설교가 끝나면 무슨 일이 벌어집니까? 내가 기쁘게 위로하려고 했던 사람들이 도리어 두려워 떨며 그 설교가 자신에게 해당된다고 확신합니다. 어떤 가련한 여인이 큰 슬픔 가운데 내게 나아와 부르짖습니다. "목사님, 저에게는 감동이 없습니다." 그러나 실상 그녀는 열 배의 감동을 가진 것입니다. 또 어떤 사람이 흐느끼며 말합니다. "내가 바로 그 위선자인 것이 분명합니다." 그러나 나는 지금까지 스스로 위선자라고 생각하는 위선자를 단 한 사람도 만나보지 못했으며, 앞으로도 만나보지 못할 것입니다. 또 다른 사람이 말합니다. "아, 저는 정죄를 당해 마땅합니다." 스스로 정죄당해 마땅하다고 느끼는 자는 죄 사함을 바랄 수 있습니다. 만일 여러분이 스스로를 걱정하면, 나는 여러분을 걱정하지 않습니다. 만일 여러분이 하나님의 말씀을 듣고 두려워 떤다면, 여러분은 하나님의 택하신 자라는 것에 대한 가장 확실한 표적을 갖고 있는 것입니다. 자신이 잘못했다고 두려워하는 자치고 실제로 잘못한 경우는 드뭅니다. 만일 여러분이 스스로를 감찰하며 또 하나님의 말씀이 여러분을 감찰하도록 맡긴다면, 여러분은 참으로 잘하고 있는 것입니다. 파산한 상인은 자신의 장부가 감찰되는 것을 두려워합니다. 그러나 정직한 상인은 심지어 비용을 지불하면서까지 회계사에게 자신의 장부를 감찰해 달라고 요청합니다.

스스로를 감찰하십시오. 그리고 아무 이유 없이 스스로를 정죄하지도 말고 또 자신은 해당되지 않는다고 생각하지도 마십시오. 만일 하나님의 성령이 여러분으로 하여금 죄에 대하여 은밀하게 애통하며 신적 은혜를 간구하도록 이끈다면, 만일 그가 여러분으로 하여금 거룩함을 추구하도록 이끈다면, 만일 그가 여러분으로 하여금 오직 예수 그리스도 한 분만을 믿도록 이끈다면 — 여러분은 경건의 능력을 가지고 있는 것이며 그것을 부인하지 않은 것입니다. 또 만일 여러분이 "나는 성령의 능력 이상의 것을 느꼈도다. 왜냐하면 그가 나를 위로하시고 거룩하게 하며 나로 하여금 이 땅에서 천국의 삶을 살도록 만들 수 있음을 알기 때문이라"라고 부르짖는다면, 여기의 본문도 여러분에게 해당되는 것이 아니고, 나의 설교 역시 여러분에게 해당되는 것이 아닙니다. 왜냐하면 여러분은 경건의 능력을 부인하지 않았기 때문입니다. 그렇습니다. 본문은 그런 사람들에게 해당되는 것이 아니라 전혀 다른 부류의 사람들에게 해당되는 것입니다.

마지막으로 여러분에게 한 가지 권고하고 싶은 것이 있습니다. 그것은 본문으로부터 경건 안에는 그것을 소유할 만한 특별한 무엇이 있다는 사실을 배우라는 것입니다. 경건의 "모양"이 전부가 아닙니다. 경건의 "능력"이 있습니다. 성령이 바로 그 능력입니다. 그는 여러분 안에서 역사하며, 여러분으로 하여금 하나님의 기쁘신 뜻을 행하도록 이끄십니다.

사랑하는 형제들이여, 예수 그리스도께 오십시오. 먼저 목사에게 오지도 말고, 먼저 교회로 오지도 마십시오. 오직 예수 그리스도께 오십시오. 그에게 와서 그의 발 앞에 엎드려 이렇게 말하십시오. "주여, 주께서 나를 위로하지 않는다면 나에게는 아무런 위로도 없을 것이나이다." 먼저 십자가에 달린 구주께 나아오십시오. 그리고 그로부터 모든 것을 취하십시오. 그러면 여러분은 경건의 능력을 알게 될 것입니다.

간접적인 신앙을 조심하십시오. 그것은 여러분을 하늘의 집으로 이끌지 못합니다. 여러분의 경건을 하늘로부터 직접적으로 얻으십시오. 여러분의 영혼이 여러분의 구주와 개인적으로 교통하는 가운데 말입니다. 오직 여러분이 소유하고 있는 것을 고백하십시오. 그리고 오직 위로부터 주어진 것 안에서 쉬십시오. 여러분의 하늘의 생명은 매우 미약할는지 모르지만, 그러나 겨자씨는 자랄 것입니다. 여러분은 이스라엘 가운데 가장 작은 자일는지 모릅니다. 그러나 그것이 바벨론에서 가장 큰 자가 되는 것보다 훨씬 더 낫습니다. 주께서 오늘의 설교를 축복하시고, 그의 성령으로 말미암아 각 사람에게 그 자신의 방법으로 적용하시기를 기원합니다. 여러분은 오늘 말씀을 약으로 만들 수도 있고, 독으로 만들 수도 있습니다. 하나님이 예수 그리스도로 인해 여러분 모두를 인도하시기를 기원합니다. 아멘.

제
11
장

—

주일학교와 성경

—

"또 어려서부터 성경을 알았나니 성경은 능히
너로 하여금 그리스도 예수 안에 있는 믿음으로 말미암아
구원에 이르는 지혜가 있게 하느니라" — 딤후 3:15

시대는 얼마나 놀랍도록 반복되는지! 과거와 똑같은 해악이 닥칠 때 우리는 그때와 똑같은 해결책을 적용해야만 합니다. 과거에 치명적인 화를 입힌 질병이 재발하였을 때 의사들은 전에 그 질병을 퇴치했던 의술을 의존합니다. 영적인 문제에서도 우리는 그와 같이 행해야 합니다.

바울 당시 거짓된 교리라는 말라리아가 퍼졌을 때 바울이 적용한 치료책을 우리는 살펴보아야 합니다. 일반적으로 아주 단순한 모든 것이 실제로 효과적이라는 사실에 우리는 주목해야 합니다. 과학이나 기술에서 하나의 발견이 이루어지면, 처음에 그 발견은 복잡하며, 그 때문에 불완전한 것이 사실이지만 점차 단순화되면서 완전히 개선됩니다. 영적인 문제도 마찬가지입니다. 영적인 세계에서 현재의 고통을 해결하기 위해 지혜로운 대책을 마련하자고 말하지 말고, 다만 바울 당시에 매우 효과적이었던 위대한 치료책을 사용하도록 합시다.

바울은 젊은 디모데에게 직접 복음을 가르쳤습니다. 바울은 디모데로 하여금 자신의 교리를 듣게 하였을 뿐 아니라 자신이 직접 그 교리를 실천하는 것을 그에게 보여주었습니다. 우리는 사람들에게 진리를 강요할 수 없으나 분명하고 명확하게 가르칠 수 있으며, 그 가르침과 일치된 우리의 삶을 보여줄 수 있습니

다. 진리와 거룩은 오류와 불의에 대한 가장 확실한 대책입니다. 사도는 디모데에게 "너는 배우고 확신한 일에 거하라 너는 네가 누구에게서 배운 것을 알며"(14절)라고 말하였습니다.

그리고 사도는 그 젊은 설교자에게 큰 도움이 되었던 또 하나의 효능 있는 치료책을 강조하였습니다. 그것은 말하자면, 그가 어려서부터 성경을 알았던 사실이었습니다. 성경을 아는 것은 어린 디모데에게 최고의 방어수단 중 하나였습니다. 그의 어린 시절의 훈련이 닻처럼 그를 붙들어 주었으며, 시대의 무서운 흐름으로부터 그를 구원해 주었습니다. 그래서 사도는 이 행복한 젊은이에게 "어려서부터 성경을 알았나니 성경은 능히 너로 하여금 그리스도 예수 안에 있는 믿음으로 말미암아 구원에 이르는 지혜가 있게 하느니라"고 말할 수 있었던 것입니다.

앞으로 있을 싸움을 준비하기 위하여 우리는 오직 복음을 전파하고 복음대로 살아야 합니다. 아울러 아이들에게 주님의 말씀을 가르쳐야 한다는 사실을 유념해야 합니다. 이 중에서도 특별히 마지막 사항에 유의해야 합니다. 왜냐하면 하나님은 어린아이와 젖먹이들의 입을 통하여 대적을 잠잠하게 하실 것이기 때문입니다. 사도의 전략을 유지하고 사도의 성공을 확신하십시오. 그리스도를 전하십시오. 때를 얻든지 못 얻든지 복음의 말씀을 전하십시오. 그리고 어린이들을 가르치십시오. 하나님께서 가라지로부터 자신의 밭을 보호하시는 방법 중에 하나가 일찍 씨를 뿌리는 것입니다.

1. 첫째로, 디모데 안에 나타난 하나님의 은혜의 역사는 조기 교육으로 시작되었습니다. "어려서부터 성경을 알았나니."

"어려서부터"라는 표현은 "아주 어려서부터"라고 해석하거나 개역 성경(Revised Version)처럼 "아기 때부터"라고 해석하는 것이 더 좋을 것입니다. 여기서 '어려서'(child)는 다 자란 아이나 청소년이 아니라 이제 막 유아기를 지난 아이를 의미합니다. 아주 어려서부터 디모데는 성경을 알았습니다. 의심할 여지없이 이 말씀은 아무리 어려도 우리 아이들에게 성경 지식을 능히 가르쳐 줄 수 있다는 사실을 보여줍니다. 우리가 사실을 인식하기 전에 아기들이 먼저 감동을 받습니다. 태어난 지 처음 몇 개월 동안에 아기는 우리가 상상하는 것보다 더 많은 것을 배웁니다. 아기는 곧 엄마의 사랑을 배우고, 자신의 의존 상태를 배우니다. 엄마가 지혜롭다면, 아기는 순종의 의미를 배우며, 또한 자신의 뜻을 버리고 한층 높은 뜻을 따라야 한다는 사실을 배웁니다. 이러한 배움이 아기가 앞으로 살아갈 기본 방침이 되는 것입니다.

이해력이 조금이라도 생기면 아이들은 곧바로 성경을 배울 수 있습니다. 많은 교사들로부터 들은 아주 놀라운 사실은 아이들이 다른 어떤 책보다도 성경에서 읽는 법을 더 잘 깨우친다는 사실입니다. 그 이유는 잘 모르겠습니다. 아마도 성경의 언어가 단순하기 때문일 것입니다. 나는 그렇다고 믿습니다. 아이들이 일반 역사에서 일어난 사건은 잊더라도 성경에 나타난 사실은 쫙 꿰고 있을 것입니다. 성경은 모든 세대의 인간들에게 적합한 내용을 담고 있으며, 따라서 아이들에게 적합합니다. 아이들을 다른 것으로 가르치다가 그 다음에 성경으로 옮겨가야 한다고 생각하는 것은 잘못입니다. 성경은 어린아이를 위한 책입니다. 성경의 내용들은 아이의 지능을 능가하는 높이가 있습니다. 성경의 내용은 너무나 높아서 우리 중에 가장 진보한 사람의 이해력을 가지고도 다 이해할 수 없습니다. 성경 안에는 거대한 바다 물고기도 헤엄칠 수 있는 깊이가 있습니다. 아울러 어린양이 건너갈 수 있는 시내가 있습니다. 지혜로운 교사들은 자기가 맡은 어린이들을 푸른 초장과 잔잔한 물가로 인도하는 법을 알고 있습니다.

하나님의 사람의 죽음을 많은 사람들이 매우 안타깝게 생각하였는데, 이를 테면 샤프츠베리의 백작(Earl of Shaftesbury)의 생애를 살펴보니까 그는 처음에 한 겸손한 여인에게서 신앙적인 감동을 받았습니다. 그를 샤프츠베리의 사람, 곧 하나님의 사람, 그리고 모든 사람의 벗으로 만들어 준 그 영적인 감동은 다름 아닌 육아실에서 받은 것이었습니다. 어린 시절의 애쉴리(Ashley; 7th Earl of Shaftesbury, Anthony Ashley Cooper 1801~1885, 영국의 정치가요 기독교 사회운동가. 노동자와 빈민의 벗이라고 불렸다) 경은 경건한 유모에게서 양육받았는데 그녀는 하나님에 관한 일들을 어려서부터 그에게 가르쳐 주었습니다. 그의 말에 따르면 유모는 그가 일곱 살이 되기 전에 세상을 떠났다고 합니다. 이는 어려서부터 그의 마음이 하나님의 성령의 인치심을 받았다는 분명한 증거입니다. 또한 그가 성령의 인치심을 받은 것은 겸손한 하나님의 도구(유모)를 통해서였습니다. 여인들 중에 복이 있는 이 여인의 이름을 우리가 알 수는 없지만, 그녀는 택하심을 받은 아기를 거룩하게 양육함으로써 하나님과 사람에게 이루 헤아릴 수 없는 큰 봉사를 한 것입니다. 젊은 유모들이여, 이 사실을 유념하십시오.

　　우리에게 하나님의 은혜와 함께 한 아이의 첫 칠년을 주십시오. 그리하면 세상, 육체, 마귀가 저 불멸의 영혼을 타락시키는 것을 우리가 저지할 것입니다. 아직 진흙이 부드럽고 유연한 그 첫 칠년은 그릇의 형태를 결정하기에 충분합니다. 여러분의 직무, 어린이를 가르치는 여러분이 나이든 사람들을 주로 대하는 우리보다 조금이라도 더 못하다고 말하지 마세요. 여러분은 인생의 첫 부분을 담당하며, 그들이 처음에 오기만 한다면, 여러분의 영향은 지속되어 그들을 선하게, 오직 선하게 할 것입니다! 천국에 들어가기 전에 노인이 가지는 생각들 가운데 가장 많은 생각은 그가 이전에 어머니의 무릎 위에 앉았을 때 가졌던 생각입니다. 거스리(Guthrie) 박사가 죽어 가면서 "어린이 찬송"을 불러달라고 한 것은 다름 아닌 우리의 본능이며, 이러한 본능으로 인해 생의 마지막을 함께 포갬으로써 자신의 수명을 다하게 되는 것입니다. 어린이 같은 것은 노인에게 가장 귀한 것입니다.

　　교사를 잘 선택하는 것이 중요합니다. 어린 디모데를 누가 가르쳤는지에 대하여 우리는 어렵지 않게 말할 수 있습니다. 본서 첫 장에서 바울은 "이는 네 속에 거짓이 없는 믿음이 있음을 생각함이라. 이 믿음은 먼저 네 외조모 로이스와 네 어머니 유니게 속에 있더니 네 속에도 있는 줄을 확신하노라"(1:5) 하였습니다. 의심할 여지 없이 디모데의 외조모 로이스와 어머니 유니게가 합심하여 이 어린 아이를 가르쳤습니다. 부모들 말고 누가 자녀들을 가르치겠습니까?

　　디모데의 아버지는 헬라인이었고, 아마도 이방인이었을 것입니다. 그러나 그 아기는 존경할 만한 할머니가 계셨기에 행복하였습니다. 모든 친척들 중에 할머니는 아기에게 가장 소중한 분입니다. 그는 또한 은혜로운 어머니가 계셨습니다. 전에는 경건한 유대 여자였으나 이후에 믿음이 좋은 그리스도인이 되었습니다. 그녀는 자신의 귀한 아기에게 주님의 말씀을 가르쳐 주는 것을 매일의 낙으로 삼았습니다.

　　오 귀한 어머니들이여, 하나님께서 그대들에게 거룩한 믿음을 주셨도다! 하나님께서 사실상 여러분에게 "이 아기를 데려다가 나를 위하여 젖을 먹이라. 내가 그 삯을 주리라"(출 2:9)고 말씀하셨습니다. 여러분은 미래의 하나님의 사람으로 모든 선한 일을 행하기에 온전케 하도록 그를 양육하라는 소명을 받았습니다. 여자가 적은 식구들 때문에 집구석에 처박혀 아무 일도 하지 않는다고 생각하는 사람은 사실과 정반대로 생각하고 있는 것입니다. 경건한 여인은 예배 처소에만 머물러 있을 수 없습니다. 여인이 교회 일에만 몰두해야 한다는 환상을 버리십시오. 그것과 상관 없이 여인은 자신의 집에서 주님을 가장 위대하게 섬기고 있는 것입니다. 어머니들이여, 여러분의 자녀를 경건하게 양육하는 것이야말로 여러분의 첫째 되고 가장 긴급한 사명입니다.

요즈음 세상에서는 그리스도인 어머니들과 할머니들이 많지 않기 때문에 교회가 자녀들을 날개 아래 품어 가르침으로써 가정교육을 지원해 주어야 한다고 생각합니다. 믿음의 부모가 없는 그런 자녀들을 교회는 어머니의 사랑으로 품어 주어야 합니다. 나는 이러한 교회를 아주 복된 교회라고 생각합니다. 어쨌든 자녀들은 자라나면서 그들의 부모를 닮게 되는데, 안식일과 주중에 많은 시간을 내어 다른 사람들의 자녀를 가르치는 우리의 많은 형제와 자매들에게 나는 감사를 드리는 바입니다. 하나님을 위하여 그들은 부모의 관심을 받지 못하는 자녀들에게 부모의 책임을 다하려고 노력합니다. 이 점에서 그들은 잘 하고 있습니다. 그러나 그리스도인 부모들은 주일학교의 목적이 부모로부터 부모의 사명을 빼앗기 위한 것이라는 착각을 해서는 안 될 것입니다. 그리스도인 부모들이 주님의 교양과 훈계로 자신의 자녀를 양육하는 것이 가장 중요하고 가장 자연스러운 현상입니다. 하지만 당연히 해야 할 사람들이 하지 않는 일을 다른 사람들이 감당해 주는 것이 또한 그리스도의 일입니다. 주 예수님은 자기 양들을 먹이고 자기 아기들을 양육하는 사람들을 만족스럽게 바라보십니다. 왜냐하면 어린 소자들 중 하나라도 멸망하는 것은 주님의 뜻이 아니기 때문입니다. 열심 있는 남자들과 여자들이여, 앞으로 나와 이 기쁜 일에 여러분 자신을 바칩시다.

이제 가르쳐야 할 주제를 생각해 봅시다. "어려서부터 성경을 알았나니." 디모데는 하나님의 책을 아주 귀중하게 여기도록 훈련을 받았습니다. 나는 "성경"이라는 단어를 강조합니다. 주일학교의 중요한 목적 중에 하나가 아이들에게 성경을 귀중하게 여기는 것을 가르치는 것입니다. 유대인들은 구약을 값으로 따질 수 없을 만큼 귀하게 여겼습니다. 불행하게도 그들 중에 많은 사람들이 구약의 글자 하나하나를 미신적으로 숭배하는데 빠지고 그 정신을 놓쳐 버렸지만, 거룩한 계시의 말씀을 그들이 깊이 존중한 것은 칭찬 받아 마땅합니다. 특히 이러한 존중심은 오늘날 절실하게 필요합니다. 이 땅에 하나님의 교회가 서 있는 한 성경은 거룩하게 여겨져야 하며, 존중을 받아야 합니다. 이 성경은 분명히 성령의 영감을 받은 것이며, 희미한 신화나 믿을 수 없는 전통에서 비롯된 것이 아닙니다.

성경은, 인간이 지은 책들 중에 하나로서 가장 좋은 상태로 보존되어 우리에게 까지 전해진 것이 아닙니다. 성경은 지극히 거룩하신 하나님의 오류가 없는 계시로서 우리 자녀들에게 대물림되어야 하며, 또한 우리들이 그렇게 인정해야 합니다. 이 사실을 강조합시다. 여호와의 말씀은 흙 도가니에 일곱 번 단련한 은같이 순결하다는 사실을 여러분의 자녀들에게 말해 주십시오(시 12:6). 그들로 하여금 하나님의 책을 가장 소중하게 여기도록 가르칩시다.

디모데가, 일반적으로 거룩한 것들을 존중할 뿐 아니라 특히 성경을 알도록 훈련받았다는 사실을 주목하십시오. 그의 어머니와 외조모는 성경을 가르쳤습니다. 우리가 안식일에 자녀들을 모아서 그들을 즐겁게 해 주고 재미있게 시간을 보낸다고 생각해 봅시다. 혹은 주중에 하는 대로, 안식일에 도덕적인 내용으로 그들을 가르쳤다고 생각해 봅시다. 도대체 우리가 한 일이 무엇입니까? 우리는 안식일과 하나님의 교회에 합당한 일을 전혀 하지 못한 것입니다. 우리가 특히 아이들에게 우리 교회의 규칙과 규정을 철저하게 가르치고 그들을 성경으로 인도하지 않는다고 생각해 봅시다. 우리가 우리 교회의 규범을 담은 책을 그들 앞에 놓고 성경을 설명하지 않는다고 생각해 봅시다. 도대체 우리가 무슨 일을 한 것입니까? 앞서 말한 규범이 옳을 수도 옳지 않을 수도 있습니다. 그러므로 우리가 우리의 아이들에게 진리를 가르쳤을 수도 있고 혹은 오류를 가르쳤을 수도 있는 것입니다. 하지만 우리가 성경을 철저하게 가르치면 우리는 잘못 가르칠 수가 없습니다.

성경에 기준하여 우리가 옳다는 사실을 압니다. 이 성경은 하나님의 말씀입니다. 우리가 성경을 가르치면, 주님께서 우리의 가르침을 인정하시고 축복하실 것입니다. 오 소중한 교사들이여 ― 나를 포함하여 ― 우리의 가르침이 더욱 성경적인 것이 되도록 합시다! 우리의 학급들이 우리가 전하는 말을 잊어버린다 해도 속상해하지 맙시다. 다만 주님께서 하신 말씀을 그들이 기억하게 해 달라고 기도드립시다. 죄에 대하여, 의에 대하여, 그리고 다가올 심판에 대한 거룩한 진리가 그들의 마음속에 새겨지도록 합시다! 하나님의 사랑에 대하여 계시된 진리, 우리 주 예수 그리스도의 은혜, 성령의 역사를 그들이 기억하기를 간절히 바랍니다! 우리 주님의 속죄의 보혈의 능력과 필요성, 그의 부활의 권능, 재림의 영광을 그들이 알기를 바랍니다! 은혜의 교리들이 그들의 마음판에 철필(鐵筆)로 새겨지기를 바라며, 절대로 지워지지 않기를 축원합니다! 우리가 이러한 일을 확실하게 할 수 있다면, 우리의 삶은 결코 헛되지 않을 것입니다. 지금 세대는 하나님의 영원한 진리로부터 벗어나려고 작정을 한 모양입니다. 그러나 복음이 떠오르는 자손들의 기억에 감동을 준다면 우리는 실망하지 않을 것입니다.

젊은 디모데는 어려서부터 그 가르침이 효과적이었던 사실을 배운 것 같습니다. 바울은 "네가 성경을 알았나니"라고 말합니다. 아이가 "성경을 알았다"는 말은 대단한 것입니다. 여러분이 "나는 자녀들에게 성경을 가르쳤습니다"라고 말할 수 있지만, 이는 그들이 성경을 알았다는 사실과는 아주 다른 것입니다. 성숙한 여러분 모두가 성경을 알고 있습니까? 일반적인 지식은 늘어나지만 성경을 아는 일은 너무나 희귀해져서 걱정이군요. 우리가 지금 시험을 치른다면 결국 여러분 가운데 일부는 통과하지 못할까 염려됩니다. 하지만 여기에 성경을 안 어린아이가 있었습니다. 말하자면, 그는 성경에 놀랄 정도로 익숙하였습니다. 하나님께서 여러분의 노력을 축복하셔서 구원받는데 꼭 필요한 성경 전부를 여러분의 자녀들이 잘 알 수 있게 되기를 바랍니다. 자녀들은 자기 어머니만큼 죄에 대한 진실한 개념을 가질 수 있습니다.

자녀들은 자기 할머니만큼 구속에 대한 분명한 생각을 가질 수 있습니다. 자녀들은 우리만큼 예수님에 대한 뚜렷한 신앙을 가질 수 있습니다. 우리를 화평하게 하는 것들을 받아들이기 위해서 오랫동안 준비할 필요가 없습니다. 우리를 화평케 하는 것들은 천진난만한 생각 가운데 있기 때문입니다. 아이는 천진난만하게 뛰어갑니다. 아이의 뛰어가는 모습에 천진난만함이 배어 있습니다. 아이들은 복음의 전체 진리를 받아들일 수 없다는 생각은 아주 잘못된 생각입니다. 아이의 조건은 방해가 되기보다 도움이 되기 때문입니다. 나이든 사람들은 하나님 나라에 들어가기 전에 먼저 어린아이처럼 되어야 합니다. 아이들에게 좋은 원칙을 세워 주세요. 주일학교 일을 우습게 여기지 말고, 또한 그 일을 되는 대로 아무렇게나 하지 마세요. 아이들로 하여금 성경을 알게 하십시오. 인간이 쓴 그 어떤 책보다 성경에서 그 지혜를 얻으십시오.

2. 두 번째 대지 제목은 우리의 구원받는 믿음으로 말미암아 이 사역이 되살아난다는 사실입니다.

성경 자체가 우리를 구원하지는 않지만 성경은 사람을 지혜롭게 하여 구원에 이르게 합니다. 아이들이 성경을 안다고 하나님의 자녀들이 된 것은 아닙니다. 예수 그리스도를 믿는 은혜가 임할 때에 비로소 곧바로 구원에 이르는 것입니다. 많은 귀한 아이들이 언제 회심하였는지 정확히 말할 수 없을 정도로 아주 일찍이 하나님의 부르심을 받습니다. 하지만 분명히 그들은 회심하였습니다. 어느 시점인지는 몰라도 그들이 죽음에서 생명으로 옮긴 것은 틀림없습니다. 오늘 아침에 해가 언제 떠올랐는지 여러분이 말할 수 없지만 분명한 것은 해가 떠올랐다는 사실입니다. 해는 지평선 아래에 있다가 어느 순간인가 지평선 위로 떠올랐습니다. 우리가 알든 모르든 아이가 실제로 구원받은 그 시간은 바로 그가 주 예수 그리스도를 믿은 때입니다. 아마도 로이스와 유니게는 수 년 동안 디모데에게 구약을 가르쳤을 것이며, 그때에는 그가 주 예수님을 알지 못했을 것입니다. 그렇게 볼 때 그들은 원형은 보이지 않고 모형만 가르친 셈이며, 해답은 보이지 않고 문제만 제시한 셈입니다. 하지만 당시로서는 그것이 그들이 아는 모든 진리였기 때문에 나름대로 훌륭한 가르침이었습니다. 한편, 우리에게는 구약의 해답이 되는 신약이 있고, 또한 주 예수님에 대하여 아주 명쾌하게 가르칠 수 있기 때문에 우리의 가르치는 일은 훨씬 더 행복한 일이 될 것입니다! 우리의 귀한 자녀들이 디모데보다도 더 일찍이 그리스도 예수께서 성경의 전부이자 실체이시며, 그를 믿음으로 말미암아 하나님의 자녀가 되는 권세를 얻는다는 진리를 깨우쳐서는 안 될까요?

내가 이렇게 말하는 단순한 이유는 모든 교사들에게 한 가지 바라는 것이 있기 때문입니다. 즉, 모든 교사들은 자신의 아이들이 아직껏 성경의 모든 교리들을 모르고, 또한 그들의 머리로 더 고상하고 더 심오한 어떤 진리를 아직 이해하지 못한다하더라도, 그럼에도 불구하고 아이들이 그리스도 예수를 믿음으로 말미암아 구원에 이르는 지혜를 얻게 되면 곧바로 구원을 얻는다는 사실을 절감하기를 바라기 때문입니다. 성경에 나타난 대로 주 예수를 믿음으로 말미암아 구원을 확실히 받을 것입니다. 빌립은 내시에게 이르기를, "네가 마음을 온전히 하여 믿으면 가하니라"(행 8:37; 개역개정판에는 생략됨) 하였습니다. 우리도 모든 아이들에게 똑같은 말을 해 주어야 합니다.

그리스도 예수를 믿는 이 믿음으로 말미암아 우리의 구원이 계속되고 진보한다는 사실을 주목합시다. 우리가 그리스도를 믿는 순간 구원을 받았습니다. 하지만 우리는 바라는 만큼 즉시 지혜롭게 되지는 못합니다. 말하자면 우리는 무지한 상태로 구원을 받을 수 있습니다. 이는 물론 상대적으로 그렇다는 말입니다. 하지만 바람직한 것은 우리 안에 있는 소망에 관한 이유를 밝힐 수 있어야 한다는 것입니다. 믿음으로 말미암아 아이들은 작은 제자들이 되고, 믿음으로 말미암아 그들은 훨씬 능력 있는 사람으로 성장해 갑니다. 우리는 어떻게 지혜를 얻을 수 있을까요? 믿음의 길을 떠나서는 지혜를 얻을 수 없습니다. 오히려 우리가 처음에 가진 그리스도 예수에 대한 그 동일한 믿음을 유지함으로써 우리는 지혜를 얻을 수 있습니다. 은혜의 학교에서 믿음은 지혜를 자라나게 하는 중요한 기능입니다. 여러분이 단순한 믿음이라고 하는 철자 교본(spelling book)을 믿음으로 읽을 수 있다면, 여러분은 더 나아가 그리스도 예수에 대한 동일한 믿음으로 확신이라고 하는 고전들을 읽어야 할 것이며, 아울러 하나님 나라의 일에 정통한 서기관이 되어야 할 것입니다. 그러므로 여러분은 믿음의 행실을 꼭 잡으십시오. 오늘날 너무나 많은 사람들이 이를 버리고 있습니다. 이 시대에 사람들은 사상(思想)이라는 미명으로 진보를 꾀하려 하지만 그것은 헛된 상상과 추측일 뿐입니다. 의심을 가지고는 한 발자국도 진보할 수 없습니다. 오직 우리의 진보는 믿음으로 말미암습니다. "우리의 죽은 자아의 디딤돌"과 같은 것들은 존재하지 않습니다. 실로, 그것들이 죽음과 파멸로 끌어내리는 디딤돌이 되는 것 말고는 그렇습니다. 생명과 천국으로 이끄는 디딤돌은 우리의 믿음에 계시된 하나님의 진리 안에서 발견할 수 있습니다. 하나님을 믿으세요. 그리하면 여러분이 진보할 것입니다. 그러므로 우리의 자녀들이 변함없이 점점 더 알고 믿을 수 있도록 그들을 위해 기도합시다. 왜냐하면 성경이 그들을 지혜롭게 하여 구원에 이르게 할 수 있으나 그것은 오직 그리스도 예수 안에 있는 믿음으로 말미암기 때문입니다. 믿음은 목적하는 결과입니다. 곧 약속되고, 기름 부음받고, 높아지신 구세주에 대한 믿음입니다. 이 믿음은 우리가 이 작은 배들을 이끌 정박지입니다. 왜냐하면 여기서 그 배들이 안전하게 머무를 것이기 때문입니다.

본문은 믿음으로 말미암아 지식이 지혜가 된다는 사실을 분명히 암시하고 있습니다. 지식과 지혜는 실제로 크게 다릅니다. 본문의 말씀을 보십시오. "어려서부터 성경을 알았나니." 하지만 지식을 지혜로 바꾸어 주는 것은 믿음, 오직 믿음 뿐입니다. 따라서 성경은 "구원에 이르는 지혜가 있게 합니다." 지식이 힘이라면 지혜는 그 힘을 실제적인 목적에다 적용하는 것입니다. 지식이 금 덩어리라면 지혜는 사람들 사이에서 널리 쓰이는 주조된 금화입니다. 여러분은 믿음을 갖지 못한 아이들에게 지식을 줄 수 있습니다. 하지만 성령께서 주시는 믿음을 가져야만 비로소 그 지식이 지혜가 될 수 있습니다. 성경의 지식이 마음을 감동하고, 생각을 주장하며, 매일의 생활에 영향을 끼치고, 심령을 깨끗하게 하며, 그 의지를 새롭게 할 때 그것은 지혜가 됩니다. 오 교사들이여, 하나님께서 여러분의 소중한 아이들에게 그리스도를 믿는 믿음을 베풀어 주시며, 이로써 여러분이 그들에게 가르친 지식이 지혜가 되게 해 달라고 그들을 위해 기도하십시오! 여러분이 할 수 있는 한 열심히 가르치십시오. 하지만 동시에 주님께 세게 부르짖으십시오. 즉, 성령께서 중생의 역사를 행하시고, 믿음을 만들어 주시며, 지혜를 베푸시며, 구원을 베풀어 달라고 그렇게 부르짖으십시오.

또 한 가지 알아야 할 것은, 성경에서 얻은 지식을 활용할 때 믿음은 지혜를 발견하게 된다는 사실입니다. "또 어려서부터 성경을 알았나니 성경은 능히 너로 하여금 그리스도 예수 안에 있는 믿음으로 말미암아 구원에 이르는 지혜가 있게 하느니라." 믿음은 결코 사람들의 생각이나 거짓된 계시 안에서 지혜를 찾지 못합니다. 반면, 믿음은 감동된 말씀에 의지하며 말씀의 안내를 받습니다. 감동된 말씀은 믿음이 마시는 우물물이며, 믿음이 먹는 만나입니다. 믿음은 주 예수님이 자신의 지혜가 된다고 여깁니다. 그리스도를 아는 지식이야말로 믿음에 가장 뛰어난 학문입니다. 믿음은 오직 한 가지, "성경에 뭐라고 기록되어 있습니까?"라고만 묻습니다. 그리고 그 물음에 대한 해답을 성경에서 얻을 때 믿음의 곤란은 끝이 납니다. 믿음 없는 이 세대는 그렇지 않은 것으로 나는 알고 있습니다. 이 때문에 나는 슬퍼하며 애통하지 않을 수 없는 것입니다. 주님의 증거를 거절하는 교회에 화가 있으리로다! 우리는 주님의 말씀을 끝까지 지킬 것이며, 이 말씀으로부터 조금도 떨어지지 않을 것입니다.

그렇다면 아직 회심하지 아니한 여러분 모두에게 정말로 필요한 것이 무엇인지 깨달으십시오. 성경은 틀림없이 믿음으로 말미암는 구원의 방편이 됩니다. 성경을 아십시오. 성경을 읽으십시오. 성경을 연구하십시오. 하지만 그것만으로 구원받지 못할 것입니다. 우리 주님께서 친히 무엇이라 말씀하셨습니까? "너희가 성경에서 영생을 얻는 줄 생각하고 성경을 연구하거니와 이 성경이 곧 내게 대하여 증언하는 것이니라"(요 5:39). 여러분이 예수님 앞에 나오지 아니하면 영생을 얻지 못할 것입니다. 물론 성경을 연구할 때, 여러분이 그리스도 예수에 대한 믿음으로 말미암아 구원에 이르게 하는 지혜를 얻을 수 있습니다. 하지만 믿음이 없이는 아무것도 아닙니다. 주일학교 선생님들이여, 여러분이 가르치는 아이들 속에 생긴 이 믿음을 제발 볼 수 있기를 바랍니다. 여러분의 성경 교육이 믿음을 위한 너무나도 복된 토대가 될 것입니다. 그러나 성경 교육을 오직 믿음으로 말미암는 건축 그 자체와 절대 혼동하지 마세요.

3. 세 번째로 주목할 것은, 살아 있는 믿음이 활기를 띨 때,
성경에 대한 건전한 가르침이 견실한 성품을 만들어 준다는 사실입니다.

어려서부터 성경을 알았던 사람이 그리스도에 대한 믿음을 가질 때 그는 하나님의 변치 않는 말씀의 영원한 원리 위에 기초하고 세워질 것입니다. 그리스도인이라고 고백하는 사람들 대부분이 그러하기를 나는 바랍니다.

요즈음 우리들은 "항상 배우나 끝내 진리의 지식에 이를 수 없는"(딤후 3:7) 불안정한 심령들에 둘러싸여 있습니다. 이러한 사람들은 모든 교리의 바람에 끌려 다닙니다. 그들은, "영리한" 사람이면 누구든지 따라가며, 이로써 그들이 우리 주님의 목초지에 속한 양이 아니라는 것이 탄로납니다. 주님의 양들은 그렇지 않습니다. "타인의 음성은 알지 못하는 고로 타인을 따르지 아니하고 도리어 도망하느니라"(요 10:5). 우리는 마땅히 알아야 할 사실을 알고 자신들이 믿는 이유를 밝힐 수 있는 사람들과 함께 교회를 세우기를 원합니다. 참된 신자가 믿는 이유는 "기록되었으되"라는 말씀에 있습니다. 우리 주님 그리스도께서는 광야에서 시험하는 자를 "기록되었으되"라는 말씀으로 물리치셨습니다. 주님 자신도 영감을 받으셨지만 주님의 가르침에는 구약성경이 넘쳐났습니다. 주님은 언제나 감동된 성경의 말씀을 인용하셨으며, 그 안에서 우리에게 예를 보여주셨습니다. 여러분과 내가 사탄과 싸우고 악한 세상과 싸워야 하고, 또 그 싸움에서 승리하기를 원한다면, 우리는 힘써 성경 위에 굳게 서야 할 것입니다. 우리의 대적들을 성경의 공세로 맞받아칩시다. 단도직입적으로 거룩한 본문들을 가지고 공격하세요. 이 본문들이 상처를 입히고 죽이는 논증들입니다. 우리 자신의 추론은 단지 종이 총알에 불과합니다. 그러나 성경적인 증거들은 강철로 만든 총알들입니다. 우리의 대적들은 우리가 성경으로부터 한 발짝도 물러서지 않으리라는 것을 지각할 때, 옛 신앙으로부터 우리를 끌고 나가려고 시도하는 것이 소용없음을 깨달을 것입니다. 우리가 주님의 말씀 아래로 피하면 폭탄을 견딜 수 있습니다. 속이는 자들의 교활한 간계는 "여호와께서 이같이 말씀하시기를"이란 분명한 우직함에 의해 좌절됩니다.

성경을 알고 예수님을 믿는 사람들은 믿음의 기초를 아는 지식으로 든든히 서 있는 사람들입니다. "어려서부터 성경을 알았나니." 그들은 성경을 맹목적으로 숭배하지 않았고 이해하려는 마음으로 귀중하게 여겼습니다. 여러분 모두가 직접 성경을 배우는 학생이 되기를 간절히 바랍니다! 우리는 스스로 성경을 배워야 합니다. 개인적으로 성경을 자신에 대한 계시로 이해하는 경건한 사람은 성경을 사랑하고 연구하며, 성경을 느끼고, 성경에 기초하여 살아가며, 성경을 알아갑니다. 이로써 그는 다른 사람들로부터 독립하게 됩니다. 바울은 곧 죽을 것입니다. 가련한 디모데! 그렇습니다. 디모데의 믿음이 바울의 품에 머물러 있다면 바울이 떠나고 없는 디모데는 가련할 것이며, 그의 마음은 텅 빌 것입니다. 하지만 디모데의 성경은 바울처럼 죽지 않을 것입니다. 그는 성경에 대한 지식을 빼앗기지 않을 것입니다. 성령은 그를 떠나지 않을 것입니다. 우리 교회들 가운데 일부를 보세요. 잘 훈련받은 복음의 사역자가 안내할 때, 그 형제들이 확고부동하게 살아갑니다. 그 의인이 죽으면, 그 교회는 어떻게 되나요? 의심할 여지 없이 성경을 잘 아는 자들은 그 자리에 남아 있고, 잘 모르는 자들은 겨와 같이 흩어집니다. 지금도 런던 이쪽 편에서 방랑하는 교인들이 있습니다. 그들이 한때는 믿음을 위해 열심을 품었지만 지금은 거의 믿음에 대하여 무관심합니다. 내가 이름들을 거명하지는 않겠지만, 나는 쉽게 그들의 이름을 거명할 수 있습니다. 무슨 말인가 하면, 그들을 열렬히 추종하게 만든 존경받는 형제들의 이름을 가리키는 것입니다. 그런데 그들이 떠났고, 그들의 떠남과 함께 그들을 추종했던 자들도 떠나갔습니다. 그들에게 과연 말씀에 대한 건전한 지식이 있었는지, 혹은 이 사람들이 자기들의 선생을 잃고 잔존할 것인지 나는 염려스럽습니다. 견고한 하나님의 말씀 위에 직접 서 있으십시오! 그리하면 여러분은 마땅히 알아야 할 바를 알고 그것을 견고하게 붙잡을 것이며, 이에 믿음의 기준에서 떠내려가지 않을 것입니다. 내가 이것 때문에 여러분 가운데서 수고하는 것이며, 내 수고가 헛되지 않기를 바랍니다.

어려서부터 성경을 배운 사람은 성경의 신적 영향력에 단단히 사로잡힙니다. 신적 능력에 대한 지식이 늘 그에게 작용하는 것입니다. 자신의 마음과 삶에 미치는 성경의 거룩한 영향으로 말미암아 그는 진리와 오류의 차이를 알 수 있습니다. 조금도 거만하지 않고 그는 그 같은 차이점을 분간할 수 있습니다. 왜냐하면 영적인 진리에는 희한하고 신비로운 기름 부음이 있기 때문입니다. 최고

학문의 가르침에는 이러한 기름 부음이 없습니다. 이 기름 부음이 무엇인지 여러분에게 설명할 수는 없어도 하나님의 자녀라면 누구든지 이것을 알 것입니다. 내가 성경 말씀을 읽을 때, 설령 기억 속에서는 그것이 성경 말씀인지 알지 못한다 할지라도, 그 말씀이 내 마음에 미치는 신비로운 능력으로 말미암아 나는 즉시 그것이 하나님으로부터 온 거룩한 말씀인 것을 깨닫게 됩니다. 어느 설교든지 그 설교에서 가장 두드러지는 구절은 바로 잘 인용된 말씀입니다. 하나님의 입에서부터 나온 말씀이 인간의 말로 구성된 최상의 내용보다 더 영속적으로 그리스도인을 지배하는 힘을 가질 것입니다. 하나님의 말씀은 살아 있고, 힘이 있으며, 다른 어떤 말보다도 심령에 박히는 능력이 뛰어납니다. 성경의 말씀들은 때리고 찌릅니다. 심령에 박히고 그 안에 머무릅니다. 성경을 배우고, 성경에 빠지고, 성경 연구에 몰두한 사람은 성경의 스며드는 감동을 느끼며 성경을 영원히 신뢰하게 됩니다. 옷에 물들인 진홍색 염료처럼 성경의 색조는 한 번 거기에 빠지기만 하면 그 심령에게서 지워지지 않습니다. 성경의 색조는 영혼 깊이 배어들며, 인간의 본성 안으로 파고 들어갑니다. 성경의 진리는 사람의 생각, 말, 그리고 행동에까지 영향을 미칩니다. 성경의 색조는 전 인격에 침투합니다. 그리하여 그는 성경을 먹고 마십니다. 그 사람의 심령은 하나님께 고정되어 있고, 진리에 고정되어 있고, 거룩한 삶에 고정되어 있습니다. 시대가 아무리 악할지라도 그는 견고히 서 있을 것입니다.

게다가 성령의 은혜로 그 심령 속에 성경의 가르침을 받은 사람은 성경의 권위에 복종합니다. 성경의 가르침은 인격 형성에 틀림없이 작용합니다. 언뜻 보기에 내가 이미 받았던 성경의 다른 가르침과 일치하지 않는 본문을 대할 때가 솔직히 말해서 간혹 있습니다. 그 순간 나는 깜짝 놀랍니다. 하지만 내 마음속에 한 가지 확고한 것이 있습니다. 그것은 성경이 나를 어디로 인도하든지 내가 성경을 따르리라는 각오입니다. 그리고 영감된 성경의 한 구절을 변경하기보다는 내가 소중하게 간직했던 견해라도 거부할 것입니다. 하나님의 말씀을 일관되게 만드는 일은 나의 소관이 아니며, 나는 다만 말씀 그대로 믿을 뿐입니다. 본문이 길 한가운데 있다면 나는 더 이상 가지 않겠습니다.

로마인들은 테르미누스(Terminus)라는 신을 숭배하였습니다. 이는 경계(境界)의 신이었습니다. 성경은 나의 거룩한 경계입니다. 내가 그 경계를 없애 버린다면 나를 저주하며 위협하는 음성을 나는 듣게 될 것입니다. 우리는 우리만큼이나 우리의 자녀들이 성경을 심히 경외하기를 바랍니다. 성경에 대한 우리의 입장은 분명합니다. 성경을 기록한 것은 영원한 펜입니다. 그러기 때문에 우리가 그것을 받아들여야 합니다. 하나님께서 말씀하셨기에 우리는 성경에 대한 문제 제기를 하지 않습니다. 만일 우리가 문제를 제기한다면, 성경은 "이 사람아, 네가 누구이기에 감히 하나님께 반문하느냐?"(롬 9:20)고 우리에게 말할 것입니다. 우리는 성령의 완전무오(完全無誤)하심 앞에 굴복하고, "주여, 이 말씀의 뜻이 무엇인지 내게 가르쳐 주옵소서. 내가 알지 못하는 것을 내게 가르쳐 주옵소서"라고 말씀드려야 합니다. 성경에 대한 심오한 경외심으로 세상을 사는 자가 진실로 복된 사람이 될 것입니다. 주님은 "나를 영화롭게 하는 자들을 내가 영화롭게 하리라"는 말씀대로 그에게 복을 베푸실 것입니다. 천사들과 사람들이 하나님의 말씀을 존중하는 사람을 머지않아 존중할 것입니다. 여러분의 마음에 성경의 맥박을 제공하세요. 다니엘과 그의 친구들처럼, 여러분의 얼굴이 세상의 철학적 식탁에서 왕의 진미를 먹은 모든 아이들보다 더욱 아름답고 살이 더욱 윤택해질 것입니다.

　　아울러 성경의 교훈은 성도로 하여금 이 시대의 유혹을 단호히 물리치게 해줄 것입니다. 이 땅에서 하나의 예배 처소에 들어가 보면, 그 끝에는 예쁘고 작은 인형의 집이 있으며, 사람들은 종이로 만든 꽃들과 촛불 앞에서 절합니다. 그 건물 주위에서 나는 성모와 성인들의 그림을 봅니다. 하지만 성경을 읽은 사람은 이런 현대의 우상 숭배에 빠지지 않습니다. 전에 한 신부가 가난한 아일랜드 사람에게 "당신이 성경을 읽는 것은 아무런 유익이 없을 것이오"라고 말하였습니다. 그 아일랜드 사람은 "아니, 성경에는 '성경을 상고하라'고 기록되어 있는데요. 신부님, 저는 방금 '또 그것을 너희의 자녀에게 가르치며'(신 11:19)라는 말씀을 읽었습니다. 참, 신부들은 자녀들이 없는데, 신부님은 이 말씀을 어떻게 생각하시나요?" 그러자 그 신부는 "아, 당신과 같은 사람들은 성경을 읽어도 이해할 수가 없소"라고 대답하였습니다. 그러자 그 사람은 "글쎄요, 설령 내가 성경을 이해하지 못한다 할지라도 내게 해가 되지는 않을 것이며, 혹 내가 성경을 이해한다면, 성경은 내게 큰 유익을 줄 것입니다"라고 말하였습니다. 그렇습니다. 성경은 미신을 물리치게 해줍니다. 그러므로 하늘의 바람에 실어 성경을 전합시다. 그리고 여러분 모두 성경을 읽으십시오. 성경을 사랑하는 것이 교회뿐만 아니라 국가의 안전을 보장해 줄 것입니다. 사람들이 철저하게 성경에 근거한다면 우리의 정치는 매우 긍정적으로 변화될 것입니다. 하지만 그렇지 못하다면 해를 당할 것입니다. 성경은 우리의 장래를 떠받치는 모퉁잇돌입니다.

**4. 마지막으로, 어려서부터 성경을 배움으로써
아주 훌륭한 성품이 만들어지며, 따라서 성경을 아는 것은 매우 유익합니다.**

어려서부터 성경을 알았던 디모데는 다른 모든 사람들을 제치고 바울의 훌륭한 벗이 되었으며, 이에 바울은 그를 사랑으로 바라보았고 기쁨으로 그를 기억하였습니다. 사도들의 벗들은 오직 성경학교에서 배출됩니다. 모세와 다윗, 그리고 선지자들과 교제한 사람들은 사도의 벗이 될 자격이 있습니다. 어려서부터 하나님의 노련한 종을 도울 수 있는 벗으로 자라나야 합니다. 하나님의 사람이 성경을 아는 어린이와 동행하게 해 보세요. 그러면 하나님의 사람은 "이 아이야말로 내게 꼭 필요한 벗"이라고 느낄 것입니다. 오랫동안 핍박을 받아 지친 바울은 젊은 디모데를 바라보았을 때, 자신의 허연 수염을 어루만지면서 눈을 치켜 뜨고 기쁜 마음으로 그를 바라보았습니다. 다른 어느 누구보다 디모데가 나은 것이 무엇입니까? 그것은 오직 그가 성경을 알았다는 사실입니다. 성경에서 그가 구원에 이르는 지혜를 얻었던 것입니다. 바울 당시에 성경의 정형화된 가르침보다 철학자들의 진보적인 사상을 더 선호한 젊은 친구들이 있었던 것이 분명합니다. 하지만 그들이 사도에게 자신들의 새로운 이론을 말하기 시작하였을 때, 바울은 그들을 엄히 경계하고 교회로부터 내쫓았습니다. 바울이 그들과 그들이 전하는 "다른 복음"에 대하여 아는 것은 오직 자신과 교회를 괴롭힌다는 사실뿐이었습니다. 성경의 훈련을 받지 않은 회심자는 자신 안에 아무런 용기나 척추나 활력을 갖지 못합니다. 바울은 성경을 알고 성경을 붙들었던 은혜로운 젊은이를 보고 하나님께 감사하고 용기를 냈습니다.

이 젊은이가 목회자가 되고 전도자가 되었습니다. 그의 설교는 우리들이 들어도 기쁨이 넘쳤을 것입니다. 하나님은 우리에게도 이러한 젊은이들을 많이 보내주십니다! 아마도 우리는 이렇게 말할 수 있을 것입니다. "젊은이의 생각은 많이 미숙하고 그의 말씨는 좀 거칩니다. 하지만 우리는 그런 젊은이의 생각과 말씨를 참을 수 있어요. 그에 반해, 그 안에 성경이 얼마나 풍성하게 담겨져 있는지요! 그 생각이 얼마나 깊은지요! 그가 조금 말하다가는 성경 구절을 인용하는 것을 여러분이 보지 않았나요? 그리고 그가 자신의 입장을 밝혀야 할 때 여러 가지 이성적인 논리를 내세우지 않고 다만 주님의 말씀 한 마디를 증거하며 자신의 입장을 정리하였습니다."

여러분은 성경에 정통한 사람의 뜻에 여러분의 뜻을 맞추어야 합니다. 우리에게 참으로 필요한 설교자는 바로 이러한 사람입니다. 사랑하는 교사들이여, 아이들에게 성경을 가르치십시오. 그리하여 적당한 때에 그들이 또다시 성경교사가 될 수 있도록 하십시오.

디모데는 또한 훌륭한 믿음의 군사가 되었습니다. 그는 말씀 안에서 진보하였고, 온통 거짓 교리를 전하는 사람들 가운데서 그는 마지막까지 진리를 지켜냈습니다. 그가 이처럼 견고하고 흔들리지 않으며 용기를 가질 수 있었던 것은 어려서부터 성경을 알았기 때문입니다. 오 교사들이여, 여러분이 무엇을 할 수 있는지 보십시오! 여러분의 주일학교에 미래의 전도자들이 앉아 있습니다. 유아반에는 먼 곳에 가서 복음을 전할 사도가 앉아 있습니다. 나의 자매들이여, 이스라엘의 미래의 아버지가 여러분의 손에서 훈련받고 있습니다. 나의 형제들이여, 치열한 싸움에서 주님의 깃발을 들고 갈 사람들이 여러분의 가르침을 받고 있습니다. 여러분의 반이 모일 때마다 미래 세대들이 여러분에게 기대를 하고 있습니다. 하나님의 도우심을 받아 여러분의 사명을 잘 감당하기를 축원합니다!

제
12
장

—

최후를 바라봄

—

"나의 떠날 시각이 가까웠도다" — 딤후 4:6

지금 바울은 죽음을 앞두고 있었으며, 그 자신 그러한 사실을 잘 알고 있었습니다. 그러나 그는 고요한 만족으로 뒤를 돌아보며, 분명한 확신으로 앞을 내다보며, 동시에 자신이 일생 동안 착념해왔던 사명을 둘러봅니다. 본 장(章)을 읽을 때, 우리는 그의 사명에의 열정이 얼마나 크고 뜨거웠는지를 알 수 있습니다. 그는 이 편지를 쓰면서 이것이 자신이 쓰게 될 마지막 편지라는 사실을 잘 알고 있었습니다. 본 서신의 주된 주제는 하나님의 교회에 대한 염려와, 하나님의 진리가 계속해서 진척되어 나가기를 바라는 염원과, 복음을 진전시키고자 하는 열정입니다. 그가 죽어 사역의 무대에서 사라질 때, 그가 입었던 겉옷은 이제 누가 입게 될 것입니까? 그는 디모데 안에서 굳센 믿음과 진지한 마음과 불굴의 용기를 보기를 바라면서, 그가 자신의 후계자가 되기를 바랐습니다. 자신이 죽어 아무 일도 할 수 없게 될 때, 그는 디모데가 진리의 깃발을 붙잡고 복음의 칼을 힘차게 휘두르기를 바랐습니다. 죽음이 임박했을 때, 사람들은 자기 마음의 밑바탕에 있었던 것을 드러내는 법입니다. 많은 경우 사람이 임종의 자리에서 마지막으로 내뱉는 말이 그가 어떤 사람이었음을 온전히 보여줍니다. 우리는 여기의 바울의 마지막 말을 통해, 그의 삶 전체에 대한 요약을 보게 됩니다. 그는 구주를 신뢰했으며, 그 구주를 위한 자신의 사랑을 나타내기를 갈망했습니다. 그리고 기독교회의 번성과 거룩한 복음의 진전이 항상 그의 마음을 사로잡고 있었습니다. 그와 같이 온전히 그리스도를 위해 살고 또 그리스도를 위해 죽는 것이 저와 여러분 모두의 삶이 되기를 바랍니다. "어떻게 내가 우리 구주와 주님의 나라를 확장시킬 수 있을까? 무슨 방법으로 내가 그의 교회와 백성들을 복되게 할 수 있을까?" ― 항상 이것이 우리 모두의 갈망이 되기를 바랍니다.

여기에서 바울이 자신의 죽음을 어떻게 묘사하는지 주목해 보십시오. 너무도 아름답지 않습니까? 흠정역(KJV)에 따를 때, 그는 자신의 죽음을 제물로 표현합니다. "나는 이제 제물로 드려질 준비가 되었도다"(For I am now ready to be offered ― 한글개역개정판에는 "전제와 같이 내가 벌써 부어지고"라고 되어 있음). 만일 우리가 이러한 번역을 받아들인다면, 그는 스스로를 제단 위에 놓일 준비가 되어 있는 소나 양처럼 생각하고 있었던 것입니다. 그는 자신이 순교자의 죽음을 죽게 될 것을 내다보고 있었습니다. 그는 자신이 형제 베드로처럼 십자가에 달려 죽을 수 없다는 사실을 잘 알고 있었습니다. 왜냐하면 로마 시민은 그러한 수치스러운 죽음으로부터 면제되었기 때문입니다. 그는 자신이 다른 방법으로 죽게 될 것을 예상했습니다. 아마도 그는 칼에 의해 죽게 될 것으로 생각했던 것 같습니다. 그리하여 그는 스스로를 "제물로 드려질 짐승을 죽이는 칼을 기다리고 있는 자"로서 묘사합니다. 흠정역의 번역은 우리를 이와 같이 생각하도록 이끕니다.

그러나 원문(原文)은 그와는 조금 다릅니다. 헬라어 원문에 따르면, 그는 스스로를 제물(offering)로서가 아니라 전제(drink offering)로서 비유합니다. 모든 유대인은 이것이 무엇을 의미하는지 알았습니다. 번제가 드려지는 경우를 생각해 보십시오. 그때 그 제사의 주된 요소는 소나 양처럼 죽임을 당한 희생제물이었습니다. 그러나 종종 그러한 제물에 부수적인 제물이 더해졌습니다. 약간의 기름이나 포도주가 제단이나 희생제물 위에 부어졌던 것입니다. 그리하여 전제는 "번제물에 더해진 제물"이라고 불리기도 했습니다. 바울은 스스로를 감히 제물이라고 부르지 않습니다. 그에게 있어 제단에 놓인 희생제물은 예수 그리스도 자신이었던 것입니다. 그리고 자신은 단지 그 희생제물에 덧붙여진 약간의 기름이나 포도주에 불과한 존재로 비유합니다. 그것은 온전한 제사가 되는데 꼭 필요한 것은 아니었지만, 그러나 서원을 한다든지 혹은 자원하는 예물을 드릴 때 그와 같이 덧붙여질 수 있는 것이었습니다. 여러분은 민수기 15장 4절부터 8절을 통해 그러한 사실을 확인할 수 있습니다. 이와 같이 전제는 그것을 드리는 사람이 자신의 감사를 나타내는 일종의 부가물이었습니다. 이와 같이 바울은 큰 희생제물이신 그리스도께 자신의 감사를 나타내고자 했던 것입니다. 그는 기꺼이 예수 그리스도께서 번제로 드려지는 제단 위에 자신의 피를 전제로 붓고자 했습니다. 그는 다음과 같이 기쁘게 말할 수 있었습니다. "나는 하나님 앞에 전제로 드려질 준비가 되었도다."

이제 자신의 죽음에 대한 바울의 두 번째로 묘사를 살펴보도록 합시다. 죽음이라는 무시무시한 괴물과 맞부딪혀야 할 시간이 임박했을 때, 그는 무엇이라고 말합니까? 나는 그가 슬퍼하는 모습을 도무지 찾을 수 없습니다. 대부분의 시인들은 죽음을 두려운 언어로 표현하곤 합니다. 어떤 시인은 이렇게 노래합니다.

> "우리의 발걸음을 붙잡는,
> 죽음의 손을 느끼는 것은 얼마나 두려운 일인가?
> 우리의 모든 소망에 으스스한 그림자를 던지도다.
> 그리고 우리의 영혼을 음침한 그늘 속으로 던지도다."

또 어떤 시인은 이렇게 외칩니다.

> "오 하나님, 얼마나 두려운 일인지요,
> 사람의 영혼이 날개를 취하는 것을 보는 것은,
> 어떤 모양으로든 어떤 분위기로든.
> 나는 그것이 피 가운데 돌진하는 것을 보았나이다.
> 나는 그것을 파열하는 대양 위에서 보았나이다."

그러나 바울은 전혀 그렇지 않았습니다. 그는 죽음으로부터 도망치려고 하지 않았습니다. 그는 "나의 해체될 시각이 가까웠도다"라고 말하지 않습니다. 그는 자신의 죽음의 결과로서 진행될 일을 바라보지 않았습니다. 심지어 그는 "나의 죽을 시각이 가까웠도다"라고 말하지도 않습니다. 대신에 그는 "나의 떠날 시각이 가까웠도다"라는 매우 아름다운 표현을 사용합니다. 이러한 표현은 종종 배가 항구를 떠나거나 혹은 바다로 나가기 위해 닻을 끌어올릴 때 사용되곤 했습니다. 이와 같이 그는 스스로를 잠시 항구에 정박해 있는 배처럼 생각했습니다. 그는 사실상 이렇게 말하고 있었던 것입니다. "이제 줄을 풀고 닻을 끌어올릴 시각이 가까웠도다. 나는 곧 항해를 출발할 것이라." 그는 자신의 항해가 하늘에 있는 평강의 항구에서 끝날 것을 잘 알고 있었습니다. 그의 주님이 그 앞서 가셨던 바로 그 항구 말입니다.

이제 우리는 먼저 떠남에 대해 간략하게 살펴보고, 계속해서 우리의 떠날 시각에 대해 살펴보고, 이어 우리의 떠남이 가까웠다는 사실을 살펴볼 것입니다. 그리고 마지막으로 우리에게 유용한 몇 가지 교훈을 제시하고자 합니다.

1. 첫째로, 떠남에 대해 생각해 보도록 합시다.

우리가 이 땅에 영원히 거하지 않는다는 것은 분명한 사실입니다. 또 우리는 첫 사람 아담이나 홍수 이전의 사람들처럼 오래 살지도 않을 것입니다. 그때 사람들의 긴 수명으로 인해 죄는 더 크게 번성했으며, 육체의 힘이 오랫동안 지속됨으로 인해 악은 더 악독하게 무르익었습니다. 이 모든 사실들을 감안할 때, 사람의 수명이 천 년으로 연장되지 않고 칠팔 십년으로 단축된 것은 하나님의 은혜입니다. 또 짧은 수명으로 인해, 인간의 욕심과 탐욕과 폭정은 억제되고 제한됩니다. 이것은 좋은 것이며, 마땅히 그래야 합니다. 짧은 수명은 야망의 날개를 꺾으며, 많은 먹이를 취하고자 하는 욕망을 좌절시킵니다. 죽음은 인간의 힘을 빼앗으며, 침략자의 속력을 늦추며, 부유한 자의 소유물을 흩어 버립니다. 가장 악한 자라 하더라도 칠팔 십년 동안 악을 행한 후에는 그 모든 악행을 멈추어야 합니다.

또 선하며 경건한 사람들을 생각해 보십시오. 특별히 그들이 예기치 않게 일찍 떠날 때, 우리는 애통하지 않을 수 없습니다. 그렇지만 그런 것을 통해 우리는 사람의 탁월함이 대부분의 경우 젊은 시절에 성취된다는 사실을 기억하게 됩니다. 믿음의 씨를 뿌리고 다른 사람들에게 그 열매를 거두도록 남겨 놓은 사람들에 의해 세상은 얼마나 부요하여졌습니까? 머지않아 우리 각자에게도 하늘의 부르심이 임할 것입니다. 우리는 홍수 이전의 사람들만큼 오랫동안 이 땅에 체류할 수 없을 것입니다. 우리는 떠날 때를 예상하면서, 그 때를 준비해야 합니다. 세상은 어느 날 불에 살라질 것입니다. "그 날에 하늘이 불에 타서 풀어지고 물질이 뜨거운 불에 녹아지려니와"(벧전 3:12). 우리가 서 있는 땅을 우리는 "견고한 대지"(terra-firma)라고 부르기를 좋아하지만, 그러나 실상 그 밑은 불의 바다입니다. 그리고 그것은 언젠가 그 불의 바다의 힘을 느끼게 될 것입니다. 우리는 이 세상의 집이 너무도 허약하고 무르므로 — 다시 말해서 견고하지 못하므로 — 거기 거주하는 자들이 요동하며 방랑하는 사실에 대해 조금도 놀랄 필요가 없습니다. 우리가 받아들이든지 받아들이지 않든지 상관 없이, 분명 우리는 떠나야만 합니다. 우리에게 떠남이 있을 것입니다.

예수 그리스도를 믿는 사랑하는 신자들이여, 우리에게 "떠남"이라는 단어는 얼마나 부드럽고 달콤합니까? 그러나 그것보다 그것이 나타내는 진리가 훨씬 더 부드럽고 달콤합니다. 죽는 것은 이 세상으로부터 떠나 아버지께로 가는 것입니다. 여러분은 여러분의 떠남에 대해 어떻게 말할 것입니까? 여러분은 어디로부터 떠나 어디로 갑니까? 사랑하는 형제들이여, 우리가 떠나는 땅에 대하여 우리는 여러 가지 거친 말을 할 수 있습니다. 그러나 그렇게 하지 않는 것이 더 나을 것이라고 생각합니다. 차라리 우리 자신에 대해서 거친 말을 하는 것이 훨씬 더 정확할 것입니다. 형제들이여, 이 땅은 우리에게 긍휼의 땅이었습니다. 물론 그 가운데 많은 슬픔과 고난이 있기는 했지만 말입니다. 그러나 작별인사를 함에 있어, 우리는 이 땅과 관련하여 사실을 말해야만 합니다. 우리의 고난과 슬픔은 대체적으로 우리 자신 안으로부터 솟아올랐습니다. 반면 세상으로부터 오는 것들은 대부분 사소한 것들이었습니다. 우리 마음을 초조하게 하며 안달하게 하기는 했지만 말입니다.

여러분과 나는 이 땅에서 긍휼을 누렸습니다. 이 땅은 신자인 우리들에게 정말로 살 만한 가치가 있는 곳이었습니다. 설령 우리가 개처럼 죽는다 하더라도, 이 땅은 우리에게 있어 하나님의 축복과 기쁨 가운데 정말로 살 만한 가치가 있는 곳이었습니다. 이 세상은 내가 나의 구주를 만나 죄 사함을 받은 곳으로서, 나는 그것을 악한 나라라고 감히 부르지 않습니다. 또 여기의 삶은 설령 흐릿한 거울을 통해서라 하더라도 내가 나의 구주를 본 곳으로서, 나는 그것을 악한 삶이라고 감히 부르지 않습니다. 시온이 세워진 땅에 대해, 어떻게 내가 그것을 나쁘게 말할 수 있겠습니까? 그것은 아름다운 곳에 있으며, 온 세상의 기쁨이며, 거룩한 무리가 하나님을 경배하는 장소입니다. 예전에 땅은 가시와 엉겅퀴를 내도록 저주를 받았지만, 그러나 그곳에 하나님의 교회가 세워짐으로써 구주를 알고 사랑하는 곳으로 회복되었습니다. 우리는 큰 기쁨의 노래를 부르며 하나님의 집으로 올라가지 않았습니까? 또 우리가 주의 식탁에 둘러앉았을 때 ─ 설령 그것이 모형과 예표에 불과한 것이라 하더라도 말입니다 ─ 우리는 성도의 무리 가운데 그리고 주의 전의 뜰에 있는 것이 즐거운 일이라는 사실을 느끼지 않았습니까? 마침내 우리가 줄을 풀고 이 땅에 대해 작별인사를 고할 때, 우리는 괴롭고 쓰라린 마음으로 그렇게 하지 않을 것입니다. 그 안에는 죄가 있으며, 우리는 그것을 떠나도록 부름받습니다. 그 안에는 시험이 있었으며, 우리는 그것으로부터 벗어나도록 부름받습니다. 그 안에는 슬픔이 있었으며, 우리는 더 이상 슬픔이 없는 곳으로 가게 되는 것으로 기뻐합니다. 그 안에는 약함과 고통과 고난이 있었으며, 우리는 능력으로 다시 일어날 것으로 인해 기뻐합니다. 그 안에는 죽음이 있었으며, 우리는 더 이상 죽음을 알리는 종소리를 울리지 않을 것으로 인해 기뻐합니다.

그러나 이 모든 것에도 불구하고, 그 안에는 하나님의 긍휼과 사랑이 있었습니다. 그리하여 광야가 기뻐하며, 사막이 장미꽃처럼 즐겁게 피어나지 않았습니까? 우리는 세상에 대해 저주와 욕설을 퍼부으며 몸서리를 치면서 작별인사를 고하지 않을 것입니다. 우리는 아직 남아 있는 세상과 그곳에 좀 더 머물 하나님의 백성들을 향해 "안녕!"이라고 말하면서, 또 우리의 인생길 전체를 선하심과 인자하심으로 인도하시고 이제 주의 집에 영원히 거하도록 우리를 데려가시는 그분을 송축하면서 떠날 것입니다.

지금까지 우리는 우리가 떠나오는 곳에 대해 이야기했습니다. 이제부터는 우리가 향하는 곳에 대해 이야기하도록 합시다. 우리의 영이 흙으로 빚어진 육체로부터 풀려날 때, 우리가 어디로 가게 될 것인지 여러분은 압니까? 여러분은 어디로 갑니까? 그 답은 우리는 잘 모른다는 것입니다. 우리 중 아무도 황금 길을 보지 못했습니다. 비파를 연주하는 소리도 우리의 귀로는 한 번도 듣지 못했습니다. 눈으로도 보지 못했고, 귀로도 듣지 못했습니다. 그것은 육체의 감각에 모두 드러나지 않았습니다. 혈과 육은 그것을 유업으로 받을 수 없으며, 따라서 그것을 상상할 수 없습니다. 그럼에도 불구하고 그것은 미지(未知)의 것이 아닙니다. 왜냐하면 하나님께서 성령으로 우리에게 계시하셨기 때문입니다. 영적인 사람들은 영을 느끼는 것이 무엇인지 압니다. 그들의 거듭난 영은 그들 안에서 살며, 빛나며, 불타며, 승리를 거둡니다. 그러므로 그들은 설령 몸이 쓰러진다 하더라도 실제로 죽는 것은 아니라는 사실을 압니다. 그들은 자신들 안에 피와 뼈와 신경과 힘줄을 초월하는 생명이 있음을 느낍니다. 그들은 자신들 안에 있는 하나님의 생명을 느끼며, 아무도 그것을 부인할 수 없습니다. 그들 자신의 경험이 그들에게 내적 생명이 있음을 증언합니다. 그리고 그러한 내적 생명이 건강하며 왕성할 때, 종종 영은 영들의 세계가 어떨 것인지를 나타냅니다.

우리는 거룩이 무엇인지 압니다. 그렇지 않습니까? 우리는 그것을 추구하고 있지 않습니까? 그것은 하늘나라(Heaven)입니다. 완전한 거룩이 하늘나라입니다. 우리는 평강이 무엇을 의미하는지 압니다. 그리스도가 우리의 평강입니다. 안식도 마찬가지입니다. 그리스도가 우리에게 안식을 주십니다. 우리가 그의 멍에를 멜 때, 우리는 안식을 발견합니다. 안식은 하늘나라입니다. 그리고 예수 안에 있는 안식은 하늘나라가 무엇인지 우리에게 말해줍니다. 우리는 심지어 여기에서도 하나님과 교제하는 것이 무엇인지 압니다. 만일 어떤 사람이 그것을 알지 못한다고 말한다면, 나는 그에게 이렇게 대답할 것입니다. "당신은 먹고 마시는 것이 무엇인지 알지 못한단 말입니까?" 그러면 그 사람은 내가 자신을 실망시켰다고 말할 것입니다. 왜냐하면 그는 마치 자기 자신의 존재를 아는 것처럼 먹고 마시는 것이 무엇인지 알기 때문입니다. 마찬가지로 내가 살아 있는 것이 확실한 것처럼, 나는 하나님과의 교제를 갖습니다. 나는 내가 지금 여기에 서 있는 것을 아는 것처럼 그것을 압니다. 사랑하는 형제들이여, 바로 그것이 하늘나라입니다. 다만 그것은 씨앗의 형태로부터 풍성한 열매에 이르기까지 자라야 합니다. 바로 거기에 충분히 발전된 하늘나라가 있습니다.

마찬가지 방식으로, 여러분은 신자들과의 교제가 무엇인지 알지 못합니까? 우리는 다른 사람들의 기쁨 안에서 기뻐하지 않습니까? 우리는 다른 형제들의 경험과 더불어 즐거워하지 않습니까? 그것 역시 완전하게 자랄 때 하늘나라가 될 것입니다. 여러분 스스로를 구주의 품 안으로 던지십시오. 그리고 거기에 누우십시오. 모든 것을 그의 주권에 맡기고, 그 안에서 여러분의 왕을 보십시오. 그런 상태에 있을 때, 여러분은 하늘나라의 첫 맛을 느끼게 될 것입니다. 지금 여러분이 보는 것은 고작해야 흐릿한 안개 속에서 어떤 사람의 얼굴을 보는 것과 같을 것입니다. 그럼에도 불구하고 여러분은 그가 누구인지 압니다. 흐릿한 가운데서라도 말입니다. 이와 같이 우리는 하늘나라가 무엇인지 압니다. 우리가 거기에 이를 때, 우리는 낯선 나라에 온 이방인처럼 되지 않을 것입니다. 스바 여왕이 솔로몬에게 "내가 내 나라에서 당신의 행위와 당신의 지혜에 대하여 들은 소문이 사실이로다 내가 그 말들을 믿지 아니하였더니 이제 와서 친히 본즉 내게 말한 것은 절반도 못되니 당신의 지혜와 복이 내가 들은 소문보다 더하도다"라고 말한 것을 생각해 보십시오(왕상 10:7). 우리도 그녀와 마찬가지로 하늘 나라에서 그와 같이 말할 것입니다. 동시에 우리는 그 위에서 또한 이렇게 생각하게 될 것입니다. '나는 하늘나라가 이와 같은 종류의 것이 될 것이라고 추측하였었도다. 나는 땅에서 씨앗과 같은 형태로 있었던 것이 하늘에서도 완전한 꽃으로 피어날 것을 알았도다.' 그러면 세상을 떠난 영은 어디로 가겠습니까? 바로 이것이 그 답입니다. "나는 그리스도의 보좌로 가고 있노라. 그의 십자가가 나에게 생명과 빛과 소망을 주었도다. 나는 구주의 품으로 가고 있도다. 거기에서 나는 안식하며, 그 이름이 하늘에 기록되어 있는 백성들과 교제하기를 소망하노라." 바로 이것이 여러분의 떠남입니다.

사랑하는 형제들이여, 이 세상을 떠나 하늘나라로 가는 것으로 인해 놀라지 마십시오. 왜냐하면 여러분이 그 길을 간 첫 번째 사람이 아니기 때문입니다. 여러분의 배는 이를테면 아직 부두 안에 있습니다. 그 배는 항해를 출발하려고 합니다. 그러나 여러분은 홀로 가지 않을 것입니다. 또 여러분이 가는 항로는 이전에 아무도 항해하지 않은 미지의 길이 아닐 것입니다. 포르투갈의 선장 바스톨로뮤 디아스가 처음 폭풍봉(Cape of Storms)을 향해 나아갈 때, 그것은 참으로 위험한 항해였습니다. 그러나 그 모퉁이를 돌았을 때, 그는 그곳을 희망봉(Cape of Good Hope)이라고 이름을 붙였습니다. 콜럼버스가 처음 신대륙을 찾으러 떠났을 때, 그것은 지금까지 아무도 건너가 보지 않은 대서양을 횡단하는 매우 위험한 항해였습니다. 그렇지만 사랑하는 형제들이여, 여러분이 가는 길은 이미 수많은 사람들이 지나간 길입니다. 가나안 복지와 우리 사이를 단절하는 대서양은 지금도 그곳을 항해하는 수많은 배들의 닻으로 펄럭이고 있습니다. 두려워하지 마십시오. 그들은 파선(破船)하지 않았습니다. 우리는 그들이 그곳에 도착했다는 좋은 소식을 듣습니다. 거기에 여러분을 위한 '좋은 희망'(Good Hope)이 있습니다. 그 사이에 빙산이나 안개나 역류나 유사(流砂)는 없을 것입니다. 여러분은 단지 여러분의 배를 부두에 묶어 놓은 줄을 끊기만 하면 됩니다. 그러면 그리스도와 함께 여러분은 바라던 항구에 즉시로 도달하게 될 것입니다.

뿐만 아니라 여러분의 구주 역시 그 길을 갔다는 사실을 기억하십시오. 여러분은 떠나야만 합니까? 그리스도께서도 떠나셨습니다. 우리의 어떤 형제들은 마치 새 장난감을 가지고 즐거워하는 아이들처럼 결코 죽지 않을 것이라는 생각으로 항상 즐거워합니다. 그들은 그리스도께서 자신들이 죽기 전에 오실 것이라고 소망합니다. 왜냐하면 "우리가 다 잠 잘 것이 아니요 마지막 나팔에 순식간에 홀연히 다 변화될" 것이기 때문입니다(고전 15:51). 아멘, 주 예수여 속히 오시옵소서. 그러나 만일 내가 선택할 수 있다면, 다시 말해서 선택하는 것이 나에게 허락된다면, 나는 무덤의 문을 통과하기를 바랍니다. 주님 오실 때 살아 있는 자들은 잠자는 자들보다 결코 앞서지 못할 것입니다. 분명 그들에게는 주님이 걸어가셨던 노정과 비교할 때 한 가지 결여된 것이 있습니다. 왜냐하면 그리스도는 잠시 무덤에 머무셨던 반면, 그들은 무덤을 통과하지 않았기 때문입니다. 그러므로 나는 나의 얼굴 위에도 죽음의 인(印)이 찍히기를 바랍니다. 이런 측면에서도 나의 운명은 주님의 그것과 같기를 바랍니다. 에녹과 엘리야는 이런 특권에서 배제되었습니다.

여기에서 내가 죽는 것을 특권이라고 부르는 것을 주목하십시오. 어쨌든 수많은 사람들이 밟고 지나감으로 다져지고 평평해진 길로 가는 것이 안전합니다. 또 하늘의 도성을 향한 일반적인 길로 여행하는 것이 바람직합니다. 예수께서 죽으셨습니다. 사망의 음침한 골짜기에는 임마누엘의 발자국이 찍혀 있습니다.

그러므로 두려워할 필요가 없습니다. 우리는 단지 그 발자국을 따라가기만 하면 됩니다. 사랑하는 형제 자매들이여, 여러분 역시도 여러분의 떠남을 편안한 마음으로 바라봅니까? 자연적인 측면에서, 그것은 얼마나 편리한 길입니까? 은혜의 측면에서, 그것은 얼마나 바람직한 길입니까? 영광의 측면에서, 그것은 얼마나 필요한 길입니까? 자연의 측면에서, 우리의 떠남은 필연적이지 않습니까? 사람이 나이가 들면 젊은 시절과 같지 않습니다. 발을 위해 지팡이가 필요하고, 눈을 위해 돋보기가 필요합니다. 그리고 입맛도 떨어지게 됩니다. 그들은 옛적에 바실래가 그랬던 것처럼 무엇을 먹든지 마시든지 아무 맛도 알지 못한다고 말할 것입니다. 청각도 떨어지고, 결국 아름다운 음악도 듣지 못하게 됩니다. 만일 우리가 이런 상태로 계속해서 살아야만 한다면, 그것은 얼마나 끔찍한 일이겠습니까? 어떤 시인이 육칠 백년을 사는 노인을 묘사했는데, 아마도 그것보다 더 소름끼치는 묘사를 우리는 어디에서도 찾을 수 없을 것입니다. 우리는 속히 지나갑니다. 우리가 앞에서 묘사한 끔찍한 상태로 오래 머물지 않는 것으로 인해 감사하십시오. 자연은 우리가 떠나야 한다고 말합니다. 자연은 떠남을 환영

할 만한 것으로 만듭니다. 우리에게 오는 썩음으로 인해 말입니다. 한 걸음 더 나아가, 은혜는 우리로 하여금 떠남을 사모하도록 만듭니다. 우리가 다음과 같이 노래하는 것은 단순한 '철없는 감상주의'가 결코 아닙니다.

> "아버지여, 나는 갈망하나이다.
> 당신의 거하시는 곳을 보기를.
> 나의 하나님이여, 나는 당신의 지상 궁전을 떠나
> 당신의 보좌를 향해 달려가나이다."

나는 위의 노래 가운데 한 구절에 대해서는 함께 노래할 수 없음을 고백합니다. 나는 오늘 밤 하늘나라에 가기를 간절히 바라지 않습니다. 나에게는 여기에서 해야 할 많은 일들이 남아 있습니다. 그러므로 나는 여기의 모든 일들을 그대로 남겨두고 성급히 떠나고자 하지는 않습니다. 우리 가운데 많은 사람들에게 있어, 고요히 묵상하는 가운데 이 세상을 넘어 하늘나라에 있기를 간절히 사모하는 때가 종종 있을 것입니다. 그러나 다른 때도 있습니다. 전신갑주를 입고 힘차게 적진을 향해 달려가는 때와 같은 경우 말입니다. 우리는 전쟁을 하며, 승리를 거두며, 우리에게 맡겨진 일을 행해야 합니다. 내가 여러분 가운데 있으면서 여러분의 믿음을 진척시키는 것 역시 그리스도께 충성된 일이며, 여러분을 위해 필요한 일입니다. 자신을 위해 집에 빨리 가게 해 달라고 조르는 것을 나는 게으름이라고 생각합니다. 그것은 마치 아직 화요일 오전일 뿐인데도 빨리 토요일 밤이 오기를 바라는 일꾼과 매우 유사합니다. 그래서는 안 됩니다. 만일 하나님이 우리에게 일평생 감당해야 할 일을 맡기셨다면, 그 일은 많으면 많을수록 좋습니다. 동시에 불꽃이 그것의 근원인 태양을 향해 솟아오르는 것처럼, 우리의 거듭난 영은 그것의 근원인 예수 그리스도와 하늘나라를 열망합니다.

또 영광은 우리의 떠남을 꼭 필요한 것으로 만듭니다. 하늘에 계신 그리스도는 우리 역시도 그가 계신 곳에 있게 해 달라고 기도하고 있지 않습니까? 하늘에 성도들이 있지 않습니까? 성경은 그들이 우리 없이는 완전할 수 없다고 말합니다. 하늘이라는 거대한 원은 구속받은 모든 자들이 다 채워지기 전까지는 결코 완성될 수 없습니다. 영광의 거대한 오케스트라는 아직도 몇몇 음정들을 남겨 놓고 있습니다. 베이스가 모두 채워졌다고요? 아직 테너들이 더 채워져야 합니다. 하나님께 대한 예배가 극치에 이르기 위해서는 아직도 몇 사람의 소프라노가 더 필요합니다. 이와 같이 우리의 떠남을 자연이 준비하고, 은혜가 열망하며, 영광이 요구합니다. 그렇다면 우리에게, 떠남에 대해 두려워하며 움츠릴 아무런 이유도 없지 않습니까?

2. 둘째로, 우리의 떠남의 시각에 대해 살펴보도록 합시다.

우리는 그 때를 알지 못합니다. 그러나 그 때는 하나님에 의해 고정되어 있습니다. 결코 변경될 수 없도록 말입니다. 어떤 우연한 사건도 운명의 마법을 깨뜨릴 수 없을 정도로 그 때는 고정되어 있으며, 우리는 여기에서 하나님의 지혜를 발견할 수 있습니다. 하나님의 섭리를 분별하는 것은 결코 쉬운 일이 아닙니다. 우리가 그것을 이해할 수 있게 되는 것은 오직 믿음을 통해서라는 사실을 기억하십시오. 하나님의 옛 창조와 관련하여 "보이는 것은 나타난 것으로 말미암아 된 것이 아닌" 것처럼, 오늘날의 하나님의 섭리와 관련해서도 그것은 마찬가지입니다(히 11:3). 여러분의 떠남의 형태가 여러분 자신의 이해를 넘어선다고 하여 여러분의 떠남의 때가 하나님에게 가려졌다는 결론이 따르는 것은 아닙니다. 여러분은 말합니다. "아, 그렇지만 어떤 사람이 그토록 예기치 못하게, 갑자기, 그리고 아무 경고도 없이 죽는 것은 너무도 충격적이에요." 나는 이렇게 대답합니다. 만일 여러분이 죽음과 더불어 의논한다면, 여러분의 육체는 아무런 위로도 발견하지 못할 것입니다.

그러나 만일 여러분이 하나님을 믿는다면, 여러분의 믿음은 죽음과 더불어 의논하는 것을 그칠 것이며 여러분의 영은 달콤한 안식을 누리게 될 것입니다. 갑자기 자녀들과 종들과 가축들이 죽임을 당하는 끔찍한 재앙이 욥에게 떨어졌습니다. 그러나 욥은 그러한 재앙들이 어떤 경로로 임하게 되었는지에 대해서는 거의 주의를 기울이지 않았습니다. 그것이 스바 사람들의 습격으로 말미암은 것이었는지 혹은 갈대아 사람들의 공격으로 말미암은 것이었는지 혹은 하늘로부터 불이 떨어짐으로 말미암은 것이었는지 혹은 광야로부터 불어온 광풍으로부터 말미암은 것이었는지 하는 것은 큰 문제가 아니었습니다. 어떤 재앙이 그의 귀에 들려졌든, 그의 마음을 채우고 있었던 한 가지 생각은 이것이었습니다. "주신 이도 여호와시요 거두신 이도 여호와시오니 여호와의 이름이 찬송을 받으실지니이다"(욥 1:21).

사랑하는 자들이여, 여러분의 떠남의 때가 도래하는 것도 마찬가지입니다. 그 때가 도래할 때 ― 병에 의해서든, 늙음에 의해서든, 사고에 의해서든, 외적의 침입에 의해서든 말입니다 ― "나의 모든 때가 그의 손에 있다"는 사실을 확신하고 그 위에 안식하십시오. 그리고 마찬가지로 그의 모든 성도들이 그의 손 안에 있다는 사실을 아십시오. 설령 우리의 떠남의 형태가 우리의 선택 아래 있다 하더라도, 아마도 우리 대부분은 "내가 어떤 형태의 떠남을 선택해야 할지 모르겠노라"라고 말할 것입니다. 열과 오한, 혹은 이런저런 만성적인 병으로 인한 통증과 괴로움, 혹은 질병에 따르는 혼수상태와 헛소리. 실제로 우리가 어떤 것을 다른 것보다 더 선호할 수 있습니까? 그러면 재난의 충격이나 혹은 파선(破船)의 두려움을 선택하겠습니까? 전자는 괴로움을 연장하는 것이며, 후자는 갑작스러운 운명을 맞이하는 것입니다. 죽음의 문 앞에서 수 주 혹은 수 개월 혹은 수 년을 연명하며 목숨을 연장하기를 원합니까? 그렇게 하느니 차라리 "주께서 그 선하신 대로 내게 행하시기를 원하노라"라고 말하는 것이 훨씬 더 낫지 않습니까?

하나님과 더불어 지속적인 교제를 나누며 살 때, 우리는 이 모든 번민과 조바심으로부터 벗어나게 될 것입니다. 하나님과 동행했던 사람들은 때로 자신들의 떠남에 대한 일종의 사전예고와 같은 것을 받기도 했습니다. 그들은 갑작스럽게 죽은 것처럼 보여도 실제로는 자신의 떠남을 예상하며 그것을 준비했던 것입니다. 그런가 하면 아직 건강이 멀쩡한 동안 가족들에게 갑자기 사랑의 작별인사를 고하는 사람도 있습니다. 마지막 여행을 떠날 것을 미리 알고 있기라도 했던 것처럼 말입니다. 그리고 불과 몇 시간 후 그들의 작별인사는 실제적인 사실이 됩니다. 그런가 하면 그리스도의 종들 가운데에는 때로 "주재여 이제는 말씀하신 대로 종을 평안히 놓아 주시는도다"라는 시므온의 찬송을 은밀하게 속삭이며 강단에서 숨을 거두는 사람들도 있습니다(눅 2:29). 이와 같이 떠날 시각이 있습니다. 하나님이 나를 부르시는 시각이 바로 나의 떠날 시각입니다.

3. 셋째로, 그 시각이 가까움을 기억하십시오.

"나의 떠날 시각이 가까웠도다." 어떤 의미에서 이 땅에 있는 모든 그리스도인들은 그렇게 말할 수 있습니다. 왜냐하면 우리와 죽음 사이에 어느 정도의 간격이 있다 할지라도 그것은 너무도 짧은 것이기 때문입니다. 여러분은 시간이 너무도 빨리 흐른다는 사실을 느끼지 못합니까? 어린 시절에는 일 년이 마치 한 세대나 되는 것처럼 길게 느껴졌습니다. 그러나 지금은 불과 수 주밖에 되지 않는 것처럼 느껴집니다. 누가 그것을 헤아릴 수 있단 말입니까? 우리는 특급열차를 타고 여행하고 있는 것 같습니다. 아, 지나간 시간은 마치 이쪽 문으로 들어왔다가 저쪽 문으로 나가는 것처럼 보입니다. 그것은 금방 지나가 버리고 말았습니다. 우리는 머지않아 인생의 종착역에 도달하게 될 것입니다. 어떤 사람의 경우에는 올해가 어쩌면 이번 달이 그의 인생의 마지막일는지도 모릅니다. 어쩌면 다음 주일 예배시간에 나는 여러분에게 지난 한 주간 동안 대여섯 명의 지체가 세상을 떠났다는 소식을 전해야만 하게 될는지도 모릅니다. 그들이 떠나는 것을 보면서, 우리 가운데 어떤 사람들은 그들을 따를 것을 예상하게 될는지도 모릅니다. 그런가 하면 곧 떠날 것이 분명한 사람들도 있습니다. 예컨대 치명적인 질병 따위로 인해서 말입니다. 그러한 질병들은 그들의 떠날 시각이 의심의 여지 없이 임박했음을 우리에게 말해줍니다. 그런가 하면 노인들에게 찾아오는 늙음은 어떤 반론의 여지 없이 그들의 떠날 때가 가까웠음을 보여줍니다. 여러분의 삶의 시간은 그리 많이 남지 않았습니다. 나는 지금 특별한 사람들에게만 말하고 있는 것이 아닙니다. 나는 지금 여기에 앉아 있는 모든 형제 자매들에게 여러분의 떠날 때가 가까웠음을 말하고 있는 것입니다. 사랑하는 형제들이여, 그러면 우리는 어떻게 해야 합니까?

우리의 떠날 시각이 가까웠음을 생각할 때, 우리는 마땅히 우리의 상태를 다시금 되돌아보아야 하지 않겠습니까? 만일 지금 우리의 배가 출항하려고 하고 있다면, 그것이 항해할 모든 준비를 갖추고 있는지 점검하십시오. 떠날 시각이 되었는데 그제야 미처 준비하지 못한 것이 발견된다면, 그것은 얼마나 안타까운 일입니까? 사랑하는 형제들이여, 오십 년 동안 그리스도에 대한 신앙고백을 지켜오다가 마지막에 위선자가 되는 것은 가능한 일입니다. 하나님의 교회에서 존귀한 직분을 가지고 있다가 마침내 유다가 되는 것 역시 가능한 일입니다. 어떤 사람은 그리스도를 섬기며 그를 위해 고난까지 당하다가 마침내 데마처럼 세상으로 갈 수도 있습니다. 은혜처럼 보이는 모든 것이 다 은혜가 아닙니다. 오직 영원한 것만이 참된 은혜입니다. 단지 외관상으로 은혜와 비슷하게 보이는 것일 뿐인 것은 갑자기 사라져버리고 말 것입니다. 사랑하는 형제 자매들이여, 스스로를 살피십시오. 여러분의 집을 정돈하십시오. 왜냐하면 여러분은 반드시 죽을 것이기 때문입니다. 여러분은 하나님의 택하신 자라는 믿음을 가지고 있습니까? 여러분은 그리스도 위에 세워졌습니까? 여러분의 마음은 새로워졌습니까? 여러분은 진실로 하늘나라를 유업으로 받을 자입니까? 여러분의 떠날 시각은 여러분이 생각하는 것보다 훨씬 더 가깝습니다. 그러므로 자신이 그리스도에게 속했는지 그렇지 않은지 스스로를 돌아보십시오.

그러나 설령 우리의 떠날 시각이 가까웠고 그에 대해 우리가 평안한 마음을 갖는다 하더라도, 우리에게 가족을 위해 해야 할 일이 남아있지 않습니까? 남편들이여, 여러분의 떠날 시각이 가까웠습니다. 여러분의 아내는 아직 구원받지 못했습니까? 그런데 그녀에게 아무 말도 하지 않은 채 또 하루를 그냥 보낼 것입니까? 여러분의 사랑하는 자녀들은 아직 구원받지 못했습니까? 여러분의 딸은 여전히 제멋대로입니까? 여러분의 떠날 시각이 가까웠습니다. 여러분은 자녀들을 위해서나 혹은 아내와 형제들을 위해 좀 더 많은 일을 할 수 있습니다. 여러분이 할 수 있는 일을 하십시오. 자매여, 당신은 폐병에 걸렸습니다. 당신은 곧 떠나게 될 것입니다. 당신은 가족 가운데 유일한 그리스도인입니다. 하나님은 당신을 그 가정에 선교사로 보내셨습니다. 죽으면서 이렇게 말할 수밖에 없게 된다면, 얼마나 슬픈 일이겠습니까? "우리 가족의 마지막 희망이 떠나가도다. 아, 나는 그들의 영혼을 위해 아무 일도 하지 않았도다." 주인들이여, 여러 종들을 거느린 당신은 곧 떠나야만 합니다. 당신은 종들의 영혼을 위해 무엇인가를 해야만 하지 않겠습니까? 곧 오스트레일리아로 떠나야만 하는 어머니를 상상해 보십시오. 그녀는 자녀들을 남겨 놓고 떠나야만 합니다. 그녀는 이렇게 생각합니다. '나는 우리 불쌍한 아이들을 위해 해야만 하는 일을 하나도 하지 못했어. 이제 내가 떠나고 나면 누가 아이들을 돌봐줄까?' 만일 그녀가 이렇게 생각한다면, 그녀의 마음은 얼마나 안타깝겠습니까? 그러나 자녀의 일시적인 안락을 위해 필요한 일을 게을리한 것은 그들의 영혼을 위해 아무것도 하지 않은 것과 비교할 때 아무것도 아닙니다. 부디 그렇게 되지 않도록 하십시오. 기회가 있을 때 하지 않은 일이 여러분의 임종의 때에 쓰라린 가시가 되지 않게 하십시오. "나의 떠날 시각이 가까웠도다."

가족에 대한 의무가 전부는 아닙니다. 우리에게는 또한 세상과 관련한 의무도 있습니다. 가족에 대한 의무뿐 아니라 세상에 대한 의무에도 주의를 기울이십시오. 나의 능력과 영향력이 미치는 한 말입니다. 부자들이여, 여러분 스스로 여러분의 유언을 집행하는 자가 되십시오. 여러분의 재물을 가지고 할 수 있는 일을 하십시오. 달란트를 가진 자들이여, 여러분의 혀가 굳어 더 이상 말할 수 없게 되기 전에 예수 그리스도를 위해 말하십시오. 조지 휫필드(George Whitfield)는 항상 그렇게 하고자 했으며, 그런 점에서 우리의 모범이 됩니다. 그는 모든 면에서 정확한 습관을 가지고 있었으며, 그의 삶은 거룩할 뿐만 아니라 빈틈이 없었습니다. 그는 장갑이 제자리에 있지 않은 것만으로도 잠자리에 들고 싶지 않았노라고 말하곤 했습니다. 하물며 자신의 계획이 이루어지지 않았거나 혹은 해야 할 의무를 행하지 않았을 때는 얼마나 더 그랬겠습니까? 그는 모든 것이 다 제대로 되어 있고, 무슨 일이 생기든 충분히 준비되기를 바랐습니다. 그리하여 설령 자신이 잠에서 깨어나지 못한다 하더라도, 아무도 그가 해야 할 일을 하지 않고 그대로 남겨 두었다고 생각하지 않기를 바랐습니다. 사소한 일에 있어서도 이렇게 빈틈없이 하고자 하는 태도는 우리가 본받을 만한 습관입니다. 인생의 큰 일들이 망쳐지는 것은 종종 작고 사소한 일들을 태만히 하는 것의 결과입니다. "지극히 작은 것에 충성된 자는 큰 것에도 충성되고 지극히 작은 것에 불의한 자는 큰 것에도 불의하니라"(눅 16:10).

시간은 쏜살같이 흐르며, 여러분의 떠날 때는 임박했습니다. 생각을 모으십시오. 손을 빠르게 하십시오. 발걸음을 재촉하십시오. 하나님이 여러분에게 서두르라고 명령하십니다. 만일 여러분에게 해야 할 일이 있다면, 속히 그 일을 하십시오. 영원의 수레바퀴는 여러분 뒤에서 요란한 소리를 내며 구르고 있습니다. 서두르십시오. 여러분은 지금 경주를 하고 있습니까? 더 빨리 달리십시오. 그렇지 않으면 죽음이 곧 여러분을 따라잡을 것입니다. 어쩌면 여러분은 이미 죽음의 흰 말의 뜨거운 숨결을 느끼고 있을는지도 모릅니다. 오! 하나님이여, 떠나기 전에 무엇인가를 할 수 있도록 우리를 도우소서. 바울 사도가 "나의 떠날 시각이 가까웠도다"라고 말하면서 동시에 "나는 선한 싸움을 싸우고 나의 달려갈 길을 마치고 믿음을 지켰다"고 말하는 것은 얼마나 놀랍습니까? 우리의 떠날 시각이 되었을 때 우리 역시도 그렇게 말할 수 있다면 얼마나 좋겠습니까?

또 만일 우리의 떠날 시각이 가까웠다면, 여러 가지 고난 가운데서도 기뻐하며 즐거워합시다. 우리 친구들이 캐나다나 혹은 다른 먼 지역으로 항해하기 위해 리버풀에 갔다고 상상해 보십시오. 출발하기 전날 밤 그들은 허름한 여인숙에서 하룻밤을 묵어야 합니다. 그러면 어떤 친구는 이렇게 불평합니다. "침대가 왜 이렇게 딱딱하지? 방은 또 왜 이렇게 작고 비좁은 거야? 전망도 영 형편없군." 그러면 다른 친구가 이렇게 말할 것입니다. "신경 쓰지 말게 친구여, 우리가 여기에서 계속 살 것은 아니지 않은가? 내일이면 우리는 떠나네." 가난 가운데 있는 형제들이여, 여러분도 이와 같이 생각하십시오. 여기는 영원한 안식처가 아닙니다. 안식의 때를 잠깐 미루십시오. 내일이면 여러분은 떠납니다. 슬픔 가운데 있는 아들들이여, 약함 가운데 있는 딸들이여, 질병 가운데 고통하는 자녀들이여, 다음과 같이 노래하며 즐거워하십시오.

> "길이 험하다 하더라도,
> 그러나 그 길은 길지 않다네.
> 나는 그 길을 소망으로 평탄케 하며,
> 노래로 즐거운 길이 되게 하리."

유럽 대륙을 여행할 때, 종종 나는 불편하며 시설도 제대로 되어 있지 않은 호텔에 묵곤 합니다. 그렇지만 그럴 때마다 나는 이렇게 생각합니다. '신경 쓸 거 없어. 내일 아침이면 떠날 텐데. 하룻밤 조금 불편한 게 무슨 대수란 말인가?' 이와 같이 우리는 곧 떠날 것이며, 우리의 떠날 시각이 가까웠습니다. 그러므로 사소한 일로 신경을 곤두세우지 맙시다. 허물을 찾고, 트집을 잡으며, 분을 내며, 불평을 발하지 맙시다. 사소한 일들은 그냥 내버려 둡시다. 왜냐하면 우리는 곧 떠날 것이기 때문입니다.

또 만일 우리의 떠날 시각이 가까웠다면, 우리는 이 땅의 모든 친구들과 좋은 관계를 맺고 있어야 하지 않겠습니까? 어떤 사람이 여러분에게 무례하게 행동한다든지 하는 경우를 생각해 보십시오. 만일 여러분이 이 땅에 영원히 남아 있을 것이라면, 다시는 그와 상종하지 않겠다고 생각하며 그렇게 행동해도 괜찮을 것입니다. 그렇지만 잠깐만 있다가 곧 떠날 것이라면, 차라리 조금 참는 것이 더 낫지 않겠습니까? 그와 맞서 싸우며 공격할 준비를 하는 것은 바람직하지 않습니다. 어떤 이웃이 못된 성질을 가지고 있다면 어떻겠습니까? 주께서 그를 참으셨습니다. 그렇다면 우리도 그렇게 해야 하지 않겠습니까? 이 땅에서는 단 한 시간도 함께 있고 싶지 않지만 그러나 하늘에서 영원히 함께 살아야만 하는 사람들도 있습니다. 그러면 어떻게 해야 하겠습니까? 형제 사랑을 위해 그리고 교회의 평안을 위해, 잠시 있는 동안 참으며 인내하는 것이 마땅하지 않겠습니까?

까다롭고 퉁명스러운 성격을 가진 사람들과도 계속해서 관계를 맺는 것이 더 바람직하지 않겠습니까? 예수 그리스도께서 그들을 사랑하신다면, 우리도 그래야 마땅하지 않겠습니까? 그리스도는 그들의 허물을 덮으십니다. 그런데 어째서 우리는 그들의 허물을 들추며 여기저기 떠들고 다녀야 한단 말입니까?

만일 여러분이 서로에 대해 어떤 불평을 가지고 있거나, 혹은 여러분 사이에 어떤 시기와 다툼이 있다면, 나는 오늘 밤 여러분을 서로 화해시키고 싶습니다. 왜냐하면 여러분의 떠날 시각이 가까웠기 때문입니다. 여러분이 어떤 사람에게 악한 말을 했다고 상상해 보십시오. 그런데 갑자기 그가 죽었다는 소식을 듣는다면, 여러분의 마음이 어떻겠습니까? 만일 그가 살아 있다면, 여러분이 그에게 무슨 말을 했든 큰 상관 없을 것입니다. 그러나 이제 여러분은 그에게 더 이상 아무 말도 할 수 없습니다. 여러분은 그에게 악한 말을 한 것을 후회하며, 그에 대한 마지막 말이 좀 더 친절하고 사랑스러운 말이었다면 얼마나 좋았을까 하고 생각하지 않겠습니까? 두 형제 사이에 약간의 불화가 있습니다. 두 자매 사이에 약간의 냉랭함이 있습니다. 그러나 어느 순간 한 사람이 갑자기 떠날지 알지 못합니다. 그러므로 화해하십시오. 사랑 가운데 사십시오. 그리스도께서 여러분을 사랑하시고, 여러분을 위해 자신을 주신 것처럼 말입니다. 어떤 사람이 내일 오스트레일리아로 떠나 다시 돌아오지 않을 것이라고 상상해 보십시오. 그런데 그는 어떤 형제와 사소한 불화 가운데 있었습니다. 그러면 그는 이렇게 말하지 않겠습니까? "여보게 형제여, 이제 그만 화해하세. 언제까지나 좋은 친구로 남아 있어야 하지 않겠나?" 이와 같이 여러분은 곧 떠날 것이므로, 모든 다툼과 불화를 끝내십시오. 그리고 모든 사람들과 더불어 평화하십시오.

또 만일 우리의 떠날 시각이 가까웠다면, 우리가 일시적인 형통으로 의기양양하며 우쭐대는 것은 얼마나 우스꽝스러운 일이 되겠습니까? 우리의 떠날 시각이 가까웠음을 생각할 때, 재산이라든지 재물이 가져다주는 위로는 아주 작은 것이 될 것입니다. 여러분은 안락한 집과 아름다운 정원을 소유하고 있을는지 모릅니다. 그러나 그것은 여러분의 안식이 아닙니다. 여러분의 점유권은 끝나가고 있습니다. 또 여러분은 이렇게 말하는지 모릅니다. "하나님이 작년에 나를 크게 형통하게 해주셨습니다. 은행 잔고는 크게 늘었고, 부동산은 더욱 많아졌으며, 사업은 예상한 것 이상으로 큰 성공을 거두었습니다." 아, 그런 것을 너무 지나치게 붙잡지 마십시오. 그런 것들이 여러분의 하늘나라가 될 것이라고 생각하지 마십시오. 이 땅에서 좋은 것을 얻는데 지나치게 신경 쓰지 마십시오. 왜냐하면 만일 그렇게 되면, 여러분은 하늘에서 좋은 것을 갖지 못하게 될 것이기 때문입니다. 금방 사라질 것을 위해 지나치게 수고하지 마십시오. 앞에서 불편한 호텔 이야기를 한 것처럼, 그런 것들에 대해 지나치게 괘념치 마십시오. 왜냐하면 우리의 인생은 금방 지나가기 때문입니다. 그러므로 화려하고 사치스러운 것에 현혹되지 마십시오. 왜냐하면 우리는 내일 떠나야 하기 때문입니다. 어떤 사람이 부자의 보석을 보면서 이렇게 말했습니다. "이것들은 죽기를 어렵게 만드는 것들이군요." 그렇지만 만일 여러분이 그러한 것들을 자기만족을 위한 우상으로가 아니라 하나님의 사랑의 선물로 붙잡는다면, 꼭 그런 것만은 아닙니다. 여러분은 그러한 것들을, 하늘에 더 낫고 영원한 것이 있음을 알면서 평온한 마음으로 취할 수 있습니다.

　마지막으로, 만일 우리의 떠날 때가 가까웠다면, 우리는 예수 그리스도의 복음을 증언하는데 더욱 착념해야 하지 않겠습니까? 우리는 그리스도의 증인들입니다. 우리가 하늘로 끌어올림을 받아, 모든 수고를 마치고 쉬고 있는 구름과 같은 허다한 증인들과 한 무리가 되기 전에, 우리에게 맡겨진 증인의 사명을 열심히 수행해야 하지 않겠습니까? 임종의 자리에서 하렵니까? 지금 하십시오. 왜냐하면 그때는 기회를 갖지 못할 수도 있기 때문입니다. 횟필드는 항상 죽음의 순간에 그리스도를 위해 증언할 수 있기를 바랐습니다. 그러나 그는 그렇게 할 수 없었습니다. 왜냐하면 여러분이 잘 아는 것처럼, 그는 설교가 끝난 후 갑자기 쓰러져 죽었기 때문입니다. 이것이 애통할 만한 안타까운 일입니까? 결코 그렇지 않습니다.

　사랑하는 형제들이여, 그는 살아 있는 동안 자신의 주님을 위해 너무도 많은 증언을 했습니다. 그에게는 죽음 직전의 마지막 순간에 굳이 무엇인가를 덧붙여야 할 필요가 없었습니다. 그러므로 우리 역시도 바로 지금 주님을 위해 열심히 증언해야 합니다. 어디에 있든, 그리스도께서 우리를 위해 행하신 일을 다른 사람들에게 말합시다. 오늘이라 일컬어지는 동안, 모든 힘을 다해 그리스도의 일을 행합시다. 그리스도를 위해 일할 수 있는 동안, 그를 위해 열심히 일합시다. 평소의 게으름을 만회하기 위해 마지막 순간 가쁜 숨을 몰아쉬며 주님을 증언하는 것을 상상해 보십시오. 살아 있는 동안 열심히 증언하는 것과 비교할 때, 그것은 얼마나 공허한 수고입니까? 그렇지만 마지막 순간의 증언은, 만일 그것이 병적인 후회가 아니고 여러분의 삶 전체의 건강한 확증이라면, 좀 더 큰 힘을 가질 것입니다.

떠남과 관련한 오늘의 설교가 여러분 모두에게 잘 적용되기를 바랍니다. "그의 경건한 자들의 죽음은 여호와께서 보시기에 귀중한 것이로다"(시 116:15). 그러나 하나님은 또 이렇게 말씀하십니다. "나는 악인이 죽는 것을 기뻐하지 아니하고 악인이 그의 길에서 돌이켜 떠나 사는 것을 기뻐하노라(겔 33:11). 아직 회심하지 않은 자여, 부두에 매어놓은 당신의 줄이 풀어질 날이 가까웠습니다. 어쩌면 바로 지금 문 앞에 와 있는지도 모릅니다. 당신은 머지않아 먼 나라를 향해 항해를 해야 합니다. 그러나 안타깝게도 당신이 향하고 있는 나라는 밝고 아름다운 축복의 나라가 아닙니다. 당신의 떠남은 저 멀리 어렴풋이 보이는 유형지로 유배되는 것입니다. 그곳은 모든 것이 두렵고, 희망이라고는 도무지 없는 곳입니다. 왜냐하면 당신의 형기(刑期)는 '영원'이기 때문입니다. 나는 지금 여기에 앉아 설교를 듣고 있는 사람들 가운데에도 그런 사람들이 있지 않을까 두렵습니다. 마치 내 눈에 지금 죽음의 천사가 여러분 주위를 배회하고 있는 것처럼 보입니다. 아마도 그 죽음의 천사는 자신의 희생물로서 회심하지 않은 영혼을 택하는지 모릅니다. 만일 그렇다면, 그 천사 뒤에는 그보다 훨씬 더 무시무시한 것이 기다리고 있습니다. 그리스도를 사랑하지 않는 자의 죽음 뒤에 기다리고 있는 것이 무엇입니까? 그것은 지옥이 아닙니까? 서두르십시오. 서두르십시오. 그리스도를 찾으십시오. 영생을 붙잡으십시오. 무한히 긍휼하신 자가 예수 그리스도로 인해 당신을 구원하시기를 기원합니다. 아멘.

디
도
서

제
1
장

—

하나님이 할 수 없는 것

—

**"거짓말할 수 없는 하나님이
영원 전부터 약속하신 것인데"** — 딛 1:2

한때 진리가 우리의 지구를 지배하였으며, 그때 이 땅은 낙원이었습니다. 그때 인간은 거짓을 알지 못했으며, 그러는 동안 그들은 어떤 슬픔도 몰랐습니다. 그러나 거짓의 아비가 축복의 동산을 침범했으며, 추악한 거짓말로 에덴을 광야로 황폐시키고 인간으로 하여금 하나님을 배반하도록 만들었습니다. 그는 교활하게도 그럴듯한 거짓말로 여자의 눈을 현혹시켰습니다. "너희가 그것을 먹는 날에는 너희 눈이 밝아져 하나님과 같이 되어 선악을 알 줄 하나님이 아심이니라"(창 3:5). 거짓의 아비는 마치 정복자가 자신의 병거를 타듯이 그러한 거짓말을 탔으며, 그로 말미암아 '인간영혼의 도성'(the city of Mansoul)은 성문을 열고 그 교활한 원수를 맞아들였습니다. 처음에 세상을 사탄의 영향력 아래 복속시킨 것이 거짓말이었던 것처럼, 그가 그의 보좌를 지키는 것 역시 거짓말을 통해서입니다. 이교도들 사이에서 그의 나라는 고요하며 견고합니다. 왜냐하면 사람들의 생각이 거짓된 신화로 미혹되었기 때문입니다. 마호메트와 교황의 통치 영역은 똑같이 사탄의 왕국이며, 그의 통치는 흔들리지 않습니다. 왜냐하면 인간의 공로와 사제직을 비롯한 수만 가지 거짓된 것들이 그의 보좌를 지탱하고 있기 때문입니다. 무지의 어둠과 거짓의 토굴과 미신의 사슬이 지옥의 폭정으로 열방을 압제하는 짐승이 주로 사용하는 무기입니다.

사탄은 지금도 거짓말을 통해 세상을 붙잡고 자신의 권력을 유지하고 있기 때문에, 그는 어디에서든 거짓말을 조장하며 촉진시킵니다. 주위를 둘러보십시오. 그리고 얼마나 많은 거짓말들이 횡행하고 있는지 보십시오. 거짓의 자녀들이 마치 애굽의 개구리들만큼이나 많습니다. 그리고 그러한 개구리들은 애굽에서 그랬던 것처럼 사람들의 모든 거처 속으로 침입해 들어옵니다. 세속적인 삶 속에서든 종교적인 삶 속에서든, 어디에나 거짓이 만연합니다. 여러분은 거짓된 뉴스와 왜곡된 보도를 어디에서나 접할 수 있습니다. 또 여러분은 잡지 같은 데서 수많은 가십(gossip) 기사들을 볼 수 있는데, 그것이 토해 내는 말들을 조심하십시오. 만일 여러분이 거짓말을 만드는 자들과 공모하는 자가 되기를 원치 않는다면, 그러한 말들을 성급하게 받아들이지 마십시오.

심지어 높은 계층의 사회조차 거짓말로부터 안전지대가 아닙니다. 왕의 입술에서조차 거짓말이 흘러나옵니다. 마치 누더기를 입은 걸인들이 아무렇게나 말하며, 맹세하며, 저주하는 것처럼 말입니다. 외교술이라는 게 대체로 무엇을 말하는 것입니까? "거짓말하는 기술"이 아닙니까? 교묘한 언어로 자기의 속생각을 감추는 정치가가 최고의 정치가로 인정되지 않습니까? 얼마나 많은 회의에서 위원들은 최대한 시치미를 떼며, 계략을 꾸미며, 상대의 허를 찌르기 위해 애를 씁니까? 시장에서 거래되는 물품 가운데 가장 흔한 것이 거짓말과 입에 발린 말이라는 사실을 누가 모르겠습니까? 왕의 통치술이라는 것도 따지고 보면 가장 우아한 방식으로 거짓말을 하는 기술이 아닙니까? 오늘날 정치인들의 약속과 의회에서 실제로 이루어지는 일 사이의 차이는 거짓말이 여전히 보편적으로 통용되고 있음을 증명합니다.

거짓은 모든 곳에 있습니다. 가장 낮은 계급으로부터 가장 높은 계급에 이르기까지 모든 곳에 만연합니다. 거짓은 사회 전체에 퍼져 있습니다. 그것은 인간 전체를 파괴했으며, 세상 전체를 더럽혔습니다. 그리하여 정직한 사람들은 이렇게 탄식합니다. "메섹에 머물며 게달의 장막 중에 머무는 것이 내게 화로다"(시 120:5). 소위 종교계라 불리는 곳에서도 사정은 다르지 않습니다. 옛적에는 거짓을 말하는 선지자들과 헛된 꿈을 꾸는 자들이 있었습니다. 그런가 하면 하나님의 말씀을 더 이상 하나님으로부터 나온 진리가 아닌 방식으로, 다시 말해서 인간의 거짓과 적당히 혼합된 방식으로 전하는 자들도 있었습니다. 이것은 오늘날도 마찬가지입니다. 제사장의 옷을 입고 있으면서도 자신은 하나님을 믿지 않는다고 공언하는 자들도 있습니다. 그런 사람들은 지옥의 제사장들입니다. 주교관을 쓴 자가 공공연히 불신앙의 도리를 가르칩니다. 그것은 가증스러운 위선과 강도질 외에 아무것도 아닙니다. 같은 교리와 요리문답을 믿고 고백하는 사람들 사이에서도 그 믿음의 내용이 서로 다릅니다. 마치 빛과 어둠이 서로 다른 것처럼 말입니다. 이에 대해 우리는 어떻게 말해야 합니까? 수많은 하나님의 사역자들이 스스로의 믿음에 배치되게 행동하며 스스로 비성경적이라고 느끼는 것을 계속해서 말하며 행동하는 것을 생각할 때, 나의 얼굴은 수치로 뒤덮입니다. 또 많은 사람들은 철학적인 기독교를 고백하며, 인간의 전통(traditions)을 하나님의 진리의 자리에 놓습니다. 선지자들은 거짓을 예언하며, 백성들은 거짓 예언을 듣기를 좋아합니다.

　형제들이여, 우리는 모든 곳에서 거짓과 더불어 싸워야 합니다. 만일 우리가 세상을 복되게 만드는 사람이 되고자 한다면, 우리는 단호한 얼굴과 열정적인 정신으로 거짓과 직면해야만 합니다. 하나님의 목적은 거짓을 세상 밖으로 쫓아내는 것입니다. 그리고 그것은 여러분과 나의 목적이 되어야 합니다. 하나님의 성령은 우리 마음으로부터 거짓을 쫓아내는 일을 시작하셨습니다. 그러므로 우리는 그것을 결심해야 하며, 그럴 때 거짓은 가지가 잘리고 뿌리가 뽑히며 완전히 불살라지게 될 것입니다.

　하나님의 진리 가운데 행하십시오. 진리를 사고, 팔지 마십시오. 진리를 굳게 붙잡으십시오. 사랑 가운데 진리를 말하고, 모든 행동에 있어 진리를 실천하십시오. 그럴 때 우리는 본문이 말하는 대로 "거짓말할 수 없는" 하나님의 자녀로서 알려지게 될 것입니다. 거짓과 관련한 지금까지의 우울한 논의를 뒤로 하고, 이제 본문을 살펴보도록 합시다. 그것은 마치 우울한 사막을 방황하다가 아름다운 오아시스를 발견하는 것과 같습니다. 하나님이 거짓말할 수 없다는 말씀은 얼마나 우리의 마음을 상쾌하게 합니까?

　오늘 아침 우리는 본문을 다음과 같은 방식으로 살펴보고자 합니다. 첫째로, 하나님이 거짓말할 수 없다는 말씀을 증명하기보다 그것을 확증해 줄 수 있는 몇 가지 사실들을 제시하고자 합니다. 둘째로, 본문이 얼마나 넓게 이해되고 적용될 수 있는지 이야기하고자 합니다. 그리고 셋째로, 본문에 기초하여 몇 가지 중요한 교훈들을 살펴보고자 합니다.

1. 첫째로, 하나님이 거짓말할 수 없다는 사실에 대해 이야기해 봅시다.

앞에서 이야기한 것처럼, 우리는 그러한 사실을 증명하지는 않을 것입니다. 왜냐하면 우리 모두가 그것을 믿기 때문입니다. 우리는 그것을 증명하는 대신 그에 대한 우리의 믿음을 좀 더 공고히 하고자 합니다. 하나님이 우리를 거짓으로 이끄는 결함들에 종속되어 있지 않다는 사실을 기억할 때, 우리는 하나님이 거짓말할 수 없다는 사실을 더욱 분명하게 확신할 수 있습니다. 베이컨 경(Lord Bacon)은 이렇게 말했습니다. "진리에는 세 부분이 있다. 첫째로 그것을 추구하는 찾음과, 둘째로 그것의 실재인 앎과, 셋째로 그것을 향유하는 믿음이 그것이다." 이러한 세 부분 모두에서, 사람들은 자신의 결함 때문에 완전한 진리에 이르지 못합니다. 진리를 찾음에 있어 우리의 도덕적 눈은 전적으로 깨끗하지 못하며, 따라서 우리는 올바로 보는 일에 실패합니다.

또 우리는 진리에 있어 똑바로 따르지 못하고 좌측으로나 우측으로 치우치기가 매우 쉽습니다. 우리의 편견 때문이든지 아니면 어떤 이득 때문이든지 간에 말입니다. 어떤 철학자는 "진리는 우물 안에 있다"고 말했습니다. 많은 사람들이 진리를 찾고자 우물 밑으로 내려갑니다. 그러나 물을 바라보면서 그들은 그들 자신의 얼굴을 보게 되고, 그러는 가운데 스스로의 아름다움에 극도로 반하게 됩니다. 그리하여 그들은 가련한 진리는 잊어버리든지 아니면 그것은 단지 자기 자신의 반영(反影)에 불과한 것처럼 상상해 버립니다. 그러나 우리 하나님은 이러한 오류에 빠질 수 없습니다. 왜냐하면 그에게는 진리를 발견하는 것이 있을 수 없기 때문입니다. 그는 어떤 것을 외부에서 찾을 필요가 없습니다. 왜냐하면 "지으신 것이 하나도 그 앞에 나타나지 않음이 없고 우리의 결산을 받으실 이의 눈 앞에 만물이 벌거벗은 것 같이 드러나기" 때문입니다(히 4:13). 성경에서 "하나님이 이를 알아내지 아니하셨으리이까"라든지 혹은 "나 여호와는 심장을 살피며 폐부를 시험하나니" 등과 같은 말씀이 사용될 때, 그것은 그가 모든 것을 완전히 알지 못하기 때문이 아니라 다만 신적 지식의 확실성과 정확성을 나타내기 위한 것입니다(시 44:21; 렘 17:10).

하나님은 무엇인가를 찾을 필요가 없습니다. 하나님은 자기 안에 그릇된 찾음으로 이끄는 어떤 것도 가지고 계시지 않으며, 그러므로 하나님은 거짓 혹은 오류를 행하지 않습니다. 하나님의 진리를 찾을 때, 우리는 진리를 알게 됩니다. 그러나 여기에 한 가지 조심할 것이 있습니다. 그것은 '빠뜨림'(omission)의 형태로 거짓이 들어올 수 있다는 사실입니다. 왜냐하면 우리는 종종 우리가 알 수 있는 모든 것을 알기를 거부하기 때문입니다. 우리에게 있어 어떤 문제들에 대해 지나치게 많이 아는 것은 불편한 일이 될 수 있습니다. 왜냐하면 그럴 때 우리 자신의 생각은 포기되어야만 하기 때문입니다. 따라서 우리는 그러한 것들에 대해 눈을 감아 버립니다. 진리 혹은 사실을 아는 것에 대한 두려움 때문에 말입니다. 많은 사람들은 성경의 어떤 구절들을 읽지 않고 그냥 남겨둡니다. 그러한 구절들이 가르치는 교리들을 받아들이고 싶지 않기 때문입니다. 그러나 하나님의 모든 말씀에 귀를 기울이기를 거부할 때, 여러분은 사실상 거짓을 행하고 있는 것입니다. 왜냐하면 그것은 하나님의 진리를 모르는 것을 더 선호(選好)하는 것이기 때문입니다. 뿐만 아니라 그것은 사실상 거짓을 붙잡는 것을 더 선호하는 것입니다.

그러나 우리의 지혜로우신 하나님에게는 이러한 종류의 일이 결코 일어날 수 없습니다. 그는 모든 진리를 아십니다. 그는 모든 것을 한순간에 아시며, 그것을 자신 안에 영원히 보유하십니다. 그가 알지 못하는 것은 아무것도 없습니다. 의도적으로든 다른 이유 때문으로든 말입니다. 하나님은 진리를 마치 '그의 사랑하는 자'(His own Beloved)처럼 받으십니다. 그리고 세상이 진리를 배척했을 때, 그 진리는 하나님의 방패 아래 자신의 피난처를 발견합니다. 우리는 또한 우리의 믿음 안에 있는 결함으로 인해 종종 거짓에 떨어지곤 합니다. 왜냐하면 때로 우리는 믿고자 하기보다 알고자 하기 때문입니다. 진리는 깨달음(understanding)에 의해 붙잡혀집니다. 감정에 의해서는 다만 억지로 우겨 잡혀지는 것일 뿐입니다. 우리는 진리를 마치 베드로가 그의 주님을 알았던 것처럼 그렇게 알고, 또 그가 부인했던 것처럼 그렇게 부인합니다. 더욱이 우리의 약함으로 말미암아 우리는 우리가 하나님의 진리라고 아는 것을 의심하는 자리로 이끌려집니다. 그러나 하나님에게는 이러한 일이 결코 일어날 수 없습니다. 왜냐하면 하나님은 하나이며, 여러 부분들로 나누어질 수 없기 때문입니다. 그의 입술은 그의 마음으로부터 나누어질 수 없습니다. 그의 입술은 곧 그의 마음이며, 그의 마음은 곧 그의 손입니다. 하나님은 하나입니다. 반면 여러분과 나는 "마음으로는 알지만 입술로는 부인할 수 있는" 존재입니다. 그러나 하나님은 하나이며, 나누어질 수 없습니다. 하나님은 빛이시며, 그 안에는 아무런 어둠도 없습니다. 그에게는 변함도 없으시고 회전하는 그림자도 없으십니다(약 1:17).

나아가 하나님에 대한 성경의 개념은 그가 거짓말하는 것을 허락하지 않습니다. 하나님에 대한 여러분의 생각을 되돌아보십시오. 여러분은 하나님에 대해 어떤 개념을 형성했습니까? 만일 여러분이 성경을 읽고 하나님 개념에 대한 최소한의 그림자라도 가지고 있다면, 여러분은 삼중으로 거룩하신 자(thrice Holy One) 즉 거룩하시고 거룩하시고 거룩하신 자가 거짓말하는 것은 절대로 불가능한 일이라는 사실을 알 것입니다. 하나님이 사실이 아닌 것을 말할 수 있다는 일말의 가능성이라도 허용해 보십시오. 그러면 그리스도인에게 하나님은 더 이상 존재하지 않을 것입니다. 타락한 이교도들은 음행과 도둑질과 거짓말을 밥 먹듯이 하는 괴상망측한 신을 상상할는지 모릅니다. 힌두교의 신들을 보십시오. 그런 모습으로 묘사된 신들이 얼마나 많습니까? 그러나 진리의 빛으로 비춤을 받은 그리스도인들은 결코 그와 같은 개념을 품을 수 없습니다. "하나님"이라는 단어는 선하며 위대한 것 모두를 포함합니다. 거짓말을 허용해 보십시오. 그러면 우리에게는 무신론의 캄캄한 어둠 외에 아무것도 남지 않을 것입니다. 나는 거짓말하는 하나님을 사랑할 수도, 예배할 수도, 순종할 수도 없습니다.

또 우리 모두는 하나님이 너무도 지혜로우셔서 거짓말할 수 없음을 압니다. 거짓말은 어리석은 자의 방편일 뿐입니다. 근시안적인 사람만이 거짓말을 하는 법입니다. 시작만 알고 끝은 볼 줄 모르는 어리석은 인생이 당장의 이익을 위해 사실이 아닌 것을 이야기합니다. 그러나 멀리까지 내다볼 줄 아는 지혜로운 사람은 거짓말을 유익한 것으로 결코 생각하지 않습니다. 그는 진리가 처음에는 다소 패배를 당하는 것 같지만 그러나 종국에는 항상 승리한다는 사실을 압니다. 그는 "정직이 최선의 정책이다"라는 격언을 확신합니다. 올바른 판단력과 선견지명을 가지고 있는 지혜로운 사람은 항상 곡선보다 직선을 더 좋아합니다. 그는 목표를 향해 똑바로 나아갑니다. 그것이 종국에는 최선의 길이라는 사실을 확신하면서 말입니다. 하물며 무한한 지식과 지혜를 갖고 계신 하나님이 어리석은 자의 근시안적인 책략을 선택하겠습니까? 처음과 나중을 모두 아시는 홀로 지혜로우신 하나님이 어리석기 짝이 없는 우둔한 바보처럼 행동하시겠습니까? 절대로 그럴 수 없습니다. 완전히 지혜로우신(All-Wise) 하나님은 동시에 완전히 참되셔야만(All-True) 합니다.

뿐만 아니라 거짓말은 작고 미천한 자들이 사용하는 방법입니다. 큰 자는 거짓말을 하지 않습니다. 선한 자는 거짓될 수 없습니다. 큼(greatness)과 선함

(goodness)을 합쳐 보십시오. 그러면 여러분은 크고 선한 성품에는 거짓말이 어울리지 않는다는 사실을 알게 될 것입니다. 하나님은 너무도 크셔서 거짓말을 필요로 하지 않습니다. 또 그는 너무도 선하셔서 거짓말하기를 원치 않습니다. 이와 같이 그의 크심과 선하심은 그가 거짓말할 수 있다는 개념을 추호도 용납하지 않습니다.

　사랑하는 형제들이여, 도대체 하나님이 무슨 동기로 거짓말을 해야만 한단 말입니까? 사람이 거짓말을 할 때, 그것은 그가 거짓말을 통해 무엇인가를 얻을 수 있기 때문입니다. 그러나 숲의 모든 들짐승들과 들의 모든 가축들이 그의 것입니다. 하나님은 이렇게 말씀하십니다. "내가 가령 주려도 네게 이르지 아니할 것은 세계와 거기에 충만한 것이 내 것임이로다"(시 50:12). 무한한 권능과 지혜, 그리고 무궁무진한 부요가 그의 것입니다. 그가 거짓말을 한다고 하여 무엇인가를 더 얻을 수 있는 것은 아닙니다. 왜냐하면 "땅과 거기 충만한 것이 주의 것"이기 때문입니다. 그런데 도대체 그가 왜 거짓말을 해야만 한단 말입니까? 사람들은 때로 칭찬을 얻기 위해 거짓말을 합니다. 간신배가 어떻게 폭군의 발 앞에서 아첨을 하며 악을 행하는지 보십시오. 그러나 하나님은 어떤 영예와 존귀도 필요로 하지 않습니다. 악인으로부터 나오는 것은 특별히 더 그렇습니다. 거룩하지 않은 피조물로부터 사랑을 받는 것은 하나님의 의로우심을 도리어 손상시키는 것입니다. 설령 아무 피조물도 없다 하더라도, 하나님의 영광은 충분히 큽니다. 하나님의 영광과 관련하여 설령 그것을 보아줄 눈이 하나도 없고 또 그것을 들어줄 귀가 하나도 없다 할지라도, 하나님은 무한히 영광스러우십니다. 그는 아무것도 요구하지 않습니다. 그는 사람의 존경과 존귀를 요구하지 않습니다. 따라서 그는 그런 것들을 얻기 위해 비굴하게 거짓말을 해야 할 필요가 없습니다. 또 하나님이 무엇인가를 두려워할 수 있습니까? 사람들은 때로 두려움으로 인해 진리를 부정하기도 합니다. 그러나 두려움이 영원하신 하나님의 마음속으로 들어갈 수 있습니까? 그는 자신을 대적하는 모든 나라들을 굽어 보시면서도 조금도 염려하거나 개의치 않으십니다. "하늘에 계신 이가 웃으심이여 주께서 그들을 비웃으시리로다"(시 2:4). 주께는 수많은 병거들과 천군천사들이 있지 않습니까? 그렇지만 이런 것들조차도 그 자신의 무한한 능력의 바다와 비교할 때 고작 물 한 방울에 불과합니다. 여호와에게 두려워해야 할 것이 무엇이 있겠습니까? "여호와"와 "두려움"은 결코 만날 수 없는 두 단어입니다. 이와 같이 하나님에게는 거짓말을 해야만 하는 아무런 동기가 없습니다. 그러므로 우리는 "거짓말할 수 없는 하나님"이라는 바울의 선언이 절대적으로 옳음을 완전히 확신할 수 있습니다.

나아가 우리는 이 모든 것에다가 하나님과 관련한 사람들의 경험을 더할 수 있습니다. 아담이 타락했을 때, 하나님은 거짓말하지 않으셨습니다. 이토록 멋지고 아름다운 세상을 만드신 후 그것을 사탄의 통치에 양도하시고, 또 자신의 형상을 따라 만든 사람을 에덴 동산으로부터 쫓아내시면서, 무덤에 들어갈 때까지 이마에 땀을 흘리며 수고하도록 하셨다는 것은 참으로 이상한 일처럼 보였습니다. 그러나 하나님은 그렇게 하셨으며, 에덴 동산의 화염검은 그가 거짓말하신 것이 아니며 또 그럴 수도 없음을 보여주는 증거였습니다. 하나님이 아담에게 오셔서 애틋한 마음으로 "아담아 네가 어디에 있느냐?"라고 물으셨을 때, 그것은 그를 긍휼히 여기시며 할 수만 있다면 그에게 형벌을 내리지 않으려는 것처럼 들렸습니다. 그러나 형벌은 내려져야만 합니다. 그리고 에덴 동산은 파괴되고, 아담은 저주받은 땅에서 방황하게 될 것입니다.

또 후에 홍수가 인간들을 쓸어버리고 노아가 새 언약의 상속자로 나타날 때, 우리는 "거짓말할 수 없는 하나님"에 대한 또 하나의 증거를 갖게 됩니다. 그 때 이후로 어떤 홍수도 지구를 멸망으로 이끌지 않았습니다. 지역적인 홍수들이 있었고 여러 지역들이 크고 작은 홍수로 피해를 겪기는 했지만, 그러나 노아가 보았던 것과 같은 형태의 홍수는 결코 발생하지 않았습니다. 지금도 구름 위에 떠오르는 무지개는 우리에게 하나님은 결코 거짓말을 할 수 없다는 사실을 분명하게 보여줍니다. 또 하나님은 아브라함에게 그에게 아들이 있을 것이며 그 씨가 그가 지금 우거하고 있는 모든 땅을 소유하게 될 것이라고 약속하셨습니다. 그 약속은 사실이 되지 않았습니까? 그들은 애굽에서 200년을 기다렸습니다. 그들은 바로의 폭정 아래 큰 고통을 당했습니다. 그들은 고난의 풀무 가운데 누워 있었습니다. 그러나 하나님은 큰 손과 편 팔로 자기 백성을 건져 내시고, 광야로 인도하셨으며, 가나안을 기업으로 주셨습니다. 그 땅의 거민들을 그들 앞에서 쫓아내시면서 말입니다. 그리고 후에 그는 다윗과 더불어 언약을 맺으셨습니다. 그 언약은 얼마나 속히 이루어졌습니까? 또 하나님이 이스라엘의 원수들에게 말씀하신 모든 경고들을 생각해 보십시오. 그 모든 경고들은 얼마나 확실하게 이루어졌습니까? 이 모든 것들이 전부 "거짓말할 수 없는 하나님"에 대한 분명한 증거들입니다.

그렇지만 우리에게는 아직도 가장 중요한 것이 남아 있습니다. 하나님이 자기의 독생자를 보내시지 않았습니까? 여자에게서 나게 하시고 또 율법 아래 나게 하심으로써 말입니다. 자신의 옛 약속에 따라 하나님은 우리 모두의 죄를 그에게 담당시키지 않았습니까? 우리 주 예수 그리스도의 성육신과 죽음은 하나님의 진실하심에 대한 가장 큰 증거가 아닙니까? 그의 아들은 자신의 영광과 하늘나라를 버려야만 하며, 사람들에 의해 멸시와 배척을 당해야만 하며, 나무 위에 못 박혀야 하며, 마침내 죽어야만 합니다. 진실로 여기에 진리가 있습니다. 만일 이것이 약속에 따라 이루어져야만 하는 일이며 또 실제로 그렇게 된 것이었다면, 우리는 여기에서 하나님이 자신의 말씀에 결코 거짓될 수 없다는 사실에 대한 가장 분명하며 확실한 증거를 갖게 됩니다. "거짓말할 수 없는 하나님"이라는 호칭은 그의 본성이 요구하는 정당한 호칭입니다.

하나님의 진실하심에 대해 또 다른 논증이 필요합니까? 여러분에게 많은 시련의 시간들이 있었을 것입니다. 여러분은 그의 약속을 붙잡고 그것을 그의 은혜의 보좌 앞에 놓았을 것입니다. 여러분은 무엇이라고 말하겠습니까? 그가 자신의 약속을 깨뜨린 적이 있습니까? 여러분은 홍수를 통과했습니다. 그가 홍수 가운데 여러분을 버려 두셨습니까? 여러분은 불을 지나갔습니다. 여러분은 그 불에 사름을 당했습니까? 여러분은 고난 가운데 그에게 부르짖었습니다. 그가 여러분을 구원하지 않았습니까? 가난한 자들이여, 여러분은 곤고하며 궁핍한 자리에 있었습니다. 그렇지만 그가 여러분의 돕는 자가 되지 않으셨습니까? 여러분은 죽음의 문턱을 넘나들었으며, 그때 지옥은 여러분을 삼키려고 그 소름끼치는 입을 활짝 열었습니다. 그러나 여러분은 오늘날 하나님이 그의 약속에 신실하셨음을 보여주는 살아 있는 기념비가 되지 않았습니까? 이 모든 사실을 기억하면서 그가 "거짓말할 수 없는 하나님"이란 여러분의 확신을 더욱 공고히 하십시오.

**2. 둘째로, 하나님이 거짓말할 수 없다는 사실이
얼마나 넓은 의미를 갖는지 주목하십시오.**

성경에서 하나님이 거짓말할 수 없음을 말할 때, 그것은 통상적으로 그의 불변성과 연결됩니다. 예를 들어, 민수기 23장 19절은 이렇게 말합니다. "하나님은 사람이 아니시니 거짓말을 하지 않으시고 인생이 아니시니 후회가 없으시도다." 여기에서 "거짓말"이라는 단어는 그 통상적인 의미를 넘어 변함(change)의 개념을 포함합니다. 그러므로 하나님이 거짓말을 하지 않는다고 말할 때, 그것은 하나님이 사실이 아닌 것을 말씀하실 수 없다는 의미일 뿐만 아니라 또한 하나님이 어떤 것을 말씀하셨다면 결코 그것을 바꾸거나 철회하지 않는다는 것을 의미하는 것입니다. 하나님이 당신의 목적 안에서 말씀하신 것은 결코 바뀌지 않는다는 사실은 그리스도인에게 있어 얼마나 큰 위로가 됩니까? 하나님의 말씀은 모래 위가 아니라 그의 변치 않는 본성의 영원한 놋쇠 위에 기록되었습니다. 우리는 하나님의 말씀이 기록된 인봉된 책에 대해 진실로 이렇게 말할 수 있습니다. "그가 말씀하셨으니 그가 행하시지 않으랴, 그가 계획하셨으니 그대로 이루어지지 않으랴?" 성경에서 우리는 하나님의 생각이나 계획 같은 것이 간혹 바뀌는 경우를 발견합니다. 우리는 이러한 경우를 옛 청교도의 다음과 같은 말로써 설명할 수 있습니다. "하나님은 바꾸는 것을 뜻할 수는 있지만, 그러나 자신의 뜻을 바꿀 수는 없다(God may will a change, but He cannot change His will)."

우리가 간혹 성경에서 읽게 되는 그러한 변화들은 결코 그의 뜻이나 혹은 목적의 변화를 포함하지 않습니다. 예를 들어, 하나님은 히스기야가 일반적인 자연의 과정에 따라 곧 죽게 될 것이라고 경고하셨다가 곧이어 그의 수명을 15년 연장해 주셨습니다. 결국 하나님의 목적은 처음부터 히스기야가 15년이 끝날 때까지 사는 것이었습니다. 그러나 하나님의 목적 속에는 여전히 히스기야가 일반적인 자연의 과정에 따라 죽어야만 한다는 것이 포함되어 있었습니다. 따라서 히스기야에게 일어난 기적은 여전히 신적 목적, 즉 그가 초자연적인 방법으로 치유를 받고 그럼으로써 하나님을 더 가까이 하며 살도록 만들고자 하는 신적 목적의 일부였던 것입니다. 하나님은 바꾸는 것을 뜻할 수는 있지만 그러나 자신의 뜻을 바꿀 수는 없습니다. 마지막 큰 날이 올 때, 여러분과 나는 모든 일이 하나님이 자신의 손가락으로 친히 기록하신 두루마리에 따라 일어난 사실을 보게 될 것입니다. 사람이 생각한 모든 생각과, 사람이 말한 모든 말과, 사람이 행한 모든 행동에 이르기까지 말입니다. 그 모든 것은 하나님의 책에 있는 그대로 인간 역사(歷史)의 두루마리 가운데 펼쳐질 것입니다.

이와 같이 하나님은 당신의 목적과 관련하여 결코 변하지 않으며, 바로 이런 사실 속에 우리의 위로가 있습니다. 만일 그가 우리를 구원하시기로 결정하셨다면 ─ 그를 믿는 자는 누구든지 그의 택하신 자이기 때문에 우리는 그가 그렇게 하셨음을 압니다 ─ 분명 우리는 구원받을 것입니다. 하늘나라는 어떤 경우에도 결코 지옥에 의해 패배를 당하지 않습니다. 지옥과 세상이 함께 합세하여 그리스도 위에 안식하는 영혼을 멸망시키려고 할는지 모릅니다. 그러나 하나님의 섭리와 계획이 견고하게 서 있는 한, 선택된 영혼은 안전합니다. 그러한 신적 섭리와 계획이 바뀔 수 없는 사실로 인해 기뻐하고 즐거워하십시오. 하나님의 약속은 결코 바뀌지 않으며, 그의 경고 또한 마찬가지입니다. 그의 약속은 여전히 확고합니다. "나는 감추어진 곳과 캄캄한 땅에서 말하지 아니하였으며 야곱 자손에게 너희가 나를 혼돈 중에서 찾으라고 이르지 아니하였노라"(사 45:19). 어떤 새로운 말씀도 예전의 말씀을 바꾸거나 무효화하지 않습니다. 우리는 하나님의 책에 대해 이러저러한 말씀은 이제 쓸모 없게 되었다고 말할 수 없습니다. 하나님의 책 안에 쓸모 없는 규례는 아무것도 없습니다. 그 모든 약속들은 처음 하나님의 입에서 떨어질 때와 똑같이 오늘날에도 새로우며, 신선하며, 왕성하며, 강력합니다. 이와 같이 "거짓말할 수 없는 하나님"이란 표현 속에는 그가 결코 변할 수 없다는 위대한 교리가 내포되어 있습니다.

이러한 다면적인 의미에도 불구하고 우리는 본문의 가장 기본적인 의미, 즉 하나님은 생각이나 말이나 행동에 있어 결코 거짓될 수 없다는 사실을 잊어서는 안 됩니다. 하나님이 생각하시고 말하시고 행동하시는 것 위에는 거짓의 그림자가 털끝만큼도 없습니다. 그는 자신의 예언에 있어 거짓말할 수 없습니다. 그의 예언들은 얼마나 장엄하며 진지하며 진실합니까? 폐허가 된 니느웨를 보십시오. 바벨론의 흙무더기를 보십시오. 이두매와 페트라를 보십시오. 직접 볼 수 없다면, 그곳을 여행한 여행자들로부터 들으십시오. 그리고 그들에게 물어 보십시오. "하나님이 말씀하신 대로 되지 않은 것이 있습니까? 그의 말씀이 땅에 떨어졌습니까? 하나님의 저주가 식언이 되었습니까?" 그러면 그들은 대답할 것입니다. "아니오, 단 하나의 저주도 식언이 되지 않았습니다." 하나님의 모든 말씀은 확고합니다. 모든 예언들은 그대로 이루어졌습니다. 장차 이루어질 예언들도 마찬가지입니다. 계시록의 모든 예언들은 그 한 행 한 행에 이르기까지 모두 이루어질 것입니다. 비록 지금은 우리가 그 모든 말씀을 충분히 이해하지는 못한다 하더라도 말입니다. 그리고 그 모든 것이 실제로 이루어질 때, 우리는 왜 그 때는 알지 못했을까 하고 의아하게 생각할 것입니다. 그러나 지금은 그것이 진리라는 사실을 아는 것으로 충분합니다. 펼쳐지는 사건들이 각 예언을 설명하게 될 것이며, 그렇게 하여 우리는 그 의미를 알게 될 것입니다.

하나님은 당신의 예언에 대해 진실하신 것처럼 또한 당신의 약속에 대해서도 진실하십니다. 사랑하는 성도들이여, 여러분은 하나님의 약속을 믿습니까? 그렇다면 오늘 아침 그것을 시험해 보십시오. 애통하며 슬피 우는 죄인들이여, 하나님이 여러분과 여러분의 죄를 용서해 주실 것입니다. 만일 여러분이 예수 그리스도를 믿기만 한다면 말입니다. 하나님은 그렇게 하시기로 약속해 주셨습니다. 그리고 그는 거짓말할 수 없습니다. 사랑하는 그리스도인들이여, 만일 여러분이 하나님의 약속을 붙잡고 그것을 간절히 간구한다면, 머지않아 여러분은 그것이 이루어지는 것을 보게 될 것입니다. 용기를 내십시오. 씨름하십시오. 하나님께 나아가 이렇게 말하십시오. "주여, 나는 주님이 거짓말할 수 없음을 압니다. 그러므로 주의 말씀을 주의 종에게 이루어주소서." 만일 하나님의 약속이 지켜지지 않는다면, 하나님은 거짓말을 한 것입니다. 그러므로 하나님의 약속은 반드시 지켜져야만 합니다. 하나님의 약속이 이루어질 것이라고 믿고 그 앞에 나아가십시오. 이루어질 수 있을 것이라는 막연한 희망의 반쪽짜리 믿음이 아니라 결코 떨어질 수 없다는 분명한 확신을 가지고 말입니다. 낮과 밤이 그치지 않을 것을 확실하게 아는 것처럼, 하나님의 모든 말씀은 결코 떨어지지 않을 것이라는 사실을 분명하게 확신하십시오.

또 하나님의 경고 역시 거짓되지 않습니다. 아! 죄인들이여, 여러분은 여러 날 동안 계속해서 자기의 길로 갈 수 있지만, 그러나 여러분의 죄는 마침내 여러분을 찾을 것입니다. 하나님의 오래 참으심은 여러분에 대해 70년을 기다릴 수 있지만, 그러나 마침내 다른 세상으로 들어갈 때 여러분은 성경의 모든 두려운 말씀들이 이루어지는 것을 발견하게 될 것입니다. 그때 여러분은 "벌레도 죽지 않고 불도 꺼지지 않는" 장소가 있다는 사실을 알게 될 것입니다. 그때 여러분은 "슬피 울며 이를 가는" 것을 경험하게 될 것입니다. 회개하지 않는 한 말입니다. 만일 여러분이 예수 그리스도를 믿는다면, 여러분은 하나님의 약속이 사실이라는 것을 발견하게 될 것입니다. 그러나 믿지 않는다면, 여러분은 하나님의 경고가 사실이라는 것을 발견하게 될 것입니다. 이것은 그리스도 밖에 있는 사람들이 받게 될 두려운 분깃입니다. 그때 그에게 제발 마음을 바꾸어 달라고 부르짖으며 탄원해 보아야 아무 쓸모 없을 것입니다. 설령 눈물을 홍수처럼 쏟아낸다 하더라도 지옥의 불꽃은 결코 꺼질 수 없으며, 여러분의 영혼은 그곳으로부터 결코 피할 수 없을 것입니다. 오늘날 아직 긍휼이 선포되는 동안 그 긍휼을 붙잡으십시오. 그러나 그렇게 하지 않는다면, 하나님은 결코 거짓말할 수 없기 때문에 여러분을 그곳으로부터 면제시켜 줄 수가 없습니다. 여러분은 그의 두려운 진노와 심판을 견뎌야만 합니다.

이제 한 가지만 더 살펴보도록 하겠습니다. 그것은 하나님의 모든 교훈의 말씀이 참되며 진실하다는 사실입니다. 기독교회에서 때때로 불신앙적인 풍조가 거세게 일어나곤 했던 것은 참으로 이상한 일입니다. 그러나 내가 볼 때 그것은 조금도 놀랄 일이 아닙니다. 그것은 세상 끝날까지 우리가 예상해야만 하는 일입니다. 만일 모든 육신적인 사람들이 성경을 믿는다면, 나는 영적인 사람들은 그것을 의심하기 시작할 것이라고 생각합니다. 그러나 나는 항상 성경을 공격하는 사람들이 있음으로 해서 도리어 더 성경을 신뢰할 수 있습니다. 실제로 하나님의 책은 모든 세대에 걸쳐 수많은 사람들로부터 공격을 받으면서도 굳게 그 자리를 지켰습니다. 오랜 세월 파도를 견디며 꿋꿋하게 서 있는 암초를 생각해 보십시오. 바보 외에는 어느 누구도 다음 파도에 의해 그 암초가 쓸려가 버리고 말 것이라고 생각하지 않을 것입니다. 지난 25년을 돌아본다면, 우리는 스물다섯 번의 불신앙적인 풍조가 있었노라고 말할 수도 있을 것입니다. 어떤 불신앙적인 풍조도 길어야 20년을 넘어가지 못합니다. 왜냐하면 어떤 불신앙 체계도 그 생명력이 그 이상 길지 못하기 때문입니다. 볼테르(Voltaire)가 도입한 체계를 생각해 보십시오. 그것의 생명력은 얼마나 짧았습니까? 뒤이어 톰 페인(Tom Paine)의 저질적인 체계가 따랐습니다. 그 역시 오래 가지 못하고 사라져 버리고 말았습니다. 그리고 좀 더 현대적인 시대로 와서 불신앙적인 풍조는 세속주의의 형태를 취했습니다. 그러나 그 역시도 힘을 잃어가고 있으며, 또 다른 어떤 것이 그 뒤를 따를 것입니다. 이러한 시간의 피조물들은 그것들에게 주어진 짧은 시간 동안 존재하다가 사라집니다.

그러나 성경을 보십시오. 그리고 그것을 믿는 믿음을 보십시오. 성경은 그것이 기록되던 당시보다도 그 이후에, 그리고 오늘날 더 많이 이해되고, 더 많은 찬사를 받으며, 더 많이 실천됩니다. 그것은 계속해서 앞으로 나아갑니다. 성경에 대해 얼마나 많은 공격이 가해졌습니까? 그것을 부수고자 수많은 사람들이 곡괭이로 찍고 망치로 내리쳤습니다. 그럼에도 불구하고 성경의 진리의 화강암

성벽은 조금도 흔들리지 않고 그대로 굳게 서 있습니다. 지금 당장 박물관에 가 보십시오. 그러면 우리는 성경이 사실이 아니라고 생각하는 사람들이 얼마나 어리석은 자들이었는지를 알게 될 것입니다. 니느웨 성벽에 있었던 벽돌들과 성지(聖地)로부터 온 모든 유물들은 "성경은 사실이며 하나님의 말씀은 허구가 아니라는" 사실을 웅변적으로 말해줍니다.

사랑하는 자들이여, 우리는 하나님의 책 속에 진실하지 않은 말씀은 단 한 구절도 없음을 확신할 수 있습니다. 성경이 필사(筆寫)되는 과정에서 약간의 가감은 있을 수 있습니다. 그러나 그런 것들은 지속적인 연구를 통해 바로잡아 나가면 됩니다. 그러나 성경 자체는 하나님으로부터 온 것으로서 진리 그 자체입니다. 그것은 하나님의 말씀을 포함하고 있을 뿐만 아니라 하나님의 말씀 자체입니다. 그것은 그 안에 불순물이 잔뜩 들어있는 금광석이 아니라 완전한 정금입니다. 그것은 최고로 영감(靈感)되었습니다. 따라서 나는 축자영감 그 이상이라고 말합니다. 그것은 편지가 전달할 수 있는 이상의 충만을 가지고 있습니다. 또 그 안에는 풍성한 의미가 담겨 있습니다. 그 독특한 단어들이 만일 다른 곳에서 사용되었다면 결코 갖지 못했을 그런 의미 말입니다. 하나님이 우리의 수용(受容) 능력에 따라 한 가지를 가르치고자 의도할 때, 그는 종종 스무 가지 다른 것들을 가르치십니다. 우리가 처음에는 그것을 다 이해하지 못하지만 그러나 그것은 마침내 성령으로 말미암아 그 모든 의미들을 나타내게 됩니다. 성경을 펼칠 때마다, 나는 그것을 "거짓말할 수 없는" 하나님의 말씀으로 읽습니다. 약속이든 경고든 간에 말입니다. 나는 약속에 대해서는 기뻐할 것이며, 경고에 대해서는 두려워 떨 것입니다. 왜냐하면 그 모든 것들이 굳게 설 것을 알기 때문입니다.

사랑하는 형제들이여, "거짓말할 수 없는 하나님"이라는 구절을 읽을 때, 우리는 그의 본성이 거짓말할 수 없는 것이라는 사실을 깨닫게 됩니다. 그는 본성적으로 그리고 본질적으로 거짓을 미워하십니다. 거짓이 어디에 있든 하나님은 그것의 적입니다. 하나님이 자기 아들을 보내사 피 흘리게 하신 것은 거짓을 이기기 위한 것이었습니다. 매일같이 하나님의 생각은 악을 멸하고 자신의 진리를 확장하는 것으로 모아집니다. 하나님의 마음속에 참되지 않은 것이 있다는 사상보다 더 가증스럽고 혐오스러운 사상은 어디에도 없습니다. 그러므로 우리 역시도 우리의 모든 말과 행동 속에서 마음속에 있는 거짓을 멸하고자 힘써야 합니다.

3. 셋째로, 만일 하나님이 "거짓말할 수 없는" 분이라는 것이 사실이라면, 우리는 하나님을 향해 어떻게 행동해야 할까요?

형제들이여, 만일 하나님이 거짓말할 수 없는 분이라면, 그를 믿는 것은 모든 백성들의 자연적인 의무가 되어야만 할 것입니다. 이것은 필연적인 결론입니다. 내가 볼 때 하나님의 진실하심(truth)을 믿는 것이 모든 사람의 의무라는 것은 너무도 분명한 사실입니다. 또 만일 하나님이 오직 사실(truth)만을 말씀하시고 행동하신다면, 모든 지적인 피조물들은 마땅히 그를 믿어야만 합니다. 어떤 사람들은 이러한 결론을 비웃을는지 모릅니다. 그러나 나는 그들이 어떻게 하나님이 거짓말할 수 없음을 믿으면서 그와 같은 결론을 피할 수 있는지 이해할 수 없습니다. 만일 하나님을 믿는 것이 나의 의무가 아니라면, 나에게 있어 하나님을 거짓말하는 자라고 말하는 것은 죄가 아닐 것입니다. 그렇지만 감히 누가 하나님을 거짓말하는 자라고 말할 것입니까? 아무도 그럴 수 없습니다. 만일 하나님을 거짓말하는 자라고 생각하는 것이 가장 흉악한 신성모독이라면, 그것은 오직 하나님을 믿는 것이 그의 진실하심을 이해하는 모든 피조물들의 자연적인 의무라는 기초 위에서만 가능합니다. 만일 하나님이 주 예수 그리스도를 죄를 위한 화목제물로 주시면서 나에게 그를 믿으라고 말씀하셨다면, 그를 믿는 것은 나의 의무가 될 것입니다. 왜냐하면 하나님은 거짓말할 수 없기 때문입니다. 나의 타락한 마음이 그리스도를 믿는 것은 의무 때문이 아니라 오직 성령의 역사(役事) 때문이라 하더라도, 여전히 믿음은 의무이기를 그치지 않습니다.

그러므로 만일 내가 하나님에 대해 불신앙과 의심 가운데 살아가고 있다면 — 나의 외적 삶이 아무리 도덕적이라 하더라도 말입니다 — 나는 매일같이 죄 가운데 살아가고 있는 것입니다. 나는 첫 번째 도덕원리를 깨뜨리는 죄를 행하고 있는 것입니다. 만일 내가 하나님을 의심한다면, 나는 사실상 하나님에 대한 공공연한 반역자로서 살아가고 있는 것입니다. 매일같이 그를 모독하면서 말입니다. 여러분 가운데 그리스도를 믿지 않는 사람들이 있을 것입니다. 나는 여러분이 이러한 빛 가운데 스스로를 바라보기를 바랍니다. 여러분은 자신의 구원을 위해 그리스도를 믿지 않습니다. "하나님을 믿지 않는 자는 하나님을 거짓말하는 자로 만드는" 것이라는 사실을 기억하십시오(요일 5:10). 이것은 요한의 영감받은 말씀입니다. 그러므로 그리스도를 믿지 않는 여러분은 사실상 이렇게 말하고 있는 셈입니다. "하나님은 거짓말하는 자이며, 그리스도는 나를 구원할 수 없도다. 나는 그를 믿지 않을 것이라. 나는 하나님의 약속을 믿지 않노라. 하나님이 나를 그리스도에게 오라고 초청하는 것에 대해 나는 그것을 신실한 초청이라고 생각하지 않노라. 나는 하나님이 말하는 것을 믿지 않노라." 여러분이 지금 이와 같은 상태 속에서 살고 있다는 사실을 기억하십시오. 부디 성령 하나님께서 여러분이 이와 같은 상태에 있음을 깨닫게 해주시기를 기원합니다. 나는 하나님이 여러분을 다음과 같이 부르짖도록 이끄시기를 기도합니다. "주여 내가 믿나이다 나의 믿음 없는 것을 도와주소서"(막 9:24). 바로 이것이 하나님이 거짓말할 수 없다는 사실로부터 우리가 도출할 수 있는 첫 번째 결론입니다.

여기에서 한 가지 가정을 해 보도록 합시다. 만일 우리가 세상에 거짓말할 수 없는 사람이 있음을 절대적으로 확신한다면, 여러분은 그를 어떻게 대하겠습니까? 여러분은 그런 사람이 있을 수 없음을 압니다. 거짓말하지 않을 사람은 있을 수 있습니다. 그러나 거짓말할 수 없다고 말할 수 있는 사람은 있을 수 없습니다. 왜냐하면 우리 모두는 우리 안에 악의 권능을 가지고 있기 때문입니다. 그렇기 때문에 우리는 거짓말을 할 수 있으며, 따라서 "모든 사람이 거짓말쟁이"인 것은 어느 정도 사실입니다. 그러나 만일 여러분이, 그 마음에 아무런 악한 것이 없으며 또 거짓말할 수 없는 사람이 있음을 확신할 수 있다면, 여러분은 그에 대해 어떻게 행동하겠습니까? 나는 여러분이 그와 가까이 지내려고 할 것이라고 생각합니다. 만일 여러분이 참된 자아를 가지고 있다면, 여러분은 그와 사귀기를 바랄 것입니다. 여러분은 말할 것입니다. "그는 나의 참된 친구입니다. 나는 이러저러한 사람을 믿었지만 그는 유다처럼 나를 배신했습니다. 나는 또 어떤 사람에게 조언을 구했지만, 그는 아히도벨이었습니다. 그러나 만일 이 사람이 거짓말을 할 수 없다면, 나는 그를 참다운 친구와 조언자로 받아들일 것입니다. 그가 나를 받아들여 준다면 말입니다." 나는 세상에 선(善)이 가득 차는 것을 보기를 원합니다. 여러분은 세상이 진실한 사람을 얼마나 귀하게 여기는지 압니다. 우리 주변에 선하고 진실한 사람으로서 모든 사람으로부터 존경을 받았던 사람들이 있지 않습니까? 그러나 그들 역시도 거짓말할 수 있습니다. 그렇지만 그렇게 하는 것을 보지 못하고 항상 올바르게 행동하는 것만을 보기 때문에, 우리는 그들에게 합당한 경의와 존경을 표하게 됩니다.

그렇다면 모든 그리스도인들은 얼마나 더 하나님과 사귀며 교제하기를 추구해야 하겠습니까? "주여, 나의 친밀한 친구와 조언자와 인도자가 되어주소서.

만일 주께서 거짓말할 수 없다면, 나는 주 앞에 나의 마음을 있는 그대로 드러낼 것이나이다. 나는 주께 나의 모든 비밀을 말할 것이나이다. 나는 주를 내 마음의 모든 간절함으로 신뢰할 것이나이다. 나는 주께서 결코 나를 배반하지 아니하시고 항상 신실하실 것을 아나이다. 주님과 내가 하나로 연합되고 결코 끊어지지 않게 하소서.” 하나님이 거짓말할 수 없다는 사실의 토대 위에 그와의 교제를 간절한 마음으로 열망하십시오.

　또 만일 우리가 어떤 사람이 거짓말할 수 없음을 안다면, 우리는 어떤 맹세 없이도 그를 충분히 믿을 수 있을 것입니다. 그가 법정에 들어올 때, 우리는 그에게 성경 위에 손을 얹고 결코 거짓 증언을 하지 않겠노라는 맹세를 시킬 필요가 없을 것입니다. 그렇습니다. 만일 그가 거짓말할 수 없다면, 그의 말은 보통 사람들의 맹세보다 훨씬 더 나을 것입니다. 여러분은 그가 말한 것이 사실임을 증명하기 위한 증거나 표적을 필요로 하지 않을 것입니다. 여러분은 그의 말을 즉시로 받아들일 것입니다. 그렇다면 여러분은 하나님께 대해 마땅히 더 그러해야 하지 않겠습니까? 사랑하는 형제들이여, 하나님은 우리에게 당신의 말씀 그 이상을 주셨습니다. 하나님은 우리에게 당신의 맹세를 주셨습니다. 그런데 이상하게도 우리는 그의 자녀라고 고백하면서도 아버지를 불신합니다. 그리고 때로 하나님이 우리에게 표적과 증거를 주지 않으면, 우리는 그를 불신하기 시작합니다. 이것이 하나님 자신이 아니라 표적을 믿는 것이 아닌지 두렵습니다. 이것이 약속 그 자체보다도 증거와 체계를 더 신뢰하는 것이 아닌지 두렵습니다. 그렇다면 이것은 실제로 얼마나 흉악한 죄가 되겠습니까? 많은 신자들은 표적과 증거가 없으면 결코 편안하지 않습니다. 마음속에 평안이 있을 때, 그들은 하나님의 약속이 사실이라고 생각합니다. 뜨거운 마음으로 기도할 수 있을 때 혹은 그 마음속에 하나님의 사랑이 가득함을 느낄 수 있을 때, 그들은 “하나님은 당신의 약속에 얼마나 신실하신지요”라고 말합니다. 그러나 형제자매들이여, 그것은 “보고 믿는 것”(seeing faith)입니다. 그러나 주님은 이렇게 말씀하셨습니다. “보지 못하고 믿는 자들은 복되도다”(요 20:29). 믿음은 나의 마음이 맷돌처럼 딱딱할 때 하나님을 신뢰하며 의지하는 것입니다. 모든 형편이 안 좋을 때, 기도할 수 없을 때, 노래할 수 없을 때, 선한 일을 아무것도 할 수 없을 때 ― 바로 그 때 “그는 자신이 약속하신 것을 반드시 이루실 것입니다. 그는 누구든지 그리스도를 믿는 자는 정죄를 당하지 않을 것이라고 말씀하셨습니다. 나는 그리스도를 믿습니다.

그러므로 나는 정죄를 당하지 않을 것입니다”라고 말하는 것이 참된 믿음입니다.

또 만일 우리가 어떤 사람이 거짓말할 수 없음을 안다면, 우리는 오십 명이 그와 반대되는 것을 증언한다 하더라도 그를 믿을 것입니다. 왜 그렇습니까? 그들은 거짓말할 수 있기 때문입니다. 설령 그들이 대체로 정직한 사람이라 하더라도, 여러분은 이렇게 말할 것입니다. “그들은 거짓말할 수 있습니다. 그들은 거짓의 권능을 가지고 있습니다. 그러나 그는 거짓말할 수 없는 사람입니다. 그러므로 그의 말은 사실임에 틀림없습니다.” 이것은 우리에게 우리가 모든 반론에도 불구하고 하나님을 믿어야만 함을 보여줍니다. 외적인 섭리들은 여러분으로 하여금 마치 하나님이 여러분을 버린 것처럼 보이도록 만듭니다. 또 여러분에게 일어나는 수많은 고난과 시련들은 여러분으로 하여금 하나님이 여러분을 버린 것처럼 느끼도록 만듭니다. 그러나 하나님은 “내가 결코 너희를 버리지 아니하고 너희를 떠나지 아니하리라”라고 말씀하십니다(히 13:5). 그러면 여러분은 어느 쪽을 선택할 것입니까? 거짓말할 수 없는 하나님의 한 가지 약속입니까, 아니면 여러분이 이해할 수 없는 수많은 외적 섭리들입니까? 나는 마귀가 여러분의 귀에 어떻게 속삭여 왔는지 잘 압니다.

“하나님은 너를 완전히 버렸어.
이제 그는 더 이상 은혜의 하나님이 아니야.”

그렇지만 바로 그때 “두려워하지 말라 내가 너와 함께 함이라 놀라지 말라 나는 네 하나님이 됨이라”라고 말씀하신 자를 기억하십시오(사 41:10). 여러분은 무엇을 믿을 것입니까? 마귀의 속삭임입니까, 아니면 하나님 자신의 증언입니까? 사랑하는 자매여, 당신은 어떤 문제를 놓고 몇 년 동안 기도해 왔습니다. 기도하고 기도하고 또 기도했지만, 여전히 낙망하는 마음이 일어납니다. 불신앙은 말합니다. “하나님은 네 기도를 듣지 않아. 네 기도는 하나님의 보좌에 상달되지 않을 것이며, 어떤 응답도 없을 거야.” 그러나 주님은 이렇게 말씀하셨습니다. “구하라 그리하면 너희에게 주실 것이요 찾으라 그리하면 찾아낼 것이요 문을 두드리라 그리하면 너희에게 열릴 것이니”(마 7:7). 여러분은 무엇을 믿을 것입니까? 여러분을 낙망과 근심과 염려로 이끄는 여러분 자신의 불신앙입니까, 아니면 주님의 약속입니까? 앞에서 이야기한 거짓말할 수 없는 어떤 사람을 상상해 보십시오. 만일 그런 사람이 있다면, 우리는 그를 온전히 신뢰하지 않겠습니까? 그렇다면 만일 하나님이 거짓말할 수 없다면, 우리는 최소한 그 사람에게 주는 만큼의 신뢰를 하나님께 드려야 하지 않겠습니까? 우리로 하여금 의문을 갖게 만드는 그 어떤 것에도 불구하고, 우리는 하나님을 온전히 신뢰해야 하지 않겠습니까? 왜냐하면 그는 "거짓말할 수 없는 하나님"이기 때문입니다.

또 만일 어떤 사람이 거짓말할 수 없음을 안다면, 우리는 그가 말한 모든 것을 — 설령 그것이 우리에게 믿을 수 없는 것처럼 보인다 하더라도 — 믿을 것입니다. 여기 앉아 말씀을 듣고 있는 모든 사람들에게 말하고 싶은 것이 있습니다. 예수 그리스도를 믿는 기초 위에서 하나님이 죄인을 받으시고 그의 모든 죄를 한순간에 용서하신다는 이야기는 처음 들을 때는 매우 믿을 수 없는 말처럼 들립니다. 나 역시도 실제로 그렇게 생각했던 적이 있었습니다. 나는 죄 사함의 가치에 대한 분명한 개념을 가지고 있었으며, 항상 다음과 같은 생각이 머리에 맴돌고 있었습니다. '죄로 원수 된 자가 도대체 어떻게 사함을 받을 수 있단 말인가? 원수가 어떻게 자녀가 될 수 있단 말인가? 빛과 참된 지식을 거스르며 계속해서 죄 가운데 행했던 자가 어떻게 그리스도와의 연합을 즐길 수 있단 말인가? 그것이 도대체 어떻게 사실일 수 있단 말인가?'

그러나 사랑하는 형제들이여, 설령 그것이 사실일 수 없는 것처럼 보인다 하더라도, 부디 당부하노니 그것을 믿으십시오. 왜냐하면 그것은 "거짓말할 수 없는" 하나님의 증언이기 때문입니다. 여러분은 말할 것입니다. "그렇지만 목사님!" 거기에서 멈추십시오. 그는 거짓말할 수 없습니다. 그러므로 더 이상 "그렇지만"이라고 말하지 마십시오. 그러면 또 여러분은 말할 것입니다. "아! 그렇다 하더라도!" 거기에서 멈추십시오. 왜냐하면 여호와는 거짓말할 수 없기 때문입니다. 그러므로 더 이상 "아!"라든지 혹은 "그렇다 하더라도!" 따위의 말을 사용하지 마십시오. 예수 그리스도는 "믿고 세례를 받는 사람은 구원을 얻을 것이요"라고 말씀하셨습니다(막 16:16). 믿는 것은 곧 예수 그리스도를 의지하는 것입니다.

그러므로 만일 여러분이 그리스도를 의지한다면, 여러분은 반드시 구원받을 것입니다. 여러분이 지금 어떤 모습이든 또 과거에 어떤 모습이었든 만일 여러분이 지금 예수 그리스도를 의지한다면, 여러분은 그 약속을 가지고 있는 것입니다. 그는 거짓말할 수 없습니다. 그러므로 여러분은 반드시 구원받을 것입니다. 여러분은 이러한 약속을 발로 차 버릴 것입니까? 그것이 너무나 어마어마한 약속이라는 이유로 말입니다. 그렇게 하지 마십시오. 이제 여러분의 의심과 두려움을 내버리십시오. 그리고 하나님의 약속과 그의 신실하심을 붙잡고, 평안히 누워, 믿음으로 그 꼭대기가 하늘에 닿아 있는 사닥다리를 바라보십시오. 그리스도 안에 있는 하나님의 약속을 믿으십시오. 그리고 그것을 의지하십시오. 하나님은 당신의 말씀에 선하신 것처럼 여러분에게도 또한 그러하실 것입니다. 그리고 하늘에서 여러분은 "거짓말할 수 없는 하나님"을 찬미하게 될 것입니다.

오늘 말씀이 의심과 두려움 가운데 있었던 많은 사람들에게 큰 위로가 되기를 바랍니다. 그래서 그들이 주님을 더욱 믿고 의지하게 되기를 바랍니다. 그리고 만일 그들이 믿음의 삶을 시작한다면, 나는 그들이 진정으로 복되며 흔들리지 않는 삶을 시작하게 될 것이라고 굳게 확신합니다. "의인은 믿음으로 말미암아 살리라"(롬 1:17). "거짓말할 수 없는 하나님"을 믿을 때, 그들은 정말로 그렇게 살 수 있게 될 것입니다.

제
2
장

—

황금사슬 안에 있는 다섯 개의 고리

—

"같은 믿음을 따라 나의 참 아들 된 디도에게 편지하노니
하나님 아버지와 그리스도 예수 우리 구주로부터
은혜와 평강이 네게 있을지어다" — 딛 1:4

바울의 동역자들 가운데 가장 유능하며 또한 가장 많은 사랑을 받은 자 가운데 한 사람이 디도였습니다. 바울은 이방인의 사도였으며, 디도는 이방인이었습니다. 디도는 양친 모두 이방인이었던 것으로 보입니다. 이런 측면에서 그는 어머니가 유대인이었던 디모데와 달랐습니다. 디모데는 할례자들에게 복음을 전파하기에 적합했으며, 디도는 이방인들에게 그렇게 하기에 적합했습니다. 디도는 재능이 풍부한 사람이었던 것으로 보입니다. 그래서 바울은 자신에게 해결하기 어려운 문제가 생기면 종종 디도를 보내곤 했습니다. 고린도에서 예루살렘의 가난한 성도들을 위한 연보를 모을 필요가 있었을 때, 바울은 그 일을 위해 디도를 보냈습니다. 그렇게 볼 때 디도는 교회를 올바로 세우며 능력 있게 복음을 전파할 수 있는 사람이었을 뿐만 아니라 또한 상당한 정직성과 업무 능력을 가진 사람이었던 것으로 보입니다. 어떤 때 바울은 디도가 옴으로 인해 큰 위로를 받기도 했으며, 또 어떤 때는 그가 없음으로 인해 쓸쓸해하기도 했습니다. 사도행전과 다른 곳으로부터 디도에 대해 거의 듣지 못함에도 불구하고, 우리는 그가 바울의 동역자들 속에서 모든 면에서 가장 능력 있는 사람 가운데 한 사람이었을 것이라고 추측할 수 있습니다. 바울은 에베소서와 고린도전후서에서 그의 이름을 반복적으로 언급함으로써 우리에게 그의 위치를 일깨워줍니다. 중요한 위치에 있는 사람이 자신을 도와준 사람들을 잊어버리는 것은 참으로 딱한 일입니다. 또 그런 사람이 함께 일하는 동역자들로부터 얼마나 큰 빚을 지고 있는지를 느끼지 못하는 것은 정말로 안타까운 일입니다. 특별히 하나님의 종들의 경우, 그들이 동역자들의 기도와 도움이 없이 무슨 일을 할 수 있겠습니까? 그리하여 바울은 친구며 동역자인 디도의 이름을 언급하기를 잊지 않았습니다.

이제 본문을 살펴보도록 합시다. 본문 속에서 바울은 자신과 디도를 하나로 연합시킨 것 다섯 가지를 제시합니다. 그리스도인들이 서로 하나로 연합되는 것은 얼마나 큰 축복입니까? 그리스도인들 사이에 참된 연합은 굳건하면 굳건할수록 더 좋을 것입니다. "첫째로 정결, 다음으로 화평" — 이것이 우리의 표어가 되어야 합니다. 첫째는 하나님의 진리이며, 그 다음에는 진리 안에서의 연합입니다. 우리는 단순히 믿음을 위해 싸우는 것으로 만족해서는 안 됩니다. 계속해서 삶을 위해 싸우면서, 참된 그리스도인들 사이의 연합을 위해 할 수 있는 모든 일을 행해야 합니다.

본문에서 바울은 자신과 디도를 하나로 연합시킨 것 다섯 가지를 제시합니다. 우리는 그것을 "황금사슬 안에 있는 다섯 개의 고리"라고 부를 수 있을 것입니다. 이제부터 그 다섯 가지를 간략하게 살펴보면서, 그것들을 우리에게 적용해 보도록 합시다.

1. 첫째로, 바울이 디도를 "나의 참 아들"이라고 부르는 것을 주목하십시오.

바울은 자신과 디도 사이에 특별한 관계가 있다고 말합니다. 그것은 가장 친밀하며 가까운 관계인 아버지와 아들의 관계입니다. 물론 디도는 바울에게 있어 육체를 따라 낳은 아들은 아니었습니다. 그들 사이에 자연적인 혈연관계는 전혀 없었습니다. 서로 동역자가 되기 이전에는, 아마도 그들은 전혀 알지 못하는 사이였을 것입니다. 그러나 지금 바울은 디도를 자신의 아들로 바라보고 있습니다. 우리는 하나님의 은혜가 일생 동안 계속될 뿐만 아니라 영원까지 뻗어가는 매우 친밀하며 가까운 관계를 만들었음을 압니다. 시집도 가지 않고 장가도 가지 않는 하늘에서 육체의 관계는 새로운 상태로 변화될 것이지만, 어쨌든 그곳에서 "바울에 대한 디도의 아들 됨"(sonship)은 이 땅에서보다 한층 더 강력해질 것입니다.

그러한 아들 됨은 어떻게 옵니까? 그것은 영혼을 변화시키는 사역을 축복하시는 하나님을 통해 옵니다. 능력으로 말씀을 전파한 자와 그 말씀을 들은 자 사이에는 아버지와 아들의 관계가 맺어지게 됩니다. 이것은 나의 경우에도 마찬가지입니다. 이곳에 나와 더불어 그와 같은 관계를 맺고 있는 사람들이 많이 있습니다. 여러분도 인정할 것입니다. 이곳에서 말씀을 듣고 하나님의 자녀로 거듭난 많은 사람들에 대해 나는 강렬하고도 뜨거운 사랑을 느낍니다. 믿음의 싸움으로 지쳐 있을 때 다음과 같은 편지보다 나를 더 뜨겁게 위로하는 것은 아무것도 없습니다. 그러한 편지들에는 다음과 같은 글이 적혀 있습니다. "당신은 나를 알지 못하지만 그러나 나의 영적 아버지입니다. 지금 여러 가지 믿음의 싸움으로 지쳐 있는 당신에게 나는 힘을 내시라는 말을 담은 격려의 편지를 보내야만 합니다." 나의 미약한 설교가 어떤 영혼을 회심시키는데 사용되었다는 사실은 나에게 있어 너무도 놀라운 사실입니다. 그런 사람들이 수백 아니 수천에 이르는 것을 생각할 때, 나는 기뻐하고 또 기뻐합니다. 나의 전파하는 말씀을 듣고 구주께로 인도된 모든 사람들에 대한 나의 뜨거운 사랑을 도대체 어떻게 표현할 수 있겠습니까?

한 걸음 더 나아가 바울은 디도를 "참 아들"(true son)이라고 부릅니다. 개정역(Revised Version)은 그것을 "나의 참 자녀"(my true child)라고 정확하게 번역합니다. 우리를 영적인 의미에서 "아버지"라고 부르는 자들 가운데 우리가 그들을 생각할 때 스스로를 부끄러워하지 않을 수 없는 그런 사람들이 있습니다. 회심자들 가운데 하나님의 말씀을 받았노라고 말하지만 그러나 머리로만 받아들이고 마음으로는 받아들이지 않은 사람들이 있습니다. 그래서 잠깐 동안은 잘 달려가지만, 그러나 얼마 후에는 스스로 지쳐 곁길로 가게 됩니다. 그러면 비판자들은 "저들이 당신이 회심시킨 자들이란 말이오?"라고 비아냥거리며 말합니다.

이런 사람들은 자신들이 하나님 나라의 기업을 가지고 있는 것처럼 꾸미지만, 실상 우리의 영원한 슬픔이며 우리가 짊어지기에 너무도 힘든 영혼의 무거운 짐입니다. 그러나 우리의 회심자들 가운데 많은 사람들이 우리의 영적 "참 자녀"인 것은 얼마나 큰 은혜입니까? 그들은 깊이 회개하고 진지하게 신앙을 고백한 자들입니다. 그들은 자유의지로 말미암은 자들이 아니라 성령으로 말미암은 자들입니다. 그들은 자기로부터 열매를 맺지 않습니다. 그들의 열매는 그들과 하나로 연합된 주 예수 그리스도 안에서 발견됩니다. 나와 더불어 영적 부자 관계를 맺고 있는 자들이여, 이러한 거룩한 관계를 느끼면서 하나님 앞에 기뻐하고 또 기뻐합시다.

그러나 사랑하는 자들이여, 여러분에게는 또 다른 영적 연합의 띠가 있습니다. 여러분 역시도 다른 영혼들을 그리스도께로 이끄는데 사용되는 도구이며 수단이었습니다. 그리고 이런 이유로 지금 여러분 곁에는 여러분을 뜨거운 사랑의 마음으로 바라보는 사람들이 앉아 있습니다. 여러분은 그리스도 안에서 서로 형제요 자매입니다. 다른 모든 형제관계(brotherhood)는 사라질지라도 영원히 사라지지 않는 형제관계 곧 그리스도 안에서 새롭게 지음받은 형제관계가 있습니다. 불경건한 사람은 성도와 더불어 명목적인 형제는 될 수 있지만, 그러나 그들은 그리스도의 심판대 앞에 서는 날 서로 분리될 것입니다. 그들이 성도들과 영원히 분리되는 것은 실제로 양자(兩者)가 서로 다른 가족에 속했기 때문입니다. 비록 잠시 동안 한 가족처럼 보였을지라도 말입니다. 그들은 진노의 상속자이며, 성도들은 하나님의 자녀가 되는 은혜를 받았습니다.

그러나 사랑하는 자들이여, 예수 그리스도를 믿는 여러분은 한 가족의 지체들입니다. 여러분은 영적 생명의 끈으로 말미암아 최고의 방법으로 서로 연결되었습니다. 그러므로 주 안에서 서로 인사합시다. 외적인 표현이나 상징은 사용하지 않는다 하더라도, 사랑으로 인사하며 서로 마음을 나눕시다. 한 가족으로서 우리는 그리스도 안에 거하며 사랑과 기쁨의 띠로 서로 연합되었습니다. 왜냐하면 우리 각자가 주 예수 그리스도와 연합되었기 때문입니다. 나는 여러분이 그러한 복된 연합을 느끼기를 바랍니다. 이 예배를 일종의 가족모임으로 만듭시다. 아버지가 크리스마스나 새해 첫 날 식탁 앞머리에 앉아, 온 가족이 이렇게 다 같이 모이니 참 기쁘다고 말할 때처럼 말입니다. 지금 나는 예배를 인도하는 자로서 비록 나이가 제일 많은 것은 아니라 하더라도 공식적으로 주된 위치에 서 있습니다. 그러므로 나는 여러분 모두에게 문안하며 서로 기뻐하라고 말합니다. 시간이나 심지어 죽음조차도 끊을 수 없는 사랑의 띠로 인해 말입니다.

2. 둘째로, 바울은 "같은 믿음을 따라" 자신과 디도가 형제가 되었다고 말합니다.

그는 "같은 믿음을 따라 나의 참 아들 된 디도에게 편지하노니"라고 말하면서 자신과 디도 사이의 연합이 얼마나 실제적인 것인지를 나타냅니다. 사랑하는 자들이여, 우리는 모두 같은 믿음을 가지고 있습니다. 그것은 두 가지 측면에서 같은 믿음입니다. 첫째로, 우리가 같은 진리들을 믿기 때문이며, 둘째로, 그러한 진리들을 "같은 보배로운 믿음"으로 믿기 때문입니다. 본 교회의 참된 지체인 우리들은 같은 진리들을 믿었습니다. 우리 신앙의 근본적인 것들에 대해 우리는 어떤 논쟁이나 토론을 벌이지 않습니다. 우리에게 성부와 성자와 성령 한 분 하나님이 계십니다. 우리에게 한 분의 중보자 구주 예수 그리스도가 계십니다. 우리는 아버지께서 은혜로 선택하셨음을 믿습니다. 우리는 영원한 아들의 대속의 희생제사를 믿습니다. 우리는 성령의 중생의 역사를 믿으며, 모든 사람들에게 그것이 필요함을 믿습니다. 우리는 "한 분의 주님과 하나의 믿음과 하나의 세례"를 믿습니다. 이러한 믿음의 통일성을 생각할 때, 나는 얼마나 감사한지 모릅니다. 서로 다른 교리들로 나누어진 교회를 생각해 보십시오. 그런 교회가 도대체 무엇을 할 수 있겠습니까? 교회가 가진 모든 힘을 계속적인 논쟁으로 다 허비해 버리지 않겠습니까? 그런 교회가 도대체 무슨 힘으로 세상을 정복할 수 있겠습니까? 우리는 성경이 우리를 오류 없이 인도하며 또 성령이 그러한 성경을 오류 없이 해석한다는 사실을 알아야만 합니다. 그럴 때 비로소 우리는 무엇을 믿고 무엇을 받아들여야 할지를 알게 되는 공동의 기초를 얻게 됩니다.

이러한 믿음의 통일성은 우리가 계속해서 기뻐하며 감사해야 할 것들 가운데 하나입니다. 나는 모든 그리스도인들을 사랑하기를 소망합니다. 그러나 은혜의 교리들을 믿는 형제와 함께 있을 때 나는 그것을 믿지 않는 사람과 함께 있을 때보다 훨씬 더 편안함을 느낍니다. 믿음의 통일성은 마치 화음이 잘 이루어지는 음악과 같습니다. 그리고 그러한 조화로운 화음은 새로워진 영혼에게 너무도 즐거운 것입니다. 부디 하나님께서 우리 가운데 아무도 이러한 믿음으로부터 이탈되지 않도록 지켜주시기를 기원합니다. 우리는 복음의 위대한 교리들을 믿는 믿음에 있어 굳세고, 견고하며, 흔들리지 말아야 합니다. 왜냐하면 이것이야말로 우리를 참으로 하나 되게 만드는 것이기 때문입니다.

바울은 자신과 디도가 "같은 믿음을 따라" 하나가 되었다고 말합니다. 다시 말해서, 하나의 믿음이 그들에 의해 같은 방식으로 믿어졌다는 것입니다(the one faith was believed by them in the same way). 참으로 가질 만한 가치가 있는 오직 하나의 믿음이 있습니다. 바울은 1절에서 그것을 "하나님이 택하신 자들의 믿음"이라고 부릅니다. 그것은 실제적인 믿음이며, 중심으로부터 흘러나오는 믿음이며, 어린아이와 같은 믿음이며, 하나님이 주신 믿음입니다. 그것은 성령과 상관없이 인간의 본성으로부터 나오는 믿음이 아닙니다. 그것은 보배로운 믿음이며, 하나님의 선물이며 성령의 역사(役事)로서의 믿음입니다. 만일 우리가 단지 지적으로만 믿는다면, 우리는 성도 상호간의 공동의 따뜻한 사랑 속으로 들어갈 수 없습니다. 마음과 영혼으로 그리고 우리 존재의 깊음으로부터 믿을 때와는 달리 말입니다.

사랑하는 자들이여, 우리가 받아야 할 믿음은 하나님의 선물로서의 믿음이며, 나는 우리가 그러한 믿음을 받았음을 믿습니다. 이와 같이 여기에 우리를 하나로 묶는 또 하나의 거룩한 띠가 있습니다. 여러분은 여러분의 가슴 위에서 반짝이고 있는 그러한 믿음의 보화를 가지고 있으며, 여기에 그와 동일한 보화를 가지고 있는 다른 사람들이 있습니다. 그리고 바로 그러한 사실로서 여러분은 하나로 묶입니다. 여러분의 믿음과 나의 믿음은 ─ 만일 그것들이 모두 참된 믿음이라면 ─ "같은 믿음"입니다. 나는 아주 작은 믿음을 가지고 있을 수 있습니다. 그리고 여러분은 충만한 깨달음의 확신을 가지고 있을 수 있습니다. 그럼에도 불구하고 여러분의 믿음과 나의 믿음은 같은 종류의 믿음입니다. 여러분의 믿음은 겨자씨만 할 수 있습니다. 그리고 여러분의 친구의 믿음은 큰 나무로 자랐을 수 있습니다. 그럼에도 불구하고 둘은 같은 믿음입니다. 둘은 같은 그리스도를 붙잡고 있으며, 영혼의 구원 가운데 같은 결과를 산출할 것입니다. 이러한 사실을 생각하며 우리 모두 다시 한 번 영적으로 악수하며 인사합시다. 첫째로, 우리는 서로 밀접하게 연결되었습니다. 그리고 둘째로, 우리는 같은 믿음을 소유합니다. 이러한 "같은 믿음"은 우리를 하나로 묶는 얼마나 놀라운 연합의 띠입니까?

3. 셋째로, 세 번째 고리는 우리가 같은 축복을 가지고 있다는 사실입니다.

바울이 디도를 위해 "은혜와 긍휼과 평강"을 기원하는 것을 주목하십시오

(한글개역개정판에는 "은혜와 평강"이라고만 되어 있음). 반대로 디도가 바울에게 축복을 기원하는 상황이었다 하더라도 그 역시 바울을 위해 똑같은 축복을 기원했을 것입니다. 나 역시도 여러분에게 "은혜와 긍휼과 평강"이 있기를 바랍니다. 그리고 여러분도 나를 위해 마음으로 "은혜와 긍휼과 평강"을 기원할 것입니다. 우리 모두는 똑같이 이러한 세 가지 축복을 필요로 합니다.

첫째로, 우리는 **돕는** "은혜"를 필요로 합니다. 나는 이것이 약한 신자에게 어떤 것인지 압니다. 그는 강한 그리스도인이 하나님을 위해 힘있게 일하는 것을 보면서 이렇게 말합니다. "아! 나도 그와 같으면 얼마나 좋을까? 나도 그와 같이 강한 자라면 얼마나 좋겠는가!" 그는 강한 자에게는 자신과 같은 약함이 없을 것이라고 생각합니다. 그는 강한 형제의 머리는 항상 빛으로 가득 차 있고 그의 마음은 기쁨의 강으로 계속해서 흘러넘칠 것이라고 상상합니다. 그러나 이것은 틀린 생각입니다. 왜냐하면 가장 뛰어난 성도라고 하여 하나님의 집에서 가장 작은 자보다 더 많은 은혜를 가지고 있는 것은 아니기 때문입니다. 우리의 연약한 친구들인 '두려움 양'과 '의기소침 군'은 그 마음으로부터 다른 사람들에 대한 막연한 허상을 털어버릴 필요가 있습니다. 내 말을 믿으십시오. 우리의 머리는 여러분의 머리가 아픈 만큼 아프며, 우리의 눈은 여러분의 눈이 눈물을 흘리는 만큼 눈물을 흘립니다. 그렇습니다. 우리의 마음은 여러분의 마음 못지않게 무겁습니다. 여러분은 말합니다. "그렇군요, 그렇지만 당신들은 우리보다 훨씬 더 강하지 않습니까?" 그럴 수도 있겠지요.

그러나 여러분이 20kg짜리 짐을 옮겨야만 하며, 여러분은 그 일을 할 수 있는 충분한 힘을 가지고 있지만 그러나 그 이상은 할 수 없다고 상상해 보십시오. 또 어떤 사람이 50kg짜리 짐을 옮겨야 하며, 그는 그것을 할 수 있지만 그러나 그 이상은 할 수 없다고 상상해 보십시오. 그는 여러분과 정확하게 같은 조건 위에 있는 것입니다. 여기에 한 형제가 있습니다. 그는 만나로 가득 찬 큰 통을 들고 있으며, 그는 가족들을 먹이기 위해 그것을 옮기고 있는 중입니다. 그런가 하면 여기에 또 한 사람이 있습니다. 그는 작은 통을 들고 그것을 자기 장막으로 옮기면서 스스로에게 이렇게 말합니다. "나도 저 형제처럼 큰 만나 통을 들고 장막으로 갈 수 있다면 얼마나 좋을까!" 그러나 들어 보십시오. 많이 거둔 자도 남지 않고 적게 거둔 자도 모자라지 않았습니다. 나는 지금 많은 은혜를 거두려는 시도를 쓸데없는 짓이라고 말하고 있는 것이 아닙니다. 여러분이 거둘 수 있는 모든 것을 거두십시오. 아무리 많이 거둔다 하더라도 지나치게 많은 것은 아니기 때문입니다. 다만 내가 지금 말하고 싶은 것은 여러분의 몫이 작은 것처럼 보인다고 하여 낙망하지 말라는 것입니다. 여러분은 전혀 그렇게 할 필요가 없습니다.

중요한 것은 우리 모두가 은혜를 필요로 한다는 사실입니다. 여러분 가운데 복음을 전파하는 자도 있으며, 장로도 있으며, 집사도 있으며, 주일학교 교사도 있을 것입니다. 여러분은 이 모든 일을 은혜로 행해야 합니다. 그렇지 않으면 여러분은 실제로 아무것도 하지 않은 것이 될 것입니다. 우리 모두는 은혜를 필요로 합니다. 오직 은혜만이 여러분을 구원할 수 있으며, 오직 은혜만이 나를 구원할 수 있습니다. 하나님의 은혜는 우리와 모든 신자들에게 주어질 것입니다. 우리가 그것을 필요로 할 때 말입니다.

둘째로, 우리는 죄 사함의 "긍휼"을 필요로 합니다. 디도는 어쩌면 스스로 이렇게 생각했을는지 모릅니다. '바울은 나를 위해 긍휼을 구하지만 그러나 자신을 위해서는 구할 필요가 없을 거야. 그토록 훌륭하며, 거룩하며, 헌신적이며, 열정적이며, 자기를 부인하는 하나님의 종에게 도대체 무슨 긍휼이 필요하단 말인가.' 그러나 여러분은 바울이 교회에 편지할 때는 "은혜와 평강이 너희에게 있을지어다"라고 쓴 반면, 사역자에게 편지할 때는 "은혜와 긍휼과 평강이 네게 있을지어다"라고 쓴 것을 기억할 필요가 있습니다. 이를 통해 우리는 사역자들에게는 일반적인 성도들보다 더 큰 긍휼이 필요하다는 사실을 추측할 수 있습니다. 나는 중요한 직분을 가지고 크게 쓰임을 받는 사람일수록 더 많은 긍휼을 필요로 한다고 굳게 확신합니다. 형제들이여, 만일 우리가 계속해서 "주여 우리를 긍휼히 여기소서"라고 부르짖지 않는다면, 우리가 도대체 어떻게 우리에게 맡겨진 책임을 감당할 수 있겠습니까? 만일 주께서 특별히 우리에게 긍휼을 베풀지 않으신다면, 어떻게 우리가 우리에게 맡겨진 영혼들을 신실하게 다루며, 모든 사람들의 피에 대해 깨끗할 수 있겠습니까?

이와 같이 우리 모두는 긍휼을 필요로 합니다. 나에게는 정말로 그러합니다. 여러분에게는 그렇지 않습니까? 당신은 가정을 가진 평범한 사람에 불과합니다. 그러나 당신은 가장으로서 당신의 죄를 위한 긍휼을 필요로 합니다. 나의 자녀여, 그대는 단지 가사를 돕는 하녀에 불과할는지 모릅니다. 그러나 그러한 비천한 부르심에 있어서조차 그대는 긍휼을 필요로 합니다. 사랑하는 형제여,

당신은 매우 부유합니다. 그러므로 당신은 더 많은 긍휼을 필요로 합니다. 반대로 가난과 궁핍 가운데 있는 자여, 나는 당신에게 긍휼이 필요함을 확신합니다. 어떤 사람은 건강이 양호한 상태에 있을 것입니다. 그는 자신에게 주어진 힘을 악한 목적에 사용하지 않도록 긍휼을 필요로 합니다. 어떤 사람은 큰 질병 가운데 있을 것입니다. 육체의 고통과 마음의 침체를 견디며 극복할 수 있도록 긍휼을 구하십시오. 이와 같이 우리 모두는 긍휼을 필요로 하며, 그런 점에서 우리는 하나로 연합되었습니다.

　셋째로, 우리는 위로의 "평강"을 필요로 합니다. 나는 여러분이 양심의 평강이 무엇을 의미하는지, 하나님과의 평강이 무엇을 의미하는지, 사람과의 평강이 무엇을 의미하는지 알기를 바랍니다. 만일 하나님이 우리에게 그의 평강을 주셨다면, 그것은 "지극히 값진 진주"이며 말할 수 없는 가치를 가진 보화입니다. 하나님과 평강하게 되는 것은 백만장자가 되는 것보다 혹은 모든 러시아인들의 황제가 되는 것보다 훨씬 더 낫습니다. 마음의 평강, 마음의 안식, 영의 고요함, 근심과 염려로부터의 해방, 다툼으로부터의 해방, 한탄으로부터의 해방 ― 나에게는 이런 종류의 평강이 필요합니다. 여러분 역시도 그것을 필요로 합니다. 그렇지 않습니까? 여러분은 가정에서, 직장에서, 마음속에서 그것을 필요로 합니다. 바로 이 지점에서 우리는 같은 평강의 필요를 가지고 다시 만납니다. 그리고 그것을 얻을 때, 우리는 그것을 즐겁게 향유하는 지점에서 또다시 만납니다. 사랑하는 자들이여, 여러분에게 은혜와 긍휼과 평강이 영원히 있기를 기원합니다. 또 나는 여러분이 나를 위해 같은 축복의 기원을 해 줄 것이라고 믿습니다. 그리고 이 지점에서 또다시 우리는 참된 마음의 연합을 느끼며 손을 맞잡고 하나님을 송축합니다.

4. 넷째로, 우리는 그 모든 축복의 근원과
통로에 있어 하나입니다.

"하나님 아버지와 그리스도 예수 우리 구주로부터"라는 표현을 주목하십시오. 첫째로, 우리는 모든 축복의 근원에 있어 하나입니다. 모든 선한 것은 한 분의 중보자 우리 구주 예수 그리스도를 통해 하나님 아버지로부터 우리에게 옵니다. 나는 여러분에게 오는 모든 은혜와 긍휼과 평강, 그리고 나에게 오는 모든 은혜와 긍휼과 평강이 하나님의 마음으로부터 온다는 사실을 생각하기를 좋아합니다. 은혜의 길 위에는 많은 마차들이 있으며, 그 모든 마차들 위에는 짐이 가득 실려 있습니다. 마차 하나가 형제의 문 앞에 서 있으며, 다른 마차 하나가 자매의 문 앞에 대기하고 있습니다. 그러나 그 모든 마차들은 한 곳에서 출발했습니다. 마차 옆면을 보십시오. 그러면 여러분은 그 모든 마차 위에 같은 주인의 이름이 씌어 있는 것을 보게 될 것입니다. "하나님의 병거는 천천이요 만만이라"(시 68:17). 그 모든 것은 하나님의 것입니다. 그러므로 우리에게 어떤 은혜와 긍휼과 평강이 온다 하더라도, 그것은 모두 같은 곳으로부터 오는 것입니다. 하나님의 진리가 있는 곳으로 가 보십시오. 그러면 여러분은 신자인 우리 모두가 같은 아궁이에서 구운 떡을 먹고, 같은 옷장에서 나온 옷을 입고, 같은 반석에서 솟아오른 물을 마시는 것을 보게 될 것입니다. 뿐만 아니라 우리는 같은 장인이 만든 신을 신을 것입니다. 옛적에 모세를 통해 이스라엘에게 "네 신은 철과 놋이 될 것이니 네가 사는 날을 따라서 능력이 있으리로다"라고 말씀하셨던 바로 그 장인 말입니다(신 33:25, 한글개역개정판에는 "네 문빗장은 철과 놋이 될 것이니"라고 되어 있음). 여러분은 아버지께서 주신 것 외에는 아무것도 갖지 않게 될 것입니다. 그리고 여러분의 아버지는 나의 아버지입니다. 여러분에게 축복을 건네주신 손은 나에게, 그리고 신자들 모두에게 같은 축복을 건네주십니다.

둘째로, 이러한 축복들은 모두 같은 **통로**를 통해 옵니다. 그 통로는 두말할 필요 없이 주 예수 그리스도입니다. 모든 언약의 축복 위에는 거룩한 피의 흔적이 있습니다. 여러분도 마찬가지이고, 여러분의 형제도 마찬가지이고, 멀리 떨어져 있는 인도의 그리스도인들도 마찬가지입니다. 그것은 모두 하나님이 정하신 동일한 통로를 통해 옵니다. 바로 사람이요 하나님이신 우리 주 예수 그리스도 말입니다. 나는 여러분이 이 문제에 대해 어떻게 느끼는지 알지 못합니다. 그러나 나는 이것이 우리를 하나로 연합시키는 매우 중요한 것이라고 생각합니다. 나는 내가 처음 할아버지 곁을 떠났던 때를 기억합니다. 나는 어린 시절 할아버지로부터 양육을 받았습니다. 그래서 그를 떠나는 것이 너무도 슬펐습니다. 그것은 나의 어린 시절의 큰 슬픔이었습니다. 할아버지 역시 매우 슬프셨던 것 같았으며, 그래서 우리는 함께 울었습니다. 할아버지는 내게 무슨 말을 해야 좋을지 모르시는 가운데 머뭇거리시다가 마침내 이렇게 말하셨습니다. "얘야, 오늘 밤 달이 뜨면 그것을 보거라. 그리고 그 달이 네 할아버지가 보게 될 달과 같은 달이라는 것을 잊지 말거라." 그때부터 나는 달을 좋아하게 되었습니다. 왜냐하면 나의 눈과 할아버지의 눈이 달 위에서 만난다고 생각했기 때문입니다. 사랑하는 친구가 오스트레일리아로 간다고 생각해 보십시오. 우리는 이곳 영국에서 구주를 바라보고 그 친구는 그곳 오스트레일리아에서 구주를 바라봅니다. 그리하여 우리의 눈과 그의 눈은 구주 위에서 만납니다. 이러한 사실은 우리에게 얼마나 큰 위로가 되겠습니까? 여러분은 기도 가운데 은혜의 보좌로 나아가며, 우리도 그렇게 합니다. 그러므로 우리는 결국 같은 거룩한 장소에서 기도하며, 우리의 간구는 은혜의 보좌에서 만납니다. 이와 같이 우리는 그리스도 안에서 복된 연합을 체험하게 됩니다.

5. 다섯째 고리는 우리 주 예수 그리스도께 대한 우리의 공동의 관계입니다.

"주 예수 그리스도 우리 구주"(The Lord Jesus Christ our Savior)란 표현을 주목하십시오(한글개역개정판에는 "그리스도 예수 우리 구주"라고 되어 있음). 여기의 호칭에 나타난 단어들을 하나하나 간략하게 살펴보도록 합시다. 첫째로, 예수는 그의 모든 백성들의 순종과 경배를 받으실 주(Lord)십니다. 우리는 무릎을 꿇고 경외하는 마음으로 그를 주와 하나님으로 불러야 합니다. 우리는 그의 못 자국과 옆구리에 손가락을 넣어보고 그가 참 사람이심을 고백하면서 동시에 도마와 함께 "나의 주시며 나의 하나님이시니이다"라고 고백해야 합니다. 나는 마음으로부터 그렇게 고백할 수 없는 사람과는 결코 온전한 연합을 이룰 수 없다는 사실을 고백하지 않을 수 없습니다. 만일 당신이 그리스도를 하나님으로 받아들일 수 없다면, 당신은 그냥 당신의 길을 가십시오. 나는 나의 길을 갈 것입니다. 당신의 길과 나의 길은 결코 같은 길이 될 수 없습니다. 우리는 그가 하나님의 그리스도임을 압니다. 이러한 사실을 알지 못하는 자는 복음을 처음부터 다시 배울 필요가 있습니다. 여러분이 아는 대로, 우리는 그리스도의 주 되심(Lordship) 안에서 참된 연합을 갖습니다. 우리 모두는 한 사람처럼 그의 모든 명령에 순종하며, 그를 참 하나님으로 경배하기를 열망합니다.

다음으로 나오는 단어는 "예수"입니다. 이 단어는 "구주"라는 단어에서 다시 나오므로 잠시 남겨두고 곧바로 다음 단어인 "그리스도"를 살펴보도록 합시다. 그는 믿는 우리 모두에게 "기름 부음받은 자"(the Anointed One)입니다. 그러므로 예수 그리스도께서 말씀하신 모든 말씀은 우리에게 성령의 기름 부음으로 영감된 정확무오한 말씀입니다. 우리는 예수를 믿습니다. 오늘날 사람들이 일반적으로 말하는 의미에서 뿐만 아니라 실제적으로 그를 믿습니다. 다시 말해서 우리는 그 자신이 직접 말씀하신 교훈을 믿으며, 또한 그가 영감 받은 사도들을 통해 말씀하신 교훈을 믿습니다. 우리는 그리스도와 그가 오셔서 전파하신 진리와 그가 오셔서 행하신 사역을 분리할 수 없습니다. 또 그렇게 하려고 시도해서도 안 됩니다. 그는 우리에게 선지자와 제사장과 왕으로서 하나님의 기름 부음받은 자입니다. 우리는 그가 기름 부음을 통해 받은 세 가지 직분 모두를 받아들입니다. 나아가 그의 기름 부음은 또한 우리에게도 임합니다. 우리는 대제사장의 옷을 이루는 작은 부분들과 같습니다. 그러므로 그의 머리 위에 부어진 거룩한 기름은 옷깃으로 흘러내려 우리에게까지 임합니다. "너희는 거룩하신 자에게서 기름 부음을 받고 모든 것을 아느니라"(요일 2:20).

다음으로 나오는 단어는 "우리 구주"입니다. 때로 성경에서 우리는 주 예수 그리스도가 "한 구주"(a Savior)로 불리는 것을 발견합니다. "오늘 다윗의 동네에 너희를 위하여 한 구주(a Savior)가 나셨으니 곧 그리스도 주시니라"(눅 2:11). 이러한 표현은 좋기는 하지만, 그러나 충분히 좋지는 않습니다. 우리 주 예수 그리스도는 다른 구원자들(other saviors) 사이에서 한 구원자(a Savior)가 아닙니다. 설령 그가 자기 종들을 구원자들로 세운다 하더라도 말입니다. "구원자들(saviors)이 시온에서 오사 야곱에게서 경건하지 않은 것을 돌이키겠고; 너희가 알 것은 죄인들을 미혹된 길에서 돌아서게 하는 자들이 그들의 영혼을 사망에서 구원할 것이며 허다한 죄를 덮을 것임이라"라고 기록된 것처럼 말입니다(롬 11:26; 약 5:20).

동시에 예수는 "그 구주"(the Savior)로도 불립니다. "그는 모든 사람 특히 믿는 자들의 구주(the Savior)시라"(딤전 4:10). "그 구주"(the Savior)가 "한 구주"(a Savior)보다 훨씬 더 낫습니다. 바로 그 구주가 나의 구주이십니다. 마리아가 노래한 것처럼 말입니다. "내 영혼이 주를 찬양하며 내 마음이 하나님 내 **구주**를 기뻐하였음은"(눅 1:47). 그가 나의 구주라는 사실은 얼마나 달콤합니까? 그를 개인적으로 붙잡으면서, 그가 나를 절망으로부터, 죄로부터, 악의 권능으로부터, 사망으로부터, 지옥으로부터 구원하셨음을 아는 것은 너무도 달콤하며 아름다운 사실입니다. 그러나 더 달콤한 것이 있습니다. 그것은 복수형으로 그가 "우리 구주"이시라는 사실입니다. 주 예수 그리스도가 나 외에도 다른 많은 사람들의 구주시라는 사실을 느끼기에 이를 때, 자기중심주의(selfishness)는 사라집니다. 그는 "우리 구주"이십니다. 이러한 사실이 우리를 함께 연합시키지 않습니까? 한 인격 안에서의 공동의 기쁨은 사람들을 하나로 묶는 가장 강력한 띠 가운데 하나입니다. 또 어떤 특별한 존재에 대한 공동의 의무는 우리가 사랑으로 서로 연합하게 되는 큰 이유가 됩니다. 그는 나의 구주이시며, 당신의 구주이시며, 우리의 구주이십니다. "주 예수 그리스도 우리 구주." 구원받은 형제들과 다소 멀어지는 느낌을 가질 때마다 다시금 새롭게 손을 잡고 서로 이렇게 말하십시오. "우리는 우리 구주 안에서 기뻐하며 그 안에서 하나로다."

이제 마지막으로 한 가지 당부하고 싶은 것이 있습니다. 그것은 우리 모두가 어깨에 어깨를 대고 더 가까워지자는 것입니다. 나는 오늘날과 같은 악한 시대에 여러분에게 "더 가까이 붙어있으라"는 메시지를 던지고 싶습니다. 가장 깊고 가장 진실한 그리스도의 사랑을 마음과 마음으로 느낍시다. 왜냐하면 사랑으로 서로 밀착되는 분량만큼 우리는 성령의 뜻을 이루는데 더 강해질 것이기 때문입니다. 지난 34년 동안 나는 여러분 가운데 복음을 전파하는 일을 감당했습니다. 그러는 가운데 나는 항상 나의 설교가 "무미건조하고, 식상하며, 아무 열매도 맺지 못하는" 것이 되지 않도록 애를 썼습니다. 나의 설교가 더 이상 여러분을 위한 아름다운 음악이 되지 않으면 어떻게 하나 하고 말입니다. 그러나 내가 여기 온 첫 날부터 오늘 이 시간에 이르기까지 항상 알고 있는 사실이 하나 있습니다. 그것은 내가 오직 "복되신 하나님의 영광의 복음"과 "예수 그리스도와 그의 십자가에 못 박히신 것"만을 전파하였다는 사실입니다. 나는 그러한 복음은 결코 "무미건조하며, 식상하며, 아무 열매도 맺지 못하는" 것이 되지 않는다는 사실을 분명히 압니다. 바로 이것이 우리를 거룩한 교제 가운데 묶은 황금사슬입니다. 그리고 바로 그 기초 위에 우리가 세워진 것입니다 ― "하나의 주님, 하나의 믿음, 하나의 세례." 그렇습니다. 하나의 세례입니다. 다른 세례를 붙잡고 있는 사람들이 있습니다. 그러나 우리는 신자가 아버지와 아들과 성령의 이름 속으로 침수하는 것(immersion) 외에 다른 외적인 세례를 알지 못합니다. 이 부분에서 우리는 모두 한마음으로 동의합니다.

이와 같이 하나가 되었다면, 모든 세상에 이러한 기독교적 하나됨(Christian unity)의 능력을 실제적으로 나타내도록 합시다. 기도모임을 계속해서 유지합시다. 그 고귀한 모임이 흐지부지되지 않도록 합시다. 내가 기도모임을 인도할 때는 많은 사람들이 모이곤 합니다. 그러나 내가 없을 때도 그렇게 하십시오. 아니, 그럴 때는 더 많이 모이도록 하십시오. 기도 가운데 형제들이 서로 연합되어 있음을 느끼십시오. 나는 신앙의 참된 부흥을 갈망하고 있습니다. 모든 곳에서 신앙이 부흥되기를 말입니다. 그리고 나는 그러한 부흥이 오고 있는 표적들을 보고 있습니다.

나는 복음을 사랑하는 많은 침례교 사역자들이 복음의 근본적인 교리들을 과거보다 더 많이 전파하고 있는 것을 발견합니다. 이것은 얼마나 좋은 일입니까? 또 나는 오늘날 교회들이 과거보다 기도를 위해 더 많이 모이는 것을 발견합니다. 하나님의 신실하신 도우심과 인도하심을 구하기 위해 말입니다. 이 또한 얼마나 좋은 일입니까? 오늘날 사람들은 구원에 대해 모든 곳에서 이야기하며 토론을 벌입니다. 승합차 지붕 위에서도 그렇게 하고, 기차 안에서도 그렇게 합니다. 신문에서도 그런 주제를 계속해서 다룹니다. 이 얼마나 감사한 일입니까? 이로 인해 나는 하나님께 감사드리지 않을 수 없습니다. 사람들의 관심을 그리스도의 복음으로 이끄는 것은 그것이 무엇이든 우리를 돕는 것입니다. 오늘날의 이러한 분위기는 나에게 있어 너무도 소망스럽습니다. 사람들이 복음에 대해 활발하게 이야기하며 토론하는 것은 더욱 소망스럽습니다. 그리고 이런 분위기는 영혼구원을 위한 강렬한 열망으로 이어질 것이며, 그럴 때 우리는 부흥을 보게 될 것입니다. 하나님은 교회 안에 들어온 거짓 교리와 이단에 의해 많은 훼방과 방해를 받아 왔습니다. 또 하나님의 영은 종종 많은 그리스도인들의 부패한 세속주의로 인해 탄식하시며 심지어 쫓겨나시기도 했습니다. 오늘날 우리는 하나님의 은혜로 말미암아 이러한 어둠 가운데 작은 빛이 비취는 것을 발견합니다. 또 하나님의 은혜로 여기저기에 문들이 열리면서, 신선한 바람이 오랫동안 악취를 풍기던 오염된 공기를 몰아내고 있습니다.

형제들이여, 지금은 우리의 때입니다. 위로부터 이러한 축복을 보내달라고 하나님께 한마음으로 기도합시다. "은혜와 긍휼과 평강." 항상 이것을 특별한 기도제목으로 삼아 하나님께 지속적으로 구하십시오. 그러면 우리는 이곳에서 신앙의 부흥이 일어나는 것을 보게 될 것입니다. 하나님이여, 하늘의 불을 내려주소서! 내려주소서! 내려주소서! 하늘의 불로 제물을 사르소서! 여기에 주님을 아직 알지 못하고 또 사랑하지 않는 사람들이 있을 것입니다. 그렇지만 우리는 당신을 사랑합니다. 우리는 당신을 예수 그리스도를 믿는 믿음의 문을 통해 복된 사랑의 공동체 안으로 데려가기를 열망합니다. 예수 그리스도를 바라보십시오. 그는 여러분을 위한 유일한 구원의 길입니다. 그를 바라보십시오. 그러면 생명을 얻을 것입니다. 하나님이 그리스도로 인해 여러분에게 그것을 허락해 주시기를 기원합니다. 아멘.

제
3
장

—

선한 일을 힘씀

—

"우리도 전에는 어리석은 자요 순종하지 아니한 자요 속은
자요 여러 가지 정욕과 행락에 종 노릇 한 자요 악독과 투기
를 일삼은 자요 가증스러운 자요 피차 미워한 자였으나 우
리 구주 하나님의 자비와 사람 사랑하심이 나타날 때에 우
리를 구원하시되 우리가 행한 바 의로운 행위로 말미암지
아니하고 오직 그의 긍휼하심을 따라 중생의 씻음과 성령의
새롭게 하심으로 하셨나니 우리 구주 예수 그리스도로 말미
암아 우리에게 그 성령을 풍성히 부어 주사 우리로 그의 은
혜를 힘입어 의롭다 하심을 얻어 영생의 소망을 따라 상속
자가 되게 하려 하심이라 이 말이 미쁘도다 원하건대 너는
이 여러 것에 대하여 굳세게 말하라 이는 하나님을 믿는 자
들로 하여금 조심하여 선한 일을 힘쓰게 하려 함이라 이것
은 아름다우며 사람들에게 유익하니라" — 딛 3:3-8

지난 목요일 저녁 나는 에베소서 2장 9절과 10절 사이에 나타난 놀라운 대
조, 즉 "행위에서 난 것이 아니니"란 말씀과 "그리스도 예수 안에서 선한 일을 위
하여 지으심을 받은 자니"란 말씀 사이의 대조에 근거하여 말씀을 전했습니다.
그때 나는 구원과 관련하여 선한 일의 올바른 위치를 제시하고자 노력했습니다.
그 주제는 너무도 중요하므로, 오늘 많은 회중이 모인 이 자리에서 나는 다시 한

번 그 주제를 다루어야 할 필요성을 느낍니다. 왜냐하면 여러분 가운데 많은 사람들이 그때 참석하지 않았기 때문입니다. 오늘 나는 에베소서와 동일한 대조를 이루는 다른 본문을 가지고 그리스도 예수를 믿는 믿음으로 구원받은 사람은 마땅히 선한 일을 힘써야 할 절대적인 필요성을 가진다는 사실을 여러분 앞에 제시하고자 합니다.

곧바로 본문으로 들어갑시다. 바울 사도는 우리에게 아무도 비방하지 말고 모든 사람에게 온유함을 나타내라고 말합니다(2절). 그리고 그렇게 해야 할 절대적인 이유로서 바울은 우리 역시도 전에는 그들과 같은 부류의 사람들이었다는 사실을 제시합니다. 오늘날 세상을 바라볼 때, 우리는 세상의 어리석음과 불순종과 미망(迷妄)으로 인해 고통을 느끼게 됩니다. 현대의 바벨론에서 살아가는 사람들을 바라보는 자는 가장 깊은 곳에서 슬픔이 솟아오르는 것을 느끼지 않을 수 없습니다. 부유한 계급의 사람들을 바라보든 가난한 계급의 사람들을 바라보든 말입니다.

그러나 우리는 준엄한 마음으로 무작정 세상을 정죄할 수 없습니다. 왜냐하면 우리 가운데 많은 사람들도 그와 같은 상태에 있었기 때문입니다. 그러므로 우리는 여전히 죄 가운데 매몰되어 살아가고 있는 인생들을 불쌍히 여기는 마음으로 바라보아야 합니다. 왜냐하면 우리 가운데 많은 사람들도 그와 같았기 때문입니다. 나아가 우리는 불경건한 사람들이나 심지어 어리석고 불순종하는 사람들로 인해 더 소망을 느끼게 됩니다. 왜냐하면 우리 자신 역시도 얼마 전까지 그와 같았기 때문입니다.

그러므로 우리는 우리 마음의 생각과 우리 삶의 에너지를 사람들을 구원하는 위대한 일에 더 많이 쏟아야만 하겠다는 마음을 느끼게 됩니다. 은혜와 사랑 가운데 우리를 구원하신 하나님께 대한 감사로 말입니다. 어떤 사람이 "나는 사람이며, 사람들과 관련된 모든 것이 나와 관련되노라"라고 말했습니다. 그러나 하나님의 자녀는 이렇게 덧붙입니다. "나 역시 죄인으로서 나의 씻음을 은혜와 사랑의 주님께 빚지고 있노라. 나 역시 이들이 빠져 있는 것과 동일한 죄의 늪에 빠져 있었노라. 만일 중생의 놋대야에서 씻음을 받고 성령으로 말미암아 새로워졌다면, 나는 그 모든 것을 주권적 은혜에 빚지고 있으며 하나님과 사람에 대한 사랑으로 말미암아 이웃들의 씻음과 새로워짐을 추구하지 않을 수 없노라."

자신의 죄로 인해 눈물을 흘린 자는 또한 다른 사람들의 죄로 인해 눈물을 흘리게 될 것입니다. 만일 여러분이 스스로를 공정하게 판단했다면, 여러분은 다른 사람들을 가혹하게 판단하지 않을 것입니다. 여러분은 그들을 정죄하기보다 불쌍히 여길 것이며, 한 사람의 죄인을 징벌하려고 하기보다 많은 죄인들을 덮어주려고 할 것입니다. 만일 여러분 안에 다음과 같이 진심으로 말할 수 있는 따뜻한 마음이 창조되지 않았다면, 나는 여러분의 중생을 의심하지 않을 수 없습니다.

> "나의 하나님이여, 죽어가는 사람들을 바라볼 때
> 나의 마음은 큰 슬픔과 애처로움을 느끼나이다.
> 그들을 사르는 사망의 불길로부터
> 그들을 건져내기를 간절히 원하나이다."

전체 인류를 향해 이러한 마음을 느낄 때, 우리는 죄를 고치는 하나님의 방법과 함께 타락한 인간 안에 거룩함을 창조하기 위해 하나님이 고안하신 방법을 생각하게 됩니다. 하나님은 처음에 사람을 정결하며 흠이 없는 존재로 창조하셨습니다. 하나님이 아담을 에덴 동산에 두셨을 때, 하나님은 그의 친구가 되셨습니다. 심지어 아담이 타락하고 모든 인류가 부패되었다 하더라도, 하나님은 여전히 같은 뜻, 즉 거룩하고 정결하며 선한 일에 열심을 내는 특별한 백성을 창조하는 뜻을 가지고 계십니다. 주님은 이러한 목적을 위해 무슨 일을 행하셨으며 또 여전히 무슨 일을 행하고 계십니까? 우리는 이러한 영광스러운 목적을 향해 역사하는 신적 은혜의 과정에 얼마나 동참했습니까?

여기에서 나는 첫째로, 우리가 어떠했었는지를 이야기할 것입니다. 그리고 둘째로, 우리를 위해 무슨 일이 행해졌는지를 이야기하고, 마지막으로, 우리가 행하기를 원하는 것에 대해 이야기할 것입니다.

1. 첫째로, 우리가 전에 어떠했었는지 생각해 보십시오.

그것을 생각할 때, 우리는 회개의 눈물을 흘리지 않을 수 없습니다. "우리도 전에는 어리석은 자요 순종하지 아니한 자요 속은 자요 여러 가지 정욕과 행락에 종 노릇 한 자요 악독과 투기를 일삼은 자요 가증스러운 자요 피차 미워한 자였으나"(3절). 바울은 디도와 그레데의 신자들에게만 말하는 것처럼 "너희도"라고 말하지 않고, 자기 자신까지 포함하여 "우리도"라고 말합니다. 바울 사도는 그와 같은 고백의 쓴 잔을 다른 사람들에게만 내밀지 않고 자기 자신도 함께 마십니다. "우리도." 그러므로 목사와 장로와 집사와 교회의 지체인 여러분 모두는 이러한 겸손한 고백에 동참하기를 주저해서는 안 됩니다.

여기에 세 가지 종류의 악이 묘사되어 있습니다. 첫 번째 종류는 생각(mind)의 악으로 구성됩니다: "우리도 전에는 어리석은 자요 순종하지 아니한 자요 속은 자요." 우리는 어리석은 자였습니다. 우리는 스스로 안다고 생각하면서 배우려고 하지 않았습니다. 우리는 "우리는 보노라"라고 말했습니다. 따라서 우리는 소경이었으며, 보기 위해 예수께 나오지 않았습니다. 우리는 우리가 하나님보다 더 잘 안다고 생각했습니다. 우리의 어리석은 마음이 어두워졌기 때문에, 우리는 우리에게 무엇이 좋은 것인가와 관련하여 우리 자신이 하나님보다 더 나은 심판자라고 상상했습니다. 우리는 하늘의 경고를 거부했습니다. 왜냐하면 죄를 즐겁고 유익한 것으로 생각했기 때문입니다. 우리는 신적 진리를 배척했습니다. 왜냐하면 예수의 발 앞에 앉아 배우는 것에 대해 무관심하고 그런 초라한 자리를 경멸했기 때문입니다. 우리의 교만이 우리의 어리석음을 증명했습니다. 우리는 거짓된 것들을 믿으려고 했습니다. 우리는 거짓을 진리로 바꾸고 진리를 거짓으로 바꾸었으며, 어둠을 빛으로 바꾸고 빛을 어둠으로 바꾸었습니다. 생각하는 것과 바라는 것과 말하는 것과 행동하는 것에 있어, "우리도 전에는 어리석은 자"였습니다. 우리 가운데 어떤 사람들은 특별히 어리석은 자였습니다. 왜냐하면 온 몸이 만신창이가 되도록 죄 속으로 돌진해 들어갔기 때문입니다. 악을 사랑하는 자는 정말로 어리석은 자입니다. 나의 형제자매들이여, 아마도 여러분은 여러분의 과거 모습을 찍은 사진을 가지고 있지 않을 것입니다. 그러나 가지고 있다면, 그것을 꺼내어 자세히 살펴보십시오. 그리고 여러분을 예전의 모습으로부터 이토록 달라지게 만든 하나님을 송축하십시오.

우리는 어리석은 자일 뿐만 아니라 또한 순종치 않는 자였습니다. 우리는 하나님의 명령을 내팽개쳐 버렸기 때문에 순종치 않는 자였습니다. 우리는 우리 자신의 뜻과 우리 자신의 길을 원했습니다. 우리는 "여호와가 누구관대 우리가 그의 말을 들어야만 하는가?"라고 말했습니다. 우리 모두의 생각 속에 바로의 정신이 들어 있습니다. 완악한 자에게 순종은 싫은 것입니다. 우리가 바로 그런 자들이었습니다. 하나님은 "내가 알거니와 너는 완고하며 네 목은 쇠의 힘줄이요 네 이마는 놋이라"라고 말씀하셨습니다(사 48:4). 우리의 목은 본성적으로 창조주의 멍에를 메기를 거부했습니다. 우리는 할 수만 있으면 섭리의 주인(the lords of Providence)이 되려고 했습니다. 왜냐하면 하나님이 지정하시는 섭리로는 만족할 수 없었기 때문입니다. 우리는 우리가 우주의 입법자(立法者)가 되기를 바랐습니다. 왜냐하면 아무런 제한도 없이 마음껏 우리의 정욕과 욕심을 따르고 싶었기 때문입니다. 또 하나님의 거룩한 율법에 대해 우리는 순종치 않는 자였습니다. 아! 얼마나 오랜 세월 많은 사람들이 복음에 순종하지 않았습니까? 우리는 들어도 듣지 못한 자와 같았습니다. 복음이 우리 마음을 건드릴 때, 우리는 그것이 아무런 영향력도 끼치지 못하도록 스스로를 억눌렀습니다. 파도가 방파제를 때린 후 아무 흔적도 남지 않는 것처럼, 그렇게 우리는 하나님의 진리의 흔적을 지워버렸습니다. 우리는 주 예수를 믿는 믿음에 순종하지 않기로 결심했습니다. 우리는 하나님께 대하여 그에 합당한 자리를 드리기를 싫어했습니다. 그의 섭리에 대하여든, 율법에 대하여든, 복음에 대하여든 말입니다.

계속해서 바울은 우리가 속은 자 혹은 다른 길로 이끌린 자였다고 말합니다. 양들이 자기들끼리 어울려 다니다가 초장으로부터 멀리 떨어져 버리는 것처럼, 그렇게 우리는 다른 무리를 따르면서 선한 목자를 따르지 않았습니다. 우리는 속은 자였습니다. 우리는 우리의 생각에 있어 속은 자였으며, 거짓말을 믿고 따랐습니다. 분명 우리는 우리의 행복의 개념에 있어 속은 자였습니다. 우리는 행복이 없는 곳에서 행복을 찾으려고 했습니다. 우리는 산 것을 죽은 것들 가운데서 찾으려 했습니다. 우리는 여기저기 모든 곳으로 돌아다녔지만, 결국 길 잃은 양 외에 아무것도 아니었습니다.

하나님의 자녀들이여, 여러분의 이러한 생각의 악들을 기억하십시오. 그러한 악들을 여러분의 양심 위에 놓고, 그것들에 대해 유죄를 선언하십시오. 나는 우리 모두가 어느 정도 분량만큼 이러한 세 가지 상태 속에 있다고 확신합니다 — 어리석은 자, 순종하지 아니한 자, 속은 자.

두 번째 종류의 악은 우리가 추구하는 것과 관련됩니다. 바울은 우리가 "여러 가지 정욕과 행락에 종 노릇 한 자"였다고 말합니다. 여기에서 "종 노릇"이라는 단어는 노예로서 예속되어 있는 상태를 의미합니다. 우리도 전에는 여러 가지 정욕(lusts)과 행락(pleasures)의 노예였습니다. 정욕은 바라는 것, 열망하는 것, 야심을 품는 것, 열정적으로 추구하는 것을 의미합니다. 이런 것들은 모두 폭군

입니다. 어떤 사람은 돈에 대한 탐심에 의해 통치를 받습니다. 어떤 사람은 명예
에 대한 열망에 의해 통치를 받습니다. 어떤 사람은 권력을 위한 정욕에 종 노릇
합니다. 또 어떤 사람은 안목의 정욕에 종 노릇 하며, 또 어떤 사람은 육체의 정
욕에 종 노릇 합니다. 우리는 노예로 태어났으며, 위대한 해방자가 해방시켜 줄
때까지 우리는 노예의 삶을 살아갑니다. 사람에게 있어 자기 자신의 악한 욕망
에 종 노릇 하는 것보다 더 나쁜 것은 아무것도 없습니다.

또 우리는 행락(pleasures)의 노예였습니다. 우리는 행락에 너무도 깊이 빠
져 있었습니다. 지나온 삶을 돌아볼 때, 우리는 지금은 부끄럽게 생각하는 것을
그때는 어떻게 그렇게 방종할 수 있었는지 놀라지 않을 수 없습니다. 주님은 우
리 입으로부터 예전의 우상들을 끄집어 내셨습니다. 지금은 성도가 된 어떤 자
들은 그러나 전에는 술 취함과 음란과 음행의 노예였습니다. 어떤 이들은 악한
무리와 어울려 흥청망청 살아가는데 빠져 있었으며, 또 어떤 이들은 교만과 자
기 자랑에 빠져 있었습니다. 많은 악들이 스스로를 행락의 비단옷으로 감쌌으
며, 그런 모습으로 굶주린 영혼들을 유혹했습니다. 전에 우리는 부끄러운 죄 속
에서 행락을 추구했습니다. 형제들이여, 우리는 우리 자신의 본래의 추악함을
부인할 수 없습니다. 지금 우리는 거룩한 샘으로부터 우리 영혼을 기쁘게 하는
깨끗한 즐거움(pleasure)을 마십니다. 그러나 불과 얼마 전까지 썩어 악취가 나
는 웅덩이 물이 우리 타락한 입맛에 달콤하게 느껴졌다는 사실을 생각할 때, 우
리는 얼굴을 붉히지 않을 수 없습니다. 마치 상실한 마음 가운데 있었던 느부갓
네살처럼, 우리는 죄 가운데 미친 모습으로 짐승들 가운데 먹고 마셨습니다. 하
나님이 저주로 치신 강물을 마시기를 싫어했던 애굽 사람들과는 달리, 우리는
불결한 행락(pleasure)의 물을 마시기를 좋아했습니다.

여러분은 오늘 말씀을 별 느낌 없이 들어서는 안 됩니다. 나는 여러분이 옛
삶의 모습을 되돌아보며 예전에 추구하던 행락이 얼마나 악한 것이었는지를 되
새기기를 바랍니다. 거룩한 사람은 종이 세 장으로 이루어진 책을 가지고 다닙
니다. 검은 색으로 되어 있는 첫째 종이는 그의 죄를 보여줍니다. 붉은 색으로
되어 있는 둘째 종이는 그에게 피로 깨끗하게 되는 방법을 일깨워 줍니다. 그리
고 흰 색으로 되어 있는 마지막 셋째 종이는 주께서 우리를 얼마나 깨끗하게 씻
어주실 수 있는지를 보여줍니다. 나는 여러분이 지금 당장 첫 번째 검은 종이가
의미하는 것을 배우기를 바랍니다. 그것은 온통 검은 색입니다. 그것은 바라볼

수록 더 검어집니다. 어느 순간 조금 흰 색으로 보였던 것이 계속해서 바라보면 검어집니다. 그리고 계속해서 바라볼수록 그것은 점점 더 검은 색이 되다가 마침내 완전한 검은 색이 됩니다. 때로 여러분은 여러분의 마음과 여러분이 추구하는 것에 대해 잘못 생각하기도 합니다. 어린 양이 어디로 가든 그를 따르는 여러분은 물로 자신의 눈을 깨끗이 씻을 필요가 있습니다.

계속해서 바울은 마음의 악들에 대해 언급합니다. "악독과 투기를 일삼은 자요 가증스러운 자요 피차 미워한 자였으나." 첫째로, 우리는 우리에게 악을 행한 자들에 대해 분노를 품었습니다. 그리고 둘째로, 우리는 우리 자신이 가진 것보다 더 좋은 것을 가진 것처럼 보이는 사람들에 대해 투기 혹은 시기심을 품었습니다. 첫 번째 죄는 매우 일반적인 죄입니다. 많은 사람들이 분노의 영의 악독한 분위기 속에서 계속해서 살고 있습니다. 물론 모든 사람이 다 그런 것은 아닙니다. 왜냐하면 어떤 사람은 천성적으로 관대하며 너그러운 성품을 가지고 있기 때문입니다. 그러나 우리 모두 안에는 어떤 해악을 당한 것에 대해 분개하며 복수하고자 하는 교만한 영이 있습니다. 만일 어떤 사람이 우리에게 해를 끼치면, 우리는 극도로 분노합니다. 그러나 그리스도의 영에 있어 용서하는 것은 자연스러울 뿐만 아니라 심지어 즐거운 것이기까지 합니다.

그러나 이것은 세상의 영이 아닙니다. 심지어 자기 자녀들조차 용서하지 않는 사람들이 있는가 하면 서로 화해할 수 없는 형제들도 없습니다. 거기에 마귀의 영이 있습니다. 복수는 악한 자가 기뻐하는 것이며, 해를 끼치는 자에게조차 사랑으로 응답하는 것은 그리스도인의 즐거움입니다. 하나님의 상속자와 진노의 상속자 사이의 주된 차이는 이것입니다. 즉 거듭나지 않은 자는 자아와 미움의 권세 아래 있는 반면, 거듭난 자는 그리스도와 사랑의 통치 아래 있다는 사실입니다. 여러분은 자신을 지배하고 있는 영이 진노의 영인가 혹은 사랑의 영인가 하는 것으로 스스로를 판단할 수 있습니다. 만일 여러분이 분노의 지배 아래 있다면, 여러분은 진노의 자녀입니다. 반면 만일 여러분이 사랑으로 가득하다면, 여러분은 그 이름이 사랑이신 하나님의 자녀입니다. 하나님이여, 부디 우리를 도우사 개인적인 증오의 마지막 불꽃까지 꺼뜨려 주옵소서. 어떤 사람으로부터 해악을 당했습니까? 그 모든 해악의 기억을 버리십시오. 마치 밀려오는 조수(潮水)가 해변의 모래 위에 있는 모든 흔적들을 지워버리는 것처럼 말입니다. 만일 여러분 가정 가운데 어떤 다툼이 있다면, 즉시 끝내 버리십시오. 보이는 형제를 사랑할 수 없으면서 어떻게 보이지 않는 하나님을 사랑할 수 있겠습니까? 신적 은혜는 이런 측면에서 본질적으로 악한 인생들 가운데 놀라운 변화를 일으킵니다.

또 하나의 악은 우리가 가진 것보다 더 많은 것을 가진 것처럼 보이는 사람들에 대한 투기입니다. 종종 투기 혹은 시기심은 재물로 사람을 공격합니다. 우리는 가난한데, 어떻게 감히 그들은 호화로운 것들을 가질 수 있단 말입니까? 어떤 경우 시기심은 어떤 사람의 명예에 대해 독을 뿜어내기도 합니다. 그가 우리보다 더 많은 찬사를 받을 때 말입니다. 어떻게 감히 그가 우리보다 더 많은 찬사를 받을 수 있단 말입니까? 진실로 이것은 지금 불순종의 자녀들 가운데 역사하는 사탄의 영입니다. 하나님의 자녀는 하나님의 은혜로 말미암아 시기심으로부터 건져냄을 받습니다. 만일 하나님의 자녀에게 시기심이 올라온다면, 그는 그것을 받아들인 것으로 인해 스스로를 미워합니다. 설령 자신은 행복하지 못하다 하더라도, 그는 다른 사람들이 행복하기를 바랍니다. 그는 비록 자신은 매우 궁핍한 상태에 있다 하더라도 다른 사람들은 자기처럼 어려운 상태에 있지 않은 것을 기뻐합니다. 또 부당한 비난을 받았을 때, 그는 그것을 대수롭지 않은 일로 받아들입니다. 그리고 다른 사람들이 자기처럼 부당하게 취급받지 않은 것으로 인해 기뻐합니다. 그는 다른 사람들이 성공을 거두며 찬사를 받을 때 기뻐합니다. 여러분은 어떻습니까? 이 말을 들을 때 여러분은 움찔하며 자신은 그렇게까지 할 수 없다고 느낍니까? 하나님이 은혜 가운데 여러분 안에 예수 그리스도의 영을 가득 채워주시기를 기원합니다.

사랑하는 자들이여, 죄는 다양한 사람들 안에서 다양한 모양을 띱니다. 그리고 그것은 우리 모두 안에 있습니다. 지금 성도들 사이에서 하늘의 별처럼 빛나는 사람들도 전에는 이러한 어둠으로 흐려져 있었습니다. 죄는 종종 환경에 의해 억제되지만, 그러나 그것은 여전히 우리 마음속에 있습니다. 우리가 어떤 악으로 떨어질 기회를 갖지 못함으로 인해 그 악으로부터 자유롭게 되는 경우가 있습니다. 이런 경우 우리는 그러한 악으로부터 자유롭다는 이유로 스스로를 자랑해서는 안 됩니다. 우리가 어떤 악한 일을 행할 수 없음으로 인해 다른 사람들만큼 악하지 않게 살아왔을 수 있습니다.

예를 들어볼까요. 어떤 소년이 가출을 했습니다. 그리고 다른 소년은 집에 남아 있었습니다. 그러면 후자의 소년이 더 착한 아이입니까? 들어 보십시오. 그가 가출을 하지 않은 것은 다리가 부러져 침대를 떠날 수 없었기 때문입니다. 그러므로 그는 자신이 집에 남아 있는 것에 대해 자랑할 수 없습니다. 어떤 사람들은 어떤 부분에서 죄를 범할 수 없습니다. 그리하여 그들은 스스로에게 이렇게 말합니다. "이런 죄를 범하지 않는 나는 얼마나 훌륭한 사람인가!" 아! 가련한 자여, 만일 당신이 그 죄를 범할 수 있는 환경에 있었다면, 당신은 그렇게 했을 것입니다. 그러므로 당신의 자기 찬사는 허탄한 말에 불과합니다. 만일 당신이 다른 사람들과 동일한 자리에 놓였다면, 당신은 다른 사람들과 똑같이 행동했을 것입니다. 왜냐하면 당신의 마음 역시 같은 우상들을 좇고 있기 때문입니다. 모든 사람의 마음속에 있는 죄는 그가 행하는 모든 것을 더럽게 만듭니다. 설령 어떤 불경건한 자가 그 자체로는 선한 일을 행한다 하더라도, 그렇게 행하는 그의 동기(動機)가 그 모든 일을 오염시키며 더럽게 만듭니다. 여러분은 오염된 우물로부터 깨끗한 물을 퍼 올릴 수 없습니다. 그 마음의 어떠함대로 그 삶이 그러한 법입니다. 하늘의 은혜를 받지 못한 자들이여, 이 말을 새겨들으십시오. 여러분이 어떤 존재인지, 그리고 어디에 있는지 보십시오. 그리고 자신을 구원해 달라고 주께 부르짖으십시오.

2. 둘째로, 우리를 위해 무슨 일이 행하여졌는지 생각해 보십시오.

먼저, 신적 개입이 있었습니다. "우리 구주 하나님의 자비와 사람 사랑하심을 나타내셨을 때"(4절). 사람은 어둠 가운데 있었으며, 매 걸음마다 점점 더 캄캄한 어둠 속으로 빠져 들어갔습니다. 나는 역사(歷史)를 읽을 때 사람들이 하나님을 열망하며 그분을 찾고자 애썼다는 현대적 개념의 근거를 발견하지 못합니다. 결코 그렇지 않습니다. 양은 결코 목자를 찾지 않았습니다. 도리어 점점 더 길을 잃고 멀리 떨어졌습니다. 모든 곳에서 사람들은 빛을 등지고 조상들로부터 전해진 것을 잊어버리고자 노력했습니다. 모든 곳에서 그들은 자신들이 하나님의 보좌에 대해 제기한 큰 거짓말을 더듬어 찾고 있었습니다. 본성적으로 우리는 하나님을 찾지도 않으며, 그의 거룩하심을 갈망하지도 않습니다. 사람이 하나님을 부르지도 않고 찾지도 않았을 때 하나님이 은혜 가운데 오셨으며, 당신의 크신 사랑과 넓은 마음으로 사람을 구원하시기로 결정하셨습니다. 나의 귀에 하나님이 "내 어찌 너희를 포기할꼬?"라고 말씀하시는 것이 들리는 것 같습니다. 전능자의 팔이 개입하지 않는 한 인류는 멸망으로 달려갈 것이었습니다. 그리하여 주님은 충만한 긍휼과 권능으로 개입하셨습니다. 여러분은 그가 여러 가지 방법으로 우리를 위해 개입하신 것을 압니다. 그러나 특별히 여러분은 그가 어떻게 하늘로부터 내려오셨으며, 우리의 본성을 취하셨으며, 우리 가운데 사셨으며, 우리의 죄를 애통해하시고 나무 위에서 그것을 자기 몸으로 짊어지셨는지 기억합니다. 여러분은 하나님의 아들이 어떻게 말씀이 육신이 되어 우리 가운데 거하신 놀라운 성육신을 통해 개입하셨는지 압니다. 그렇게 하여 그는 영원한 어둠을 깨뜨리셨으며, 모든 세대를 통해 인류를 결박했던 멍에의 사슬을 끊으셨습니다. 우리 구주 하나님의 자비와 사랑이 마침내 나타났습니다. 하나님이 자기 아들의 인격 안에서 이 땅에 오시고, 우리의 죄를 담당하시고, 그 두려운 권능을 이기셨을 때 말입니다.

　또 신적 구원이 있었습니다. 예수께서 개입하신 결과 신자들은 "우리의 행한 바 의로운 행위로 말미암지 아니하고 오직 그의 긍휼하심을 좇아" 구원을 받았습니다(5절). 이 말을 잘 새겨들으십시오. 세상에 구원받은 자들이 있습니다. 그들은 죽을 때 "구원받게 될" 것으로 말하여지지 않고, 지금 악의 통치로부터 구원받았노라고 말하여집니다. 그들은 어리석음과 불순종과 속임으로부터 구원을 받았습니다. 누구든지 하나님이 죄를 위한 화목제물로 보내신 주 예수 그리스도를 믿으면 죄의 권능과 죄책으로부터 구원을 받습니다. 그는 더 이상 자신의 정욕과 행락의 노예가 되지 않을 것입니다. 그는 끔찍한 노예상태로부터 구원을 받습니다. 그는 미움으로부터 구원을 받습니다. 왜냐하면 사랑을 맛보고 또 사랑하는 법을 배웠기 때문입니다. 그는 그가 지금까지 행한 모든 것으로 인해 정죄를 당하지 않습니다. 왜냐하면 그의 대속자가 그의 모든 죄책과 저주와 죄에 대한 형벌과 죄 자체를 담당하셨기 때문입니다. 사랑하는 자들이여, 만일 여러분이 이 시간 주 예수 그리스도를 믿는다면, 여러분은 구원을 받습니다. 여러분이 지금까지 잃어진 자로서 길을 잃고 방황한 것이 확실한 것처럼, 이 시간 여러분은 확실하게 구원을 받습니다. 만일 여러분이 선한 목자를 믿는다면, 여러분은 그에 의해 발견될 것이며, 그는 여러분을 다시금 자기 어깨에 메고 양 우리로 돌아올 것입니다. 이러한 하나님의 진리를 굳게 붙잡으십시오. 주께서 그의 긍휼을 따라 예수를 믿는 우리를 구원하셨다는 진리 말입니다. 여러분은 구원받았습니까? 스스로에게 대답해 보십시오. 만일 여러분이 구원받지 못했다면, 여러분은 잃어진 자입니다. 만일 여러분이 아직 용서받지 못했다면, 여러분은 이미 정죄를 받은 것입니다. 만일 여러분이 성령으로 말미암아 새로워지지 않았다면, 여러분은 타락한 본성의 폐허 가운데 있는 것입니다. 만일 여러분이 대속제물에 의해 속함을 받지 못했다면, 여러분은 여전히 죄의 종입니다. 이러한 부분들에 있어 스스로를 감찰해 보십시오.

또 이러한 구원을 위한 동기(動機)가 있었습니다. 긍정적인 표현으로, 그는 "그의 긍휼하심을 좇아" 우리를 구원하셨습니다. 부정적인 표현으로, 그는 "우리의 행한 바 의로운 행위로 말미암지 않고" 구원하셨습니다. 형제들이여, 우리는 우리의 의로운 행위로 말미암아 구원받을 수 없습니다. 왜냐하면 우리는 어떤 의로운 행위도 행하지 않았기 때문입니다. 바울은 우리가 "어리석은 자요 순종치 아니한 자요 속은 자"로서 아무런 의로운 행위도 하지 않았지만 그러나 주께서 개입하셔서서 우리를 구원하셨다고 말합니다. 그는 우리가 아직 죄인 되었을 때 우리를 사랑하셨습니다. 그의 사랑이 얼마나 놀랍습니까? 그는 우리를 사랑하셨으며, 그렇기 때문에 우리를 살리셨습니다. 하나님은 사람이 스스로 구원하려고 할 때 그를 돕기 위해 오시지 않습니다. 하나님은 사람이 스스로 어찌할 수 없을 때 그를 구원하기 위해 오십니다. 사람이 어리석음과 불순종으로 가득 차 있을 때, 선하신 하나님은 호의를 가지고 그에게 오십니다. 그는 우리의 소망스러운 성품을 좇아 오시지 않고, 자신의 긍휼을 좇아 오십니다. 긍휼은 죄와 그로 인한 비참함 외에 아무것도 보지 못합니다. 하나님의 은혜는 우리의 회심 이후 우리가 행한 어떤 선한 행위에 따라 주어지지 않습니다. 4절은 중생 이후 우리가 행한 모든 의로운 행위를 배제합니다. 주님은 분명 이러한 행위들을 미리 아셨습니다. 그러나 동시에 그는 우리의 죄를 미리 아셨습니다. 그는 우리의 선한 행위를 미리 아신 것을 따라 우리를 구원하지 않으셨습니다.

이러한 행위들은 그가 우리에게 주신 구원의 일부입니다. 의사가 병자를 고친 것은 그가 병자가 나을 것을 미리 알았기 때문입니다. 또 여러분이 거지에게 얼마의 돈을 주는 것은 그가 그것을 받을 것을 미리 알기 때문입니다. 의로운 행위들은 구원의 열매입니다. 그러나 열매에 앞서 뿌리가 먼저 있어야만 합니다. 주님은 오로지 은혜와 긍휼로부터 자기 백성을 구원하십니다. 다른 이유는 없습니다. "내가 긍휼히 여길 자를 긍휼히 여기고 불쌍히 여길 자를 불쌍히 여기리라 하셨으니 그런즉 원하는 자로 말미암음도 아니요 달음박질하는 자로 말미암음도 아니요 오직 긍휼히 여기시는 하나님으로 말미암음이니라"(롬 9:15, 16). 구원의 전체적인 계획 속에서 하나님의 은혜는 얼마나 찬란하게 빛납니까? 또 우리에게 있어 그것은 얼마나 분명하게 드러납니까? "우리도 전에는 어리석은 자요 순종치 아니한 자요 속은 자이었으나 우리를 구원하시되 우리의 행한 바 의로운 행위로 말미암지 아니하고 오직 그의 긍휼하심을 좇아 하셨나니"(3, 5절). 죄인들은 여기에서 얼마나 큰 위로를 발견합니까? 절망 가운데 있는 자들이여, 이러한 창문을 통해 작은 희망의 햇살이 들어오지 않습니까? 당신은 하나님이 긍휼의 기초 위에서 당신을 구원할 수 있음을 알지 못합니까? 그는 자신의 주권적인 은혜에 따라 당신을 씻으시고 새롭게 하실 수 있습니다. 공로의 기초 위에서 당신은 아무 소망 없는 자요 잃어진 자입니다. 그러나 긍휼의 기초 위에는 소망이 있습니다.

　　또 우리를 구원한 능력이 있었습니다. "중생의 씻음과 성령의 새롭게 하심으로 우리를 구원하셨나니 성령을 우리 구주 예수 그리스도로 말미암아 우리에게 풍성히 부어주사"(5, 6절). 우리가 죄의 통치로부터 건짐받은 방법은 성령의 역사에 의한 것이었습니다. 성령은 하나님 바로 그 자신(very God of very God)입니다. 이러한 신적 존재가 우리에게 오셔서 우리를 거듭나게 만드십니다. 그는 자신의 영원한 권능과 신성(神性)으로 말미암아 우리에게 새로운 본성과 새로운 생명을 주십니다. 그러한 생명은 우리의 옛 생명으로부터 자랄 수 없는, 그리고 우리의 본성으로부터 발전될 수 없는 완전히 새로운 생명입니다. 그것은 하나님의 새로운 피조물입니다. 우리는 발전(evolution)에 의해 구원받지 않고, 창조(creation)에 의해 구원받습니다. 하나님의 영은 우리를 그리스도 예수 안에서 선한 일을 위해 다시 창조하십니다. 우리는 다시 태어나는 혹은 거듭나는 것을 의미하는 중생(重生)을 경험합니다. 이것의 결과를 기억하십시오. "또 새 영을 너희 속에 두고 새 마음을 너희에게 주되 너희 육신에서 굳은 마음을 제하고 부드러운 마음을 줄 것이며"(겔 36:26). 이러한 놀라운 일은 성령에 의해 이루어집니다.

　　우리의 거듭남 이후 성령은 계속해서 우리를 새롭게 만드십니다. 우리가 생각하며 느끼며 바라며 행동하는 모든 것들이 지속적으로 새로워집니다. 새 창조의 시작으로서의 중생은 사람에게 있어 두 번 올 수 없습니다. 그러나 성령의 새롭게 하심은 지속적이며 영구적으로 반복됩니다. 일단 생명이 주어지면, 그 생명의 불은 지속적으로 부어지는 거룩한 기름으로 계속해서 타오르게 됩니다. 새롭게 태어난 생명은 처음 그것을 창조한 같은 성령에 의해 그 힘이 더 깊어지고 더 증가됩니다. 이와 같이 사랑하는 형제들이여, 거룩함으로 가는 유일한 길은 새롭게 창조되고 또 새로운 상태로 계속해서 유지되는 것입니다. 중생의 씻음과 성령의 새롭게 하심은 모두 근본적이며 본질적인 것들입니다. 우리 안에 예수의 이름이 새겨졌습니다. 그러나 그것은 계속해서 더 깊이 새겨질 필요가 있습니다. 일상의 이끼에 의해 덮이거나 이런저런 죄들로 인해 가려지지 않도록 말입니다. 우리는 "중생의 씻음과 성령의 새롭게 하심"에 의해 구원받는데, 이것은 하나의 과정의 여러 단계들입니다. 하나님의 이름을 송축할지니, 바로 이것이 그가 우리를 위해 행하신 일입니다. 우리는 씻음과 새롭게 하심으로 구원받습니다.

계속해서 예수 그리스도로 말미암아 우리에게 임한 복된 특권이 언급됩니다. 성령이 예수 그리스도로 말미암아 우리에게 풍성히 부어지고, 우리는 "그의 은혜를 힘입어 의롭다 하심"을 받습니다. 의롭다 하심과 거룩하게 하심이 우리 주 예수 그리스도를 통해 우리에게 옵니다. 또 "우리 주 예수 그리스도로 말미암아" 성령이 우리에게 풍성하게 부어집니다. 사랑하는 자들이여, 중생은 성령으로 말미암아 우리 안에서 역사하지만, 그러나 그것이 오는 것은 예수 그리스도를 통해서란 사실을 기억하십시오. 우리에게 예수 그리스도 없이 어떤 축복도 임하지 않습니다. 중생이든 새롭게 하심이든 성령의 모든 역사(役事)에 있어, 그 능력을 공급해 주시는 자는 주 예수 그리스도입니다. 왜냐하면 그가 "보라 내가 만물을 새롭게 하노라"라고 말씀하시기 때문입니다. 중보자는 신적 은혜와 생수가 매일 같이 우리에게 공급되는 통로입니다. 모든 것은 예수 그리스도로 말미암습니다. 그가 없이는 아무것도 만들어지지 않았습니다. 은혜로 만들어진 것이든 자연으로 만들어진 것이든 말입니다. 우리는 중보자 없이 하나님으로부터 무엇인가를 받는 것이 가능하다고 생각해서는 안 됩니다. 오늘날 우리는 예수 그리스도 안에서 성령의 기름 부음을 받습니다. 거룩한 기름은 우리의 머리이신 그리스도로부터 풍성히 우리에게 부어집니다. 우리는 예수 그리스도에 의해 우리에게 오시는 성령의 신적 향유(香油)로 말미암아 하나님께 향기로운 존재가 됩니다. 오늘날 우리는 그리스도의 의 안에서 하나님 앞에 의로운 자가 됩니다. 다시 말해서, 우리는 "은혜로 말미암아 의롭다 하심을" 받습니다. 여호와는 우리에게서 징벌하실 어떤 죄를 보지 않으십니다. 그는 이렇게 말씀하셨습니다. "그로부터 더러운 옷을 벗기고 정한 관을 그 머리에 씌우라"(슥 3:4, 5). 이 일은 그대로 이루어 졌습니다. 우리는 아들 안에서 받아들여졌습니다. 예수께서 우리의 발을 씻으셨 기 때문에 우리의 모든 부분이 깨끗하여졌습니다. 우리는 물과 피로써 이중적으 로 씻음을 받았으므로 죄의 권능과 죄책으로부터 깨끗하여졌습니다. 이것은 얼 마나 놀라운 특권입니까? 이로 인해 우리가 영원히 하나님을 찬미할 수 있지 않 습니까?

계속해서 이로 말미암은 거룩한 결과가 이어집니다. 오늘날 우리는 그리스도 예수와 함께 공동으로 하늘의 기업을 상속받는 후사(後嗣)가 되며, 그러한 후사 의 자격으로부터 영원한 미래까지 뻗어나가는 소망이 자랍니다. 우리는 "영생의 소망을 따라 후사가" 되었습니다(7절). 이것을 생각해 보십시오. "어리석은 자요 순종치 아니한 자요 속은 자"가 "영생의 소망을 따라 후사"가 되었습니다. 둘 사 이에는 얼마나 엄청난 간격이 있습니까? 이러한 거대한 간격 사이에 다리를 놓 을 것을 도대체 누가 생각했단 말입니까? 그것이 하나님이 아니라면 도대체 누 구란 말입니까? 또 어떤 능력으로 하나님은 그곳에 다리를 놓았습니까? 성령의 신적 능력과 신성(神性)으로가 아니라면 도대체 어떻게 그렇게 할 수 있었겠습 니까? 그 거대한 간격을 이은 다리는 무엇입니까? 그것이 우리를 사랑하시고 우 리를 위해 자신을 주신 우리 주 예수 그리스도의 십자가가 아니라면 도대체 무 엇이겠습니까? 바로 그 십자가가 전에는 결코 건널 수 없었던 깊은 심연 위에 다 리를 놓았습니다.

지금까지 우리는 신적 은혜의 역사(役事)의 개요를 간략하게 살펴보았습니 다. 그것이 깨달아집니까? 여러분은 그것을 느껴본 적이 있습니까? 여러분은 이 시간 여러분 안에 고동치는 중생의 생명을 느낍니까? 그것으로 인해 하나님을 송축하지 않으렵니까?

> "자신의 영을 보내사
> 완악한 외인(外人)들을 가까이 이끄시고,
> 원수를 친구로 바꾸신,
> 아버지의 이름을 높이 찬양하나이다."

3. 셋째로, 우리가 행하기를 원하는 것에 대해 살펴보도록 합시다.

"이 말이 미쁘도다 원컨대 네가 이 여러 것에 대하여 굳세게 말하라 이는 하나님을 믿는 자들로 하여금 조심하여 선한 일을 힘쓰게 하려 함이라 이것은 아름다우며 사람들에게 유익하니라"(8절). 바울은 "선한 일을 힘쓰기를 염려하라"라고 말합니다(be careful to maintain good works, 한글개역개정판에서는 "조심하여 선한 일을 힘쓰라"로 되어 있음). 이러한 교훈은 매우 풍성한 의미를 갖고 있습니다. 성경의 다른 곳에서 여러분은 아무것도 염려하지 말라는 말씀을 듣습니다. 그런데 여기에서는 선한 일을 힘쓰기를 염려하라고 교훈합니다. 여러분은 성경에서 "너희의 모든 염려를 주께 맡기라 그가 너희를 권고하심이니라"라는 말씀을 읽습니다. 그러나 여기에서는 "선한 일을 힘쓰기를 염려하라"는 말씀을 읽습니다. 여러분에게는 염려할 것들이 많이 있습니다. 그 모든 염려의 고삐를 풀고, 그것으로 하여금 선행(善行)의 밭에서 쟁기질하게 하십시오. 먹고 마시는 등의 일시적인 것들에 여러분의 염려를 허비하지 마십시오. 이런 것들은 하나님께 맡기십시오. 그러나 거룩한 삶을 위한 염려는 여러분이 취하십시오. 여러분의 생각을 항상 거룩한 염려로 채우십시오. "선한 일을 힘쓰기를 염려하라."

무엇이 선한 일입니까? 선한 일이라는 용어는 매우 포괄적입니다. 물론 우리는 그 목록 속에 자선을 베푸는 일, 자비와 긍휼의 일, 경건과 거룩의 일 등을 포함시킬 수 있습니다. 십계명과 부합되는 일은 선한 일입니다. 순종의 일은 선한 일입니다. 하나님이 그렇게 명령하시기 때문에 행하는 일은 선한 일입니다. 예수 그리스도의 영광을 위해 행하는 일은 선한 일입니다. 매일의 삶에서의 일상적인 행동들은 그것이 공로로서가 아니라 감사로서 올바로 행하여질 때 선한 일입니다. 모든 종류의 선한 일을 힘쓰기를 염려하십시오. 여러분은 분명히 어떤 방식으로 일하고 있을 것입니다. 그 일이 선한 일인지 살피십시오. 만일 여러분이 올바로 시작했다면, 선한 일을 계속하기를 염려하십시오. 그리고 그 일을 계속해서 행하고 있다면, 그것을 지속적으로 발전시키고 증진시키십시오. 지난 목요일 밤에 나는 지금처럼 오직 은혜로 말미암는 구원에 대해 말씀을 전파했습니다. 그때 분명하게 말했던 것처럼, 지금도 분명하게 말하기를 바랍니다. 여러분은 의의 공로가 아니라 은혜로 말미암아 구원받습니다. 이 사실을 한순간도 잊지 마십시오. 그러나 구원받은 이후에는 여기의 교훈이 따릅니다. "선한 일을 힘쓰기를 염려하라."

이러한 교훈은 그 향하는 방향에 있어 특별합니다. 죄인이 구원받는 것과 선한 일을 행하는 것 사이에는 아무런 상관 관계도 없습니다. 다만 그에게 필요한 것은 자신에게 선한 것이 아무것도 없다는 사실을 깨닫는 것뿐입니다. 반면 구원 받은 신자는 선한 일을 행하는데 크게 힘써야 합니다. 그리스도의 제자는 마땅히 많은 열매를 맺도록 힘써야 합니다. 산 자와 죽은 자 사이에는 근본적인 차이가 있습니다. 산 자에 대하여 우리는 선한 일을 힘쓰도록 촉구합니다. 반면 죽은 자는 먼저 생명을 받아야만 합니다. 거듭난 자에게 합당한 훈계와 불신앙의 권세 아래 있는 자에게 합당한 훈계 사이에는 근본적인 차이가 있습니다. 본문의 교훈은 하나님을 믿는 자들에게 대한 것입니다. 선한 일을 위한 절대적이며 필수불가결한 기초는 믿음입니다. 만일 여러분이 하나님을 믿지 않는다면, 여러분은 그를 기쁘시게 하는 선한 일을 행할 수 없습니다. 하나님이 계신 것과 그가 자기를 찾는 자들에게 상 주시는 이심을 믿지 않는 자는 결코 기도로써 그분께 나아갈 수 없습니다. 마찬가지로 선한 일로 열매 맺는 합당한 믿음 없이 그분 앞에 또 다른 희생제물을 가져갈 수 없습니다. 선한 일을 위해서는 먼저 선한 믿음을 가져야만 합니다. 먼저 하나님을 사랑하는 선한 믿음을 가진 연후에야 비로소 그는 선한 일의 열매를 맺을 수 있게 될 것입니다. 거룩한 총명과 성결한 확신으로 하나님을 알고 또 믿을 때, 우리는 그가 기뻐하시는 일을 행할 수 있습니다. 선한 일은 값없이 행해져야 합니다. 하나님은 자신의 보좌를 화려하게 꾸미기 위해 노예들을 필요로 하지 않습니다. 그는 우리로부터 멍에 아래 강요되는 일을 찾지 않으십니다. 그는 자신의 뜻을 행하기를 기뻐하는 성별된 영혼들의 자발적인 열심을 원하십니다. 자신이 더 이상 자신의 것이 아니요 오직 예수의 보혈로 사신 바 된 자이기 때문에 말입니다. 이와 같이 "선한 일을 힘쓰기를 염려하라"는 본문의 교훈은 새로워진 마음을 가진 자들에게 대한 것입니다.

또 여기의 교훈은 그 중요성에 있어 특별합니다. 8절 앞머리의 "이것은 신실한 말씀이라"란 어구를 보십시오(This is a faithful saying, 한글개역개정판에는 "이 말이 미쁘도다"라고 되어 있음). 이것은 이와 같은 양식(樣式)으로 표현된 네 가지 신실한 말씀들 가운데 하나입니다. 이것은 그냥 지나칠 만한 사소한 표현이 아닙니다. 그것은 과거 세대의 일시적인 교훈이 아닙니다. "이것은 신실한 말씀 ─ 참된 기독교 잠언 ─ 이라, 하나님을 믿는 자들은 선한 일을 힘쓰도록 염려할 것이라." 경건하지 않은 자들로 하여금, 값없는 은혜를 믿는 우리가 거룩한 삶을 대수롭지 않게 생각한다고 말하지 못하게 하십시오. 하나님의 자녀들이여, 나는 지금 하나님과 거룩한 천사들 앞에서 여러분에게 분명하게 말합니다. 여러분은 하나님의 진리를 붙잡고 있는 분량만큼 선한 일과 거룩한 삶을 힘써야 합니다. 여러분은 하나님의 진리를 붙잡고 있습니다. 여러분은 구원이 사람으로나 사람의 일로부터 말미암지 않고 오직 은혜로 말미암음을 압니다. 또 여러분은 그것이 우리로부터 말미암지 않고 오직 하나님으로 말미암음을 압니다. 여러분은 믿는 도리에 있어 올바른 만큼 행실에 있어서도 또한 그러해야 합니다. 그러므로 선한 일을 힘쓰기를 염려하십시오. 만일 우리가 행실에 있어 올바르지 않다면, 우리 믿음의 원수들은 그에 대해 얼마나 비웃으며 조롱하겠습니까? 그러므로 그들에게 참소할 거리를 주지 마십시오. 성령 하나님께서 여러분을 도우사 여러분으로 하여금 선한 일에 더욱 힘쓰는 자들이 되게 하시기를 기원합니다. 그래서 믿음의 원수들이 여러분에 대해 악한 말을 할 수 없게 되고, 그럼으로써 그들이 부끄러움을 당하게 되도록 말입니다.

나는 많은 사람들이 "선한 일을 힘쓰기를 염려하라"는 교훈을 대수롭지 않게 여길까 걱정됩니다. 바울 역시도 그런 걱정을 가졌던 것으로 보입니다. 그렇지 않았다면, 굳이 디도에게 "네가 이 여러 것에 대하여 굳세게 말하라"고 말하지는 않았을 것입니다. 디도는 선한 일을 힘쓰기를 염려하라는 교훈을 계속해서 반복해야만 했습니다. 사랑하는 자들이여, 설교자들은 종종 자신의 청중들에 대해 지나치게 낙관적으로 생각하는 경향이 있습니다. 그래서 마치 그들이 완전한 자들인 것처럼, 혹은 거의 완전에 가까운 자들인 것처럼 그렇게 말하곤 합니다. 그러나 나는 여러분에 대해 그렇게 낙관적으로 생각하지 않습니다. 나는 신앙을 고백하는 자들이 종종 행하는 일을 보고 경악을 금치 못하곤 합니다. 그런 자들이 어떻게 스스로를 예수를 따르는 자들이라고 부를 수 있는지 모르겠습니다. 어쨌든 그런 일은 나에게 있어 너무도 두려운 일입니다. 우리는 유다를 비난하지만, 그러나 유다는 우리 가운데 많이 있습니다. 많은 사람들이 여전히 개인적인 이득을 위해 주님을 팝니다. 그분 주변에는 지금도 앞에서 입 맞추고 돌아서서 배반하는 멸망의 아들들이 우글우글합니다. 우리 교회 안에는 여전히 매 안식일마다 십계명을 다시 읽어야만 하는 자들이 많이 있습니다. 오늘날 영국교회는 성찬대 위에다가 십계명 돌판을 세워 놓을 필요가 있습니다. 모든 사람들에게 잘 보이도록 말입니다. 그런가 하면 스스로를 그리스도인으로 부르는 어떤 사람들은 일반적인 도덕들을 무시하며 대수롭지 않게 여깁니다.

　　나의 형제들이여, 우리는 선한 일을 힘쓰는 것을 대수롭지 않게 여겨서는 안 됩니다. 따라서 우리는 바울의 말을 마음에 새겨야 합니다. "네가 이 여러 것에 대하여 굳세게 말하라 이는 하나님을 믿는 자들로 하여금 조심하여 선한 일을 힘쓰게 하려 함이라." 오늘의 나의 주제에 대해 어떤 사람은 이렇게 반론을 펼칠는지 모릅니다. "그것은 율법주의적인 말이 아닌가? 그는 지금 거룩한 은혜 대신 공로를 말하고 있지 않은가?" 무엇이라고요? 당신은 도대체 어떻게 그렇게 말할 수 있단 말입니까? 당신이 그와 같은 터무니없는 비방을 계속한다면, 나는 마지막 날 하나님 앞에서 당신을 참소할 것입니다. 당신은 내가 계속해서 "오직 은혜로 말미암는 구원"을 전파하지 않는다고 말하는 것입니까? 절대로 그렇지 않습니다. 나는 오늘 이 시간까지 "오직 은혜로 말미암는 구원"을 추호의 머뭇거림도 없이 전파해 왔습니다. 그러면서 동시에 나는 하나님을 믿는 자들은 "선한 일을 힘쓰기를 염려해야" 한다고 계속해서 역설할 것입니다.

　　계속해서 바울은 이러한 사실을 뒷받침하기 위해 논증을 펼칩니다. 8절 말미에서 그는 "이것은 아름다우며 사람들에게 유익하니라"라고 말합니다. 그리고 계속해서 아름답지도 않고 유익하지도 않은 것들의 예를 몇 가지 듭니다. "그러나 어리석은 변론과 족보 이야기와 분쟁과 율법에 대한 다툼을 피하라 이것은 무익한 것이요 헛된 것이니라"(9절). 오늘날에도 어떤 사람들은 성경의 명백한 증언을 받아들이는 대신 불분명한 미래 상태에 대해 변론과 다툼을 벌입니다. 그런가 하면 선한 일을 힘쓰기보다 이런저런 예언을 가지고 온갖 종류의 추측과 망상에 빠지는 사람들도 있습니다. 나는 예언을 매우 귀하게 여깁니다. 그러나 항상 그 의미를 추측하는 일에만 몰두하는 사람들에 대해 나는 아주 적은 인내심 밖에는 가지고 있지 않습니다. 부도덕하며 아무렇게나 사는 어떤 사람이 그리스도인 친구를 만나 이렇게 묻습니다. "자네는 일곱 나팔의 의미를 분명하게 알고 있나?" 그러자 친구가 대답합니다. "아니, 잘 모르네. 그렇지만 만일 자네가 자네의 일곱 자녀들에게 좋은 아버지로 보였다면, 일곱 나팔 같은 것은 아무 문제도 되지 않을 걸세." 자녀들을 올바로 기르고 종들을 제대로 훈육하며 가정을 돌보는 것은 "사람들에게 아름다우며 유익한" 일입니다.

　　경건한 삶이 신비를 깨닫는 것보다 더 낫습니다. 하나님의 영원한 진리는 어떤 경우에도 반드시 수호되어야만 합니다. 그러나 신비와 같은 불분명한 것들은 그 의미가 스스로 드러날 때까지 남겨 두는 것이 좋습니다. 선한 일을 힘쓰기를 염려하십시오. 여러분이 은혜 안에서 어린아이든지 혹은 그리스도 예수 안에서 강한 자든지 간에 말입니다. 거룩한 가정은 하나님의 교회에 기둥과 같습니다. 하나님을 경외하는 가운데 양육 받은 아이들은 궁전의 식양(式樣)을 따라 아름답게 다듬어진 대리석들과 같습니다. 거룩한 사랑 가운데 동거하며 자녀들을 하나님을 경외하는 아이들로 기르는 남편과 아내들이여, 여러분은 우리 구주 하나님의 진리를 아름답게 꾸미고 있는 것입니다. 정직하게 거래하며 사업하는 상인들이여, 여러분의 행동은 교회와 세상에 아름다우며 유익한 것입니다. 그리스도인들이 세상에 선하며 진실한 모습을 나타낼 때, 그들은 그리스도께 아름다우며 유익한 자들이 됩니다. 그러나 기독교 신앙이 겉만 번드르르한 것이 될 때, 사람들에게 그것은 하찮은 것이 됩니다. 우리의 기독교 신앙은 곧 우리 안에 있는 그리스도의 생명입니다. 그러므로 참된 기독교적 행실로써 우리가 새 마음과 새 영을 가졌음을 증명한다면, 그러한 것들은 우리를 바라보는 사람들에게 아름다우며 유익한 것이 됩니다. 왜냐하면 그러한 것들이 그들을 더 나은 것으로 이끌 것이기 때문입니다.

　　사랑하는 자들이여, 간절히 당부하노니 선한 일을 힘쓰기를 염려하십시오. 이 시간 나는 여러분의 정결해진 마음을 휘젓고 있습니다. 만일 여러분의 마음이 정결해지지 않았다면, 그것을 휘저어 흙탕물을 일으키는 것은 쓸데없는 일이 될 것입니다. 그러나 나는 여러분의 마음을 휘젓는 것이 여러분에게 유익함을 확신합니다. 여러분은 오늘의 교훈을 가지고 집으로 돌아가 스스로에게 이렇게 말할 것입니다. "내가 예수 그리스도를 위해 무엇을 할 수 있을까? 내가 어떻게 좀 더 신앙고백에 합당한 삶을 살 수 있을까? 어떻게 내가 선한 일을 힘쓰기를 염려할 수 있을까?" 이것은 얼마나 좋은 일입니까? 하나님이 여러분을 축복하시기를 기원합니다.

　　하나님과 그의 아들을 믿지 않는 자들이여, 오늘 말씀은 여러분에게 대한 것이 아닙니다. 여러분에게 해야 할 말은 따로 있습니다. 그것은 먼저 여러분이 새 피조물이 되어야만 한다는 것입니다. 나는 썩은 나무에게 "열매를 맺으라"고 말하지 않습니다. 어떻게 썩은 나무가 열매를 맺을 수 있겠습니까? 좋은 열매를 맺기 위해서는 먼저 나무가 좋아져야만 합니다. 여러분은 먼저 거듭나야만 합니다. 새 피조물이 되기 전에는 여러분은 결코 더 나아질 수 없습니다. 여러분은 영적으로 죽고 다시 살아나야 합니다. 여러분은 끝나고, 여러분 안에서 그리스도가 시작되어야 합니다. 하나님이 이 시간 여러분을 이와 같은 은혜로 이끄시기를 기원합니다. 아멘.

빌레몬서

빌레몬

제

1

장

—

자기 집에 있는 교회

—

"네 집에 있는 교회에게 편지하노니" — 몬 1:2

어떤 주석가들은 적은 무리의 회중이 예배를 위해 빌레몬의 집에 모였으며, 초대교회 당시 그러한 전통이 상당 기간 계속되었을 것으로 추측합니다. 바울에 의해 세워진 교회들은 초창기에 대부분 아주 작았습니다. 그들은 박해를 피하고 평안히 예배드리기 위해 박해자들의 눈에 띄지 않는 장소에 모여야만 했습니다. 어떤 잘 알려진 형제나 혹은 사역자의 한적한 집은 — 특별히 여러 사람이 모일 만한 충분한 공간이 있는 집은 — 초대교회 당시 신자들이 함께 모일 수 있는 자연적인 장소였습니다. 이와 같이 빌레몬 역시도 그의 집에 교회를 가지고 있었으며, 회중이 거기에 모였던 것으로 보입니다. 넓은 집을 가진 사람이 기꺼이 자신의 집을 형제들이 모이는 장소로 사용하도록 허락하는 것은 얼마나 선한 일입니까? 우리 형제들 가운데도 자신의 집을 기도회라든지 혹은 특별한 종교모임을 위해 때때로 개방하는 사람들이 많이 있습니다. 우리는 하나님께 예배드리기 위해 특별히 성별(聖別)된 장소를 필요로 하지 않습니다.

　　"어디든지 우리가 그를 찾는 곳에 그는 계시도다.
　　　모든 장소가 그의 거룩한 땅이로다."

분명 우리의 본문은 특정한 건물을 "교회"로 부르는 것을 옹호하지 않습니다. 예배를 위한 건물이 통상적으로 "교회"로 불립니다. 국교도들에 의해 세워졌든 비국교도들에 의해 세워졌든 상관 없이 말입니다. 내가 어느 지역에 가서 사람들에게 교회에 대해 묻는다면, 사람들은 뾰족한 첨탑이 있는 특정한 건물을 가리킵니다. 내가 사람을 물었을 때, 그들은 건물을 가리킨 것입니다. 그러나 건물은 교회가 될 수 없습니다. 교회는 신실한 자들의 모임이며, 그 외에 다른 것일 수 없습니다. 나는 빌레몬의 집에서 오늘날 사람들이 통상적으로 "교회"라고 부르는 특별한 건축물을 발견할 수 없습니다. 만일 빌레몬의 집에 그와 같은 건축물이 있었다면, 그의 집은 엄청나게 큰 규모여야만 합니다. 그러나 그것은 사실이 아닙니다. 사실은 우리가 용어를 잘못 사용하고 있다는 것입니다. 우리는 용어를 올바르게 사용하고자 노력해야 합니다. 나는 다소 구식이기는 하지만 "모임의 집"(Meeting House)이라는 표현을 좋아합니다. 그것은 하나님의 백성들이 만나는 장소입니다. "모임의 집"이라는 용어는 그다지 세련되게 들리지는 않지만, 그러나 용어를 틀리게 사용하는 것보다는 훨씬 낫습니다. 경건한 남자와 여자를 가리키는 용어가 어떻게 돌과 벽돌과 회반죽을 가리키는 용어로 변질될 수 있단 말입니까?

어쨌든 빌레몬은 자기 집에 교회를 가지고 있었던 것으로 보입니다. 그리고 그 교회는 — 전부는 아니라 하더라도 — 주로 그의 가족 구성원들로 구성되었을 것입니다. 그에게는 경건한 아내 압비아가 있었으며, 부모의 신앙을 따라 행하는 자녀들이 있었습니다. 그리고 그의 종들과 방문자 아킵보가 그의 집에 있는 교회의 지체들이었습니다.

1. 첫째로, 여러분은 자신의 집에 교회를 갖고 있습니까?

신약성경에 따를 때, 교회는 회심한 사람들 혹은 회심했다고 고백하는 사람들로 구성됩니다. 어떤 보이는 교회(visible Church)도 절대적으로 정결하지 못합니다. 교회는 스스로 그리스도를 믿고 따르며 성령으로 말미암아 어둠에서 빛으로 회심되었다고 맹세하는 사람들로 구성됩니다. 그러므로 경건한 아버지와 어머니가 회심한 자녀들과 더불어 즐거워하며 그 모든 가사 일을 그리스도인 종들에게 맡길 수 있는 집에 교회가 있는 것입니다. 설령 어떤 신앙 고백이 있다 하더라도 하나님의 은혜가 거기에 없다면, 그것은 교회일 수 없습니다. 명목적으로는 교회일 수 있을는지 모르지만 그러나 실제적으로는 교회일 수 없습니다. 가정이 본원적으로 교회인 것은 아닙니다. 어떤 가정에 태어났다고 해서 교회의 지체가 되는 것은 아닙니다. 교회의 지체가 되기 전에 먼저 거듭나야 합니다. 집에 있는 교회의 한 지체가 되기 전에 먼저 그의 마음속에서 하나님의 영의 역사(役事)가 있어야만 합니다.

반드시 많은 사람들이 있어야만 교회가 구성되는 것은 아닙니다. 교회를 구성하기 위해서 꼭 필요한 것은 비록 적은 숫자라 하더라도 함께 모여 예배하는 것입니다. 매일 아침 기도를 위해 모이는 가정은 얼마나 복됩니까! 함께 모여 기도한 후 각자 잠자리로 흩어지는 가족은 얼마나 복됩니까! 나는 온 가족이 모여 함께 기도하는 것이 좀 더 흔하고 일상적인 일이 되었으면 좋겠습니다. 종종 우리는 그리스도인 부모로부터 양육을 받으면서도 하나님을 경외하는 길로 나아가지 않는 자녀들에 대한 이야기를 듣습니다. 너무도 많은 경우 그리스도인들 가운데 가정예배가 소홀히 여겨집니다. 그런 가정에서 자녀들이 믿는 부모로부터 영적 감화를 받지 못하는 것은 조금도 이상한 일이 아닙니다. 과거 청교도 가정에서 가족들이 함께 모여 기도하는 것은 매우 중요한 일과였습니다. 필립 헨리(Phillip Henry)를 생각해 보십시오. 그는 목회자였습니다. 따라서 그는 가족들과 함께 가정예배와 가정기도를 위해 보낼 수 있는 시간을 많이 가질 수 있었습니다. 그는 가족들과 더불어 기도와 찬송을 부르며 성경을 한 장 한 장 읽어나갔습니다. 그가 찬송을 부른 이유는 그것이 마치 라합이 자신의 창문에다가 붉은 줄을 매는 것과 같았기 때문이었습니다. 그 곁을 지나가는 모든 사람은 그녀가 행한 일을 알게 될 것이었습니다.

마찬가지로 가정기도 시간에 찬송을 부르는 소리는 그 가정이 하나님을 사랑하며 예배하는 가정임을 보여주는 분명한 고백이 될 것이었습니다. 그는 목요일마다 자녀들을 모아놓고 요리문답을 가르쳤으며, 자녀들은 일주일 동안 그에 기초하여 살아갈 수 있었습니다. 어쩌면 여러분은 이것이 매우 따분하며 지루한 일이었을 것이라고 생각하는지 모릅니다. 그러나 그의 아들이 누구입니까? 그 유명한 매튜 헨리(Matthew Henry) 아닙니까? 매튜 헨리가, 자기 아버지가 아침과 저녁 기도회에서 강해할 때 기록한 주해에 기초하여 그의 유명한 주석서를 썼음을 생각할 때, 여러분은 무슨 말을 할 것입니까? 젊은이들은 따분하며 지루한 것으로부터 감화를 받지 않는 법입니다. 여러분도 할 수만 있으면 그렇게 해 보십시오. 아이들은 지루한 설교를 기피하는 경향이 있습니다. 그러나 자신들의 흥미를 끌며 충격을 주는 말씀에 대해서는 어떤 저항도 하지 않습니다. 필립 헨리의 가정은 너무도 아름답고 모범적인 가정이었습니다. 그래서 그 가정을 방문한 불신자들은 종종 그곳에 머물러 있는 동안 신자로 변화되곤 했습니다. 나는 여러분 모두가 필립 헨리처럼 성경을 주해하며 가르칠 수 있다고는 생각하지 않습니다. 또 여러분 모두가 그와 같이 찬송을 부를 수 있다고도 생각하지 않습니다. 그러나 나는 우리 모두가 최소한 하루에 한 번, 가능하면 하루에 두 번 가정에서 하나님을 예배하기 위해 모일 수 있다고 생각합니다. 매튜 헨리가 다음과 같이 말한 것을 기억하십시오. "가정에서 기도하는 것은 좋은 일입니다. 가정에서 성경을 읽고 기도하는 것은 더 좋은 일입니다. 그러나 가정에서 성경을 읽고 기도하며 찬송을 부르는 것은 최고로 좋은 일입니다." 만일 우리가 경건한 가정을 이루기를 원한다면, 그리고 우리가 무덤에 들어갔을 때 우리 자녀들이 하나님을 잘 섬기는 사람들이 되기를 바란다면, 우리는 가족이 함께 모여 가정예배를 드리며 하나님을 경외하는 가운데 아이들을 기르도록 힘써야 합니다. 나는 예배 없는 교회가 어떻게 존재할 수 있는지 알지 못합니다. 만일 어떤 가정에 정기적인 예배가 없다면, 어떻게 그 집에 교회가 있다고 말할 수 있겠습니까?

그러나 교회가 있기 위해서는 예배 이상의 어떤 것이 있어야만 합니다. 교회는 단지 예배를 위해 모인 사람들의 무리인 것만은 아닙니다. 거기에는 모두를 하나로 묶는 연합의 띠가 있어야만 합니다. 집은 단지 벽돌 무더기가 아닙니다. 벽돌들은 올바르게 구조화되고 서로 연결되어야 하며, 그럼으로써 하나의 집으로 자랍니다. 마찬가지로 교회는 서로 올바르게 구조화됨으로써 주께서 거하시는 거룩한 성전으로 자랍니다. 사랑하는 형제들이여, 가정 안의 그리스도인들 사이에 마음이 서로 연결되어야만 합니다. 물론 그들은 육체의 매는 띠로부터 서로 사랑할 것입니다. 그러나 그들은 또한 성령의 더 높은 띠로부터 서로 사랑해야 합니다. 주인과 여주인과 자녀들과 종들로 이루어지는 전체 가족은 서로 온전히 연합되어야 합니다. 아브라함의 시대와 같은 옛적 시대에는 종이 가족의 일부였습니다. 그러나 오늘날에는 종을 한 달에 한 번씩 바꿉니다. 그렇지만 잊어서는 안 되는 사실은 좋은 주인과 좋은 여주인이 좋은 종을 만든다는 사실입니다. 주인이 사랑과 자비를 보일 때, 종이 사회적 악이 되는 경우는 거의 없습니다. 사회의 악이 되기는 고사하고 그들은 도리어 사회에 큰 유익이 될 것입니다. 지혜로우며 분별 있는 그리스도인 종은 자녀만큼이나 가족의 일부가 됩니다. 교회가 이루어지기 위해서는 거기에 하나됨의 감정이 있어야 합니다. 우리의 가족들 사이에는 한 가족이라는 감정이 있어야 합니다. 종은 주인의 명예를 소중히 여기며, 모든 사람이 가족 전체의 선을 추구해야 합니다. 그래서 자녀들이 자라 흩어진 후에도 그들이 기독교적 사랑의 띠를 귀하게 여기며 가족 전체의 선과 하나됨을 증진시키고자 애쓰는 것은 얼마나 아름다운 일입니까!

또 교회가 만들어지기 위해서는 **감독하는 일**이 있어야 합니다. 교회는 목사와 장로와 집사가 없이는 완전한 교회가 아닙니다. 그들을 선택할 필요는 없습니다. 왜냐하면 그들은 이미 선택되었기 때문입니다. 집에 있는 작은 교회를 감독할 책임은 자연스럽게 부모가 맡게 될 것입니다. 만일 목회자가 필요하다면, 아버지가 그 집의 제사장이 되어야 합니다. 그는 가장 적합한 교사이며 모범입니다. 그러면 누가 집사가 되어야 합니까? 그야 물론 각자의 일자리로 나아가는 자들과 가족을 위해 음식을 준비하는 사람들이 아니겠습니까? 또 소리 없이 남편과 아이들을 돌보는 아내가 있지 않습니까? 때로 가사(家事)를 감독하는 일은 가장 큰 아들이나 딸에게 떨어질 것입니다. 그런가 하면 오랫동안 머물렀던 나이 많은 가정부가 그 일을 맡기도 합니다. 이와 같이 집에 있는 교회에는 감독하는 일이 있어야 합니다. 그럴 때 하나님은 그곳에 더 나은 일꾼을 보내주실 것입니다.

또 집에 있는 교회에는 **교훈과 가르침**이 있어야만 합니다. 교회가 존재하는 주된 이유 가운데 하나는 그 지체들을 가르치기 위함입니다. 우리는 서로 가르치며 교훈을 받기 위해 교회로 만들어집니다. 사랑하는 형제들이여, 부모가 경건한 모범을 보이는 가족에는 교훈과 가르침이 얼마나 풍성합니까! 어머니는 아들에게 얼마나 큰 영향을 끼칩니까! 여러분은 다혈질적이며 격정적인 바이런(Byron)을 기억할 것입니다. 그는 마치 사탄의 손으로부터 번개처럼 내던져진 사람 같지 않습니까? 그의 어머니가 누구였습니까? 그녀는 걸핏하면 아들에게 부지깽이를 집어던지곤 했던 다혈질적인 여자였습니다. 그런 어머니로부터 그토록 격정적인 아들이 나온 것은 너무도 자연스러운 일이 아닙니까? 반대로 온유하며 부드러운 서정시인 윌리엄 쿠퍼(Cowper)를 보십시오. 그의 노래는 마치 하늘로부터 내려온 것 같지 않습니까? 그의 어머니는 어떤 사람이었습니까? 여러분은 쿠퍼의 서정시에 묘사된 그의 어머니의 성격을 잘 알 것입니다. 이와 같이 그리스도인 부모들은 자신들이 자녀들의 성격을 형성하는데 지대한 영향을 끼친다는 사실을 명심해야 합니다. 특별히 회심한 자녀들의 경우에는 더욱 그러합니다. 또 그들은 회심한 종들을 돌아보는 일에도 결코 소홀해서는 안 됩니다. 그들은 종들을 믿음 가운데 든든하게 세우며, 거룩한 은혜와 하나님을 아는 지식 가운데 자라도록 돕는 일에 큰 관심을 기울여야 합니다. 또 그리스도인 아버지들은 형편이 닿는 대로 자녀들에게 유익한 교훈과 가르침을 주는 서적을 공급해 주어야 합니다. 나는 지금 별 쓸모 없는 책을 말하고 있는 것이 아닙니다. 그들에게 하나님의 길을 좀 더 완전하게 가르치는 재미있고 유익하며 교훈적인 책을 말하고 있는 것입니다. 그들은 기회 있을 때마다 아이들의 영혼을 움직이며 그 마음에 남을 말씀을 가르쳐야 합니다. 설교자인 내가 말씀을 가르칠 기회를 놓치지 않고자 노력하는 것처럼, 그리스도인 아버지들도 어떻게 자신의 집에 있는 교회를 하나님을 경외하도록 가르칠 것인지 매일같이 연구해야 합니다.

지금까지 나는 집에 있는 교회에 대해 ─ 특별히 그 조직에 대해 ─ 이야기했습니다. 그렇지만 좀 더 충분하게 설명할 수 없는 것이 아쉽게 느껴집니다. 집에 있는 교회가 어떤 것인지 좀 더 완전하게 이해하기 위해서는 여러분은 그러한 교회에 가서 실제로 그들 가운데 살아볼 필요가 있습니다. 「천로역정」에 나오는 수다쟁이(Mr. Talkative)를 생각해 보십시오. 그는 밖에서는 매우 훌륭한 사람이었으며, 사람들에게 신앙에 대해 아주 많은 말을 해주는 사람이었습니다. 그러나 집에서는 어땠습니까? 불행하게도 그의 경우 집 밖에서의 모습과 집 안에서의 모습은 너무도 달랐습니다. 집에 교회가 있는 곳에서, 모든 지체들은 다른 사람들의 위로를 증진시키기 위해 노력합니다. 모든 지체는 피차 서로의 거룩함을 증진시키기를 추구합니다. 각자는 그 교회 안에서 차지하고 있는 위치에 따라 자신의 의무를 이행하기를 애씁니다. 그리고 함께 모일 때, 그들은 열심히 그리고 뜨겁게 기도합니다. 그들의 모든 행동은 세속적인 가정의 행동과 다릅니다. 그들의 행동은 주의 인자하심을 맛본 자들의 행동입니다.

한 가지만 더 이야기하고자 합니다. 교회는 계속해서 스스로를 확장시키고자 노력해야 합니다. 스스로를 확장시키고자 노력하지 않는 교회는 사실상 아무 가치 없습니다. 만일 집에 있는 교회가 가족의 모든 구성원들을 그 안에 끌어들이고자 노력하지 않는다면, 그것은 참된 교회가 아닙니다. 설령 여러분의 가족 가운데 여섯 명의 회심자가 있다 하더라도, 아직 일곱 명의 비회심자가 남아 있지 않습니까? 모두가 다 회심할 때까지 기도하기를 멈추지 마십시오. 만일 하나님이 열한 명 가운데 열 명을 주셨다면, 여러분은 마지막 열한 번째 회심자를 얻기 위해 열심히 기도해야 합니다. 여러분의 작은 교회 속에 모든 가족 구성원이 다 포함되도록 주와 함께 계속해서 기도하십시오. 우리 교회에 빈 의자가 하나도 남지 않게 되는 것은 얼마나 복된 일입니까! 그러나 우리 교회에 빈 의자가 하나도 남지 않게 되는 것보다 여러분의 작은 교회에 빈 의자가 하나도 남지 않게 되는 것이 훨씬 더 쉬운 일일 것입니다. 여러분 집에 있는 교회에 여러분 가족 구성원 모두가 한 사람도 빠짐없이 다 포함되는 날이 속히 오기를 기원합니다. 모든 집에 있는 교회가 그와 같이 된다면, 세상은 얼마나 복된 곳이 되겠습니까! 그것은 이 땅에서 시작된 하늘나라일 것입니다. 그러면 천사들은 땅과 하늘을 혼동하면서, 자신들이 이미 낙원에 있는 줄 착각하며 어리둥절할 것입니다. 아! 우리가 살아서 그 날을 볼 수 있다면 얼마나 좋겠습니까? 런던에 있는 모든 집에서 매일같이 정한 시간에 온 가족이 모여 찬송을 부르며 하나님께 예배드리는 바로 그런 날 말입니다. 그럴 때 밤이 되어도 문을 잠글 필요가 없을 것이며, 잠자는 동안 집을 지켜 달라고 간구할 필요도 없을 것입니다.

2. 둘째로, 지금부터 나는 목회자로서 여러분의 집을 방문하여 몇 가지 질문을 하도록 하겠습니다.

나는 여러분의 집에 노크를 하고, 의자에 앉아, 몇 가지 간단한 질문을 할 것입니다. 첫 번째 질문은 "당신은 자기 집에 교회를 가지고 있습니까?"라는 것입니다. 어떤 사람이 대답합니다. "아니오, 저는 우리 집에서 유일한 회심자입니다." 사랑하는 형제여, 나는 당신의 처지가 얼마나 어려울지 충분히 이해할 수 있습니다. 그러나 동시에 나는 당신이 당신의 집에서 큰 선을 이룰 수 있음을 바라보면서 기뻐할 수 있습니다. 주님은 지금 당신의 집에 불씨 하나를 보낸 것입니다. 머지않아 그곳에서 큰 불이 일어날 것입니다. 또 어떤 사람이 대답합니다. "예, 우리 집에는 몇 명의 그리스도인들이 있습니다. 그러나 우리 집에 교회가 있다고는 말할 수 없습니다." 나의 형제여, 당신은 정말 정직한 사람입니다. 그렇지만 그리스도인들이 있는 집은 그토록 많은데 어째서 교회가 있는 집은 그토록 적은 것일까요? 많은 경우 그것은 그리스도인들의 언행(言行)이 일치하지 않기 때문입니다. 만일 그들이 신앙을 고백하지 않는 사람들이라면, 그들은 언행이 일치하는 사람들일 것입니다. 그러나 신앙을 고백하는 사람들이라면, 그들의 말하며 행동하는 방식은 참으로 혐오스러운 것입니다. 여러분은 지금 이 말이 지나치게 심한 말이라고 생각할는지 모릅니다. 그러나 그것은 사실입니다. 어떤 가정에서는 아버지가 그리스도인으로서의 사랑과 온유함을 나타내기보다 자녀들을 윽박지르기를 일삼습니다. 그것을 경건의 표현이라고 생각하면서 말입니다. 그런가하면 여기저기 돌아다니며 수다나 떨기 좋아하는 아내도 있습니다. 또 스스로를 그리스도인이라고 부르면서도 "네 부모에게 순종하라"는 말씀을 배우지 못한 자녀들도 있습니다. 또 스스로 경건한 백성이라 하면서도 바울의 교훈을 생각하지 않고 주인이 볼 때만 열심히 일하는 척하는 종들도 있습니다. 우리가 다루어야만 하는 가장 나쁜 악 가운데 하나는 집에서 말과 행동이 일치하지 않는 것입니다. 나는 종종 자기 집에서 폭군처럼 행동하는 사람을 봅니다. 그는 아무도 자기 곁에 가까이 오는 것을 허락하지 않습니다. 그리고 누구에게도 사랑이나 친절 따위를 베풀지 않습니다. 그는 오직 두려운 주인일 뿐입니다. 그러면 그런 사람 안에 하나님의 은혜는 도대체 어디에 있는 것입니까? 사랑하는 자들이여, 여러분의 가족 구성원들을 행복하게 해 주십시오. 만일 여러분이 온화함과 다정함으로 빛나지 않는다면, 여러분은 그들을 결코 거룩하게 만들 수 없습니다. 사랑하는 그리스도인들이여, 자신의 신앙 고백에 부끄럽지 않게 행동하기를 추구하십시오. 그리고 집에 있는 그리스도인들이여, 여러분이 살고 있는 집에 참된 교회를 세우고자 노력하십시오.

내가 이렇게 말하는 동안 어쩌면 여러분은 내가 가정문제에 대해 지나치게 간섭하고 있다고 생각할는지 모릅니다. 가정문제는 적당히 가려지는 게 좋다고 여기면서 말입니다. 그러나 여러분에게 진리를 분명하게 말하는 것이 나의 의무입니다. 그러므로 주의를 기울여 들으십시오. 또 어떤 사람이 대답합니다. "예, 나는 나의 집에 교회를 가지고 있는 것으로 하나님께 감사드립니다." 나 역시도 하나님께 감사드립니다. 그리고 우리는 함께 하나님의 크신 긍휼을 찬미하며 송축할 것입니다. 그러나 나는 또 이렇게 물어야만 합니다. "그러면 누가 그 지체입니까?" 그러면 그는 대답합니다. "예, 아버지가 계십니다." 나는 말합니다. "아, 당신의 아버지가 회심했다는 말을 들으니 너무도 기쁘군요." 그러자 그는 이렇게 대답합니다. "그러나 나의 아버지는 회심하지는 않으셨습니다." 아, 아버지여! 자녀들의 기도를 들으십시오. 하나님께서 들으시는 것처럼 말입니다. 만일 당신이 당신 가정의 축복이 되지 않는다면, 당신은 당신 가정의 저주가 될 것입니다.

당신은 자신이 자손들의 저주가 되는 것을 원치 않을 것입니다. 부모가 모두 회심한 것은 얼마나 큰 축복입니까? 부모 특히 어머니는 가족과 어린아이들에게 얼마나 큰 영향력을 갖습니까? 나는 또 묻습니다. "그러면 이 집의 맏아들 존은 회심하여 하나님의 은혜에 참여하는 자가 되었습니까?" 그는 대답합니다. "그렇습니다." 아, 그렇군요. 정말 다행입니다. 왜냐하면 형은 동생들에게 큰 영향을 끼치기 때문이지요. 좋은 쪽으로든 나쁜 쪽으로든 말입니다. 나는 또 묻습니다. "그러면 에밀리는 회심했습니까?" 그는 대답합니다. "그렇습니다." 아, 정말로 복된 일입니다. 왜냐하면 그녀 역시도 동생들에게 큰 영향을 끼칠 것이기 때문입니다. 나는 종들도 회심했기를 바랍니다. 그들은 회심했습니까? 그리스도인 종들을 가진 주인은 얼마나 복됩니까? 경험적으로 볼 때, 여러분 주변에 하나님을 진실로 경외하는 자들이 있는 것은 정말로 복된 일입니다.

좋습니다. 그러나 우리는 집에 있는 자들 가운데 아무도 잊어서는 안 됩니다. 나는 여러분에게 또 한 가지 질문을 던져야만 합니다. 회심하지 않은 자들은 누구입니까? 물론 너무 어린 아이들은 복음을 이해할 수 없습니다. 그러므로 우리는 그런 아이들은 언약의 하나님의 손에 남겨둘 것입니다. 그러나 충분히 이해할 수 있는 나이가 되었음에도 불구하고 아직 회심하지 않은 사람은 없습니까? 어머니가 눈물을 닦으면서 말합니다. "아, 그에 대해서는 묻지 말아주세요." 또 아버지가 말합니다. "그것은 참으로 고통스러운 주제입니다." 그렇습니다. 그것은 고통스러운 주제입니다. 그러나 우리는 그것을 말해야만 합니다. 왜냐하면 이 시간 여기 앉아 있는 사람들 가운데에도 그런 사람들이 있을 것이기 때문입니다. 젊은이들이여, 여러분은 고의로 여러분의 부모를 고통스럽게 하고 싶지는 않겠지요? 그렇지 않습니까? 나는 여러분이 여러분의 부모를 기쁘게 해 주기를 바라고 있음을 압니다.

또 여러분은 부모에게 있어 자녀가 하나님의 진리 가운데 행하는 것보다 더 큰 기쁨이 없다는 사실을 잘 알 것입니다. 또 종들 가운데에는 아이를 돌보는 하녀도 있을 것입니다. 그녀는 교회의 지체로 들어왔습니까? 또 식당에서 일하는 아이도 있을 것입니다. 그를 내버려 두지 마십시오. 집에 있는 교회는 그 집에 있는 모든 사람이 다 포함되기 전까지는 완성되지 않습니다. 접시 닦는 하녀로부터 주인에 이르기까지 말입니다. 또 여러분의 집에 유숙하고 있는 친구가 있습니까? 그 친구가 회심하기 전까지 그 교회는 완성되지 않습니다. 나의 모든 질문에 직접 대답하지 않아도 좋습니다. 그러나 스스로에게 대답해 보십시오. 여러분의 집에 있는 교회에는 몇 명의 지체가 있습니까? 누가 그 지체이며, 누가 그 지체가 아닙니까?

마지막으로 한 가지 질문을 더 던지고자 합니다. 많은 지체로 구성된 교회를 가지고 여러분은 그리스도를 위해 무슨 일을 하고 있습니까? 한 가족으로서 여러분은 자기가 살고 있는 지역에서 그리스도의 나라를 확장시키기를 추구합니까? 거스리 박사(Dr. Guthrie)는 지역선교(Territorial Missions)를 주창합니다. 그것은 참으로 훌륭한 개념입니다. 그러나 오늘밤 나는 가정선교(Home Missions)를 주창하고 싶습니다. 이것은 외부의 어떤 것과 관련된 선교가 아니라, 부엌과 거실과 응접실과 심지어 다락방에 이르기까지의 모든 방에 대한 선교를 말하는 것입니다. 그것은 가족 구성원 모두와 관련된 선교입니다. 나는 집에 있는 교회로서 여러분이 그 집의 어느 장소든 소홀히 여기는 곳이 없기를 바랍니다. 여러분 가운데 어떤 사람들은 전도지를 나누어줍니다. 먼저 집에서부터 나누어주기를 시작하십시오. 여러분 가운데 어떤 사람들은 말씀을 전파합니다. 먼저 집에서부터 말씀을 전파하기 시작하십시오. 이것은 결코 쉬운 일이 아닙니다. 왜냐하면 여러분이 전파하는 말씀을 듣고 있는 자들은 여러분이 어떻게 행동하는지를 잘 알고 있기 때문입니다. 만일 여러분이 집에서 말씀을 전파할 수 없다면 ─ 입으로 전파하는 것과 실제로 행동하는 것이 서로 다르기 때문에 말입니다 ─ 밖에서도 전파하지 마십시오. 자신조차도 행할 수 없는 것을 어떻게 다른 사람들에게 가르칠 수 있단 말입니까? 자신이 가르치고 전파한 것이라면 먼저 자신부터 실천해야 합니다. 최소한 일부분의 분량만큼이라도 말입니다.

3. 셋째로, 자기 집에 교회를 갖는 일과 관련하여
몇 가지 충고의 말을 제시하고자 합니다.

물론 그것은 하나님의 은혜로 말미암아야 합니다. 그것을 만드는 주체는 성령입니다. 그러나 성령은 도구를 사용하십니다. 젊은 여자여, 당신은 어떤 젊은 남자와 결혼을 생각하고 있습니다. 당신은 신앙을 고백하는 그리스도인입니다. 그러나 그는 세속적인 사람입니다. 그러면 도대체 어떻게 당신은 당신의 집에 교회를 갖기를 기대할 수 있단 말입니까? 당신은 자신이 지금 무슨 일을 행하고 있는지 알고 있습니까? 여러분은 지금 웃고 있습니다. 지금 웃을 수 있는 만큼

웃으십시오. 왜냐하면 이후에는 웃을 일이 그다지 많지 않을 것이기 때문입니다. 나는 분명히 말할 수 있습니다. 만일 여러분의 행복을 영원히 시들게 하기를 원한다면, 지금 당장 가서 믿지 않는 자와 멍에를 함께 하십시오. 나는 하나님의 교훈을 망각하고 믿지 않는 자와 결혼한 몇몇 그리스도인 여인들을 압니다. 또 경건한 남자가 경건하지 않은 여자와 결혼하는 경우도 보았습니다. 나는 경험적으로 분명히 증언할 수 있습니다. 그로부터 선한 결과가 나오는 것을 단 한 번도 보지 못했다는 사실을 말입니다. 그 결과는 항상 불행이었습니다. 열 번 가운데 아홉 번의 경우는 영적 타락으로 빠져버리고 말았습니다. 영원히 되돌아오지 못하는 경우도 종종 있었습니다. 이러한 사실은 그와 같은 죄를 범하는 자는 결코 은혜를 얻지 못한다는 사실을 보여주는 것이었습니다. 이 문제에 대해 설교자들은 그다지 많이 이야기하지 않는 경향이 있습니다. 그러나 우리는 이에 대해 훨씬 더 많이 이야기해야 합니다. 젊은 그리스도인들이여, 간절히 당부하노니 만일 하나님의 축복을 바란다면 부디 "믿지 않는 자와 멍에를 함께 하지" 마십시오.

　　이미 시작된 가정에는 다음과 같은 충고의 말을 주고 싶습니다. 만일 여러분이 아직 회심하지 않은 사람을 믿음의 자리로 들어오게 하기를 원한다면, 그들을 행복하게 만드십시오. 독한 초를 사용할 때보다 달콤한 꿀을 사용할 때 훨씬 더 많은 파리를 잡을 수 있습니다. 냉랭한 설교보다 따뜻한 사랑에 의해 훨씬 더 많은 사람들이 하나님께 인도됩니다. 우리를 구원의 자리로 강력하게 이끄는 것은 그리스도의 사랑입니다. 우리는 청교도들의 시무룩함을 본받는 대신 그들의 건전한 신학과 거룩한 삶을 본받아야 합니다. 그들이 정말로 시무룩했다면 말입니다. 그러나 나는 그들이 시무룩했다는 일반적인 평가에 대해 상당한 의문을 갖고 있습니다. 어쨌든 그리스도인 가정은 어디에서나 가장 밝고 명랑해야 합니다. 이와 관련하여 한 가지 조언하고 싶은 것은 주일을 우울하고 슬픈 날로 만들지 말라는 것입니다. 어떤 사람들은 그렇게 합니다. 왜 그래야 합니까? 나는 주일이야말로 가족들에게 일주일 가운데 가장 밝고 즐거운 날이 되어야 한다고 생각합니다. 그날은 아버지도 집에 있고 어머니도 일하러 나가지 않으며, 온 가족이 함께 하나님의 집에 가서 찬송을 부르며 예배드리는 날이 아닙니까? 여러분의 가정을 화원(花園)처럼 만드십시오. 그곳에 가시를 심지 마십시오. 그리고 모든 잡초를 뽑아 버리십시오. 가정을 행복하게 만드십시오. 가정의 행복은 가정의 거룩함을 증진시키는 가장 좋은 방법입니다.

또 한 가지 당부할 것이 있는데, 그것은 회심하지 않은 자들을 위해 많이 기도하라는 것입니다. 어떤 어머니가 말합니다. "물론 그래야지요. 그러나 나의 회심하지 않은 아들은 멀리 떠나 있답니다." 그렇군요. 그러나 당신의 기도는 그를 따라갈 수 있습니다. 빌레몬과 오네시모의 경우를 보십시오. 오네시모는 주인의 돈을 가지고 도망쳤지만, 그의 주인은 그의 뒤에 자신의 기도를 보냈습니다(기도했습니다). 그래서 어떻게 되었습니까? 마침내 관원이 그를 체포하지 않았습니까? 그러나 그 관원은 가이사의 관원이 아니라 하나님의 관원이었습니다. 도주한 종은 바울이 전파한 하나님의 말씀에 의해 체포를 당했으며, 결국 그는 구원을 받고 옛 주인에게로 돌아왔습니다. 당신의 아들이 회심하여 집으로 돌아올지 어떻게 알겠습니까? 가련한 어머니여, 그러면 당신의 딸은 그리스도 안에서 즐거워하고 있습니까? 그들을 위한 기도를 결코 그치지 마십시오. 그들의 숨이 끊어지기 전까지는 말입니다. 그들이 당신의 집에 있는 교회로 들어올 때까지 계속해서 기도하십시오.

특별히 당부하고 싶은 것이 있습니다. 부디 언행의 불일치로 인해 다른 사람들 안에서 선한 일이 이루어지는 것이 방해되지 않도록 조심하십시오. 여러분 가운데 말과 행동이 불일치하지 않도록 힘쓰십시오. 여러분이 함부로 내뱉은 말에 의해 여러분에 대해 전에 받았던 좋은 인상이 한순간에 무너져 버린다면 어떻게 되겠습니까? 어떤 아내가 남편과 함께 예배를 마치고 집으로 돌아오는 도중 일어났던 일입니다. 그녀의 남편은 믿지 않는 자였습니다. 그녀는 남편을 위해 종종 기도했으며, 마침내 남편은 아내와 함께 설교를 들으러 갔습니다. 그녀는 남편이 설교를 듣고 변화되기를 위해 간절히 기도했습니다. 그런데 집으로 돌아오는 도중 그녀는 너무나 어리석게도 설교에 대해 이러쿵저러쿵 비판하기 시작했습니다. 그녀는 설교가 마음에 들었느냐고 물었으며, 남편은 아무 대답도 하지 않았습니다. 그녀는 계속해서 설교를 갈기갈기 찢어댔습니다. 마침내 남편은 그렇게 하는 아내를 제지하며 이렇게 말했습니다. "여보, 당신은 내가 은혜받기를 위해 계속해서 기도해 오지 않았소. 하나님이 오늘 아침 그 설교를 통해 나에게 큰 은혜를 베풀어 주셨소. 그런데 당신이 그 설교에 대해 그렇게 못마땅해하니 견딜 수가 없구려." 나는 많은 그리스도인들이 이와 비슷한 어리석음을 범한다고 생각합니다. 자신의 까다로운 입맛에 맞지 않는다고 이러쿵저러쿵 비판할 때, 자칫 다른 사람들 안에서 이루어져야 할 선한 일들이 방해를 받지 않겠습니까? 그렇다면 여러분은 여러분의 말로써 마귀의 일을 하고 있는 셈입니다.

4. 넷째로, 하늘에서 다시 가족들을 만나게 될 때를 내다보십시오.

할리버튼(Halyburton)은 죽음을 맞이하는 자리에서 이렇게 말했습니다. "하늘에 아버지가 계시는 것으로 하나님께 감사드립니다. 하늘에 어머니가 계시는 것으로 하나님께 감사드립니다. 하늘에 열 명의 형제자매들이 있는 것으로 하나님께 감사드립니다. 나는 이제 한 시간 이내에 우리 가족 가운데 마지막으로 하늘에 갑니다." 이것은 얼마나 영광스러운 고백입니까? 그들의 만남은 얼마나 복될 것입니까? 영들은 "장가도 가지 않고 시집도 가지" 않습니다. 또 하늘에서는 어떤 사회적 유대의 끈도 특별히 중시되지 않습니다. 그럼에도 불구하고 나는 할리버튼의 가족이 묘성(昴星)과 같은 아름다운 별자리를 이루고 있을 것이라고 생각하지 않을 수 없습니다. 하나님을 찬미하는 가운데 서로 부드럽고 잔잔하게 비추면서 말입니다.

언젠가 나는 어떤 집에서 부활에 대한 매우 독특한 그림을 본 적이 있습니다. 그것은 그리스도인 가정의 부활을 표현하는 것이었습니다. 화가는 그럴듯한 상상력을 가지고 한 가족의 부활을 멋진 모습으로 그렸습니다. 무덤을 막고 있는 큰 돌이 둘로 갈라지고, 가장 나중에 죽은 서너 명의 어린아이들이 무덤으로부터 나옵니다. 그들은 날개를 펼치고 위로 올라가고 있었습니다. 물론 이것은 화가의 생각 속에서 육체의 부활 못지않게 영혼의 부활을 표현하는 것이었습니다. 그것은 매우 복합적인 상징이었습니다. 또 거기에는 아버지와 어머니와 여러 명의 손자손녀들이 있었습니다. 그리고 할아버지와 할머니도 있었는데, 그들은 같은 무덤으로부터 나와 하나님의 보좌로 함께 올라가고 있었습니다. 나는 우리 가운데 어떤 사람들이 먼 나라에서 죽고

> "우리의 무덤이 시내와 강과 바다에 의해
> 멀리 흩어지고 사라진다 하더라도"

마지막 나팔이 울릴 때 우리가 함께 일어날 수 있기를 소망합니다. 서로 나누어지지 않은 온전한 가족으로서 말입니다.

이 시간 하나님이 우리 가족에게 베풀어주신 특별한 은총을 여러분과 함께

나누고 싶습니다. 나의 아버지와 어머니에게 있어, 그들의 여섯 자녀가 주 예수 그리스도를 섬기며 하나님의 진리 가운데 행하는 것은 얼마나 즐거운 일이겠습니까? 주님은 우리 모두를 한 사람씩 한 사람씩 복음을 깨닫고 예수 그리스도를 믿도록 이끄시기를 기뻐하셨습니다. 이것은 그 윗세대에도 마찬가지였습니다. 나의 조부의 경우도 그러했고, 증조부의 경우도 그러했습니다. 우리는 정말로 하나님이 축복하신 가족이었습니다. 사랑하는 형제들이여, 이러한 축복이 또한 여러분의 특권이 되기를 기원합니다. 나는 여러분을 위해 이것보다 더 큰 축복을 구할 수 없습니다. 여러분에게 있어 여러분 자신이 구원받고, 또 여러분의 모든 가족들이 하나님의 진리 가운데 행하는 것보다 더 큰 축복이 도대체 무엇이 겠습니까? 그리고 사람의 예대로 말할 때, 여러분이 그와 같은 축복을 받지 못할 까닭이 도대체 어디에 있겠습니까? 열심히 그리고 진지하게 기도하십시오. 그러한 기도는 결코 하나님의 보좌로부터 거절되지 않을 것입니다.

> "강한 믿음은 약속이 이루어지는 것을
> 요구하며 또 볼 것이라."

왜냐하면 "그 약속은 너희와 너희 자녀와 모든 먼 데 사람 곧 주 우리 하나님이 얼마든지 부르시는 자들에게 하신" 것이기 때문입니다(행 2:39). 우리가 아는 것처럼, 하나님의 영원한 약속은 굳게 서며 견고합니다. 그러나 자기 백성을 축복하고자 계획할 때, 하나님은 그들의 마음을 기도하도록 움직입니다. 그러므로 우리는 좀 더 열심히 서로를 위해 기도해야 합니다. 우리는 좀 더 열심히 자녀들을 위해 기도해야 합니다. 주께서 우리에게 은혜를 베푸사 우리 모두가 자기 집에 교회가 있노라고 당당하게 말할 수 있게 되기를 기원합니다. "주 예수 그리스도를 믿으라" — 이것이 교회의 기초입니다. 그리고 믿는 자들은 그리스도의 교회의 지체들이며, 하늘과 땅의 한 가족, 즉 "하늘에 기록된 장자들의 총회" 가운데 그의 얼굴을 볼 것입니다(히 12:23). 하나님이 우리 교회를 축복하사 우리와 우리 가족 모두가 그 지체가 될 수 있기를 바랍니다.

제
2
장

—

도주한 종의 이야기

—

**"아마 그가 잠시 떠나게 된 것은 너로 하여금
그를 영원히 두게 함이리니"— 몬 1:15**

인간의 본성은 이기적이나 하나님의 은혜에는 사랑이 있습니다. 그리스도 인이라면 누구든지 자신이 아무에게도 관심이 없고 또한 아무도 자신에게 관심이 없다고 떠들지 않습니다. 왜냐하면 예수 그리스도께서 그의 마음을 깨끗이 씻으실 때 아울러 그 마음을 넓게 해 주시기 때문입니다. 주님만큼 부드럽고 인정 많은 분은 없습니다. 우리가 참으로 주님의 제자들이라면 그리스도의 마음이 우리 안에도 있어야 할 것입니다. 사도 바울은 마음이 매우 넓고 인정이 많은 사람이었습니다. 분명히 그는 로마에서 고난을 겪으며 열심히 복음을 전하고 있었습니다. 선한 사마리아 사람의 비유에 나오는 제사장처럼 사도 바울도 "그 길로 내려가다가" 오네시모를 만났을 것입니다.

사도 바울은 그때에 복음 전도의 사명을 감당하고 있었기 때문에 그냥 지나칠 수밖에 없었다고 변명할 수도 있었습니다. 그 복음 전도의 사명이란 주님께서 칠십 인의 사자들에게 "길에서 아무에게도 문안하지 말라"(눅 10:4)고 말씀하실 정도로 아주 긴급한 용무였던 것입니다. 설령 바울이 "나는 곤경에 처한 도주한 종을 도와줄 시간적인 여유가 없다"고 말했다 할지라도 나는 이상하게 여기지 않을 것입니다. 하지만 바울은 그런 말을 할 마음이 없었습니다. 그는 오네시모에게 복음을 전하였고, 오네시모는 그 복음의 말씀을 듣고 회심하였으며, 따라서 바울은 오네시모를 자신의 아들처럼 여겼습니다. 오네시모가 바울에게 온 이유를 나는 모르겠습니다. 아마도 많은 건달들이 나를 찾아온 것처럼 오네시모도 바울을 찾아왔을 것입니다. 이 시대의 많은 건달의 아버지들이 나를 알았던 것처럼 오네시모의 주인도 바울을 알았을 것이며, 그래서 그 종은 자기 주인의 친구에게 찾아가서 곤경에 처한 자신을 좀 도와달라고 부탁했을 것입니다. 어쨌든, 바울은 그에게 예수님을 전할 기회를 잡았고, 그 도주한 종은 주 예수 그리스도를 믿는 신자가 되었습니다.

바울은 그를 지켜보았고, 그가 회심시킨 사람의 변화된 모습을 칭찬하였으며, 그의 섬김을 기뻐하였습니다. 그리고 오네시모가 그의 주인인 빌레몬에게 되돌아가는 것이 옳다고 생각했을 때, 그는 수고스럽지만 오네시모를 변호하는 편지를 작성하지 않을 수 없었습니다. 이 편지를 쓸 때 그는 단어 하나라도 깊이 생각하고 바로 선택해야 했습니다. 비록 성령께서 단어 하나하나마다 구술(口述)하여 주셨지만, 성령의 영감은 인간의 사고 활동을 막지 않으며 인간이 쓰려고 하는 것을 배려합니다. 모든 단어가 목적을 가지고 선택된 것입니다. 바울이 자신을 변호하려고 하였다면, 그는 이처럼 간절하게 혹은 지혜롭게 변호하지 못했을 것입니다.

여러분도 아시다시피, 바울은 대개 자신의 손으로 편지를 쓰지 않았으며, 자신의 입으로 말한 것을 다른 사람이 받아 적게 하였습니다. 바울이 눈병을 앓았던 것으로 추측되며, 따라서 그가 글을 쓴 경우 어느 서신서에서 "내 손으로 너희에게 이렇게 큰 글자로 쓴 것을 보라"(갈 6:11)고 말한 것처럼 그는 대문자를 사용하였습니다. 이 서신 자체가 큰 분량은 아니었습니다. 따라서 이 구절은 아마도 그가 직접 글을 쓸 때마다 사용할 수밖에 없었던 대문자를 사용했다는 암시를 보여줍니다. 빌레몬에게 보낸 이 서신은 적어도 부분적으로는 구술되지 않았으며, 바울이 직접 쓴 것이었습니다. 본서 19절을 보십시오. "나 바울이 친필로 쓰노니 내가 갚으려니와." 이 구절은 내가 성경에서 꼽을 수 있는 유일한 친필인데, 이 구절에는 오네시모가 훔쳤을 모든 것을 갚겠다고 약속한 차용증서가 들어 있습니다.

우리 모두 넓은 마음을 가꾸어나갑시다. 그리고 하나님의 사람들, 그 중에서도 특히 지난날의 잘못으로 인하여 곤경에 빠져 있는 새 신자들에게 긍휼을 베풉시다. 무언가 바로잡아져야 한다 할지라도 즉석에서 그들을 정죄하지 맙시다. "네가 주인의 물건을 훔쳤지, 그렇지. 너는 회개한다고 말하지만 우리는 그 말을 믿지 못하겠어"라고 말하지 맙시다. 그 사람이 이러한 의심과 냉대를 받을 만할지는 모르겠지만 분명히 이러한 태도는 그리스도의 사랑과는 거리가 있습니다. 타락한 자들을 바로잡아 주고 그들에게 다시금 세상에서 새 출발 할 수 있는 기회를 줍시다. 하나님께서 용서하신 사람들을 우리도 용서해야 할 것이며, 예수 그리스도께서 영접하신 사람들을 우리도 충분히 받아들여야 할 것입니다. 예수님이라면 그들을 어떻게 대하셨을까 생각하고 우리도 그대로 행합시다. 그리하여야 우리가 진실로 예수님의 제자들이 될 수 있을 것입니다.

1. 첫째, 하나님의 은혜의 사례로서 오네시모를 생각해 봅시다.

우리는 그가 선택받은 데서 하나님의 은혜를 발견합니다. 그는 종이었습니다. 그 당시에 종들은 매우 무식하고 배우지 못하였으며 천하였습니다. 야만인 취급을 받은 그들은 대부분 아주 비천한 야만 상태에 빠져 있었으며, 그들의 주인은 그들을 야만 상태에서 건져내려고 시도하지 않았습니다. 빌레몬이 오네시모에게 잘해 주려고 했던 노력이 정작 오네시모 본인에게는 진저리나는 일이었을 것이며, 그래서 그는 주인의 집에서 도망쳤을 것입니다. 자기 주인의 기도, 훈계, 기독교의 규범들을 그는 불쾌하게 생각하였을 것이며, 그래서 그는 도주하였을 것입니다. 그가 어느 정도 신임받는 종으로 대접받지 않았다면 자신의 주인에게 그런 잘못을 저지르지는 않았을 것입니다. 아마도 빌레몬의 별난 친절과 그에 대한 신임은 그의 되먹지 못한 성품에는 과분한 것이었을 것입니다. 우리는 오네시모가 무엇을 훔쳤는지 모릅니다만, 그가 무언가를 가지고 간 것은 분명합니다. 왜냐하면 사도가 "그가 만일 네게 불의를 하였거나 네게 빚진 것이 있으면 그것을 내 앞으로 계산하라"(18절)고 말하고 있기 때문입니다.

그는 골로새에서 도망쳐서 비교적 공관원들에게 발각될 가능성이 적다고 생각되는 로마 시로 피신하였습니다. 당시 로마는 오늘날 런던 시만큼 크거나 아마 더 컸을 것입니다. 오늘날 로마에 유대인 지구가 있는 것처럼 로마의 어두운 빈민가에 숨어들었을 것입니다. 그 제국의 도시로 몰려든 강도의 무리들 틈에 끼어 더 이상 자신의 이름이 알려지거나 퍼지지 않을 것이라고 그는 생각했을 것입니다. 그는 거기서 자유롭고 편안하게 도둑질하며 살아갔을 것입니다. 하지만 여러분, 주님께서 하늘에서 사랑의 눈으로 내려다보시다가 오네시모에게 그 시선이 멈추었습니다.

당시에 자유인들이 없어서 하나님께서 어쩔 수 없이 노예를 택하셔야 했나요? 당시에 신실한 종들이 없어서 하나님께서 자기 주인의 돈을 횡령한 종을 어쩔 수 없이 선택하셔야 했나요? 학식 있고 교양 있는 사람들이 하나도 없어서 하나님께서 어쩔 수 없이 야만인을 고려해야 하셨나요? 품행이 단정하고 훌륭한 사람이 아무도 없어서 오늘날 사회의 쓰레기와 같은 이 타락한 사람에게 하나님께서 어쩔 수 없이 무한한 사랑을 집중하셔야 했나요? 고대 로마에서 사회의 쓰레기가 과연 어떤 존재였는지 나는 생각하기도 싫습니다. 왜냐하면 로마의 상류층조차 그 일반적인 관습이 우리가 잘 알고 있는 대로 야수성을 띠었기 때문입니다. 그러니 그 사회에서 가장 비천한 쓰레기가 어떤 존재였는지 우리는 말할 수조차 없을 정도입니다.

오네시모는 죄의 하수구에 들어있는 찌꺼기였습니다. 바울이 쓴 로마서 1장을 읽어 보십시오. 당시 로마라는 이교 세계가 얼마나 소름끼치는 상태였는지 여러분은 알게 될 것입니다. 오네시모는 그런 최악의 상태에서도 최악이었던 것입니다. 주님의 영원한 사랑은 왕과 귀족들을 지나쳤고, 바리새인들과 사두개인들, 철학자들과 마술사들을 외면하였고, 그들이 자신이 택한 어둠 속에서 발부리가 걸려 넘어지도록 방치하였습니다. 그러나 그 영원한 사랑의 시선이 이 가련하고 미개한 자에게 집중되었습니다. 그리하여 주님께서 쓰시기에 합당한 영광스러운 그릇으로 만드셨습니다.

> "은혜의 성격처럼
> 전적으로 주권적이며 전적으로 자유로우신
> 위대하신 하나님,
> 당신의 길은 너무도 이해할 수 없고
> 당신의 판단은 너무도 심원합니다!"

"모세에게 이르시되 내가 긍휼히 여길 자를 긍휼히 여기고 불쌍히 여길 자를 불쌍히 여기리라 하셨으니"(롬 9:15). 골고다 십자가와 시내 산에서 울린 뇌성처럼 주의 음성이 이와 같이 울리고 있습니다. 주님은 주권적이시며, 기뻐하시는 대로 행하십니다. 오네시모와 같은 자를 선택하신 이 놀라운 예정하신 사랑을 찬양합시다!

다음에 이 도주한 종이 회심한 사실에서 은혜를 발견하도록 합시다.

그를 보십시오! 그는 도저히 회심할 것 같이 보이지 않습니다. 이 사람은 부정직하였으며, 언제나 무모하였습니다. 자기 주인의 재산을 훔친 후에 그는 골로새에서 로마까지 먼 길을 여행할 정도로 대담하였습니다. 하지만 주님의 영원한 사랑은 그를 회심시키기로 작정하였습니다. 그는 골로새와 아덴에서 바울의 설교를 들었을 것입니다. 하지만 그때에는 감동을 받지 못하였습니다. 바울은 성 베드로 성당과 같은 곳에서 복음을 전하지 않았습니다. 그런 웅장한 건물에서 바울은 복음을 전하지 않았습니다. 다만 바울은 아마도 궁전 언덕 뒤편에서 복음을 전했을 것입니다. 그곳에는 근위병의 숙소가 있었으며, 프레토리움(Praetorium)이라고 불리는 감옥이 있었습니다. 막사로 된 감옥의 낡아빠진 방에서 바울은 그 손이 한 군인의 손과 쇠사슬로 묶인 채 앉아서 그의 말을 듣겠다고 허락한 모든 이들에게 복음을 전하였습니다. 바로 이곳에서 하나님의 은혜가 이 사나운 젊은이의 가슴에 임하였던 것입니다. 오, 그의 마음속에 즉시 임한 은혜가 이 얼마나 큰 변화를 일으켰는지요!

이제 여러분이 보는 그의 모습은 자신의 죄를 회개하는 모습입니다. 그는 자신이 의로운 사람에게 불의를 저질렀음을 깨닫고 후회하였습니다. 그리고 자신의 잘못된 삶뿐만 아니라 자신의 타락한 마음을 발견하고 괴로워하였습니다. 그는 슬피 울었습니다. 바울은 그에게 십자가에 못 박히신 그리스도를 전하였습니다. 그리고 기쁨의 빛이 그의 눈에서 감돌았습니다. 그 무거운 마음에서 짐을 내려놓았습니다. 새로운 생각들이 그의 어두운 마음을 밝혔습니다. 그의 얼굴은 변화되었고, 전 인격이 새로워졌습니다. 하나님의 은혜는 사자와 같은 사람을 양처럼 순하게 만들고, 갈가마귀와 같은 사람을 비둘기 같이 순결하게 만들 수 있기 때문에 이 모든 일이 가능했습니다.

확신하건대, 여러분 가운데 일부는 오네시모처럼 하나님의 택하심을 받고 효과적인 부르심을 받은 사람들입니다. 그러므로 주님께서 베푸신 인자하심을 기록에 남깁시다. 그리고 우리 스스로에게 이렇게 말합시다. "그리스도께서 영광을 받으시리로다. 주님께서 이 모든 일을 이루셨도다. 주님께 영원히 영광이 있을지어다."

하나님의 은혜는 오네시모를 변화시키는데 탁월한 능력을 발휘하였습니다.

회심한 오네시모는 필요하고 쓸모 있고 유익한 사람이 되었던 것입니다. 바울은 그를 동료로 데리고 있고자 하였습니다. 오네시모는 분명히 친절하고 온유하고 사랑스러운 심령의 소유자였습니다. 바울은 즉시 그를 형제라고 불렀으며, 그를 곁에 두고 싶어했을 것입니다. 바울이 오네시모를 돌려보냈을 때 그가 주인에게 돌아간 것만 보더라도 그의 마음에 변화가 있었음이 분명하지 않습니까? 그가 로마에서 떠났을 때, 그는 이 마을에서 저 마을로 지났을 것이며, 완전히 자유의 몸이었습니다. 하지만 그는 자신의 주인에게 매여 있는 몸임을 깨닫고 — 특히 그가 주인에게 해를 주었기 때문에 — 그는 바울의 충고대로 이전의 자신의 위치로 되돌아가야 합니다. 그는 되돌아와 사과의 편지 혹은 (바울이 써 준) 소개장을 그의 주인에게 전달해야 합니다. 왜냐하면 자신이 행한 잘못을 배상하는 것이 자신의 의무임을 그가 깨달았기 때문입니다. 회개하였다고 고백하는 사람들이 이전의 잘못을 배상하는 모습을 나는 언제나 보고 싶습니다. 그들이 부당하게 돈을 훔쳤다면 그들은 마땅히 갚아야 합니다. 그들이 일곱 배로 갚는다면 더 좋은 일이겠지요.

"하나님께서 나를 용서하셨으니 그것으로 된 거야"라는 말로 무마할 수 있다고 생각하지 마십시오. 사랑하는 친구들이여, 그렇지 않습니다. 하나님께서 여러분을 용서하신 만큼 여러분은 그 모든 잘못을 되돌리려고 노력해야 합니다. 그리하여 여러분의 회개가 참으로 진실된 것임을 보여주십시오. 이처럼 오네시모는 빌레몬에게 돌아가서 주인을 위하여 일을 함으로써 빚을 갚거나 혹은 빌레몬이 원하는 바를 행해야 할 것입니다. 비록 오네시모가 바울을 섬기기를 원하였을지라도 그의 첫 번째 의무는 자신이 해를 입힌 자에게 빚을 갚는 일이었기 때문입니다. 이렇게 함으로써 오네시모는 자신의 심령이 온유하고 겸손하며 정직하고 올바르다는 것을 보여주었습니다. 이에 오네시모는 칭찬받을 만합니다. 아니, 사실은 하나님의 은혜가 칭찬받아야 합니다. 전에 도둑질한 사람이 이제는 돌아와 주인에게 유익을 주는 사람이 되었으니 이 얼마나 큰 변화입니까!

하나님의 은혜가 얼마나 놀라운 일을 행하였나요! 하나님의 은혜는 지금도 놀라운 일을 행하고 있습니다! 악한 사람들을 변화시키며 타락한 사람들을 선도하기 위해 세상은 많은 계획들을 이행합니다. 이러한 계획들이 올바르게 시행되는 한 우리는 이 모든 계획들이 성공하기를 바라마지 않습니다. 아름답고 순수하고 평판이 좋은 무슨 계획이든지 우리는 성공하기를 빕니다. 하지만 이 말씀을 주목합시다. 술고래를 진정으로 변화시키려면 그가 새로운 마음을 가져야 합니다. 창기를 진정으로 교화시키려면 그 안에 새로운 본성이 생겨나야 합니다. 그녀는 구세주의 보혈로 씻음받아야 합니다. 그렇지 않으면 결코 깨끗해지지 못할 것입니다. 예수 그리스도와 그의 복음으로 말미암지 않고는 사회의 최하층 사람들은 결단코 덕, 맑은 정신, 정결함으로 인도되지 못할 것입니다. 다른 모든 사람들이 자기 좋아하는 대로 하도록 내버려 두십시오. 그러나 내게는 우리 주 예수 그리스도의 십자가 외에 결코 자랑할 것이 없습니다.

2. 이제 두 번째로, 본문에서 우리는 죄가 파기된 매우 흥미로운 사례를 볼 수 있습니다.

오네시모는 주인의 재산을 도둑질하여 도주할 권리가 없었습니다. 하지만 하나님은 그 죄를 이용하여 그를 회심하게 하기를 기뻐하셨습니다. 하나님의 섭리 가운데 그는 로마로 인도되었고, 바울이 복음을 전하는 곳으로 가게 되었으며, 결국 그리스도께로 인도되어 올바른 정신을 갖게 되었던 것입니다. 우리가 이러한 사실을 말할 때, 우리는 조심해야 합니다. "아마 그가 잠시 떠나게 된 것은 너로 하여금 그를 영원히 두게 함이리니"라는 바울의 말은 오네시모의 도주를 변명하는 말이 아닙니다. 오네시모가 조금이라도 잘했다고 바울은 주장하지 않습니다. 죄는 죄입니다. 죄가 아무리 파기될지라도 죄는 여전히 죄입니다. 우리 구주의 십자가 수난으로 말미암아 인류는 가장 큰 복을 받았습니다. 하지만 그럼에도 불구하고 예수님께서 "법 없는 자들의 손"에 붙잡혀 십자가에서 죽으셨던 것입니다. 요셉의 형들이 요셉을 애굽에 판 것은 기근 시에 야곱과 그의 자손들을 보존하기 위한 하나님의 섭리였습니다. 하지만 요셉의 형들은 하나님의 섭리와 관계없이 자신들의 형제를 노예로 팔아먹은 죄를 지은 것이었습니다. 행동의 결점이나 미덕이 그 행동의 결과에 따라 결정되지 않는다는 사실을 항상 상기합시다. 예를 들어, 만일 스위치를 돌리라고 선로(線路)에 배치된 사람이 그 일을 잊어버렸다면, 그래서 기차 사고가 나고 수많은 사람이 죽었다면 여러분은 이를 큰 범죄라고 판정내릴 것입니다. 하지만 설령 아무도 죽지 않았을지라도 이는 동일한 범죄입니다. 부주의한 결과가 나타나지 않더라도 그 부주의함 자체가 형벌을 받아 마땅한 것입니다. 만일 여차여차한 방법으로 스위치를 돌려놓는 것이 그 사람의 임무였는데 그렇게 하지 못하였지만 어떤 우연한 일로 인하여 사람들의 목숨은 구할 수 있게 되었다 할지라도 그 사람은 그럼에도 불구하고 비난받아야 할 것입니다. 그가 받을 칭찬은 없을 것입니다. 왜냐하면 그의 잘못은 자신의 임무를 소홀히 한 것이기 때문입니다. 하나님께서 죄를 파기시키신다 하더라도 그럼에도 불구하고 그것은 여전히 죄입니다. 사람의 잘못은 언제나 죄이며, 다만 악에서 선을 이끌어 내시는 하나님의 놀라운 지혜와 은혜에 영광을 돌릴 뿐입니다. 오직 전능자의 지혜만이 이런 일을 행하실 수 있기 때문입니다. 그러므로 오네시모가 주인의 재물을 횡령하고 주인에게서 부당하게 도망친 것은 변명의 여지가 없습니다. 그는 여전히 범죄자이며, 다만 하나님의 은혜가 찬양을 받을 뿐입니다.

또한 오네시모가 주인으로부터 도주하였을 때 그 행동으로 말미암아 그는 아마도 망할 것이라는 사실을 깊이 주목했어야 합니다. 그는 친절한 주인의 지붕 아래에서 신뢰받고 의지하며 살고 있었습니다. 그 주인의 집 안에 교회가 있었습니다. 내가 본 서신을 자세히 읽어보면, 오네시모는 경건한 안주인과 바깥 주인을 모시고 있었으며, 계속해서 복음을 배울 기회가 있었습니다. 하지만 이 앞뒤 가리지 않는 청년은 이런 친절을 감당하지 못하고 뛰쳐나갔으며, 구원받을 기회를 날려 버렸습니다. 그가 은혜받지 못하였을 때 그 당시 자주 일어났던 노예들의 폭동에 가담하게 되었다면, 그는 다른 노예들처럼 사형을 당하고 말았을 것입니다. 그는 로마에서 사형 집행 직전에 짧은 참회를 하고 곧바로 처형당했을 것입니다. 조금만 의심을 받더라도 목이 달아나는 것이 노예들과 방랑자들에 대한 통례였습니다. 오네시모는 신속하게 사형을 당하고 영원한 형벌을 받을 운명에 처한 사람이었습니다. 말하자면, 그는 자신이 행한 일로 인하여 사자(獅子)의 턱 사이에 자신의 머리를 집어넣은 꼴이 되었습니다.

한 젊은이가 갑작스럽게 집을 떠나 런던으로 간다면, 그것이 무엇을 의미하는지 우리는 알고 있습니다. 그의 친구들이 그가 있는 곳을 모르고, 또한 그의 친구들이 자기가 있는 곳을 알기를 바라지 않을 때, 그가 어떤 형편인지 우리는 조금은 알 수 있습니다. 오네시모가 무슨 짓을 하고 있었는지 나는 모르겠지만, 그가 기를 쓰고 자신을 망하게 하는 일을 하고 있었던 것만은 분명합니다. 그는 심판받을 길로 행하고 있었습니다. 그는 결과적으로 심판을 받지 않았지만 이는 그가 자랑할 일이 아니었습니다. 다만 모든 영광은 그의 죄를 파기시키신 하나님의 능력에 돌려야 합니다.

　　하나님께서 어떻게 모든 죄를 파기시키셨는지 알아봅시다. 처음부터 주님은 이 일을 계획하셨습니다. 바울 외에는 아무도 오네시모의 마음을 어루만질 수 없었을 것입니다. 오네시모는 골로새에 살고 있었으며, 바울은 감옥에 갇혀 있는 형편이었기 때문에 그곳에 올 수 없었습니다. 그러므로 부득불 오네시모가 바울에게 가야 했습니다. 친절한 빌레몬이 오네시모에게 "네가 로마에 가서 바울을 만나뵙고 그에게서 말씀을 듣고 오면 좋겠구나"라고 말했다고 해 봅시다. 이 못된 종은 이렇게 말했을 것입니다. "나는 설교를 듣기 위해 목숨을 무릅쓰고 가지 않겠어요. 설령 당신께서 나를 통해 바울에게 돈이나 편지를 보내겠다면, 그것은 전하고 오겠지만 그의 설교는 사양하겠습니다."

　　여러분도 아시다시피, 가끔 회심할 생각을 하고 설교를 들으러 오는 사람들이 있지만, 그런 경우에라도 회심은 최후에 나타날 가능성이 높습니다. 왜냐하면 사람들은 성령의 불을 받지 않으려고 결심하고 그곳에 오기 때문이지요. 그래서 설교가 그들의 마음을 깊이 감동시키지 못합니다. 오네시모도 마찬가지였을 것입니다. 그런 식으로는 오네시모를 구원할 수 없었습니다. 그는 다른 식으로 로마에 가야 했습니다. 어떻게 이런 일이 일어날까요? 마귀가 이 일을 할 것입니다. 마귀는 능동적인 자신의 종을 잃게 된다는 사실을 모르고 이 일을 꾸밉니다. 마귀는 오네시모더러 주인의 물건을 훔치라고 유혹합니다. 오네시모는 마귀가 시키는 대로 하였으며, 그가 주인의 물건을 훔친 사실이 발각될까봐 두려워합니다. 그래서 될 수 있는 한 빨리 로마로 도망쳐 그곳의 어두운 빈민가에 숨어듭니다. 그리고 그곳에서 탕자가 겪은 고통을 체험합니다. 즉, 배가 주린 고통을 맛봅니다. 이러한 고통이 어떤 사람들에게는 세상에서 가장 효과적인 훈계가 되기도 합니다. 그들의 양심이 그런 식으로 깨어나는 것입니다. 오네시모는 너무나 배가 고팠고, 무엇을 해야 할지 몰랐습니다. 어느 누구도 그에게 먹을 것을 주지 않았습니다. 그때에 그는 로마에서 자신을 불쌍히 여길 사람이 없을까 생각하게 됩니다. 그는 로마에 아는 사람이 전혀 없기에 굶어 죽을 위기에 처하게 됩니다.

　　아마도 어느 날 아침 한 그리스도인 여성이 바울의 말씀을 들으려고 그곳을 지나갔습니다. 그녀는 이 가련한 남자가 성전 계단 위에 쪼그리고 앉아 있는 모습을 보고 그에게 다가가서 그의 심령에 대하여 말하였습니다. 그러자 그는 "심령, 나는 그 따위에 관심이 없소. 당신이 내게 먹을 것을 주시면 내 몸이 당신에게 감사할 것이오. 나는 지금 굶어 죽어가고 있단 말이오"라고 하였습니다. 그 때 여인은 "그러면 나와 함께 갑시다." 그에게 빵을 주고 이렇게 말하였습니다.

"내가 이렇게 하는 것은 예수 그리스도 때문이오."

"예수 그리스도! 나는 그에 대하여 많이 들어보았소. 내가 골로새에 있을 때 그에 대한 이야기를 많이 듣곤 하였단 말이오."

"도대체 누구로부터 예수 그리스도에 대한 말씀을 들었단 말이오?"

"그야, 바울이라고 하는 눈이 좋지 않고 키가 작은 위대한 설교자가 내 주인의 집을 자주 방문했기 때문이오."

"그래요, 나는 지금 바울의 설교를 들으러 가는 중인데, 그의 설교를 다시 듣고 싶지 않습니까? 그는 언제나 가난한 사람들에게 친절하게 말씀하신답니다."

이에 오네시모는 로마 군인들 사이로 비집고 들어갔으며, 바울의 주님께서 바울을 감동하여 오네시모에게 합당한 말씀을 전하게 하셨습니다.

이렇게 되었을 수도 있지만 또 다른 식으로 사건이 전개되었을 수도 있습니다 ─ 물론 아무도 모르지만. 그는 '맞아, 바울이 로마에 계신 것을 나는 알고 있지. 그가 이곳에 죄수로 잡혀 있지. 내가 가서 바울이 어느 감옥에 계시는지 알아봐야겠다'라고 생각했을 수도 있습니다. 그랬다면 그는 궁전 감옥에 내려가서 거기서 바울을 만나서 자신의 극도로 빈곤한 생활을 호소하였을 것입니다. 그 때에 바울은 그에게 말씀을 전하였을 것이며, 오네시모는 자신이 행한 불의를 바울에게 자백하였을 것입니다. 그리고 바울이 잠시 그에게 훈계한 후에 "이제 너는 돌아가서 네가 저지른 잘못에 대하여 주인에게 사과하고 그 빚을 갚아야 할거야"라고 말해 주었을 것입니다. 이야기는 이 둘 중에 하나로 전개되었을 것입니다. 아무튼, 주님은 로마에 있는 오네시모로 하여금 바울의 설교를 듣게 하셨던 것이 틀림없습니다. 그리고 오네시모의 죄는 하나님과 아무런 상관이 없으며 자기 스스로 완전히 자발적으로 저지른 것이었지만, 복음으로 인해 그의 심령이 복을 받도록 인도하신 신비로운 섭리로 말미암아 그의 죄는 사함을 받았습니다.

이제 나는 그리스도인 여러분에게 이 문제에 대하여 말씀드리고자 합니다. 여러분에게 집을 나간 아들이 있습니까? 고집스럽고 제 마음대로 하는 젊은이가 그리스도인 가족의 규제를 견디지 못하고 나갔습니까? 그렇다면 이는 매우 슬픈 일입니다. 하지만 낙심하지 마십시오. 그에 대하여 절망적인 생각을 갖지 마십시오. 그가 어디 있는지 여러분은 모르지만 하나님은 아십니다. 여러분은 그를 따라갈 수 없지만 하나님의 성령은 하실 수 있습니다. 그가 상하이로 항해하고 있을지 모릅니다. 그렇지만 상하이에도 바울과 같은 사람이 있을 것이며, 그 사람이 그를 구원할 도구가 될 것입니다. 바울이 영국에 없는 만큼 여러분의 아들은 상하이로 가야 합니다. 여러분의 아들이 오스트레일리아로 가고 있나요? 거기에서 하나님은 여러분의 아들을 축복할 말씀을 예비하고 계실 것입니다. 그 말씀만이 그를 감동시킬 것입니다. 나는 그 말씀을 전할 수 없습니다. 런던에 있는 어느 누구도 그 말씀을 전할 수 없습니다. 하지만 하나님께서 예비하신 그 사람이 그곳에서 여러분의 아들에게 복된 말씀을 전할 것입니다. 그러므로 하나님은 그로 하여금 어리석게 제 마음대로 가도록 허용하시지만 결국은 그를 반드시 구원할 은혜의 수단 아래로 인도하실 것입니다.

　많은 견습 선원들이 거칠고, 분별이 없고, 믿음이 없고, 그리스도를 믿지 않았으며, 마침내 외국의 병원에 입원하였습니다. 아, 그가 황열병에 걸렸다는 것을 그의 어머니가 알았다면, 얼마나 그녀의 마음이 슬프겠습니까? 왜냐하면 자기의 사랑하는 아들이 하바나나 어딘가에서 죽어가며, 다시는 집에 돌아오지 못할 것이라고 결론을 내릴 것이기 때문입니다. 하지만 하나님께서 그를 만나기로 작정하신 곳이 바로 그 병원입니다. 한 선원이 그런 내용의 글을 담은 편지를 내게 써 보냈습니다. 그는 말하기를, "제 어머니께서는 매일 성경 한 장을 읽으라고 요구하셨지만 저는 한 번도 그렇게 하지 않았습니다. 제가 하바나의 병원에 입원하여 그곳에 누웠을 때, 한 사람이 죽어가는 제게 다가왔습니다. 그는 어느 날 밤에 죽었습니다. 하지만 죽기 전에 그가 내게 이런 말을 하였습니다. '여보게, 나는 여기서 내게 가장 귀한 것을 얻었네. 나는 거친 놈이었어. 그러나 내가 이 한 다발의 설교들을 읽으면서 구세주께로 나아가게 되었지. 그리고 지금은 은혜로 말미암은 선한 소망으로 죽어가고 있네. 이제, 내가 죽어 떠나면, 자네가 이 설교들을 가지고 읽게나. 하나님께서 이 설교들을 통해 자네에게 은혜를 베푸실 것이네. 그러면 자네가 이 설교들을 전하고 출판한 사람에게 편지를 써서 하나님께서 이 은혜로운 설교들을 통하여서 나를 회심시켰다고 전하고, 또한 자네도 회심시키기를 내가 원한다고 전하게.'" 그것은 나의 설교 다발이었습니다. 하나님께서 이 설교들을 통해 그 젊은이에게 은혜를 베푸셨습니다. 그가 그 병원으로 간 이유는 바로 그리스도께로 인도받은 한 사람이 그에게 전할 말씀이 있었기 때문이며, 그 말씀은 하나님께서 자신에게 먼저 은혜를 베푸신 말씀이며, 또한 그의 친구에게 은혜를 끼칠 말씀이었습니다. 어머님, 당신은 모르십니다. 당신은 모르십니다.

한 젊은이에게 임하는 최악의 일이 때때로 최선의 일이 될 수 있습니다. 나는 지위와 재물을 가진 젊은이들이 경마와 유흥에 빠지는 모습을 보면서 가끔 이런 생각을 합니다. 즉, '그들의 방탕은 몹시 잘못된 일이지만 한편으로 그들이 이 때문에 가능한 한 빨리 돈을 허비할 것이며, 이후에 거지 신세가 되면 탕자의 비유에 나오는 젊은 신사처럼 되리라'는 생각입니다. 탕자는 모든 것을 허비한 후 그 땅에 큰 기근이 임하고 궁핍하게 되자 "내가 일어나 아버지께 가리라" 하였습니다. 타락한 행위 뒤에 따르는 질병 ― 방종과 방탕 후에 무장한 사람처럼 오는 빈곤 ― 은 아마도 사랑의 또 다른 형태일 것입니다. 즉, 하나님은 죄인으로 하여금 자신에게 와서 자신의 길을 숙고하고, 영원히 자비로우신 하나님 자신을 찾도록 하기 위해 이 같은 아픔을 보내신 것입니다.

그리스도인인 여러분이 어린 부랑아들, 곧 집 없는 아이들을 종종 봅니다. 그리고 그들에 대한 연민의 정을 크게 느끼며, 또 그래야 합니다. 여기에 사랑하는 자매, 애니 맥퍼슨 양이 있습니다. 그녀는 그들을 위해서만 삽니다. 하나님께서 그녀와 그녀의 사역을 축복하시기를 바랍니다! 여러분이 그들을 볼 때, 있는 모습 그대로 그들을 보고자 하지 않습니다. 그러나 이 가난한 어린아이들 중의 한 명의 가난과 배고픔이 그들의 비행과 무지보다 대부분의 심령들에게 더 큰 목소리를 낸다고 나는 자주 생각했습니다. 하나님께서는 우리가 그 아이의 죄의 소리를 들을 준비가 안 되었으며 또 들을 수 없다는 것을 아셨습니다. 그래서 그 죄의 소리에다 그 아이의 배고픔을 더하서서 우리의 가슴에 사무치게 하셨습니다. 만일 사람들이 잘 살고 부유하다면, 죄 가운데서 살면서도 행복할 수 있습니다. 그리고 죄로 인해 부모들이 가난하게 되거나 비참하게 되지 않으며, 그들의 자녀들이 불행하게 되지 않는다 할지라도, 우리는 보이는 것만을 보아서는 안 될 것이며, 그러므로 우리는 흥분하여 보이는 것을 붙들고 씨름하지 말아야 할 것입니다. 여러분도 아시다시피, 어떤 질병을 앓고 있을 때 환자가 불평을 그 피부 위에다 쏟아낸다는 것은 축복입니다. 피부에서 질병을 발견하는 것은 무서운 일입니다. 하지만 그 질병이 안으로 숨어 있는 것보다 훨씬 더 낫습니다. 그 후에 밖으로 드러난 죄와 밖으로 드러난 불행은 그 질병이 밖으로 빠져나가는 것과 같은 것이며, 그러므로 치료약을 어디에다 투약해야 하는지 아는 사람들의 눈은 그 질병으로 이끌리고, 그리하여 그 영혼의 은밀한 병을 치료합니다.

오네시모는 집에 머물렀을 수도 있었고 결코 도둑이 되지 않았을 수도 있었으며, 혹은 독선으로 말미암아 이리저리 방황할 수도 있었을 것입니다. 하지만 지금 그의 죄는 명백하며, 이 방랑자는 타락한 자신의 마음을 드러내 보이고 말았습니다. 바로 이때 그는 바울 앞에 와서 기도를 받고 회심하게 되었습니다. 제발 부탁하건대, 남자나 여자 혹은 아이의 인격의 표면에 죄가 드러난 것을 보고 그들을 포기하지 마세요. 다만 속으로 이렇게 하십시오. '나로 하여금 기도하라고 이런 모습을 보게 된 거야. 내가 관심을 가지고 이 가련한 영혼을 예수 그리스도께, 곧 능력 많으신 구주께로 인도하라고 이러한 모습이 내 눈에 보인거야. 주님은 아무리 절망적인 죄인이라도 구원하실 수 있어.'

하나님의 자비는 오늘도 일하고 활동하고 있다는 생각을 가지고 그런 모습을 바라보십시오. 그리고 힘써 부정적인 생각을 물리치십시오. 우리의 사명은 소망하고 기도하는 것입니다. "그가 잠시 떠나게 된 것은 너로 하여금 그를 영원히 두게 함이리니." 아마도 이 젊은이가 이처럼 제 마음대로 행동한 것은 그의 죄가 결정적인 위기의 순간에 이르렀다가 결국 돌이켜 새로운 마음을 갖기 위함이었을 것입니다. 그동안 여러분의 딸이 많은 죄를 지은 까닭은 이제 주님께서 그녀의 죄를 깨닫게 하신 다음 결국 구주의 발 앞으로 인도하기 위함일 것입니다. 아무튼 아무리 상황이 안 좋더라도 하나님을 바라며 기도하십시오.

3. 세 번째, 우리는 본문에서 관계가 개선된 예를 볼 수 있습니다.

"아마 그가 잠시 떠나게 된 것은 너로 하여금 그를 영원히 두게 함이니, 지금처럼 종으로서가 아니라 사랑 받는 형제로서 두게 함인데, 그가 내게도 귀한 형제인데 너에게는 얼마나 더 귀한 형제이겠는가?" 여러분도 알다시피 우리는 오랫동안 진리를 배웠습니다. 아마도 빌레몬은 종을 둔다는 것이 잘못이라는 사실을 깨닫지 못하였을 것입니다. 당시에 매우 의로운 사람들도 이 사실을 알지 못하였습니다. 존 뉴턴(John Newton)은 노예 무역을 하는 것이 잘못된 것인 줄 몰랐습니다. 조지 휫필드는 그에게 나왔던 노예들을 사바나에 있는 고아원에 버려 두었을 때, 자신이 말이나 금과 은 이상의 무엇을 다루고 있다는 사실을 조금도 생각하지 못하였습니다. 복음은 언제나 노예제도를 뿌리째 흔들었지만 공적인 정서는 깨어나지 못하였습니다.

복음의 핵심은 다른 사람들이 우리에게 해 주기를 바라는 대로 우리가 다른 사람들에게 해 주는 것입니다. 그런데 아무도 다른 사람의 종이 되기를 바라지 아니하므로 어느 누구도 다른 사람을 자신의 종으로 삼을 권리가 없는 것입니다. 아마도 오네시모가 도주하였다가 다시 돌아왔을 때, 바울의 이 편지가 오네시모의 처지에 대하여 빌레몬의 눈을 조금은 뜨게 하였을 것입니다. 의심할 여지 없이 빌레몬은 훌륭한 주인이었으며 그의 종을 신뢰하였고 오네시모를 종으로 대하지 아니했을 테지만, 아마도 그가 오네시모를 형제로 여기지는 않았을 것입니다. 오네시모가 돌아온 만큼 그는 더 좋은 종이 되겠지만 빌레몬 또한 더 좋은 주인이 될 것이며 더 이상 노예 소유자로서 행세하지 않을 것입니다. 그는 이전의 자신의 종을 그리스도 안에서 형제로 여길 것입니다.

하나님의 은혜가 가정에 임하면 다음과 같은 일이 일어납니다. 하나님의 은혜는 관계를 좋게 만듭니다. 하나님의 은혜를 받은 아이는 버릇없이 굴지 않으며, 부모에게 순종해야 한다는 사실을 잊지 않습니다. 하나님의 은혜를 받은 아버지는 지혜와 사랑 없이 자기 자녀들에게 군림하지 않습니다. 왜냐하면 하나님의 은혜를 받은 아버지는 자녀를 노엽게 하지 않으며, 낙심시키지 않기 때문입니다. 하나님의 은혜를 받은 종은 주인 행세를 하지도 않고 주인의 지위를 넘보지도 않으며, 혹은 하나님의 은혜를 받은 주인은 자신의 권위를 과시하지 않으며 주변의 모든 이들을 부드럽게 대합니다.

로울랜드 힐(Rowland Hill) 경은 사람이 회심한 후에 그의 개와 고양이의 형편이 더 나아지지 않는다면 그 사람의 경건은 소용없는 것이라고 말하곤 하였습니다. 그의 말은 의미심장합니다. 은혜로 원만하여질 때 집안의 모든 사정이 좋아집니다. 아마도 주부들은 남자들보다 날카롭고 조급하며 톡 쏘기를 잘합니다. 그런 주부들이 하나님의 은혜를 받으면 그들의 체질 속에 약간의 설탕이 첨가되게 됩니다. 하녀는 빈둥거리기 쉽고, 아침에 늦게 일어나며, 단정하지 못하고, 문간에서 잡담을 즐깁니다. 하지만 그녀가 참으로 회심하면, 그런 흉물스러운 모든 일들은 끝납니다. 그녀는 양심적이고 자신이 마땅히 해야 할 일들을 잘 수행하게 됩니다. 주인은 어떨까요? 주인이 참된 그리스도인이 될 때, 그는 친절과 온화와 이해심을 갖춥니다. 남편은 아내의 머리입니다. 하지만 은혜로 거듭난 남편은 어떤 남편들처럼 전혀 아내의 머리로 군림하지 않습니다. 또한 은혜를 받은 아내는 자신의 위치를 지키며, 온갖 친절과 지혜를 동원하여 할 수 있는 한 자신의 집을 행복하게 만들려고 노력합니다.

여러분의 경건이 성전과 기도회에만 국한되고 가정과 상관이 없다면 나는 여러분의 경건을 믿지 않을 것입니다. 세상에서 가장 훌륭한 경건은 식탁에서 미소짓고, 재봉틀 앞에서 일하며, 응접실에서 상냥한 것입니다. 내게 구두를 반짝거리게 할 수 있는 경건을 주십시오. 그러면 구두를 잘 닦을 것입니다. 내게 요리를 잘 할 수 있는 경건을 주십시오. 그러면 먹을 만한 요리를 만들 것입니다. 내게 옥양목의 칫수를 잘 잴 수 있는 경건을 주십시오. 그러면 조금도 짧지 않게 천을 끊을 것입니다. 내게 많은 양의 물건을 팔 수 있는 경건을 주십시오. 그러면 많은 상인들이 하는 것처럼 열에 아홉은 상표를 붙이지 않아도 될 것입니다. 이처럼 참된 기독교 신앙은 삶의 전반에 영향을 미칩니다.

우리가 참된 그리스도인이라면 우리 동료와의 관계가 달라져야 할 것입니다. 우리의 손아랫사람을 불러내는 자들을 우리는 아주 이상한 눈으로 주시할 것입니다. 다른 사람들을 배려합시다. 특히 그리스도께서 우리를 사랑하신 것처럼 사랑하시는 사람들을 더욱 배려합시다. 빌레몬은 "나는 너를 받아들이지 않겠어. 오네시모 이놈! 처음엔 물렸고, 두 번째는 창피를 당했어. 나는 결코 무릎이 상한 말을 타지 않을거야. 너는 내 돈을 훔쳤어. 나는 너를 다시는 받아들이지 않을 거야"라고 말했을지도 모릅니다. 나는 그런 식의 말을 들어보았습니다. 여러분도 그런 말을 들어보지 않았습니까? 여러분은 그런 말을 들을 때 기분이 좋았습니까? 만일 그런 말을 들었다면 집에 가서 그런 기분을 여러분에게서 지워달라고 기도하십시오. 왜냐하면 여러분의 심령에 그런 기분이 남아 있다는 것은 안 좋은 일이기 때문입니다. 주 예수 그리스도께서 여러분을 거저 용서하여 주셨는데, 여러분이 종에게 목청을 높여 "네가 진 빚을 내게 갚아"라고 말할 수 있나요? 여러분이 그렇게 계속해서 성질 부리는 것에 대하여 하나님은 용서하십니다. 그런 만큼 여러분도 긍휼히 여기시고, 불쌍한 사람들의 청을 받아주시고, 기꺼이 용서해 주세요. 악한 일을 행하는 것보다 악한 일을 당하는 것이 훨씬 낫습니다. 눈감아 주어야 할 잘못을 주시하는 것보다 여러분이 주시할 만한 잘못을 눈감아 주는 것이 훨씬 낫습니다.

"여러분의 모든 행동에 사랑이 흐르게 하십시오

그리하면 여러분의 모든 말이 친절할 것입니다."

이 글은 우리가 어렸을 때 배운 짧은 찬송 가운데 들어 있는 가사입니다. 이제 우리는 이 가사대로 실천해야 할 것입니다. 또한 —

"복된 동정녀의 아들처럼 삽시다
그는 온유하고 겸손한 아이입니다."

하나님의 무한하신 은혜로 우리가 이렇게 되기를 축원합니다.

하나님의 신비로운 섭리 가운데 오네시모가 로마로 가게 되었다면, 바로 지금 여러분이 여기 있는 것도 하나님의 어떤 섭리가 아닌지 궁금합니다! 그럴 수 있습니다. 그런 일들은 지금도 일어납니다. 사람들이 여기에 온 것은 결코 자신들의 뜻이 아닙니다. 설령 누군가 오겠다고 말했을지라도 실제로 자신들이 이곳에 오리라고는 조금도 믿지 못하였을 것입니다. 하지만 그들이 여기에 와 있습니다. 그들은 온갖 우여곡절을 겪으며 돌아다녔지만 그러나 아무튼 그들은 여기에 와 있습니다. 그러므로 부탁하건대 마음속으로 이 문제를 다음과 같이 생각하십시오. '하나님께서 나를 축복하시려고 이렇게 하신 것이 아닐까? 오네시모가 한 것처럼 오늘 밤 내 마음을 예수님께 내드리게 하려고 하나님께서 나를 이곳으로 인도하신 것이 아닐까?' 나의 귀한 친구여, 여러분이 주 예수 그리스도를 믿으면, 여러분은 즉시 모든 죄를 사함받고 구원받을 것입니다. 주님께서 여러분으로 하여금 복음의 말씀을 듣게 하시려고 그의 무한하신 지혜로 여러분을 이곳까지 인도하신 것입니다. 여러분이 이곳까지 온 만큼 아무쪼록 복음을 받아들이고 여러분이 완전히 변화된 모습으로 돌아가기를 바랍니다.

약 3년 전에 나는 나이 드신 성직자와 이야기를 나누었습니다. 그는 양복 조끼 호주머니에 손을 넣어 만지작거리기 시작하였지만 한참이 지나서야 자신이 원하는 것을 찾았습니다. 마침내 그는 거의 다 찢어진 편지를 꺼내면서 "전능하신 하나님께서 당신에게 복을 내리시기를 바랍니다! 전능하신 하나님께서 당신에게 복을 내리시기를 바랍니다!"라고 했습니다. 나는 "벗이여, 도대체 무슨 말씀이십니까?"라고 물었습니다. 그러자 그는 이렇게 말했습니다. "내게 아들 하나가 있었소. 나는 아들이 늙은 나와 함께 지내리라고 생각했소. 하지만 그는 불행스럽게도 내 곁을 떠나버렸소. 나는 아들이 어디로 갔는지도 알 수 없었소. 다만 아들은 미국으로 간다고 말했을 뿐이오. 아들은 런던 발 미국 행 승선권을 구입했으나 자기가 기대한 날짜에 가지 못하였소.”

이 늙은 성직자는 내게 그 편지를 읽어보라고 건네주어 나는 읽었습니다. 그 내용은 이런 것이었습니다.

“아버지, 저는 지금 미국에 와 있습니다. 저는 일자리를 구하였고, 하나님께서 저를 형통하게 하셨습니다. 제가 지금껏 아버지께 지은 수많은 잘못들, 제가 아버지를 슬프게 했던 일들을 용서해 달라고 이 편지를 쓰고 있습니다. 하나님을 찬송합니다. 제가 구세주를 만났습니다. 저는 이곳에 있는 하나님의 교회에 등록하였습니다. 그리고 제 평생에 하나님을 섬기기를 소망합니다. 그리고 이런 일이 있었습니다. 저는 기대한 날짜에 미국에 오지 못하였습니다. 저는 태버내클(Tabernacle; 스펄전 목사의 교회) 교회가 어떤 곳인지 알아보기 위해 그곳에 들어갔는데 거기서 하나님께서 저를 만나 주셨습니다. 스펄전 목사님께서는 ‘아마도 여기에 도망가는 아들이 있을 것입니다. 주님께서 지금 은혜로 그를 부르십니다’라고 말씀하셨답니다.”

그는 편지를 접어 호주머니에 넣고는 이렇게 말했습니다.

“지금 내 아들은 죽었답니다. 그는 하늘나라에 들어갔습니다. 그리고 나는 당신을 사랑합니다. 내가 살아 있는 한 나는 당신을 사랑할 것입니다. 당신이 내 아들을 그리스도께로 인도하는 도구가 되셨으니까요.”

지금 여기에 이와 유사한 사람이 있습니까? 나는 있다고 확신합니다. 어떤 사람은 아주 똑같은 경우입니다. 하나님의 이름으로 나는 이 강단에서 그런 사람에게 경계의 말씀을 전해야 할 책임이 있습니다. 오, 젊은이여, 자비로우신 주님께서 그대로 하여금 잘못된 길에서 돌이킬 수 있도록 다시 한 번 기회를 주고 계십니다. 부탁하건대, 지금 있는 자리에서 눈을 들어 하늘을 바라보고 “하나님이여, 나는 죄인이로소이다. 나를 불쌍히 여기소서”라고 말씀드리세요. 그리하면 하나님께서 그대를 긍휼히 여기실 것입니다. 그리고 나서 그대의 아버지께로 돌아가 그대가 받은 하나님의 은혜를 말씀드리세요. 그리고 그대를 그리스도께로 인도하기 위하여 이곳으로 이끄신 하나님의 사랑을 찬송하십시오.

사랑하는 친구여, 신비로운 면이 조금도 없다 하더라도 우리는 지금 여기에 있습니다. 우리는 지금 복음이 선포되는 자리에 있으며, 그것은 우리에게 책임을 부여합니다. 사람이 기어이 망하고 말 것이라면, 어떤 사람들처럼 예수 그리스도께서 복음을 분명하고도 간절하게 선포하시는 소리를 듣고 망하느니 차라리 복음을 듣지 못하고 망하는 것이 낫습니다. 이 둘 사이에서 여러분은 얼마나 오랫동안 꾸물거리려 합니까? 그리스도께서 "내가 이렇게 오래 너희와 함께 있으되 네가 나를 알지 못하느냐?"(요 14:9)고 말씀하십니다. 이렇게 간곡히 가르치고 전하며 초청하는데도 여러분은 아직도 돌아서지 않는단 말입니까?

"오 하나님, 죄인을 돌아오게 하옵소서
그로 하여금 자신의 타락한 상태를 깨닫게 하옵소서."

너무나 꾸물거려 뒤늦게 자신의 운명적인 선택을 후회하지 않도록 더 이상 지체하지 맙시다. 그리스도로 말미암아 하나님께서 여러분에게 복을 내리시기를 축원합니다.

💬 **독자 여러분들께 알립니다!**

'CH북스'는 기존 '크리스천다이제스트'의 영문명 앞 2글자와
도서를 의미하는 '북스'를 결합한 출판사의 새로운 이름입니다.

스펄전 설교전집 31

디모데전후서·디도서·빌레몬서

1판 1쇄 발행 2011년 2월 20일
1판 중쇄 발행 2021년 10월 5일

발행인 박명곤 **CEO** 박지성 **CFO** 김영은
편집 채대광, 김준원, 박일귀, 이은빈, 김수연
디자인 구경표, 한승주
마케팅 임우열, 유진선, 이호, 김수연
펴낸곳 CH북스
출판등록 제406-1999-000038호
대표전화 070-4917-2074 **팩스** 031-944-9820
주소 경기도 파주시 회동길 37-20
홈페이지 www.hdjisung.com **이메일** main@hdjisung.com
제작처 영신사 월드페이퍼

© CH북스 2011

'그리스도와 그의 나라를 위하여'
CH북스는 여러분의 의견 하나하나를 소중히 받고 있습니다.
원고 투고, 오탈자 제보, 제휴 제안은 main@hdjisung.com으로 보내 주세요.